桐鄉年鑑

錢君匋題

桐乡市地方志编纂委员会 编

方志出版社
Publishing House of Local Records

图书在版编目(CIP)数据

桐乡年鉴.2015/桐乡市地方志编纂委员会编.—
北京:方志出版社,2015.11
ISBN 978-7-5144-1808-8

Ⅰ.①桐… Ⅱ.①桐… Ⅲ.①桐乡市—2015—年鉴
Ⅳ.①Z525.54

中国版本图书馆 CIP 数据核字(2015)第 274652 号

桐乡年鉴(2015)

编　　者: 桐乡市地方志编纂委员会
责任编辑: 李志瑜

出 版 人: 冀祥德
出 版 者: 方志出版社
地址　北京市朝阳区潘家园东里 9 号(国家方志馆 4 层)
邮编　100021
网址　http://www.fzph.org
发　　行: 方志出版社发行中心
电话 (010) 67110500
经　　销: 各地新华书店
装帧设计: 杭州美迪图文设计有限公司
印　　刷: 浙江印刷集团有限公司

开　　本: 889×1194　1/16
印　　张: 24.75
字　　数: 728 千字
版　　次: 2015 年 11 月第 1 版　2015 年 11 月第 1 次印刷
印　　数: 0001～1200 册

ISBN 978-7-5144-1808-8　定价:180.00 元

桐乡市地方志编纂委员会

顾　　问：卢跃东

主　　任：盛勇军

副 主 任：蒋惠玲　陈林根　柳国彪

委　　员：张建林　俞少杰　姚毅军　张关林　戴建国　李新荣
张锦英　卢达民　姜伟国　施勤高　卢爱驰　吕卫强
陈建良　姜　玮　姚叙才　王　勇　王利浩　盛月良
郭林江　吴利民　沈炳林　徐剑东　魏昱初　姚建明
胡菊新　沈建锋　陆建华

《桐乡年鉴》编纂机构

主　　编：姚建明　陆建华

执行主编：谭晓杰

顾　　问：俞尚曦

编　　辑：谭晓杰　娄引娣　程亚平　章生华　沈林楚　王建民

英文翻译：钱星辉　大卫·尼可莱（美国）

编　　务：计异璐　吴剑萍　孙　宇

编辑说明

一、《桐乡年鉴》是中共桐乡市委员会、桐乡市人民政府主办，桐乡市地方志编纂委员会组织编纂的年度资料性文献。自1998年起，逐年编辑出版，旨在全面真实地记载上一年度桐乡市行政区域自然、政治、经济、文化、社会等多方面的基本面貌，为各级领导决策和管理提供最新的信息和情报。

二、《桐乡年鉴（2015）》，记载时限从2014年1月1日至12月31日，一般不作历史追溯。特载部分收录时间下限为2015年2月28日。

三、本书采用分类编辑法，一般分栏目、分目、条目三个层次，以条目作为记述的主要形式。《桐乡年鉴（2015）》设：特载、专记、大事记、综述、农业、工业、贸易、平台建设、旅游、市场、交通运输、邮政通信、城乡建设管理、环境保护、财政税务、金融、经济管理与服务、党政、民主党派和人民团体、地方军事、法治、教育、科学技术、文化体育新闻、卫生、社会生活、人力资源与社会保障、街道镇发展概况、人物、国民经济统计资料、文件选编等31个栏目。各栏目中内容相同或相关的条目编制横向参见系统。全书共728千字。

四、本书在坚持年鉴内容的稳定性和连续性的基础上，注意突出年度特色和地方特色，注重实用性和可读性，并配有随文照片。

五、本书采用的文稿，由桐乡市各有关部门、单位落实专人撰写或提供，并经供稿单位领导审核。各种数据均以《桐乡统计年鉴（2015）》为准。统计年鉴未载的数据，由各有关部门负责提供。

六、本书配有双重检索系统，书前刊有中文详细目录和英文要目，书后配有索引，索引采用主题分析法，按主题词首字汉语拼音字母顺序排列。

七、本书的编辑、出版，得到全市各级领导、各部门、各单位和广大撰稿员的大力支持，在此谨表示衷心感谢！本书在编印、出版中如有疏漏、差错之处，祈请广大读者批评指正！

四大奋斗目标

改革走在前列
发展绩效突出
社会管理一流
人民群众满意

五大行动计划

工商强市
宜居水乡
人文名城
安康家园
党建高地

五大城市定位

长三角新型工业城市
中国十大市场强市
世界知名旅游城市
未来中国文化创意城市
休闲养生目的地

2014年12月29～30日，中国共产党桐乡市第十三届代表大会第四次会议举行

（徐建荣摄）

2015年2月4～7日，桐乡市第十五届人民代表大会第四次会议举行

（徐建荣摄）

2015年2月3～6日，中国人民政治协商会议第八届桐乡市委员会第四次会议举行

（徐建荣摄）

2014年9月19日，全国人大常委会副委员长吉炳轩到桐乡考察

（徐建荣摄）

2014年5月19日，全国人大常委会原副委员长顾秀莲到桐乡出席中国老年教育发展高峰论坛

（市委办提供）

2014年10月29日，省长李强考察桐乡市公安局振东派出所

（市委办提供）

2014年4月11日，中央统战部副部长、全国工商联党组书记全哲洙到桐乡调研中小微企业技术创新工作

（市工商联提供）

2014年3月4日，省委常委、宣传部部长葛慧君到桐乡调研文化工作

（徐建荣摄）

2014年11月21日，省委常委、常务副省长袁家军视察乌镇

（徐王立摄）

2014年10月30日，省委常委、公安厅厅长刘力伟到桐乡视察

（徐王立摄）

2014年5月9日，副省长郑继伟到桐乡调研

（市委办提供）

2014年2月21日，农业部副部长于康震在桐乡市恒生动物生物处理厂调研死亡动物无害化处理工作

（市农经局提供）

2014年5月30日，农业部副部长张桃林到桐乡调研新型农技推广体系建设情况

（市农经局提供）

2014年5月8日，国家卫生计生委副主任崔丽到桐乡调研公立医院综合改革和健康教育工作

（市卫生局提供）

2014年7月8日，全国工商联副主席徐冠巨到桐乡调研商会工作

（市工商联提供）

2014年11月3日，全国政协常委、民盟中央副主席郑惠强到桐乡调研

（市委办提供）

2014年2月8日，省政协副主席陈小平到桐乡考察

（张关林摄）

2014年6月5日，江西省副省长朱虹到桐乡考察

（市政府办提供）

2014年5月8日，桐乡市召开工商强市大会

（徐建荣摄）

2014年5月16～18日，2014中国·濮院国际毛针织服装博览会举行

（市委办提供）

2014年7月，大麻镇被中国家用纺织品行业协会授予“中国沙发布生产基地”称号

（大麻镇提供）

2014年8月，石门镇被中国轻工业联合会、中国皮革协会授予“中国女鞋名镇”称号

（石门镇提供）

2014年11月5日，阿里巴巴·桐乡产业带上线仪式举行
（市委办提供）

2014年10月8日，中国巨石第二十届国际玻纤年会暨中国玻纤总部迁址仪式举行
（市委办提供）

2014年9月25日，浙江戴德隆翠汽车有限公司首批出口澳大利亚的8辆拖挂式房车在桐乡基地启程
（市委办提供）

2014年3月5日，市领导参加“保护母亲河 关注水源地”志愿者活动

（市委办提供）

2014年5月15日，桐乡市农村文化礼堂建设工作现场会在洲泉镇坝桥村召开

（徐建荣摄）

河山镇八泉村八圣公园

（市委办提供）

龙翔街道红杉邨观光休闲区　（市委办提供）

市领导在清理黑河、臭河、垃圾河现场

（市委办提供）

志愿者义务植树

（徐建荣摄）

桐乡最美森林路

（市委办提供）

2014年1月24～27日，桐乡市文化服务中心戏曲队参加中央电视台戏曲频道《一鸣惊人》栏目年度总决赛，获第六名

（市委办提供）

2014年7月18日，举行吴蓬书画大展暨《芥子园画魂》首发式

（市文化局提供）

2014年10月30日，第二届乌镇戏剧节开幕戏《青蛇》在水剧场演出　（乌管委提供）

2014年12月16日，桐乡市举行徐肖冰侯波纪念馆开馆仪式

（徐建荣摄）

2014年5月20日，法国黎塞留展馆开幕仪式在乌镇景区举行

（市委办提供）

2014年9月25日，“我和我的祖国”桐乡市群众合唱大赛在大剧院举行

（徐建荣摄）

2014年4月20日，首届“伯鸿书香奖”颁奖典礼暨伯鸿书香论坛在桐乡举行

（徐建荣摄）

2014年11月4日，桐乡市举行首届世界互联网大会安保誓师大会　（徐建荣摄）

2014年12月5～6日，桐乡市党政领导参加军事日活动
（市委办提供）

开展航道巡查

市委书记卢跃东认领“微心愿”

（市委办提供）

慈善义工在行动

（市委办提供）

（徐建荣摄）

开展“文明城市，从我做起”主题活动

（市委办提供）

2014年12月23日，桐乡市进百村住千家联万户实践活动总结大会召开

（市委办提供）

2014年6月27日，中央党校原副校长李君如调研桐乡市“百千万”实践活动

（“百千万”实践活动办提供）

2014年12月29日，桐乡市举行2014年度机关优秀团队颁奖典礼

（市委办提供）

桐乡市委常委会成员参加专题夜学活动

（市委办提供）

2014年10月14日，桐乡市召开党的群众路线教育实践活动总结大会

（市委办提供）

2014年9月30日，桐乡市举行纪念全国首个烈士纪念日活动

（市民政局提供）

2014年11月19日，国务院副总理马凯在首届世界互联网大会开幕式上宣读国家主席习近平贺词并致辞

（徐建荣摄）

2014年11月19日，中央宣传部副部长、国家网信办主任鲁炜在首届世界互联网大会开幕式上致辞

（徐建荣摄）

2014年11月19日，省委书记夏宝龙在首届世界互联网大会开幕式上致辞

（徐建荣摄）

2014年11月19日，首届世界互联网大会在乌镇开幕

（徐王立摄）

2014年11月19日，国务院副总理马凯出席首届世界互联网大会
（徐建荣摄）

2014年10月28日，省委书记夏宝龙到乌镇视察首届世界互联网大会会场
（市委办提供）

2014年11月10日，省委副书记王辉忠到桐乡检查首届世界互联网大会安保工作
（徐建荣摄）

2014年11月19日，中央宣传部副部长、国家网信办主任鲁炜参加植树活动

（市委办提供）

2014年11月20日，阿里巴巴董事局主席马云在“跨境电子商务和全球经济一体化”分论坛上演讲

（徐王立摄）

2014年11月20日，举行中外互联网领袖高峰对话

（徐王立摄）

2014年11月18日，首届世界互联网大会举行开幕新闻发布会（市委办提供）

2014年11月21日，首届世界互联网大会闭幕式上，授予乌镇“世界互联网大会永久会址”铭牌（徐建荣摄）

俄罗斯联邦总统助理伊戈尔·肖格列夫参加首届世界互联网大会（市委办提供）

爱尔兰前总理伯蒂·艾亨参加首届世界互联网大会（市委办提供）

韩国前国会议长金炯旿参加首届世界互联网大会（市委办提供）

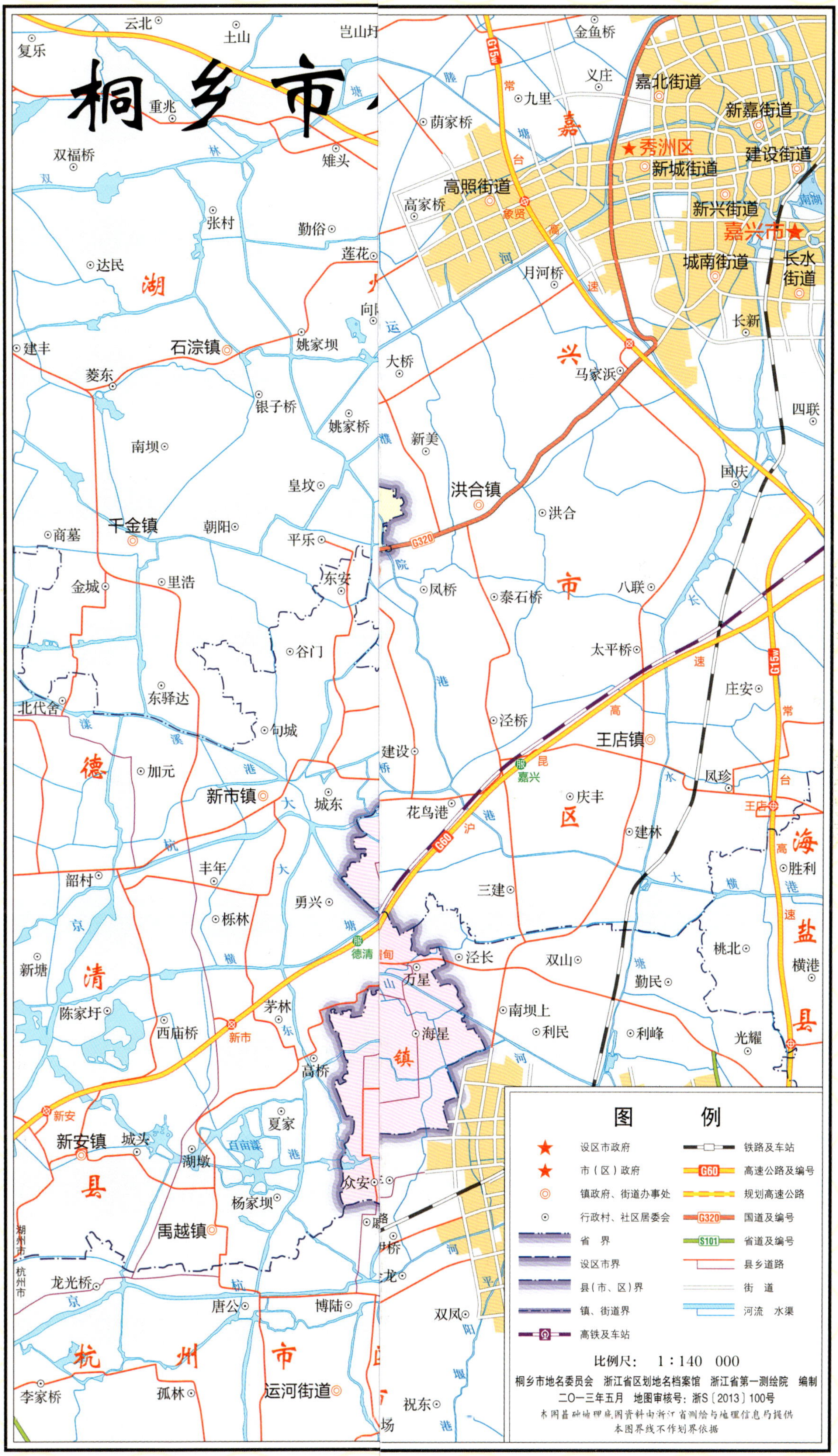

桐乡市
云北
土山
岂山圩
复乐
重兆
双福桥
雉头
张村
勤俗
莲花
达民
湖
石淙镇
姚家坝
建丰
菱东
银子桥
姚家桥
南坝
皇坟
千金镇
朝阳
平乐
商墓
里浩
金城
东安
谷门
东驿达
北代舍
旬城
加元
德
新市镇
城东
丰年
韶村
勇兴
栎林
新塘
清
茅林
陈家圩
西庙桥
新市
高桥
新安
新安镇
城头
夏家
湖墩
县
众安
杨家坝
禹越镇
湖州市
杭州市
龙光桥
唐公
博陆
杭
州
市
李家桥
孤林
运河街道
金鱼桥
义庄
嘉北街道
九里
新嘉街道
荫家桥
嘉
秀洲区
新城街道
建设街道
高照街道
高家桥
象贤
新兴街道
嘉兴市
城南街道
长水街道
月河桥
长新
兴
大桥
马家浜
四联
新美
洪合镇
国庆
洪合
G320
凤桥
泰石桥
市
八联
太平桥
庄安
泾桥
王店镇
建设
嘉兴
庆丰
凤珍
王店
花鸟港
区
建林
海
胜利
G60
三建
盐
桃北
泾长
双山
横港
万星
勤民
德清
县
南坝上
利民
利峰
光耀
海星
镇
双凤
祝东
G15w
图例
设区市政府
市（区）政府
镇政府、街道办事处
行政村、社区居委会
省界
设区市界
县（市、区）界
镇、街道界
高铁及车站
铁路及车站
G60 高速公路及编号
规划高速公路
G320 国道及编号
S101 省道及编号
县乡道路
街道
河流 水渠
比例尺：1∶140 000
桐乡市地名委员会 浙江省区划地名档案馆 浙江省第一测绘院 编制
二〇一三年五月 地图审核号：浙S〔2013〕100号
本图县级以上行政区域界线由浙江省测绘与地理信息局提供
本图界线不作划界依据

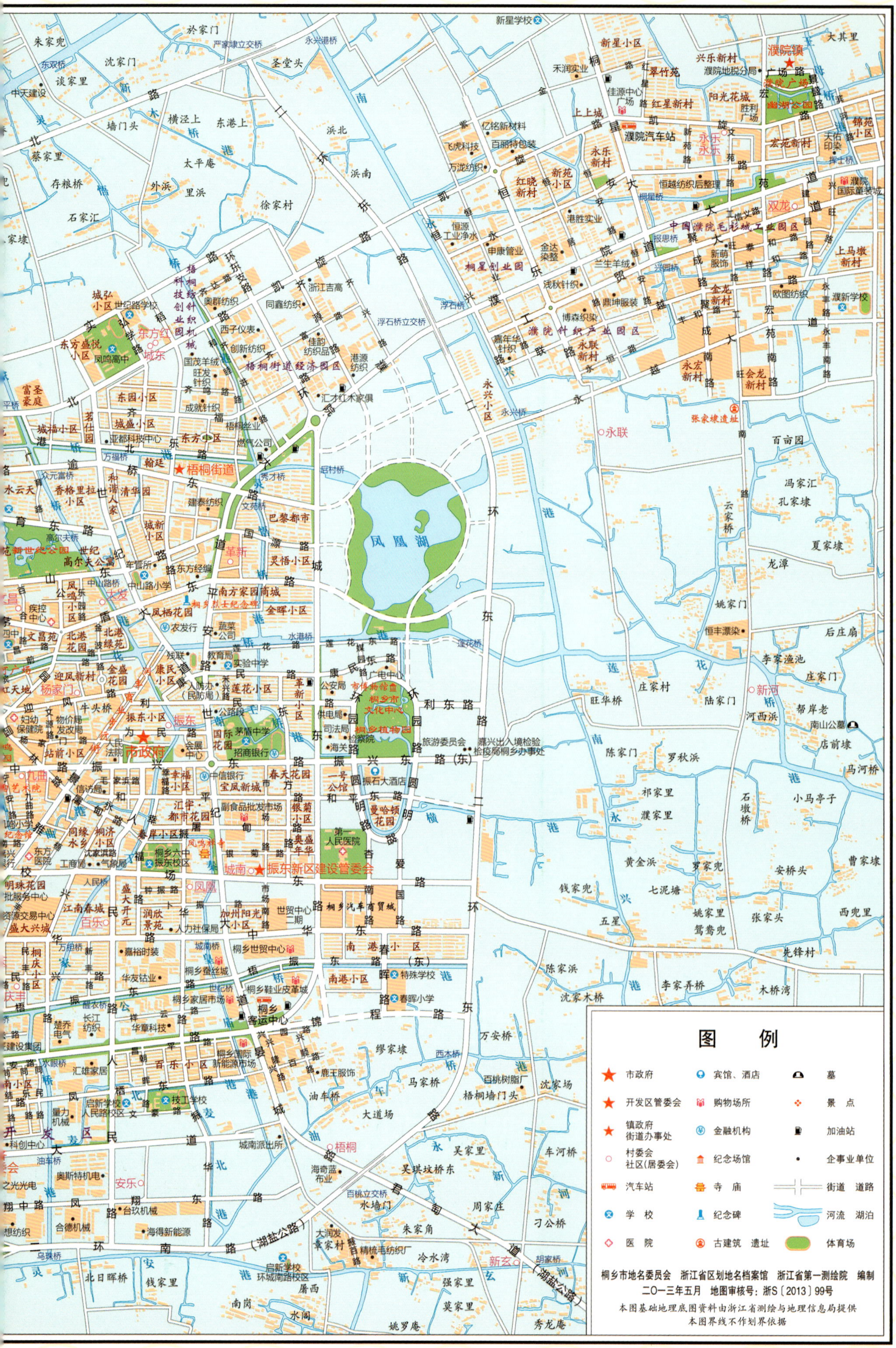
凤凰湖
梧桐街道
濮院镇
市政府
振东新区建设管委会
濮院针织产业园区
梧桐街道经济园区
中国濮院毛衫城工业园区
梧桐科技创业园
桐星创业园
桐乡市文化中心
桐乡植物园
第一人民医院
桐乡汽车商贸城
南港小区
凤鸣高中
高尔夫公园
濮院汽车站
图 例
市政府
开发区管委会
镇政府
街道办事处
村委会
社区(居委会)
汽车站
学 校
医 院
宾馆、酒店
购物场所
金融机构
纪念场馆
寺 庙
纪念碑
古建筑 遗址
墓
景 点
加油站
企事业单位
街道 道路
河流 湖泊
体育场
桐乡市地名委员会 浙江省区划地名档案馆 浙江省第一测绘院 编制
二〇一三年五月 地图审核号：浙S〔2013〕99号
本图基础地理底图资料由浙江省测绘与地理信息局提供
本图界线不作划界依据

目　录

特　载

专　记

大事记

综　述

农　业

工　业

平台建设

旅　　游

市　　场

交通运输

邮政　通信

城乡建设管理

环境保护

财政　税务

金　融

经济管理与服务

党　　政

民主党派和人民团体

地方军事

法　治

教　育

科学技术

文化　体育　新闻

卫　　生

社会生活

人力资源与社会保障

街道、镇发展概况

人　　物

国民经济统计资料

文件选编

索 引

封面照片:首届世界互联网大会 (张雄伟 摄)

Contents

Trade

Economic Platforms Construction

Tourism

Markets

Transportation

Postal Service and Telecommunications

Urban and Rural Construction Administration

Other Political Parties and Social Organizations

Local Military

Politics and Laws

Education

Science and Technology

Culture, Sports, Media

Public Health

Social Life

Human Resources, Social Security

Districts' and Towns' Development

Who's Who

Statistics for National Economy

Selected Documents

Index

特　　载

拥抱新常态　绽放新优势　加快建设美丽幸福新桐乡

——在中国共产党桐乡市第十三届代表大会第四次会议上的报告（摘要）

中共桐乡市委书记　卢跃东

（2014年12月29日）

一、2014年工作的简要回顾

今年以来，全市上下围绕"四大奋斗目标"，齐心协力，克难攻坚，突出抓好"大整治、大转型、大招商"三件大事，推动了经济社会平稳健康发展。预计全年实现地区生产总值616.5亿元，增长7.5%；财政总收入89亿元，增长9.2%；固定资产投资371.6亿元，增长20%。

一是发展质效实现新提升。加快转型升级步伐，坚持"一业驱动四化"，产业结构不断优化。狠抓有效投入，桐九公路改建等重大项目建设进展顺利。支持企业做大做强，企业上市取得新进展。强化招商选资，央企中国玻纤总部迁址我市。成功承办首届世界互联网大会，乌镇成为永久会址，桐乡可持续发展优势进一步凸显。

二是城乡面貌呈现新气象。加快城市有机更新和重要区块开发建设进度，"城中村"改造已完成总任务的70%，凤凰湖景观主体工程已基本完成。协调推进新市镇建设，崇福小城市建设新三年行动计划全面启动，乌镇"镇区景区化"工作扎实推进，濮院古镇保护开发总体进展顺利，新型城镇化步伐不断加快。巩固"美丽乡村"建设成果，城乡统筹发展水平进一步提高。

三是民生事业迈上新台阶。举全市之力抓好"五水共治""三改一拆"，统筹推进"森林桐乡"建设、砂石料加工场整治和畜禽养殖业转型升级等工作，生态环境持续改善。大力发展教育、文化、卫生和社会保障等各项事业，群众生活品质有了新提高。全面推进法治、德治、自治"三治合一"基层社会治理实践，社会大局保持和谐稳定，"平安桐乡"实现九连冠。

四是党的建设得到新加强。深入开展党的群众路线教育实践活动，全力实施作风建设集中攻坚，党群干群关系更加密切。始终保持惩治腐败高压态势，查办了一批群众关心、社会关注的违法违纪案件。狠抓"百千万""勤政周记"、党员"净化工程"等特色党建工作，党的建设继续走在前列。

二、2015年工作的总体要求和主要任务

2015年工作的指导思想是：全面贯彻落实中央、省委和嘉兴市委的决策部署，牢牢把握"稳中求进、转中求好"工作主基调，深入实施"五大行动计划"，促进经济、政治、文化、社会和生态建设"五位一体"全面协调可持续发展，为加快建设美丽幸福新桐乡奠定坚实基础。

2015年工作的主要预期目标是：地区生产总值增长7.5%左右；财政总收入增长7%左右；固定资产投资增长12%左右。

围绕上述目标要求，重点要做好五个方面的工作：

1.扎实推进工商强市行动计划。坚持创新驱动和制度建设并举，努力建设工业强市、市场强市、旅游强市和互联网智慧强市。

一是优化产业结构。坚持以实体经济为根本，坚定不移转方式调结构。深入实施"两化融合""两改两创"和"六大倍增"计划，延伸拓展化纤和玻纤产业链，培育壮大汽车和装备制造业等战略性新兴产业，改造提升毛衫、皮草、皮鞋和蚕丝被等传统优势产业。全面推进"双十双百双千"工程，重点抓好"一带一路"规划建设，促进旅游业大发展。释放旅游带来的红利，繁荣发展网上网下专业市场，加快发展养生养老、总部经济和会展经济等现代服务业。发挥石门等新型农业现代化试点的示范带动作用，大力发展庭院经济、农场经济和庄园经济，推动传统农业向生态休闲农业转型。全力办好第二届世界互联网大会，高标准抓好世界互联网大会永久会址的规划建设，加快推进国家互联网公园、国家互联网大学和国家互联网创新驱动发展示范区的筹建工作。

二是强化有效投入。坚持以有效投入论英雄，完善重大项目推进机制，确保项目早日落地见效。狠抓精准招商，充分发挥对外联络机构作用，主动对接京沪杭，全力开拓欧美新阵地，确保招大引强取得新成效。加强市经济开发区、临杭经济区等重点产业平台建设，找准产业定位，努力把平台做精做优、把主导产业做大做强。协调推进其他平台建设，加快"两退两进"步伐，挖潜增效，提升能级。

三是深化改革创新。深入推进"五位一体"改革，不断增强发展动力。全面推进旅游综合改革，健全完善领导体制、管理体制和投融资体制，努力建设中国旅游第一大县。充分发挥市场对资源配置的决定性作用，优化土地、资金和环境容量等要素保障政策措施，有效破解瓶颈制约。以简政放权为突破口，加大行政审批制度改革力度，加快转变政府职能，优化发展软环境。狠抓科技创新，加大科研投入和人才引进、培育力度，加强政产学研合作，不断提高自主创新能力。

2.扎实推进宜居水乡行动计划。按照打造诗画水乡典范的要求，努力让城乡更精致、更美丽。

一是提升城市形象。注重"多规合一"，科学编制"十三五"规划及各专项规划。坚持中心城市"一城五区"协调发展，加快推进凤凰湖区、庆北文教区等城市重点功能区块的开发建设，更加注重城市空间、色彩的设计，确保城市更有特色、更有品位。加快城市有机更新，加大"城中村"改造攻坚力度，有序推进沿街建筑立面改造和立体景观工程建设，完善城市功能。创新城市管理机制，着力打造"智慧城市"。

二是统筹城乡发展。坚持新型城镇化方向，加快推进崇福省级小城市、濮院和洲泉嘉兴市级小城市建设。完善功能配套，做强产业支撑，努力把乌镇建设成为世界智慧小镇。注重做精做特，协调推进其他新市镇建设，努力打造一批宜居宜业宜游的风情小镇。深化"美丽乡村"建设，更加重视保护和利用历史文化村落，加快形成一村一品一景的农村发展新格局。加大财政转移支付力度，确保村级集体经济可持续发展。加强城乡基础设施建设，健全完善交通、供电、供水和排污等基础网络，着力提升城乡融合发展水平。

三是优化生态环境。把治水作为生态文明建设的首要任务，全力抓好"五水共治"，全面完成"清三河"，确保水环境持续好转。保持"三改一拆"高压态势，加大对重点区块和重要节点的整治力度。坚持堵疏结合，继续做好畜禽养殖业减量提质工作。加强"森林桐乡"建设，注重技术和艺术的有机结合，打造一批高品质的绿化风景线。严格落实节能减排责任，铁腕淘汰落后产能，从源头上减轻环境承载压力。

3.扎实推进人文名城行动计划。充分发挥桐乡人文资源优势，提升城市发展软实力。

一是推进以文化人。加强社会主义核心价值体系建设，深入开展群众性精神文明创建活动，进一步抓好"四型"社会、"四好"家庭、"五有"市民建设，不断提升市民文明素质和社会文明程度。把握社会思想多元化发展趋势，牢固占领互联网等意识形态新阵地，用先进技术传播先进文化、引领社会新风尚。

二是推进以文惠民。实施文化惠民工程，满足群众多样化的精神文化需求。抓好国家和省级公共文化服务体系示范区“两级联创”，构建覆盖城乡的公共文化服务网络。加强公共文化设施的建设和管理，切实发挥文化中心、农村文化礼堂等主阵地作用。挖掘古镇文化、名人文化和运河文化等特色文化资源，创办一批在国内外有影响力的品牌文化活动，加快建设品德、品质、品位城市。

三是推进以文兴业。加强文化创意产业园区建设，不断增强对文化产业的承载能力。加大政策扶持力度，着力做大做强一批优质文创企业。发挥浙江传媒学院桐乡校区独特优势，提升桐乡文化创意、文化演艺、文化旅游等特色业态专业化水平。创新文化产业投融资机制，激发文化产业的生机和活力。

4.扎实推进安康家园行动计划。坚持以人为本，加大社会建设力度，进一步提升人民群众的幸福感和满意度。

一是加强社会治理。深化“三治合一”基层社会治理实践，以法治为纲、德治为基、自治为要，打造县域治理现代化的典范。贯彻依法治国方针，扎实推进依法执政、依法行政和公正司法，加快形成全民信法、守法、用法、护法的生动局面。加强“平安桐乡”建设，完善立体化社会治安防控体系和公共安全体系，重视新居民服务，依法管理宗教事务，全力维护社会稳定。按照“大国防、大武装、大融合”的要求，促进军政军民大团结。支持人大、政协依法依章履行职责，充分发挥各民主党派、工商联和群众团体的作用，大力培育发展社会组织，增强社会治理合力。

二是强化社会保障。加强城乡居民养老、医疗、失业、工伤和生育保险等政策制度的整合与衔接，促进社会保障扩面提质。落实促进就业创业的政策措施，拓宽群众增收致富渠道。完善新型社会救助和社会福利体系，健全城乡低保标准动态调整机制、困难群众价格补贴机制，做好慈善帮扶工作，加大对特定人口的倾斜保障力度，不断增强民生工作实效。

三是优化公共服务。坚持普惠均等原则，促进各项社会事业协调发展。加快教育现代化步伐，突出抓好学前教育，扎实推进浙江理工大学科艺学院和市技师学院建设，实现各类教育优质均衡发展。完善公共卫生和应急服务规范化体系，扎实推进区域医疗联合体建设，积极探索药事改革，促进优质医疗资源向基层倾斜。大力发展中医药事业，提升中医惠民水平。

5.扎实推进党建高地行动计划。落实从严治党责任，不断加强党的自身建设，为全市改革发展提供坚强保障。

一是打造敢于担当的创业团队。完善“桐乡大讲堂”“勤政周记”和集中夜学等制度，强化理论武装，教育引导广大干部进一步坚定理想信念。坚持“激情创业，敢于担当”的用人导向，倡导“用能人干大事”理念，汇聚中外人才共创桐乡大业。深化干部人事制度改革，畅通领导干部能上能下渠道。大力弘扬团结、拼搏、奉献的团队精神，狠抓党的书记队伍和企业家队伍建设，加快年轻干部、党外干部和女干部的培养，打造高素质干事队伍。落实老干部政策，充分发挥老干部的优势和作用。

二是建设坚强有力的战斗堡垒。深化统筹城乡基层党建工作，创新基层党组织设置和活动方式，进一步扩大党组织覆盖面和影响力。依托互联网信息技术，探索不同领域基层党组织和党员发挥作用的有效途径。完善党员干部直接联系群众制度，巩固“百千万”、干部住夜等工作成果，增强服务实效。健全村（社区）党组织书记激励保障机制，深化“双先指数”考评等工作，夯实党的基层基础。

三是培育风清气正的政治生态。坚持问题导向，认真抓好党的群众路线教育实践活动整改落实工作，巩固提升活动成果。贯彻中央“八项规定”，严格执行“三大纪律”“八项要求”，促进党风政风的持续好转。强化党风廉政建设主体责任和监督责任，扎实推进惩治和预防腐败体系建设，建立健全不敢腐、不能腐、不想腐的长效机制。坚决查处各类违纪违法案件，以反腐倡廉的实际成效纯洁队伍、取信于民。

政府工作报告

——在桐乡市第十五届人民代表大会第四次会议上（摘要）

桐乡市市长　盛勇军

（2015年2月4日）

一、2014年工作回顾

2014年，我们围绕“四大奋斗目标”，突出抓好“大整治、大转型、大招商”三件大事，开拓创新，真抓实干，成功承办了首届世界互联网大会乌镇峰会。全年实现地区生产总值610.7亿元，按可比价计算，同比增长8.1%；财政总收入89.1亿元，其中公共财政预算收入49.2亿元，同比分别增长9.3%和8%；实现社会消费品零售总额268.7亿元，同比增长12.6%；城镇居民人均可支配收入41438元、农村居民人均可支配收入25195元，同比分别增长9%和10.1%。

——转型升级深入推进，发展质量持续优化

工业经济转型提升。深入实施工业强市战略，全年新增规上企业138家，亿元企业40家；实现规上工业总产值1345亿元，规上工业增加值率16.5%，同比提高1.2个百分点；规模以上战略性新兴产业、高新技术产业和装备制造业增加值分别增长16.2%、19.1%和15.7%。“四换三名”“两改两创”扎实推进，实施“机器换人”项目338项，完成投资80.7亿元，现代化技改投入和设备投入占工业生产性投入比重达75.8%和64.1%；完成淘汰落后产能项目32个，实施“两退两进”项目74个，腾退低效用地1705.7亩；新增浙江名牌8个，省著名商标4件，成功列入“浙江制造”品牌培育试点县；推动企业上市股改，新增股份制企业9家、浙江省股权交易中心挂牌企业2家；中国玻纤总部迁址桐乡，新澳集团、华友钴业成功上市，华章科技在港交所转至主板上市。实现建筑业总产值342.8亿元，同比增长12%。

服务业经济提质增效。平安养生养老和雅达国际健康生态产业园项目进展顺利，乌镇国际旅游区位列省级旅游休闲度假区类评估第一位。持续推进“个转企”“企转规”工作，新增服务业规上企业149家、生产性服务业企业93家。实现服务业增加值262.5亿元、增长8.4%，占GDP比重达到43%。全年新增贷款90亿元，贷款增量和余额增幅稳居嘉兴第一。电子商务发展迅速，实现电商交易额680亿元，同比增长94.3%。全市实现城乡集市贸易成交额450.6亿元。濮院320创意广场被认定为省级特色工业设计基地。

现代农业加快发展。新增粮食生产功能区2.4万亩，粮食储备工作获评全国先进。扎实推进农村土地综合整治，完成土地复垦3078亩，新增土地流转2.8万亩。签约农业投资项目64个，总投资4亿元的百花欢乐大世界项目落户石门并启动建设。培育壮大新型农业经营主体，全市新增农业庄园建设点27个、家庭农场158家、省级示范性家庭农场5家。创建省级生态循环农业示范区2个、示范主体17个。桐乡杭白菊成功创建省级区域名牌。

——改革创新深入推进，发展活力持续释放

旅游综合改革成效初显。以“一业驱动四化”的理念，推进全国首个旅游综合改革试点县建设。理顺管理体制，健全市、镇、村三级旅游管理组织网络，创新重大旅游项目投融资机制，完成旅游总体规划修编和乌镇省级旅游试验区规划编制。全面实施“双十双百双千”工程，江南乌村、港龙世界风情木屋庄园等一批项目启动建设，成功举办第二届乌镇国际戏剧节，振石大酒店荣膺我市首个五星级酒店。全年共接待游客1627.3万人次，实现旅游总收入164.5亿元，同比分别增长17.9%和28.5%。其中乌镇接待游客692.4万人次，同比增长21.7%。

要素市场化配置改革稳步实施。出台要素市场化配置综合配套改革总体方案和中小微企业贷款支持计划等10项配套方案。挂牌运营省股权交易桐乡运营中心，注册成立民间融资服务中心，试点“幸福新桐乡”农村居民普惠理财计划，受益农村居民1.7万人。以“多规合一”为契机，扎实推进土地利用总体规划、市域总体规划修编。深入开展工业企业绩效综合评价，对全市2811家企业在用地、用能等资源要素配置上实施差别化定价，规上和规下企业亩均税收分别提升9.6%和6.8%。

行政审批制度等改革全面深化。承接上级下放审批权限，推进审批层级一体化。推行政府权力清单、责任清单、企业投资项目正向和负面清单制度，全面梳理十大类行政权力事项并上网公布。实施建设项目全流程网上审批，三级便民服务网上办事大厅实现全覆盖。建立首席代表、期望办理新模式，推行“宽进严管”的工商登记制度，完善中介机构信用等级评价考核体系。推行简政放权，实施强镇扩权，优化“政务超市”服务。推进公共服务管理体制改革，社会组织承接政府职能取得突破；综合行政执法、食品药品监管和工商质监行政管理体制改革顺利实施。农村产权制度和“三偿”生态保护机制等改革取得新成效。

——有效投入深入推进，发展后劲持续增强

项目推进扎实有效。坚持问题导向，强化交办领办项目落实机制，推行“三色”预警和追效问责。京马电机、易锋机械等261项市级重大项目进展顺利，华能热电联产项目并网发电，重大项目开工率达95%，完成总投资201.7亿元，完成年度计划的110%。全年完成固定资产投资372.3亿元，同比增长20.2%，其中工业生产性投入174.8亿元、服务业投资193.6亿元、农业投资3.7亿元，同比分别增长20.3%、20.7%和18.6%。

招商选资成效显著。加大接轨沪杭工作力度，重点围绕汽车汽配、新特材料、装备制造、信息产业等召开各类主题招商会63场。突出一把手招商、以企招商、产业链招商，合众新能源汽车、普洛斯物流产业园等一批重大项目签约。全年完成合同利用外资4.7亿美元、实际利用外资3.3亿美元，同比分别增长21.8%和38.4%；市外内资106亿元，内资注册资金40亿元，“浙商回归”到位资金37.4亿元。引进总投资1亿美元以上外资项目3个，20亿元以上内资项目1个，行业龙头企业项目1个。

科技创新步伐加快。国家级可持续发展实验区、省级知识产权示范市通过验收，新认定高新技术企业24家。新科创园投入使用，并升级为国家级科技孵化器。实施国家级科技计划项目11项，新增发明专利授权107项。以高层次、高技能人才为重点，引进和培育各类人才7865名，其中桐乡市级以上创业创新领军人才26名。

——城乡建设深入推进，生态环境持续改善

治水治气取得实效。大力推进“清三河”行动，完成2.3万户农村生活污水和1.6万户城镇生活污水治理，取缔沿河非法砂石料加工场22家。市级河道水质由原来劣五类、五类水为主转变为以四类、三类水为主，跨行政区域交接断面水质考核评价为优秀。深化“4＋X”行业整治，关停淘汰重污染高耗能企业199家，整治提升148家，查获环境犯罪嫌疑人62人。全国首创死亡畜禽生态化处理模式，畜禽养殖业减量提质取得实效，生猪存栏量同比减少9.9万头，家禽养殖减少42.1万羽。深入开展大气污染防控整治，拆除燃煤锅炉229台（套），淘汰黄标车4734辆。启动生活垃圾分类处置试点工作，通过国家园林城市复查，成功创建省级森林城市。

基础设施不断完善。临杭大道开工建设，桐九公路客运中心至高铁火车站段和莲都公路市区至乌镇段加快建设，洲甸公路新农村至史桥段建成通车，环城东路综合改造全面竣工。完成农村公路大中修40公里，危桥改造64座。深入开展全国中小河流治理试点县和全国小型农田水利重点县建设，整治圩区3万亩，改造灌区节水配套3.6万亩，河道综合整治138公里，获省政府“大禹杯”金杯奖。大力推进通信基础网络建设，4G

网络覆盖面拓展到村。数字桐乡地理信息公共服务平台开通运行。500千伏桐乡输变电工程和20千伏电网升压改造等项目顺利推进。

城乡面貌进一步改观。全年完成项目投资87.6亿元。凤凰湖景观主体工程基本完工，市区建成生态绿道13.7公里、绿地3894亩。完成市区7个“城中村”改造，三年累计完成改造任务的70%。调整市区保洁体制，实施城乡环境卫生“四位一体”改革。崇福新一轮省级小城市建设成效明显，濮院旧镇改建项目房屋征收工作有序推进，乌镇“镇区景区化”建设进展顺利。全市完成“三改一拆”总面积474万平方米。深化“美丽乡村”及“两新工程”建设，优化镇村布点规划，乌镇横港村、崇福店街塘村入围浙江省2014年度美丽宜居示范村。

——和谐民生深入推进，公共服务持续提升

社会事业全面进步。省教育基本现代化达标市通过督导评估，非法托幼机构整治、新居民子女积分入学管理成效显著。全市高考本科一类上线806人，技师学院获批筹建。设立市政府“医学助学金”，启动实施市域内医联体建设，医药卫生体制改革进一步深化。嘉兴市级卫生应急示范镇(街道)实现全覆盖，省级卫生强市通过复核。“单独两孩”生育政策平稳实施。公共文化服务体系建设整体推进，市文化中心建成开馆，成功举办第三届“徐肖冰杯”全国摄影大展、“子恺杯”第十届全国漫画大展，全国“茅盾文学新人奖”落户我市。成功创建省级示范文明城市，省体育强市通过验收。

社会保障不断加强。全市新增城镇就业人员1.48万人，城镇登记失业率控制在2.9%。推进城镇职工基本医疗保险与城乡居民基本医疗保险有效整合，养老保险、医疗保险覆盖率分别达到98%和99%。启动残疾人托养庇护中心建设，全年发放低保、低收入家庭救助金1813万元。实现公租房与廉租房并轨，新建各类保障房348套。不断完善养老服务体系建设，建成118家居家养老服务照料中心，引进并建成2家民办养老机构，市老年公寓二期投入使用。

社会治理深入开展。推行“三治合一”基层社会治理实践，建立市镇村三级法律服务团，推进平安边界建设，全省首创跨区域平安建设联席会议制度。深化全员维稳责任制，推进“六五”普法，开通“市长信箱”微平台，加大信访积案和初信初访化解力度。健全社会治安防控体系，依法严厉打击各类刑事犯罪活动，社会治安持续好转。开展村(社区)“机关化”集中整治行动，全面实行城乡社区工作事项准入制度。出租房整治工作取得实效，安全生产三项指标实现零增长。

其他事业协调发展。开展侨情普查和第三次经济普查。启动农村应急广播体系建设，成功创建省首批“红十字工作示范市”。民宗、外事、档案、史志、慈善救助等工作取得新进展，国防后备力量建设，人民防空、优抚安置、妇女儿童、老龄工作取得新成绩，省级“双拥模范城”创建夺得六连冠。城乡居民合作医疗大病保险等8件惠民实事全面完成。

二、2015年目标任务和主要工作

2015年政府工作的总体要求是：全面贯彻落实中央、省委和市委的决策部署，牢牢把握“稳中求进、转中求好”工作主基调，扎实推进“五大行动计划”，坚持“工业强市”“市场强市”“旅游强市”发展战略，认真抓好“大整治、大转型、大招商”三件大事，促进经济、政治、文化、社会和生态建设“五位一体”全面协调可持续发展，努力打造诗画水乡典范、旅游休闲名城、互联网智慧强市。

综合考虑各项因素，建议今年全市经济社会发展主要预期目标为：地区生产总值增长7.5%；财政总收入增长7%，公共财政预算收入增长7%；固定资产投资增长12%，社会消费品零售总额增长11%；城镇居民人均可支配收入增长8.5%，农村居民人均可支配收入增长9%；万元生产总值综合能耗、能源消费总量和主要污染物排放量完成上级下达年度目标任务。我们将重点抓好以下五方面工作。

(一)突出“质”的导向促转型，着力提升经济实力

突出旅游产业驱动作用，彰显融合效应。推进旅游综合改革试点工作，积极探索统筹整合资源、促进旅游业发展的体制机制。强化项目带动，抓好“一带一路”规划建设，有重点推进风情小镇和乡村旅游建设。完善旅游公共服务基础设施，加快产业提档升级，积极创建乌镇——

石门省级旅游度假区。努力开拓地接市场，构建旅游营销推广体系。全年接待游客1760万人次、实现旅游总收入184亿元。

突出实体经济关键作用，放大投资效应。深入实施“六大倍增”行动计划，推进“两改两创”，加快玻纤、化纤等传统优势产业转型提升，培育发展高端装备制造、电子信息等新兴产业，扎实推进“浙江制造”品牌培育试点工作。突出经济开发区、崇福经济区、临杭经济区等重点平台的示范效应，加快推进复合材料、汽车汽配等产业园建设。加大有效投入，强化项目支撑，加快推进合众新能源、隆翠房车等项目建设，全年完成工业生产性投入194亿元、服务业投资219亿元，生产性服务业占服务业总投资的比重提高3个百分点。实施精准招商，继续加大接轨沪杭力度，主攻重点区域、重点产业、重点项目，力争在招大引强上有新突破。全年合同利用外资4亿美元、实际利用外资2.8亿美元，引进市外内资80亿元、“浙商回归”到位资金45亿元。鼓励有条件企业加快“走出去”步伐，进出口总值和出口总值分别增长6%和8%。推进服务业集聚区、振东金融商务区等服务业重点平台建设，大力培育商贸、金融、物流、创意设计等现代服务业，加快旅游与市场互促共进、实体市场与虚拟市场融合发展。

突出要素改革导向作用，释放红利效应。进一步强化“亩产论英雄”的评价导向。有序推进“两退两进”工作，淘汰落后产能项目20个，腾退低效用地1500亩。进一步推动企业股份制改造，新增上市挂牌企业3家；加快构建要素资源交易市场，促进各类资源市场化流转；升级“中小微企业贷款支持计划”，优化小微企业扶持方式。认真贯彻新预算法，加快建立现代财政制度。拓宽政府与社会资本合作领域，探索利用社会资本建设大项目的体制机制。切实做好国有公司分类转型工作，保持政府债务合理水平。加大项目审批事前、事后改革力度，完善行政审批服务体系，提高行政审批服务事项“即办率”。围绕“三权到人、权跟人走”，加快农村产权确权登记颁证，深化农村土地和分配制度改革。

突出科技人才支撑作用，发挥引擎效应。完善科技创新公共服务平台，启用国家级毛针织品质检中心，建设省级研发中心、企业研究院6家，省级院士专家工作站1家。重点打造集孵化、转化和产业化为一体的科技产业园，引进孵化项目30个，其中高端人才项目10个。提高企业自主创新能力，全年新增高新技术企业12家、省科技型企业30家。支持企业创新发展，设立政府科技创业风险投资引导基金，实施省级以上科技项目200项，新增专利授权2300件。创新引才用才机制，全年引进高层次人才450名、桐乡市级以上创业创新领军人才30名，培育高技能人才3500名。

（二）把握“网”的机遇谋发展，着力壮大信息经济

全力承办互联网大会。建成启用乌镇会展中心，高起点规划大会永久会址并加快项目前期工作。深化重点区域、重点部位环境整治，强化氛围营造，充分展示城市形象。进一步完善网络通信基础设施，开展乌镇电力补强提升工作。改造提升景区会务接待设施，提高服务能力和水平，高标准做好第二届世界互联网大会乌镇峰会承办工作。

加快互联网产业发展。科学编制互联网产业发展规划，确定“一核一带多点”的空间布局，以乌镇为核心，经济开发区、科创园等为节点，完善基础设施，提升平台承载能力。差异化发展会展会务、电子信息制造、数字内容、互联网教育等产业。设立互联网产业发展基金，出台扶持政策，创新工作机制，加大招商引资力度，培育引进互联网相关人才，打造协同配套的互联网产业生态圈。积极推动国家互联网公园、国家互联网大学筹建相关工作，积极创建国家互联网创新发展试验区，全力打造中国（乌镇）互联网产业基地。

促进互联网技术应用。加快推进工业化和信息化深度融合，重点实施“机器换人”项目300项，“两化融合”重点项目100项，争创省两化融合示范区，加快传统产业互联网化转型升级，促进传统制造向智能制造转变。深入推进“电商换市”，开展跨境电商产业园建设，新增崇福（皮草）、石门（皮鞋）、洲泉（皮鞋、蚕丝被）等特色产业电子商务集聚区，争创省电子商务示范区。稳步推进农村电子商务发展，实现“以网惠民”。推进信息技术在社会民生、政务服务、城市公共治理领域广泛应用。加强顶层设计，加大基础投入，实施智慧旅游、智慧交通、智慧安

居等为主要内容的“智慧城市”建设。加快乌镇“智慧小镇”建设，完成面向家庭的社区综合宽带示范项目。

（三）彰显“美”的理念强统筹，着力改善城乡面貌

坚持以人为本，优化生态环境。加快实施“五水共治”三年行动计划，落实最严格的水资源保护制度，全面完成黑臭河整治，增加四类以上水体断面比重。完善治水长效机制，全力整治以畜禽养殖为重点的农业面源污染，持续抓好农村生活污水治理，提高入网率。进一步理顺水务体制，基本完成城市污水处理厂和申和污水处理厂提标改造工作，完成市区管网普查，加大雨污分流改造和截污纳管力度。加强农田水利建设，完成河道整治150公里，圩区整治2.8万亩。深化“4+X”重污染高耗能行业整治，推进大气污染防治工作，完成“黄标车”淘汰1000辆。深化“四位一体”长效保洁机制，推进生活垃圾分类扩面工作，启动污泥处置项目，确保顺利通过国家卫生城市复查。继续因地制宜推进“森林桐乡”建设。

推进有机更新，加快城市建设。注重产城融合，加快“一市三城”建设步伐。推进凤凰湖核心景观工程和夏家浜公共文化设施项目建设，东兴生活广场建成并投入试营业。推进杨家门区域旧城改建、濮院旧镇改建，加快市区“城中村”扫尾工作，注重拆后利用。深入推进崇福省级小城市和洲泉、濮院嘉兴市级小城市建设，加快乌镇“镇区景区化”步伐，协调推进其他新市镇建设，努力打造各具特色的美丽小镇。加快临杭大道、莲都公路市区至乌镇段等项目建设，完成320国道崇福景卫至新农村段改造提升和湖盐线龙翔段、羔民线等6条县道大中修工程，桐九公路建成通车。

做强现代农业，建设美丽乡村。坚持高效生态农业方向，开展新型农业现代化建设试点，培育新型农业经营业态，大力发展庭院经济、农场经济和庄园经济，新增示范性家庭农场6家、星级农业庄园5家。推进农业“两区”建设，新增粮食生产功能区2.1万亩。加快现代生态循环农业整建制推进，创建省级示范主体6个，巩固提升生猪养殖业减量提质成果。加大农业招商力度，壮大特色精品农业和农产品精深加工业。严格土地执法监管，稳步推进新村集聚。引导土地经营权规范有序流转，探索农村土地综合整治新模式，完成土地复垦2600亩。落实惠农政策，以改革的方式壮大农村集体经济，增加农村居民收入。加快“美丽乡村”扩面提升，构建“一村一品一景”的农村发展新格局。

（四）围绕“好”的要求惠民生，着力增进百姓福祉

提升公共服务水平。巩固义务教育均衡发展市创建成果，加快推进小班化进程。深化教育领域综合改革，推进普通高中特色发展。加大技师学院（筹）等职业院校建设力度，增强职业教育服务经济社会发展能力。深化医疗开放合作，重视中医药事业发展，探索药事改革和混合所有制医疗机构模式，逐步建立完善分级诊疗制度。全力做好重大疾病防控工作，争创省级卫生应急示范市。整合卫生、计生资源，创新人口计生工作机制，加快城乡公共法律服务一体化建设。进一步发挥名人文化、运河文化和古镇文化的魅力，办好一批在国内外有影响力的品牌文化活动。积极引进浙江传媒学院电影学院，启动市图书馆新馆建设，推进国家级公共文化服务体系示范区创建工作。

增强社会保障能力。加大就业培训和鼓励创业政策扶持力度，重点做好困难家庭、高校毕业生、退伍军人、农业转产家庭等群体就业创业工作，逐步增加就业岗位，有效控制城镇登记失业率。加快城乡社会保障一体化进程，健全社保工作网络。深化城镇职工基本医疗保险与城乡居民基本医疗保险整合工作，探索建立医疗等基金使用第三方评价机制。建立健全医疗救助、困难家庭结对帮扶和残疾人保障等制度，加大慈善组织、红十字会等社会募捐和救助力度，不断完善新型社会救助体系。启动实施“智慧养老”工程，实现居家养老服务照料中心城市社区全覆盖，力争农村社区达到三分之二，着力构建多元化、立体式养老服务体系。

创新社会综合治理。开展“五星级”和谐示范社区创建，积极培育各类社会组织，重点在养老、助残、低保等领域开展政府向社会力量购买服务，做好专业社工的培育和引进，促进社区、社团、社工“三社”互动。全面开展综合行政执法和新居民居住证改革试点，加快立体化治安防

控体系建设。加强社会矛盾纠纷调解和网络舆论宣传引导，办好市长电话，重视初信初访，扎实做好信访积案化解，畅通群众诉求渠道。增强安全生产意识，落实安全生产主体责任。扎实做好与开化等地的山海协作工作，优势互补、合作共赢。进一步加强国防动员、民兵预备役、人民防空、外事、统计、史志等工作，稳步推进民宗、台侨、档案、妇女儿童、老龄等各项事业。

办好惠及民生8件实事。按照贴近民意、惠及百姓的要求，今年确定了8件实事项目，1.学校餐饮安全提升工程。新建、改扩建学校食堂5所，升级改造10所；全市学校食堂“五常法”管理比例达到90%以上，“阳光厨房”比例达到100%。2.城乡居民食品安全工程。改造3家城镇农贸市场为放心市场，创建大型商超“放心柜”6家，品牌超市进校园实现全覆盖；建成20家大型、特大型餐饮企业“阳光厨房”；开展豆制品行业等规范化整治。3.城乡社区安防工程。新增视频监控探头1100个，在20个小区（村居）建设车辆识别监控等技防设施。4.“四位一体”长效保洁工程。新增垃圾分类处置试点小区（村）20个，完成市区垃圾房改造500个、公厕改造30座，推进村级垃圾中转房达标改造。5.市区老旧小区改造工程。对市区5个老旧小区进行改造，惠及居民4100余户。6.公共自行车扩面工程。推进公共自行车服务向镇（街道）延伸，市区、濮院、崇福和乌镇新增公共自行车服务点90个、公共自行车2400辆。7.市民卡扩面和功能拓展工程。基本实现户籍人口市民卡全覆盖，拓展市民卡在公共服务场所、医疗机构诊间结算、公共交通等领域的应用。8.智慧城市无线网络提升工程。在全市重点公共区域建设和开放免费WiFi网络，实现4G信号全覆盖、网速达到100兆。

（五）坚持“高”的标准抓落实，着力加强自身建设

用法治的思维抓落实。自觉接受人大法律监督和政协民主监督，认真做好人大代表建议和政协提案办理工作。坚持科学理政，实施重大决策公众参与、专家论证、风险评估、合法性审查和集体讨论决策制度，不断提高决策水平。坚持廉洁从政，巩固党的群众路线教育实践活动成果，严格落实党风廉政建设责任制，坚持“一岗双责”，严查违法违纪行为，严控“三公”经费支出，以作风建设提升机关效能。

用市场化的理念抓落实。进一步分清政府与市场的边界，做到有所为，有所不为。重视企业家队伍建设，注重企业的市场主体作用，创新政府扶持方式和评价机制，推动政策导向由扶持个体向扶持公共平台转变。发挥社会组织在公共服务供给中的积极作用，完善政府购买公共服务的机制。

用敢于担当的勇气抓落实。以动真格的手段推进政府自身改革，进一步转变职能、优化服务，审批事项能简则简、能放则放、能快则快，提升行政效率；以主动靠前的姿态敢于担当、科学担当，进一步加大治庸治懒治散力度，强化执行力，始终保持一股闯劲、一股韧劲；以雷厉风行的状态克难攻坚，弘扬团队精神，倡导务实进取、善作善成，脚踏实地、注重实效的工作作风，坚持“结果论英雄”，推进各项任务的落实。

名词解释：

1.一业驱动四化：以旅游业发展驱动新型农业化、新型工业化、新型城镇化和服务业现代化。

2.五水共治：治污水、防洪水、排涝水、保供水、抓节水。

3.三改一拆：旧住宅区、旧厂区、城中村改造和拆除违法建筑。

4.两化融合：信息化和工业化的高层次的深度结合。

5.两改两创：股份制改造、技术改造、管理创新、品牌创新。

6.“六大倍增”计划：工业经济规上企业、亿元企业、外资企业、高新技术企业、股份制企业、上市企业“六大倍增”计划。

7.双十双百双千：打造十大景区、十大系列旅游，新建百个优质景点、引进百位旅游业领军人物，旅游总投入突破千亿元、旅游总收入突破千亿元。

8.一带一路：京杭大运河桐乡段旅游带和旅游风情大道。

9.两退两进：退二进三、退低进高。

10.“五位一体”改革：经济、政治、文化、社会和生态“五位一体”改革。

11.双先指数：党组织先进指数和党员先锋指数。

12.四换三名：腾笼换鸟、机器换人、空间换地、电商换市，名企、名品、名家。

13.首席代表：部门派驻审批中心的窗口代表在授权职权内直接行使审批权的工作制度。

14.期望办理：业主、审批部门按双向承诺的时间完成项目审批全部手

续的审批服务新机制。

15. 生态三偿：生态有偿、生态补偿、生态赔偿。

16. “四位一体”长效保洁机制：涵盖镇区、公路、河道、村庄四大区域保洁新机制。

17. 医联体：市级医院与镇级卫生院结成医疗联合体，实施以管理输出、人才交流、技术支援为主要模式的紧密合作。

18. 三权到人：通过确权、登记、颁证，将农民土地承包经营权、宅基地使用权、集体收益分配权量化到人（户）。

19. 一核一带多点：“一核”，互联网产业发展乌镇支撑核；“一带”，互联网产业与传统产业融合发展带，即在桐乡世纪大道两侧形成一条贯穿南北的产业融合发展带；“多点”，互联网产业外溢发展辐射群点，承接“一核一带”的辐射。

20. “4+X”行业整治：在印染、制革、化工、造纸四大重污染高耗能行业整治的基础上，开展榨菜、机制丝绵、涉汞、小精炼作坊等行业专项整治。

·相关链接·

2014 年政府惠民实事工程完成情况

表 1

序号	工 作 任 务	完 成 情 况
1	改善城乡居民饮用水质量，铺设村级供水管网 119 千米、入户管网 63 千米，制定《高层住宅供水管理办法》，改造现有高层住宅供水设施 2000 户以上	全年铺设村级供水管网 120.5 千米，入户管网 64.2 千米，制定《桐乡市高层住宅二次供水管理实施意见》，完成 9 个小区改造，惠及居民 2095 户
2	提升城乡污水收集处理能力，启动城市污水处理厂提标改造，新建污水管网 30 千米，完成农村生活污水治理 2.5 万户以上	城市污水处理厂提标改造工程于 2014 年 11 月进场施工，新建污水管网 165.6 千米，完成农村生活污水治理 22869 户（省下达任务为 19084 户）
3	改造、修复城乡排涝设施，改造市区 4 个老旧小区排涝设施，对易涝地区水利设施建设予以重点倾斜	全面完成振东新区莲花小区等 4 个老旧小区改造工作，惠及居民 3849 户 全年加固加高外河圩堤 63.8 千米，新建、改建防洪水闸站 42 座，泵站 51 座，落河缺 155 个，投入资金 3750 万元
4	推进城乡文体设施建设，新建 25 个村级标准灯光篮球场、126 个村级文体小广场	建成 25 个村级标准灯光篮球场和 126 个村级文体小广场
5	改善城乡学前教育设施条件，新建续建幼儿园 14 所，其中 8 所投入使用	8 所续建幼儿园建成并投入使用，6 所在建幼儿园进展顺利，投入建设资金 8226 万元
6	实施城乡居民合作医疗大病保险，提高参合群众医疗补偿水平	全市参加城乡居民合作医疗保险人数 43.99 万人，全年有 1310 人（6248 人次）获得大病保险补偿，总额 948.99 万元，人均补偿 7244 元，参合人员享受大病保险后，实际补偿率提高 11.03%
7	加快居家养老服务照料中心建设，建成村（社区）居家养老服务照料中心 100 家	建成村（社区）居家养老服务照料中心 118 家
8	加大城乡困难群众救助力度，提高困难群众医疗救助标准，建立适度普惠型儿童福利体系和精神残疾人庇护体系	全面提高医疗救助标准，全年救助 11294 人次，支出 885.53 万元 建立适度普惠型儿童福利体系，发放散居孤儿和困境儿童基本生活费及物价补贴 10067 人次，计 245.74 万元 455 名贫困精神病患者享受基本抗精神病药物费用全免政策。桐乡市残疾人托养（庇护）中心项目 2014 年 10 月开工建设，预计 2015 年年底投入使用

专　记

党的群众路线教育实践活动

2014年2月20日，桐乡市党的群众路线教育实践活动部署会召开，桐乡市群众路线教育实践活动全面铺开，12个镇（街道）、73个部门（单位），及市直属党（工）委38个，党的基层组织2082个，党员36533名，参加以“为民务实清廉”为主题的教育实践活动。桐乡市党的群众路线教育实践活动开启作风建设新常态，落实从严治党新要求。教育实践活动全程突出领导带头、以上率下，领导干部率先垂范，教育实践活动顺利进行。

2013年9月6日，桐乡市委成立由市委书记卢跃东为组长的党的群众路线教育实践活动领导小组。领导小组下设办公室，各单位也相应成立领导小组及办公室。扎实开展“同步学习、同步整改、同步督查”工作，形成“书记亲自抓，一级抓一级，一级带一级，层层抓落实”的工作责任网络，为桐乡市党的群众路线教育实践活动全面铺开做了充分准备。

7月9日，市委常委会召开专题民主生活会，中央教育实践活动办联络一组组长任卫东、嘉兴市委书记鲁俊到会指导。省委、嘉兴市委联合督导组指导每个阶段的教育实践活动；桐乡市党的群众路线教育实践活动联系领导嘉兴市政协主席高玲慧，多次到桐乡开展调研；市级党员领导干部在镇（街道）和市级部门（单位）建立42个“双联系点”，加强对联系点开展教育实践活动的指导；桐乡市组建12个市委督导组，指导全市12个镇（街道）、73个部门（单位）的教育实践活动。建立正风肃纪组、市委市政府督考办、市效能办互通互联的横向运转机制和正风肃纪组牵头，部门（单位）为主体、社会公众力量参与监督的纵向运转机制，开展正风肃纪，督促全市中心工作和民生实事工程有效推进。

7月9日，中央活动办联络一组组长、中组部干部二局副局长任卫东，嘉兴市委书记鲁俊等领导参加桐乡市委常委会专题民主生活会　　市委组织部提供

一、学习教育，听取意见

全面开展学习教育。采用个人自学、专家讲学、专题领学、反思深学、轮训考学、上门送学、平台导学、基地践学等八种方式集中专题学习，全面开展学习教育。市委常委会带头研读各级党组织党员干部精读8本必读书目，认真学习《习近平总书记

系列重要讲话读本》。组织“坚定理想信念、敢于担当克难”“增强党性观念、强化党的纪律”主题教育。开展“三思三观”集中学习讨论活动，各镇（街道）、部门（单位）通过分层分类举办学习交流会、主题论坛、演讲比赛、微型党课、征文等各种途径开展大讨论，引导党员干部自觉对照“三严三实”要求，不断增强宗旨意识和群众观点，开展以“比学习、提素质，比作风、提形象，比服务、提能力”为主要内容的集中大轮训。举办科局级领导干部集中轮训班3期，参加轮训655人；举办村、社区、两新组织、机关事业等4类党组织书记专题培训班，组织督学考学6次；参加闭卷考试的机关干部2012人。活动中，市委常委会开展专题学习20余次，各部门（单位）、镇（街道）组织集中学习1330余次，各级党组织书记为基层上党课660余次。

深入基层听取意见。市委常委以普通市民身份，走进十大类民生热点领域，参加“当一天市民、看群众需求”体验活动，当一天“学生家长”“求医群众”“公交乘客”“办证人员”等，以换位思考找差距，推动教育实践活动健康有序开展。市级领导带头参加“四联四强”基层走亲连心解忧大走访，深入实施市级领导干部下访接访，切实解决征地拆迁、涉法涉诉等一批重点难题。深入开展“走村不漏户、户户见干部”活动，通过市级机关“百千万”住村干部住夜走访、镇街联村（住夜）干部包组走访、镇村干部联动走访等形式，走遍全市所有农户，镇（街道）党政一把手走遍村（社区）及困难党员和困难户。结合“网格化管理、组团式服务”工作，全面开展农村党员干部“联系不漏户、党群心贴心”活动，实行党员直接联系群众、小组长包组联户、村干部包片联户，党员联系群众进户到人，服务群众到点到事。创新开展“干部结民亲、帮扶不漏户”活动，2892名党员干部常年结对帮扶困难群众2283户，实现全覆盖。深入开展“当一天社区干部”实践活动，以每月25日党员先锋日为集中活动日，持续深入开展“点亮微心愿·共筑中国梦”四季主题活动。深入推进“干部联千企、服务助转型”活动，24个涉企部门和镇（街道）干部与1600多家企业结对联系帮扶。建立“四民”办理机制，做好大走访过程中民情收集、民意梳理、民事交办、民声反馈等工作，确保群众反映的问题件件有着落、事事有回音。活动中，市委常委会收集到意见建议2020条次，其中直接涉及“四风”方面意见1159条次，经梳理归纳形成51条，最终梳理归并成17个“四风”方面问题。全市各级党员干部走访群众13.69万户，召开党员群众座谈会1147次，征集到意见建议1.26万条次，其中“四风”问题2530条次，协助解决群众实际问题3261个。

市委书记卢跃东在濮院镇西浜村调研　　市委组织部提供

二、查摆问题，开展批评

深入细致查摆问题。各级党员干部对照“理论理想、党章党纪、民心民声、先辈先进”四面镜子深入细致查摆问题。对照“三严三实”要求，深入查摆，列出个人条目式“四风”问题，并按照“二上二下”要求审核个人撰写的对照检查材料。市委书记和市长的个人对照检查材料反复修改10余稿。

全面深入开展谈心交心。在各自撰写个人对照检查材料并反复修改的基础上，按照“四必谈”+“约谈”+“访谈”要求，开展谈心交心。全体党员领导干部开展谈心交心活动，做到把问题谈开、思想谈通、意见谈好。

重点从理想信念、宗旨意识、党性修养、政治纪律和组织纪律、财经纪律等方面分析原因，深挖根源，提出务实管用的整改措施。市委常委班子成员在近1个月时间里，深入开展一对一、面对面讨论交流。

开展专题民主生活会。市委常委会召开专题民主生活会，在专题民主生活会上，各常委直截了当指出对方工作方式方法上折射出来的"四风"问题，每轮批评大家都点问题、摆事实、讲依据，会上提出批评意见202条。全市85个单位全面召开领导班子专题民主生活会，班子成员的对照检查材料剖析深刻，勇于揭短亮丑，批评和自我批评意见中肯深刻。

扎实做好"党性体检、民主评议"。各基层党组织普遍召开专题组织生活会，扎实做好"党性体检、民主评议"。30位市级党员领导干部分别指导联系一个基层党组织专题组织生活会。其中10位市委常委作为软弱涣散村(社区)"第一书记"全程参加指导。各基层党组织按照上级要求撰写简要对照检查材料，共查摆出各类问题8633条次。在农村、两新、社会组织等6种不同类型的党组织中，统一设置联系服务群众、遵守法律和社会公德等四大项评议内容，以百分制形式将四大项内容细化、量化为不同的正向考评指标，同时将全国首创的不合格党员"十大红线"作为评议的反向测评指标，全面开展党员"党性体检、民主评议"工作。全市36445名党员参加民主评议，参与率99.8%，评出先锋党员5219名，合格党员31269名，警示党员45名，其中劝退或除名2名，9099名群众代表、服务对象参与测评。

三、整改落实，建章立制

着力破解民生难题。在充分听取基层意见基础上，着力破解民生难题。围绕群众最关心最直接最现实的利益问题，确定饮用水、大病保险、排涝设施等8件惠民实事项目。在此基础上，新增"十件民生实事"承诺，市委、市政府任期内着力办好涉及环境治理、养老服务、交通出行、医疗教育、食品安全、帮扶困难群众等实事工程。在全省率先开展"正风为民"发布会，针对"四风"具体问题和直接关系群众切身利益问题，列出一批马上整改的作风问题，由部门(单位)"一把手"，面对媒体和各界群众代表晒出具体整改惠民路线图。

专项整治即知即改。活动前期查摆出来文山会海、考核评比多等问题，扎实开展八项整治集中行动。市委、市政府口发文比上年减少35%，全市性会议减少30%；考核评比项目减少46.4%，达标表彰项目减少42.2%；"三公经费"下降48.69%，腾空办公面积4.6万平方米，全市39家单位共理出权力事项8356项。全省率先厘清基层群众自治组织依法履行职责事项和协助政府工作事项，形成全市村(社区)协助政府工作事项清单76项。全市176个村、35个社区清理牌子4000余块、墙上制度5700项。加快审批制度改革，在全省率先推行"期望办理"，企业投资项目审批时间从667工作日天缩至78工作日。认真落实中央、省委专项整治任务，针对活动中查摆到的"四风"问题，先后部署28项专项整治。市委常委会制定"两方案一计划"，理出四张清单("四风"问题清单、专项整治清单、民生实事清单、建章立制清单)，梳理出责任事项113项，逐个明确整改措施、时限要求、整改状态，由市委常委全部"对标领办"。至年底，市委常委会层面梳理形成113项整改措施中，已落实整改110项。全市各级党组织针对各自查摆的问题，落实整改5621项。

建章立制确保长效。扎实做好"学、清、立、改、停"工作，健全为民务实清廉的45项长效制度，制订制度建设计划书。至年底，市四套班子建立《城乡社区事项准入制度》《"三公"经费管理制度》《从严管理干部制度》《关于完善党员干部直接联系群众的实施意见》等制度43项。桐乡市党的群众路线教育实践活动中，由市委常委和其他市级领导领衔制定的《市委学习调研制度》《强执行敢担当制度》《干部监督管理制度》《党员干部联系群众制度》《加强全市干部团队精神建设》《三公经费管理制度》等"十项长效制度"，汇编成册并印发至全市各相关单位专题学习。

桐乡市党的群众路线教育实践活动至9月底基本结束。10月14日，桐乡市委召开全市党的群众路线教育实践活动总结大会，回顾总结市教育实践活动开展情况，对巩固、拓展教育实践活动成果，贯彻从严治党指示精神、持之以恒深入推进作风建设进行部署。按照省委部署，活动再延长6个月抓整改落实。

(吴佳瑜)

首届世界互联网大会

由国家互联网信息办公室、浙江省政府主办，浙江省互联网信息办公室、浙江省经济和信息化委员会、桐乡市政府、中国互联网络信息中心联合承办的首届世界互联网大会·乌镇峰会，于2014年11月19～21日在桐乡市乌镇镇举行。大会以“互联互通·共享共治”为主题。

一、首届世界互联网大会顺利召开

规格高，影响深。中共中央、国务院和省委、省政府高度重视此次大会。国家主席习近平给大会发来贺词代表中国政府和人民，并以个人的名义，向会议的召开致以热烈祝贺。20日下午，国务院总理李克强在杭州会见出席大会的70位中外代表，并与参会的中外代表座谈。中央政治局委员、国务院副总理马凯出席开幕式并作演讲。中共中央宣传部副部长、国家互联网信息办公室主任鲁炜在大会首次新闻发布会上作主发布，并全程出席大会。省委书记夏宝龙在大会开幕式上致辞，并参加大会纪念林植树活动。省委副书记、省长李强出席大会首次新闻发布会，主持大会开幕式并在“透过浙江看中国——信息经济论坛”作演讲。省委副书记王辉忠出席“乌镇之夜”招待晚宴。国家互联网信息办公室副主任任贤良与省委常委、宣传部部长葛慧君在大会闭幕式上致辞，并参加闭幕新闻发布会。赵一德、毛光烈、朱从玖、梁黎明等省领导出席或参加多项大会活动。桐乡市委书记卢跃东参加国务院新闻办主持的大会首次新闻发布会。市长盛勇军在“透过浙江看中国——信息经济论坛”作智慧小镇建设主题发言，并参加第二次新闻发布会。大会开幕式、闭幕式由央视财经频道、浙江卫视全程直播。全球160余家主流新闻媒体的600多名记者注册参会，参与大会的采访报道。央视网、新华网、人民网、浙江在线、新蓝网、新浪网、腾讯网等几十家网络媒体和知名网站网络直播各分论坛，场均直播2小时，直播信号累计超36小时，观看网民超100万人。设置每日议题，《人民日报》、新华社、中央电视台、中央人民广播电台等国家级媒体和《浙江日报》、浙江卫视、浙江在线、《钱江晚报》等省内主流媒体，围绕“互联网盛会”“乌镇欢迎您”“互联网让生活更美好”“电子商务”“网络安全”“网络空间法治化”等议题，开展大会新闻报道。大会召开前后的3场新闻发布会，吸引《人民日报》、新华社、中央电视台以及美国全国广播公司、美国彭博新闻社、《华盛顿邮报》、英国路透社、英国《金融时报》、朝日电视台、新加坡《联合早报》等264家境内外媒体记者到会报道。各大媒体刊发相关原创报道3730余篇(条)，境内外各大网站报道转载量近20万条。

首届世界互联网大会“互联网与政府：公共服务创新”分论坛
市委宣传部提供

规模大，议题广。世界各方嘉宾应邀参会。美国、俄罗斯、澳大利亚、爱尔兰、以色列、韩国、坦桑尼亚、牙买加、罗马尼亚、斯里兰卡、孟加拉国、马来西亚、老挝、蒙古等近100个国家和地区的1000余位嘉宾出席会议。来宾有爱尔兰前总理伯蒂·艾亨、韩国前国会议长金炯旿、俄罗斯总统助理伊戈尔·肖格列夫等10余个国家的政要和政府部门负责人，互联网名称与数字地址分配机构（ICANN）总裁法迪·切哈德、全球移动通信系统协会会长潘福爱、美国战略和国际研究中心主任詹姆斯·安德鲁·路易斯等多个国际组织、技术社群的负责人，以及多位入选互联网名人堂的互联网关键技术的发明人、顶级科学家等。此外，美国苹果、思科、微软、谷歌、脸谱、高通等国际网络企业负责人，国内阿里巴巴、百度、腾讯、京东以及中国移动、电信、联通、华为、浪潮等网络和通信企业领军人物参加会议。经过广泛征集和大数据筛选后，最终确定开闭幕式、分论坛、高峰对话等17场会议活动，涵盖国际互联网治理、互联网新媒体、跨境电子商务、互联网金融、网络安全、打击网络恐怖主义、网络空间法治化、电子政务等国际互联网领域中的共性问题、关键问题和重大问题，回应国际社会对网络空间面临重大问题的共同关注，具有前瞻性、应用性和针对性。

成果丰，亮点多。会议期间，爱尔兰前总理伯蒂·艾亨、韩国前国会议长金炯旿、俄罗斯总统助理伊戈尔·肖格列夫、ICANN总裁法迪·切哈德、汤森路透集团总裁吉姆·斯密斯、高通公司董事长保罗·雅各布以及阿里巴巴董事局主席马云等近200名政要、互联网精英和学者作演讲和发言，各种论坛、演讲、对话活动场场爆满。各国与会嘉宾以尊重彼此核心利益和重大关切为基础，在会上深入交流探讨、平等沟通对话，共商网络互联互通大计，共谋网络共享共治大局，提出新观点，探索新规律，形成新共识，进一步深化互联互通中的理解与信任，推动共享共治中的交流与合作，增强国际社会在互联网发展与治理领域积极合作的信心。为使大会具有中国特色、江南风情，会议期间举办反映浙江乃至中国互联网和信息经济建设思路、发展成就的“透过浙江看中国——信息经济论坛”和“互联网之光”主题展，反映浙江大地风土人情的“美丽浙江”系列图片展、“乌镇之夜”招待晚宴暨浙江特色文艺表演活动、“十里红妆·女儿梦”专场文艺演出、大会纪念林植树活动等一系列特色交流和展演活动。大会邀请国家和省有关领导、部分嘉宾在指定区域种植桐乡市市树——梧桐树。栽下梧桐树，自有凤凰来，以此作为大会永久纪念意义的祥瑞象征。

二、首届世界互联网大会筹备工作

确定召开大会。9月3日，桐乡市领导盛勇军、沈建坤、朱明杰在浙江省委宣传部副部长来颖杰带领下到国家互联网信息办公室进行对接，听取中宣部副部长、国家互联网信息办公室主任鲁炜对整个会议的设想和安排。鲁炜指出，举办首届世界互联网大会是基于三个判断，一是中国是互联网大国，但不是互联网强国；二是中国互联网管理体制不够健全；三是中国互联网法制不够完善。中共中央对此次会议的召开启动五项准备工作，即国际舆论的准备、国内工作的准备、会议选点的准备、邀请嘉宾的准备和会议会务的准备，要求浙江做好迎接首届世界互联网大会的各项准备工作，让江南水乡的一个小镇与世界互联网直接对接对话，让中国最优秀的文化拥抱世界最先进的互联网发展理念。

11月19日，桐乡市市长盛勇军在“透过浙江看中国——信息经济”论坛演讲　　市委宣传部提供

大会承办工作情况。组建工作机构，制定工作方案。9月12日，市长盛勇军召集有关部门，召开首届世界互联网大会工作第一次协调会议，专题部署集中办公、联络对接、工作方案、问题清单、宣传造势、舆情应对、决策常态化机制、市场合作机制、后续对接等九大方面工作。10月11日，首届世界互联网大会桐乡市承办工作领导小组成立，由卢跃东、盛勇军任组长，蒋惠玲、吴炳泉、戴金明、潘敏芳、陶咏椿、陈向宏任副组长，沈建坤、朱明杰任执行组长，市委办、市政府办、宣传部、统战部、政法委、旅委、发改局、经信局、公安局、财政局、建设局、交通运输局、商务局、文化局、卫生局、市场监管局、行政执法局、乌管委、信访局、机关事务局、创建办、国安局、团市委、梧桐街道、龙翔街道、高桥镇、屠甸镇、乌镇镇、乌镇旅游公司为成员单位。领导小组下设办公室和环境整治组、新闻宣传组、安全保卫组、会务接待组、技术保障组、产业发展组、项目招商组7个专项组。建立市级领导参与首届世界互联网大会重点工作责任制度，25名市级领导负责24项重点工作，24名部门主要负责人配合做好重点工作，抽调全市机关单位近300名工作人员集中办公，3万多人参与大会服务工作。10月20日，首届世界互联网大会桐乡市承办工作动员大会召开。10月16日、17日，桐乡市级层面和省级层面组织两次综合性演练。

全力推进各项工作。首届世界互联网大会浙江承办工作领导小组从20多家省直单位抽调近200名人员，分三批赴乌镇开展大会筹备工作。坚持整体谋划、系统推进，通过多方对比和专家论证，完成大会会标及视觉形象系统设计。汇总编制《大会操作手册》《项目方案汇编》《项目资金管理办法》等会议资料，形成覆盖大会全部论坛和活动的方案体系，做到“一部门一方案，一项目一方案、一活动一方案”。建立多方视频会议系统。建立每周例会、专题对接协调、现场检查督办等工作机制，做到“时间、任务、责任”三明确，构建起互联互通、高效顺畅的沟通合作体系。会务接待服务周到缜密。全面梳理乌镇景区内会场资源，制定主会场、分会场、领导会见室、文艺演出场地等具体实施方案。加强与浙江省及周边省市的民航、铁路、交通、公安等部门的沟通协调，开辟绿色通道，指定行车路线。组织会场服务人员服务技能与外事礼仪知识培训，抽调优秀服务人员进行培训。制订医疗卫生和食品卫生工作方案及应急预案，落实省市县三级食品药品监督部门联动监查，加强对会议期间餐饮的检测。设置医疗救护点3处，安排医务人员和急救车辆24小时待命，建立埃博拉疫情防控预案。在浙江大学、浙江工业大学、浙江工商大学等7所高校，阿里巴巴集团、机关年轻工作人员、大学生村干部中招募志愿者569人。成立会场服务、新闻媒体服务、酒店医疗服务、接站随车服务、景区引导服务、重要嘉宾服务、报到后勤服务、景区外围服务等八个工作组，根据工作需要灵活设置志愿服务岗位，完成各岗位既定目标任务。网络信息服务保障亮点凸显。浙江省经济和信息化委员会的牵头协调下，电信、移动、联通三大通信运营商和华数公司、中通服务公司制订《专项工作方案》《基础网络建设和专用通信保障工作方案》，全面升级改造大会会场和外围区域技术设施、通信网络、有线宽带等。累计建设2G/3G/4G无线宏基站325个，建设WiFi系统AC设备2套、AP设备1009套，敷设光缆174千米、通信电缆60千米、通信管道30千米，开通100G波道8条、万兆专线3条、千兆专线6条，完成乌镇景区“爱WiFi”平台的补点扩容和对接整合，实现有线网络4个万兆和4个千兆光纤接入，大会新闻中心和“互联网之光”展示区千兆到桌面（端口），主会场、分会场、宾馆酒店、接送车辆等主要场所2G/3G/4G信号和WiFi全覆盖。景区网络服务高速稳定，体验流畅。协调部署18台应急通信车辆，全力保障多媒体会议系统、会场直播系统、景区安防监控系统等信息化设备系统，落实无线电保障工作方案，完成会场及附近区域非法设台的清查工作。安全保卫严密有序。根据安保工作职责及实际，制定方案，细化各类安保方案28个，集中抽调安保力量，明确安保人员、岗位、职责及要求。加大科技支撑力度，树立“智慧安保”理念，加大科技投入及应用，实施景区内部监控数字化改造，游客服务中心和主会场安装安检设备，构建筑牢核心安保圈、外围稳控圈、外围护城圈三层安保圈。在乌镇派出所建立安保指挥部，在景区服务中心建立现场指挥部，投入安保人员3500余名，完成警卫任务8次。安监、消防、市场监管等部门联合开展快递行业整治。收集整理嘉宾和工作人员信息，细化证件分类，统一制作各类证件，会议召开期间严格执行凭证管理措施。严格落实治安防控、社会维稳、安全监管等各项措施。环境整治提升到位。开展高桥、屠甸、乌镇高速互通区周边环境整治，各高速出口至乌镇镇的60千米公路沿线进行绿化，外墙立面进行改造，公路标识、标牌、标线、护栏进行修复完善。整治桐乡市区及乌镇镇的市容市貌。清除废品回收点60余个，搬迁或关闭商户40余户，拆除破旧建筑物2万余平方米、违章建筑230余处。实施湖盐线龙翔段、乌镇镇区部分农房立面改造，完成改造66户。湖盐线、姚太线、绕城路新增绿化种植面积123万平方米、树木1万余棵。修补人行道40余处，改造公厕20座、粉刷桥梁40余座。加强沿线道路和重点区域保洁。加大秸秆焚烧和排污企业管理控制力度，签订《秸秆焚烧责任书》，成立巡查专业队伍、大气污染突发事件应急队伍。新闻宣传浓墨重彩。周密制定会前、会中、会后报道方案，精心策划宣传报道主题，大力创新报道形式载体。制定《首届世界互联网大会乌镇峰会氛围宣传方案》《桐乡市内广告宣传方案》《沪杭宁大型广告宣传方案》《世互会期间网上舆情应对方案》《记者接待方案》等。做好新闻中心建设，记者接待处的软硬件设置及互联网大会指示系统方案。在北京、上海、杭州机场，高铁站、高速沿线发布宣传广告，在桐乡市区、沿线和乌镇镇区设置户外广告。

三、乌镇成为世界互联网大会永久会址

*世界互联网大会永久落户乌镇。*首届世界互联网大会11月21日在乌镇闭幕。闭幕式上，中央宣传部副部长、国家互联网信息办公室主任鲁炜宣布：乌镇被确定为世界互联网大会永久会址。

在10月30日北京的新闻发布会上，中共中央宣传部副部长、国家互联网信息办公室主任鲁炜，浙江省省长李强对选定乌镇作为世界互联网大会永久会址做出明确说明。鲁炜表示：首届世界互联网大会选址乌镇，旨在让最先进的世界文明成果与最悠久的中华文化交流融合，让现代信息文明与传统历史文明交相辉映。乌镇满足以下几个条件，一是互联网经济比较发达；二是乌镇是一个像达沃斯那样的小镇；三是有深厚的文化底蕴。因此，乌镇是举办世界互联网大会的最佳选择。省长李强介绍，乌镇之所以被定为永久会址，一是交通便利、民风淳朴，乌镇地处沪杭苏金三角中心，是典型的鱼米之乡、丝绸之府；二是经济发达、百姓富裕，旅游、健康、养生等特色产业粗具规模；三是历史悠久、文化灿烂，拥有7000多年的文明史和1300多年的建镇史，被列入联合国世界文化遗产预备清单；四是江南水乡、特色鲜明，拥有16万平方米的历史街区建筑，素有中国“最后的枕水人家”的美誉，2013年接待游客569万人次。

*互联网与乌镇。*互联网大会在乌镇举行，开启一个千年文明与现代科技互为融合的新时代。互联网正以惊人的速度改变着人们的生活，乌镇毫不迟疑地搭上这趟世界互联网大会特快列车。以云技术为依托的“云游乌镇”智慧旅游平台，为游客提供导航、导游、导购等“一站式”信息服务；以三维技术为依托的“虚拟乌镇”体验平台，给游人提供身临其境的在线旅游服务；以无所不在的城市感知和传输网络为依托的“宜居古镇”智慧平台，让市民和游客感受到智能、高效、安全的生活空间；以一流的互联网设施和顶尖的互联网人才为依托的互联网产业基地和互联网研发技术中心，给世界各地的企业与个人提供前沿、可靠的互联网产品和技术服务。在“互联互通·共享共治”理念的引领下，乌镇以传统的文化谱写国际的篇章。

（陆明仙）

大事记

2014年桐乡市大事记

1月

6～9日 中国人民政治协商会议桐乡市第八届委员会第三次会议召开。

7～10日 桐乡市第十四次人民代表大会第二次会议召开。

16日 嘉兴市委常委、常务副市长梁群到桐乡检查工作。

21日 浙江戴德隆翠汽车有限公司设计开发、生产制造的首辆拖挂式房车在桐乡基地下线。9月25日，首批出口澳大利亚的8辆拖挂式房车在桐乡基地启程。

2月

8日 省政协副主席陈小平到桐乡调研。

8～9日 桐乡市重点工作现场推进会召开。

12～18日 市委副书记、市长盛勇军率团赴台湾考察经贸、农业、旅游等工作。

15～16日 贵州省福泉市委副书记、市长刘华龙率团到桐乡考察。

16日 民盟中央组织部部长陈幼平到桐乡调研民盟基层组织建设情况。

17日 省政府党组副书记、省政府顾问、省“五水共治”工作领导小组办公室主任王建满到桐乡调研“五水共治”工作。

20日 桐乡市党的群众路线教育实践活动部署会召开。5月21日，市委召开党的群众路线教育实践活动推进会暨督导组会议。8月4日，桐乡市召开四套班子专题民主生活会情况通报会。10月14日，桐乡市召开党的群众路线教育实践活动总结大会。

同日 省国土资源厅副厅长马奇率省小城市培育考核工作组到桐乡实地考核崇福小城市试点工作。

21日 农业部副部长于康震到桐乡考察。

25日 桐乡市“五水共治”推进会召开。

27日 2014年市委综合工作会议召开。

3月

2日 《桐乡市旅游发展总体规划》及《桐乡市乌镇省级旅游试验区概念性规划》专家评审会召开。

4日 省委常委、宣传部部长葛慧君到桐乡调研文化工作。

6日 中国美院党委书记钱晓芳到桐乡交流座谈。

同日 长山县副县长邵丽丽到桐乡考察。

13日 桐乡市创建省级示范文明城市工作推进会召开。

19日 南非驻沪领事馆总领事陶博闻率领馆政治领事、商务领事到桐乡参观考察。

24日 省委宣传部副部长鲍洪俊到桐乡考察调研。

27日 全国妇联宣传部部长王卫国到桐乡调研，省妇联副主席张丽萍，嘉兴市妇联主席陆英，桐乡市委副书记蒋惠玲陪同。

29日 柬埔寨人民党中央外委会副主席索斯亚拉一行到桐乡考察。

31日 在浙江省“平安浙江”电视电话会议上，桐乡市连续第九年被省委、省政府授予“平安县(市、区)”称号。

4月

1日 浙江省农业机械化示范区建设现场会在桐乡召开。

3日 江南乌村、东方斗牛园项目签约仪式在乌镇举行。

9～10日 桂林国家高新区工委副书记杨玉霜率团到桐乡考察。

10日 全国首个县级专业频率——FM97.1桐乡“旅游之声”开播。

11日 中央统战部副部长、全国工商联党组书记全哲洙率调研组到桐乡调研中小微企业技术创新工作。

16日 桐乡接轨上海产业对接会在上海举行。

20日 全国首届“伯鸿书香奖”颁奖典礼暨伯鸿书香论坛在桐乡市举行。

5月

7日 嘉兴市副市长张仁贵到桐乡调研，市领导盛勇军、蒋惠玲陪同。

同日 嘉兴市养老服务体系建设工作现场会在桐乡市召开。

8日 全市工商强县大会召开。

同日 国家卫生计生委副主任崔丽到桐乡调研公立医院综合改革和健康教育工作。

同日 嘉兴市政协主席高玲慧、副主席金锦根到桐乡视察长山河。

9日 中共中央政治局常委、全国人大常委会委员长张德江到桐乡视察，浙江省领导夏宝龙、李强、刘力伟、厉月姿、赵一德，嘉兴市领导鲁俊等陪同。

同日 副省长郑继伟到桐乡调研，市领导卢跃东、盛勇军、费玉林陪同。

12日 桐乡市首部人大志《桐乡市人民代表大会志》出版。

19～21日 全国人大常委会原副委员长顾秀莲到桐乡考察。

20日 法国黎塞留展览馆在乌镇西栅原世博馆举行开幕仪式。

22日 国家中医药管理局调研组到桐乡调研中医药事业发展情况。

29日 桐乡市“德治、法治、自治”建设推进会召开。

同日 桐乡市第八届职工技能运动会开幕。

29～30日 浙江省“爱心城市”复查组到桐乡市复查扶残助残工作。

30日 农业部副部长张桃林率调研组到桐乡调研农业技术推广、生态循环农业、农产品质量安全等工作情况。

6月

3日 桐乡市第二轮(2014～2016)省级小城市培育试点工作推进会在崇福镇召开。

5日 江西省副省长朱虹率团到桐乡考察。

10日 嘉兴市政协主席高玲慧到桐乡调研企业发展情况，市政协主席池晓明陪同。

同日 第六届“金仲华国研杯”征文颁奖仪式暨国际形势与中国外交研讨会在桐乡市举行。

12日 省委副秘书长、省直机关工委书记施利民到桐乡调研机关党建工作。

21日 北京·桐乡产业对接会在北京举行。

26日 钟旭洲钱币艺术博物馆开馆，馆内陈列5600多枚(件)历代钱币实物。

27日 桐乡市进百村住千家连万户实践活动研讨会召开。研讨会邀请中共中央党校原副校长李君如、中央党史研究室宣教局副局长薛庆超等参加。

7月

1日 省委政法委副书记、综治办主任巫波伦，综治办副主任朱益军到桐乡调研“德治、法治、自治”建设工作。

8日 全国工商联副主席、组织委员会主任徐冠巨到桐乡调研。

同日 省政府副秘书长、省环保厅厅长、省“五水共治”办公室常务副主任徐震到桐乡调研区域联合治水工作。

11日 嘉兴市政协副主席李水根到桐乡调研。

18日 桐乡市博物馆新馆开馆。同时举行吴蓬书画大展暨《芥子园画魂》首发式。

22日 桐乡市经济形势分析会召开。

23日 浙江省副省长熊建平率省政府调研组到桐乡调研社会养老服务体系建设情况。

同日 桐乡市2014年政府为民实事工程进展情况督查汇报会召开。

25日～8月6日 桐乡市举办首期全国导游人员资格考试培训班。各镇(街道)、有关部门分管旅游工作领导和相关人员100多人参加培训。

29日 桐乡市召开“十三五”规划编制工作会议。

31日 嘉兴市委副书记、市长肖培生到桐乡调研上半年经济工作情况。

同日 桐乡市召开纪念中国人民解放军建军87周年暨退役士兵四“十佳”表彰大会。

8月

8日 杭州都市圈第七次市长联席会议在桐乡召开。

13日 省政协常委、人力资源环境委员会主任张苗根率队到桐乡调研“五水共治”工作。

同日 海宁市委书记林毅率党政考察团到桐乡考察旅游产业发展情况。

15日 桐乡市政府与浙江农林大学战略合作协议签约仪式举行。

18日 省“五水共治”“三改一拆”第二十三督导组第二次到桐乡督察。

19日 桐乡市召开平安建设形势分析会。

同日 桐乡市全市“城中村”改造督查推进会召开。

21日 嘉兴市副市长柴永强到桐乡调研文化工作。

22日 桐乡·上海科技人才项目对接会在上海举行，8个高层次人才项目签约落户桐乡科创园。

27日 省公安厅交通管理局局长汪永和率省道路交通安全督查组到桐乡督导检查。

28日 民盟陕西省委秘书长詹毅立率民盟陕西省委一行到桐乡考察。

9月

2日 桐乡市石门镇被中国轻工业联合会、中国皮革协会授予“中国女鞋名镇”称号。

4日 桐乡政协成立三十周年暨各界人士中秋座谈会举行。

10日 第三十个教师节暨先进教师表彰会召开。

11日 浙江省旅游景区环境百日专项整治现场会在桐乡市召开，副省长梁黎明、省政府副秘书长陈宗尧、省旅游局党组书记王文娟参加会议。

16日 桐乡市村庄布点规划调整征求意见暨生猪养殖转型升级推进会召开，市长盛勇军出席会议。

17日 桐乡市招商引资推进会议召开。

19日 全国人大常委会副委员长吉炳轩到桐乡考察。

21日 广东·桐乡产业对接会在广东省佛山市举行，“百花欢乐大世界”项目签约。

22日 省政协常委、人力资源环境委员会主任张苗根一行到桐乡视察。

同日 《乌镇—石门省级旅游度假区可行性研究报告》通过嘉兴市级评审。

同日 “我和我的祖国”2014桐乡群众合唱大赛在桐乡大剧院举行。

同日 第二届全国古玩交流会在桐乡市开幕。

26日 耀华国际教育学校落户桐乡签约仪式举行。

29日 西藏自治区政协副主席、那曲地委书记高扬率考察团到桐乡考察。

同日 “中国梦想 美丽浙江”省传统手工艺创作主题展在市文化馆开幕，10月15日闭幕。

30日 桐乡市召开庆祝人民代表大会成立60周年座谈会。

同日 桐乡技师学院（筹）揭牌仪式在原桐乡职业教育中心学校举行。

同日 桐乡·杭州投资项目对接会在杭州举行。

10月

8日 在中国巨石第二十届国际玻纤年会上，举行中国玻纤迁址巨石集团桐乡本部仪式。

15日 嘉兴市委书记鲁俊到桐乡就旅游发展改革进行调研并举行座谈会。

19日 浙江股权交易中心桐乡运营中心挂牌成立。

20日 桐乡市召开首届世界互联网大会承办工作动员大会。28日，省委书记夏宝龙赴乌镇视察首届世界互联网大会会场。11月5日，副省长毛光烈，11月8日，省委常委、宣传部部长葛慧君分别到桐乡听取大会筹备工作情况汇报。11月10日，省委副书记王辉忠召集承办工作领导小组有关部门及相关单位，听取首届世界互联网大会安保工作并作专题研究。

20～22日 省文明办组织考核验收桐乡市创建省级示范文明城市工作。

21日 省委统战部常务副部长金长征到桐乡专题调研民主党派、党外知识分子联谊会工作。

23日 “子恺杯”第十届全国漫画大展开幕式暨“子恺画院”揭牌仪式在市文化中心漫画艺术馆举行。

24～26日 2014年全国全健排舞大赛在桐乡市举行。

24日 两岸四地南宋货币学术研讨会在桐乡市召开。

25日 《张履祥诗文选注》首发式暨纪念张履祥逝世340周年座谈会在龙翔街道杨园村举行。

29日 省委副书记、省长李强到桐乡调研法治政府建设工作，并到乌镇西栅景区视察首届世界互联网大会会场筹备情况。

30日 国务院新闻办公室举行新闻发布会，宣布首届世界互联网大会2014年11月19～21日在乌镇召开。

同日 《桐乡市公共租赁住房管理实施细则》施行。

30日～11月9日 第二届乌镇戏剧节在乌镇举办。

11月

3日 民盟中央副主席郑惠强到桐乡调研。

4日 浙江合众新能源汽车有限公司项目签约仪式举行。

5日 阿里巴巴·桐乡产业带上线，首批入驻企业超150家，市长盛勇军、副市长潘敏芳出席上线仪式。

9日 浙江省首届文化礼堂乡村排舞大赛在桐乡落幕。

16日 国信办副主任任贤良主持召开首届世界互联网大会现场办公会议。

19～21日 以"互联互通、共享共治"为主题的首届世界互联网大会"乌镇峰会"在桐乡举行。国务院副总理马凯在首届世界互联网大会开幕式上宣读习近平主席的贺词并致辞。此次会议由国家互联网信息办公室、浙江省政府联合主办，浙江省互联网信息办公室、浙江省经济和信息化委员会、桐乡市政府、中国互联网络信息中心承办。

24～27日 桐乡市文化艺术服务中心戏曲队在中央电视台戏曲频道《一鸣惊人》栏目年度总决赛上，获年度总决赛第六名。

12月

2日 全市政协工作会议召开。

5～6日 市委书记卢跃东率队前往南京军区驻杭某部参加"军事日"活动。

8～9日 桐乡市科学技术协会第十次代表大会举行。

10～11日 桐乡市工会第十八次代表大会举行。

12日 桐乡市综合行政执法局举行揭牌仪式。

16日 桐乡市举办徐肖冰·侯波纪念馆开馆暨第三届"徐肖冰杯"全国摄影大展、首届"徐肖冰杯"中国大学生摄影双年展开幕式及颁奖典礼。

同日 2014年度党委书记抓基层党建工作专项述职会议召开。

23日 桐乡市进百村住千家联万户实践活动总结大会召开。

同日 青海省副省长、海西州州委书记辛国斌率考察团到桐乡考察。

29～30日 中国共产党桐乡市第十三届代表大会第四次会议举行。

31日 浙江新澳纺织股份有限公司在上海证券交易所举行首次公开发行A股上市仪式，股票简称"新澳股份"，股票代码603889，成为桐乡市第四家境内上市企业。至此，桐乡市境内外上市企业累计6家。

综 述

自然地理

【地理位置】 桐乡市位于浙江北部杭嘉湖平原，地理坐标为北纬30°28′～30°47′、东经120°17′～120°39′。东连嘉兴市秀洲区，南邻海宁市，西毗德清县、杭州市余杭区，西北接湖州市南浔区，北界江苏省苏州市吴江区。市区距上海市148千米，距杭州市65千米。沪昆高速公路（G60）、申嘉湖高速公路（S12）、320国道、沪杭铁路客运专线、京杭大运河等水陆交通要道贯穿全境。

【自然环境】 桐乡市境为长江三角洲平原的一部分，境内地势低平，无一山丘，大致东南高、西北低，略向太湖倾斜，平均海拔5.3米。东西宽约36千米，南北长约34千米，总面积727平方千米。

境内土壤为江、海、湖沼沉积物，分属水稻土和潮土两类，土地肥沃，适宜种植水稻和经济类作物。全市有耕地3.89万公顷，占全市土地总面积的53.5%。其中水田3.15万公顷，旱地7473公顷，分别占耕地面积的80.8%、19.2%。桑园7460公顷，占全市总面积的10.3%。

境内生物资源种类繁多。主要植物资源有720种，其中孢子植物74种，种子植物646种（裸子植物25种、被子植物621种）。主要动物资源有451种，其中脊椎动物218种，节肢动物192种，软体动物32种，其他动物9种。

境内河流属长江流域太湖运河水系。市境河流南接海宁长安上塘河水系，北经澜溪塘与江苏省河道贯通，京杭大运河流经市境段长39.09千米。全市有骨干河道47条，大部分河道与运河垂直相交，呈网状分布。与运河桐乡段相连的河道主要有金牛塘、白马塘、康泾塘、长安塘、含山塘、灵安港、羔羊港、西圣埭港、长山河等。境内河道总长2264.6千米，水域面积51.86平方千米，占全市总面积的7.1%，河网密度为3.11千米/平方千米。属典型的江南水网平原。

（地方志办公室）

气候特征

【常年气候概况】 桐乡市地处东南沿海，属典型的亚热带季风气候。温暖湿润，四季分明，雨水丰沛，日照充足。具有春湿、夏热、秋燥、冬冷的气候特点。

年平均气温16.5℃。1月最冷，月平均气温4.0℃，极端最低气温－11.0℃，出现在1977年1月31日。7月最热，月平均气温28.5℃，极端最高气温41.1℃，出现在2013年8月9日。日平均气温稳定通过10℃的平均回暖初日在3月24日，平均结束日在12月5日，平均初冰日出现在11月28日。年平均无霜期243.6天、雷暴日32.1天、大雾日30.6天、降雪日9.5天。

年平均降水量1246.7毫米。1999年最多，降水量1755.6毫米；2003年最少，降水量744.4毫米。全年有两个主要雨季，第一个雨季在3～6月，其中3～4月为春雨期，降水量在370.6毫米～108.7毫米之间，占全年降水量的18.2%；5～6月是主汛期，称为梅雨期，降水量在715.3毫米～94.7毫米之间，占全年降水量的24.3%。第二个主要雨季是9月，称为秋雨期。年平均雨日140.7天，最多为2010年，达154天，最少为2013年，仅118天。

年平均日照1799.4小时。其中7月、8月最多，月平均日照分别为208.5小时和206.1小时。1月、2月最少，月平均日照分别为113.0小时和107.4小时。年平均蒸发量1308.8毫米。年平均相对湿度 79%，幅度在 76%~82%之间。

主要灾害性天气有暴雨、高温干旱、台风、灰霾、连阴雨、寒潮、雷电及大风等。

【2014 年气候特征】 2014 年，无重大气象灾害发生。全年气温总体偏高；降水量偏少，时段分布极不均匀；雨日接近常年略偏多；阶段性旱涝明显；日照时数大幅减少。主要表现在冬季寒冷雾霾多，低温雨雪过程频繁；梅雨典型，强对流短时强降水过程多；夏季阴雨低温寡照，30 年未遇；秋季气候正常；12 月再遇冬季大雾和重霾天气。

年平均气温为 17.2℃，比常年平均偏高 0.7℃。全年有 7 个月平均气温均较常年同期偏高，偏高最多的是 3 月，达 2.5℃。7 月、8 月月平均气温均低于常年，其中 8 月偏低 1.5℃。年极端最高气温 36.5℃，出现在 7 月 11 日。年极端最低气温 −4.3℃，出现在 1 月 22 日。终霜出现在 3 月 15 日，初霜出现在 11 月 14 日，全年无霜期 243 天，接近常年平均值。全年结冰日 32 天。

年降水量 1152.7 毫米，比常年少 94 毫米。其中有 8 个月雨量比常年偏少。1 月、3 月和 12 月降水量明显比常年同期偏少，分别是常年降水量的 1/2、1/2和 1/6。年雨日 142 天，比常年多 1.3 天。日降水量大于等于 50 毫米(暴雨)天数 1 天，为 7 月 15 日。全年出现降雪 6 次，2 次形成积雪，年最大积雪深度 1 厘米。年日照时数 1477.9 小时，较常年少 321.5 小时。年蒸发量 930.0 毫米，比常年偏少 378.8 毫米。

2 月出现 2 次明显的降雪过程，对交通运输及社会生产生活造成不同程度的影响，分别是 2 月 7~9 日、2 月18~19 日，其中 2 月 9 日降雪量最大(湿雪)。

梅雨：6 月 17 日入梅，较往年(6 月 14 日)偏晚，7 月 7 日出梅。梅雨期长度 20 天，较常年(24.4 天)略偏少。全市平均面雨量 189.3 毫米左右，其中梧桐街道 183.9 毫米，比常年梅雨量(220 毫米)略偏少。梅雨量分布较为均匀，最大为龙翔街道和河山镇，分别为 224.8 毫米和 213.6 毫米。

强对流：夏季雷阵雨天气较多，全年出现雷暴日 13 天。主要以午后雷阵雨为主。7 月 12 日傍晚，全市出现较大范围强雷暴天气，伴有 8~10 级大风，19~21 时龙翔街道元丰村附近出现局部 12 级以上强风暴，造成房屋倒塌、汽车损毁、人员伤亡等严重气象灾害。

高温：7 月、8 月全市出现近 30 多年来罕见的阴雨低温寡照天气。高温日数、平均气温、日照时数均较常年异常偏少。夏季大于等于 35℃高温日仅 5 天，是 1985 年以来高温日最少的夏季。

台风：7 月 24 日，受台风“麦德姆”影响，出现大风天气；8 月 1 日，受台风“娜基莉”影响，过程雨量 44.6 毫米；9 月 23 日 9 时台风“凤凰”中心离桐乡 90 千米，未出现人员伤亡和财产损失。

霾：全年霾日 143 天，分别是轻微霾 106 天、轻度霾 26 天、中度霾 6 天、重度霾 5 天。霾天气发生月份集中、持续时间较长、影响程度偏重。污染最严重的是 1 月 18 日，空气质量指数(AQI)298，细颗粒物(PM2.5)平均浓度每立方米 248 微克。

雾：全年大雾日数 27 天，以冬季大雾居多，导致乍嘉苏高速、沪昆高速多次全线封道，对交通运输业带来极大影响。

（陈政豫）

历史沿革

【概况】 桐乡历史悠久，分布于境内的罗家角、谭家湾、新地里、新桥、张家埭、吴家墙门等数十处古文化遗址证明，在新石器时代，原始社会氏族部落就在此繁衍生息。其中 1979 年发掘的石门罗家角遗址，属马家浜文化早期类型。

市境周时名御儿，属越国。春秋时为吴越接壤争战之地。越王勾践三年(吴王夫差二年，鲁哀公元年，前 494)，吴王夫差败越于夫椒(夫椒山，在太湖中)，自御儿至今钱塘江以西皆属吴。

战国初年，吴越战事又起。越王勾践二十四年(吴王夫差二十三年，鲁哀公二十二年，前473)冬，越王勾践灭吴，市境复归越。越自勾践以下，传六世而为楚所败，楚国“尽取故吴地至浙江(钱塘江)”(《史记·越王勾践世家》)，此地遂入楚境。

秦统一中国，郡县天下。秦王嬴政二十五年(前 222)，置会稽郡，下设由拳、乌程等县，今市境属由拳县。

西汉时，御儿又称语儿。汉高祖五年(前 202)，今市境属楚国。汉高祖六年(前201),今市境属荆国。汉高祖十二年(前195),改荆国为吴国,今市境属吴国。汉前元四年(前153)以后,恢复会稽郡,今市境属会稽郡。汉元封五年(前106),置十三刺史部,即十三州,会稽郡属扬州,今市境属扬州会稽郡。东汉永建四年(129),割钱塘江以东为会稽郡,钱塘江以西为吴郡,今市境隶属吴郡。

三国吴黄龙三年(231),由拳县"野稻自生,改为禾兴"(元《至元嘉禾志》)。赤乌五年(242),避太子和讳,改禾兴县为嘉兴县,属吴郡,今市境隶属嘉兴。此后历晋、宋、齐、梁不变。

南北朝陈永定(557～559)初立海宁郡,今市境部分地域隶属海宁。

隋朝时,并嘉兴县入吴县,今市境属吴县,隶属苏州。

唐武德七年(624)复置嘉兴县,隶属苏州,今市境属苏州嘉兴县。翌年,又废嘉兴入吴县,今市境隶属吴县。贞观八年(634),复置嘉兴县,属苏州,今市境其时仍名御儿,为嘉兴县西南境。乾符六年(879),升御儿乡为义和镇。

五代后梁开平初,吴越王钱镠废镇称义和市,属杭州,今市境随嘉兴隶杭州。后晋天福三年(938),吴越王钱元瓘析嘉兴县西南境崇德、南津、语儿、千乘、积善、石门、募化七乡置崇德县,设县治于义和市(今崇福镇),属杭州。元《至元嘉禾志》:"晋天福间始析崇德七乡置县于义和市,因乡以县名。"天福五年(940),钱元瓘于嘉兴县置秀州,为吴越国所辖十三州之一,崇德与嘉兴、海盐、华亭同为秀州属县。

北宋熙宁十年(1077),再割嘉兴县之梧桐、永新、清风、保宁、千金五乡入崇德县。政和七年(1117),赐秀州名为嘉禾郡,崇德县隶属嘉禾郡。南宋庆元元年(1195),升秀州为府,称嘉兴府。嘉定元年(1208),又升嘉兴府为嘉兴军节度,崇德县仍隶属嘉兴。

元至元十四年(1277),改嘉兴军节度为嘉兴路,置嘉兴路总管府,后属于江浙行省,下辖崇德等三县一府(华亭府)。元贞元年(1295),升崇德县为崇德州,隶属嘉兴路。

明洪武二年(1369),复改嘉兴路为嘉兴府、崇德州为崇德县。洪武十四年(1381),嘉兴改隶浙江布政司。从此,崇德随嘉兴隶于浙江。宣德五年(1430),巡抚、大理寺卿胡概奏析崇德东境募化、千金、保宁、清风、永新、梧桐六乡置桐乡县,设县治于梧桐乡凤鸣市(今梧桐街道)。

清,崇德、桐乡两县同隶属嘉兴府。清康熙元年(1662),因崇德之名与清太宗皇太极年号同,故避讳称石门县,并改石门镇为玉溪镇。

民国元年(1912),废嘉兴府,石门、桐乡两县属钱塘道。3年(1914),石门复称崇德。16年(1927)废道制,两县直属浙江省政府。27年(1938)划属浙江省第二行政督察区。28年至36年(1939～1947)属浙江省第十行政督察区。37年(1948)后属浙江省第一行政督察区。

1949年5月,桐乡、崇德先后解放。中华人民共和国成立后,崇德、桐乡两县同隶嘉兴专区。1958年11月,崇德、桐乡两县合并,称桐乡县。1970年,改嘉兴专区为嘉兴地区,桐乡县隶属嘉兴地区。1983年,撤销嘉兴地区,分设嘉兴市、湖州市,桐乡县隶属嘉兴市。1993年,桐乡撤县设市,隶属嘉兴市。

(地方志办公室)

行政区划

【概况】 2014年,桐乡市辖9个镇、3个街道、176个村、35个社区。

2014年桐乡市村民委员会和社区居委会

表2　　单位:个

镇、街道	村民委员会		社区居委会	
	数量	名称	数量	名称
乌镇镇	16	白马墩 分水墩 碓坊桥 浮澜桥 陈庄 虹桥 南庄桥 横港 彭家 陈家 双塔 颜家 民合 浙月 新翁 五星	3	东苑 南宫 银杏

续表 2

镇、街道	村民委员会		社区居委会	
	数量	名　　称	数量	名　　称
濮院镇	14	新河 永越 永乐 新濮 新星 永联 新东 新联 新港 新妙智 红旗漾 油车桥 星旗 西浜	5	永乐 梅园 双龙 锦苑 新生
屠甸镇	8	联星 红星 荣星 万星 海星 和平 恒丰 汇丰	1	屠甸
石门镇	18	叶新 桂花 颜井桥 白马塘 石门 墅丰 民丰 民联 殷家漾 陆家庄 春丽桥 周墅塘 部墩 东池 安全 羔羊 二大埭 崇安	1	玉溪
河山镇	9	八泉 庙头 堰头 五泾 王家弄 河山 石栏桥 华台 东浜头	1	河山
洲泉镇	19	马鸣 众安 义马 湘溪 晚村 道村 后塘 夜明 坝桥 青石 合兴 金家浜 清河 东田 小园头 岑山 南庄 石山头 屈家浜	1	朝晖
大麻镇	11	海华 麻溪 西南 大庄 湘漾 百富 崇益 光明 吉字浜 永丰 黎明	1	大麻
崇福镇	26	城郊 上市 东安 民利 湾里 留良 新桥 华光 御驾桥 南阳 茅桥埭 钱家埭 李家浜 陈家埭 店街塘 芦母 景卫 中夫 李家坝 联丰 上莫 新益 利顺 星火 五丰 芝村	3	语溪 崇德 中山
高桥镇	15	落晚 楼下角 高桥 亭桥 永安 毛水浜 范桥 三村 骑力 湘庄 龙南 漕泾 迎丰 越丰 新丰	1	高桥
梧桐街道	17	城东 东方红 庆丰 三新 民安 城西 钱林 同心 逾桥 梧桐 安乐 百福 新玄 桃园 众善 革新 城南	16	庆丰 九曲 东兴 杨家门 学前 大发 文昌 凤鸣 永宁 环南 复兴 同庆 百乐 凤凰 振东 莲花
凤鸣街道	14	史桥 红旗 灵安 环南 路家园 西牛桥 建胜 合星 中群 联庄 新农村 长新 桑园桥 李家弄	1	灵安
龙翔街道	9	元丰 南王 董家 金牛 正福 杨园 翔厚 单桥 皂林	1	秀溪

注：1. 革新、城南两村和凤凰、振东、莲花三社区由振东新区管理；

2. 梧桐街道众善村和凤鸣街道长新村、桑园桥村、李家弄村由经济开发区托管

（沈　娟）

国民经济与社会事业

【概况】 2014 年，全年实现地区生产总值 614.36 亿元，按可比价格计算，比上年增长 8.1%，其中：第一产业增加值 29.19 亿元，增长 2.1%；第二产业增加值 320.35 亿元，增长 8.5%；第三产业增加值 264.82 亿元，增长 8.3%。三次产业结构比例为 4.8∶52.2∶43。按户籍人口计算人均生产总值 8.97 万元，增长 7.6%。全年实现财政总收入 89.1 亿元，增长 9.3%；公共财

政预算收入49.2亿元，增长8%；金融机构本外币贷款余额740.8亿元，存款余额886.8亿元，分别比年初增长13.8%和7.2%。

【农业经济平稳发展】 2014年，桐乡市推进农业“两区”（现代农业园区和粮食生产功能区）建设，新增粮食生产功能区1600公顷。全年农作物播种面积5.77万公顷，比上年减少1026.67公顷，其中粮食播种面积2.47万公顷，减少2126.67公顷。继续推进农村土地综合整治，新增土地流转面积1866.67公顷。培育现代农业庄园等新型农业经营主体，新增农业庄园建设点23个、家庭农场158家、省级示范性家庭农场5家。全年饲养生猪70.7万头、湖羊52万头、家禽1285.1万羽。全年新增国家认证无公害农产品8个、绿色食品4个、国家认证有机食品2个。建成省、市各级生态循环农业示范区1个，示范项目10个，示范企业1家。

【工业强市建设深入开展】 2014年，桐乡市有规模以上企业1057家，比上年增加75家。全市规模以上工业企业总产值1367.1亿元，比上年增长9%；实现主营业务收入1320.82亿元，增长8.5%；实现利税116.57亿元，增长13%；工业新产品产值575.2亿元，增长14.1%。新能源、新特材料、机械制造、电子信息等四大新兴产业产值406.4亿元，增长12.4%；规模以上高新技术产业增加值75.5亿元，占规模以上工业增加值的比重为34.1%。“四换三名”（“四换”即腾笼换鸟、机器换人、空间换地、电商换市，“三名”即大力培育名企、名品、名家）工程稳步推进，“两退两进”腾退低效用地113.71公顷，淘汰落后产能项目32个；盘活存量建设用地236.87公顷，农村土地综合整治复垦205.2公顷；211家企业入驻阿里巴巴·桐乡产业带；浙江新澳纺织股份有限公司在上海证券交易所挂牌上市。

【服务业实现全面发展】 2014年，桐乡市商品市场、总部经济、服务业集聚区建设稳步推进。全年实现社会消费品零售总额268.7亿元，比上年增长12.6%，批发零售业、住宿餐饮业实现平稳发展；汽车销售实现零售额25.4亿元，增长26.8%，占全部限额以上企业的36.2%。全年市场成交额450.6亿元，增长18.4%，其中濮院羊毛衫市场成交额280亿元，增长21.5%。旅游业持续繁荣，全年接待境内外游客1627.3万人次，增长17.9%；实现旅游总收入164.5亿元，增长28.5%。乌镇景区接待游客692.5万人次，增长21.7%，实现门票收入4.78亿元，增长28%。

【投资保持较快增长】 2014年，桐乡市完成固定资产投资372.3亿元，比上年增长20.2%，其中工业生产性投入174.8亿元、服务业投资193.6亿元，分别比上年增长20.3%和20.7%。民间投资285.5亿元，增长18.2%；基础设施投资68.7亿元，增长79.6%；房地产开发投资72.5亿元，下降20.3%。工业生产性投入中工业技改投入和设备投入占比分别达到75.8%和64.1%；实现生产性服务业投资34.9亿元，占服务业投资的比重为18%。9个省411（万亿产业转型升级工程、万亿基础设施完善工程、万亿统筹城乡建设工程、万亿公共服务提升工程，建设1000个以上省重大项目，带动全社会固定资产投资超10万亿元）重大项目、18个省重点建设项目、7个省重大产业项目以及60个嘉兴“三个千亿”（基础设施千亿工程、社会事业千亿工程和产业升级千亿工程）项目进展顺利；261个市重大建设项目完成投资201.7亿元，开工率95%；55个政府投资重大建设项目完成投资20亿元，开工率90.9%，其中38个续建项目完成投资15.5亿元，17个新建项目完成投资4.5亿元。

【开放合作巩固发展】 2014年，桐乡市进出口总值42.9亿美元，比上年增长3.5%。其中，出口总值30.6亿美元，增长13.7%；进口总值12.2亿美元，下降15.6%。全年新批三资企业33家，比上年增加4家，增资项目25个。全年合同利用外资4.7亿美元，增长21.8%，新批总投资1000万美元以上项目12个；实际利用外资3.3亿美元，增长38.4%。引进“浙商回归”项目61个，到位资金37.4亿元。引进总投资1亿美元以上项目3个，20亿元以上内资项目1个。新设境外企业（机构）6家，增资项目8个，累计中方投资额9829万美元，境外承包工程营业额

10649万美元；境外企业带动出口36095万美元，增长12.5%。

【改革攻坚全面深化】　2014年，桐乡市稳步推进要素市场化改革，出台要素市场化配置综合配套改革总体方案和10个配套政策。开展工业企业绩效综合评价，在用地、用能、用水、排污、信贷等资源要素配置上实施差别化政策，桐乡市被列入浙江省资源要素市场化配置综合配套改革试点首批扩面地区。行政审批制度改革全面深化，开展审批层级一体化承接工作，推行政府权力清单、责任清单、企业投资项目正向（负面）清单，强化事中事后监管力度，实施强镇扩权改革，三级便民服务网上办事大厅实现全覆盖，审批效率有效提升。小城市培育试点建设深入推进，开展崇福镇新一轮省级小城市培育试点，濮院镇、洲泉镇被列入嘉兴市级小城市培育试点。医药卫生体制改革持续深入，推进公立医院综合改革，优化基层医疗机构运行机制。金融领域、工商登记、综合行政执法、食品药品监管体制等各项改革稳步推进。

【城乡面貌持续改善】　2014年，桐乡市推进城市建设三年行动计划，市区环城东路综合整治工程竣工，建成生态绿道13.7千米，实施"城中村"改造、濮院旧镇改建项目房屋征收等工作，完善城乡公交、公共自行车等公共交通建设。美丽乡村建设深入开展，新增农房改造集聚3174户。创建"无违建县（市）"，完成"三改一拆"总面积474万平方米，其中拆除违章猪舍70.9万平方米；取缔沿河非法砂石料加工场22个。洲甸公路（洲泉—屠甸）新农村至史桥段建成通车；桐九公路（桐乡—海宁九里松）客运中心至高铁桐乡站段，桐乡至莲都公路市区至乌镇段等工程进展顺利，临杭大道开工建设；开展圩区整治、河道综合治理等工程，桐乡市获浙江省第二十届水利"大禹杯"金杯奖。

【生态环境不断优化】　2014年，继续开展"五水共治"，桐乡市首创全省跨地市交界区域水环境联防联治机制，新建污水管网165.6千米，新增入网企业737家，城镇生活污水入网改造1.6万户，农村生活污水治理2.3万户，市级骨干河道从五类、劣五类水质改善为以三类、四类水为主，全省跨行政区域河流交接断面水质考核首次获优秀；"4+X"（在印染、制革、化工、造纸四大重污染高耗能行业整治的基础上，开展榨菜、机制丝绵、涉汞、小精炼作坊等行业专项整治）行业整治全面推进，关停淘汰重污染高耗能企业199家，死亡动物无害化处理中心及收运体系建成投入运行；查处环境违法行为，刑事打击环境犯罪涉案人员62人。开展大气污染防控整治，淘汰燃煤小锅炉，划定禁燃区，推广使用太阳能、天然气等清洁能源，浙江桐乡经济开发区（核心片区、临杭片区）被列为浙江省首批循环化改造示范试点园区，整治淘汰黄标车4734辆，新增绿化造林面积784.2公顷，创建省级森林城市通过验收。全市化学需氧量、二氧化硫、氨氮、氮氧化物排放量和万元生产总值综合能耗均完成年度削减目标。

【民生保障稳步提升】　2014年，桐乡市城乡居民收入稳定增长，新增城镇就业人员14810人，城镇登记失业率2.9%，城镇居民和农村居民人均可支配收入分别为41438元和25195元，分别比上年增长9%和10.1%。开展合作医疗大病保险，职工养老保险和基本医疗保险参保人数分别净增27450人和18070人，养老保险、医疗保险覆盖率分别达98%和99%；政策性农业保险扩面工作稳步推进；建成村（社区）居家养老服务照料中心118家；残疾人托养庇护中心建设启动，低保、医疗救助等社会救助不断增强；开工建设保障性住房348套，农村危房改造159户。文化中心建成开馆，创建省级体育强市通过验收；优化教育资源配置，高考本科一类上线806人，技师学院获批筹建，整治非法托幼机构；医疗机构推行"诊间结算"，启动市域医联体建设。

（程跃峰）

精神文明建设

【概况】　2014年，桐乡市精神文明建设工作以培育践行社会主义核心价值观为主线，推进省级示范文明城市创建。开展"德治"专项建设，召开社会主义核心价值观座谈会，办好"道德讲堂"，组织优秀网络博文、理论文章征集活动，1篇入选全国优秀网络博文，2篇入选浙江省第九届精神文明建设理论研讨会。开展"最美桐乡人"推荐活动，年内1人入选中国好人榜、4人入选浙江好人榜、9人入选嘉兴好人榜，果蔬种植户范建良作为诚信典型参加"浙江好人、德行天下"电视特别节目录制，并获省道德建设先进人物称号。开展道德模范慰问帮扶活动，邀请道德模范、身边好人观看桐乡市迎春文艺晚会。开展道德模范基层巡讲巡演，小品《婆婆赛亲娘》《住院》入选嘉兴市道德模范基层巡演节目。市志愿服务工作委员会出台《桐乡市志愿服务"五统一"实施意见》，推进志愿服务制度化建设。在高铁站、新居民集居区、公园等设立"幸福桐乡志愿驿站"10个；开展"邻里守望"志愿服务活动，设立社区志愿服务站16个。深入开展"讲文明树新风"公益广告宣传，在省文明办组织的"中国梦想、美丽浙江"全省墙体公益广告大赛上，桐乡被评为十佳先进县（市、区）。做好系列文明创建工作。年内，乌镇国际旅游区、农行桐乡市支行、建行桐乡支行被评为全国文明单位；茅盾实验小学、桐乡市中医医院、嘉兴银行桐乡支行、双箭橡胶股份有限公司被评为省级文明单位；梧桐街道、濮院镇新联村、崇福镇新桥村被评为省级文明村镇；9家单位、11个村、1个镇成功创建嘉兴市系列文明称号；授予28家单位、9个村、3个社区桐乡市级系列文明称号。

加强农村精神文明建设。召开文化礼堂建设现场会、礼仪活动观摩会，开展七岁开蒙、尊师重教、重阳敬老等礼仪活动。年内，新增农村文化礼堂20家、社区文化礼堂2家、民营企业文化礼堂1家。推动各镇、村建立道德评判组织，围绕环境卫生、三改一拆、五水共治、邻里关系等内容开展道德评议活动。对文明家庭实行"四好家庭"星级动态评比；开展寻找身边的"幸福家庭"主题活动，组织"我们的家训"征集传播活动。

加强未成年人思想道德建设。开展社会主义核心价值观进校园活动，以学校教育为主渠道，进行社会主义核心价值观宣传教育。开展"我的中国梦"主题教育实践活动，组织友善、孝敬、诚信、节俭等主题教育。在清明节、六一节、国庆节期间，组织"清明祭英烈""向国旗敬礼"等各类教育实践活动。评选出桐乡市"美德少年"100名。推行"乡村学校少年宫"与市"流动少年宫"一体化建设，深入实施"春泥计划"，推动寒暑假期"春泥计划"常态化。开展德孝文化进校园、科学家教城乡行、阅读伴我成长、桐声童音话桐乡、新居民公益夏令营等活动，开办《共同成长》电视专栏。开展网吧、娱乐场所专项检查，推进校园周边环境综合整治工作。

【精神文明促进会成立】 1月10日，市精神文明促进会成立暨"最美桐乡人"授奖仪式在东兴商厦广场举行。促进会是在市文明办监督指导下，由全市省级文明单位联合发起筹建，道德模范、身边好人共同参与，为非营利性社会组织。促进会发挥精神文明建设先进典型的示范、引领、辐射作用，设立"最美桐乡人"奖励基金，接受社会各界捐赠，对最美人物进行民间奖励。成立仪式上授予东兴商厦持枪劫案中勇斗劫匪的方雪祥、沈剑、潘国强、王建良4人"最美桐乡人"称号。9月19日，桐乡市精神文明促进会第一次代表大会召开，22家单位会员和28名个人会员参加会议。会议选举恒基建设集团、桐昆集团、建行

1月10日，市精神文明促进会成立暨"最美桐乡人"授奖仪式举行

市文明办提供

桐乡支行、实验小学教育集团等4家单位，沈汉梅、张剑、杨晨智等3名个人为第一届理事会理事，恒基建设集团有限公司董事长吕德坤当选会长。至年底，市精神文明促进会共表彰奖励“最美桐乡人”6人。

【桐乡市获省级示范文明城市称号】 1月，桐乡市委、市政府在2013年启动创建省级示范文明城市的基础上，向嘉兴市文明委提出《关于申报创建省级示范文明城市的请示》。3月，召开创建省级示范文明城市工作推进会，对创建工作进行再动员再部署。4月16～18日，省文明办到桐乡实地调研省级示范文明城市创建情况，召开问题反馈会，提出建议。根据调研反馈情况，制定《桐乡市全面推进省级示范文明城市创建工作方案》《创建省级示范文明城市责任分解表(2014)》。组织城市环境综合整治行动、文明创建主题实践行动、城市文明集中宣传行动，在建筑工地、农贸市场、网吧等开展六大专项整治，开设“创建省级示范文明城市”“小细节大文明”“最美桐乡人”等专题专栏，在市政广场等人口集聚区制作“社会主义核心价值观”公益广告。建成区修补破旧围墙108处，新建公益广告2.8万平方米。举办创建省级示范文明城市专场文艺晚会、书画比赛、知识竞赛、邻里节等系列主题活动。向市民分发文明餐桌、文明交通、文明旅行、文明上网等各类宣传品3万余份，编印《最美桐乡人》丛书、《文明礼仪伴我行》口袋本各5000本，印制核心价值观系列书签5万套。组织人大代表、政协委员、部门领导和媒体记者进行监督检查，在市级媒体设立曝光台，曝光各种不文明行为。10月20～22日，省文明办成立考核组检查验收桐乡市创建省级示范文明城市工作。2015年1月9日，浙江省精神文明建设委员会发文命名桐乡市为第五批浙江省示范文明城市。

【倡导“礼让斑马线”活动】 11月10日，迎盛会·文明出行——“礼让斑马线”活动启动仪式在润丰步行街南广场举行。活动由市文明办、交通局、交警大队联合主办，130名志愿者、机关干部、学生、社区居民代表参加仪式，并向社会各界发出《迎盛会文明出行》倡议书。11月10日～12月12日，开展集中行动月活动。组织志愿者在市区中小学附近3个主要路口，每天上下学两个高峰时段，制止与劝导机动车不礼让斑马线、行人不走斑马线、乱穿马路等不文明行为。机关部门、文明单位450余名志愿者参与劝导活动。

（高东伟）

美丽乡村

【概况】 2014年，桐乡市深入实施“十村示范、百村整治”工程，提升城乡居民生活品质。市美丽乡村建设领导小组办公室出台《桐乡市2014年美丽乡村建设提升计划》，围绕“百花地面人文城、百果飘香产业园、百道长廊森林路、百里亲水湿地圈、百市辐辏购物地”的“五百”目标，做好美丽乡村三大精品线路提升工作。年内，凤鸣街道、濮院镇、大麻镇美丽乡村建设先进镇创建工作通过嘉兴市检查组的考核验收。梧桐街道桃园村、洲泉镇东田村启动第二批历史文化旅游村建设。开展第四批省级中心村建设，10个村列入中心村建设。扩面提升工程实行整村推进，整治“脏、乱、差”，修建

11月10日，迎盛会·文明出行——“礼让斑马线”活动启动仪式
市文明办提供

凤鸣街道路家园村文化公园　　市农办提供

村级道路，完善农村基础设施建设，全年11个村通过扩面提升村验收。推进农村生活污水治理工作，19924户农户受益，并通过省级验收。桐乡市被浙江省“千村示范万村整治”工作协调小组评为2014年度全省农村生活污水治理工作优胜市（县）。

·相关链接·

三大精品线路

三大精品线路分别是：绿色人文大通道，位于桐乡市东部，由南到北主要串联高桥镇、凤鸣街道、梧桐街道、龙翔街道和乌镇镇，沿线道路两侧景观优美，生态环境良好，从现代的高桥新区一直延续到具有历史文化底蕴的乌镇古镇，是桐乡市的历史文化发展轴线；西部荡漾湿地圈，位于桐乡市西南部，串联石门镇、洲泉镇、大麻镇以及崇福镇，区内交通主要依托科洲线、崇新线以及其他部分县乡道路，沿线区域内自然湿地风光优美、水质良好；休闲旅游购物地，线路依托主要森林路（街道），区内有众多商业市场以及3个老街区。

省级中心村建设

中心村是农村地域范围内区位条件相对较好、人口相对集中、经济实力相对较强、公共服务及基础设施配套相对齐全的新型农村社区中心。桐乡市有10个村列入第四批省级中心村建设，分别是梧桐街道同心村，凤鸣街道路家园村，乌镇镇横港村，崇福镇五丰村、芝村村，大麻镇黎明村，洲泉镇石山头村，石门镇部墩村、陆家庄村，河山镇东浜头村。

【桐乡市被评为浙江省农村生活污水治理工作优胜市】 2014年，桐乡市出台《桐乡市农村生活污水治理实施意见》，明确农村生活污水治理工作的治理建设时序和责任落实，成立由市委书记、市长任组长的桐乡市农村生活污水治理工作领导小组。市农办在各镇（街道）、村广泛动员，听取意见，探索出适合桐乡市生活污水治理的模式——无动力生态处理模式。农村生活污水集中式生态池治理工程建设资金按照“市补、镇筹”办法实行，市财政每户补助7500元；纳管网进厂处理资金按市财政、水务集团、镇（街道）各承担1/3执行。梧桐街道桃园村、屠甸镇荣星村、凤鸣街道路家园村等17个村率先试行农村生活污水治理，经污水处理后出水水质达到国家污水处理三级以上排放标准。在此基础上在12个镇（街道）71个村推广，受益农户19924户。12月，桐乡市农村生活污水治理项目通过省检查组验收。2015年1月5日，浙江省“千村示范万村整治”工作协调小组发文表彰桐乡市为2014年度浙江省农村生活污水治理工作优胜县。

【农村生活污水治理技术获国家专利】 2014年，桐乡市推进农村生活污水治理相关工作，改善农村水环境、生态环境和人居环境。在控制区入管网的基础上，创新治理模式，采用无动力生态处理新模式。该模式具有适应性广、污水接入全、性价比高、户均投入低等特点。每家农户的卫生间出水、厨房泔水和洗涤用水通过PE管收集到生态池，进行96小时厌氧发酵，处理后的水通过稳定池和过滤池两道关口排出，在稳定塘中种植狐尾藻以净化污水，通过厌氧发酵、好氧处理等，实现脱氮除磷，有效降低水中化学需氧量等化学污染物含量。2015年1月7日，污水生态处理池和污水生态处理系统通过国家知识产权局实用新型专利权认证。

（沈丹婷）

森林桐乡

【概况】 2014年，桐乡市以实施绿色城市、绿色屏障、绿色村镇、绿色通道“四绿”工程为重点，继续开展“三个一”绿化提升行动，推进城乡绿化工作。市人大、政协与市创森办多次联合开展绿化专题检查。全年新增绿化造林面积784.2公顷，其中重点防护林334.47公顷；创建省级森林城镇1个、省级森林村庄2个、嘉兴市级绿化示范村9个、桐乡市级绿化示范村15个，并成功创建省级森林城市。

桐乡市绿化造林坚持“政府主导、市场运作”的方针，创新用地机制，拓展造林空间，通过绿化重点工程带动，配合“五水共治”和旅游大县建设，迅速实现绿化面积增加、绿化效果增强、绿化档次提升三大目标，推进城乡绿化一体化建设和森林城市创建。重点实施凤凰湖水库森林公园、街心绿地公园和“四边三口”（村镇边、宅边、路边、河边和入城口、入镇口、入村口）绿化窗口工程，“三改一拆”零星闲置土地增绿工程，改造新增绿化面积66.67公顷。绕城森林通道基本建成，绿化宽度70米；320国道崇福段、姚太线乌镇段、湖盐线屠甸段等绿化提升改造工程完工；桐九线绿化规划设计通过认证，单侧绿化宽度25米。结合河道水环境整治项目，在大红桥港、灵安港等河道绿化12.9千米，面积11.33公顷。继续实施“三个一”绿化提升工程，计划投入1.2亿元，从2014年起，用三年时间，各村建设百亩生态片林，各镇建设千亩片林，五个重点镇建成连片成面的万亩森林。

【桐乡市成功创建省级森林城市】 12月30日，由全国政协文史和学习委员会副主任周国富带队的省森林城市检查验收组一行，检查验收桐乡市创建省级森林城市工作。经过实地检查、听取工作汇报，验收组一致同意桐乡市通过省级森林城市创建考核验收。近年来，桐乡市委、市政府提出打造宜居水乡、建设森林桐乡的发展目标。2012～2014年，全市按照《桐乡市森林城市建设总体规划》要求，围绕“四绿”工程，投入绿化资金10.58亿元，新增绿化面积2450.6公顷，平均每年新增造林面积占区域面积的1.1%。其中，新增城市绿化面积644.87公顷，绿化覆盖率44.62%，城区人均公共绿地面积14.78平方米，城市道路绿化普及率99.8%；新增农田防护林面积303.27公顷（其中河岸绿化188.07公顷），通道绿化面积275.73公顷，生态片林面积1226.73公顷，全市68%村庄达到三级森林村庄（绿化示范村）建设要求。全市林木面积1.76万公顷，全市林木覆盖率24.1%，位于全省平原县（市、区）前列。2015年1月9日，浙江省关注森林组织委员会、浙江省绿化与湿地保护委员会联合发文公布浙江省森林城市名单，桐乡市名列其中。

【义务植树活动】 3月，市绿委办下发《关于组织开展全民义务植树月活动的通知》，进一步推动全市各界开展多种形式的植树活动，建设“志愿者林”“共青林”等主题林。开辟桐乡市首个庆北认建认养基地，总面积约13.33公顷，种植青桐、榉树、香樟等珍贵乡土树种1000余棵，全市数十家企事业单位出资认养。市农经局推出珍贵树种下乡活动，确定30个村，赠送珍贵树苗3万多棵，赠送的树种包括

12月30日，全国政协文史和学习委员会副主任周国富带队检查验收桐乡市创建省级森林城市工作时参与义务植树　　市农经局提供

薄壳山核桃、黄山栾树等五六个品种。年内，全市党政机关及各企事业单位义务植树参与人数1.3万人，植树5.8万棵。市创森办通过各类媒体，宣传植树造林、森林城市创建、生态文明建设的重要作用和意义。8～10月，市创森办与嘉兴日报桐乡分社联合举办“寻找最美桐乡森林路”大型评选活动。12月，发文命名梧桐大街（市区）、北港河（市区）、迎宾大道（开发区立交桥—高桥镇）、老桐九线（开发区立交桥—南日集镇）、炉安公路（龙翔街道杨元村—翔厚村）、长山河羔羊段（石门镇）、海华大道（大麻镇海华村）、白马塘绿色森林长廊（石门镇白马塘村）、乌镇“水杉路”（乌镇镇民合村—五星村）、莲花路（市区）十条通道为“最美桐乡森林路”。

【“三个一”百亩片林建设】 2014年，桐乡市继续实施“三个一”绿化提升行动。根据“一镇一品、一村一景”的建设要求，各村在居民集聚区，建设一个2公顷左右的，集观赏、游憩、健身为一体的居民休闲中心，在其周边辅以不少于4.67公顷的生态片林，使绿地的功能性和生态效益相融相合。11月，市绿委办印发《桐乡市“三个一”绿化提升行动考核验收办法》，进一步明确建设要求，规范验收程序。年内，有62个村进行“三个一”百亩片林的建设，按照种好树、多种树，绿化与景观相结合的要求，做好绿道、亭廊、健身器材等相关配套设施建设，满足村民游园观景、休闲健身要求。

（蔡开锋）

“四联四强”走访服务活动

【概况】 2014年，桐乡市结合党的群众路线教育实践活动，持续深入开展以联群众、强感情、解民忧，联村组、强管理、促和谐，联企业、强服务、助转型，联项目、强投入、增后劲为主要内容的“四联四强”走访服务活动。市委党的群众路线领导小组办公室下发《关于贯彻落实“走村不漏户、户户见干部”要求，进一步明确“四联四强”大走访活动中有关事项的通知》，统筹协调全市各有关部门（单位）的走访服务活动，确保活动常态长效。市级领导与责任单位领导联系重大项目，加强对区域内重点投资项目、重点科技成果转化项目的联系与服务；列入全员维稳责任工作考核单位的“一把手”，走访联系所包村（社区），为联系村排忧解难；各涉企部门（单位）按照深入开展“干部联千企、服务助转型”活动，推进“六大倍增计划”（规模以上企业、亿元企业、外资企业、高新技术型企业、股份制企业以及上市企业数量倍增），走访联系结对企业，帮助企业解决各种困难和问题，助推经济转型升级；市级机关干部按照“干部结民亲”活动要求，对联系困难农户开展全覆盖走访联系，落实“七大帮扶计划”；经济薄弱村由帮扶联系的牵头部门“一把手”召集联系领导和联系部门一并进行组团走访，推动集体经济壮大。全市2892名机关干部与2283户低保家庭长期结亲帮扶，每季上门走访慰问不少于1次；30名市级领导联系重点项目90个，24个涉企部门和296名机关干部联系企业1021家，累计走访企业3000多次，发放政策宣传资料6000余本，帮助企业解决问题216个。

【创新开展“干部结民亲、帮扶不漏户”活动】 2014年，在党的群众路线教育实践活动中，桐乡市

机关干部走访“结亲”困难家庭　“四联四强”走访服务活动办提供

把困难群众作为重点联系帮扶对象，创新开展“干部结民亲、帮扶不漏户”活动。实施结对连心、生活补助、就业援助、危房改造、医疗保障、项目扶贫、志愿关爱等七大帮扶计划，确保全市低保户、低收入家庭家家有“干部亲戚”，户户有干部帮扶。全市2892名机关干部按照“一帮一、多帮一”等形式，与2283户低保家庭长期结亲帮扶，每季走访结亲户不少于1次，主动上门攀亲，面对面直接听取群众意见，近距离同群众沟通交流，全面了解“结亲户”的困难情况，做到家庭情况清、致困原因清、就业技能清、帮扶需求清，帮助结对户办实事、做好事、解难事。全年结亲干部慰问钱物折合268.46万元，制订428个帮扶计划，解决535个问题，落实助医、助学、助残等各类帮扶措施1608次。全市发放低保金及生活补贴6.94万人次，计1706.71万元；落实医疗救助1.13万人次，支出费用885.52万元；扶贫建房改善159户困难家庭居住环境。

进百村住千家联万户实践活动

【概况】 2014年，桐乡市继续实施以机关干部与农民同吃同住同劳动一年为主要内容的第三批“百千万”实践活动。全市165名市级机关年轻干部进驻165个村，与广大农民群众朝夕相处，一年内走遍所住村所有农户，长期结对联系农户3300户，重点联系困难户、老党员户（老模范户）、信访户、专业大户及个私企业户等，每月走访联系户不少于1次。扎实开展“三同四百心连心”“攀亲结友拜民师”“民情地图大比武”“组团服务促发展”“勤记周志办实事”等五项常规性活动，创新开展“一线实战长才干”活动，针对住村干部自身特点，结合镇（街道）工作实际，安排住村干部在旅游业发展、五水共治、三改一拆、新农村建设、社会治理等一线岗位，实战锻炼3个月。

桐乡市于2011年12月1日起在浙江省率先开展“百千万”实践活动。市委将“可持续，动真格”理念贯穿活动始终，持续深化活动内容、完善工作机制、创新活动载体。深化“集中学习日、民情恳谈日、惠民先锋日”等制度，住村干部深入一线、融入群众，以实际行动听民声、察民情、解民忧。三年分三批，全市61个部门的501名机关干部，进住168个村。其中，副科级干部51名，一般干部450名；男性283人，女性218人；30岁以下260人。活动中住村干部收集涉及基层经济、民生、文化以及干部“四风”问题等意见建议1.88万余条，帮助村、农户解决实际问题6600余个；走访农户14万户，慰问困难户5400余户；组建特色工作室240个，开展组团服务830次。

【“百千万”实践活动研讨会召开】 6月27日，由市委组织部、《桐乡新闻》联合举办的进百村住千家联万户实践活动研讨会在桐乡市举行。研讨会邀请中央党校原副校长李君如、中央党史研究室宣教局副局长薛庆超、浙江共产党员杂志社总编辑吴建平等参加。与会人员观看《住村巡礼》纪实片，6名住村干部代表与村支部书记代表谈“百千万”实践活动体会，市委书记卢跃东介绍活动情况，与会专家分别从党的建设、党的历史发展方面进行权威指导和点评。李君如对“百千万”实践活动作出“一

6月27日，中央党校原副校长李君如参加“百千万”实践活动研讨会　　“百千万”实践活动办提供

所没有围墙的党校”的评价；薛庆超指出“百千万”实践活动是一种深入群众、深入基层、深入实际的“桐乡模式”。

【开展“民情大比武”活动】 11～12 月，全市集中开展住村干部“民情大比武”活动。活动以住村干部口头讲演为主要形式，分为镇（街道）层面比武、市级层面比武、民情比武总决赛三个阶段；展示设三个主题篇章，分别是民情地图大展示、惠民实事我先行、服务发展我在前。至 11 月底，镇（街道）层面比武活动全部结束，各镇（街道）在三个主题篇章中各选拔出 1 名选手，参加市级层面比武。12 月中旬，参加市级层面“民情大比武”的 36 名住村干部，在每人 8 分钟的演讲时间里，轮流上台回忆住村岁月，总结住村经验。市委组织部、市纪委、市委宣传部等部门相关领导组成评委，量化评分住村干部的综合表现。每个主题篇章得分前 2 名（共 6 名）的住村干部，在全市“百千万”总结大会上进行总决赛。最终，全市决出冠军、亚军、季军各 1 名，优胜奖 3 名。

【“百千万”实践活动总结大会召开】 12 月 23 日，桐乡市进百村住千家联万户实践总结大会召开。市委书记卢跃东，市人大常委会主任张林洪，市政协主席池晓明，市委副书记、政法委书记蒋惠玲，市委常委、纪委书记陈千颂，副市长钱松华，各镇（街道）相关负责人，市委各部委、市直属各单位负责人，第三批市级机关住村干部等出席会议。市委常委、组织部长汤云良主持会议。会议回顾总结三年住村工作，并部署下阶段年轻干部队伍建设情况。市委书记卢跃东指出，“百千万”实践活动是本届市委做出的一项重大决策，通过活动，为新形势下加强党的建设，特别是转变作风、密切联系群众，提升做群众工作的能力和实效，进行了探索。会上，还举行“民情大比武”总决赛，表彰一批在住村活动中表现突出、成效显著的示范村、模范户和“金口碑”奖以及“系列之星”住村干部。

住村服务

【概况】 2014 年，桐乡市结合党的群众路线教育实践活动，在镇（街道）机关公务员及事业编制人员中深入推进“住村、夜班、评议”三项制度，进一步建立健全机关干部直接联系服务群众的长效机制，推动农村各项工作落实。全市近千名镇（街道）干部，进驻 174 个村住村上夜班。

住村服务期间，每名镇（街道）干部每周在村部住夜 1～2 晚，确保工作日每天晚上村部都有镇（街道）干部住夜。建立包村服务机制，镇（街道）干部会同村干部做好农村社会稳定和村级集体经济壮大工作。建立结对联系机制，每名镇（街道）干部联系农户不少于 5 户，尤其要联系重点户、困难户。建立快速响应机制，健全完善 10 分钟快速服务圈。全面开展进户走访活动，问政于民、问需于民、问计于民，切实做到困难户必访、种养大户必访、“三小”组长（党小组长、村民小组长、妇女小组长）户必访、个私企业户必访和重点人员户必访，听实话、察实情，掌握第一手情况。开展“走村不漏户、户户见干部”活动，一年内走遍全市所有农户。全面开展集中恳谈活动，根据工作实际和需要，采用请上来、走下去等办法，邀请群众代表、党员代表、“三小”组长代表、村干部等商议讨论群众关注的突出问题和实际困难，提出解决措施。开展现场破难活动，对于走访和恳谈中群众反映的突出问题和实际困难，采用现场办公形式攻坚破难。2014 年，全体住夜干部全年夜访农户 13.69 万户，收集群众意见建议 8120 多条，解决实际问题 2840 多个。

（吴佳瑜）

农　业

概　述

2014年，桐乡市进一步加快发展精品农业、高效农业和生态循环农业，促进农业经济转型升级，构建现代农业产业体系，确保农产品有效供给。全年实现农业生产总值45.61亿元，比上年减少1%，农村居民人均可支配收入25195元，比上年增长10.1%。

全市农作物种植面积5.77万公顷，比上年减少1.4%，其中粮食种植面积2.47万公顷，减少7.9%；经济作物种植面积3.3万公顷，增长3.9%。是年，杭白菊公顷单产2.78吨，比上年增长17%，胎菊收购价比上年提高5%，杭白菊单位面积产值提高30.8%。榨菜保持优质高产，价格稳定，效益较好。茭白种植面积稳定，稳产优质高效。花卉苗木种植面积继续扩大。全年饲养生猪70.71万头、湖羊51.98万头、兔60.4万只，分别下降13.89%、0.91%和6.1%，饲养家禽1285.07万羽，增长6.4%。全市水产养殖面积1705公顷，下降0.9%，水产品总产量1.6万吨，增长9.8%。全年饲养蚕种21.61万张，总产蚕茧1.01万吨，实现蚕茧产值3.61亿元，分别下降12.7%、14.9%和24.2%。全市城镇、农村造林绿化560.33公顷。是年，桐乡市通过省级专家团验收，创建为省级森林城市。粮油生产机械化水平进一步提高，水稻机插面积4673.3公顷，机插率33.6%，主要粮食作物机收率96.6%以上，全市粮食生产耕种收综合机械化水平78.8%。

年内，桐乡市以粮食生产功能区建设和现代农业园区建设为抓手，实现农业产业集聚化。建设粮食生产功能区16个、1580公顷，涉及崇福、濮院、洲泉、乌镇、梧桐、屠甸、大麻等7个镇（街道），其中嘉兴市级功能区3个（乌镇镇浙月村功能区、新翁村功能区和大麻镇永丰村功能区），面积421.5公顷。建立部、省、市三级高产示范方，崇福镇建立部级粮食高产创建万亩示范片1个，涉及联丰等4个村、农户3844户，总面积866.7公顷；石门镇春丽桥村建立省级水稻高产创建千亩示范片5个，总面积486.67公顷。经测产，石门镇春丽桥村省级百亩示范方公顷单产12.41吨。全市建立百亩示范方19个，面积413.3公顷，公顷单产9.3吨，比全市平均高8.9%；建高产示范户221户、面积80公顷。现代农业园区建设步伐加快，全年完成投资1.42亿元，其中石门镇东池村蚕桑精品园7月通过省级验收。

以土地流转为依托，实现经营规模化。全年流转农村土地1920公顷，启动农业招商投资项目113个，协议总投资9.1亿元，比上年增长59.65%。实施基地对接合作项目11个，其中果蔬项目7个，畜禽、水产项目各2个。新建接轨沪杭标准化、规模化水产生产基地、蔬菜生产基地、畜禽生产基地合计873.3公顷。实现农产品对长三角地区销售额52.2亿元，比上年增长5.5%，其中沪杭销售额36.3亿元，增长6.3%。年内，新增市级农业龙头企业、示范性农民专业合作社各3家。新工商注册家庭农场158家，其中13家被评定为桐乡市示范性家庭农场，9家被评为省级示范性家庭农场。农业龙头企业等农业经营主体实现农展会现场销售额376万元，达成意向订单199个，订货额2000万元。20个农产品在省农业博览会和嘉兴市农产品展销会上获奖，其中省农博会获奖6个、嘉兴农展会获奖14个。全市农产品电子商务交易额3.18亿元，比上年增长87%。

以食品安全为保障，力争产品优质化。稳步推进农业标准化建设，修订农业地方标准5个，绘制农业标准化模式图6张，实施标准化示范项目5个。各镇（街道）快速检测点检测蔬菜3608批次，合格率99.9%，“瘦肉精”检测养殖业生猪样本2.72万份，合格率100%，检测初级水产品74批次，合格率100%。强化“三品”质量认证和监管，新增无公害农产品4个、绿色食品4个、无公害基地面积213.3公顷。

2014年桐乡市省级示范性家庭农场一览

表3

序号	名称	地址	特色产品	联系方式
1	桐乡市洲泉娟如果蔬农场	洲泉镇石山头村	蔬菜、甜瓜	15868317740
2	桐乡市濮院大圣果蔬农场	濮院镇新妙智村	葡萄	13867320345
3	桐乡市崇福如学果蔬农场	崇福镇中夫村	蔬菜	13967366852
4	桐乡市大麻镇佳明水产农场	大麻镇百富村	甲鱼、乌鳢	13806714450
5	桐乡市崇福张继东家庭农场	崇福镇留良村	蔬菜	13586396337
6	桐乡市梧桐王建华种植农场	梧桐街道三新村	稻米	13757360296
7	桐乡市屠甸梁红粮食作物农场	屠甸镇红星村	稻米	15968356133
8	桐乡市高桥永萍果蔬农场	高桥镇湘庄村	葡萄	13586395270
9	桐乡市石门老汉杰生态农场	石门镇白马塘村	畜禽	13819305488

（钱少华　汪艳琪）

种植业

【概况】 2014年，桐乡市粮食种植面积2.47万公顷，总产16.99万吨，分别比上年减少7.9%、11.9%，其中晚稻种植面积1.39万公顷，产量11.93万吨，分别减少16.7%、16.5%。是年，桐乡市加大粮食生产政策扶持力度，各镇（街道）进一步扩大建设粮食生产功能区，开展争创粮食高产活动，进一步推广新品种、新技术。年内虽受夏秋季长时间阴雨寡照灾害性天气影响，但由于各项措施及时到位，粮食生产在受灾之年仍取得较好单产水平，春粮单产比上年略增，晚稻单产再创历史新高，公顷单产8.58吨。年内，晚稻继续开展大面积订单生产，与全市230户优质晚粳订单大户开展订单面积5004公顷，实际优质加价订单收购稻谷1.61万吨，每千克加价0.32元。

2014年，全市经济作物种植面积3.3万公顷，比上年增长3.9%。蔬菜种植面积1.92万公顷，总产66.7万吨，分别增长3.2%和6.4%。大宗蔬菜平均单价与上年比，略有下降，效益基本与上年持平。大棚蔬菜因市场价高，效益提高。油菜因种植效益持续偏低，种植面积降至0.26万公顷，比上年减少8.6%。榨菜种植面积0.39万公顷，减少3.1%，公顷单产47.21吨，收购价与上年持平，每公顷产值4万元，效益好于上年。杭白菊种植面积0.35万公顷，比上年增长0.5%，公顷单产2.78吨，增长17%，收购价提高，单位面积产值比上年提高30.8%。近几年花卉苗木效益较好，受此驱动，2014年全市花卉苗木种植面积0.54万公顷，增长20.4%。

【全市粮食生产功能区建设任务完成过半】 桐乡市规划2010～2018年建成104个粮食生产功能区，总面积1.07万公顷。截至2014年年底，全市建成并通过各级验收的粮食生产功能区有66个，面积6956.3公顷，其中省级粮食生产功能区2个、嘉兴市级粮食生产功能区13个、桐乡市级粮食生产功能区51个。2014年，桐乡市建设粮食生产功能区16个、1580公顷，其中嘉兴市级功能区3个、421.5公顷，桐乡市级功能区13个、1158.5公顷。

（郭恒德）

【茭白种植稳产高效】 2014年，桐乡市茭白种植面积920公顷，其中大棚茭白186.6公顷、露地茭白733.4公顷。主栽品种“龙茭2号”及“浙茭9－11”种植面积占比超98%。大棚夏茭4月12日上市，露地夏茭5月5日上市，较往年提前15天左右。前期茭白病害轻，质量好，大棚夏茭公顷单产35.85吨，每公顷产值12.92万元，露地夏茭公顷单产41.25吨，每公顷产值6.6万元。大棚茭白夏秋两季公顷产值19.07万元，露地茭白两茬公顷产值12.7万元，比上年增效10%。

【榨菜效益较好】 2014年，桐乡市种植榨菜3666.67公顷，与上年持平。榨菜冬春移栽后雨水均匀，成活率较高，前期生长较好，发棵早，榨菜膨大期时气温较低，病害少，空心率低，瘤茎质量好，产量高，开春后气温偏低，收获季节略推迟，3月28日开始采收，4月13日采收结束。公顷单产47.2吨，平均每千克收购价0.73元，公顷产值与上年基本持平。

【杭白菊种植效益上升】 2014年，桐乡市杭白菊传统产区由于多年无法实施有效轮作，连作障碍日益凸显，发生积累性病毒病，规模化生产基地发病率尤高。8月上旬～9月初，连续阴雨，光照少，杭白菊抗性差，叶枯病危害重。9月中旬～10月，连续干旱，对菊花孕蕾和膨大不利。但由于补救措施及时到位，是年杭白菊公顷单产还是比上年增长17%。另因杭白菊收购价格提高，胎菊收购价比上年高5%，杭白菊加工企业现代化加工工艺技术改造加快，90%鲜花由加工企业集中加工，杭白菊产品质量提高，桐乡市是年杭白菊种植效益增加，每公顷产值10.11万元，比上年增长30.8%。

（沈学根）

蚕桑业

【概况】 2014年，蚕茧价格全面回落，桐乡市蚕种饲养量、蚕茧产量、桑园面积稳中有降，蚕茧产值下降。全年饲养原蚕蚁10.66千克，生产蚕种19.73万张，分别比上年减少6.74%、1.84%。其中，春期饲养原蚕蚁6.81千克，生产蚕种13.45万张，分别增长8.44%、13.98%；秋期饲养原蚕蚁3.85千克，生产蚕种6.28万张，分别减少25.24%、26.12%。全市桑园面积11.18万亩，减少4.8%。全年统发蚕种19.59万张，减少6.5%。总饲养蚕种21.61万张，减少12.7%。总产蚕茧1.01万吨，减少14.9%。蚕茧平均价格35.7元/千克，实现蚕茧产值3.61亿元，分别下降13.6%、24.2%。晚秋期遭受严重桑螟危害，晚秋蚕茧产量比上年下降50.8%。嫁接桑苗单株0.3元左右，成交量萎缩。合作社收购蚕茧1203吨，占全市总产量的11.9%。全市50张以上规模共育小蚕1.1万张，较上年减少12.1%。

【蚕业家庭农场和休闲蚕业兴起】 2014年，桐乡市新注册家庭农场158家，其中具蚕桑特色2家，分别是东池建根家庭农场和沈莉高家庭农场。东池建根家庭农场是全省最大的小蚕共育单位，以集中饲养小蚕为特色，全年春、中秋、晚秋合计共育蚕种2442张。租赁桑地2公顷，与浙江省农科院蚕业研究所合作，开展品种桑试验、多批次养蚕、平板茧生产等多项试验，还

春蚕蚕种发放现场　　　　市农经局提供

经营有农家特色的“养蚕人家”餐厅。沈莉高家庭农场租赁流转土地4.67公顷，有蚕业技术展示区、果桑区、桑园养鸡区、休闲垂钓区和农家餐厅等。12月，该农场开发的集桑果酒、桑叶茶、桑叶饼干、桑叶面于一体的特色礼盒在全国蚕桑资源多元化利用学术研讨会上展示。

【秋期桑螟暴发】 8月中旬，受气候因素等影响，嘉兴、湖州蚕区四代桑螟虫口基数激增，世代重叠严重，五代桑螟盛孵又逢中秋蚕后期管理，桐乡市亩虫量最高达100多万头，蚕农有效防治难度极大，造成数十年来最严重的桑园虫害。由于桑叶虫害严重，中秋出现弃种、弃蚕现象，桐乡市晚秋蚕种损失1/3。

（吴纯清）

林　业

【概况】 2014年，桐乡市继续创建“森林桐乡”，实施“四绿”（绿色城市、绿色屏障、绿色村镇、绿色通道）工程，开展“三个一”（一百亩、一千亩、一万亩）绿化提升行动，高标准、全域化推进城乡绿化工作。全市城镇、农村造林绿化面积560.33公顷，植树109.24万株。其中，新建重点防护林面积334.44公顷，造林地段492个，植树61.58万株，平均成活率85.24%；新建一般防护林面积225.89公顷，绿化地段153个，植树47.66万株，平均成活率98.81%。年内，桐乡市花卉苗木生产依然保持较快增长，至年底，全市苗木面积3428公顷，年内新增381公顷。部分苗木品种因供应增加，价格有所回落，但总体供需及价格依然平稳。创建成功省级森林城镇1个、省级森林村庄2个、地市两级绿化示范村22个。12月，省级森林城市创建工作通过省级验收。

【桐乡市创建成为省级森林城市】 参见《综述·森林桐乡》中有关条目。

（蔡升锋）

水产业

【概况】 2014年，桐乡市水产品总产量16079吨，比上年增长9.8%。其中，捕捞产量2404吨，比上年减少5.5%；养殖产量13675吨，比上年增长13%。渔业一产总产值42426.8万元，比上年增长23.7%，其中捕捞产值1923.8万元，比上年下降5.5%，实现捕捞增加值1111.6万元。养殖产值39549万元，比上年增长25.6%，实现养殖增加值13644.4万元。水产苗种产值954万元，比上年下降6.3%。养殖品种23个，养殖面积1705公顷，比上年减少0.9%。

【开展水产养殖面源污染治理】 2014年，桐乡市水产业结合“五水共治”行动，开展水产养殖面源污染治理。添置安装生物质锅炉，淘汰温室木材、木炭燃烧加温方式，减少废气排放，覆盖4.5万平方米养殖温室。建设温室养殖废水三格式沉淀处理池，通过沉淀、曝气、生物净化，使温室养殖废水达标排放或者循环利用。至年底，废水处理能力22100平方米温室。

（吕伟清　胡晓波）

畜牧业

【概况】 2014年，桐乡市年末生猪存栏9.9万头，年内出栏60.81万头，分别比上年减少49.99%和2.44%；年末湖羊存栏22.29万头，年内出栏29.69

湖羊养殖　　市农经局提供

万头，分别减少0.39%和1.3%；年末家禽存栏295.08万羽，减少12.49%，年内出栏989.99万羽，增长13.74%；年末兔存栏17.23万只，年内出栏43.17万只，分别减少10.8%和4.06%。肉类总产量6.16万吨，增长1.8%。畜牧业总产值12.35亿元，减少6.79%。商品蛋禽养殖效益较好，其余畜禽养殖效益均不佳，平均盈利蛋鸡约20元/羽，麻鸭50元/羽，肉鸡1元/羽，湖羊100元/头，獭兔10元/只，生猪每头约亏损100元。种鸭、肉鸭年内价格起伏较大，全年平均没有盈利。是年，全市部署防控集中行动4次。累计免疫禽流感715.16万羽次、猪口蹄疫108.91万头次、羊口蹄疫47.44万头次、猪瘟66.43万头次、高致病性猪蓝耳病27.58万头次、羊痘22.69万头次。完成血清学检测17700头份、羊布病检测10356头份、新城疫检测920份，免疫抗体合格率达到国家规定标准。全年完成产地检疫生猪21.9万头、湖羊4.55万头、禽2450.18万羽；屠宰检疫生猪38.9万头，湖羊5.62万头。无害化处理猪12.06万头(其中养殖环节无害化处理11.76万头)、肉类78.73吨、其他32.99吨。出动执法16865人次、督察376人次，检查饲料企业93家次、养殖场6652家次、兽药饲料经营单位298个次、屠宰场35家次，监督抽检样品432份，立案查处动物卫生监督案件、农业行政执法案件各2起，累计备案1979批次，报验核查1551批次，安全调入活畜15.72万头、动物产品672吨，风险评估备案率99.6%。全年清理退养生猪养殖户8162户，拆除猪舍83.77万平方米、禽舍53.82万平方米。2014年，桐乡市出台一系列死亡动物无害化处理监管工作制度和奖补政策，多次召开专题会议，协调解决土地、用电、资金、环保等问题，特事特办，为推动病死动物无害化处理开启绿色通道。将工业化处理项目建设纳入省"十二五"规划，落实专项保障经费650万元。6月8日，投资近1100万元、20吨日处理能力的恒生动物生物处理厂全面运营，负责无害化处理全市的死亡动物。各镇(街道)相应建立专业收集队和自动化收集中转站，统一收集辖区内的死亡动物。

【"桐乡湖羊"证明商标获批】 桐乡市是湖羊的原产地之一，饲养湖羊已有近900年的历史。桐乡实施的妊娠母羊补料技术、羔羊早期补料技术、羔羊早期断奶技术和湖羊青贮料制作技术在浙江省处领先地位。2014年，桐乡市饲养湖羊51.98万头，年内出栏29.69万头，年末存栏22.29万头，均居全国县级市首位。为做精、做实湖羊产业，2013年11月，桐乡市向国家工商行政管理总局商标局申请"桐乡湖羊"证明商标，2014年8月，获授权。"桐乡湖羊"正式获法律保护。

(顾春梅　周宇)

水利建设

【概况】 2014年，桐乡市水利工作围绕"五水共治"，全力建设平安水利、民生水利、生态水利、科技水利和资源水利。全年水利建设投入超3亿元，比上年增长20%以上，其中省以上补助资金1.1亿元。年内，第五批中央财政小型农田水利重点县建设项目投资5713万元，2013年度工程完工，2014年度工程11月开工。实施省级圩区整治工程，屠甸镇和平、千金两个圩区整治工程完成投资3750万元。中央财政乌镇中型灌区配套改造工程基本完工。实施梧桐街道农村饮水安全工程，投入2263万元，铺设三级供水管网119.8千米。灾后水毁修复工程完工，投入3750万元，加高加固圩堤、建设防洪墙等合计63.8千米，新建、改建水闸42座、泵站51座、落河缺155个。77个村实施农田水利工程长效运行管护体制改革。推进全国河道治理重点县综合整治试点工程建设，石门、濮院、龙翔、崇福东、洲泉西、梧桐、屠甸、大麻、河山等9个项目区投入9488万元。加快全国重点地

桐乡市首获"大禹杯"金奖

市水利局提供

区中小河流治理工程建设，灵安港、无量桥港、王母桥港、董家桥港等4条河道投入治理资金4211万元。大红桥港河道治理工程被评为浙江省河道生态建设优秀示范工程。启动清理黑河、臭河、垃圾河工程，年内清理完毕451条。开展基层防汛防台体系规范化建设，12月通过省级验收。推进节水型社会建设，市水利局组织开展创建节水型机关、节水型校园、节水型医院、节水型企业活动。加强取水监督和用水计量管理，规范水资源费征收，许可取水项目25件，办理换证30件，征缴规费942万元。加强水行政执法监察工作，立案调查水事违法案件5起。推进水行政审批制度改革，水利行政许可项目减少至11项。加强水域保护，做好涉河工程(占用水域)行政审批工作，依法审批涉河工程(占用水域)项目55件。强化水利工程监督管理，审查招标文件，监督招投标现场，抽检进场施工原材料，第三方检测工程质量，确保水利工程建设规范有序。注重水利安全生产工作，开展“安全生产月”活动，专项检查防汛抢险、河道整治、汛期安全生产、在建水利工程等。

【桐乡市首次获省水利“大禹杯”金奖】 11月，浙江省第二十届水利“大禹杯”竞赛活动评比结果揭晓，桐乡市首次获金奖。“大禹杯”是浙江省政府设立的全省水利工作最高成就奖，设金奖、银奖、铜奖和提名奖，参评内容包括防汛防台与抗旱、水利工程建设、水利法制和水资源管理、水利能力建设等。近年来，桐乡市贯彻落实中共中央和省委、省政府一系列加快水利改革发展的决策部署，围绕全面提升水利对经济社会发展的支撑和保障能力，推进农田水利建设、河道综合整治、农村饮水安全等各项重点水利工程建设。农田水利标准化建设考核连续三年被评为省级优秀；河道保洁长效管理工作连续两年获省级考核一等奖；河道整治工作在浙江省生态河道建设专题培训班上作典型经验介绍；2014年基层防汛防台体系规范化建设通过省级验收；2013年，桐乡市被列入浙江省首批节水型社会建设试点县(市、区)，2014年11月该项工作通过省级中期评估。

【湘庄港河道治理工程完工】 湘庄港位于桐乡市东南部，流经高桥镇，是一条连通洛塘河和南日港的重要河道，全长9.7千米(含秀才桥港、北沙渚塘东段)。湘庄港河道治理工程属全国重点地区中小河流治理项目，总投资2624万元，防洪保护区面积5504公顷，保护人口4.75万人，保护耕地面积2350公顷。项目2012年7月开工，2014年6月完工。新建堤防10.8千米，新筑护岸7.92千米，河道堤岸生态防护采用预制球、预制块等生态护岸，护坡及堤顶配种杨柳、大叶女贞、紫薇、海桐球等，营造乔木、灌木、草坪相结合的植物模式，既护岸固土、防治水土流失，又改善水环境、美化人居环境。

【汛情灾情】 2014年，桐乡全市平均降雨1212.1毫米，其中汛期(4～10月)平均降雨899毫米。梅汛期偏短，6月17日入梅，7月7日出梅，雨日14天，全市平均降雨179.6毫米，其中崇德水文站测得190.7毫米，乌镇水文站163.8毫米，桐乡水文站184.3毫米。是年，第16号台风“凤凰”对桐乡市造成一定影响，9月22日中到大雨，截至23日15时，全市平均降雨量17.3毫米，其中崇德水文站测

治理后的湘庄港　　市水利局提供

得19毫米，乌镇水文站17毫米，桐乡水文站16毫米。年内最高水位：崇德水文站8月20日4.01米，桐乡水文站8月20日3.94米，乌镇水文站7月16日3.84米。

（赵　银）

农业机械化

【概况】 2014年，桐乡市进一步提高农机装备水平、农机作业水平和农机安全水平，装备结构进一步优化。农机化投入2807.71万元，年末农机总动力31.16万千瓦，全年农机经营总收入2.58亿元，经营利润1.15亿元。全市机耕作业面积2.43万公顷，农机运输作业量5394.71万吨/千米。年内，市农机监理站检验运输型拖拉机1147台，年检率90.64%，免费实地安检农业机械1.21万台，农田作业机械年检率91%；排查单位49个，发现整改安全隐患25项。进一步开展“创建平安农机，促进新农村建设”活动，桐乡市被评为全国平安农机示范市，崇福镇被评为浙江省平安农机示范镇，梧桐街道钱林村等6个村被评为嘉兴市平安农机示范村，石门镇兴农粮油农机专业合作社被评为嘉兴市平安农机示范合作社。对高耗能农业机械报废继续实施补偿，全年报废拖拉机146台，发放补偿金30.1万元。年内，市农机化技术学校举办拖拉机驾驶员培训7期，培训学员135人；培训农村“两创”实用人才1100余名。2014年，桐乡市农机化作业水平稳步提高。主要粮食作物综合机械化水平78.8%，比上年提高2个百分点。粮食机械化收割面积1.7万公顷，机收率96.6%；机械化种植面积4673.3公顷，机栽率33.6%。全市新建育秧中心1个、粮食烘干中心2个。15个村整村推进水稻机栽。下达各级农机财政补贴资金933.35万元。实施水稻机插和油菜机收作业环节补贴政策，机插水稻、机收油菜合计2071公顷，补贴124.26万元。市农机推广站组织实施“桐乡市水稻生产全程机械化示范与推广”项目，获嘉兴市2013年度农业丰收奖一等奖。石门镇兴农粮油农机专业合作社理事长张卫兴入选“全国十佳农机合作社理事长”。

（朱新龙　沈学成）

【推广水稻机械化精量穴直播技术】 水稻机械化精量穴直播，播种速度快，成本低，播种精准，成行成穴，有利于水稻通风透光、减轻病害，便于管理，是一种水稻机械化栽植的新模式。2014年，桐乡市加快水稻生产全程机械化进程，推广杂交稻机插和常规稻机直播。年初集中采购10台水稻精量直播机，布局洲泉、濮院、石门等镇（街道）的10个种粮主体，开展精量穴直播和手工撒播试验对比。9月11日，省水稻机械化穴直播观摩会在桐乡召开，80多名与会代表参观了洲泉镇小园头村精量穴直播示范方。11月，市农经局对小园头村精量穴直播田块与手工撒播田块作对比调查，调查结果表明：精量穴直播相对手工撒播每公顷增产795千克，节本增效4260元。

（朱新龙）

农业科技

【概况】 2014年，桐乡市农业信息发布会发布26个种养品种近七年的效益统计分析信息。“12316”为农服务中心（农技110）全年受理电话咨询、网络咨询600多个，接待来人来访咨询

水稻机械化精量穴直播　　　　市农经局提供

300人次，农技专家上门为种养大户提供技术指导服务293次。浙江省农业广播电视学校桐乡分校招收农民中专学员45名，组织16名学员参加嘉兴市农民大学生培养，组织30名学员参加浙江大学大专及本科远程教育。全面落实责任农技推广制度，重新聘任首席专家、农技指导员、责任农技员，共计258名；实施农业部基层农技推广体系改革与建设项目1个、省级农技推广项目4个，建立农业科技试验示范基地5个，培育科技示范户600户；举办农技人员知识更新培训17期，培训各级农技人员456人次。组织8名学生参加基层农技人员定向培养；选派6名农技专家加入科技特派员队伍；在八大农业主导产业组建成立农业产业技术创新与推广服务团队。"湖羊新饲料及其制作技术推广应用"项目和"榨菜抗病毒病高产栽培技术示范推广"项目分获2014年度嘉兴市农业丰收奖一等奖和三等奖。"湖羊新型饲料调配试验与标准化管理技术的研究"获2014年度桐乡市科技进步一等奖。组织实施省、市级农业标准化项目5个，清理农业地方标准34个，修订地方标准5个，绘制农业标准化模式图6张。"圣富德"牌杭白菊和"菊花"牌（航空）榨菜片通过省级名牌农产品复评。组织科技下乡现场活动12场次。2014年，桐乡市被省农业厅列为现代生态循环农业整建制推进试点县，申请创建省级现代生态循环农业示范区2个、示范主体17个。

（夏建兴　范丹琳）

市农民学校挂牌　　市农经局提供

【桐乡市农民学校成立】 2014年，桐乡市推进农民素质提升工程，依托桐乡市农业技术培训学校，成立农民学校，市委副书记蒋惠玲任校长。6月27日，该校挂牌。主要负责全市农村实用人才、新型职业农民的教育培训工作，着力培养有技术、懂经营、会管理的农村实用人才和现代职业农民。该校成立后，共培训农业龙头企业骨干、农民专业合作社带头人、家庭农场主等合计10451人次，其中"五个一批"新农村建设人才培训220人次，农村"两创"实用人才培训1178人次，农业专业技能培训2082人次，农民转移就业技能培训3195人次，农民学历教学90人次，新增农村实用人才915余人次。

（范丹琳）

【农业信息化建设】 2014年，桐乡市农村在实现数字电视、电话通信及宽带网络全覆盖基础上，各镇（街道）基本实现4G网络覆盖，市区、乌镇、崇福、濮院等地实现WiFi应用。是年，桐乡市农户电脑普及率72.15%。年底，农民信箱注册用户4.12万户，年内新增1158户。深化"万村联网"工程建设，全年发布信息7876条，村级网站建成率100%、规范化率100%。东方农业信息网发布农业动态信息6106条，新增浏览量46.8万人次。推进现代信息技术在农业领域的应用。建立农资监管与服务作息化平台，8家农资经营店、2家兽药店安装专用POS机，完成相关数据录入、终端联网，实现统一监管。建立死亡动物无害化处理远程监管系统，对各镇（街道）收集中转站和市级死亡动物无害化生物处理中心实施统一管理。农业龙头企业、农民专业合作社、家庭农场等在产品上使用二维码信息技术，实现数字化管理和质量可溯。嘉兴华圣农业生物科技有限公司在石门镇建成桐乡市首个高标准农业物联网示范基地，实现中药材生产智能化管理。基于移动互联网的4G技术，结合浙江农民信箱，连接各级农业部门、农技专家和种养农户的大数据农技服务平台，开通农民信箱系统应用背后终端——农技通云平台，并在6个镇（街道）开通应用现代农业地理信息系统。

【桐乡市连续第八次被评为全省农民信箱工作考核先进集体】 2014年，桐乡市“农民信箱”工作再次获省级考核优秀，这是桐乡市连续第八次获此荣誉。至2014年年底，桐乡市有注册“农民信箱”用户4.12万户，覆盖全市各镇（街道）。是年，农民信箱系统发布公共信息3103条、买卖信息760条，发送信件1256.67万件、短信1331.86万条，节省电话通信等办公费用1116.08万元；发送“每日一助”服务短信182次，其中为农业主体发布农产品买卖信息144次，实现农产品销售额136.8万元。

【推进发展农产品电子商务】 2014年，桐乡市委托嘉兴市青韧电子商务有限公司，建立“淘宝·桐乡特产店”，21个小型农业主体的50多个特色农产品上网销售，其中土鸡、土鸡蛋、茭白、杭白菊和桑叶茶等产品销售良好。全市352个农业主体全年通过信息化网络系统（含农民信箱）实现农产品销售3.18亿元，比上年增长87%。

（夏建兴）

农业综合开发

【概况】 2014年，桐乡市农业综合开发工作以项目建设为抓手，建设现代蚕业特色园和高标准农田，扶持龙头企业和农民专业合作社，执行项目法人制、资金和项目公示制、工程施工招投标制、工程质量监理制和工程结算审价制，强化项目资金使用监督、工程质量监督、建设进度监督、工程管护监督和廉政建设监督，提高项目建设管理水平。2013年度农业综合开发建设任务2013年2月启动，2014年11月完成并通过考核验收，建设实施土地治理高标准农田示范工程项目、科技推广示范项目各1个。9月，2014年度农业综合开发建设任务陆续启动。至年底，2个农业综合开发土地治理建设项目、1个产业化财政补助项目、桐乡市2014年度国家级扶持“一县一特”产业化发展项目，分别完成总进度的20%、70%和30%。

【2013年度高标准农田示范工程完工】 11月，2013年度高标准农田示范工程完工。该工程涉及濮院镇的新东村、新星村和红旗漾村，投资1846万元，开发面积666.67公顷。项目区新建排灌泵闸站11座，新筑生态护岸1.23千米、“U”形渠道24.89千米，新铺设砂石机耕路17.4千米，浇筑水泥路15.87千米，新建机耕桥1座，新栽农田防护林9.24公顷。年内，项目区开展新技术推广5项，面积183.33公顷，技术培训968人次。

【实施万亩茭白新品种新技术推广示范项目】 11月，万亩茭白新品种新技术推广示范项目完工。该项目位于龙翔街道董家村，项目总投入61.26万元（其中省以上财政补助32万元、市财政配套16万元），推广辐射面积920公顷，示范面积133.33公顷。年内，项目区引种“龙茭2号”茭苗10万株，推广面积720公顷，推广使用有机肥342.7吨，开展技术培训5期，受训农户320人次，项目区约增效1214.61万元。

（冯玄琰）

工　业

概　述

【概况】 2014 年，桐乡市有省级工业园区 2 个，镇工业集中区 11 个。规模以上（年销售收入 2000 万元以上）企业 1057 家，比上年增加 75 家，其中年销售收入超亿元企业 228 家，增加 29 家。桐昆集团、新凤鸣集团年主营业务收入超百亿元。全市有高新技术企业 64 家，增加 22 家。桐乡市易锋机械厂被认定为省级企业技术中心，浙江永泰隆电子股份有限公司、浙江天益食品添加剂有限公司等 14 家企业被认定为嘉兴市级企业（行业）技术中心，全市累计有国家级企业技术中心 1 家、省级 13 家、嘉兴市级 39 家。全年申请专利 4875 个，授权 3218 个，其中发明专利申请 825 个，授权 107 个。浙江海得新能源有限公司的 2 兆瓦风力发电机组用变流器开发项目获省专项装备制造业协同创新奖励项目；巨石集团的新产品透明板材用短切毡被评为省优秀工业新产品二等奖；金申机械和朝晖过滤两家企业的产品被认定为嘉兴市“首台套”（第一家自主研发）。纺织、服装鞋帽、皮革皮毛、化学纤维、建材等五大传统优势产业有规模以上企业 658 家，实现主营业务收入 893 亿元；新能源、新特材料、机械制造、电子信息等四大新兴产业有规模以上企业 251 家，实现主营业务收入 391.7 亿元。

桐乡市坚持“狠抓落实、稳中求进”的工作总基调，深入实施“两改两创”“退低进高”“机器换人”，大力推进“两化融合”，工业经济保持稳定健康发展。全市规模以上工业完成现价工业总产值 1367.1 亿元，比上年增长 9%；实现销售产值 1339.77 亿元，增长 9.5%，产销率 98%，其中出口交货值 184.2 亿元，增长 16.3%。化纤、纺织、建材、皮革皮毛分别实现产值 431.39 亿元、265.97 亿元、98.6 亿元、93.2 亿元，分别增长 9.3%、7.4%、18.6%、－1.1%。规模以上工业增加值 222.5 亿元，增长 15.5%，其中战略性新兴产业增加值 53.2 亿元，增长 27.9%。规模以上工业实现主营业务收入 1320.82 亿元，增长 8.5%；实现利税 116.57 亿元，增长 13%，其中利润 70.25 亿元，增长 25.7%。亏损企业 71 家，亏损金额 1.82 亿元，下降 20%。全年完成工业投资 174.8 亿元，增长 20.3%。完成工业技改投入 132.6 亿元，增长 26%，占工业投资的比重为 75.8%；完成工业设备投入 112 亿元，占工业投资的比重为 64.1%。装备制造等先进行业累计完成投资 40.7 亿元，占工业投资的比重为 23.3%，比上年提升 2.5 个百分点。122 项 3000 万元以上重大工业项目，累计完成投资额 87.8 亿元，占全市工业生产性投入完成总额的 50.2%，完成 3000 万元以上项目当年计划投资的 111.7%。全年引进市外内资项目 214 个，实到市外资金 106.1 亿元，增长 12.4%；实到市外注册资金 40.1 亿元，增长 19.8%。实现新产品产值 575.2 亿元，增长 14.1%；新产品产值率 42.6%，比上年提高 2 个百分点；新认定省级企业技术中心 1 家、嘉兴市级企业技术中心 14 家。企业管理现代化步伐加快，新增嘉兴市精细化管理示范企业 7 家。

工业设计稳步发展，举办首届“凤凰杯”工业设计大赛，濮院 320 创意广场被认定为省级特色工业设计基地。协调推进信息基础设施建设，做好桐昆集团、巨石集团省总部型企业两化融合示范试点培育企业的跟踪服务工作。7 月，市政府办出台《桐乡市信息化建设发展规划》和《桐乡市信息化和工业化深度融合专项行动计划（2014～2017

年)》。9月，桐乡市被列入浙江省两化深度融合国家综合性试点市。全年完成腾退低效用地项目74个，腾退低效土地113.71公顷；实施“进高”项目25个，利用土地76.71公顷；完成淘汰落后产能项目32个，淘汰落后企业161家，淘汰设备2260台，关停黏土砖瓦窑企业4家。落实调整产业结构、发展循环经济、推行清洁生产、加强能源管理等举措，能源利用效率稳步提高，单位国内生产总值能耗持续下降，完成能源双控约束性目标。全年万元国内生产总值能耗下降4.8%，工业增加值能耗下降5.2%。坚持存量提升、增量优化并举，推进工业区集聚集约发展。全市工业区新增开发面积21.87公顷，累计开发4933.33公顷。新增基础设施投资7.4亿元，比上年增长8.3%，全市工业区累计投入基础设施建设资金101.23亿元。新增创业中心和标准厂房面积10.3万平方米，累计建成面积195.3万平方米。

11月18～21日，“互联网之光”主题展在桐乡市举行　市经信局提供

【“互联网之光”主题展在桐乡市举办】 11月18～21日，首届世界互联网大会之“互联网之光”主题展在桐乡市乌镇镇举办。展会分互联网发展理念、发展历程和企业展示三个篇章。发展理念篇主要展示中国对全球互联网发展、治理的基本主张，包括中国国家主席习近平关于互联网治理的重要论述，以及国家互联网信息办公室代表中方在ICANN伦敦会议上提出的七点共识。发展历程篇主要展示中国互联网20年的发展历程和成就，体现互联网对中国政治、经济、文化、社会等各领域带来的影响，总结中国互联网在技术创新、应用创新和产业发展方面的成功经验。企业展示篇主要展示国际前沿的互联网技术、产品和应用成果，包括互联网传媒、文化、商务，互联网技术，信息安全，智慧城市等四大主题，腾讯、阿里巴巴、百度、奇虎360等50多家国内外知名企业参展。

【开展“干部联千企、服务助转型”活动】 2014年，桐乡市开展“干部联千企、服务助转型”活动，助推经济转型升级。一是建立“包干式”制度。建立包片联企重点工作推进制度，全市30位市级领导，296名涉企部门中层以上干部，结对联系90个重点项目、1021家企业，为期三年。全年走访企业2000余家，发放调查问卷1100余份，收集到企业反映的问题和困难243项。二是实行“清单式”管理。每月组织人员深入车间、工地，了解企业需求，按月向牵头部门反馈信息。市联络办汇总、梳理，列出“问题清单”，督查各职能部门提供“服务清单”，为企业排忧解难。至年底，帮助企业解决问题和困难216项，解决率88.9%。三是开展“组团式”服务。各部门结合工作实际，组建“科技服务团”“工程师服务队”等专业团队和工作小组80多个，通过上门服务、开展专题培训、组织座谈会等多种形式，为企业提供科技创新、业务技能、政策扶持及安全生产等方面的帮扶指导。全年召开座谈会250多场，为企业提供咨询服务1.7万次，培训人员2万余人次。

【深化企业减负】 2014年，桐乡市多举措深化企业减负。一是改革减负。探索行政审批制度改革，实行建设项目行政审批“一路通”阳光模式，所有建设项目审批环节由串联变为并联，并与模拟审批、全程代办、施工图联审等创新机制实现无缝对接，实现审批项目办理时限比法定时间提速85%以上。二是财政减负。全年拨付市本级财政补贴奖励资金84项，金额30015万元，涉及企业1026家次；拨付上级补助资金33项，金额7853万元，涉及企业270家次；落实“个转企”企业优惠政策，兑现“个转企”企业财政奖励资金280万元。三是税费减负。全年为各类企业减免各项税费29.84亿元，惠及企业3056家次。其中，落实高新技术企业税收优惠、资源综合利用减免退税以及办理民政福利企业先征后退等共减免2.53亿元；“个转企”企业减免税费516万元。四是信贷减负。市政府办出台《桐乡市中小微企业贷款支持计划》和《桐乡市政府采购支持中小企业信用融资试点办法》，签订银政合作协议，鼓励银行为中小微企业提供贷款。纳入扶持名录的600家中小微企业，累计获信用贷款超5亿元。

【首届工业设计大赛】 12月17日，2014桐乡市首届“凤凰杯”工业设计大赛结果揭晓。大赛由桐乡市政府主办，桐乡市经济和信息化局、濮院320创意广场共同承办，各镇（街道）、经济开发区、浙江传媒学院桐乡校区和相关市级部门协办。大赛是桐乡市首次举办的工业设计类赛事活动，以“设计引领制造”为主题，分产品类作品和概念类作品两个组别，面向桐乡市范围内的制造企业、设计机构、相关院校及个人征集作品。5月，启动征集工作，收到作品78件，其中产品55件、概念类作品23件。作品涉及机械装备、电子信息、家用电器、皮革皮草、床上用品、针织毛衫、家居用品、运动休闲用品和其他类9个行业。大赛邀请国内工业设计行业知名人士、专家学者、制造企业和工业设计机构负责人等组建参赛资料审核小组和评审委员会。经过初审、终审等环节，从创新性、实用性、经济性、工艺性、环保性、美学性等方面，评出各类奖项21个，同时评出优秀设计师6名。其中飞虎激光科技有限公司设计的高速控光纤激光切割机3015系列获金奖。

2014年桐乡市工业区建设情况

表4

工业区名称		规划面积（公顷）	已开发面积		进区企业总用地面积		进区投产企业		基础设施投入		
			历年累计（公顷）	其中：年内新增（公顷）	历年投产企业（公顷）	在建企业（公顷）	历年累计（个）	年内新增（个）	历年累计（万元）	2014年累计（万元）	比上年（±%）
梧桐街道工业区		1315	393.27		188.6	41.8	251	7	61097	1160	-28.2
凤鸣街道工业区		329.73	150.73		90.2	10	77		8904	2080	983.3
龙翔街道工业区		333.33	146.67		119.4	12.47	110	3	29462	2016	-7.8
乌镇镇工业区		131.87	104.07	4.6	67.47	7.87	40	2	10520	167	-95.1
屠甸镇工业区		300.73	200.73		121.13	4.2	158	2	21096	634	546.9
大麻镇工业区		337.07	78.87	4.2	60.93	4.87	111		7772	13	0.0
石门镇工业区		400	207.33		168.53	14.53	155	34	42717	3821	58.4
河山工业区		150	88.13		38.67	9.4	41		15349	122	40.2
临杭经济区		2150	349.07		254.13	41.87	75	2	85473	2476	-39.9
其中：	核心区	668	87.47		70.4	22.07	3	1	36759	1974	-48.8
	洲泉区	561.93	261.6		183.73	19.8	72	1	48714	502	88.0
高桥新区		1106	126.67		72.6	3.8	36		77901	9217	-36.0

续表 4

工业区名称	规划面积（公顷）	已开发面积		进区企业总用地面积		进区投产企业		基础设施投入		
		历年累计（公顷）	其中：年内新增（公顷）	历年投产企业（公顷）	在建企业（公顷）	历年累计（个）	年内新增（个）	历年累计（万元）	2014年累计（万元）	比上年（±%）
崇福经济区	740.67	393.07		321.07	14.8	245		104189	9693	48.6
小　计	7144.4	2239	8.8	1502.73	165.6	1299	50	464480	31399	－10.5
经济开发区	5904.8	2272.47		569.67	92.67	300	12	394798	29679	40.0
濮院针织产业园区	1700	398.67	13.07	215.4	32.33	597	15	153067	12904	7.0
合　计	14749.2	4910.13	21.87	2287.8	290.6	2196	77	1012345	73982	8.3

2014 年桐乡市工业区产出情况

表 5

工业区名称		全部工业总产值		规模以上工业产值		利税总额		应交税金	
		累计（万元）	比上年（±%）	累计（万元）	比上年（±%）	累计（万元）	比上年（±%）	累计（万元）	比上年（±%）
梧桐街道工业区		639587	12.8	510971	11.2	76547	23.6	28024	16.5
凤鸣街道工业区		741366	37.7	616233	20.2	77802	75.1	21685	71.5
龙翔街道工业区		420210	23.5	241426	16.6	17770	13.7	8745	11.4
乌镇镇工业区		174372	25.1	150719	27.5	18233	20.8	7540	11.0
屠甸镇工业区		557302	19.4	426860	17.2	55069	42.2	26895	50.0
大麻镇工业区		315492	7.2	179368	13.0	21453	32.5	8834	36.4
石门镇工业区		762000	－8.5	546200	19.7	61470	20.7	19720	7.4
河山工业区		208545	28.0	201008	48.3	10249	49.6	7249	29.5
临杭经济区		3081808	19.2	3059963	19.1	141822	53.5	55316	8.2
其中：	核心区	1095771	391.9	1095771	391.9	29524		7214	
	洲泉区	1986037	－16.0	1964192	－16.3	112298	21.6	48102	－5.9
高桥新区		604103	1.4	592258	1.4	72007	1.3	25513	0.2
崇福经济区		1645370	10.0	1439861	7.6	165756	17.6	51643	2.6
小　计		9150154	14.1	7964866	15.4	718178	29.6	261164	15.3
经济开发区		3380245	－0.1	2420904	5.2	315263	27.0	159962	26.0
濮院针织产业园区		1472955	9.9	415286	12.7	92764	12.5	36162	－15.7
合　计		14003354	9.9	10801056	12.8	1126205	27.3	457288	15.3

（吴国良）

纺织服装

【概况】 纺织服装业是桐乡市工业经济的传统产业和主导产业之一。2014 年，全市有规模以上纺织服装企业 449 家，实现工业总产值 312.12 亿元，占全市规模以上工业总产值的 23.2%；实现销售收入 299.89 亿元，增长 6.2%；实现利税 32.31 亿元，增长 24.1%，其中利润 18.01 亿元，增长34.1%。全市纺织服装业新增浙江省著名商标5个、浙江省名牌产品2个、嘉兴市著名商标8个、嘉兴市名牌产品3个。

桐乡市纺织服装业经过多年发展，形成毛针织服装、家纺布艺、植绒、绢纺、蚕丝被等特色产业集群。毛针织服装以濮院镇羊毛衫市场为中心，与屠甸镇、梧桐街道、龙翔街道等地形成完整的生产、销售产业链。全市毛针织服装企业6800多家（含个体户），规模以上毛衫针织企业86家，占全市规模以上企业总数的19.2%，实现产值240亿元，占全市规模以上企业产值的17.8%，实现利润10.28亿元。10月20～22日，濮院镇、经济开发区、屠甸镇、龙翔街道等13家针织服装企业，以整体组团的方式参加由中国纺织工业联合会主办的2014 PH Value时尚第一汇。此次展会以“衣柜桐乡 毛衫之都”为主题，展馆面积1000平方米。9月，濮院320创意广场被列入省工业强市（县）省级工业设计基地。家纺布艺主要集中在大麻镇、洲泉镇，以大麻镇特色工业功能区为支撑，专业化市场为依托，销售覆盖全国各省，远销欧美、中东、东南亚、日本、韩国等多个国家和地区，成为大麻经济的支柱产业。蚕丝被是桐乡市特色产业，形成集养蚕、制绵、研发、生产、销售于一体的相对完整产业链，成为浙江省出口蚕丝被的重要产地。2014年全市从事蚕丝被生产、销售企业180家，年产值30亿元，其中规模以上企业20家，年产各类蚕丝被、丝毛被4000多万条，约占全国产量的10%；年产真丝毯40多万条，约占全国产量的50%；出口约占全国的70%。

【浙江新澳纺织股份有限公司公开发行A股】 12月31日，浙江新澳纺织股份有限公司在上海证券交易所举行首次公开发行A股上市仪式。股票简称“新澳股份”，股票代码603889，发行价每股17.95元，12月23日实施网上、网下申购。此次公开发行股份2668万股，全部为新股。网下初始发行1650万股，占发行总量的61.8%；网上初始发行1018万股，占发行总量的38.2%。开盘当日涨幅44.01%。新澳股份公司主营业务为毛精纺纱线的研发、生产和销售，主要产品为毛精纺纱线以及中间产品羊毛毛条，主要应用于下游纺织服装领域。公司此次发行的募投项目计划所需资金4.31亿元，首次公开发行募集资金4.79亿元。

【大麻镇获“中国沙发布生产基地”称号】 参见《街道镇发展概况·大麻镇》中相关条目。

（李卓铭）

化　纤

【概况】 2014年，桐乡市有规模以上化纤企业71家，比上年增加7家；实现工业产值436.72亿元，比上年增长8.4%，占全市工业总产值的32%；实现工业增加值37.86亿元，增长26.2%，占全市工业增加值的17%；实现主营业务收入416.84亿元，增长4.4%；实现利税17.1亿元，增长18.9%。

化纤产能惯性增长。全市化学纤维实现总产量443.1万吨，比上年增长25.9%，桐昆集团旗下恒邦厂区年产40万吨超仿棉差别化纤维项目，新凤鸣集团下属中盈项目一期投产。桐昆集团连续多年成为世界最大的涤纶长丝生产企业，全年实现总产量501.54万吨，增长13%，其中涤纶长丝产量增长22.6%、聚酯切片产量增长13.4%。新凤鸣集团实现总产量177.25万吨，增长25.4%，其中化纤丝168.79万吨，增长44.1%。浙江方圆聚合纤有限公司生产锦纶6切片7.81万吨，锦纶6纺丝于9月投产，总产量3816吨。

科技创新能力增强。化纤企业继续加大技术创新和新产品开发力度。桐昆集团全年申报专利55个，其中发明专利10个，实用新型45个；申报立项的新产品30个，通过省级新产品鉴定10个；主持或参与《涤纶低弹丝》等国家、行业标准制（修）订合计6项；组织参与的“十二五”国家科技计划“新型超仿棉PET聚酯纤维制造产业化技术开发”通过验收。桐昆集团科技项目“超低缩复合水晶麻纤维”被列入2014国家火炬计划。新凤鸣集团开发磁化保健纤维、耐热阻燃细旦异形纤维、隔离防护工业用细旦纤维等165个新产品；通过省科技厅立项140个，通过省级新产品鉴定14个；“多功能丙纶及其复合纱线的研发与产业化项目”获“纺织之光”2014年度中国纺织工业联合会科学技术进步三等奖；下属中驰公司的发明专利“纺丝箱体的脱过热加热方法以及实施该方法的系统”获第十六届中国专利优秀奖。桐昆集团、新凤鸣集团实施自动落筒及自动包装项目等“机器换人”项目，全年实际生产性设备投资17.73亿元，减少用工1022人，人均产值、产品优等品率明显提升。

【桐昆集团科技项目获“纺织之光”二等奖】 11月25日，“纺织之光”2014年度中国纺织工业联合会科技教育奖励大会在北京召开。会上，桐昆集团恒达厂区科技项目“FDY无油牵伸新技术的研发和产业化”获科学技术进步二等奖。该项目的涤纶纤维无油牵伸工艺生产线是全球首创，拥有多辊加热、多级拉伸的均匀牵伸专有技术和特殊的预网络技术，获授权实用新型专利2个。项目投产后已开发出以75～85分特为主要系列的无油牵伸产品10多个。

【桐昆集团年产40万吨超仿棉差别化纤维项目投产】 4月18日，桐昆集团股份有限公司恒邦厂区年产40万吨超仿棉差别化纤维项目聚酯装置一次性投产成功，4月25日长丝逐步投产，至9月下旬12条生产线全部投产。恒邦项目根据市场变化，至年底安装加弹机46台，投产24台。恒邦厂区是桐昆恒通工业园四期项目，总投资18.6亿元，占地面积30.2公顷，于2012年11月动工建设。项目设计一套年产40万吨聚酯装置，安装涤纶长丝生产线16条、加弹机46台。项目按照“一头两尾”的四釜工艺流程，两尾同时开车，一尾生产纤维级阳离子，一尾生产纤维级半消光产品，是国内最大的阳离子生产线。

【新凤鸣集团中盈项目一期投产】 3月，新凤鸣集团中盈项目一期投产，形成年产40万吨智能化、超仿真涤纶纤维的生产能力。项目总投资19.5亿元，新建聚酯车间、长丝车间等建筑2.71万平方米，采用国内先进的聚酯熔体直纺在线添加吸光剂、柔软剂等连续化工艺技术，三釜流程，进口世界先进的新型牵伸卷绕设备，设置26条POY长丝生产线，以及配套的辅助生产装置及公用工程装置。中盈项目一期投产后实现销售收入17.08亿元，利税8401万元。

【方圆聚合纤公司锦纶丝生产线投产】 2014年，浙江方圆聚合纤有限公司引进日本TMT卷绕机，并配套北京三联虹普技术服务股份有限公司的锦纶纺丝机生产线3条，共72个位。9月，生产线投入生产，至年底生产锦纶POY、HOY丝3816吨，销售3443吨，产销率90.2%，实现销售收入7050.5万元。方圆聚合纤有限公司原有涤纶丝生产线3条108个位，年产能5万吨。公司在2013年投产聚合锦纶6切片的基础上，全部淘汰涤纶生产线，利用原有车间转型升级为附加值更高、市场需求相对较大的锦纶纺丝，是嘉兴地区首家绵纶切片及绵纶丝生产企业。

【桐昆集团实施“机器换人”】 2014年，桐昆集团引进全自动落丝系统46套、全自动包装流水线11套。其中，恒腾公司全自动落丝系统10套，恒盛厂区全自动落丝系统10套，恒邦厂区全自动落丝系统12套、全自动包装流水线装置6套，恒嘉厂区全自动落丝系统14套、全自动包装流水线装置3套，园区厂区全自动包装流水线2套。全自动落丝系统实现满卷丝饼的自动落丝、搬丝；全自动包装流水线代替传统的人工打包包装，每条包装线生产由原来的20人减少至3人，节约人工成本30%，包装效率提高5倍。恒丰厂区等实施半自动卷绕设备改造全自动，提高效率。桐昆集团实施“机器换人”改造，全年节约人工700余人，节约成本约3000万元。

【新凤鸣集团实施自动落筒及自动包装改造】 2014年，新凤鸣集团投资5790万元，对中维公司、中盈公司全面实施自动落筒及自动包装改造，项目获相关实用新型专利9个。中维公司12条生产线实施自动落筒项目，生产线满卷丝饼的落筒、装载、称重，及信息传输、标签打印实现全自动化。项目实施后，卷绕岗位减员180人，人均产值253.92万元，相比长丝行业人均产值200万元提升幅度27%，产品优等品率提升0.5%。中盈公司有14条生产线从满卷丝饼的落筒、装载、称重，到信息传输、标签打印、套袋、装箱、捆包、缠膜、成品入库实现全自动化，日处理能力5.5万个丝饼。项目实施后，卷绕岗位减员280人，年人均产值360万元，相比长丝行业人均产值200万元提升幅度180%，产品优等品率提升0.6%。

【桐昆集团光伏发电项目并网发电】 6月24日，桐昆集团浙江恒腾差别化纤维有限公司太阳能发电项目并网发电，桐昆集团首座太阳能光伏发电站启用。设计容量为933.3KWp（太阳能光伏电池的峰值总功率），年发电量约100万千瓦小时，每年节约成本70余万元。10月28日，恒邦光伏发电项目并网发电，装机容量1兆瓦，全年发电量约100万千瓦小时；12月18日，股份公司光伏发电站（恒通、恒达、恒嘉）并网发电，装机容量1.7兆瓦，是省内第一条10千伏安用户变分布式光伏，年均发电量158万千瓦小时左右。桐昆集团3个光伏发电项目使用闲置屋顶5.6万平方米。光伏发电项目的实施缓解企业用电高峰期的用电压力，优化企业用电结构，确保生产稳定运行。

【桐昆集团外汇管理改革试点】 参见《金融·银行业》中相关条目。

（叶青云）

建　　材

【概况】 2014年，桐乡市建材工业生产及主要产品产量平稳发展，行业整体经济效益持续回升。全市有非金属矿物制品业规模以上企业48家，实现工业产值95.47亿元，实现工业增加值27.06亿元，分别比上年增长16.9%和6.9%，在五大优势特色产业中增速较快；主营业务收入92.49亿元，占全市规模以上工业企业主营业务收入的7%；实现利税14.64亿元，比上年增长4.4%，其中利润9.55亿元，增长9.9%。水泥行业回暖，产量稳步增长，全年生产水泥总量600.85万吨，增长8.4%。砖瓦行业全年生产新型墙体材料（折标准砖）4.7亿块，增长15.2%；黏土砖产量2亿块，下降5.2%，其中黏土实心砖产量为零；新型墙体材料占全部墙体材料的比例达70.3%，增长4.3个百分点。

玻纤行业龙头企业巨石集团2014年生产玻纤纱92.52万吨，比上年增长7.5%；生产玻纤制品5.68万吨，增长23%；玻纤电子布6863.93万米，增长51.4%。企业工业增加值综合能耗1.414吨标煤，下降15.23%；吨纱综合能耗0.4393吨标煤，下降6.7%。全年申报国内外专利78个，其中发明专利22个，实用新型专利56个，递交PCT国际发明专利申请2件；获授权专利71个，其中发明专利5个，实用新型专利66个；授权专利累计327个，其中发明专利41个，实用新型专利286个。巨石集团桐乡本部全年申报国内外专利66个，其中发明专利19个，实用新型专利47个，递交PCT国际发明申请2件；获专利授权52个，其中发明4个，实用新型专利48个；授权专利累计288个，其中发明专利36个，实用新型专利252个。巨石集团承担省级工业新产品项目2个、省重点高新技术产品开发项目1个、省级新产品试制计划项目2个，通过桐乡市经信局、科技局组织的验收。

【巨石集团被认定为国家技术创新示范企业】 11月17日，工信部、财政部联合公布2014年国家技术创新示范企业名单，巨石集团榜上有名，是桐乡市首家获此称号的企业。自2012年巨石集团被认定为国家级企业技术中心之后，先后建立浙江省"重点企业研究院"、浙江省"国际科技合作基地"。巨石集团在玻璃纤维大型池窑技术、玻璃配方和清洁生产等方面拥有核心自主知识产权。企业技术创新体系不断完善，相继研发出熔化部纯氧燃烧和通路纯氧燃烧技术，其纯氧燃烧技术使玻璃窑炉的综合能耗降低60%，废气排放量减少80%。

【巨石集团获中国产学研合作创新成果奖】 11月15日，由中国产学研合作促进会主办的第八届中国产学研合作创新大会举行。会上，巨石集团的"高性能无碱玻璃纤维关键技术的研发与产业化"被评为2014年中国产学研合作创新成果奖。巨石集团开发的E6、E7玻璃配方，比传统的E玻璃配方资源消耗低、应用领域广。E7玻璃纤维弹性模量比原产品提高约23%，拉伸强度提高约30%，软化温度提高约80℃。E6玻璃纤维配方成为中国玻纤行业首个在美国取得专利授权的配方。E6玻璃纤维系列配方实现无硼无氟，提高玻璃纤维的耐化学腐蚀性，特别是耐酸性，增强玻纤强度，可应用于大型风力叶片、超高压绝缘端子、光缆加强芯、汽车和飞机部件等高端领域。其核心专利"一种新型玻璃纤维组合物ZL200910096259.X"先后在美国、日本、墨西哥、中国台湾获发明专利授权，成为中国玻纤行业首个在国外取得专利授权的配方。E6、E7 新产品销往全国各地和 90 多个国家和地区，国内市场占有率 30%，国际市场占有率 20%。

【分批关停黏土砖瓦窑企业】 7 月 28 日，市政府下发《关于关停黏土砖瓦窑企业的实施意见》。《意见》明确计划在三年内，分批依法强制关停全市 8 家黏土砖瓦窑企业。到 2016 年年底，全市行政区域内一律停止生产黏土砖，淘汰黏土砖产能 4.5 亿块标砖，腾退黏土砖生产企业用地 53.33 公顷。成立由分管副市长任组长，经信、公安、财政、国土资源等部门为成员单位的市黏土砖瓦窑企业关停工作领导小组。深入各砖瓦厂做好政策宣传工作，鼓励业主停止生产，引导其尽早拆除砖窑、烟囱，并为其转型升级、工人就业安置出谋划策。召开企业业主动员会、相关部门协调会，明确相关单位烟囱实施爆破的工作职责，组织专业爆破人员对 4 家砖瓦厂烟囱实施爆破。宣传和推广新型墙体材料，扶持和引导有条件的墙材企业进行提档升级，鼓励相关砖瓦企业转产国家产业政策鼓励的新型墙材。至年底，关停黏土砖瓦厂 4 家，削减产能 2.3 亿块标砖，盘活土地 24.87 公顷。同时，利用盘活的土地引进高效工业项目。

（张建华）

【开展预拌混凝土行业专项整治行动】 2014 年，全市水泥总产量 600.85 万吨，其中散装水泥产量 535.37 万吨，散装率 89.1%，高于嘉兴市平均水平 2.41 个百分点；预拌混凝土总产量 303.77 万立方米，比上年增长 31.5%；预拌砂浆总产量 25.64 万吨，增长 48.5%。6 月，全市开展预拌混凝土行业专项整治行动，排摸出预拌混凝土非法生产点 13 个。至年底，除 2 个非法生产点实现停产外，其余非法生产点均拆除生产设备，部分生产点实现复耕，并原则同意原非法生产企业以联合组建的形式新设 2 个预拌混凝土生产点。同时，推进散装水泥行业清洁化生产，全年有 8 家混凝土企业启动生产全封闭改造工作。桐乡市钟大建材有限公司率先完成厂区封闭式生产改造，投入资金 1000 多万元。建造砂石料库封闭钢结构大棚，搅拌楼全封闭除尘装置，废水废料循环回收装置和车辆进出厂喷淋装置，实现清洁生产、清洁运输。桐乡市预拌混凝土清洁化生产得到省散装水泥办公室的肯定。

（卫春良）

钟大建材有限公司封闭式生产改造后的厂区　　　市发改局提供

皮　　革

【概况】 皮革、皮毛及其制品业是桐乡市工业经济的重要行业，包括制革、制鞋、革皮服装、皮毛制品等自然门类，生产企业主要集中在崇福镇、石门镇、高桥镇、洲泉镇。2014 年，全市有皮革、皮毛及其制品工业企业 2900 多家，从业人员 3.55 万人，规模以上工业企业 98 家，占全市规模以上工业企业的 10.1%。规模以上企业实现销售收入 86.01 亿元，比上年增长 1.6%；实现利税 10.17 亿元，增长 9.5%。1 月，浙江省名牌战略推进委员会办公室授予“崇福皮草”浙江省区域名牌称号。9 月 2 日，在中国皮革协会七届四次理事扩大会议上，崇福皮毛协会被授予“2014 年全国皮革行业先进地方协会”称号。

皮毛业是皮革业重要分支之一，生产区域主要集中在崇福镇，有皮毛企业1750家，比上年增加24家，其中规模以上企业49家，小型企业1701家（含个体户）。全年皮毛企业实现产值101.27亿元，占全镇工业总产值的42%，比上年增长21%。崇福皮毛协会组织皮毛企业参加在北京、上海、广州、香港等地举办的毛皮服装服饰展览会，全年参加展会9次。1月14～17日，参加在北京举办的第四十届中国国际裘皮革皮制品交易会，同时举行崇福皮草新闻发布暨投资环境推介会。5月24日，由丹麦设计师讲授的2014哥本哈根皮草设计讲座在崇福镇举行，桐乡市雄鹰皮草有限公司、浙江中辉皮草有限公司、桐乡市鑫诺皮草有限公司等50多家皮毛企业的设计人员参加讲座。12月，第四届全国毛皮产业联席会暨中国皮革协会毛皮经济动物养殖委员会成立大会在辽宁省灯塔市佟二堡镇举行，崇福皮毛市场、皮毛协会、皮草企业派员参加会议。会上，中国皮革协会授予崇福皮毛市场“中国毛皮价格指数采集基地”称号。行业龙头企业——中辉皮草公司全年实现销售收入8.14亿元，实现利税9093万元，其中利润5473万元。推进企业的诚信建设，崇福皮毛协会根据税务、公安、环保、社保、金融等14个职能部门的考核，综合评定2013年度崇福皮毛企业AAA级信用企业4家、AA级信用企业6家。嘉兴市皮毛与制鞋研究所联合32家崇福皮毛企业，申报的“桐乡皮毛硝染企业清洁生产联盟标准的制定和实施”项目被列为2014年省级标准化试点项目，成为桐乡市立项的第三个省级标准化试点项目。杭州银行桐乡支行推出“皮草贷”，解决皮草小微企业融资难、融资贵等问题。规范网络市场竞争及产业转型升级，组织皮草企业入驻阿里巴巴·桐乡产业带，入驻企业24家。

皮鞋业是桐乡市的特色产业，主要集中在洲泉镇、石门镇，总量约占全市2/3，行业龙头企业有嘉兴市圣丹丽鞋业有限公司、浙江卓怡鞋业有限公司、嘉兴市芭妮鞋业有限公司等企业。全市有皮鞋企业1200余家，规模以上企业30余家，销售收入超亿元企业1家；年产真皮女鞋8300多万双，以OEM（原始设备制造商）、ODM（原始设计制造商）贴牌为主。制革业主要集中在高桥镇，全镇有制革企业9家，桐乡市高桥皮革有限公司、嘉兴祥隆皮革有限公司、浙江牧羊人实业有限公司等企业规模较大。崇福镇有制革企业3家，企业规模较大，全市生产能力最大的制革企业——浙江开元皮革有限公司位于崇福镇。2014年，制革行业继续依法整治，实施“统一排污削减标准”，根据排污权证明确的废水排放量和化学需氧量排放量，对制革企业统一削减40%，全年更新500多台主要生产设备，18家制革企业完成整治任务。

【“崇福皮草”获浙江省区域名牌称号】 参见《平台建设·崇福经济区》中相关条目。

【第五届“崇福杯”裘（革）皮服装设计大奖赛】 12月24日，第五届“崇福杯”裘（革）皮服装设计大奖赛在崇福镇皮草大世界举行。大赛由浙江省皮革行业协会、崇福镇政府、崇福经济区管委会、崇福皮毛市场管委会主办，崇福皮毛协会承办。大奖赛自4月开始面向全国征集作品，全国30家大专院校和25家生产企业参赛，参赛作品400多件。参赛作品以体现环保理念为主，企业自身设计的参赛作品增多，一些国外院校的大学生也首次参赛。经评委会评审，评选出金奖作品1件、银奖作品5件、铜奖作品5件、创意奖作品6件。桐乡市皮草企业参赛作品中有12件获奖，分别是桐乡银杉皮草有限公司李颖设计的作品《叠》获金奖；浙江中辉皮草有限公司项骏宇设计的作品《青铜时代》、桐乡市鑫诺皮草有限公司谢海伦设计的作品《穿越》、桐乡市德顺皮草有限公司沈新娟设计的作品《海洋之约》获银奖；浙江雪球皮草制品有限公司等4家企业的4件作品获铜奖；浙江领御时装有限公司等4家企业的4件作品获创意奖。

【石门镇获“中国女鞋名镇”称号】 参见《街道镇发展概况·石门镇》中相关条目。

【桐乡皮鞋产业温州对接会召开】 5月22日，桐乡皮鞋产业温州对接会在永嘉县召开。桐乡市经信局、石门镇等在对接会上推介产业发展、投资环境。桐乡市的圣丹丽、芭妮等10多家鞋业企业负责人与温州市的奥康、红蜻蜓、康奈等知名品牌企业负责人交流、对接。与广州、温州、成都女鞋品牌相比，桐乡制鞋业缺乏国内知名品牌，大多数企业以贴牌加工为主，在国内制鞋产业价值链中处于低附加值环节，利润差距大。通过对接会，向知名鞋业品牌学习，加强交流与合作，提升企业的研发、设计、管理水平和自主创新能力。

（张善勤）

机械制造

【概况】 机械制造工业是桐乡市大力引进和培育的新型高新技术产业，主要包括通用设备制造业、专用设备制造业、汽车制造业和电气机械器材制造业，产品涉及煤矿机械、调速电机、微特电机、汽车及配件等。2014年机械制造行业有企业73家，其中亏损企业10家，主营业务收入693亿元，比上年增长12.3%；税收30亿元，增长0.7%；利润51亿元，增长40.9%；亏损企业亏损额2.4亿元，下降22.6%。

2014年，桐乡经济开发区休闲房车产业园入选第二批浙江省外商投资新兴产业示范基地。1月21日，浙江戴德隆翠汽车有限公司设计开发、生产制造的首辆"隆翠LONG TREE"牌拖挂式房车在桐乡基地下线。6月，2014中国国际房车展在北京举行，隆翠房车到现场参展；9月25日，戴德隆翠首批出口澳大利亚的8辆拖挂式房车在桐乡基地启程。首批订单出口拖挂式房车600台，余下订单陆续交付。

化工医药

【概况】 化工医药工业是桐乡市相对较小的产业，主要生产油漆、涂料、农药、化妆品、化学助剂、药品等。2014年有规模以上工业企业57家，主营业务收入70.8亿元，比上年增长11.8%，实现利税86.3亿元，增长10.3%；亏损企业3家，亏损额1亿元，增长26.4%。

翔厚化工园实现园区整体转型升级，化工园区占地8公顷，涉及化工企业14家，安全生产条件落后，缺乏科学管理且污染严重。龙翔街道整治翔厚化工园，市安监局、环保局、质监局等部门多次协调沟通，联合执法，对区内化工企业采取集中停产关闭，统一腾退，营业执照均注销或变更。腾退后园区将建立龙翔工业区翔厚小微企业科创园。

【小化工企业安全综合整治】 参见《经济管理与服务·安全生产监督管理》中的相关条目。

【宏冠生物聘请院士合作研发新药】 9月20日，浙江宏冠生物药业有限公司聘请中科院院士赵国屏为公司首席科学家。宏冠生物药业公司位于桐乡经济开发区，是一家以科研创新为基础的制药公司，主要研发生产抗肿瘤分子靶向药物。2014年年初，制剂生产和药物研发基地建设项目开工建设，总投资2.2亿元，注册资本1.2亿元，项目投产后研发和生产新型抗癌药物、新型心脑血管药及新型神经系统药，形成年产片剂6万盒、胶囊1万盒、粉针剂2万支、水针剂2万支生产能力。分子微生物学家赵国屏，在微生物重要基因克隆、结构与功能的基础与应用研究，微生物基因组学研究等方面取得重要成就。赵国屏带着合成生物学的基础研究成果，与宏冠生物合作，首次尝试合成生物学研究成果转向生物医药产业。

（沈 斌）

电子信息

【概况】 2014年，桐乡市电子信息工业有规模以上企业46家，主要行业有电线电缆制造、通信系统设备制造、电子元件及组件制造、光电子器件及其他照明器具制造、光伏设备及元器件制造、工业自动控制系统装置制造等。全年实现工业总产值54.42亿元，比上年增长5.1%；实现主营业务收入51.29亿元，增长7.8%；实现利税5.5亿元，增长36.5%。行业中主营业务收入超亿元企业15家，比上年增加1家，其中百力达太阳能股份有限公司年销售收入6.02亿元，增长112.5%。光伏设备及元器件随着光伏行业市场的回暖，继续大幅增长。年内，除1家企业停产外，其余4家规模以上光伏企业实现主营业务收入10.55亿元，增长154.8%；实现利税0.42亿元，增长266.7%。

【启动互联网产业基地建设与发展规划编制工作】 9月，桐乡市启动编制《中国（乌镇）互联网产业基地建设与发展规划》。桐乡市借助世界互联网大会永久落户乌镇的契机，顺势打造中国

（桐乡）互联网产业基地，推进信息产业发展，加快互联网产业建设。《规划》委托中国电子信息产业发展研究院、浙江省工业经济研究所联合编制，并召开由市信息化领导小组成员单位、运营商和软件及电商企业、传统行业和大企业、开发园区和镇（街道）等单位参加的调研座谈会。10月底，初步形成《中国（乌镇）互联网产业基地建设与发展规划》。《规划》经反复修改后将于2015年发布实施。

【海得新能源公司被省经信委认定为软件企业】 4月，浙江省经济和信息化委员会认定浙江海得新能源有限公司为软件企业。公司是上海海得控制系统股份有限公司的下属子公司，2009年注册于浙江省桐乡市，注册资金1.8亿元，现有员工313人，其中硕士27人，本科114人。公司专业从事风机变流器的研发、制造及服务，是嘉兴市级企业技术中心、院士专家工作站，在桐乡和上海浦江建有研发中心，配备有兆瓦级电力专线，累计获发明专利5个，实用新型专利97个，专利申请量连续三年居桐乡市第一。公司建成国内第一个符合IEC 61400－21－2008标准的风电变流器电网故障穿越试验平台，能够真实模拟现场电压跌落的情况；研发的风电变流器率先突破国外技术垄断，实现零电压穿越，且在国内首家通过国家电网公司低压穿越测试认证。2014年，实现主营业务收入2.66亿元，增长131%；实现利润0.46亿元，增长167.6%。

（缪建欣）

橡胶塑料

【概况】 橡胶塑料业是以橡胶塑料加工为核心，包括橡胶塑料合成、橡胶塑料加工及橡胶塑料模具在内的一个整体。2014年，全市有规模以上橡胶塑料企业29家，比上年增加3家；规模以上橡胶塑料企业工业总产值47.88亿元，比上年增长19.5%；实现销售产值46.06亿元，增长18.9%，产销率98.4%；实现主营业务收入46.77亿元，增长20.1%；实现利税5.9亿元，增长5.4%；实现利润4.19亿元，增长12%；营业利润4.3亿元，增长19.4%。

橡胶塑料行业保持平稳增长。橡胶塑料企业项目进展顺利。浙江双箭橡胶股份有限公司年产600万平方米环保节能型橡胶输送带技改项目，嘉兴和麟塑料制品有限公司年产30万只塑料桶（罐）项目竣工投产。浙江双箭橡胶股份有限公司年产500万平方米特种橡胶输送带生产线及研发中心大楼项目，浙江权威胶粘制品有限公司年产28万吨软塑包装新材料建设项目，桐乡市吉盛橡塑有限公司年产100万平方米橡胶输送带技改项目，桐乡市小老板特种塑料制品有限公司充气式连续型橡塑复合船舶防撞装置项目等顺利实施。双箭橡胶公司年产各类输送带3441万平方米，比上年增长7.6%；销售各类输送带3331万平方米，增长5.2%；实现销售收入11.02亿元，下降2.7%，其中外销销售收入2.61亿元，增长16.6%；利润1.63亿元，下降11.2%，营业利润1.47亿元，下降13.8%。

【双箭橡胶公司入选“浙江省专利示范企业”】 11月，浙江双箭橡胶股份有限公司被浙江省知识产权局、浙江省经济和信息化委员会认定为2014年“浙江省专利示范企业”。公司为国家重点高新技术企业，设有技术、检测和研究所等机构，近年来在专利技术开发、专利申请及维护、专利资产运营等方面取得较好成绩。公司重视专利管理维护工作，制定一系列规章制度，使专利管理工作制度化，提高员工专利发明积极性，累计获专利授权78个。

（钱英杰）

企业选介

【桐昆集团股份有限公司】 公司有总资产近140亿元，下辖直属厂区6个、控股企业14家，员工1.6万人，具备300万吨聚合和350万吨涤纶长丝年生产加工能力，居世界涤纶长丝企业产能和产量之首。“GOLDEN COCK”牌涤纶长丝是中国化纤行业首批中国名牌产品；“桐昆”牌商标系中国驰名商标，“桐昆”牌产品远销南美洲、欧洲、中东、南非、韩国、越南等60多个国家和地区。2014年，公司研制开发的科技项目“超低缩复合水晶麻纤维”被列入2014年国家火炬计划项目；桐昆集团恒通年产40万吨差别化聚酯长丝成套技术及系列新产品开发项目获浙江省科学技术一等奖。桐昆集团主持制定的行业标准——《阳离子染料可染改性涤纶低弹丝》，桐昆集团浙江恒盛化纤有限公司主持制定的行业标准——《阳离子染料可染改性涤纶预取向丝》，于2014年3月1日实施。年内，主持国家标准《异形涤纶低弹丝》制订，参与国家标准《纤维级聚酯切片》《涤纶牵伸丝》《涤纶低弹丝》的制订。桐昆集团旗下桐乡市中洲化纤有限责任公司是浙江省民政厅批准的社会福利企业。中洲化纤整体吸收合并桐昆下属的桐乡锦瑞化纤有限公司。新的中洲公司有职工近500人，其中残疾员工130多人。9月，中国企业联合会、中国企业家协会发布2014中国500强企业榜单，桐昆集团连续13年入围，列2014中国企业500强第287位(比上年前移125位)、2014中国制造业企业500强第143位；8月，全国工商联公布2014中国民营企业500强榜单，桐昆集团列2014中国民营企业500强第65位、中国民营制造业企业500强第46位；同月，浙江省企业家联合会、浙江省企业家协会发布2014年浙江省百强企业名单，桐昆集团公司列浙江省百强企业第28位、浙江省制造业百强企业第16位。2014年，公司实现总产量501.54万吨，实现销售收入250.95亿元，实现利润1.87亿元。

(叶青云)

【巨石集团有限公司】 公司总资产180亿元，员工8000余人，玻璃纤维生产能力超90万吨，拥有浙江桐乡、江西九江、四川成都三个国内生产基地以及国外埃及生产基地，并设立巨石南非、韩国、意大利、西班牙、法国、加拿大、印度、新加坡、日本、美国等生产和贸易型控股海外子公司。主要生产无碱、中碱、玻璃纤维及其制品，玻璃纤维大型无碱池窑、中碱池窑、环保池窑三大领域，拥有自主核心技术。3月，被工信部认定为2014信息化和工业化融合管理体系贯标试点企业；11月，被工信部、财政部联合授予2014年度“国家技术创新示范企业”称号；同月，被再次评为国家火炬计划重点高新技术企业，这是自2009年被科技部火炬中心认定为首批国家火炬计划重点高新技术企业后，连续三次入选。年内，成为浙江省第一批“三名”培育(知名企业、知名品牌、知名企业家培育工程)试点企业；获浙江省首届工业大奖银奖，中国产学研合作创新成果奖；“高性能增强PP用玻璃纤维短切原丝”入选国家火炬计划项目；“风能织物用无碱玻纤直接纱的浸润剂”发明专利获中国专利优秀奖。11月16日，在2014中国经济发展论坛上，集团董事长兼首席执行官张毓强获“2014中国经济最具影响力十大年度人物”称号。2014年生产玻纤纱92.52万吨，比上年增长7.5%；生产玻纤制品5.68万吨，增长23%；玻纤电子布6863.93万米，增长51.4%；实现销售收入61.25亿元，增长21.7%；出口创汇3.74亿美元，增长16.3%；实现利润7.77亿元，增长37.7%；缴纳税金5.75亿元，增长30.9%。

(张建华)

【新凤鸣集团股份有限公司】 公司下设新凤鸣化纤、中维化纤、中欣化纤、中驰化纤、中辰化纤、中盈化纤、进出口公司等多家子公司，母公司注册资金2.39亿元，总资产68亿元，员工6700余人。公司主导产品“凤鸣”牌涤纶长丝是浙江省名牌产品，“凤鸣”商标系浙江省著名商标。2014年，公司开发新产品165个，通过省科技厅立项140个，通过省级新产品鉴定14个；公司累计有专利171个，其中发明专利5个。新凤鸣集团中维公司加弹项目于11月动工，建造厂房1.45万平方米，购置国际先进的加弹机43台，项目投产后可形成年产4万吨超细扁平纤维的生产能力。9月，中国企业联合会、中国企业家协会发布2014中国500强企业榜单，新凤鸣集团列2014中国制造业企业500强第362位；8月，全国工商联公布2014中国民营企业500强榜单，新凤鸣集团列2014中国民营企业500强第297位、中国民营制造业企业500强第190位；同月，浙江省企业家联合会、浙江省企业家协会发布2014年浙江省百强企业名单，新凤鸣集团公司列浙江省百强企业第77位、浙江省制造业百强企业第49位。2014年，公司实现总产量177.25万吨，实现营业收入153.73亿元，利税6.82亿元，其中利润3.62亿元。

(叶青云)

【浙江双箭橡胶股份有限公司】 2014年，公司年产600万平方米环保节能型输送带生产线技改项目竣工投产；年产500万平方米特种橡胶输送带和研发中心大楼项目顺利实施。发挥企业技术中心和企业科研所作用，全年获国家授权实用新型专利20个、主持起草国家和行业标准2个；开发新产品6个。9月，被中国橡胶工业协会胶管胶带分会评为2013—2014年度全国输送带十强企业，列十强首位；董事长沈耿亮被评为2013—2014年度胶管胶带行业“优秀企业家”，总经理沈会民被评为2013—2014年度胶管胶带行业“优秀科技工作者”。年内，公司被列入嘉兴市精细化管理示范企业；被中国(青岛)橡胶工业博览会“金橡奖”评审委员会授予“2014年最具成长力企业”称号。2014年，公司生产各类橡胶输送带3441万平方米，比上年增长7.6%；实现工业总产值11.3亿元，下降1.1%，其中新产品产值6.9亿元，占总产值的61%；实现利税2.2亿元，缴纳税金0.8亿元。

【浙江新澳纺织股份有限公司】 2014年，公司加快建设年产2万锭高档毛精纺生态项目、年产1万吨巴素兰毛条生产线项目、年加工3000吨倒毛毛纱技改项目，总投资4亿元。加大产品开发力度，成立嘉兴市级技术中心及省级浙江新澳毛纺高新技术研发中心，每年研发经费占销售收入的3%以上。全年开发新产品10多个，其中2个产品被列入省级新产品试制计划，新产品产值8.8亿元，占公司总产值的50%。12月31日，公司在上海证券交易所公开发行A股，股票简称“新澳股份”，股票代码603889，发行价每股17.95元。2014年，公司实现销售收入17.5亿元、利税2.3亿元，出口创汇1.01亿美元。

【浙江京马电机有限公司】 公司有注册资本2000万元，占地面积12万平方米，总资产6.9亿元，员工1100多人，中级以上技术人员193人。公司注重人才队伍建设，全年招聘应届毕业生31人、电机专业技术人才19人，聘请日本资深电机专家1人。持续扩大技改投入，全年投入技改资金9200多万元，科研经费超3500万元；加大科技成果转化与应用，全年研发高效节能电机、串激电机、变频电机产品37个，投入批量生产21个，其中列入国家级高新技术产品2个，省级新产品7个，市级新产品和科研成果3个。2014年，公司年产各类电机1130万台，实现销售收入9.7亿元、利税1.4亿元，出口创汇5600多万美元。

(郑　涛)

【浙江华友钴业股份有限公司】 公司创建于2002年，总部位于浙江桐乡，旗下有5家境外控股子公司和4家境内控股子公司。产品主要应用于锂离子电池材料、高温合金、硬质合金、磁性材料、石油橡胶催化剂、陶瓷色釉料等几大领域。1月，“华友”商标被国家工商总局商标评审委员会认定为中国驰名商标；4月，入选2014年浙江省高新技术企业百强榜单；7月，入选浙江省工业循环经济示范企业；8月，被浙江省经信委、浙江省环保厅评为2013年度浙江省绿色企业(清洁生产先进企业)；11月，公司刚果(金)矿业开发项目被资源部授予“最佳开发奖”称号；12月，公司通过证监会发审会审核。2014年，公司实现销售收入19.32亿元，实现利税1.63亿元，其中利润9251万元。

(张善勤)

【浙江新都水泥有限公司】 公司创建于1993年，是嘉兴地区首家纯回转窑水泥生产企业，有日产2500吨熟料新型回转窑并配套纯低温余热发电生产线1条，∅4.2×13米、∅3.2×13米、∅3.0×11米高细磨机各1台(套)，年水泥生产能力300万吨，列嘉兴市单户水泥企业首位，产品被广泛用于高铁、高速公路、隧道、桥梁、高层建筑、防洪工程等国家、省、市重大或重点工程。2014年，公司实现水泥产量294万吨，实现销售收入8.25亿元，实现利税1.1亿元。

(张建华)

贸 易

国内贸易

概 述

2014年，桐乡市实现社会消费品零售总额268.66亿元，居嘉兴各县（市、区）第二位，比上年增长12.6%，增幅居嘉兴各县（市、区）第三位。分行业看，批发零售业实现社会消费品零售额225.08亿元，住宿餐饮业30.64亿元，异地零售额12.94亿元，分别增长13.4%、9.1%和7.8%。

市场运行平稳。2014年，全市各类生活必需品供应充足，没有发生断档、脱销、抢购、物价大幅波动等异常情况。有各类商品交易市场63个（生产资料市场7个、消费品市场56个），其中年成交额超亿元商品交易市场21个，超5亿元8个。全市商品交易市场实现成交额450.6亿元，比上年增长18.4%，其中濮院羊毛衫市场280亿元，增长21.5%。

市场体系进一步完善。编制发布《桐乡市商贸流通业发展规划（2014—2020）》。上报商贸流通项目14个，年内完成投资21亿元，其中桐乡世贸中心二期基本完工，东兴生活广场项目进入装修阶段。确定生活必需品应急企业14家，督促企业积极准备货源，确保市场供应。跟进上报18家商贸典型统计企业数据，及时掌握企业经营状况。

市场流通规范有序。市商务局联合市场监管、安监、公安等部门，开展成品油非法经营整治专项行动，关闭非法加油点8个，取缔非法收油点10个，没收油品7吨。严格执行散装汽油销售相关规定，进一步规范成品油经营行为，确保成品油市场安全。落实经营者备案制度和溯源制度，倒逼企业诚信经营，备案酒类流通企业1132家，领取随附单近万份。开展创建“平安市场”和生鲜农产品“放心柜”活动，强化商贸领域安全生产工作，督促企业落实安全生产主体责任，为消费者营造安全放心的消费环境。

电子商务进一步发展。至2014年年底，全市有电商（包括个体店）约2万家，全年电子商务交易额680亿元，其中网络零售额136亿元。年内，电商集聚化发展，建成“一个中心、两个特色产业集聚区”（桐乡市电子商务中心，濮院毛衫电子商务集聚区、大麻家纺电子商务集聚区）。“1688桐乡产业带”“阿里巴巴·洲泉蚕丝馆”等相继上线运行，进一步提升了“桐乡电商”品牌的知名度。嘉兴商晖培训有限公司成为嘉兴市唯一获淘宝大学授权的培训机构。

（程子路）

商 贸

【概况】 2014年，桐乡市国有城镇企业管理办公室负责管理商贸流通企业28家。商贸流通企业在岗从业人员720人，较上年减少41人，其中专业技术人员230名，较上年减少17名。在岗职工人均收入40250元。全年实现销售总额4.34亿元、利税4263万元、利润3027万元。28家商贸流通企业中，6家经营亏损，13家资产负债率超过60%。负债率高、主营业务不突出、靠出租门面维持等仍是很多商贸流通企业的现状。4月30日，市国企办按照市政府职能移交的要求，将生猪屠宰管理职能移交给市农经局。移交之前，市国企办继续做好肉品安全相关工作，强化生猪宰前瘦肉精检测，1～4月，检测生猪5181批、13.87万头，实检样本1.42万份，结果全部为阴性；加强监管生猪定点屠宰场，检查屠宰场25家次；打击出售白板肉等违法行为，对重点地区开展专项联合执法整治，检查农贸市场6个次、摊位60个次，查扣白板肉38千克。做好对屠宰场病害猪处理的监管和结报工作，制订《桐乡市生猪定点屠宰环节肉品安全“百日严打”行动方案》，开展食品安全“百日严打”行动。

（徐　炜）

供　　销

【概况】 2014年年末，桐乡市供销合作总社有所属企业15家（全资、控股、参股企业11家，自然人股份企业4家），基层供销社9家，产业活动单位737个，从业人员1747人。2014年，市供销总社新领办、参办农民专业合作社11家，累计50家；新建农村综合服务社11家，累计68家；新建连锁店5家，累计715家。市供销系统全年实现总经营收入45.1亿元、商品销售31.1亿元，分别比上年增长18.2%和25.3%；实现综合经济效益6931.8万元、利润3120万元，分别增长16.3%和13%；完成农副产品收购额6.3亿元，增长40.1%；社会贡献总额2.1亿元，增长6%。在全省供销社系统综合业绩考核中，市供销总社获2013年全省综合业绩考核特等奖。

【基本农药实行“零差价”销售】 5月1日起，桐乡市集中配送基本农药实行“零差价”销售。市农业生产资料有限公司作为实施主体，承担全市基本农药集中配送“零差价”销售任务，为全市9个农资配送分中心、77家农资直营店和123家农资经营网点集中配送基本农药。至年末，该公司实现集中配送基本农药销售额1500余万元。

【桐乡市凤鸣供销合作社挂牌】 2014年，市供销总社整合原同福、灵安供销合作社经营服务资源，成立桐乡市凤鸣供销合作社。9月1日，该合作社挂牌。桐乡市凤鸣供销合作社为市供销总社所属基层供销社，企业性质为集体所有，实行独立核算、自负盈亏，主要经营农业生产资料、农副产品、日用消费品等。

【濮院供销社部分经营房屋被政府征收】 2014年，因濮院镇旧镇保护开发建设项目需要，濮院供销合作社所有、被列为濮院镇旧镇保护开发范围内的经营性房产被政府征收。共涉及房产20宗，宿舍42套（间），门市部30个，土地面积7728.46平方米，房屋建筑面积9840.48平方米。是年，濮院供销社共获征收补偿款7900万元。

（郁春南）

粮　　食

【概况】 2014年，桐乡市粮油货源充足，市场供应平稳，市级储备粮管理全年安全无事故，年末地方储备粮油足额到位。全市粮食总产量16.99万吨，粮食消费量49.69万吨，分别比上年下降8.66%和4.95%，粮食产需缺口32.7万吨，较上年有所减小。年内，国有粮食购销企业与全市290户种粮大户（粮食专业合作社、家庭农场）签订晚粳谷订单合同，收购晚粳谷2.05万吨，其中订单粮1.83万吨（含省级订单粮0.42万吨）。公开拍卖轮换储备粮1.51万吨。桐乡市继续实施惠农政策，晚粳谷种粮大户市订单内每50千克收购价171元，省订单内每50千克收购价175元。执行国家中晚稻最低收购价政策，敞开收购本市农民余粮，晚粳谷155元/50千克，中晚杂交谷143元/50千克，充分维护种粮农民利益。完善粮食订单信用体系建设，桐乡市政府表彰奖励优秀售粮户10户。加强粮食安全体系建设，全面落实粮食安全责任。地方储备粮严格按照“科学化、制度化、精细化、规范化”管理要求，市粮食收储公司各库区仓储库存粮油账实相符，无霉变，无虫害，无鼠雀，无事故。继续开展以“节本减损，增产增收”为主题的“丰粮仓”项目试点扩面工作，向崇福、高桥、石门、龙翔、乌镇、屠甸等地的农户发放储粮装具“丰粮仓”1384套。健全粮食市场监测预警报告制，开展监测预警，定期报送市场供应信息和价格监测信息，及时报告市场异动。加大对应急粮食加工企业、应急粮食供应网点、“放心粮油”创建店的日常监管力度，加强应急粮食加工、供应体系建设。加强对市级应急周转粮、成品粮、储备食用油的监管。10月30日，桐乡市承办了嘉兴市（市县联动）粮食安全应急综合演练。

2014 年桐乡市粮油批发价情况

表 6　　　　单位:元/千克

品种＼月份	1	2	3	4	5	6	7	8	9	10	11	12
菜　　油	10.00	9.80	9.80	9.80	9.60	9.60	9.60	9.60	9.60	9.60	9.60	9.4
玉　　米	2.50	2.49	2.46	2.46	2.50	2.56	2.62	2.69	2.71	2.60	2.55	2.53
晚　粳　米	3.90	3.94	3.98	4.00	4.06	4.10	4.10	4.10	4.10	4.10	4.10	4.12

【桐乡市粮食收储有限公司被评为全国先进集体】 12 月 25 日，市粮食收储有限公司被人力资源和社会保障部和国家粮食局评为先进集体，系浙江省独家。近年来，市粮食收储公司贯彻国家粮食政策，以“守住、管好桐乡粮仓”为己任，实施“粮安工程”，加强粮食仓储物流建设，深化国有粮食企业改革，创新激活机制，实施“科技兴粮”和“人才兴粮”战略，夯实粮食安全保障基础，广积粮，积好粮，好积粮，按照“行业有影响、省内争一流、工作进前列”总要求，全力保障“米袋子”安全，实现农民增收、企业增效。

【崇福粮库运用富氮低氧绿色智能储粮技术】 2014 年，市粮食收储公司崇福粮库在建成机械通风、环流熏蒸、空调控温、粮情检测“四合一”智能化粮库的基础上，投入 91.5 万元，运用富氮低氧绿色智能储粮技术，建成气调控温储粮技术控制系统，实现绿色环保储粮。10 月，该系统试运行，运行效果达到预期目标，标志着桐乡市粮食储藏迈入绿色生态储藏时代，储粮技术达国内领先水平。该项目被列入 2014 年桐乡市第三批科技计划项目。

（潘红阳）

烟　　草

【概况】 2014 年，浙江省桐乡市烟草专卖局(嘉兴市烟草公司桐乡分公司)改革创新，加快转型升级，实现“销量稳、效益增、结构优”的目标。全年销售卷烟 4.53 万箱，实现销售额 16.08 亿元、税利 4.69 亿元，分别比上年增长 1.89%、8.12%和 5.46%。年内，市烟草专卖局发挥长效协作、三员协同机制的作用，努力提高市场监管效率，加强异地户监管、无证经营监管、卷烟非法流通监管和许可证监管。全年查处案件 445 起，查获卷烟 1.55 万条，总案值 294.73 万元。全市有持证卷烟零售户 5316 户，比上年减少 24 户。全市种植烟叶 176.67 公顷。烟草公司桐乡分公司根据工业企业需求，加快烟叶调拨进度，缩短仓储时间，降低烟叶损耗，全年销售烟叶 167.8 吨，实现销售额 672.25 万元。加快科研成果转化，努力克服自然因素影响，全年收购烟叶 181.95 吨，其中上中等烟叶占 75.2%。“桐乡烟叶品质提升综合研究”项目获全省烟草系统创新成果二等奖。烟草公司桐乡分公司在嘉兴市烟草系统营销技能大比武中，获组织奖、个人奖合计 11 项，在省、市两级客户服务综合满意度调查中，满意度居嘉兴市烟草系统前列。

（冯　卿）

电子商务

【概况】 桐乡市电子商务起步较早，2013 年成立市电子商务行业协会，2014 年年末有会员企业 110 家。2014 年，桐乡市实现电子商务交易额 680 亿元，其中网络零售额 136 亿元，居嘉兴、浙江省乃至全国前列。据《中国淘宝村研究报告(2014)》记载，桐乡市有“淘宝村”5 个，分别是:崇福镇城郊村、东安村，洲泉镇青石村、义马村和石门镇羔羊村。“1＋X”电商集聚区初步建成，市电子商务中心入驻企业 95 家，入驻率 80%以上。濮院毛衫电商集聚区建筑面积约 6 万平方米，其中办公区 1.2 万平方米、分拣配送中心 4.8 万平方米，入驻企业 20 家。大麻家纺电商集聚区利用杭州湾轻纺城的区位优势和市场优势，打造 2 万平方米的电商集聚区，吸引 53 家电子商务企业入驻。桐乡市与阿里巴巴合作建设的“1688 桐乡产业带”项目 11 月 5 日上线，首期入驻企业 150 家。创建国内首家 B2B 网络蚕丝馆——“阿里巴巴·洲泉蚕丝馆”。参加2014年淘宝网1212县长推荐代言活动,活动成交量在120个县中居首位。蚕丝被企业抱团与天猫合作开展原产地直供大促销活动,活动三天成交1000多万元。电商重点企业成绩喜人。浙江乐麦科技发展有限公司努力打造电子商务第三方服务高地;桐乡市钱皇蚕丝被有限公司实现网络销售额7835万元;浙江宇都经贸有限公司以“宇都商城”为独立平台,从事网络批发和零售,成为联合利华全国线上销售总代理;传统中华老字号企业嘉兴三珍斋食品有限公司通过天猫店和阿里巴巴国际站获近亿元订单;乌镇旅游股份有限公司进一步推进在线销售和在线推广。

【乐麦科技努力打造电子商务第三方服务高地】 浙江乐麦科技发展有限公司是桐乡市电子商务行业协会会长单位,位于凤鸣街道。建有独立的B2C商城、跨平台订单处理系统、广告投放管理系统、电子商务呼叫中心和仓储分拣系统等。2014年该公司努力打造成为集战略、技术和品牌体验于一体的电子商务第三方服务高地,全年实现电商服务营业收入205万元、网络销售额3398万元。

【嘉兴商晖培训有限公司获淘宝大学授权】 嘉兴商晖培训有限公司是桐乡市从杭州引进的电子商务培训公司,成立于2014年4月,注册资金50万元,是嘉兴市唯一获淘宝大学授权的培训机构。该公司成立后获国家电子商务师培训资格。年内组织培训17期、沙龙8期,受训人员超1100人次。

(冯叶萍)

大中型商场

【浙江东兴商厦股份有限公司】 2014年,浙江东兴商厦股份有限公司经营业绩稳步增长,各项指标均居全市商贸流通业首位。实现商品总销售11.56亿元、税利3913万元,其中店庆商品销售额1.05亿元。年内,东兴家电销售公司在嘉兴全市新建“美的”旗舰店9家、专卖店70店、专营店86家,实现销售额3.15亿元。浙江东兴商厦股份有限公司新增连锁超市6家,累计64家,东兴超市分公司全年销售额2.2亿元。金凤凰购物城筹建中,东兴生活广场建设有序推进。

(朱显忠)

【沃尔玛桐乡店】 2014年,沃尔玛桐乡店响应“促进消费,扩大内需”号召,发挥自身渠道优势和销售优势,联合行业上下游资源,维护市场秩序,拓大市场份额。加强与供应商的直接合作,加大集中采购量,降低成本,让利顾客。推出两公里免费送货服务项目,开辟进口商品销售区,引进进口商品4000余种,满足消费者的不同需求。沃尔玛桐乡店实现销售9149万元,上缴税金226万元。

(张　瑾)

【桐乡太平洋时代百货】 桐乡市太平洋时代百货有限公司是宁波太平洋百货集团旗下的第六家门店,位于市区最繁华的核心商业圈。是一家集购物、休闲、餐饮、娱乐、文化于一体的时尚综合体,总营业面积3万平方米,有员工300余名。2014年,太平洋百货秉承“企业与社会共赢”宗旨,坚持“引导消费时尚,传递美好生活”使命,努力带给消费者一站式新型购物体验。全年接待客流约50万人次,实现销售近8000万元。

(陈琦红)

住宿、餐饮业

【振石大酒店】 振石大酒店有各类客房570间套、大型多功能宴会厅6个、大小各异的会议室23个,可一次性接待餐饮近3000人,同时还配有游泳、健身、水疗、魅力金座KTV、美容美发等综合性服务设施。2014年,振石大酒店在内部管理和对外营销上取得不菲成绩。接待了北京糖尿病论坛和上海太平人寿会议等。12月,正式授牌五星旅游饭店,系桐乡市首家。是年,振石大酒店实现营业收入13800.06万元,缴纳税款740.27万元,分别比上年增长21.37%和2.91%。接待宾客近45万人次,餐饮接待约30万人次。

(宋雄飞)

【钱塘新世纪大酒店】 2014年,桐乡钱塘新世纪大酒店围绕“差异经营拓市场,降本节支增效益,品质管理提实力”工作主题,进一步明确市场定位,细分市场,强化精确营销,提升酒店服务品质和竞争实力。维护好客房网络中介平台，挖掘总台直销潜力，灵活促销，提高客户入住率，根据宾客需求，延伸服务。餐饮重点挖掘以婚宴为主的主题宴会市场，拓展居家消费市场，通过提供主题宴会贴身管家服务、商务散客个性化服务等，进一步提升餐饮品质，打造餐饮亮点。酒店全年实现营业收入 4441.65 万元、净利润 61 万元。年内，被评为“嘉兴市平安饭店”和“桐乡市平安示范酒店”。酒店员工在桐乡市旅游饭店服务中式铺床和夜床创意技能比赛和嘉兴市《中华人民共和国安全生产法》知识竞赛中都取得较好成绩。

（吴依萍）

【光明大酒店】 2014 年，光明大酒店秉承“宾客至上，诚信服务”服务宗旨，为广大宾客提供热情周到的品质服务。全年接待各类会议、旅游团队、商务团体等 150 个次，会议人数约 6700 人次。接待就餐客人约 6.6 万人次、住宿客人约 4.4 万人次。是年，光明大酒店实现营业总额 2908.37 万元，上缴税金 165.91 万元。

（陈建华）

【稻香人家花园食府】 桐乡市稻香人家花园食府有限公司是一个集休闲观光、美食餐饮、商务洽谈、休闲垂钓、园林欣赏、农事体验、水果采摘、住宿等于一体的生态乡村旅游度假区，位于洲泉镇道村村，近练杭高速（S13）桐乡西出入口，距杭州 38 千米、上海 158 千米。2008 年开业，累计投资 5000 多万元，总面积 13 公顷。2014 年，公司秉承“顾客至上，您脸上的微笑是我们不懈的追求”的服务宗旨，打造一流休闲农业旅游基地。清理鱼塘淤泥，建造特色农味购物街及临湖木屋，整修园内观光游步道、餐饮包厢等，餐饮部严格实施“五常法”（常整理、常整顿、常清扫、常清洁、常提高）管理。公司全年接待游客 20 余万人次，实现主营业务收入 1700 余万元。

（蔡丽峰）

对外贸易

概　述

2014 年，桐乡市 735 家企业与全球 166 个国家、地区开展贸易往来。全年全市实现进出口贸易总额 42.86 亿美元，比上年增长 3.6%，其中出口额 30.63 亿美元，增长 13.7%；进口额 12.23 亿美元，下降 15.3%。

与上年相比，九大类主要出口商品类别中，纺织品、机电产品、医药化工、塑料及橡胶制品、床上用品有不同程度增长。出口大企业引领作用明显，出口 20 强企业实现出口额 13.9 亿美元，占全市出口总额的 45%。年出口额 400 万美元以下企业 550 家，合计实现出口 5.27 亿美元，比上年下降 8.7%。一般贸易进出口占进出口主导地位，实现出口额 25.01 亿美元、进口额 7.46 亿美元，分别占总额的 82% 和 61%。加工贸易进出口大幅增长，实现出口额 5.62 亿美元、进口额 3.92 亿美元，分别比上年增长 35%、27%。对欧美日传统市场国家出口增减不一，对西亚、东盟、拉美等新兴市场国家出口普遍较好。全市全年发生国际贸易摩擦案件 10 起，涉案金额约 2000 万美元，涉案企业 17 家。涉案 100 万美元以上的原审案件应诉率 100%。

新批境外投资项目 6 个、增资项目 8 个，投资总额 1.06 亿美元，其中中方投资额 0.98 亿美元。全市完成境外承包工程营业额 1.06 亿美元。境外企业带动出口总额 3.61 亿美元，比上年增长 12.47%。桐乡市 1994 年 8 月成立第一家境外企业，至 2014 年年底，累计中方投资额 7.51 亿美元，居嘉兴各县（市、区）首位。桐乡市已形成贸易公司、生产加工、资源开发、农业园区等多形式的境外投资格局，境外投资地有美国、澳大利亚、新西兰、俄罗斯、日本、德国、法国、西班牙、阿联酋、刚果（金）等国家。

外　贸

【概况】 2014 年，桐乡市有自营进出口实绩企业 735 家，新增 63 家。全市实现出口额 30.63 亿美元，比上年增长 13.7%；进口额 12.23 亿美元，比上年下降 15.3%，分列嘉兴各县（市、区）第二位和第六位。出口增幅分别高于全国、全省和嘉兴平均增幅 7.6 个、3.8 个和 3.7 个百分点。全年出口稳步增长，进口出现下滑，贸易顺差加大。

2014 年桐乡市主要商品出口情况

表 7　　单位：万美元

商品名称	出　口　额	占比(%)	比上年增长(%)
纺织纱线、织物及制品	123382	40.3	11
服装及衣着附件	54297	17.7	－2
机电产品	53818	17.6	24
医药化工	14038	4.6	18
塑料及橡胶制品	13362	4.4	47
寝具及类似品	12272	4	14
毛皮、革制品及箱包	11481	3.7	－4
鞋类	5791	1.9	－14
高新技术产品	3148	1	－23

2014 年桐乡市主要商品进口情况

表 8　　单位：万美元

商品名称	进　口　额	占比(%)	比上年增长(%)
机电产品	25343	20.7	5
化工产品	24467	20	－40
羊毛及毛条	21055	17.2	－9
矿产品	13839	11.3	－31
生皮、革及毛皮	13703	11.2	3
塑料及橡胶制品	3105	2.5	－5
木浆及纸板	875	0.7	5
化学纤维	623	0.5	－2

【出口大企业带动作用明显】 2014 年，桐乡市有自营出口实绩企业 673 家，比上年增加 58 家，合计实现出口额 30.63 亿美元，比上年增长 13.7%。其中全年出口额超千万美元企业 63 家，巨石集团、恒美服饰、桐昆集团、外贸集团、豪庭灯饰、华友钴业、恒石纤维、波力科技、花神丝绸等 9 家企业的年出口额皆超 5000 万美元。出口 20 强企业合计实现出口额 13.9 亿美元，占全市出口总额的 45%，比上年增长 30%，高出全市出口增幅 16.3 个百分点，其中 10 家企业增幅超 20%。

【加工贸易进出口大幅增长】 2014 年，桐乡市一般贸易进出口依然占主导地位，实现进出口额 32.47 亿美元，占全市进出口总额的 75.7%。加工贸易进出口大幅增长，实现出口额 5.62 亿美元、进口额 3.92 亿美元，分别比上年增长 35%、27%。加工贸易出口中，进料加工出口额 5.04 亿美元、来料加工出口额 0.58 亿美元，分别比上年增长 30%、97%。加工贸易出口的好转主要得益于新凤鸣集团、桐昆集团加工贸易出口的大幅增长，两企业出口额分别比上年增长 17%和 515%。

【对欧美日传统市场出口增减不一】 2014 年，桐乡市对欧美日等传统市场出口增减不一，对新兴市场国家出口普遍较好。是年，实现对欧盟出口额 8.57 亿美元、对美国出口额 3.81 亿美元，分别比上年增长 24%和 6%。实现对日本出口额 1.58 亿美元，比上年下降 6%。除对非洲外，对西

重点外贸企业座谈会　　市商务局提供

2014年桐乡市外贸出口二十强企业出口情况

表9　　　　单位:万美元

位次	企 业 名 称	出口额	比上年增长(%)
1	巨石集团有限公司	32733	10
2	嘉兴恒美服饰有限公司	11147	36
3	桐昆集团股份有限公司	8503	206
4	浙江桐乡外贸集团股份有限公司	7770	12
5	浙江豪庭灯饰有限公司	6846	108
6	浙江华友钴业股份有限公司	6804	13
7	振石集团恒石纤维基业有限公司	6567	46
8	桐乡波力科技复材用品有限公司	5999	18
9	浙江花神丝绸进出口有限责任公司	5457	9
10	桐昆集团浙江恒盛化纤有限公司	5435	220
11	浙江新澳纺织股份有限公司	4837	−5
12	桐乡市中维化纤有限公司	4783	199
13	浙江晶通塑胶有限公司	4410	147
14	生迪光电科技股份有限公司	4170	1
15	桐乡中欣化纤有限公司	4135	−15
16	浙江双箭橡胶股份有限公司	4105	62
17	嘉兴欧美斯羊绒制品有限公司	3875	−13
18	浙江新中和羊毛有限公司	3874	−1
19	桐乡市永泰隆电子有限公司	3820	38
20	浙江嘉名染整有限公司	3687	41

按国别2014年桐乡市出口情况

表10　　　　单位:万美元

国 别	出口额	占比(%)	比上年增长(%)
美 国	38144	12.5	6
德 国	19651	6.4	21
土耳其	17442	5.7	24
埃 及	16917	5.5	24
日 本	15833	5.2	−6
韩 国	14074	4.6	11
越 南	12550	4.1	48
英 国	12440	4.1	12
印 度	11493	3.8	36
意大利	10560	3.4	22

亚、东盟、拉美出口普遍较好，出口额分别为3.12亿美元、2.52亿美元、1.85亿美元，比上年增长13%、23%和16%。对非洲出口额2.62亿美元，下降3%。销往香港地区货值0.7亿美元，下降18%，销往台湾地区货值0.31亿美元，增长33%。

【贸易救济调查呈多发态势】 2014年，桐乡市遭遇5个国家发起的贸易摩擦案件10起，涉案金额约2000万美元，涉案企业17家。桐乡市传统产业继续受到围堵，其中7起案件的涉案产品为涤纶丝和玻璃纤维，另外一些产业较新的产品，如硬木地板、生物医药比格列酮等，也成为外国调查对象。贸易救济调查多发，但企业维权意识增强，年度涉案100万美元以上的原审案件应诉率100%。年内，玻纤和涤纶丝两起大案应诉结果较好，其中欧盟对华玻纤双反案涉案企业巨石集团被征收反倾销及反补贴合计税率24.8%，系全国第二低位。土耳其对华化纤反倾销案件最终裁定，桐昆集团、中驰化纤等6家应诉企业被征收反倾销税税率由初裁的38.47%降至10%。是年，全市实现化纤出口4.54亿美元、玻纤出口3.65亿美元，分别比上年增长33%、13%。

对外经济技术合作

【概况】 2014年，桐乡市新批境外投资项目6个、增资项目8个，中方投资额0.98亿美元，居嘉兴各县(市、区)首位。其中华友钴业、振石集团和新凤鸣集团境外投资规模均超千万美元，三企业中方投资合计0.63亿美元，占全市境外中方投资总额的64%。华友钴业3个项目合计投资0.25亿美元；振石集团2个项目合计投资0.2亿美元；新凤鸣集团1个项目总投资0.18亿美元。按投资行业来分，新批、增资境外资源开发和生产项目4个，中方投资额0.45亿美元；新批、增资境外营销机构建设项目10个，中方投资额0.53亿美元。是年，全市完成境外承包工程营业额1.06亿美元。境外企业带动出口总额3.61亿美元。

【境外投资稳步发展】 2014年，桐乡市新批、增资境外资源开发和生产项目4个，中方投资额4490万美元，其中境外矿产资源开发项目有新突破。两个增资超过1000万美元的项目是：华友钴业在刚果（金）增资1470万美元的刚果东方国际矿业公司项目和振石集团在印尼增资1680万美元的印尼法贾尔巴克提林塔斯努沙登加拉有限公司项目。新设境外生产企业1家：恒石纤维在埃及投资350万美元设立恒石埃及纤维织物股份有限公司。新批农业开发项目1个：新都实业在澳大利亚投资990万美元设立中新实业（澳大利亚）有限公司，主要从事畜牧养殖和农作物种植。是年，新批、增资境外营销机构建设项目10个，中方投资额5338.93万美元，境外企业带动出口总额3.61亿美元，比上年增长12.47%。

【境外工程承包有新突破】 2014年，桐乡市境外工程承包业务规模首次突破1亿美元，达10648.65万美元，占嘉兴境外工程承包业务总额的86.4%。至2014年年底，全市有境外工程承包资质企业6家，系嘉兴市最多，其中工程类企业5家，非工程类企业1家，境外工程承包业务主要以非工程承包业务为主。

（葛晓婷）

2014年桐乡市境外投资情况

表11　　单位：万美元

序号	境外企业	境内主体	所在地	投资额
1	智成企业有限公司	浙江磊鑫实业股份有限公司	香港	960
2	华友国际矿业（香港）有限公司	浙江华友钴业股份有限公司	香港	0.129
3	刚果东方国际矿业公司（增资）	浙江华友钴业股份有限公司	刚果（金）	1470
4	硅谷硅萃影像科技有限公司（增资）	浙江硅萃影像科技有限责任公司	美国	20
5	财富港国际贸易有限公司	新凤鸣集团股份有限公司	新加坡	1800
6	东方宏达实业有限公司	桐乡市运盛纺织有限公司	中国香港	600
7	印度尼西亚法贾尔巴克提林塔斯努沙登加拉有限公司（增资）	振石控股集团有限公司	印度尼西亚	1680
8	巨石意大利公司（增资）	巨石集团公司	意大利	218
9	恒石埃及纤维织物股份有限公司	振石集团恒石纤维基业有限公司	埃及	350
10	美国乐克斯有限公司（增资）	生迪光电科技股份有限公司	美国	200
11	德国斯嘉勒克斯有限公司（增资）	生迪光电科技股份有限公司	德国	240.8
12	中新实业（澳大利亚）有限公司	浙江新都实业有限公司	澳大利亚	990
13	飞尔康有限公司（增资）	浙江飞尔康通信技术有限公司	爱尔兰	300
14	华友（香港）有限公司（增资）	浙江华友钴业股份有限公司	香港	1000

注：按项目批准时间顺序排列

海　关

【概况】 2014年，嘉兴海关驻桐乡办事处在分类通关无纸化改革基础上，提高业务水平，加强业务基础建设。全年审核报关单3041份，征收税款2.81亿元，补税239.77万元；验放进出口货物10.88万吨、货值3.7亿美元；完成加工贸易合同备案779份，进口备案总值7.91亿美元，报核率、结案率均为100%；注册登记新企业175家，培育A类企业10家。开展担保放行、备案工作。征收通关保证金77票、856.07万元，加工贸易备案风险担保金197票、5187.47万元。减免企业备案风险担保金24票、273.65万元。实行预约加班，打造无障碍通关。组织通关监管、加工贸易业务培训7次，80家企业、120人次参训。提高重点税源质量，加强税收形势研判，加大对重点税源商品和企业的调研服务力度。提高内销补税质量，加强对聚酯切片、精炼铜等重点商品征税要素的审核，补税6091.55万元。加强价格水平治理，对毛皮、玻璃纤维等重点商品开展审价，审价补税170.5万元，一般贸易价格水平保持在合理范围。提高归类水平，纠正同品名不同归类问题，落实归类决定书执行，归类补税41.3万元。强化加工贸易中后期管理，加强玻纤行业等级品管理，内销补税563.23万元。对华友钴业、波力科技等企业加强无价值边角料认定，内销补税60万元。加强对停产、破产、倒闭等异常企业的后续监管，通过收取风险担保金等方式，最大限度减少税收风险。贯彻海关总署“海关对加工贸易实行分类监管”思路，适应形势发展需要，结合加工贸易监管实际，探索不同监管模式，构建加工贸易差别化风险管理体系，尝试引入差别化管理方法，为辖区化纤、皮革、化矿等加工贸易企业量身订制海关监管方案。

【启用长江经济带区域通关一体化模式】 2014年，根据海关总署第65号《关于开展长江经济带海关区域通关一体化改革的公告》的要求，启动长江经济带海关区域通关一体化改革。9月22日起，上海、南京、杭州、宁波、合肥海关启用区域通关一体化通关模式。上海市、江苏省、浙江省、安徽省的企业在长三角地区各口岸海关进出口货物，企业可自主选择向经营单位注册地、货物实际进出境地海关或其直属海关集中报关点办理申报、纳税和查验放行手续。可根据实际需要，自主选择口岸清关转关、“属地申报、口岸验放”“属地申报、属地放行”或区域一体化通关。至年末，桐乡辖区7家企业的58票报关单，近1052万美元的货物，实现“桐乡报关、口岸放行”。海关桐乡办事处在区域通关一体化基础上，与检验检疫桐乡办事处合作，力争使符合条件的进出口货物实现“一次申报、一次查验、一次放行”，简化通关手续，缩短通关时间。

（邬炜佳）

出入境检验检疫

【概况】 2013年8月1日，国务院办公厅调整法定检验目录，一般工业制成品出口原则上不再实施出口法检，桐乡辖区近80%检验业务不再需要法定检验。受此影响，2014年嘉兴出入境检验检疫局桐乡办事处业务量锐减，全年检验检疫出口产品3519批、货值18303.1万美元，分别比上年减少73.2%和60.9%，检出不合格产品6批、货值26.02万美元。全年检验检疫入境货物233批、货值2763.4万美元，分别比上年减少8.6%和95%，检出不合格78批、货值921.2万美元。检疫进口集装箱375批2080标箱，不合格130批、380标箱，熏蒸处理80批、468标箱。检疫木质包装224批、13496个，不合格17批、621个。截获有害生物525批次，其中截获检疫性有害生物29批、2种，其他一般性有害生物446批、34种，禁止进境物50批。全年签发各类原产地证书11835份，签证金额50661万美元。其中，签发普惠制证书5309份，签证金额25808.13万美元；一般原产地证书4553份，金额18697万美元；区域优惠原产地证书1973份，签证金额6156万美元。年内，检验检疫桐乡办事处新增出口食品添加剂检验业务和出口杭白菊检验检疫业务。全年检验出口食品添加剂20批、货值30.83万美元。检验检疫出口杭白菊78批、货值449.3万美元。6月，检验检疫桐乡办事处报检大厅被国家出入境检验检疫总局评为示范窗口。

【开展多方面无纸化作业】 2014年，检验检疫桐乡办事处主动简化自理报检企业备案手续和产地证企业备案登记手续，努力全面实现备案电子化和无纸化。全年为75家企业办理自理报检单位备案登记，为32家企业办理产地证备案。选择60家信誉良好、产地证签证量大的企业开展无纸化签证，全年无纸化签证量占比超过70%，其中巨石集团申请签发各类原产地证书近1700份，签证金额超1亿美元。无纸化签证同时，检验检疫桐乡办事处在辖区全面实施通关无纸化，为进出口企业节省时间和费用，进一步提高通关速度和效率。

【加强进口动植物检疫监管】2014年，检验检疫桐乡办事处重点控制桐乡国际物流监管场站转关集装箱的检疫风险，同时加强后续监管，核查转关入境的动植物产品。查验发现4批进口转关羊皮携带有大量粪便，为防止可能的疫情传播，检验检疫人员要求货物进行熏蒸处理后存放在进口生皮定点仓库，采取防疫隔离措施，不得移动和使用。在检验检疫人员监管下，剪除羊皮中携带的羊粪，对清理下来的残留物用生石灰消毒后深埋处理，皮张清理后在浸水鞣制过程中加入消毒剂进行消毒处理。8月，检验检疫桐乡办事处联合嘉兴出入境检验检疫局动植检实验室对辖区进口羊毛、皮张的企业周边环境进行杂草调查，发现两种外来杂草，为严防外来物种传播扩散，对该两种外来杂草进行铲除和焚烧。

【国内首次检出截获芒刺果】2014年，检验检疫桐乡办事处主动对接动植检实验室，安排相关人员定期携带样品到实验室进行杂草鉴定，并请实验室检疫专家对照复合鉴定结果。这一措施提高了检疫人员的杂草鉴定能力和现场检出能力。全年在经桐乡入境的货物中检出杂草408批、32种（检疫性杂草2种、一般性杂草30种）。其中从澳大利亚进口羊毛中检出截获西澳大利亚检疫性杂草——芒刺果，系国内首次。

【加快出口动植物产品企业注册登记考核工作】2014年，原由省出入境检验检疫局办理的出口植物产品和非食用动物产品注册登记考核出证工作下放到嘉兴出入境检验检疫局动植检处。检验检疫桐乡办事处贯彻政策，调整考核流程，将资料审核和考核工作穿插进行，缩短整体流程。年内，完成考核出口亚麻企业、出口胶合板企业各1家，出口绵条企业2家，木制品家具企业3家。

（石巧灵）

招商引资

概　述

2014年，桐乡市深入实施“工商强市”行动计划，优化发展环境，强化招商服务，招商引资工作稳中有进。全市引进外资项目58个，合同外资4.69亿美元，分别比上年增长35%和22%。全市外商投资企业实现税收12.37亿元、出口额12.23亿美元。年内全市新增服务外包企业3家，累计12家，接包合同签约金额5097.82万元，合同执行金额4817.18万元，其中离岸外包执行金额454.84万美元。

开展多种招商专题活动。将5月定为“招商引资推进月”，7～9月实施“招商引资百日攻坚”行动。年内，市商务局牵头举办主题招商活动63个，联合有关部门、平台，定期举办全市性重点招商会。市发改局组织

桐乡市接轨上海产业对接会　　市商务局提供

企业参加多项服务业项目推介会和产业对接会，推介服务业项目33个，签约项目12个。

利用各种招商平台，发布产业招商信息，吸引外国企业到桐乡考察。开展“联企大走访、以企大招商”工作，深入联系重点外资企业、外贸企业，排摸招商信息，实现以企引企合同外资7953.44万美元。依托首届世界互联网大会，拜访阿里巴巴、百度、腾讯、微软、高通等国内外知名互联网企业，为桐乡市互联网产业发展奠定基础。年内，中国玻纤总部正式迁至桐乡，到位注册资金8.7亿元。浙商回归到位外资12.4亿元，服务业“浙商回归”资金21.85亿元。

（张颖　魏国芳）

利用外资

【概况】 2014年，桐乡市引进外资项目58个（新设项目33个、增资项目25个），合同外资46881万美元，其中总投资1000万美元以上项目19个，合同利用外资30746万美元，总投资3000万美元以上项目5个，合同利用外资14094万美元，总投资1亿美元以上项目3个，合同利用外资12620万美元。33个新设外资项目中属鼓励类项目19个，涉及机械装备、汽车汽配、纺织服装、新特材料等行业，合计到位外资33123万美元。按产业分，新批农业外资项目7个，合同外资2131万美元，其中实际到位注册资本金581.5万美元；二产外资项目2个，合同外资20050万美元；新批三产外资项目24个，合同外资24700万美元，比上年增长242%。利用外债有新发展，至年底，全市7家企业有外债2384万美元，比上年增长93%。

【农业利用外资实现零的突破】 2014年，桐乡市农业利用外资工作实现零的突破，引进农业外资项目7个，分别是桐乡市美泰现代农业有限公司、桐乡市蓬莱仙岛现代农业有限公司、浙江秋之林休闲农业有限公司、桐乡市白马轩居现代农业有限公司、桐乡市浦聚生态农业开发有限公司、浙江雪缘生态农业有限公司和桐乡市毛介浜生态农业开发有限公司，合计合同外资2131万美元、注册资金2131万美元、到位外资494.52万美元，其中美泰、雪缘、毛介浜三项目的到位资金已超过注册资本的50%。

（张　颖）

利用内资

【概况】 2014年，桐乡市引进市外内资项目213个，实到市外内资106.05亿元、市外注册资金40.12亿元，分别比上年增长12.41%和19.75%。其中注册资金1000万元以上大项目97个，实到市外内资43.74亿元、市外注册资金35.35亿元，分别占全市总额的41.25%、88.11%。新引进工业项目97个，其中新能源、新材料、汽车制造等新兴产业项目43个，计划总投资69.9亿元，注册资金27.58亿元，分别占当年新引进工业项目的81.61%和85.98%。引进长三角合作项目135个，实到市外内资38.86亿元、市外注册资金12.19亿元，分别占全市总额的36.64%、30.39%，其中沪杭合作项目62个，实到市外内资23.62亿元、市外注册资金7.54亿元。新引进服务业市外内资项目81个，实到服务业市外内资53.88亿元、注册资金21.55亿元，分别比上年增长35.32%和119.5%。引进服务业“浙商回归”资金21.85亿元，比上年增长29.67%。

（艾丰云　魏国芳）

平台建设

经济开发区

【概况】 2014年，桐乡经济开发区实现工业总产值388.13亿元，比上年增长7.5%。新增规模以上企业20家，累计144家；新增亿元企业7家，累计39家；新增限额以上企业11家，累计54家。全区企业缴纳税金12.97亿元，增长24.8%。其中，工业企业缴纳税金10.5亿元，增长20.3%；第三产业企业缴纳税金2.24亿元，增长43.6%。实现利润17.66亿元，增长22.5%，其中工业企业实现利润15.53亿元，第三产业企业实现利润2.13亿元。企业实现进口总额4.53亿美元，增长3.1%；出口总额12.54亿美元，增长20.3%。列入区内考核统计的规模以上工业企业124家，实现工业总产值176.1亿元，增长10.4%；完成销售产值173.8亿元，增长13.1%；累计产销率98.7%，新产品产值77.8亿元，新产品产值率44.2%；实现利润13.85亿元，缴纳税金9.87亿元。

全年完成全社会固定资产投资37.88亿元，增长3.9%。工业生产性投入28.17亿元，增长0.6%。其中，设备投入18.02亿元，占比64%，技改投入23.9亿元，占比84.8%。完成第三产业投资9.71亿元，增长32.5%。

【招商引资】 2014年，桐乡经济开发区继续围绕汽车及其零部件、玻纤及新材料两大主导产业开展招商；排摸闲置土地、厂房等，联系杭州、上海等地客商与区内资源相对接；与上海市外商投资企业协会、上海市“三玻”行业协会、杭州上市公司协会等沪杭行业(企业)协会建立合作关系；开展欧美招商，拜访美国密西根中国中心，接待美国各州驻华协会会长、德国马特汽车运动咨询公司总经理等。年内，新批外资项目31个，其中新建项目15个、增资项目16个；合同利用外资2.41亿美元，比上年增长6.7%；实到外资1.98亿美元，增长31.8%。

【中国玻纤总部迁址桐乡开发区】 10月8日，在中国巨石第二十届国际玻纤年会上，举行中国玻纤总部迁址巨石集团桐乡本部的仪式。中国玻纤为注册在北京的上市公司，控股股东为中国建材股份有限公司，全资子公司是巨石集团有限公司。中国玻纤95%以上的收入和利润来自巨石集团。巨石集团在新加坡、加拿大、法国等建有14家海外控股子公司及两家海外独家经销商。5月，巨石埃及公司年产8万吨池窑拉丝生产线全线投产，产销率100%。中国玻纤迁址桐乡经济开发区，对桐乡发展总部经济起到引导作用，有利于巨石做强做大玻纤产业，吸引上下游相关产业进驻；有利于桐乡建设以风力发电、汽车、船用复合材料为主的玻纤复合材料产业基地。

【休闲房车产业园入选外商投资新兴产业示范基地】 10月，浙江省商务厅、财政厅联合公布第二批浙江省外商投资新兴产业示范基地，桐乡经济开发区休闲房车产业园名列其中。休闲房车产业园规划面积2.11平方千米，定位为国家休闲房车制造产业基地、国家汽车内饰产品制造产业基地、长三角地区房车文化创意产业基地。近年来，桐乡经济开发区坚持走特色化与错位化汽车产业发展之路，集聚了一批以浙江戴德隆翠汽车有限公司为龙头的汽车企业，引进大批科技人才，初步形成以开发研制、生产销售为主的产业园。2014年1月21日，浙江戴德隆翠汽车有限公司设计开发、生产制造的首辆“隆翠 LONG TREE”

牌拖挂式房车在桐乡基地下线；6月，2014中国国际房车展在北京举行，隆翠房车参展；9月25日，戴德隆翠首批出口澳大利亚的8辆拖挂式房车在桐乡基地启程。中国汽车工程学会理事长付于武、中国汽车工业协会副秘书长叶盛基、中国汽车工业协会旅居车（房车）委员会常务副秘书长陈东升等出席发车仪式。首个签订的出口订单为出口拖挂式房车600台，余下的592辆房车陆续交付。

【桐乡经济开发区获“四换三名”示范开发区称号】 6月13日，在2014浙商开发区（园区）高峰论坛上发布2014浙江“四换三名”示范开发区，桐乡经济开发区获此殊荣。2013年以来，桐乡经济开发区全面实施腾笼换鸟、机器换人、空间换地、电商换市行动，大力培育名企、名品、名家，推动经济转型升级发展。2014年，全区盘活存量土地46.67公顷，二次利用土地21.2公顷；实施“机器换人”项目49个；区内企业获中国驰名商标和浙江省著名商标各1个，浙江省名牌产品2个，浙江省出口名牌1个，嘉兴市著名商标2个，嘉兴市名牌产品1个，新增高新技术企业7家。桐乡市电子商务中心累计入驻电商企业90余家。

【承担省重点领域深化改革试点项目】 2014年，浙江省商务厅筛选一批重点领域深化改革的项目，在全省开发区先行试点。桐乡经济开发区《推进要素资源全球配置改革试点》项目被指定为十项深化改革项目之一。开发区总结区内企业在要素资源全球配置方面的成效，制定《要素资源全球配置统计指标体系和统计调查办法》，印发给相关单位及企业；建立“企业对外投资意向库”“区外招商项目信息库”和“投资中介机构”等平台，服务企业；出台《桐乡经济开发区关于支持企业对外投资的若干政策意见》，鼓励企业通过直接投资或兼并等方式，设立工厂，建立营销机构、研发设计中心等推动自然资源、技术、市场要素资源全球配置；探索联动发展的可行路径，研究如何通过区内企业对外投资推进要素资源全球配置，反哺开发区，推动开发区综合实力提升和转型升级，实现跳出开发区发展开发区、区内区外联动发展的目标。

【浙江合众新能源汽车项目签约仪式】 11月4日，浙江合众新能源汽车有限公司桐乡经济开发区项目签约仪式在桐乡市举行。全国政协常委、清华大学学术委员会副主任、国家“863”计划节能与新能源汽车重大项目总体专家组组长欧阳明高，浙江清华长三角研究院院长王涛，河北微风集团董事长田京辉，嘉兴市政府副市长盛全生，桐乡市委书记卢跃东、市长盛勇军及四套班子领导出席签约仪式。浙江合众新能源汽车有限公司由河北微风集团出资，与清华大学，浙江清华长三角研究院的新能源汽车研发团队共同组建，集中国新能源汽车生产、研发和销售于一体。合众新能源汽车项目总投资45亿元，分两期建设。其中，一期投资20亿元，生产用地26.67公顷，预计年产新能源汽车10万台，建设周期20个月。

（屠建平）

濮院针织产业园区

【概况】 2014年，濮院针织产业园区工业经济稳中有升，规模以上工业企业实现产值43.5亿元，

1月21日，首辆“隆翠 LONG TREE”牌拖挂式房车诞生仪式

市开发区提供

工业增加值率25%。深化企业梯级培育，新增亿元企业4家、规模以上工业企业12家，完成“个转企”78家。深化“两改两创”（技术改造、股份制改造，品牌创新、管理创新），获专利授权360个，实施科研项目18个。开展小印花产业和印染、化工行业整治。实施“两退两进”项目15个，腾退面积9.53公顷，绩效调查工业用地350宗。盘活存量土地34.27公顷，完成土地二次开发5.53公顷。全年投入建设资金6000多万元，建设道路、桥梁等基础设施。开展“五水共治”，改造园区雨水管网，经测量、调研、设计、论证后，进入施工阶段；清运庙白港、叶子桥港、吴家浜等河道河面垃圾。工贸大道人行道二期改造工程、永越大道中央隔离景观绿化改造提升工程竣工；工贸大道、宏苑路、工旺路、联越路、凯旋路等路段，宏苑广场、永兴港、闵家兜小区、整烫区樱花林、永越片林等区域的绿化带改造工程完工。

举办和参加相关招商活动，2014中国·濮院毛针织服装博览会期间举办濮院镇投资说明会、PH value时尚第一汇等活动；组织企业参加桐乡市接轨上海产业对接会、北京·桐乡产业对接会、广交会、嘉兴市第一届浙（禾）商大会、“桐行天下，浙商回家”恳谈会、“时尚濮院，衫动鹏城”濮院毛衫产业推介会等活动。加强科技创新服务平台建设，加快毛针织设计创意园及毛针织创意孵化器建设，濮院小企业创业基地被命名为第三批浙江省小企业创业示范基地和第二批浙江省中小企业公共服务示范平台。加快创意设计产业发展，推进320创意广场整合提升，推进“全国毛针织行业知名品牌创建示范区”创建工作。9月，320创意广场创建为省工业强市（县）省级特色工业设计基地。

【濮院320创意广场列入省级特色工业设计基地】 9月18日，在全省推进工业设计发展工作现场会上，濮院320创意广场被列入省工业强市（县）省级工业设计基地，并获500万元省政府财政补助。320创意广场由桐乡市濮院毛针织技术服务中心负责运营，配备6名专职管理人员，坚持公司化管理，市场化运作。严格按照管理办法规定招驻各类工作机构，对入驻机构做好信息数据统计和绩效考核。为入驻平台的创业团队提供100平方米以下的免费场所，给予一定的装修经费补助并提供开发设备等扶持。全年开展创业培训指导、交流合作10余次。320创意广场建筑面积1.5万平方米，累计入驻设计创意机构90余家，设计人员200余人。

【首届高级服装设计师培训班开班】 9月29日～10月2日，桐乡市首届高级服装设计师培训班在濮院镇开班。培训班由市委统战部、市侨联、濮院羊毛衫市场管委会、浙江欧伟时尚设计创意有限公司联合主办。桐乡市毛衫设计师协会及理事单位、部分会员企业、桐乡服装企业、濮院毛衫企业、濮院320创意广场的40多名企业代表和服装设计师参加培训。培训班特邀意大利籍国际著名设计师，原范思哲总设计师莫拉罗·吉恩·彼亚特罗（Muraro Gian Pietro）进行辅导。莫拉罗围绕设计灵感从哪里来，如何打造具有品牌特色的设计等相关主题，结合自己与国际知名品牌多年的合作经验，与学员们一起分享时尚前沿的国际资讯。近年来，濮院镇着力提高毛衫设计研发和品牌建设，连续多年举办“濮院毛衫杯”设计大赛、设计师论

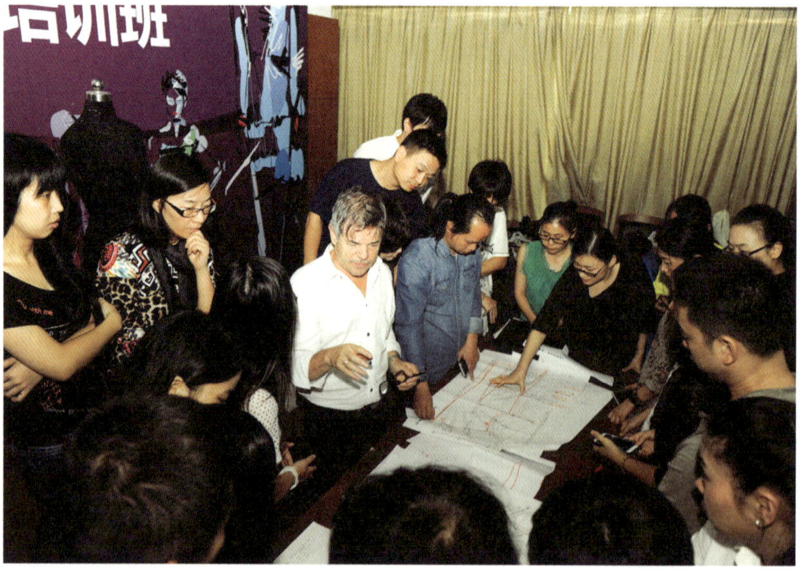

9月29日，意大利籍国际著名设计师莫拉罗·吉恩·彼亚特罗在高级服装设计师培训班上辅导学员　　濮管委提供

坛、设计师大讲堂等活动。2014年5月，濮院镇羊毛衫市场管委会和意大利设计师团队签署共同扶持濮院毛衫设计师成长的框架协议，此次设计师培训班正是框架协议的内容之一。

【毛衫企业组团参展“PH Value时尚第一汇”】 10月20～22日，由中国纺织工业联合会主办，中国国际贸易促进委员会纺织行业分会、中国针织工业协会、英国i2i会展集团联合承办的2014 PH Value & Pure Shanghai时尚第一汇暨中国国际针织博览会在上海新国际博览中心举行。桐乡市13家针织服装企业，以整体组团的方式参展。此次展会以“衣柜桐乡 毛衫之都”为主题，展馆面积1000平方米。期间举办“衣柜桐乡 毛衫之都”主题馆开馆仪式、国际交流对接会、设计师沙龙及专业买手对接会等活动。中国纺织工业联合会副会长杨纪朝、中国针织工业协会会长杨世滨等出席开馆仪式并参观濮院毛衫企业展区。参加展会的浙江浅秋服饰有限公司、浙江圣地欧服饰有限公司、浙江兰生羊绒服饰有限公司、浙江纯爱服饰有限公司、浙江森霸服饰有限公司、浙江千圣禧服饰有限公司、桐乡市纽纳斯服饰有限公司和嘉兴慕丽服饰有限公司8家濮院针织产业园区企业接到订单15起，完成成交额375万元，意向成交额1032万元。

【濮院毛衫品牌推介会在深圳举行】 12月17日，“时尚濮院，衫动鹏城”濮院毛衫产业推介会在深圳国际会展中心举行。这是濮院针织产业园区组织参加第十六届深圳国际服装贴牌/纺织面辅料/服饰配件博览会暨首届深圳原创设计时装周活动时召开的推介活动。会上濮院羊毛衫市场管理委员会与深圳市鹏城展览策划有限公司签订2015年推动濮院毛衫产业发展战略合作协议。协议约定，共同推动濮院毛衫区域品牌健康发展，建立资源互动、互助、互利关系；组织各种形式的贸易配对会、品牌交流推广、设计师交流等，增强濮院毛衫与深圳女装之间的联络与交流，扩大濮院毛衫区域品牌的影响力；在设计、研发、流行趋势及贸易展会等方面充分合作，增强企业间互动。圣地欧、纯爱、貂帅、东企等十余家濮院针织产业园区知名品牌企业，在展会期间组织为期三天的自主品牌走秀互动展示以及静态模特样衣展示。来自全国纺织服装基地、著名服装交易市场、行业协会的领导，国内著名品牌企业、知名设计师代表，品牌服装、采购商代表以及桐乡羊毛羊绒企业界代表等参加推介会。

（李　昇　张夏啸）

“衣柜桐乡 毛衫之都”主题馆现场　　濮管委提供

崇福经济区

【概况】 2014年，崇福经济区有工业企业245家。新增规模以上企业7家，计126家；新增亿元企业1家，计24家。实现现价工业总产值164.54亿元，比上年增长10%。规模以上企业工业增加值27.27亿元，增长21%；实现利税16.57亿元，增长17.6%。全年投入基础设施建设资金9693万元，企业固定资产投入10.67亿元。合同利用外资3438.34万美元，实际利用外资2757.44万美元；引进市外内资9.21亿元，注册资金到位3.31亿元，“浙商回归”项目到位资金4.78亿元。引进内资、外资双双列入嘉兴市十强镇（街道）。全年实施重大项目10个。

【中国节能（桐乡）环保产业园项目签约】 9月25日，崇福经济区管委会与中国节能环保集团

9 月 25 日，中国节能(桐乡)环保产业园项目签约仪式

崇福经济区提供

下属中节能杭州环保投资有限公司签订建设中国节能(桐乡)环保产业园的合作投资协议。中国节能环保集团是以节能环保为主业的中央企业。项目注册资金 1 亿元，计划总投资 20 亿元，占地面积约 33.33 公顷，总建筑面积约 20 万平方米，首期启动用地约 14.33 公顷，建筑面积约 2017 万平方米。环保产业园主要引进与低碳、环保、节能和新兴产业相关的企业入园。在 3～5 年内，建成集研发、生产、展示、孵化、配套为一体的高端节能环保产业园，重点引进节能环保、新特材料、新能源、装备制造、电子信息、物联网等战略新兴产业和其他高新技术企业。预计项目每公顷产出 9000 万元以上，每公顷税收 450 万元以上。

【“崇福皮草”获浙江省区域名牌称号】 1 月，浙江省名牌战略推进委员会办公室授予“崇福皮草”浙江省区域名牌称号。崇福镇于 2013 年 5 月启动浙江区域名牌“崇福皮草”申报工作。崇福镇出台《关于成立桐乡市崇福皮草区域名牌创建工作领导小组的通知》，成立由市发改局、市经信局、市科技局、市财政局、市统计局等单位相关人员组成的工作领导小组。崇福皮草行业龙头企业实施名牌战略、标准化战略，由龙头企业带动实现上下游企业的集聚和产业链的延伸。崇福皮草产业获浙江名牌产品的企业 3 家、获嘉兴名牌产品的企业 1 家，标准化良好行为和计量检测体系确认达到 100％覆盖，省级定期监督抽查产品质量合格率在 90％以上，规模以上企业实现联盟标准比例达到 100％。推广“政府监管＋协会自律＋社会监督”行业信用监管整体框架，建立皮草企业信用评价体系，每季组织企业信用等级评比，年终进行综合测评和定级。以区域名牌创建为载体，发挥崇福经济区管委会、行业协会、质监部门、检验机构的作用，在皮草行业推行联盟标准，贯彻质量诚信制度和质量管理基本要求，增强皮草企业品牌意识。

【崇福皮草新闻发布暨投资环境推介会在北京举行】 第四十届中国国际裘皮革皮制品交易会于 1 月 14～17 日在北京国家会议中心举办，1 月 14 日崇福皮草新闻发布暨投资环境推介会在此召开。推介会由桐乡市政府主办，市委宣传部、市商务局、市经济和信息化局、崇福镇政府、崇福皮毛协会承办。来自国内外近百名客商及新华社、中央电视台、中新社、《人民日报》《经济日报》《中国经济时报》等 10 多家新闻单位参加会议。崇福镇以此为平台介绍崇福皮草的历史沿革、产业发展情况、投资环境，中国皮革协会理事长苏超英到会致词。2014 年是崇福镇第 12 次组团参加中国国际裘皮革皮制品交易会，桐乡市雄鹰皮草有限公司、浙江中辉皮草有限公司、浙江雪球皮草制品有限公司等 36 家皮草企业参展，参展面积 2700 多平方米，占展会净面积的 1/3。美国、加拿大、俄罗斯、丹麦、日本等国家的皮草客户到崇福展区参观、洽谈，订单成交量超 10 万件。

(沈　丽)

高桥新区

【概况】 2014 年，高桥新区(含高桥镇)完成固定资产投资 23.49 亿元，比上年增长 11.9％；工业生产性投入 6.5 亿元，增长 29.8％；服务业投资 16.6 亿元，增长5.6％；实到市外内资9.73

亿元，其中平安项目 7.29 亿元，旅游广场项目 2 亿元；合同利用外资 3800 万美元，实际利用外资 2360 万美元；“浙商回归”资金实际利用 4.6 亿元。年内，桐乡旅游广场、东润国际总部大厦、金凯悦总部大楼 3 个重大服务业项目开工建设，其中东润国际总部大厦、金凯悦总部大楼项目纳入嘉兴市 2014 年专项行动服务业开工任务项目。

完善基础建设，调整现代大道北侧区块控制性详细规划编制范围，调整后编制面积 1.96 平方千米。南日新社区基础设施建设工程完成总工程量 95%，秀才桥港河道整治项目基本完成河道疏浚、护岸和绿化工程。安置区建设粗具规模。其中，新城花园安置小区 C 组团二期工程开工建设，开工面积 3.56 万平方米；续建项目 B 组团和 C 组团一期，开工面积 11.97 万平方米。高桥大道、现代大道、崇南路、南日新社区等 7 处绿化工程竣工，完成高铁广场、高桥镇区、高桥大道绿化养护项目。楼下角村建立苗木培育基地，种植苗木 10 公顷。

【耀华国际教育学校落户高桥】 9 月 26 日，耀华国际教育学校入驻高桥新区平安合悦·江南签约仪式举行。合悦·江南项目是一个大型养生养老项目，隶属平安不动产有限公司。桐乡市市长盛勇军、副市长费玉林出席签约仪式并讲话。耀华国际教育学校一期占地 5 公顷，将于 2015 年开始筹建，学校提供从幼儿园到大学预科的全年级国际教育，聘用经验丰富的专业外籍教师和具备国际背景的中国教师，采用中英双语教学。

（冯俊贤）

9 月 26 日，耀华国际教育学校入驻高桥新区平安合悦·江南签约现场　　高桥新区提供

临杭经济区

【概况】 2014 年，临杭经济区规模以上企业实现工业总产值 448.2 亿元，比上年增长 7%；工业增加值 42.4 亿元，增长 18.2%；实现利税 19.2 亿元，增长 30.8%，其中利润 9.9 亿元，增长 108.1%。全年合同利用外资 3210 万美元，实际到位外资 550 万美元；利用市外内资 18.8 亿元，注册资本 1.23 亿元，引进“浙商回归”资金 10.24 亿元。加大招商力度，成立招商选资工作领导小组，出台招商引资项目引荐奖励实施办法。以装备制造、机械电气、纺织新材料作为招商方向，组织各类招商活动，赴北京、上海、杭州等地开展招商活动 100 多次，会见客商 1000 多人次。签约项目 7 个，包括桐昆加弹园项目、中电建光伏项目、卡希诺纺织项目、土畜凯兴畜产项目、达瑞纺织机械项目、奇翔纺织项目、恒耀纺织项目，总投资 20 亿元。基础设施不断完善。昆鸣路、后塘桥、公寓安置房等 6 项工程相继建成，投入建设资金 5476 万元。新征土地 38.53 公顷，拆迁安置农户 110 户，安置人员 309 人，支付被征地人员养老金 5935 万元。实施省级园区循环化改造示范试点工作，完成投资 14.17 亿元。

工业项目有效推进。全年完成工业生产性投入 33.78 亿元，7 个项目建成投产。协调推进华能桐乡天然气热电联产项目“三线”（天然气管网、热力管网、特高压）工程管线建设，天然气管网开阀通气，热力管基本建成，电力输出工程竣工；供热政策出台，关停周边燃煤小锅炉。桐昆集团股份有限公司恒邦项目高压线搬迁；桐昆加弹园项目开工建设；桐昆恒邦项目、佑倡包装项目，新凤鸣中盈项目、纸箱项目，华能桐乡天然气热电联产项目，京马电机年产800万台新型高效节能变频电机项目，双箭技改项目建成投产；桐昆恒隆化工项目、新凤鸣中维特色纤维项目开工建设。

（沈架飞）

石门湾现代农业示范区

【概况】 石门湾现代农业示范区位于石门镇中北部，近期规划范围为石门镇的民丰、墅丰、春丽桥、叶新、民联、白马塘等11个村，规划区域面积4000公顷；远期规划范围为运河以北，包括河山镇、龙翔街道、乌镇镇部分区域，总规划面积约6666.67公顷，辐射面积1.33万公顷。2014年，区域内农业人口3.04万人，耕地面积2720公顷，农民人均纯收入2.25万元，粮食产量7781吨、生猪饲养量4.49万头、湖羊饲养量10.15万头。

崇福至练市公路（石门至安兴段）和通达农村新社区（石门镇殷家漾村至民丰村段）两条道路的绿道景观项目经市发改局批复立项，计划完成绿化总面积9.6万平方米，总投资936万元。全国中小河流治理重点县综合整治石门项目区竣工，疏浚河道20.22千米，坡岸整治30.55千米，护岸绿化13.15千米，新增投资400万元，累计完成投资2366万元。

开展大项目招商活动25次，其中接待境外客商12批次，赴台湾招商2次；引进招商项目5个，协议总投资4.6亿元，其中引进市外内资4.2亿元，实到市外内资7000万元，实际利用资金1200万元。全年完成现代农业产业项目投入2567万元，新建现代农业产业基地5个，新增现代农业基地土地68公顷。新建的现代农业产业基地有：位于周墅塘村的蓬莱仙岛台湾水果种植园项目，计划投资100万美元，打造集台湾水果种植、旅游景点开发等项目于一体的台湾特色庄园；位于墅丰村的溯源堂中药材种植基地项目，注册资金500万元，计划总投资1500万元，占地8.87公顷，主要从事中药材种植和深加工；桐乡百花欢乐大世界项目于9月签约，12月开工建设；位于崇安村的浦聚农庄项目，计划投资2000万元，规划用地13.33公顷，主要从事高端苗木种植；位于周墅塘村的鸿运来食用菌工厂化生产基地，计划总投资2000万元，主要从事食用菌工厂化生产。续建项目11个，分别是嘉兴华圣金线莲产业园、陆家庄秀珍菇基地一期改造项目、宏盛芦笋基地、博大葡萄基地、石门湾四季果园、墅丰蓝莓种植园、殷家漾火龙果基地、新天泽农场、华渤园农场、兴苑旺宅农场、湾里园农场等。继续实行土地流转收储政策，流转土地面积104.33公顷，涉及8个村。

【桐乡百花欢乐大世界项目开工建设】 12月11日，桐乡市石门湾百花欢乐大世界开工建设。项目位于石门镇春丽桥村、陆家庄村和墅丰村三村交汇处，练杭高速连接线西侧，占地面积58.67公顷，由总部位于佛山市顺德区的今日景艺生物科技有限公司投资建设，注册资金2亿元，总投资4亿元。项目以蝴蝶兰组培和种植为主，计划建设万种兰花生产展示中心、组培科研中心、兰花新优种苗示范基地、牛樟芝生产基地、台湾特色水果采摘园、花卉博览园及其他休闲观光配套设施等特色农业休闲观光景区。项目以公司＋基地，基地＋农户的形式，市场引领农户，农游结合，预计于2016年年底建成开园。

（潘黎　朱斌）

文化创意产业园区

【概况】 2014年，桐乡文化创意产业园区围绕“未来文化创意城市”的城市发展目标，以“文化影响生活方式改变，创意助推三次产业发展”为发展理念，推进高等教育、版权产业、影视制作、新（融）媒体研发运用、创意设计、品牌培育、文化衍生品开发、互联网产业、娱乐游戏、文化旅游等业态的招商引资工作。在中央新影桐乡园等项目的基础上，开展产业链招商和以商引商工作，以北京、上海、广州、杭州为重点招商区域，以厦门、深圳等珠三角城市和香港为扩展区域，拜访或接待企业、机构100多家，就影视拍摄和制作、文化旅游综合体开发、新（融）媒体研发运用、互联网产业等项目开展洽谈。与住建部下属全国市长研修学院加强项目合作洽谈，依托中央新影电视艺术研究院，与首都师范大学、上海戏剧学院、上海影视视觉学院等高等院校建立联系，与深圳创意协会、上海德稻传媒有限公司、上海外高桥进口商品直销中心有限公司洽谈，初步达成合作意向。至年底，园区注册企业17家，注册资金5470多万元，年产值1600多万元。中央新影桐乡园项目完成规划选址、方案设计、土地出让、可行性研究报告编制等工作，全年投入资金5000多万元。

【中央新影桐乡园启动四大板块工作】 2014年，中央新影桐乡园启动教育培训、影视制作、品牌培育、纪录片博物馆四大板块工作。中央新影电视艺术研究院先后开办纪录片导演班、摄影班、导演新秀班、编导班等培训班。5月15日，第一期中央新影大课堂在浙江传媒学院下沙校区举行，由中央新影集团总裁助理、副总编辑时间主讲《纪录片的视觉艺术与语言》。桐乡新影文化投资有限公司策划拍摄数字电影《御味》和《遇见自己的美丽》。由桐乡新影文化投资有限公司投资运作的品牌培育项目，管理运营团队基本形成，以纪录片绑定线上电商平台，链接线下实体体验店的R2O（RECORD TO ONLINE）商业模式基本确定。纪录片博物馆第一批展品在统计备案中，拟把博物馆建成中国首个纪录片主题馆，并复合商业模式及衍生开发，培育版权交易，打造成学术交流、教学研究、教育宣传和文化旅游相结合的特色文化地标。至年底，中央新影桐乡园注册企业6家，注册资金5100万元，桐乡新影文化投资有限公司产值1500多万元。

（孙立人）

振东新区

【概况】 振东新区位于桐乡市区东部，东起永兴港，西至景雅路，北接濮院大道，南达经济开发区，规划面积18.46平方千米。管理城南、革新2个村，振东、凤凰、莲花3个社区，下设70个村民小组、271个居民小组。2014年，新区总人口7.47万人，其中户籍人口2.21万人，市内外来人口1.2万人，持临时居住证的流动人口4.06万人。振东新区围绕“大整治、大转型、大招商”，经济社会保持平稳发展。全年建设项目81个，其中省级重点项目2个，市级重点项目18个，完成投资33.16亿元。引进市外内资6.4亿元，新增注册资金2.75亿元，引进“浙商回归”省外内资7亿元。金融商务区一期深化设计及概念性建筑方案成果稿完成，6家企业有挑选地块意向。振东物流园区二期项目开工建设，投资总概算1.1亿元，占地面积2.67公顷，计划建设出货场站30个，仓库2.6万平方米。10月，世贸中心二期试营业，总投资约20亿元，总建筑面积41万平方米。

开发建设快速推进。桐乡应急备用水源（凤凰湖）工程加快建设堤防、引排水建筑物及河道疏挖工程，整体工程基本建成。凤凰湖景观工程采用“设计施工一体化”项目总承包模式，主湖区和湿地区粗具规模，主湖区景观工程基本完工。启动振东健身广场建设，凤凰湖幼儿园灵悟校区结顶进入室外工程施工阶段。莲花小区改造，南港小区二期、永兴小区、金晖小区基础设施配套工程竣工。实施新区道路绿化提升工程及各类景观绿化工程施工，新增绿化面积60.13公顷。

5月15日，中央新影集团总裁助理、副总编辑时间在第一期中央新影大课堂上辅导学生　　文管委提供

社会事业全面进步。深化“三治合一”（德治、法治、自治）基层社会治理实践，社会服务管

理水平不断提高，振东社区被评为浙江省民主法治村（社区）。全年调解处理各类纠纷286件，成功率100%。综合整治出租房屋，推行新居民积分制管理新模式。加强社会治安综合治理，落实安全生产、食品安全、禁毒、社区矫正等各项工作。开展群众性文化活动，推进村级文化活动中心建设。整治非法托幼机构，关停非法托幼机构12家，开办学前儿童教育点3家。全年发放各级各类临时救助、慰问费及补助款120.2万元，配套支出医保报销资金148.3万元。

【环城东路综合整治工程主车道通车】 4月8日，环城东路综合整治工程开工建设，改造后由过境公路转变为城市道路，禁止过境大货车驶入。环城东路路幅由26米拓宽至38米，车道从双向四车道改为双向六车道，并设置人行道与非机动车道；渠化改造与振兴东路、茅盾路、逾桥东路交叉的3个路口。11月1日，环城东路南段（振兴东路—梧振东路）实现主车道通车，这是继8月3日环城东路北段（振兴东路—金马转盘）通车后的全线通车。至年底，道路、绿化、亮化、综合管线、交通设施建设基本完工，完成投资1.56亿元。工程绿地总面积11.5万平方米，其中新建区域2.4万平方米，改造区域9.1万平方米。道路两侧种植早樱、玉兰等树种，背景林带下部片植兰花三七、花叶蔓、吉祥草等，营造出疏林草地空间、特色组景空间、缓坡草地空间及竹林幽径空间。环城东路两侧建有适合散步健身的城市绿道，及供市民休息的绿道驿站。

改造后的环城东路　　振东新区提供

【凤凰湖景观工程基本建成】 桐乡市应急备用水源（凤凰湖）位于桐乡市振东新区核心位置，中心湖区面积约59.07公顷，景观工程建设用地89公顷，投资估算约3.48亿元，建设内容包括土方绿化、园林土建、市政桥梁、给排水、建筑工程、景观照明和附属设施7大项目。凤凰湖景观初步设计凤栖梧桐、百鸟朝凤、龙凤呈祥、碧桐银花、桐孙足栖、梧桐秋月、桂雨飘香及有凤来仪八大主题景点，湖山在望、花溪跌瀑、凤阁流霞、凤倚飞虹、菱荷香栈、晨曦凤鸣、凤湖平眺、五彩凤岛、碧桐陇翠、花海融春、一碧万顷、清风竹影、凌波涵秋、碧波晴雪、栖霞飞鹭、水木明瑟等16小景。2014年，投入资金2.1亿元，主湖区和湿地区基本形成。至年底，景观工程完成绿化面积超53.33公顷，湖东区、湖西区绿化种植完成85%，环湖路绿化种植完成80%；湿地区完成工程的97%，湖东区完成工程的94%，湖西区完成工程的92%，湖北区完成工程的37%，莲花桥港区完成工程的41%，桥梁工程完成84%。

（李红霞）

旅 游

概 述

2014年，桐乡市出台《关于进一步加快旅游经济发展的若干政策意见》《关于开展“学旅游、谋旅游、干旅游”活动的通知》。市财政预算每年安排6000万元旅游业发展专项资金，主要用于政策奖励、宣传营销、旅游规划、资源开发、品质提升、行业管理、人才培训等方面。鼓励和组织全市党政机关涉旅工作人员参加全国导游人员资格考试，举办旅游业发展系列讲座。在2013浙江旅游总评榜上，桐乡市获“浙江2013年度旅游发展十佳县(市、区)”称号。通讯《桐乡获批中国旅游综合改革试点县》获“浙江2013年度旅游新闻奖”，乌镇景区获“浙江2013年度十佳度假景区”称号，乌镇枕水度假酒店获“浙江2013年度最具特色十佳度假酒店”称号。全市有国家AAAAA级旅游景区1个，AAA级旅游景区3个，AA级旅游景区18个；星级饭店13家，其中五星级饭店1家、四星级饭店5家、三星级饭店5家、二星级饭店2家；国际旅行社2家，国内旅行社29家，其中四星级旅行社4家、三星级旅行社10家。全年接待海内外游客1627.29万人次，比上年增长17.9%，其中境外游客32.09万人次，增长8.3%。实现旅游总收入164.52亿元，增长28.5%。

2014年桐乡市国家级旅游景区

表12

名 称	等 级	地 址	联系电话
乌镇景区	AAAAA	乌镇镇石佛南路	88713999
福严寺景区	AAA	凤鸣街道合星村	88488051
红杉郫景区	AAA	龙翔街道宗扬路	88797255
世贸中心旅游综合体	AAA	桐乡市世纪大道	88588888
丰子恺纪念馆	AA	石门镇西市街	88611275
君匋艺术院	AA	桐乡市庆丰南路	88103627
博物馆	AA	桐乡市环园路	88104125
植物园	AA	桐乡市振兴东路	88133258
锦绣天地蚕桑博览园	AA	高桥镇高架路东侧	80889352
文化恒基特色旅游园	AA	桐乡市齐福路	89396076
桂花村	AA	石门镇子恺路	88623773
稻乡人家	AA	洲泉镇道村村	88533737
森利园	AA	崇福镇东安村鸽子浜	88441188
店街塘村	AA	崇福镇店街塘村	88333847
濮院中国毛衫城景区	AA	濮院镇中兴路	88815222
蚕桑产业观光园	AA	梧桐街道新玄村	88893333
坝桥景区	AA	洲泉镇坝桥村	88511110
中山公园	AA	崇福镇崇德东路	88411704
畅想园	AA	大麻镇海华村	80899778
太师山庄	AA	乌镇镇分水墩村	88730076
东浜头村漫画文化园	AA	河山镇东浜头村	88687266
菊博园	AA	屠甸镇君匋大道	88863556

2014年桐乡市星级旅游饭店

表13

名 称	星 级	地 址	电 话
振石大酒店	五 星	桐乡市振兴东路东199号	88188888
钱塘新世纪大酒店	四 星	桐乡市庆丰南路6号	88108888
国际大酒店	四 星	桐乡市庆丰中路2号	88885888
东方大酒店	四 星	桐乡市振兴中路23号	88880884

续表 13

名　　称	星　级	地　　址	电　话
银园大酒店	四　星	桐乡市庆丰南路 7 号	88107999
乌镇黄金水岸大酒店	四　星	乌镇镇青镇路 8 号	88728888
梧桐大酒店	三　星	桐乡市振兴中路 42 号	88880178
光明大酒店	三　星	桐乡市振兴中路 11 号	88103777
子夜大酒店	三　星	乌镇镇子夜路 3 号	88728088
星光大酒店	三　星	桐乡市复兴南路 91 号	88882888
元顺商务宾馆	三　星	洲泉镇足佳鞋业市场	88598010
光明快捷商务酒店	二　星	桐乡市振兴中路 9 号	88881666
乌镇水岸之星度假酒店	二　星	乌镇镇植材路 323 号	88738158

2014 年桐乡市旅行社

表 14

名　　称	星级	地　　址	电　话
春秋旅游公司	四星	桐乡市景雅路 21 号	88038691
大众旅行社	四星	桐乡市润丰商业步行街 35—37 号	88886000
桐乡市旅游公司	四星	桐乡市梧桐大街延伸段 212 号	88101499
中青旅旅游公司	四星	桐乡市振兴中路 2 号	88116192
山水旅行社	三星	桐乡市中山东路 800 号	88099935
假日旅行社	三星	桐乡市振兴东路 199 号	88035588
东方旅游公司	三星	桐乡市梧桐大街延伸段 153 号	88183900
景秀年代旅行社	三星	桐乡市景雅路 765 号	88028222
江南旅行社	三星	桐乡市振兴东路 783—8 号	88023773
职工休养旅行社	三星	桐乡市县前街 198 号	88326987
康辉旅行社	三星	桐乡市广福路 2 号	88199773
凤鸣旅游公司	三星	桐乡市梧桐大街延伸段邵介桥 7 号	88117802
星光旅行社	三星	桐乡市润丰商业步行街 99 号	88078688
光大旅游公司	三星	桐乡市茅盾西路 101 号	88038900
宝地旅游公司		桐乡市振兴东路 700 号	80882233
诚石旅游公司		桐乡市振兴东路 199 号	80880697
兢磊旅行社		桐乡市茅盾东路 5 号	88039500
康泰旅行社		桐乡市校场西路 31 号	89383396
快乐假期旅游公司		桐乡市梧桐大街南 29 号	88192211
青年旅游公司		桐乡市振兴西路 20 号	88097277
梧桐水乡旅行社		桐乡市广福路 87—89 号	88180010
新世纪旅游公司		桐乡市振兴东路丰润国际 328 号	88138800
新天地旅游公司		桐乡市润丰商业步行街 135—137 号	80881833
信游旅行社		桐乡市世纪大道 1648 号	88112990
和平旅游公司		桐乡市振兴东路 781 号	88025999
金凤凰旅游公司		桐乡市和平路 162 号	88187228
国旅桐乡分公司		桐乡市振兴东路 679 号	88110789
崇德旅行社		崇福镇青阳西路 227 号	88335866
同行旅游公司		桐乡市梧桐街道润丰步行街西 108 号	88887781
妙途旅行社		凤鸣街道草庵头集镇嘉德公路南侧 201 号	88480660
天佳旅游公司		桐乡市茅盾东路 5 号	88587733
乌镇中青旅旅游公司		桐乡市振兴西路 36 号	81888855

（寿利宏）

规划建设

【概况】 2014 年，桐乡市完成《桐乡市旅游发展总体规划》和《桐乡市乌镇省级旅游试验区概念性规划》两个总体规划编制，完成《桐乡市旅游景区（点）道路交通指引标志设置规划》和《桐乡市重大旅游基础设施规划（2014－2030 年）》两个专项规划编制。启动《江南运河桐乡段综合保护和旅游开发规划》《桐乡市西部湿地综合保护规划》和《中国旅游第一大县评估体系研究》编制工作。启动崇福镇、石门镇古镇街区保护开发规划编制工作。开展乌镇——石门省级旅游度假区申报创建工作。开展旅游重点项目督查，成立旅游项目督察组，定期对首批 26 个百佳景点进行实地督查。建立旅委中层及以上干部联系服务旅游项目和旅游企业制度，每人分别联系服务不少于 2 个旅游项目，采取定期上门走访制度，对旅游项目和旅游企业主动联系、全程跟踪、优质服务。年内，世贸中心旅游综合体被评为国家 AAA 级旅游景区，濮院中国毛衫城景区、蚕桑产业观光园、坝桥景区、大麻镇畅想园、乌镇镇太师山庄、崇福镇中山公园、河山镇东浜头村漫画文化园、屠甸镇菊博园景区被评为国家 AA 级旅游景区。

【全省旅游景区环境百日专项整治现场会在桐乡召开】 9 月 11 日，全省旅游景区环境百日专项整治现场会在桐乡召开。与会人员考察乌镇大剧院、子夜路改

9 月 11 日，全省旅游景区环境百日专项整治现场会在乌镇召开

市旅委提供

造现场、东邱港养殖转型基地，观看浙江旅游发展视频、乌镇景区整治视频，听取丽水市、桐乡市、建德市旅游业人士交流发言。省旅游局局长赵金勇部署下一阶段旅游工作，副省长梁黎明作重要讲话。省政府副秘书长陈宗尧，省旅游局党组书记王文娟，各地市(含义乌)分管副市长、旅游局局长，桐乡市领导卢跃东、盛勇军、张林洪、池晓明、徐云松等参加会议。

【世贸中心旅游综合体被评为国家 AAA 级景区】 9 月，浙江省旅游区(点)质量等级评定委员会批准桐乡世贸中心旅游综合体为国家 AAA 级旅游景区。这是桐乡市继福严寺景区、红杉郸景区之后，又一家国家 AAA 级旅游景区，同时也是桐乡市首家以购物旅游为主题的 AAA 级景区。全年接待游客 255.08 万人次。

【港龙木屋博览园被评为省级工业旅游示范基地】 12 月 18 日，省旅游局、省经济和信息化委员会联合公布第三批浙江省工业旅游示范基地名单，桐乡市港龙木屋博览园名列其中，成为桐乡市首个省级工业旅游示范基地。港龙木屋博览园位于桐乡经济开发区，占地面积 2 公顷，建有欧美混搭风格、毛里求斯风格、中式徽派风格、俄罗斯风格、北欧风格等各种类型的木结构房屋，是一个集旅游度假、文化创意、婚纱摄影、休闲娱乐于一体的工业旅游示范基地。年内接待游客 2.81 万人次。

【中国优秀旅游城市标志“马踏飞燕”在高铁广场落成】 国庆期间，坐落于桐乡市高铁广场的中国优秀旅游城市标志——马踏飞燕雕塑正式展现在游客面前。雕塑自上至下分别由马踏飞燕、地球和基座三部分组成，高 11.85 米，其中马踏飞燕高 3.8 米，地球高 4.2 米，城雕基座高 3.85 米。马踏飞燕和地球雕塑工艺外部造型采用紫钢锻造，内钢骨架，表面防腐处理，基座外部采用花岗岩外砌，四周利用草坪和灯光进行美化。

【“乌村”“斗牛”两项目签约乌镇】 4 月 3 日，总投资超亿元的江南乌村和东方斗牛园项目在乌镇签约。江南乌村项目由乌镇旅游股份有限公司投资建设，以“1 个大乌镇带动 16 个小乌镇”为战略目标，结合乌镇旅游品牌效应及生态环境，在古镇旅游基础上拓展乡村旅游，与乌镇东栅、西栅古镇休闲度假区形成互补，打造美丽乡村旅游示范点，实现古镇旅游和乡村旅游双丰收。该项目选址乌镇虹桥村，占地面积 27.8 公顷，总投资 1.5 亿元，计划建设周期 2 年，将围绕精品农产品种植加工区、农事活动体验区、知青文化区、船文化区等四大板块，建设以田园风光为主题的新型旅游度假区。东方斗牛园项目由嘉兴南湖中国式斗牛发展有限公司投资建设，以国家级非物质文化遗产“掼牛”为亮点，以农耕文化为主题，融竞技表演、快乐观赏、休闲旅游、身心体验、文化教育、餐饮购物为一体，打造自然景观与现代科技相和、旅游观光与养生度假相生的现代综合性文化生态观光度假旅游区，创新乌镇旅游业态，丰富乌镇旅游资源。该项目选址乌镇陈庄村，占地面积 13.33 公顷，投资 1 亿元，计划建设周期 2 年，将围绕驯养区、掼牛演艺中心、江南船拳表演区、农耕文化展示区、武术学校、农耕文化商品购物中心等九大板块，建成一个大型“农耕文化休闲旅游乐园”。

行业管理

【概况】 2014年，市旅游委员会与旅行社、星级酒店、A级景区、星级旅游购物市场等51家旅游企业签订2014年度旅游行业安全生产管理目标责任书、社会管理综治维稳责任书。受理旅游投诉61起(嘉兴转办26起，电话受理28起，游客上访2起，市长电话转办5起)，其中理赔案件11起，理赔金额2.93万元。所有投诉已立案办结，并在规定时效内书面上报办案结果，满意率100%。振石大酒店被评为国家五星级饭店、金叶级绿色饭店。乌镇景区西栅酒店、东方大酒店分别被评为金鼎级特色文化主题饭店和银鼎级特色文化主题饭店。举办旅游业发展专题培训班、青年导游大赛。组织机关事业单位国家级导游证培训考试，营造“学旅游、谋旅游、干旅游”氛围。做好上海亚信峰会期间入沪旅游安保工作。

【首期导游人员资格考试培训班】 2014年，桐乡市鼓励全市党政机关涉旅工作人员参加导游人员资格考试，举办首期全国导游人员资格考试培训班。全市各镇(街道)和有关部门分管旅游工作领导和相关人员100余人报名参加培训。培训时间从7月25日开始，为期13天，采取集中授课形式，主要利用周末时间，对培训人员开展浙江导游文化基础知识、导游业务、旅游政策与法规、全国导游文化基础知识和现场导游考试讲解等方面培训。培训结束后，报名人员统一参加2014年全国导游人员资格考试，28人通过考试，获得导游证。

7月25日，桐乡市首期导游人员资格考试培训班开班 市旅委提供

【举办旅游业发展专题研讨班】 6月23日，市委组织部、党校和旅游委员会联合举办的桐乡市旅游业发展专题研讨班在浙江旅游职业学院开班，40余名来自全市有关部门、各镇(街道)分管旅游工作的领导干部参加培训。在为期3天的培训期间，以白天专家授课、晚上交流恳谈的形式学习并探讨旅游综合改革、农业休闲旅游发展和乡村旅游产品提升与创意等内容。

【旅游饭店中式铺床和夜床创意技能比赛】 10月23日，市劳动竞赛委员会组织旅游饭店在市国际大酒店举行中式铺床和夜床创意比赛。全市10家旅游饭店30名员工参加比赛。桐乡钱塘新世纪大酒店获团体金奖，钱塘新世纪大酒店吴晓英获个人一等奖。获得前三名的选手被授予“桐乡市技术操作能手”称号。

【举办青年导游大赛】 10月21日，共青团桐乡市委、桐乡市旅游委员会、桐乡市人力资源和社会保障局联合举办“全市青年导游大赛”。通过导游风采、导游讲解、知识问答、展望未来、才艺展示等五个环节的比赛，桐乡市大众旅行社有限公司的娄蕴芝获一等奖，并被授予“嘉兴市优秀青年岗位能手”称号；乌镇旅游公司的张娇娇、汤丽丽获得二等奖，并被授予“嘉兴市青年岗位能手”的称号。

【振石大酒店举行五星级旅游饭店揭牌仪式】 12月21日，振石大酒店五星级旅游饭店揭牌仪式在酒店大堂隆重举行，市长盛勇军与振石控股集团董事局主席张毓强上台揭牌。仪式由振石大酒店总经理徐卫东主持，嘉兴市旅游局副局长金三民、桐乡市副市长朱明杰以及振石控股集团总裁助理、振石大酒店董事长张健侃等参加仪式。年内，酒店在节能降耗工程、绿色客房优惠及推广、绿色有机菜肴推荐、绿色饭店文化氛围布置等各个方面成效显著，被浙江省饭店业协会检查组评为"金叶级绿色饭店"。

【桐乡两家酒店被评为特色文化主题饭店】 2014年，浙江省饭店星级评定委员会按照《特色文化主题饭店基本要求与评定》标准(DB33/T871－2012)和《特色文化主题饭店评定实施办法》，对已申报的乌镇景区西栅酒店和桐乡东方大酒店进行检查评定。西栅酒店被评为"金鼎级特色文化主题饭店"，东方大酒店被评为"银鼎级特色文化主题饭店"。

市场开发

【概况】 2014年，全国首个旅游专业频率FM97.1桐乡旅游之声开播。在高铁广场设立旅游咨询服务点。参与省旅游局组织的"看晚报·游浙江——二十省晚报联盟，引领畅游浙江"旅游主题推广活动。举办全市旅游推介会和大学生走读桐乡活动。分别联合石门镇、凤鸣街道策划开展首届桂花村芽麦塌饼大赛、房车营地暨猕猴桃采摘和首届福严寺素斋文化节等节庆活动。开展微信、微博等新媒体营销活动。

【桐乡获"浙江年度旅游发展十佳县(市)"称号】 3月7日，由浙江省旅游局和浙江日报报业集团等共同主办的2013浙江旅游总评榜颁奖仪式暨全面深化旅游改革·打造浙江旅游升级版圆桌会在杭州举行。桐乡获"浙江2013年度旅游发展十佳县(市)"称号。乌镇景区获"浙江2013年度十佳度假景区"称号。乌镇枕水度假酒店获"浙江2013年度最具特色十佳度假酒店"称号。通讯《桐乡市获批中国旅游综合改革试点县》获"浙江2013年度旅游新闻奖"。

【全国首个旅游综合改革广播频率桐乡旅游之声开播】 4月10日，全国首个旅游综合改革广播频率FM97.1桐乡旅游之声开播仪式在桐乡传媒中心举行。桐乡旅游之声以"宣传旅游改革成果、传播旅游文化"为节目宗旨，走专业化旅游频率之路，全力打造广播传媒新形象，在宣传桐乡旅游综合改革进程中，凸显桐乡旅游吸引力。频率节目以旅游方向为主，以旅游消费中吃、住、行、游、购、娱为重心，强调实用性、服务性功能。《旅游桐乡》《伴你同行》《环球旅行家》为旅游主打节目，此外有《音乐漫步》《971旅游资讯》等生活、旅游服务性节目和《听游世界》《空中剧院》等娱乐休闲节目。

【桐乡市首部旅游志出版】 4月，《桐乡市旅游志》由方志出版社出版。该志书是桐乡历史上第一部旅游专志，是桐乡市二轮修志编修出版的15部专业志之一，不仅是桐乡旅游事业发展的一项成果，也是桐乡地方志事业发展的一项重要成果。《桐乡市旅游志》共12编、40章、154节，80万字，历经资料采集、长编撰写、志稿总纂、修改审核和定稿出版等阶段，耗时3年半，最终问世。该志书资料翔实，内容丰

4月10日，全国首个旅游广播频率桐乡旅游之声开播　市旅委提供

富，系统地梳理桐乡旅游资源的历史和现状，特别是近十几年来桐乡旅游资源开发和旅游业发展取得的成就，对研究桐乡旅游发展的历史、了解桐乡旅游发展的现状、开拓桐乡旅游发展的未来，均具有十分重要的意义。

【桐乡旅游咨询服务中心（高铁广场点）启用】 7月1日，桐乡市第二个旅游咨询服务中心——高铁广场点揭牌启用。这是继市客运中心点后桐乡市第二个旅游咨询服务点。市委常委、副市长徐云松出席揭牌仪式。高铁广场旅游咨询服务中心除了为游客提供相关的天气、食宿、交通、旅游景区点等信息外，重点宣传“桐乡——这里不仅有乌镇”主题品牌，为自助游客免费提供桐乡其他旅游线路、产品及建议。同时，全国旅游服务热线12301桐乡站点也正式开通。

【举办石门湾桂花节】 10月1日，石门湾桂花节在石门镇桂花村举行开幕仪式。开幕式上举行桂花村国家AA级旅游景区授牌仪式，副市长钱松华出席。桂花节活动由石门湾现代农业示范区管委会、石门镇政府主办，石门镇旅委承办，桂花村村委会协办。活动持续至10月15日。桂花节期间，设有石门湾特色品牌产品展销会，开展“童年童趣，重温传统民间游戏”“桂花年糕现场制作体验”“画家笔下的桂花村现场创作”等活动。

【首届芽麦塌饼制作比赛】 3月30日，石门镇政府和市旅游推广中心联合主办，石门镇旅委、文体站、团委、妇联承办，桂花村协办的石门镇2014首届芽麦塌饼制作比赛在桂花村景区内举行。来自石门镇19个村（社区）制作高手齐聚一堂，施展拿手绝活制作芽麦塌饼。活动吸引了众多游客参观以及市内外多家新闻媒体全程采访。比赛结果评出一等奖1名，二等奖2名，三等奖3名。选手们制作的麦芽塌饼由主办方在现场进行义卖，义卖所得款项汇入石门镇五水共治专项基金。

【“稻乡人家杯”打年糕邀请赛】 1月，桐乡市旅游委员会和洲泉镇政府主办，稻乡人家旅游开发有限公司承办的“稻乡人家杯”打年糕比赛在稻乡人家度假村开赛。来自全市6支特邀代表队参加比赛，最终石门代表队和稻乡人家代表队获金奖。石臼打年糕是桐乡农村过年的一项传统习俗，蕴含着“年年高”的寓意。打年糕比赛不仅弘扬水乡传统习俗，为游客提供民俗文化体验，同时也在春节前夕为全市人民营造浓浓的年味。

【福严寺景区举办首届素斋文化旅游艺术节】 5月1～3日，2014首届福严寺景区（国际）素食文化旅游艺术节在福严文化苑开幕。艺术节由市旅委、凤鸣街道办事处联合举办。以“品素食之妙、论养生之道”为主题。活动主打素食和养生文化，并与福严寺禅文化结合，创造佛教文化旅游、素食服务品牌价值。活动分为三大板块：品尝、展示各地素食名小吃，如澳洲素食、素烧鹅、清蒸素包等；展示禅文化精髓；观看茶艺、素斋制作、非遗等表演。艺术节接待游客2.73万人次。福严文化苑以佛教文化为内涵，集宗教、游览、休闲等多种功能于一体，包括福严寺和文化苑两部分，占地8.67公顷，是国家AAA级旅游景区。

（寿利宏）

5月1日，福严寺景区举办首届素斋文化旅游艺术节　市旅委提供

乌镇国际旅游区

【概况】 2014年，乌镇国际旅游区把握世界首届互联网大会永久落户乌镇的历史性机遇，主动适应新常态，加快构建产业发展新优势，实现转型升级新发展，继续打造中国旅游第一大镇和世界一流风情小城。全年实现服务业地区生产总值13.88亿元，占乌镇镇地区生产总值51%；实现服务业税收1.9亿元，占乌镇镇税收60%；完成服务业投资25亿元，比上年增长25%，引进外资2500万美元，引进市外内资10.8亿元，完成市外内资注册资金2.32亿元，引进“浙商回归”资金3.7亿元。乌镇景区接待游客692.5万人次，增长21.3%，实现景区门票收入4.78亿元，增长28%。乌镇国际旅游区加大基础设施投入，塑造镇区新形象。开展镇区景区化工作，乌镇整体城镇形象和品位持续优化。加大城乡统筹力度，加快征迁及新村集聚进度，累计安置农户1558户。优化道路等基础设施建设，完成环河路建设、陈庄路改造、姚太线绿化提升、子夜路店面招牌更新等工程，全面提升镇区形象。加速项目建设进度，打造产业新格局。深化重点项目班子成员联系制度，实施三年行动计划。全年45项重点项目有序推进，其中乌镇国际健康生态产业园（雅达）项目部分建成并正式对外营业；乌镇养生养老园项目全面启动。提高招商引资效率，谋求发展新领域。年内签约江南乌村、东方斗牛园2个超亿元项目，房车基地等在谈项目进展顺利。协助承办首届世界互联网大会。优化管理服务水平，营造和谐环境。继续探索民宿旅馆管理模式，“乌镇人家”旅馆业自治协会健康发展，旅馆行业综合管理水平得到提高。

【木心纪念馆开馆】 5月25日，木心故居纪念馆开馆。木心纪念馆位于乌镇东栅景区财神湾186号木心祖居，取名“晚晴小筑”。纪念馆面南，由三进房屋组成，分为生平馆、绘画馆、文学馆。其中，“生平馆”由历史照片构成，绝大部分均为首次展示，“绘画馆”展示水粉画、水彩画、石版画及书法近30件，是木心画作在中国首次展示，“文学馆”有木心台湾版著作、大量世界文学著作民国版以及数十件手稿、稿本、乐谱等，并有世界文学史讲席《最后一课》影像放映。

乌村、东方斗牛园项目签约仪式　　乌管委提供

· 相关链接 ·

木心简介

木心（1927.2.14—2011.12.21），出生于桐乡市乌镇东栅，原名孙璞，字仰中，号牧心，笔名木心，诗人、文学家、画家。上海美术专科学校毕业。曾任杭州绘画研究社社长，上海市工艺美术协会秘书长，《美化生活》期刊主编，交通大学美学理论教授。1982年定居纽约。木心移居美国后，一直从事美术及文学创作，代表作有散文集《琼美卡随想录》、诗集《西班牙三棵树》、小说集《温莎墓园日记》等。木心曾在纽约林肯中心国家画廊、哈佛大学举行画展，木心艺术全美巡回展，有33幅杰作被耶鲁大学博物馆典藏。木心在台湾和纽约华人圈中被视为深解中国传统文化的精英和传奇人物，被列入《海外华人名人录》。2006年，木心回到乌镇老宅定居，2011年12月21日在故乡乌镇逝世。

【乌镇与法国黎塞留举办双城展】 2014年，乌镇与法国黎塞

5 月 20 日，法国黎塞留展馆在乌镇开幕　　乌管委提供

留分别于 5 月和 7 月举办双城文化展览并进行旅游推介。5 月 20 日，法国黎塞留展馆开幕仪式在乌镇西栅景区（原世博馆）举行。法国驻上海总领事馆副总领事狄若翰，法国黎塞留市市长、法国前工商旅游部部长诺维利，桐乡市市长盛勇军，桐乡市人大常委会主任张林洪等出席开幕式。法国黎塞留展馆通过图片、文字有机结合，展现黎塞留这个法国小镇的历史进程、文化生活和 17 世纪巴洛克建筑风格，展览时间一个月。7 月，乌镇在法国黎塞留具有 17 世纪建筑风格的古堡举行“乌镇在黎塞留”展览。乌镇向法国人民展示中国江南小镇。通过展板、微缩景观和特产，向法国居民呈现一个立体的乌镇，由当地居民向外界传达东方小镇的魅力。同时，乌镇相关人员参加黎塞留刀剑艺术节、音乐节等夏季活动，并在两地企业家协会之间进行项目对接。

【乌镇国际旅游区获批筹建国家知名品牌示范区】 10 月，国家质检总局 2014 年“全国知名品牌创建示范区”文审论证会在北京召开。乌镇国际旅游区产业以特色鲜明、服务水平高、品牌形象好、政策保障有力，发展潜力大等优势，通过国家质检总局专家文审论证，成为继濮院毛针织产业园区后，桐乡市第二家入围“全国知名品牌创建示范区”单位。乌镇国际旅游区将按品牌建设规划和目标、产业优势及核心技术、质量提升措施、公共服务保障等方面进行筹建工作，提升乌镇国际旅游区品牌形象。

【乌镇国际旅游区获省级服务业集聚示范区旅游度假类第一名】 11 月 3 日，乌镇国际旅游区在省发改委、省财政厅、省统计局联合开展的 2013 年度 100 个省级服务业集聚示范区综合评价中，位列全省服务业集聚示范区旅游休闲度假类第一名，综合第 11 名。服务业集聚示范区是浙江省推进服务业工作重要载体，自 2011 年以来，全省累计认定省级服务业集聚示范区 100 个，涉及科技服务、现代物流、创意产业、旅游休闲等领域。本次评价内容包括建设发展水平和工作推进情况两大领域 26 个指标，经书面填报、计算得分、实地核查等程序排定名次。

【江南乌村、东方斗牛园项目签约】 参见《旅游·规划建设》中相关条目。

【乌镇国际旅游区获创造未来文化遗产示范单位】 11 月 10 日，“2014‘休闲时代——创造未来文化遗产’十年发展高峰论坛”在无锡市灵山梵宫举办。经过大会提名和专家论证、论坛评选，乌镇国际旅游区依托古镇旅游发展优势，以打造“中国旅游第一大镇”和“国际一流风情小城”为战略目标，以“大旅游、大产业、大集聚、大提升”为理念，融休闲养生、文化娱乐、乡村旅游、互联网等内容，具有跨越性、多元化、精品化发展等诸多鲜明特征，成为首批“创造未来文化遗产示范单位”，也是浙江省唯一获此殊荣单位。此次论坛由全国休闲标准化技术委员会、中国旅游协会休闲度假分会、江苏省旅游协会联合主办，无锡灵山文化旅游集团承办，主旨为“今天的精品、明天的文物、后天的遗产”。论坛通过交流和探讨，回顾、研讨中国文化旅游产业十年发展历程及经验，倡议在休闲新常态时期，中国旅游产业要打造今日精品，创造明天文物，为后世创造代表当下时代精神和深刻文化内涵的未来文化遗产。

【第二届乌镇国际戏剧节】 10月30～11月9日，第二届乌镇国际戏剧节在乌镇举办。戏剧节荣誉主席、欧丁剧场著名导演尤金尼奥·巴尔巴，主席陈向宏，艺术总监赖声川，总监制黄磊，艺术顾问孟京辉，总策划丁乃竺，总执行陈瑜。戏剧节以“化”为主题，由“国际邀请单元”“青年竞演单元”“古镇嘉年华”三个各具特色的单元构成。戏剧节开幕戏为中国国家话剧院话剧《青蛇》，闭幕戏是美国顾德曼剧场舞台剧《白蛇》。“国际邀请单元”分别邀请美国、英国、荷兰、印度、意大利、丹麦的戏剧作品参加演出；“青年竞演单元”面向全球接受报名，旨在培养年轻戏剧人；“古镇嘉年华”邀请全球各地300多组表演团体和1000多名街头艺术家走进乌镇。戏剧节期间，17部特邀剧目大戏、56场演出、1500场古镇嘉年华在乌镇上演。戏剧节邀请嘉宾108人，150家媒体250名记参与报道，2.44万名观众观看演出。游客总量近13万人次。

2014年第二届乌镇戏剧节开幕式新闻发布会现场　　乌管委提供

【乌镇获2014年亚洲都市景观奖】 11月18日，乌镇获由联合国人居署亚太办事处、亚洲人居环境协会、福冈亚洲都市研究所、亚洲景观设计学会联合主办的2014亚洲都市景观奖。亚洲都市景观奖主题为“可持续景观营造幸福未来”，评审委员会依据主题，从亚洲众多申报城市或项目中，评定出中国、日本、韩国、尼泊尔等4个国家的9个城市或项目获“2014亚洲都市景观奖”称号。其中，中国有3个城市或项目获奖。乌镇通过实施“镇区景区化、景区全域化”的发展战略，引进培育休闲养生、文化创意等多元化产业，融合互联网信息打造“智慧小镇”，开展“新空间、新产业、新文化、新景观、新形象”系统性建设成为唯一获得该奖项的中国小镇。亚洲都市景观奖创设于2010年，旨在从不同国家的城市或项目中倡导、遴选出一系列共同的、可借鉴的、可执行的标准与经验，供亚洲城市间分享、发扬。至今，共有12个国家和地区的48个城市或项目获此荣誉。

【乌镇景区游客接待量再创新高】 2014年，乌镇景区作为桐乡旅游业龙头，其旅游环境和知名度，吸引了越来越多的海内外旅客前来观光旅游。乌镇景区加强品质服务、优化旅游环境，继续举办乌镇戏剧节、长街宴、童玩节、香市等一系列品牌活动，提升旅游市场竞争力，促使旅游接待量屡创新高。全年接待游客692.5万人次，比上年增长21.3%，实现景区门票收入4.78亿元，增长28%，游客接待量、门票收入均创历史新高。

【《乌镇历史文化丛书》出版发行】 2014年，乌镇国际旅游区建设管理委员会会同市文联等单位，历时一年半，组织编写的《乌镇历史文化丛书》，于3月正式由浙江人民出版社出版发行。丛书分《乌镇史话》《乌镇人物》《乌镇民俗》《乌镇味道》《乌镇胜迹》5册8.5万字，全方位挖掘乌镇历史文化深厚底蕴，弘扬乌镇历史文化优良传统，展示乌镇人的精神品格和人文风貌，让读者领略乌镇历史渊源、名人文化、建筑风貌、风土人情、旅游发展的独特魅力。

（陈瞻昉　陆　远）

濮院旅游经济区

【概况】 2014年，濮院旅游经济区围绕市委、市政府提出“建设世界知名旅游城市”和“打造中国旅游第一大县”战略要求，推进濮院镇旧镇改建工作，打造濮院旅游经济区。启动区内房屋征收工作，全年国有土地上房屋征收签约3022户，签约率92.1%，完成“退二进三”企业36家，腾空土地16.67公顷，加速推动区域内3所学校搬迁工作以及新濮村3个村民小组集体土地征迁工作。至年末，征收房屋总资金超27亿元，启动安置房建设项目，完成总工程量的50%，200户被征收人通过摸号选房，挑选到理想新居。加快濮院镇旧镇改建区域规划编制工作，推动旧镇区保护施工审批进程。样板段完成外立面修缮改建，进入内部装修设计阶段。

【旧镇改建房屋征收工作启动】 3月6日，桐乡市政府发布《关于濮院镇旧镇改建项目房屋征收决定》公告，濮院旧镇改建房屋征收工作启动。濮院旧镇改建房屋征收范围为濮院镇中兴路、永乐路以东，濮院港以西，濮院大道以北，濮院丝业有限公司、紫金路以南区域，项目涉及被征收人约3300户，被征收房屋建筑面积约45万平方米，签约期限为征收公告之日起7个月内，被征收人可以选择货币补偿、产权调换和货币补偿与产权调换相结合三种补偿方式。4月1日起，开始入户评估，评估机构结合被征收房屋的具体区位、建筑结构、建筑面积、装修、容积率等因素分户作出评估报告。房屋征收签约工作于6月1日正式启动，分三期完成签约2980户，签约率90.8%。在全市范围内率先采用网络平台签约，委托软件公司开发的“濮院镇旧镇改建项目房屋征收平台”也于同日上线运行，实现征收款额网络公开、政策网络互动、动态网络宣传的阳光模式。嘉兴电视台跟踪整个征收过程，制作10集专题片《濮院万人大搬迁》。

【启动濮院镇旧镇改建前期工作】 5月，濮院镇旧镇改建项目前期工作启动。在濮院旅游经济区管委会协调下，古镇保护专业团队入驻濮院，通过阅读大量文献、案例分析和实地考察，对濮院镇历史文化、风土人情、资源环境、经济发展、旅游市场需求及周边景区发展进行对比、提炼、探索，挖掘具有濮院特色的深层旅游价值。经过三个多月研究，由濮旅委牵头，形成《濮院镇城镇有机更新项目整体定位及发展战略报告》，对濮院镇旧镇改建项目的发展定位做出方向性规划，并与北京大学中国小城镇研究中心一起，在听取有关部委领导、学术专家及桐乡各级领导和群众代表意见基础上，召开相关论证会，为濮院项目定位及总体规划做好前期工作。结合前期调研和战略定位，初步完成整个项目的功能区划分。濮院镇旧镇改建项目暂定古镇观光区、主题度假区、文化创意现代商业区三大区域。启动改建所需旧石材采购工作、项目前期包装推广工作、部分征收危房拆除工作。

【完成样板段外立面修缮改建工程】 2014年1月，濮院镇旧镇改建项目样板段立面修缮改建工程完成。样板段位于濮院镇仓前街，全长228米，秉持“修旧如旧”保护开发理念，对留存古建筑进行修缮、保护、建造，并启动内部装修工作。作为濮院镇旧镇改建项目的典型示范，样板段打造成富有濮院特色的咖啡馆和民宿。咖啡馆主打文艺情调，融合古典与现代元素，着重展示优雅浪漫的艺术格调和舒适闲暇的小镇时光；民宿主打中式复古，以大面积的原木设计突出“家”的温馨舒适和“田园”的宁静悠闲，给人以返璞归真之感。

（潘　琦）

市　场

概　述

2014年，桐乡市注册登记商品市场63家，其中消费品市场56家，生产资料市场7家，总占地面积110.99公顷，建筑面积92万平方米，店铺摊位2.58万个，已办市场登记证的农贸市场18家，总建筑面积10.18万平方米。全年市场成交额450.56亿元，比上年增长18.4%，其中消费品市场成交额405.01亿元，增长20.1%，生产资料市场成交额45.55亿元，增长16.2%。

全市有濮院羊毛衫市场、副食品批发市场、桐乡世贸中心、一舟车城、洲泉足佳鞋业市场、崇福皮毛市场、皮草大世界、南方家园装潢五金材料市场、凤鸣商城、桐乡铭豪二手车及配件市场、桐乡国际新能源市场、桐乡杭州湾轻纺城等专业市场，涉及生产生活的各个方面。各专业市场品牌经营意识进一步增强，红星美凯龙等连锁经营品牌市场的设立，提升市场档次。桐乡濮院羊毛衫市场网上市场（桐乡市中国毛针织网）的成立标志市场向新领域拓展，结构进一步完善。“桐乡皮特网”网上市场的成立，标志着市场从实体市场到电商市场的跨越。

桐乡市场投资规模进一步扩大，桐乡世贸中心二期落成，市场档次明显提升。各市场自主品牌创星意识提高，全市有省四星市场9家，省三星级市场14家，省二星级市场3家。

桐乡世贸中心二期广场　　振东新区提供

桐乡市政府及桐乡金凤凰集团加大投资改善市场基础设施，市场监管、公安、商务、技监、物价、卫生检疫等部门强化市场监管，保护合法经营，打击非法经营，全年市场监管部门出动检查人员6847人次，检查市场335家（次），立案查处28起，罚没款23.89万元。

集贸市场遍布各镇（街道），完成全市集贸市场的改造提升，投入资金780万元，创建三个“放心农贸市场”，通过原地改建、搬迁新建、内部改造等方式，提升市场档次。

（张国贤）

濮院羊毛衫市场

【概况】　2014年，濮院羊毛衫市场成交额280亿元，比上年增长21.5%。物流货运量35.9万吨，增长3%，其中市场卸货量10.8万吨。重点工程投入1.7亿元，其中市场建设与改造工程1.1亿元、园区基础设施投入0.6亿元。合同外资3371.6万美元，实到外资2511万美元；引进市外内资 12.43 亿元，其中注册资金 3.27 亿元；浙商回归省外投资方到位资金 1.78 亿元。

濮院羊毛衫市场推进市场规范管理，加强综合服务监管，巩固区域交通秩序整治成果，规范市场核心区停车位、交通标志标示，缓解停车难题。建立市场"网格化管理、组团式服务"电子信息系统，市场设网络块 3 个、网络组 18 个、网格点 82 个，系统化管理市场。市场社会服务管理和"三治合一"进市场成效明显。全年市场纠纷、治安案件下降，市场秩序与整体面貌得到改善。推动市场上市，开展股份公司资产清理，完成濮院物流园区发展公司等五家公司股权转让，初步搭建拟上市主体组织架构。第二农贸市场投入使用，园区内庆安小牛津幼儿园迁建完工并投入使用，物流仓储二期工程竣工，市场双电源工程完工，市场用电得到保证。

推进省级现代服务业集聚示范区建设，加强"退二进三"重点区块招商，濮院轻纺城完成服务业项目准入，新增服务业限上企业 13 家，完成服务业分离企业 2 家。年内，濮院羊毛衫市场被评为"中国优秀示范市场"。举办 2014 中国·濮院国际毛针织服装博览会，组团参展 2014 PH Value 第一汇衣柜桐乡毛衫之都桐乡·濮院毛衫主题馆活动和"时尚濮院，衫动鹏城"濮院毛衫产业推介会等活动。

濮院羊毛衫市场市场综合执法中队在市场执勤　　濮管委提供

【市场综合执法中队成立】 1 月，市场综合执法中队成立。整合部门职能，加强对市场的日常管理，市场综合执法中队执法队员每日在市场内治安巡逻；治安宣传走访门市部 3592 家，发放各类治安宣传单 3000 份，张贴各类宣传资料 800 份；市场内全年接、处警 270 起，处理调解各类纠纷 60 起；参与市公安局组织的市级卡点设卡行动 80 天，盘问可疑人员 630 人，抓获各类违法犯罪嫌疑人 62 人，查获被盗车辆 3 辆。科学巡防、技防部署、重案打击等措施多管齐下，有效遏制毛衫市场过去的乱象。整个毛衫市场治安案件比上年下降 28%，切实有效保障市场的安全与稳定。全年协同消防部门开展市场内消防检查工作 12 次，检查门市部 300 余家，发放消防整改通知书 72 份，国道北侧市场使用明火现象基本遏止。消防安全工作取得良好的成绩，全年市场内未发生造成严重影响的火灾案件。配合城管部门对市场内违章设摊的无证摊贩进行多次整治，批评劝导、责令撤除无证摊贩 800 余次，取缔无证摊贩 20 个；对人行道违章停车行为拍照取证 5917 辆次，后移交城管部门处理；清理私占车位的工具、碎石行动十余次，维护市场秩序。

【"德治、法治、自治"三治合一进市场】 1 月，濮院羊毛衫市场出台《濮院羊毛衫市场推进社会治理"德治、法治、自治"建设工作方案》，加强和创新市场管理，促进市场转型升级。通过"德治"打造诚信经营环境。以行业协会、群团等市场组织为载体，充分结合市场实际，提高经营户经营管理素质，形成以文明经营、明码标价、诚信经营为荣的价值观。推动"诚信经营户""诚信经营街""诚信交易区""诚信市场"等星级评比，发挥群团组织带头作用，推进"党员示范岗""志愿者队伍"建设。加强市场参与者社会公德、职业道德和个人品德建设，引导市场打造诚信经营环境。以"法治"打造合法经营环境。以职能部门为载体，使市场运行逐步规范化、合法化，职能部门管理方式从粗放型向精细型转变，形成以遵章纳税、守法经营为荣的价值观。推进"亮证经营"全覆盖，推进"无假冒伪劣""遵纪守法"户、街、区星级评比等。逐步加强市场参与者守法经营意识，引导市场打造合法经营环境，以法治打造安全经营环境。以交易区、业委会为载体，激发市场群团自治组织活力，强化交易区、业委会的市场管理责任，健全市场协同机制，扩宽经营户参与管理的渠道，以"自治"提升经营户自我管理、自我服务、自我监督水平，宣传以遵守消防安全规定为荣的价值观，推进"无烟市场"建设，推进"安全生产"户、街、区建设，逐步加强市场管理方、经营户自觉管理意识，本着整体推进、结合实际、协同配合、典型引路的工作方法，推进市场规范化管理。

【2014 中国·濮院国际毛针织服装博览会】 5月16～18日，桐乡市政府主办，濮院羊毛衫市场管理委员会、濮院镇政府承办的2014中国·濮院国际毛针织服装博览会在濮院镇举行。中国纺织工业联合会副会长陈树津、中国针织工业协会会长杨世滨、中国毛纺织行业协会副会长刘家强、浙江纺织服装职业技术学院纺织分院院长夏建明、武汉纺织大学化学与化工学院院长权衡等出席博览会。博览会以创建"毛衫之都，时装名城"为主题。博览会期间，举办中国·濮院2014秋冬毛针织服饰流行趋势发布会、2014针织产业高端论坛、2014毛衫设计师论坛、2014提升毛衫附加值——绿色染整新技术论坛、2014中国毛针

2014秋冬毛针织服饰流行趋势发布会　　　　濮管委提供

织服装文化创意设计大赛等活动。濮院投资说明会上，濮院镇向业界发布一系列优惠和扶持新政策。17日，濮院镇分别与香港玉兰集团有限公司和中海集团股份有限公司签订金额为1800万美元和1500万美元的投资协议。

【濮院羊毛衫市场游客接待中心揭牌】 5月17日，濮院羊毛衫市场游客接待中心揭牌仪式在濮院中国毛衫城举行。仪式上，濮院中国毛衫城被授予省"星级旅游市场"称号。建立濮院羊毛衫市场游客接待中心，依托濮院商贸优势，整合传统文化、水乡风貌、现代服务和特色市场资源，使濮院成为历史文化时尚购物集聚区。游客接待中心揭牌仪式以及桐乡市星级旅游市场称号的授予，是新常态下濮院以新型旅游业助推区域经济发展、以市场转型带动产业转型的重要一步。

（张夏啸）

崇福皮毛市场

【概况】 2014年，崇福皮毛市场（原皮）市场成交各类原皮950.26万张，比上年下降39.5%，交易额20.03亿元，下降24.96%；崇福皮草大世界销售额25.35亿元，增长1.7%。

崇福皮毛市场管委会与皮毛市场、皮草大世界、皮毛市场第二交易区签订《经济区社会治安综合治理和维护稳定责任书》《经济区安全生产（消防）综合目标管理责任书》《经济区信访工作责任书》。开展"三治"建设进市场，党员亮牌、诚信评选、"三无"整治、法律大讲堂、网格化管理、组团式服务等活动，建立"诚信、文明、繁荣、稳定"的全国一流皮毛市场，实现管理者、经营户和消费者三者共赢的市场管理新格局。

崇福皮毛市场组织150多家皮草企业参加香港、北京、上海、广州等国际国内专业的毛皮

服装服饰展会。3月,组织企业参加北京的中国服博会。12月,组织参加深圳服装贴牌展开拓内销市场,加强国际、国内毛皮行业的交流与合作。借助杭州银行桐乡支行推出的“皮草贷”,解决皮草小微企业融资难、融资贵、缺少抵押的问题。进一步推进崇福皮草电商的发展,规范网络市场竞争及产业转型升级,组织24家皮草企业入驻阿里巴巴·桐乡产业带,使这批企业成为“崇福皮草”由传统加工走向网络经济的先锋军。

9月1～3日,中国皮革协会七届四次理事会扩大会议上,评定2014年全国皮革行业先进地方协会10家,桐乡市崇福皮毛协会陆荣坤、姚夏其名列其中。

【崇福皮毛市场(南区)提升改造工程竣工】 崇福皮毛市场扩大规模,改善经营条件,提升市场品位,促进市场健康稳定发展。2013年实施位于原嘉兴市桐乡大中汽车销售服务有限公司区域、崇福皮毛市场停车场地块的崇福皮毛市场提升改造工程,2014年12月31日竣工,建成商铺336间。项目建设总投资8733万元,用地总面积1.5公顷,共四幢建筑,总建筑面积2.74万平方米。建设分两个子项目实施:崇福皮毛市场(南区)提升改造工程和崇福皮毛市场(停车场管理用房)提升改造工程。

【崇福皮毛市场获“中国毛皮价格指数采集基地”称号】 2013年6月,中国皮革协会联合中国轻工业联合会与中国皮革网,共同推出中国第一组原料皮价格指数,确定崇福皮毛市场为价格指数采集工作站之一。一年中,得到各级领导及价格采集工作站的大力支持,按时、按量、按质地提供即时价格,使这项国内最权威指数的发布有据可依,为中国毛皮价格的顺利采集奠定扎实的数据基础。2014年12月3日,在辽阳市召开的中国皮革协会毛皮经济动物养殖委员会成立大会上,中国·崇福皮毛市场被授予“中国毛皮价格指数采集基地”称号。

6月,崇福皮毛市场获“中国毛皮价格指数采集基地”称号

崇福经济区提供

【“桐乡皮毛硝染企业清洁生产联盟标准”立项】 12月,省质监局下发《关于下达2014年第二批标准化试点项目的通知》,对崇福皮毛市场联合32家崇福皮毛企业,申报的2014年浙江省“省级标准化试点示范项目——桐乡皮毛硝染企业清洁生产联盟标准的制定和实施项目”予以立项。“桐乡皮毛硝染企业清洁生产联盟标准的制定和实施”项目被列为2014年省级标准化试点项目,成为继“乌镇旅游服务标准化试点”项目、“羊毛衫绿色后整理联盟标准”项目后,桐乡市内第三个省级标准化立项项目。

【第五届“崇福杯”裘(革)皮服装设计创作大奖赛】 参见《工业·皮革》中相关条目。

(沈 丽)

振东市场区

【概况】 2014年,振东新区市场全年成交额约27.84亿元,比上年增长21%。振东新区市场集聚区占地77.11公顷,规划建筑总面积138.47万平方米,建成面积115.55万平方米。振东新区市场集聚区主要有桐乡世贸中心(一、二期)、汽车商贸城(一、二、三期)、南方家园装潢五金材料市场、副食品批发市场等多个专业市场,规划建筑总面积77万平方米。

【桐乡世贸中心】 2014年，桐乡世贸中心成交额3.3亿元，比上年下降11.5%，上缴税收95.1万元。铺位4858个，开业铺位1214个，比上年增加14个。世贸二期竣工并试营业，世贸二期位于一期市场北侧，占地13.34公顷，建筑面积41.5万平方米，全年完成投资10.23亿元，二期市场计划投资20亿元，实际投资23.94亿元。二期市场为6层，地上5层、地下1层。地下一层以大型超市为主；一至三楼为名优特精品服装、毛衫、鞋类、百货批发中心，联动一期皮草皮革，形成产业规模；四楼、五楼为嘉博影院、奥世健身、养生会所等配套设施。桐乡世贸中心全年开展新年欢乐购、生活美食家、我和美丽有个约“惠”、母亲节幸运大转盘、双11裸价暖冬抢购节、107电台活动及93电台活动等26项活动。

【南方家园装潢五金材料市场】 2014年，南方家园装潢五金材料交易额1.9亿元，比上年增长0.8%，上缴税收146万元。市场位于桐乡市区平安路529号，占地5.9公顷，建筑面积8万余平方米，是全国500强企业之一杭州万事利集团投资建设的南方家园全国连锁品牌首个专业建材市场。该市场挖掘内部管理潜力，3000平方米“灯具城”由一家经营户承租，是桐乡市城区经营面积最大的商户。该市场已成立“消费者联络站”“商户诚信联盟”。

【桐乡汽车商贸城】 2014年，桐乡汽车商贸城交易额15.85亿元，比上年增长41.1%，上缴税收823.6万元。其中，二手车累计销售额4.08亿元，增长24.5%，上缴税收27.6万元，增长7%；宝马、大众、起亚、五菱、别克、英伦、东风本田、丰田等10家汽车4S店累计销售额为11.77亿元，增长47.9%。桐乡市铭豪二手车交易配件市场商户112家，其中二手车交易商户（企业）31家，汽车配件、汽车装潢等商户（企业）81家。二手车市场2014年新增租赁商铺面积1.5万平方米，新入驻的商户二手车经营户8家、代办牌证服务1家、汽车直营店1家及药店1家。桐乡市公安局交警大队车辆管理所二手车市场服务站搬迁至15幢新址，面积扩大至1156.18平方米，增加车籍档案室、驾驶员违章教育（考场）、安全教育中心等设施。按平均租金递增5%续签《租赁合同》39份。提高商铺出租率，引导3家（新万通、兴旺、路路通）二手车经营户上二层经营。对消控、监控系统进行全面维护、升级，开通消防远程报警系统、增设监控探头58个（主要是二层区域）。市场建立电子管理系统，全面动态掌控商铺的租赁情况，利用管理系统的预警功能，加强收费管理。桐乡市铭豪二手车交易配件市场成为嘉兴市二手车协会副会长单位，被振东新区管委会评为“2014年度平安流动红旗先进单位”。

（李红霞）

振东市场区二手车市场　　振东新区提供

【副食品批发市场】 2014年，桐乡市副食品批发市场成交额继续突破10亿元，自营业务7500万元，商铺出租率100%。地区级进场总经销，总代理商品品牌近200个。市场邀请市场监管、行政执法、银行、保险等部门，组织多场培训会，分别从食品安全、个转企、经营秩序、资金安全、小额贷款等方面为进场经营户进行业务辅导，帮助出谋划策，加大市场培育的力度。通过交易区块的调整，在蔬菜交易区新增摊位82个，满足本地种植、养殖基地，农民专业合作社以及农民自产自销的需求，提高本地农产品的进场交易数量，为地方农业产业化提供服务。市场自营业务总量增加明显，先后开设复兴南路、金盛花园2家果蔬连锁超市，新增12家学校食堂的配送，至年末，企事业单位食堂配送总数86家。加强食品安全检测环节，设置进货、出货两道农药残留的测检手续，切实做到不达标的商品不进门，不出门。下半年，与市人民保险公司合作，对果蔬超市、配送中心经营的生鲜食品投保食品安全责任险，加强消费者食品安全的保障。市场涉足电子商务，借助团购网平台开设电商超市，同时，强化批发中心的网络建设，年末，终端数量突破2500家，基本上完成ABC三类终端的全覆盖。市场全年坚持24小时全天候值班，实时监控，安保工作定岗定责，日常巡检与定期检查相结合。日常巡检35次，重大节日突击检查3次。举办各类安全培训21次，做到新进员工培训上岗，签订安全生产责任书332份，开展义务消防演练3次，全年无安全事故发生。

（朱显忠）

其他专业市场

【红星美凯龙世博家居广场】 桐乡红星美凯龙世博家居广场是红星集团旗下的第43家商场，是一座集家具、建材一体式的时尚家居商场，总建筑面积4.8万平方米，经营面积3.6万平方米。至2014年年底，有欧派橱柜、马可波罗、徐家地板等126多家商户入驻，整体出租率100%。商场在坚持原来的服务九大原则之上改为星承诺（绿色环保、先行赔付、同城比价三倍退差），心服务（30天无理由退货、商品质量负全责、分期付款、送货安装准时达、设计免费咨询、家居顾问导购）。同时对售出产品建立完善的顾客回访体系，确保上门回访100%。2014年全年销售收入1.8亿元。

【桐乡市电子商务中心】 桐乡市电子商务中心位于桐乡市环城南路1号，总建筑面积3万多平方米。本着培养电商、服务电商、壮大电商的宗旨，桐乡电商中心集聚一大批优秀的电商企业及电商服务性企业。2013年6月底正式运营以后，2014年，入驻电商企业90余家，全年销售额2亿元。作为专业的电商集聚性服务平台，桐乡电商中心做好电商培训、人才培养、政府对接、资源集聚、金融服务等工作。为入驻电商及桐乡本地电商做好第三方服务。桐乡电商中心引进曼秀、网赢天下等多家第三方服务公司，提供摄影、视频、网站策划、设计、制作、代运营等一条龙的服务。解决电商在快速发展过程中的人才严重短缺问题，促使电商及时获知及更新专业信息知识与规则。桐乡电商中心自成立以来，组织各类培训30场次，电商交流沙龙15场次，培训交流人员500人次，增强电商之间学习互助合作共信的氛围。解决电商人才问题，组织电商和培训学校对接，在桐乡和杭州举办多次人才招聘会。该中心从杭州引进一家专业的电商培训机构，落户桐乡，成立嘉兴商晖培训有限公司，申请到淘宝大学嘉兴分校的授权，成为淘宝大学在嘉兴的首家授权培训机构，为桐乡电商乃至嘉兴市区整个电商发展创造更好的条件，扩大桐乡在整个嘉兴电商领域的影响力。

桐乡市电子商务中心　　开发区提供

【桐乡国际蚕丝城】 2014年，国际蚕丝城销售收入3685万元。蚕丝城总占地面积6.85公顷，总投资超12亿元，分两期开发建设，一期7.32万平方米、二期6.86万平方米。入驻品牌有富莎鲨、华帛、银桑、卡西诺等，国际蚕丝城是由桐乡长威置业有限公司开发建设的大型商业综合体。国际蚕丝城以"倡导健康生活新理念"为宗旨，以提高家居生活质量为目标，依托当地强大的蚕丝被产业基础，整合国内更多的行业资源，为消费者提供蚕丝家纺、蚕丝服饰、蚕丝饰品、蚕丝礼品和蚕丝美容护肤系列等全系列蚕丝产品。同时为入驻企业解决在品牌、资金、研发、营销等方面遇到的实际问题，逐步成为中国蚕丝品企业的品牌孵化基地。

（屠建平）

桐乡市一舟车城　　桐乡一舟车城投资有限公司提供

【一舟车城】 2014年，桐乡市一舟车城交易额8亿元，比上年增长10%，上缴税收8000万元。一舟车城位于梧桐街道茅盾东路172号。市场有车辆展示大厅、汽车交易区和货车露天交易区，停车场等主要设施，占地面积3公顷，展厅面积3832平方米，交易区面积1万平方米，总投资4500万元，数十家车辆经销商入驻。完善的配套服务，使一舟车城成为颇具特色的专业汽车市场之一，主要经营国内外各类高档轿车、客车、载货汽车，车辆品牌齐、车型全。有奥迪、进口大众、斯巴鲁、帝豪等多家展厅。市公安局交警大队车管所贴邻车城，方便客户办理购车手续。一舟车城引进汽车保险、汽车评估等专业服务机构，基本达到"功能齐全、服务完善"的要求。为广大新老客户提供银行购车贷款、车辆保险、担保服务，以及车管所上牌手续一条龙服务。一舟车城是市重点汽车专业市场，浙江省三星级文明规范市场。

（吴　斌）

【洲泉足佳鞋业市场】 洲泉足佳鞋业市场占地面积6公顷，总建筑面积8.06万平方米，总投资3亿元。其中一期市场2.02万平方米，123个商铺，市场开业率为100%。经营鞋材、辅料为主。二期市场3.65万平方米，1至3层商业裙房，一层主营鞋、皮革、辅料；二层主营饰扣、鞋五金；三层主营鞋样设计、样品展示及仓储。三期市场系以开放式商铺为底的酒店式公寓，共2.4万平方米，是集酒店、宾馆、会务、住宿一体的配套形物业。2014年足佳鞋业市场入驻的经营户255户，从事相关经营和服务的从业人员1000多人，市场的总体入驻率86%，年度总销售营业额30亿元。市场内聚集大量来自温州、江苏、河南、甘肃、广州及周边地区的商家。市场内设有以经营鞋革、辅料、装饰扣、制鞋设备为主的商铺。并有酒店、宾馆、物流、仓储、鞋类设计、厂家对外展示、休闲娱乐等诸多配套服务设施为辅的鞋业专业"生态系统"，成为浙北苏南乃至长三角地区颇具影响力的鞋业专业市场。鞋业市场的运作和物业管理由足佳鞋业市场管理公司专门负责，主要服务内容为商铺招商、委托经营、物业管理、安全保卫、卫生等相关工作。管理公司基于以现代化市场管理理念，明确"把市场作为商企交易的平台、以市场带动企业的发展"的服务原旨，紧跟行业发展趋势，合理规划经营区域，与相关上级部门、鞋业协会、企业等深入联动。市场软硬件设施不断完善，为市场商家提供良好的经营平台，2013、2014 年投入 20 余万元完成市场变压器扩容升级。2014 年继续获评“浙江省三星级文明规范市场”。

（张龙俊）

农贸市场

【概况】 2014 年，桐乡市办理市场登记证的农贸市场 18 家，分布于各镇（街道），总建筑面积 10.18 万平方米。其中，隶属金凤凰集团 8 家，镇（街道）政府 4 家，其他 6 家。全年农贸市场成交额 32.7 亿元。其中，桐乡、乌镇、崇福、濮院、屠甸、洲泉、石门等 7 家农贸市场成交额 29.5 亿元，占成交额 90.2%，桐乡集贸市场全年成交额 13.04 亿元，占比 39.9%。

以星级市场创建引领农贸市场提升发展。鼓励各类农贸市场创新提档、改造升级，同步推进市场信用建设、网上网下市场融合，至年底全市农贸市场分别为省四星级 1 家、三星级 4 家、二星级 3 家。

【创建“放心农贸市场”】 “放心农贸市场”建设是全省新一轮市场改造的重大部署，经市政府研究并报上级政府同意，在前三年市场改造提升基础上，新一轮农贸市场改造提升全面启动，市政府办颁发《关于印发桐乡市农贸市场提升专项行动实施方案的通知》。一是计划用两到三年时间，把 8 家省文明示范农贸市场创建为省“放心农贸市场”。其中，2014 年完成创建 3 家，分别为：桐乡集贸市场、桐乡第二中心菜场、崇福集贸市场；2015 年、2016 年根据省政府部署再作具体安排。二是市场改造提升。计划用五年时间，对全市尚未进行升级改造、不符合要求的 71 家农贸市场，通过原地改建、搬迁新建、内部改造等方式改造提升。同时明确具体的目标安排、工作步骤、保障措施和奖励政策，不断完善农贸市场建设标准，建立农贸市场长效管理机制，实现市农贸市场规范有序建设和发展。各创建市场在市场监管局的指导帮助下，严格对照“五放心”（消费环境放心、食品安全放心、管理服务放心、诚信经营放心、价格计量放心）标准，认真制订好创建工作方案，加强组织领导，明确责任分工，突出创建重点，狠抓工作落实。全市投入创建资金 780 余万元，培训市场管理人员 67 人次，培训经营户 300 余人次。特别是统一农贸市场标识抓紧抓早，三个市场同规划、同设计、同落实，投入资金 50 余万元，市场面貌一新。2015 年 3 月，浙江省工商局公布桐乡集贸市场、桐乡第二中心菜场、崇福集贸市场为 2014 年度浙江省“放心农贸市场”示范单位。

（殷桂民）

崇福集贸市场　　市市场监管局提供

交通运输

概　　述

2014年，是桐乡市实施《桐乡市城市综合交通体系规划》的第二年，继续加大交通基础设施投资，不断完善交通网络，加强行业管理，为桐乡经济发展创造更通畅的交通环境。

桐乡市境内铁路18.86千米；公路总里程2012.07千米；航道271.85千米，其中四级航道66.32千米。全年铁路客运量365万人次；公路客运量1003.05万人次，公路客运周转量3.9亿人/千米。货运总量3145万吨，其中公路货物运输量1199.35万吨、内河运输1946万吨。公路运输货物总量12.55亿吨/千米。全年城市公交客运量1254.3万人次。全年新增汽车2.63万辆，累计各类汽车15.92万辆，其中，货车8765辆、私家车13.75万辆；摩托车新增3255辆，累计13.93万辆。在册营运船舶779艘。

全年交通基础设施建设项目22项，建设投资11.4亿元。其中被列入市重点工程项目14项、省重点工程项目3项。洲甸公路新农村至史桥段路基工程竣工，全线桥梁工程完成90%，春节前通车；东宗线航道（湖州东迁—桐乡市宗扬庙）上的李家弄桥、花果兜桥桥梁工程竣工；桐九公路（桐乡—海宁九里桥）年内完成路基工程、90%桥梁工程、80%路面工程，绿化工程11月开工；桐乡至莲都公路市区至乌镇段3月20日开工，年内完成进度15%；海盐—安吉公路、凤鸣至洲泉建设工程（临杭大道）年底开始施工；杭平申线航道改造工程（五星桥—长生桥段）完成招投标；杭申线延寿桥至崇福市河西段航道养护工程年底施工；新建农村联网公路2.1千米；改造农村危桥60座，农村公路提升项目5个9.9千米进入全面施工。县道大中修5.3千米、乡村公路大中修45.2千米。

提升公共交通服务质量，坚持以线路优化为手段，提升公交车辆档次，开拓创新优质服务方式，满足市民出行需求。完善公共自行车站点设置，确定濮院、崇福、乌镇镇区公共自行车规划以及市区公共自行车三期选点；实现公交卡、市民卡与自行车卡同步使用。全年公共自行车租车总量186.3万人次，比上年增长25.9%，日均租车5800人次，最高日租自行车车辆7640人次；全年办理公共自行车服务卡5485张，累计办理3.2万张。

4月1日起，汽运公司正式实行公交智能化调度，合理安排

桐乡市交通运输局安全质量远程视频监控中心　　市交通运输局提供

公交运力，实现 WiFi 全覆盖。5 月 1 日起开通手机订票业务，全年手机订票 7800 多张。乌镇汽车站增设自助售票机 1 台，方便旅客查询，自助售票，网购取票。

桐乡市“一主三副多节点”的物流布局功能更加完善，综合物流园完成初步规划，交通运输部门加强对物流仓储的检查管理。全年实现交运仓储邮政业增加值 15.22 亿元，比上年增长 9.2%。

【加强交通运输行业管理】2014 年，交通运输行业依法管理，运用多种手段促进行业和谐稳定发展。市公路管理段在嘉兴市率先拆除高速公路沿线违法广告牌 228 块；配合“三改一拆”专项整治，拆除违法建筑 1095 平方米；整治公路事故多发点 30 处；查处违法超限运输车辆174 辆次，处罚车辆 169 辆次，卸载车辆 128 辆次，卸载货物932.56 吨。道路运输管理部门年内开展货物运输市场专项整治，整合零散托运站进入物流园区，29 家进入振东物流园区；加大对“黑车”等道路运输违章查处，查处非法营运、违法违章行为 138 起。市交通工程质量监督站加强公路水运工程质量和安全生产管理。6 月投资 30 多万元，建设远程视频监控系统，接入视频监控点 13 个。港航管理部门配合“五水共治”，实行“三不一推”船舶防洪工程，做好船舶污物接收处理工作；配合做好砂石料加工场和堆场整治工作，禁止船舶进出关停的沿河堆料场装卸砂石料，对保留营运砂石料码头堆场建立陆域前沿挡水装置，污水收集及处理设施。

公　　路

【概况】 2014 年年末，桐乡市公路总里程为 2012.07 千米，年内新增公路 10.72 千米。其中高速公路 18.88 千米、国道 54.31 千米、省道 24.81 千米、县道 358.27 千米、乡道 467.63 千米、专用公路 11.44 千米、村道 1095.6 千米，村道比上年减少 6.11 千米。按公路等级分，境内高速公路 43.69 千米、一级公路 152.89 千米、二级公路 90.07 千米、三级公路 247.07 千米、四级公路 1001.85 千米、准四级公路 480.52 千米。全市公路密度为百平方千米 276.76 千米。公路桥梁 1493 座，计 6.1 万延米，其中互通式立交桥 10 座、特大型桥梁 2 座、大型桥梁 60 座、中型桥梁 413 座、小型桥梁 1018 座。

加大公路建设资金投入，完善公路网络，提升公路等级。公路建设总投资 9.47 亿元，农村公路建设投入 5748 万元。桐九公路客运中心至高铁火车站段改建工程全长 10.13 千米，投资 4.5 亿元，桥梁 10 座，按一级公路六车道标准建造，沥青混凝土路面，路基宽 32 米，年内完成路基工程 96%、路面工程 30%、桥梁工程 88%，完成投资 2 亿元，完成绿化工程投资 0.9 亿元。

桐乡至莲都公路桐乡市区至乌镇段建设工程于 3 月 20 日开工，主线全长 11.94 千米，按一级公路双向六车道标准建造，沥青混凝土路面，路基宽度为 33.5 米；连接线长 2.5 千米，按一级公路城镇段设计，路基宽度为 32 米，委托桐乡市乌镇国际旅游区建设管理委员会负责建设管理，年内累计完成投资 5 亿元，占总投资 50%。海盐至安吉公路桐乡凤鸣至洲泉段建设工程全长 16.1 千米，按一级公路双向六车道标准建造，已完成前期工作，年底施工单位进场施

桐九公路启新大桥　　　　市交通运输局提供

工，完成投资1亿元。洲甸公路新农村至史桥段工程全长4.3千米，10月25日开工，按一级公路双向四车道标准建造，沥青混凝土路面，路基宽度24.5米，年底完工，年内完成投资1亿元，累计完成投资额1.79亿元。钱江通道北接线工程(桐乡段)涉及崇福、高桥两镇4个村，需拆迁农户92户，已签约83户，拆除60户。

全市机动车辆维修企业482家，一类维修企业6家、二类维修企业51家(包括4S店18家)、快修维修企业35家、三类(专项维修)180家、摩托车维修210家，从业人员1476人。开展无证维修摊点专项整治活动，查处无证摊点5家。

6月1日起，市内各驾校实施驾培行业新国标，对驾培机构的场地、分级标准、车载计时设备、管理人员、夜间训练等作出明确要求和相应调整。全市有驾驶员培训企业10家，教练车697辆，教练员705人。全年驾驶员理论科目考试2.77万人，术科考试3.1万人。全年查处教练车违章11起。在嘉众、良益、福源三家驾校开展先培训、后付费模式试点。加快信息化建设，推进二级维护监控平台建设，16家企业安装应用。开展道路运输从业人员继续教育工作，办培训班35期，培训人员1998人次。

莲都公路公路构件预制场　　市交通运输局提供

【加大公路养护资金投入】 2014年，桐乡市全年投入公路养护资金8118.2万元，其中，农村公路县道大中修1231万元，乡村公路大中修5101万元，日常保养390多万元，绿化养护230万元，绿化改造120万元。县道大中修工程为河道线和桐斜线(桐乡—海宁斜桥)，合计5.3千米；乡村公路大中修总里程45.2千米。修补路面病害5.18万平方米，清理边沟42.1千米；增设防撞护栏2500米，标线2万平方米。投入24万元购置自卸车2辆，添置道路吹风机、担架式水泵、电焊机等养护设备。

【加强路政执法】 4月，桐乡市政府出台《桐乡市公路边“三改一拆”三年行动实施方案》，交通运输部门加大“三改一拆”整治力度，规范公路沿线户外广告设置和管理，切实提升公路边绿化景观档次。路政执法队上路巡查5990人次，及时教育纠正占用公路违章设摊行为1294起，清理各种堆积物867立方米，拆除违法违章建筑11.96万平方米，整治污染源483处，拆除非公路标牌(横幅)1683块，在嘉兴市率先全部拆除高速公路沿线广告牌。

【农村公路建设】 2014年，农村公路建设投入资金5748万元。其中，改造农村桥梁64座耗资3250万元；完成屠甸镇通往和平、恒丰、汇丰新社区道路基础设施建设2.11千米998万元；确定年度农村公路提升改造项目5个，计9.882千米，总投入5115万元，年内完成投资1500万元。下拨乡村公路养护补助资金474.2万元。

【优化公交线路服务功能】 2014年，市公交部门优化公交车站布局，调整线路。3路线自1月1日起由西南公交站延伸至凤鸣街道；8路线7月起由西南公交站延伸至灵安公交站；5路线7月起延伸至濮院镇，沿途增设7个停靠点及濮院首末站，首次实现濮院与桐乡两地市民跨镇城市公交出行；9路线10月起延伸至巨石集团；14路线延伸至桐乡九中。为改善乘车条件，7月灵安公交首末站投入使用；9月庆丰路改建的10只港湾式候车亭投入使用；客运公交北站年底投入使用，投入豪华中巴车20辆。4月1日起，正式实行城乡公交智能调度，合理安排城乡公交运力。开通传媒学院至高铁站K285公交线路；乌镇至西栅景区线路K350增加中巴2辆；姚太线20个公交候车亭、湖盐线12个公交候车亭投入使用。5月1日起开通手机订票业务，乌镇汽车站增加1台自助售票机，年内新购LNG快客5辆，公交车18辆，并投放城乡公交使用。桐乡市友谊城市公交有限公司有驾驶员197名，管理人员66人，公交车178辆，其中空调豪华大巴车138辆；营运线路17条，线路里程总长198千米。

【加强出租车行业监管】 2014年，市交通管理部门继续实施《桐乡市客运出租汽车驾驶员服务质量考核办法》，通过日常巡查、专项整治、“96520”投诉、交通违章记录等途径，建立出租车汽车驾驶员信用电子数据档案，每月公布车辆违章违法、乘客投诉等数据情况。年内390名驾驶员受不同程度的扣分，其中19名因扣分达到一定分数，进行为期两天带车学习和考试。加强出租车经营日常监管。在高铁广场出租车候车区安装视频监控，实现该区域出租车24小时动态监控。邀请出租车公司负责人共同开展每周1次夜间出租车专项检查，在为期3个月检查中，检查车辆467车次，现场查处违章车辆17辆。将出租车第三方测评工作纳入政府购买服务项目，聘请第三方专业公司对全市出租车进行抽样暗访，每季度公布测评排行榜，并对暗访中发现违规行为进行处理。做好出租车维稳工作。进一步完善出租车信息联络员机制，重新聘请25名出租车驾驶员联络员，每月与联络员座谈交流，与驾驶员队伍搭建直接沟通“桥梁”。对发现的不稳定因素及时上报，并做好相关人员思想工作，掌握驾驶员动态信息，将不稳定隐患消灭在萌芽状态。

（计琪伦）

高速铁路

【概况】 2014年，沪杭高铁客运专线桐乡段全长18.86千米，沪杭高铁走向和沪杭高速公路北侧基本平行，穿越桐乡市屠甸、高桥和崇福镇。桐乡站设计为县级小型站，车站建筑面积5042平方米，由车站站房、站台雨棚、地下通道等部分组成，桐乡站站房北侧为站前人行广场，南侧为候车站台及铁路轨道，站房按潜在乘客以短途为主，流动性快，站房内候车的乘客不会作太长的停留设计建造。桐乡站区别于国内其他火车站，车站建筑外观凸现地域特色。

高铁的通车使桐乡到上海、杭州的交通时间大大缩短，人流、信息流增加，创新资源加快集聚，桐乡火车站有73次列车停靠。其中高速动车38趟，动车组35趟；上行（上海、北京方向）34趟，下行（杭州方向）39趟。桐乡站日均客运量10002人次，全年上下客365万人次，其中上客183万人次，下客182万人次。全市设有6个火车售票点，全年售票87.6万张。

桐乡火车站的停车场分为出租车停车场、社会停车场和公交车停车场。为方便乘客到乌镇旅游，站前广场专门设置从桐乡站直达乌镇的公交车，带动桐乡市

改造后的高铁桐乡站站前广场　　高桥新区提供

旅游业的发展。年内,为乘客提供优质乘车环境,运管部门在高铁桐乡站重要位置安装监控,启动视频监控,24 小时 360 度无死角监控公交车和出租车上下客站点情况,提高客运车辆服务质量,保障乘客切身利益。

【高铁桐乡站社会停车场实行收费制】 沪杭高铁桐乡站社会停车场原有 550 个停车位,5 月,通过改造增加 91 个停车位。由于免费停放,过夜车辆数量较多,车位接近饱和,无法满足市民出行需求,沪杭高铁桐乡站社会停车场从 12 月 20 日起至月底试行:停车场停车实行 1 小时内免费停车,1 小时以后按次收费,连续停放超 24 小时,收费累计计算。试行期间免费,2015 年 1 月 1 日起,正式实行收费。根据方案设置,原高铁桐乡站中心广场入口依然为主进口,而出口则设置在停车场西南口。现场的发卡器、启动杆、计费器等设备安装完毕,在停车场醒目位置公告收费标准和收费执行时间。高铁桐乡站停车场收费后,桐乡交通部门将加密高铁公交班次,增设路线,进一步方便桐乡市民出行。

(冯俊贤)

水　　路

【概况】 2014 年年末,桐乡市境内航道 271.85 千米,其中四级航道 66.32 千米,通航 500 吨级船舶;五级航道 17.32 千米,通航 300 吨级船舶;六级航道 101.89 千米,通航 50 吨至 300 吨级船舶。全市在册营运货船 779 艘,总吨位 190.33 万吨,平均吨位 244.32 吨;平均增加吨位 5.32 吨。乌镇景区游船 144 艘,客位 1130 个。全年水路运输货运量 1666.4 万吨,比上年下降 4.2%,货物周转量 23.54 万吨千米,与上年基本持平;港口吞吐量 1946 万吨,比上年增加 45 万吨,增长 2.4%,其中出港 351 万吨,进港 1595 万吨。征收港航事业费 447.52 万元。年内辖区内接处警 184 起,其中碰船事故 113 起,直接损失 3000 元以上事故 10 起,合计直接损失 27.4 万元,比上年减少损失 27.3 万元,死亡事故 1 起,死亡人数 1 人、沉船 1 艘。年内办结行政执法案件 120 起,罚没款总额 35.28 万元,受理并准予各类许可、审批 1597 起。

加强水路运输市场管理。年内开展国内水路运输及辅助业核查工作,桐乡辖区两家航运企业的经营行为比较规范。在月度抽样调查中,312 艘样本船舶中,停航 51 艘,月平均 3.5 航次,比上年减少 0.7 航次。继续开展银企合作,帮助船户搭建融资和船舶交易平台,解决 28 艘船舶 1195 万元贷款。新发、换发普通货船运输个体经营者资格证书 191 本。

启动老旧船舶和京杭运河过闸小吨位船舶淘汰工作。辖区内符合拆解条件船舶 126 艘,其中老旧船舶 121 艘,京杭运河过闸小吨船舶 5 艘,申请拆解 25 艘,年内已拆解 12 艘。

【加强船舶管理】 2014 年,全年检验船舶 886 艘次,总吨位 15.1 万吨,主机总功率 10 万千瓦,载货参考吨位 18.2 万吨,船检费收入 144 万元。其中建造检验 13 艘,计费 4180 吨,平均每艘 321.5 吨。换证检验船舶 64 艘,中间检验船舶 67 艘;完成乌镇景区游船年度检验 144 艘。发放临时船舶吨位证书 135 艘,发放长期船舶吨位证书 132 艘,累计换发新版吨位证书 498 艘,换证率 67%。严把新建船舶检验关,督促造船单位按图施工,提高船体装配规范性、精确度和焊接质量,从源头上提高船舶质量。同时开展新建船舶设备专项检查,确保新建船舶的防污功能。年内,组织船厂电工技工参加嘉兴市组织的技能比赛,成为参赛队伍中唯一一支全部合格的代表队。

【推进“五水共治”工作】 按照市委、市府工作部署,港航管理部门印发《桐乡市港航管理处“五水共治”实施办法》,张贴和发放各类宣传资料 1800 余份,向船户发放垃圾袋 4 万余只,发放船舶垃圾告示牌 200 块,完成 205 家辖区码头“三桶一牌”设置工作,建立港口码头接收船舶污染物管理制度,并开展巡航检查。配合市政府开展辖区砂石料场及加工场清理整治,对符合条件保留下来的加工场进行封闭式生产管理,对进出明确关停料场的船舶停止签证。在杭申线、京杭运河、东宗线和长山河设立 6 个水葫芦打捞点,全年打捞水葫芦约 1 万吨。

【泰山港航道养护工程】 3 月,桐乡泰山港航道养护工程开工,泰山港航道是与杭申线桐乡、海宁段连接的重要通道，平时船舶通行量大，但航道等级偏低加上养护不足使得水深不足，船舶搁浅现象时有发生。养护工程以疏浚为主，疏浚设计标准按五级航道标准底宽设计，疏浚底宽35米，水深2.5米，最高通航水位2.06米、最低通航水位0.46米，此工程疏浚里程4693米，疏浚土方约10万立方米。工程投资267.92万元，6月竣工。疏浚后有效提高航道通行能力，改善通航条件。泰山港航道养护工程也是桐乡"五水共治"工程的一项举措，提高防洪排涝能力、优化航道水质和水域环境。

【整治桐乡砂石料码头】 4月，桐乡市政府组成行业整治领导小组，桐乡市副市长朱明杰担任整治工作领导小组组长，对全市30家砂石料加工企业开展分类整治：对违规占用土地和未批先建的22家企业进行强制关停、拆除生产设备，违规占地的必须限期复耕，剩下的8家要接受合法性审查和行业标准提升。"行业整治要求码头后退30米，石料加工过程必须除尘除音。"按照港航系统对于码头水污染防治的要求，砂石料码头要建立陆域前沿挡水装置，沿河部分还应有一定距离的绿化带。

（计琪伦）

市领导检查沙石码头整治工作　　市交通运输局提供

物流仓储

【概况】 2014年，桐乡市"一主三副多节点"的物流布局功能更加完善，综合物流园完成初步规划，濮院物流园区分拣配送中心项目竣工，洲泉华腾粮食物流项目稳步推进，振东物流园二期项目开工建设，崇福普洛斯物流园项目前期工作顺利推进。振石集团浙江宇石国际物流有限公司获评2014年省服务业优秀企业，通过国家财政引导资金项目整体竣工验收。全年交运仓储邮政业增加值15.22亿元，比上年增长9.2%。宇石物流2014年货运总量440万吨，进出口业务6.65万标箱；濮院物流园区货运量25.14万吨，增长1.39%；振东物流园区入驻率100%，全年货运量10.8万吨，增长103.8%。

· 相关链接 ·

一主三副多节点

一主：以市区为中心，依托振东新区、开发区、特色产业基地、大型专业市场和城市商贸流通为特色的综合物流园区；三副：以毛衫产业为特色的濮院物流场站，以皮毛、皮革产业为特色的崇福物流场站，以化纤、鞋定产业为特色的洲泉物流场站；多节点：以第三方物流企业为特征，承接专业型物流服务。

【开展市区货运行业机动车污染防治专项整治】 7月，桐乡市生态市建设工作领导小组办公室印发《桐乡市机动车污染专项实施方案（2014—2017年）》。开展桐乡市区范围货运行业（振东物流、宇石物流、濮院物流）机动车污染防治实施专项整治。道路运输管理部门开展货物运输市场专项整治，整合零散托运站进入物流园区，29家零散托运站进入振东物流园区。通过宣传发动、调查摸底、信息核对，确定列入整治车辆103辆，其中2014年计划淘汰黄标车43辆，2015年计划淘汰黄标车60辆，黄标车淘汰率100%。

（魏国芳）

邮政　通信

概　述

2014年，桐乡市邮政与通信业加强四网协同，满足全市用户现代化通信需求。桐乡邮政生产经营服务和企业文化建设同步发展，邮政传统业务和信息化有机结合，在乌镇景区加强主题邮局管理，推进E邮站管理信息系统建设，推出提供特色服务的E邮柜新功能。桐乡邮政拓展以村邮网购为重点的农村电子商务，建立县、镇、村级服务中心，为桐乡经济及民生服务。

全市年末固定电话装机22.28万户，移动电话用户112.71万户，3G移动电话用户44.22万户，国际互联网用户26.2万户。

电信桐乡分公司调集各类资源，推进全市电信4G网络建设、城市WiFi构建；移动桐乡分公司4G正式商用，至年底，完成LTE二期、LTE二期三阶段及三期一阶段基站与室分的建设开通工作；联通桐乡分公司广泛开展“客户感知提升年”活动，新建3G/4G基站51个，室分系统22套，进一步提升城区、镇区移动网络的覆盖率。6月1日，电信业正式纳入营业税改征增值税试点，桐乡电信、桐乡移动、桐乡联通三大电信业主动顺应税制变革，积极开展各方面工作。

桐乡电信、桐乡移动、桐乡联通三大电信业推进4G网络建设、运营，为桐乡社会信息化、桐乡经济服务，同时对营业厅改造升级提升服务水平，在全省17个同档县市服务通报排名中，桐乡电信名列第一。

首届世界互联网大会在桐乡乌镇举行，桐乡电信、桐乡移动、桐乡联通保障会议通信畅通，确保网络安全。三大通信运营商新增4条万兆5条千兆光缆，乌镇景区内实现万兆到景区，千兆到酒店，百兆到桌面的宽带能力，新增的两个万兆和两个千兆带宽分别安排在不同的物理路由上，并直接接入省骨干网，以确保互联网大会期间网络安全，实现电信免费WiFi覆盖。

邮　政

【概况】 2014年，桐乡市邮政局主抓“一金两包”（金融业务、国内小包业务、国际小包业务），注重经营服务和企业文化建设。全市邮政业务总收入7504万元，比上年增长6.4%，其中“一金两包”收入4741万元，增长31.8%，占邮政业务总收入63%。全年储蓄余额净增2.06亿元，净增量排全省现业局的21位；全年累计保险金额（折算后）2.14亿元，系统保费2.12亿元，列全省县局15强

4月，市邮政局与市水务集团签约水费代收业务　　市邮政局提供

排名第10位，现业局保险规模排名17位。全年金融业务收入3586万元，比上年增长7.67%。其中储蓄业务收入2643.59万元，增长6.25%，代理保险收入658.47万元，增长19.79%。报亭平台销售电力缴费卡金额1277万元。发行报纸1342万份，杂志169万份。

邮政综合服务平台建设得到加强，至年底，全市有便民服务站147个、邮政网点23家、村邮站176个。桐乡市跨境电子商务产业园筹建已获市政府批复同意。

【配备专人专车揽件小包业务】 电商小包是传统业务和信息化引领的有机结合，针对桐乡市中小企业密集、淘宝商户市场广阔的特点，2013年国内小包业务起步，2014年桐乡邮政小包业务向纵深发展，配备专人专车进行揽件处理，协调邮路班次，加强内部处理质量，严把邮件出口速度，日均包裹量1000票以上，实现全年业务收入1154.93万元。同时，为更好发展国际小包业务，年内市局已向上级申请设立国际小包集中收寄点，将进一步助推全市跨境电商的创新发展。

【以景点定位的乌镇邮局】 2014年，市邮政局建立主题邮局管理办法，强化主题邮局管理。乌镇邮局是浙江省一个以景点为定位的主题邮局，乌镇邮局位于乌镇西栅景区内，外观具历史感建筑，内是清光绪年间乌镇老邮局博物馆布局，它的建立成为乌镇的一大景点。年内乌镇邮局开发《魅力乌镇》宣纸邮册等商品，主题邮局业务收入大幅增长，全年收入增长19.5%。在首届世界互联网大会期间，乌镇邮局在局内和大会现场摆设5台DIY明信片打印机，供与会嘉宾、旅游游客和现场工作人员制作打印个性化明信片（自己的照片印在明信片上），来宾可打印一套自己喜欢的明信片加盖纪念邮戳，投进邮筒里寄给远方的亲朋好友或留作纪念。3天会期，制作个性化明信片3500余枚，收入3.5万余元。

【建立投递平台“E邮站”】 2014年，市邮政局全力推进“E邮站”管理信息系统建设，加快“智慧城市”投递平台“E邮站”建设。8月9日，市邮政局在市行政中心举办业务操作培训，顺丰、申通等11家快递运营企业派员工参训，嘉兴市邮政管理局、嘉兴市快递协会、桐乡市机关事务局等相关人员应邀参加。年内，建成“E邮站”4处，递送邮递快件2185件。首个“E邮站”位于市行政中心北大门东侧。“E邮站”内提供具有特色服务新功能的E邮柜以存放邮件。浙江邮政推出的“E邮站”主要为解决城市电商投递“最后100米”困境，既解决快递企业的派件难问题，提高派件效率，同时也方便客户接收快件。

· 相关链接 ·

E邮柜

快递员在投递邮件时，在存取机上输入手机号码、密码和动态码，扫描包裹条码，选择投放的柜子尺寸，将包裹放进相应的“E邮柜”里。柜门关上后，系统会自动给客户发送“包裹到达”的提示短信及取件时用的动态密码，客户凭手机号和动态密码就可到E邮站的E邮柜中自助取件。

【农村电商分销服务站转型升级】 2014年，市邮政局加快“自邮一族”业务发展，“自邮一族”业务完成率居嘉兴市首位，4季度配送车328辆。以车险为主的“自邮一族”将成为电子商务服务转型升级的重要内容。桐乡邮政发展以村邮网购为重点的农村电子商务业务，农村电子商务代投中心试点建设正式启动，至年末已建成县、镇、村级服务中心（站、点）各1个，超市加盟点28个。

· 相关链接 ·

“自邮一族”业务

“自邮一族”业务是中国邮政集团公司依托邮政电子商务信息平台，利用邮政多渠道资源，采用会员制形式，为广大车主等中高端客户群体提供的涵盖车辆代办、商旅、机票、礼仪服务等在内的一站式综合服务品牌。“自邮一族”业务已经集“汽车管家”“金融支付”“加油服务”“商务增值”“邮政VIP”等服务功能于一身。

（楚盛洁）

中国电信

【概况】 2014年，中国电信桐乡分公司推进“一去两化新三者”（一去是去电信化，两化是市场化和差异化，新三者是智能管道的主导者、综合平台的提供者、内容和应用的参与者）实施，持续深化企业转型，抓好网络能力提升。

扩容优化升级原有无线城市项目，加快专业市场、旅游景区、酒店、车站、医院等公共区域的 WiFi 信号覆盖，完成乌镇景区及部分镇区的 IWIFI 无线网络建设。统筹推进 CDMA 移动通信网建设，LTE 网络一期工程和一期新增工程站点建设完工。

城域网优化项目和城域网扁平化改造，完成 IPV6 技术部署，桐乡城域网出口带宽增至 220G，全面建成以 10Gb/s 以太网，传输链路为主的先进的城市光网络系统。

电信桐乡分公司做好常规通信保障，做好全市中考、高考等重点时段通信保障工作。对全市新建、扩建治安监控项目所有视频监控点加强巡检，助推“平安桐乡”建设。乌镇成为世界互联网大会会址后，电信桐乡分公司主动向市政府提交通信网络建设与保障方案，专门成立工作领导小组以及网络、业务保障工作组，分别落实责任，加快建设进度，大会召开之际，实现乌镇 WiFi 免费覆盖、有线宽带万兆到景区、千兆到酒店、百兆到桌面。并且在乌镇电信支局成立大会通信保障现场指挥部，各路通信设备、技术专家、应急指挥等到位，全程为大会通信提供“保姆式”VIP 服务，保证整个大会期间通信网络畅通。

【加快信息化项目建设】 2014 年，电信桐乡分公司调集各类资源，大力推进全市电信 4G 网络建设、城市 WiFi 构建，深化电信网络运维集约化、智能化应用以及网络安防、重要通信保障。建设“无线城市”和 WiFi 联盟。统筹推进 CDMA 移动通信网建设，相继完成 2014 年 LTE 网络一期工程和一期新增工程站点建设。推进“宽带中国·光网城市”工程建设。完成 2014 年城域网优化项目和城域网扁平化改造，完成 IPV6 技术的部署，桐乡城域网出口带宽增至 220G，全面建成以 10Gb/s 传输链路为主的先进的城市光网络系统。4 月底，农村全面实现 6M 覆盖，实现城区 20M 光宽带接入全覆盖，重点专业市场、商业街道完成 FTTH 光纤到户改造建设。加快 4G 网络建设。2014 年投资 2.7 亿元，实现桐乡所有城区、重点乡镇、重点景区以及高速高铁等主要交通线路的覆盖。桐乡市“80”程控交换母局全面退网。通过缩容归并、利旧改造等方式，结合光进铜退、C 进铜退（用电信 C 网基站发射无线信号来传播语音数据等业务到用户终端的方式来替代传统铜缆传递信息方式），5 月 29 日前完成全市 S－1240 母局退网下电，进一步提高通信网络质量，年节约电费 35 万多元。

电信桐乡分公司设在乌镇电信支局的首届世界互联网大会通信保障指挥部现场　　电信桐乡分公司提供

【助推智慧城市建设】 2014 年，电信桐乡分公司发挥电信网络优势，向全市推出定制“智慧生活”专属号，实行大范围智慧家庭推广方案。电信桐乡分公司将车载 GPS、车载视频等技术，融合应用于桐乡公交智能化项目中，实现车辆定位监控等智能服务。将中国电信手机的“外勤助手”应用于桐乡全市的环境卫生综合整治，促进“四位一体”管理。为全市互联网企业提供综合信息服务，组织多场次不同行业的信息化应用演示活动，并推出一系列信息应用产品，流量管家、玩库、易信等产品。

（傅新伟）

中国移动

【概况】 2014 年，中国移动桐乡

分公司加强内部管理，移动通话用户市场占有率、4G用户规模以及宽带市场份额等多项重要经营指标位列嘉兴移动系统前列，继续保持市场的主导地位。配合地方政府和乌镇景区，省、市、县三级联动，完成乌镇镇区及高铁、高速公路等交通主要干道的4G网络连续覆盖和深度覆盖，乌镇景区4G网络国内领先、国际一流水平，完成首届世界互联网大会网络保障和通信服务工作。

【推进4G网络运营】 1月23日，桐乡地区移动4G（TD－LTE）正式商用，至年末，桐乡移动完成LTE二期、LTE二期三阶段及三期一阶段基站与室分的建设开通工作，4G基站累计691个，4G网络实现桐乡地区乡镇、村以上区域全覆盖，市民更换USIM卡、终端设备，并开通4G资费套餐，以得到更加直接、快速的网络体验。

【社会信息化建设】 2月，移动桐乡分公司与市园林局合作，成为桐乡市建设局园林绿化维护工程的无线传输合作方，帮助园林局实现对园林绿化人员、车辆的定位管理，实时管理巡视人员工作活动轨迹，巡视人员可实时上传巡视现场照片。同月，移动桐乡分公司与市新居民事务局合作，成为新居民信息采集平台的无线传输合作商，实现流动人口信息采集由手工登记到现场实时采集、查验的转变，使采集、管理工作更加实时化、高质化和精细化。5月，与行政执法局合作，拓展原有的数字城管并独家承接桐乡城管勤务管理系统的无线传输项目，通过“勤务通”手持终端收集城市管理勤务数据，以数字（图片、文字等）形式，无线传输至系统平台，实现任务派遣、人员定位、指挥协调以及勤务量化统计，提升城市管理效率。8月，移动桐乡分公司在濮院联苑桥试点“城乡天眼”，至年底，实现市区及乡镇（街道）全覆盖，“城乡天眼”通过在基站铁塔顶端安装高清网络球机摄像头，借助视频监控平台或移动4G终端设备，实现对基站周边1～2千米范围全方位、全天候监控，在防治秸秆禁烧和环境保护，整治私搭乱建和城市综合治理、交通违法管控和重点治安防范等领域发挥作用。

【移动桐乡分公司为光伏发电传输数据】 11月，移动桐乡分公司与桐乡市供电公司合作，依托4G网络和APN专线，成为桐乡市光伏发电示范项目。光伏发电项目要求高带宽的数据传输，移动4G无线传输较传统有线传输，成本更低，传输速率更高，电量数据更新更及时。投入试用的20余例分布式光伏发电项目中实现无线数据采集、并网电量实时统计和远端设备相关性能指标监测。

· 相关链接 ·

专线APN

根据企业对网络安全的特殊要求，采用多种安全措施，主要包括：通过一条2M专线接入运营商GPRS网络，双方互联路由器之间采用私有IP地址进行广域连接，在GGSN与移动公司互联路由器之间采用GRE隧道。

【移动桐乡分公司完成所有营业厅的改造升级】 1月2日，搬迁升级后的移动桐乡分公司龙翔营业厅正式开业。至此，分布在市区及各乡镇（街道）的15家移动营业厅全部完成改造升级。传统移动营业厅仅提供单一的业务服务，升级后的营业厅集终端销售、维修、业务体验与业务办理于一体，城区、乡镇居民均能享受同样便捷、全面的服务。

移动桐乡分公司庆丰路营业厅营业员向顾客演示4G终端
移动桐乡分公司提供

同时,业务办理的模式也实现转型升级,从柜台登记到业务签约均采用无纸化服务,节约纸张和时间,同时,大厅的自助终端和体验终端,可以让客户自助办理手机充值、套餐更改、软件下载等多项业务。

(邱飞燕)

中国联通

【概况】 2014年,联通桐乡市分公司实施"移动宽带领先与一体化创新"战略,坚持可持续的市场化理念,加大网络资源、成本资源和激励资源释放力度,深入实施营销体系转型,广泛开展"客户感知提升年"活动。配合实施"营改增"财税改革。参与首届世界互联网大会的通信保障。基础建设投资9375.61万元。新建3G/4G基站51个,室分系统22套,加强城区、镇区移动网络的覆盖率。新建光网络接入小区18个,完成大客户186条专线接入,完成光进铜退改造小区15个,对桐乡联通宽带网络进行全面升级。首届世界互联网大会在桐乡乌镇召开,作为主要的运营商,在无线网、传输网、固话宽带、车载WiFi、网络安全、现场保障等专项保障投资7767.61万元。

在全面实行公司办公信息化(OA办公、从PC至手机、ERP系统、视频会议系统、办公及机房实时监控重点区域全覆盖)的基础上进一步完善。6月1日,国家税制改革刚性要求,电信业正式纳入营业税改征增值税试点。联通桐乡市分公司主动顺应税制变革,积极开展各方面工作。

【保障首届世界互联网大会通信畅通】 11月,首届世界互联网大会在桐乡乌镇举行,为保障本次大会的顺利召开,联通桐乡市分公司在网络、服务和应用展示等端口积极筹备、落实工作。在该届大会主会场、分论坛、新闻发布会场、演出大剧院等场馆及乌镇整个西栅景区、镇区、交通干线开通高速无缝全覆盖的2G/3G/4G无线通信网络,突击完成234个基站和46个楼宇室分建设,升级2条1000M互联网专线,提供双路由和双节点的通信保障,实现千兆到主会场、分会场和大剧院,百兆到桌面。大会期间,整个西栅景区无线网、宽带网运行稳定,未发生一起影响业务的故障,3G网络下行平均速率15M以上,4G网络下行速率平均60M以上,室内峰值速率150M,会议全程网络无拥塞无异常,未发生一起投诉事件。联通桐乡市分公司为大会嘉宾设计以多样化流量套餐为特色的专用上网产品,在代表接送车辆上提供优质免费WiFi服务,现场驻点及邀请PCCW运营专家、联通外籍重要客户编制《服务指南》。首届世界互联网大会召开之际专门增设"10010"热线和"116114"热线的英语人工服务。11月17日正式开通全国及浙江本地的互联网英语人工在线服务,手机用户扫描二维码即可直接进入英语人工服务界面,享受便捷的英语人工在线服务。大会期间,联通的行业应用技术展区亮相"互联网之光"主题展,集中展示联通双4G双百兆混合组网、沃云、大数据与未来网络、车联网、宽带智能提速、WO+APP计费、wophone操作系统等9项国际领先业务。双4G双百兆网络,下载速率260Mbps,视频播放下载速率可达1.3Gbps(传输速度为每秒1300兆位),处于4G网络下载速率的行业领先水平。

(郏一农)

桐乡市市长盛勇军、副市长朱明杰参观首届世界互联网大会互联网之光联通展区　　联通桐乡市分公司提供

城乡建设管理

概　　述

2014年，桐乡市建成区面积41.07平方千米，比上年增加2.07平方千米。建成区绿地率和绿化覆盖率分别为39.27%、44.1%，人均公共绿地面积14.58平方米。

“建筑强市（县）”创建进入关键之年，建筑业持续健康发展。全年办理建设工程施工许可项目264项，建筑面积378.24万平方米，工程造价52.93亿元。实现建筑业产值342.8亿元，比上年增长12%；缴纳税金9.1亿元，增长30%；实现利润4.7亿元，增长4%；出省产值（桐乡市建筑企业在浙江省行政区域外的施工产值）122.2亿元，下降10%；出市产值（在桐乡市行政区域外的施工产值）179.1亿元，增长6%；市外产值外向度（在桐乡市行政区域外的施工产值与市建筑业总产值的比值）52.2%。完成招投标项目198项（标段），建筑面积194.6万平方米，中标总价40.9亿元，应招标工程招标率100%。

房地产市场平稳发展，供需关系保持稳定。市政府出台《桐乡市公共租赁住房实施细则》和住房保障相关标准调整方案，推进公共租赁房与廉租房并轨工作。开展危旧房屋排查，排查城镇住宅房屋7602幢，建筑面积1339.3万平方米；开展直管公房消防安全整治专项行动，排查整改隐患房屋，确保群众生命财产安全。强化产权产籍管理，缩短承诺时限，提高办证效率。2014年，桐乡市房地产管理处被评为浙江省房地产交易与权属登记规范化管理单位。

住房公积金扩面工作持续推进。各项管理工作取得实效，实行错时、延时和上门服务三项便民措施，解决群众实际需求。全年新增住房公积金缴存人数1.05万人。归集住房公积金7.26亿元，比上年增长23.5%。至年底，住房公积金累计归集余额17.35亿元，增长20.9%。全年发放个人公积金贷款1180笔，总金额3.26亿元。个人住房贷款发放余额12.63亿元，增长14%。

全年供水10244万立方米，售水8795万立方米，与上年基本持平，产销差率13.3%。3家水厂出厂水九大指标合格率100%，管网水七大指标综合合格率99.8%。生产家家乐纯净水28万桶，天然水60万桶，比上年增长30.3%，产品合格率100%。处理污水2998万立方米，分流污水1313万立方米，外排尾水6218万立方米。

市公投集团计划推进实施重大项目13个，实际开工实施12个，开工率86%。13个重大项目计划总投资60.54亿元，计划投资12.66亿元。至年底，完成投资13.19亿元。

【实施住房公积金支持房地产市场五项措施】 8月，桐乡市实施住房公积金支持房地产市场发展五项措施。一是设定保底贷款额度，购买首套房并首次申请住房公积金贷款的申请人，在出具真实、有效工资收入证明和其他申请材料的前提下，可享受保底贷款额度（家庭单人缴存最低可贷15万元，双人缴存最低可贷30万元）；二是对购买首套房并首次申请住房公积金贷款的申请人，住房公积金最高贷款额度上浮20%（家庭单人缴存最高贷款额度由25万元上调至30万元，双人缴存最高贷款额度由50万元上调至60万元）；三是调高精装修住房贷款比例，对购买精装修新建商品住房首套首次最高贷款比例调整为70%；四是简化认房认贷手续，以房产登记部门提供住房登记信息以及住房公积金贷款信息为依据，实行统一认房认贷标准；五是加快楼盘审批、贷款发放速度，对国有商业银行放贷的楼盘，加快住房公积金贷款审核、放贷速度，促进房产企业资金周转。

【推进建设领域行政审批制度改革】 2014年，深化行政审批制度改革，桐乡市住房和城乡规划建设局做实“两集中、两到位”（深化行政审批制度改革，建立规范高效的审批运行机制，提高行政服务效能，推进一个行政机关的审批事项向一个处室集中、行政审批处室向行政审批服务中心集中，保障进驻行政审批服务中心的审批事项到位、审批权限到位）工作，实现部门审批服务前移。7月，出台《桐乡市住房和城乡规划建设局进一步深化行政审批制度改革实施方案》；组建行政许可科，配备人员39名；工作人员进驻市行政审批服务中心，集中行使建设领域行政许可与审批职能。集中梳理精简审批事项，缩短审批时限，55项审批事项服务事项压缩至17项，精简压缩、休眠审批事项38项。开展行政许可、非许可审批事项和便民服务事项操作流程统一梳理，梳理行政许可39项、非行政许可13项及房产登记等便民事项38项。做好职权清理，推行权力清单制度，梳理汇总448项行政权力。按期承接嘉兴市下放的物业服务企业资质核准、建筑企业资质核准、城市园林绿化企业核准3个许可审批事项，梳理细化下放事项的审批流程，编制审批指南，确保下放事项纳入审批系统正常运转。利用中心网络平台开展批文入库工作，将“一书三证”（建设用地规划许可证、建设工程规划许可证、乡村建设规划许可证和建设项目选址意见书）等项目审批要件存入审批中心数据库，避免群众在办事窗口重复提交资料，6月，开通城建档案馆与行政许可科“查档直通车”服务，实现窗口直接查档。

城乡规划与管理

【概况】 2014年，桐乡市住房和城乡规划建设局科学推进规划编制，提高规划科学性、前瞻性和操作性。开展市域总体规划修编和东部城区一体化规划、城西片区概念规划编制工作。市域总体规划完成评估报告，上报嘉兴申请修编，并与省建设厅进行初步衔接。总体规划纲要初步方案按照“多规融合”要求，与市旅游委员会、市发展和改革局、市国土资源局、市环境保护局等部门实施对接，征求有关部门、镇（街道）、开发主体意见。东部城区一体化规划、城西片区概念规划研究形成初稿。开展市区重点规划编制，突出专项规划编制。中心城区亮化专项规划、振东路街道综合整治规划、桐乡市中心城区公共厕所（垃圾中转站）布点规划、桐乡市中心城区农贸市场布点规划形成初稿。启动产城融合规划编制工作，完成现场踏勘及基础资料收集工作。开展城市防洪防涝综合规划邀请招标，完成发标工作。注重强化重点区域设计，经济开发区北区城市更新规划和人民路东商贸综合区块规划研究等形成初稿，有效指导重点区域开发建设。完成城镇规划审查、上报工作。濮院针织产业园区控规、洲泉镇市河两侧地块控规修改方案、崇福运河新城控规、河山平安路两侧区块控规等13项规划上报审批。崇福镇城镇总体规划实施评估及修改方案、桐乡市濮院镇桐乡大道北侧地块控规、桐乡市大麻镇南星桥港两侧地块控规3项规划完成论证工作。完成乌镇世界互联网大会永久会址、临时会址选址研究，规划展示馆、凤鸣街道综合医院意向选址分析等9项政府建设项目选址研究工作。

推进城市建设三年行动计划各类项目。至年底，8大类83个项目完成投资210.58亿元，占三年计划总投资的64.8%，其中政府投资49.41亿元，社会投资161.17亿元，83个项目完成13个，启动58个。

开展基础测绘工作。增测桐乡市西北片区5.6平方千米1：500数字地形，实现市区绕城范围内500比例尺数字地形覆盖。全年新增测量标志12个，拆迁2个，委托市城乡测绘中心有限公司对受保护的测量标志进行巡查和维护。开展桐乡市第一次地理国情普查工作，完成城市建成区面积调查。启动实施桐乡市污（雨）水设施普查工作，对全市城镇建成区内污（雨）水管线进行普查建库。完成数字桐乡地理空间框架建设项目验收，启用数字桐乡地理信息公共服务平台。组织参加全国“国家版图”知识竞赛和“中图杯”第二届全国少儿手绘地图大赛。

完成规划项目“一书两证”（建设项目选址意见书、建设用地规划许可证、建设工程规划许可证）审批 438 件，其中建设项目选址意见书 50 件，建设用地规划许可证 119 件，建设工程规划许可证 269 件，许可建筑面积 447.2 万平方米。

· 相关链接 ·

产城融合

产业与城市融合发展，以城市为基础，承载产业空间和发展产业经济，以产业为保障，驱动城市更新和完善服务配套，以达到产业、城市、人之间有活力、持续向上发展的模式。

【“数字桐乡”地理空间框架建设项目通过验收】 12 月 10 日，浙江省测绘与地理信息局在桐乡召开“数字桐乡”地理空间框架建设项目验收暨成果推广会。由浙江大学、浙江省国土资源厅信息中心、浙江省住房和城乡建设厅信息中心、嘉兴市测绘与地理信息局等单位专家组成的评审组，通过听取报告、观看系统宣传视频和系统演示、审阅材料，同意验收合格。桐乡市地理信息公共服务平台建成并投入使用。数字桐乡地理空间框架建设项目 2012 年启动，2014 年 11 月完成建设，建成涵盖全市 727 平方千米基础地形、航空影像、地名地址及城市三维模型和街景等数据的地理信息应用服务体系。在实现项目设计时初定的五个应用示范项目（城乡规划管理信息系统、地名地址管理系统、农业农村申报系统、智慧旅游信息平台、城市真三维辅助分析系统）的基础上，桐乡市建设局协同市文化广电新闻出版局开发文物保护信息系统和园林绿化管理系统，实现数据工具共享，拓展平台推广运用。整个项目形成一库一平台七应用的建设成果，主要包括：一个基础地理信息数据库、一个地理信息公共服务平台和七个示范应用项目。9 月，项目开发成果“天地图 · 桐乡”网站上线，为群众提供地名地址、交通出行、医疗卫生、休闲娱乐等相关服务信息。

【桐乡市第一次地理国情普查】 4 月，桐乡市建设局编制的《桐乡市第一次地理国情普查实施方案》通过省、市相关部门专家评审。5 月，桐乡市地理国情普查工作领导小组办公室向普查成员单位印发《桐乡市第一次地理国情普查实施方案》《桐乡市地理国情普查工作领导小组成员单位职责》，并落实全年普查实施经费 100 万元。项目招标采用竞争方式进行，由浙江省第二测绘院负责桐乡市第一次地理国情普查。按照实施方案进度要求，城市建成区调查于 5 月启动，经历资料收集、数据预处理、建成区范围界定、成果自检、征求相关部门意见等过程，10 月提交建成区普查成果，并提交省质监站质检。

【省级美丽宜居示范村创建】 3 月 27 日，崇福镇五丰村、大麻镇海华村通过省级美丽宜居示范村试点建设考核组验收。验收重点围绕“规划设计一流，质量安全一流，风貌特色一流，生态环境一流，社区管理一流”的建设要求进行，要求申报对象符合村庄布局规划，具有示范带动效应，兼具软件、硬件方面的条件和优势。桐乡市自 2012 年启动省级美丽宜居示范村创建工作。崇福镇五丰村、大麻镇海华村入围省级美丽宜居示范村创建。2013 年，龙翔街道元丰村、石门镇桂花村、濮院镇新联村入围省级美丽宜居示范村创建，并于

3 月 27 日，大麻镇海华村、崇福镇五丰村接受省级美丽宜居示范村验收　　市建设局提供

2014年完成提升规划，启动各项示范村提升建设工作。2014年，桐乡市申报乌镇镇横港村、崇福镇店街塘村两个省级美丽宜居示范村，完成规划编制论证及上报工作。9月，市建设局组织开发区、振东新区、各镇、街道城建办及农户代表46人，前往嘉兴市秀洲区新塍镇潘家浜村参观浙江省美丽宜居村居方案设计入围作品，吸收新村庄规划设计理念。

（朱铁波）

城市管理与监察

【概况】 2014年，桐乡市综合行政执法局全面实施深化相对集中行政处罚权工作，开展市容环境综合整治，缓解停车难问题，助推“三改一拆”和“五水共治”工作，优化数字城管运行管理、完善城管执法运行机制。全年参与拆除违法建筑44.94万平方米，违建猪舍面积32.4万平方米；办理一般程序案件1400起，简易程序案件18931起；立案查处新划转职能案件99起。办理行政复议1起；强制执行案件1起，办理“三会”提案议案16件（主办7件）、信访办件19件，处理市长电话343起；“96310”举报投诉1963起，接待来人来访280人次，妥善解决市民群众诉求，化解矛盾和纠纷。办好城管网站和政务信息公开，开通“桐乡综合执法”官方微信，发挥“桐乡数字城管”政务微博作用，与网民共同维护城市环境。编发《城管执法动态》86期，电视、报纸宣传报道城管工作179次。

2月10日，户外广告整治改造提升工程拉开序幕

市行政执法局提供

【市容环境综合整治】 2014年，市综合行政执法局围绕打造“中国旅游第一大县”目标，结合国家卫生城市复查、省级示范文明城市创建工作以及世界互联网大会召开等重点工作，开展市容环境综合整治。治理汇丰新村南门口乱设摊、北门大街与兴安路马路市场脏乱差等问题。实施市容市貌美化工程，巩固和发展14条城管示范路，开展违法停车执法、“城市牛皮癣”集中排查等10多项专项整治工作，提升示范路形象和品位。设置示范路标识牌，发挥示范作用。开展城市管理基础信息大排摸活动，建立“一户一档”资料库，录入店铺8901家，流动摊贩550个。坚持早间、夜间长效管理，遏制违法现象反弹。

【组建桐乡市环境卫生管理中心】 9月，市编制委员会批准，组建桐乡市环境卫生管理中心，明确城市管理局为环卫工作实施主体，公益类事业单位，负责市区环卫日常管理工作；核定人员编制10名，下设办公室、监管科、设备设施科、有偿服务科4个职能科室；设置城西、城南、城北三个责任区，接收垃圾中转站、公共厕所、管理机械设备和一线环卫职工。

【调整网格化管理模式】 2014年，市综合行政执法局优化调整原有的网格化管理模式，网格细化为责任区域，建立以“责任区域为基础，联合机动为保障”的新型勤务模式，市辖区中队原有的9大网格细分为2个重点区域和14个责任区域。落实“市局考中队，中队考队员”层级考核机制，明确管理职责，责任到人，严格路面勤务模式，实行重点区域、责任区域联勤机制，形成科学有效的运行体系。在市区范围内首次设立16处城市管理临时执勤点，加强违法行为高发区域的常态化管理。

【建设嘉兴市首个勤务信息平台】 2014年，市综合行政执法局利用现代化科学技术，建设嘉兴市首个信息化勤务管理运行平台。该平台以市综合行政执法局原有勤务管理模式为基础，覆盖主城区域约30平方千米，集主动发现、有效指挥、快速处置、实时监管、量化统计于一体，包含人员定位、勤务实时、上报交办、勤务数据、应用维护等五个子系统。执法人员通过“勤务通”手持终端采集、传输、办理和反馈责任区域内城市管理勤务信息，信息平台即时反映勤务办理情况并对勤务量进行统计量化，确保执法管理规范操作，管理前后“有图有真相”。城管勤务信息采集数量25471件，完成25457件，案件完成率99.6%。

【缓解停车难题】 2014年，市综合行政执法局通过挖掘停车资源、扩大停车收费点、加强停车场规划和建设等措施，缓解市区交通拥堵和停车难等问题，市区新增2个停车收费点，设置的22个停车点293个车位，实施道路机动车停放收费管理工作。建立首个机动车、非机动车共同管理的停车收费点，确保公共停车资源合理利用。联合相关部门重新合理规划全市范围内停车位3800多个，修补模糊停车位4051个，清理人行道水泥连接坡2287个，方便市民停车。拓展城镇停车收费管理，开展机动车违章停车和私占公共停车泊位专项整治行动，依法暂扣私占公共停车位挡车牌100余块。

【实施市区生活垃圾分类处置试点工作】 参见《卫生·爱国卫生》中相关条目。

【开展建筑泥浆再生利用试点工作】 2014年，市综合行政执法局通过加强建筑泥浆处置审批，建立建筑泥浆再生利用试点企业，全市建筑泥浆统一运至试点企业制作新型墙材，明确规范建筑泥浆处置，防止随意倾倒对耕地和河水的破坏，切实推动全市开展“五水共治”和资源再生利用工作。

【城乡管理一体化协调推进】 随着职能的细化，城市化进程加快，城镇城管体系进入完善阶段。2014年，各镇城管中队（分局）结合工作实际，积极探索管理办法，加强环境管理。崇福分局、乌镇分局以小城市培育试点和中心城镇建设为契机，全面实施新增各项行政处罚权；针对乌镇国际旅游景区特殊性，在镇容环境、道路畅通、民生服务等日常工作基础上，会同相关部门在物价、旅游和交通运输等方面开展联合执法；濮院镇创新城市管理方式，积极探索摊贩服务外包；建立桐乡西部崇福、大麻、石门、洲泉4镇“四镇联动”机制，相互借势，共同推进全市拆违行动。濮院镇、屠甸镇分别通过国家卫生镇复查。

（黄佳莉）

城镇建设

【概况】 2014年，桐乡市实施城市建设三年行动计划，加快城市有机更新，城乡面貌进一步改观。全年完成项目投资87.6亿元。凤凰湖景观主体工程基本完工，市区建成生态绿道13.7千米、绿地260公顷。市客运北站工程、逾桥路菜场新建工程、市文化中心工程等项目竣工。完成市区7个“城中村”改造，三年（2012～2014年）累计完成改造任务的70%。调整市区保洁体制，实施城乡环境卫生“四位一体”（在镇区、公路、河道、村庄四大区域实行“一个部门统筹、一条线管理、以块为主、属地负责”的环境卫生保洁新机制，力求做到市级一个部门统筹、属地一个平台管理、实行一个专账核算、集中一个体系监管、建立一支专业队伍，促进城乡环境质量不断提升）改革。开展依法房屋征收工作，分别完成濮院、乌镇旧镇改建房屋征收3026户和218户，完成夏家浜公共文化设施项目和河山镇平安路延伸段项目征收工作。启动并完成杨家门区域国有土地上房屋征收调查摸底工作，范围包括润丰步行街以西，园林路以东，振兴路以北，北港河以南的区域，涉及被征收户2623户，建筑面积22.3万平方米。深化“美丽乡村”及“两新”工程建设，优化镇村布点规划，优化完善村庄规划点总数336个。

推进城乡供水、污水处理项目建设。全年完成工程年度投资19916万元。其中：“两新”工程建设配套给水管网工程管道安装26千米，完成投资615万元；高层二次供水设施改造工程南方家园等9个小区2095户改造任务，投资800万元；梧桐街道农村饮水安全工程管道铺设

119千米，投资2263万元；崇福污水厂二期扩建工程建设，投资4147万元；城市污水处理厂各项前期工程建设，投资1146万元；城镇生活污水入网改造一期工程污水管网铺设84千米，入网改造13922户，投资9404万元；屠甸至申和水务污水管网连通工程5.8千米管网埋设，投资1541万元。

【推进城中村改造】 2014年，市政府推进城中村改造，下达7个城中村5万平方米房屋征收任务。确定征收杨家门社区西杨家门组、南顾家兜组、北顾家兜组，九曲社区谢壬山组，复兴社区东牛组、西牛组及环南社区大道场组7个城中村房屋，涉及居民191户，建筑面积约6.5万平方米。年末，签约126户，房屋征收面积约5.5万平方米。开展2013年度"城中村"房屋征收扫尾工作，签约15户，房屋征收面积7763.3平方米。配合市疾控中心建设项目，征收金家浜住户1户，征收面积217.6平方米。提高拆后土地利用效率，全年出让收储5宗地块，面积21.31公顷，价值8亿元。其中13.85公顷协议出让振东新区及公投集团，出让金5.8亿元；2.87公顷移交相关部门使用；4.71公顷具备出让条件；公开出让土地0.43公顷，出让金额4470万元。

【完成夏家浜项目房屋征收补偿工作】 夏家浜区域位于梧桐街道永宁社区，都是些20世纪砖木结构房子，缺乏基础设施。6月，市政府经过方案论证、征询公众及被征收人意见等程序，制订《夏家浜公共文化设施建设项目房屋征收补偿方案》，启动房屋征收工作。夏家浜公共文化设施建设项目成为桐乡市首个市区国有土地房屋征收项目。7月25日，市旧城改造指挥部办公室发布《关于夏家浜公共文化设施建设项目房屋征收决定的公告》，征收范围东至夏家浜9号，南至夏家浜弄，西至县桥前弄，北至县前街。8月6日，经投票确定桐乡市中正房地产评估事务所为本项目评估机构。10月，该区域房屋征收签约及搬迁腾空工作全部完成，签约46户，签约率100%，总建筑面积3600平方米。

【完成河山镇平安路延伸段项目房屋征收补偿工作】 平安路延伸段项目是河山镇十大惠民实事工程之一，项目总投资1.3亿元，涉及4个村民小组109户农户。8月20日，市政府经过前期论证、意见征询，公布《河山镇平安路延伸段项目房屋征收补偿方案》。9月30日，市政府作出《关于河山镇平安路延伸段项目房屋征收的决定》，发布征收决定公告，确定征收范围为河山镇振兴路53～73号，涉及被征收户8户。实施单位为河山镇政府。安置房源位于平安路东侧，振兴路南侧。10月14日，经抽签确定桐乡求真房地产估价有限公司为本项目评估机构。至年底，完成全部8户居民房屋征收签约和搬迁腾空工作。

【启动乌镇镇旧镇改建项目】 2月，乌镇镇旧镇改建项目征收工作启动。4月11日，市政府组织有关部门对项目房屋征收补偿方案进行论证，并公布《乌镇镇旧镇改建项目房屋征收补偿方案(征求意见稿)》，征求公众意见。其间，实施单位召开补偿方案座谈会，听取被征收人对补偿方案意见和建议。6月5日，市政府作出《关于乌镇镇旧镇改建项目房屋征收的决定》，发布征收决定公告，征收决定确定范围为东至乌镇市河，南至西大街，西至隆源北路，北至环河大道区域，涉及被征收户237户，实施单位为乌镇镇政府。6月20日，经抽签确定浙江和诚房地产估价有限公司为本项目评估机构。至年底，完成218户居民房屋征收签约和搬迁腾空工作。

建筑业

【概况】 2014年，桐乡市"建筑强市(县)"创建工作稳步推进，实现施工产值和利税收入双增长。建筑业产值342.8亿元，比上年增长12%；实现税金9.1亿元，增长30%；实现利润总额4.7亿元，增长4%。强化政府引导，建立"建筑强市(县)"创建市级领导联系重点企业制度，推进新型建筑工业化发展，召开建筑工业化座谈会，合作引进桐乡市首个新型建筑工业化示范基地。延伸"走出去"发展触角，在贵州省设立首个办事机构。落实政府扶持建筑业奖励政策，奖励补助资金661万元，创历史新高。至年底，全市有建筑业企业94家。其中，总承包一级8家，二级18家，三级13家；专业承包一级3家，二级11家，三级27家，不分等级 2 家；劳务分包企业 12 家。全年 26 家企业资质晋级，其中主项晋升一级 1 家，二级 3 家，增项晋升二级 6 家，三级 11 家，新设立企业 5 家。创“钱江杯”优质工程 3 个(乌镇大剧院工程、振石大酒店二期工程、同福水厂供水工程)，创省级标准化工程 8 项，创国家级工法 4 项，省级工法 18 项，各项数据均创历史新高。

【“建筑强市(县)”创建稳步推进】 2014 年是桐乡市争创“建筑强市(县)”三年行动计划第二年。桐乡市加快推进“建筑强市(县)”各项任务目标，紧盯建筑产业化发展方向。3 月，深圳市美信宝筑建筑科技有限公司落户桐乡，与桐乡市建筑企业浙江巨匠钢业有限公司合作，成立桐乡市首个新型建筑工业化示范基地，并与上海张江万科房地产有限公司签订合同，进入生产阶段。5 月，桐乡市组织相关部门人员前往温岭开展“建筑强市(县)”专题调研，组织部分企业赴安徽召开工业化推进现场会。6 月，桐乡市召开建筑工业化座谈会，市委书记卢跃东出席会议并作重要讲话，提出要从战略上高度重视新型建筑工业化发展方向，大胆实施“走出去”发展，争创“建筑强市”；恒基建设集团有限公司代表嘉兴建委在贵州省设立首个办事机构。8 月，建立“建筑强市(县)”创建市级领导联系重点企业制度，17 位领导联系 17 家重点骨干企业，做好建筑业数据统计分析工作，引导企业规避风险，提高企业风险防范意识和水平。

【巨匠建设集团产值超百亿元】 2014 年，巨匠建设集团有限公司新签合同业务超 110 亿元，施工产值超 102 亿元，实现税利 2.5 亿元，成为嘉兴市首个超百亿元建筑企业。年内，巨匠集团通过建成省级企业技术中心和“产学研”平台，开展建设工程施工工艺研发、改进和总结。1 月，浙江省住房和城乡规划建设厅公布第二批“浙江省建筑强企”名单，巨匠建设集团名列其中，成为嘉兴市首个获此荣誉建筑企业。10 月，2013 年度浙江省建设工程类产值规模企业排行榜揭晓，巨匠建设集团名列建筑工程产值规模企业前 50 强，排名第三十四位。

【推进招投标制度改革】 2014 年，桐乡市建设局加大建筑市场整顿力度，推进招投标制度改革。招标环节中施行“叙标”，所有需要监理规模以上项目都要进行“叙标”。引入电子招投标系统，进入调试阶段。重点整治招投标中出现围标、串标等违法违规行为，加大查处力度，落实处罚措施。全年受理招投标投诉 4 起，查处 6 家施工企业涉嫌围标、串标事件，对相关企业处以暂停投标资格处罚。加大市场监管力度，完善市场准入清出机制，废止市外施工、监理、检测、招标代理企业进桐乡备案制度，破除地方壁垒；开展 3 次检查，检查企业(中介机构)64 家(次)，限期整改 62 家(次)，清退 2 家。推行信息公开和信用信息共享，全年通过工程建设领域项目信息公开专栏发布信息 155 条。

· 相关链接 ·

叙　标

是招标工程评标过程中投标人项目负责人与评标专家之间的一个互动环节。指在招标工程评标过程中，投标人项目负责人向评标专家简要阐述投标工程的施工组织安排、质量控制要点、施工难点等情况并现场回答专家提出的问题。

【启动工程质量治理两年行动】 2014 年，桐乡市被嘉兴市建委和省建设厅确定为工程质量治理两年行动先行地区，率先启动实施工程质量治理两年行动。工程质量治理两年行动实施的六大举措是：全面落实质量终身责任，着力规范建筑市场秩序，突出抓好工程实体质量，注重加强中介机构管理，积极推进新型建筑工业化和大力推进建筑市场诚信体系建设。明确提出项目负责人对建筑工程质量终身负责，注册建造师只能在一个工程中担任项目经理。10 月，实施建筑工程施工转包违法分包认定查处办法。年内，市建设局通过实施首层核验制度、重大安全隐患报告制度、工程质量巡查通报制度、分户验收制度、商品砼定期抽查制度等监管机制，抓好建筑工程质量安全基础性工作。全年开展保障性安居工程等住宅工程质量专项检查 4 次，原材料、建筑实体、桩基等监督检测 11 次，累计 360 批次，所有房屋竣工工程均设置永久性责任标牌，设置 309 项。联合多部门对全市住宅排气道质量开展专项抽查，对不符合要求排气道一律拆除。推进竣工住宅工程外墙淋水实验，减少质量问题和质量投诉。

【推广安装塔吊“黑匣子”】 2014年，桐乡市建设局完善建设工地安全监管，启动塔吊“黑匣子”安装，确保塔吊安全使用。塔吊“黑匣子”又叫“塔式起重机远程安全监控系统”，主要应用于塔吊实时监控，可全程记录起重机使用状况，并能规范塔式起重机的安拆、使用行为，控制和减少生产安全事故发生。年内安装使用黑匣子115台(次)。

房地产业

【概况】 2014年，全市有房地产企业103家。房地产开发投资72.5亿元，比上年减少20.3%。核发商品房预售许可证48件，面积121.63万平方米。全年商品房销售面积81.14万平方米，其中住宅销售面积57.83万平方米；商品房销售额54.86亿元，其中住宅销售额40.78亿元。新开工建设各类保障性住房348套，其中由崇福康居房产开发公司负责建设经济适用住房80套，工业企业投资兴建公共租赁住房(民工公寓)124套，由金禾投资公司在濮院滨河花园二期建设廉租房和公租房144套。竣工各类保障性住房865套。根据住房保障工作实际需要，调整住房保障相关标准，并由市政府出台《桐乡市公共租赁住房实施细则》。全年办理产权登记13775件，面积614.69万平方米；办理房地产转让4212件，面积63.6万平方米；办理房地产抵押18452件，面积1997.04万平方米；办理商品房预总登记621件，面积291.13万平方米；商品房预告登记5688件，面积88.8万平方米；办理房产测绘备案1332件，面积565.35万平方米。二手房交易三证(契税证、房产证、土地证)联办机制继续深化，承诺办理时限由15个工作日缩短到5个工作日。全年三证联办项目4681件，建筑面积83.45万平方米。启用嘉兴市住房保障局开发的房屋登记系统，对历史数据进行规范化整理，商品房买卖合同网上备案系统继续升级。规范全市直管公房管理，整治消除安全隐患。3～9月，在全市范围集中开展直管公房消防安全整治专项行动。“地毯式”排摸排查3270户，涉及面积20.45万平方米，落实隐患整改563户，确保无安全事故发生。

【公租房、廉租房实现并轨运行】 7月28日，市政府出台《桐乡市关于公布2014年度住房保障相关标准的通知》，调整住房保障相关标准，明确公共租赁住房和廉租住房并轨运行，统称“公共租赁住房”。规定申请公共租赁住房保障家庭收入标准为人均年收入3.2万元以下(含)；住房困难标准为人均住房建筑面积低于20平方米(含)，或按户计算住房建筑面积低于40平方米(含)；租赁补贴保障面积标准为人均建筑面积20平方米，或按户计算最低为建筑面积40平方米，最高不超过建筑面积70平方米。公共租赁住房每月租金和租赁补贴标准按家庭困难程度分类确定。

公共租赁住房月租金及租赁补贴标准分类

表15

困难家庭分类	月租金标准	租赁补贴标准
持有桐乡市城乡居民最低生活保障证、桐乡市城乡低收入家庭救助证、桐乡市城镇特困职工优惠证和桐乡市特困残疾人优惠证中一证及以上	以套计算，多层为1元，高层为2元	梧桐、凤鸣、龙翔、濮院、崇福和乌镇为12元/平方米，其他镇为10元/平方米
除以上第一类外人均年收入2.3万元以下(含)	以建筑面积计算，多层为1元/平方米，高层为2元/平方米	梧桐、凤鸣、龙翔、濮院、崇福和乌镇为11元/平方米，其他镇为9元/平方米
人均年收入2.3万至3.2万元	以建筑面积计算，多层为6元/平方米，高层为7元/平方米	梧桐、凤鸣、龙翔、濮院、崇福和乌镇为6元/平方米，其他镇为4元/平方米

【开展全市危旧房大排查】 4月，桐乡市开展全市危旧房大排查工作。重点排查建造年代较长、建设标准较低、失修失养严重的居民住宅房屋使用情况，尤其是20世纪80年代之前、90年代早期建造的各类旧住宅，以及各类保障性住房、改造安置住房、公共建筑等。全市排查城镇住宅房屋7602幢，总建筑面积约1339.3万平方米。7月，完成城镇既有住宅房屋调查登记管理系统数据录入工作。8月，组织专家重点对丙类房屋及部分判定存在疑义房屋进行复查。经排查，有甲类住宅房屋4323幢，面积963.4万平方米；乙类住宅房屋2228幢，面积344.24万平方米；丙类451幢，面积31.67万平方米。

·相关链接·

房屋结构安全排查的三个类别

房屋结构安全排查三个类别是根据房屋存在问题严重程度划分的，其中检查中未发现结构安全问题，可以正常使用房屋，为甲类；检查中发现存在结构安全但不严重，不影响安全使用房屋，为乙类；检查中发现存在比较严重的结构安全问题、影响安全使用房屋，为丙类。

【桐乡市第十三届房地产展示交易会】 10月31～11月3日，桐乡市建设局主办的桐乡市第十三届房地产展示交易会在市会展中心举办。16家房地产开发企业参展。展会期间，成交商品房206套。其中住宅成交205套，成交面积2.49万平方米，成交金额2.11亿元；成交商铺1套。成交量、成交金额分别比上年增长17%和18.5%。

【全市蚁情普查】 4月，桐乡市白蚁防治所开展全市蚁情普查。普查范围主要涉及10个村、10个城镇住宅小区、10个文物保护单位、5个园林绿化区域、95株名木古树。经抽查和普查，基本摸清全市蚁情蚁害情况。初步检验，危害桐乡本地白蚁种类有3种，分别为黑翅土白蚁、家白蚁和黄胸散白蚁。农村房屋平均蚁害率3.9%，城镇住宅小区蚁害率16.3%，文物保护单位蚁害率16.4%，园林绿化蚁害率48%，名木古树蚁害率8.1%。其间对此3种白蚁进行标本采集，调查现场按要求进行拍摄。8月底，完成全部调查工作。

【加快白蚁防治新技术研发应用】 2014年，桐乡市白蚁防治所加强科技攻关，推进白蚁防治新技术日常应用。4月，课题组聘请德清白蚁防治研究所高级工程师郭建强到试验基地检查指导监测装置，对引诱到的白蚁实施喷粉工作。桐乡市白蚁防治所研发配制三种配方药物，委托杭州浙科知识产权代理有限公司申请国家专利。年内，桐乡市白蚁防治所开展农村新村点白蚁预防试点工作，对曼哈顿楼盘、高桥越丰村新村点、南日新村点实施监测控制装置埋设，总监测建筑面积21.3万平方米，埋设监测装置1375套，并按照监测控制技术操作规范要求，进行监测装置编号、图纸定位等工作，试验表明装置对白蚁的诱集力强，对灭治环节有帮助。引诱装置埋设与喷粉技术相结合的防治方法，不仅是一种白蚁种群灭结技术，还可替代在房屋建筑用化学药剂大面积防治白蚁的方法。该项白蚁防治新技术的最大优势在于，有蚁治蚁，无蚁预防、监测白蚁，具有长期防治白蚁的作用。至年底，该项技术已进入推广应用阶段。

市政公用事业

【概况】 2014年，桐乡市新建污水管网165.6千米，完成城镇生活污水入网改造16041户。开展城镇建成区污(雨)水管线普查，改造老小区4个、积水点改造8个、二次供水改造2095户。开展节水宣传，实施屋顶雨水收集利用工程80处。新建天然气管线46.6千米，开展燃气安全检查8次，配合市行政执法局查处燃气非法灌装点10个。桐乡港华天然气有限公司和桐乡市毓翔液化气有限公司组织燃气泄漏迎接抢险预演。推进天然气户外集中挂表，在市区和崇福镇多个小区推广实施。

强化市政设施养护工作。完成市区人行道修补1.26万平方米。完成文华路、庆丰北路、崇福大道、世纪大道、石门公路(环城西路以西)等多条道路沥青路面修复工作，修复面积0.78万平方米；完成振兴路、庆丰路、环城北路、公园路、齐进路、齐福路、康泾塘路等道路混凝土修复工作，修复面积0.35万平方米。实施市区主要道路排水管道机械疏通29.67万米，更换修复窨井及井盖2600个。配合首届世界互联网大会召开，改善城市形象，自9月下旬开始对市区道路非法接坡、路面破损、盲道铺设不规范等现象进行集中维修整改，累计投入150人次，出动机械72台（套），至10月28日完工。实施人行道改造工程，方便市民出行。上半年实施中山东路、中山西路、稻乐路、屠甸路等10条道路13个点人行道改造，改造面积4.13万平方米；下半年实施凤鸣路、文华路、茅盾路、校场路、复兴路、商业广场、世贸二期南北道路人行道等23处路段改造提升工程，改造提升总面积3.23万平方米。全年投入市政基础设施改造提升资金1.25亿元。启动市区危旧桥梁维修加固工程，对检测出的9座不合格桥梁实行限行禁行措施，并完成维修加固，或拆除重建设计的招投标工作。完成市区20座公厕改造提升工程。

【实施城镇生活污水入网改造工程】 2014年，桐乡市推进城镇生活污水入网改造工程。根据“先总管后支管，成规模区域、人口集中区域优先”原则，分三年实施改造。改造范围为各镇（街道）生活建成区，包括小集镇和人口密集区域，改造以新建污水管网为建设内容，住宅内每户的收集管道、卫生设施污水、厨房废水、洗衣废水均接入城市生活污水收集管道，对不符合要求的住宅增设立管，对化粪池等设施进行检修。工程推进以污水处理工程建设领导小组办公室为平台，构建起城镇生活污水改造建设管理协调机构。乌镇凤仙新村小区作为工程试点区域，于4月25日首先开工建设，涉及民房30幢、居民550户。至6月底，污水建设领导小组办公室及各成员单位完成乌镇镇、石门镇、屠甸镇和凤鸣街道的初步方案论证。对镇区成规模改造区域，道路沿线商铺及各企事业单位入网改造进行界定，做到应纳尽纳。7月，各镇（街道）改造标段开工建设。至年底，完成城镇生活污水入网改造16041户。2008年以来，桐乡市先后实施两轮污水管网收集工程（“老三年”“新三年”），取得阶段性成效。2008～2014年，污水收集量从8.5万立方米/日增至18.26万立方米/日，城市污水处理率从原来75%提高至89%。管网覆盖范围大幅提高。至年底，管网基本实现“五到”要求，即管网到工业区、到镇街道生活区、到老集镇、到两新建设新村点、到畜禽养殖基地。

【实施高层住宅二次供水改造】 桐乡市建设局出台《高层住宅二次供水管理实施意见》和《高层住宅二次供水改造计划》，启动高层住宅二次供水改造工程。3月28日，市建设局和市水务集团牵头组织，巨匠建设集团股份有限公司等6家房产公司和桐乡市瑞丰物业管理有限公司等5家物业公司，就二次供水设施建设费和二次供水设施运行维护费等多个方面问题征求意见。7月1日，市政府出台《桐乡市高层住宅二次供水管理办法》，规范桐乡市高层住宅供水设施建设、维护和运行管理工作，明确由供水企业负责建设，并直接管水到户，对在建高层住宅二次供水设施，验收合格并符合接管条件的由供水企业管理，对已建高层住宅二次供水设施，按照“成熟一批，接管一批，改造一批”原则，逐步实现由供水企业管理，最终实现同网、同质、同价、同服务。至年底，完成凤凰小区等9个小区2095户供水改造工作。

【实施4个老旧小区改造】 2012年，桐乡市即启动老旧小区改造工作，并编制《市区老小区改造工程三年行动计划（2013～2015年）》，涉及9个社区14个老小区，计划总投资1.57亿元。2014年，列入《桐乡市市区老小区改造工程三年行动计划》的老旧小区有环北新村、百合花园、育才弄小区及莲花小区。4月，启动改造振东新区莲花小区工程，7月完工，改造面积8.56万平方米，惠及居民104户。8月，启动改造梧桐街道环北新村、百合花园、育才弄小区工程，至年底完工。3个小区合计改造面积25.75万平方米，惠及居民3745户。按照“道路基本畅通、管网基本疏通、绿化基本覆盖、管线基本理顺”要求，4个列入改造的老旧小区根据实际情况，雨污管道重新铺设、小区道路拓宽、增设停车位，提升景观绿化，改变以前雨污合流、积水严重、停车难等问题。

【实施北港河生态景观修复工程】 5月，《北港河生态景观修复工程方案》论证会在市建设局召开并通过论证，于7月启动。至年底，生态浮岛工程建成，生态植物放置完毕。河面增加近1

万平方米绿化面积。北港河位于桐乡市中心城区，总长约2千米，东起丁家桥港，西至康泾塘，河道最宽处35米左右，是桐乡市城区最主要的河道之一。受工业污水、生活污水、雨水、自身水体流动缓慢等因素影响，水体自净能力弱，富营养化严重。原河道采用驳坎砌石，景观效果差。北港河生态景观修复工程由杭州绿风园林景观设计研究院有限公司设计，从植物景观入手，沿驳岸设置浮岛，种植黄花水龙、萍蓬草、香蒲、常绿水生鸢尾、三色堇、一品红等水生植物，美化环境，净化水体，吸引鸟类、鱼类、昆虫类，建立水生生物食物链，维护生态平衡。

（朱铁波）

3月26日，洲泉镇青石村“一户多宅”拆除现场

“三改一拆”办公室提供

“三改一拆”行动

【概况】 2014年，桐乡市以“无违建”创建工作为抓手，依法纵深推进“三改一拆”（旧住宅区、旧厂区、城中村改造和拆除违法建筑）行动，全年总体工作扎实稳健。各项工作取得明显成效。全年完成“三改一拆”总面积474万平方米。其中，完成“三改”面积223万平方米，拆除违法建筑180万平方米、违建猪舍71万平方米。

【推进违法建筑拆除工作】 2014年是“三改一拆”三年行动的第二年，也是深入推进“三改一拆”行动的关键之年、巩固之年。是年，桐乡市在六大专项行动的基础上，将主要道路、主要河道两侧违法建筑作为拆除重点，强势推进违法建筑拆除工作。上半年，结合“截污清源”拆违百日攻坚行动，深入推进违建猪舍拆除工作，拆除违建猪舍面积47.78万平方米。下半年，结合“拔钉清障”专项行动，加强城镇及工业园区违法建筑拆除工作。全面推进农村非法“一户多宅”拆除工作，至年底，全市拆除非法“一户多宅”486户，一定程度上改善了农村建房用地落实难的情况。在强拆违的同时，桐乡市注重控违禁新长效管理。是年，全市各镇、（街道）和公投集团、经济开发区、振东新区15个实施主体单位结合本辖区实际，均建立违法建筑拆后的控新机制，巡查队伍全面落实，区域责任划分明确到位，巡查队伍考核、村（社区）常态考核机制建立健全，“112”控违禁新长效管理模式进一步优化。

【扎实开展“无违建”创建活动】 2014年年初，根据省委省政府统一部署，桐乡市按照成熟一个申报一个的基本原则，扎实推进“无违建”创建各项工作。全市每个镇（街道）申报典型村（社区）1个，作为无违建创建示范点并按照“无违建”创建要求逐项落实，年内全部完成示范点验收。开展“无违建示范道路”“无违建示范河道”“无非法‘一户多宅’示范县”三项专题联创活动，夯实和推动“无违建村（社区）”和“无违建镇（街道）”创建工作，形成齐抓共管、合力共创工作格局。全面落实申报承诺制，每月在电视台曝光各辖区典型违法建筑，并跟踪后续处置情况，形成强大声势。至年底，全市14个实施主体单位进行“无违建镇（街道）”创建活动，其中濮院镇、梧桐街道、龙翔街道和振东新区接受嘉兴市验收。

【开展非法砂石料加工场专项整治】 3月下旬，市政府常务会议决定由市“三改一拆”办牵头，对全市30家砂石料加工场进行分类整治。4月，成立整治工作领导小组，开展全面整顿清理。5月14日，在大麻镇召开非法砂石料加工场整治工作现场推进会。6月25日，市政府常务会议讨论并原则通过《桐乡市砂石料加工场规范提升方案》。至6月底，全市22家非法砂石料加工场全部整治清理完毕，腾出土地25公顷，其中可用于复垦农用地11公顷，拆除违法建筑面积3.3万平方米，每年减少砂石料加工能力1200万吨，减少年用电能耗约4200千瓦小时。首次引入生态补偿和生态赔偿机制，通过公开定向拍卖方式出让砂石料加工场经营权，拍卖所得费用用于"五水共治"和河岸生态修复。其余8家经过合法性审查提升行业标准。

【高速公路沿线广告专项整治】 8月，根据上级统一部署，桐乡市落实整治专项资金360余万元，将高速公路沿线7个镇划分为3个片区开展高速公路广告专项整治，涉及5个镇、17个村和51家广告业主。用时13天，拆除高速公路沿线228块违法广告，实现"零遗漏、零事故、零隐患"整治目标，在嘉兴率先完成高速公路沿线广告专项整治任务。

（刘伟龙）

电力配送

【概况】 2014年，桐乡市全社会用电量76.64亿千瓦小时，比上年增长1.3%。其中，工业用电65.45亿千瓦小时，增长2.89%；城乡居民生活用电5.42亿千瓦小时，减少12.9%。供电量55.40亿千瓦小时，减少0.02%。售电量52.98亿千瓦小时，增长0.42%。最高负荷128.37万千瓦，增长2.66%。地方并网电厂3家，装机容量10.5万千瓦，累计发电量6.68亿千瓦小时。综合电压合格率99.63%，城网供电可靠率99.98%，农网供电可靠率99.94%，变电、线路设备完好率100%。至年底，全市用电户数36.66万户，比上年增加13544户。其中大工业用户增加49户、普通工业用户增加810户、非工业用户增加1144户、农业用户增加818户、居民用户增加9371户、商业用户增加1319户。全市10千伏及以上专变4376台，3598户，容量213.85万千伏安。新增20千伏及以上用户128户，容量10.53万千伏安，10千伏升压至20千伏用户344户，容量17.52万千伏安。全市有自发电用户1485户，发电机1780台，装机容量34.21万千瓦；有余热发电企业3家，发电机4台，装机容量1.2万千瓦。全年累计发电2383.21万千瓦小时。桐乡市域内有公用变电所220千伏5座、110千伏20座、35千伏3座，变电总容量485万千伏安。110千伏输电线路365千米，中压配电线路3561千米。

【500千伏杭北—乔司II回输电线路工程投运】 4月29日，浙江省重点工程——500千伏杭北—乔司II回输电线路工程按计划投运。该线路2013年6月开工，途径桐乡市大麻镇、崇福镇区域，新建双回线路6.44千米，新建杆塔18基，迁建民房10余户，拆迁房屋总面积2532平方米。工程投运后在满足浙江省用电负荷增长需求、保证浙北电网安全可靠运行、落实国家节能减排政策方面发挥重要作用。

【华能桐乡天然气热电联产220千伏送出工程投运】 5月5日，华能桐乡天然气热电联产220千伏送出工程投运。华能桐乡天然气热电联产工程是浙江省重点能源建设项目，本期27.32＋21.37万千瓦机组出线通过220千伏含山—青石1回线单开口π入系统，形成电厂—含山、电厂—青石2回线。新建线路长度约2×1.7千米。工程的投运，对满足当地集中供热需求，满足附近地区用电需要，缓和嘉兴地区电网缺电状况，提高电网运行的经济性、可靠性，保证桐乡地区经济可持续发展起到重要作用。

【宣传微信绑定账号服务】 2014年，供电公司通过双管齐下方式，宣传微信绑定账号服务。全市6个供电所、1个中心营业厅和营销部采取现场推广服务，在街边或广场，向客户耐心讲解绑定须知与方式；以短信发送形式，告知用户绑定服务后，从微信公共平台可便捷查询电费、充值交费、查看电子账单、阅读电力资讯、收到停电公告和学习各种用电知识。至年底，微信绑定量16276户。

2014 年桐乡市全社会用电构成

表 16

项　　目	用户数（户）	装接容量（千瓦）	全年用电量（万千瓦小时）
全社会用电总计	367244	4661458	766418
一、农、林、牧、渔业	25683	214267	4284
二、工业	33952	1758330	647695
三、建筑业	1252	171529	6825
四、交通运输、仓储和邮政业	449	25832	1922
五、信息传输、计算机服务和软件业	2057	22832	2407
六、商业、住宿和餐饮业	30736	503895	30301
七、金融、房地产、商务及居民服务业	4711	99949	5436
八、公共事业及管理组织	4786	166915	13329
九、城乡居民生活用电	263618	1697909	54219
其中：城镇居民	138034	914634	31490
农村居民	125584	783275	22728

（张海霞）

园林绿化

【概况】 2014 年，桐乡市通过国家园林城市复查，成功创建省级森林城市。至年底，完成市区创森造林 248.3 公顷，绿道建设 7 条，总长度 13.7 千米，投入资金近 379 万元，人均公共绿地 14.58 平方米，建成区绿地率和绿化覆盖率分别为 39.27%、44.1%。全年办理城镇、市区绿化指标审批分别为 97 件和 75 件；绿化砍伐、移植项目和临时占用绿地审批 47 件，收取绿化移植、占用费 36.7 万元。支持园林企业资质升级，提升企业竞争力。全市 20 家园林企业，其中一级 2 家，二级 2 家，三级 16 家。组织参加嘉兴市园林工人技术操作比武，桐乡代表队取得团体一等奖、最佳作品奖、个人一等奖。桐乡市建设局举办 2014 年度桐乡市园林绿化工人技能比赛，提升绿化工人养护管理工作水平。

10 月 24 日，市建设局举办 2014 年度桐乡市园林绿化工人技能比赛　　市建设局提供

【通过国家园林城市复查】 7 月 17～18 日，国家园林城市复检小组到桐乡进行国家园林城市复查工作。复检小组通过走现场、看实景、听汇报等进行考核，桐乡市通过国家园林城市复查。至年末，市区新增绿地游园 20

个，面积4万余平方米。新世纪公园、凤鸣公园、植物园等综合性公园均免费向市民开放。市区道路、河道绿化普及率97.3%和94%，建成生态绿道50千米。全市开展“园林式单位”“园林式小区”评选，至年底，评选出“园林式单位”“园林式小区”100余家。针对土地资源紧缺现状，推行拆墙透绿等创新举措，将沿街单位封闭式围墙改为通透式围墙，在围墙边种植爬山虎等爬藤植物。至年末，沿街主干道拆墙透绿单位占沿街单位总数90.6%，增加垂直绿化1876米。桐乡市园林绿化三大指标提高，绿化覆盖率、绿地率分别达到44.1%、39.27%、人均公园绿地面积14.58平方米，实现公园绿化服务半径覆盖率73.26%。

【启动绿化提升改造工程】 2014年，桐乡市启动多项市区绿化改造提升工程，迎接首届世界互联网大会10月在乌镇召开。工程主要包括908根灯杆悬挂花篮、520个落地隔离花箱摆放、10处交通节点绿化改造，其中包括庆丰路与茅盾路交叉口渠化岛、加气站东面绿地、老中医院旁三角绿地等以及28处零星绿地改造提升工程。改造提升工程于大会召开之前完成。

迎接世界互联网大会市区绿化提升工程

表17

工程名称	改造数量	具体施工地点	应用花木品种
市区路灯花篮悬挂工程	908杆	庆丰路(绕城北路—绕城南路)173杆、迎宾大道(绕城南路—高桥)161杆、复兴路(环城北路—迪福大道)90杆、世纪大道(环城北路—环城南路)105杆、环城北路8杆、逾桥路8杆、体育路4杆、中山路4杆、茅盾路39杆、振兴路109杆、校场路59杆、中华路4杆、民兴路2杆、梧振东路2杆、环城南路53杆、凤栖路4杆、发展大道8杆、凤翔路2杆、庆丰立交14杆、迎宾大道—桐乡火车站59杆	矮牵牛、美女樱、黑眼苏珊
市区部分道路花箱摆放工程	520个	市政广场、振兴路(绕城东路—文化路)、庆丰路(公园路—中山路)	秋小菊、日本海棠
市区部分交通渠化绿化改造提升工程	10处	庆丰路与公园路、庆丰北路与绕城北路、庆丰路与茅盾路、庆丰路与公园路(老中医院西北角)、庆丰路与崇福大道、世纪大道与屠甸路、世纪大道与环城南路、庆丰路与校场路交叉口绿化，庆丰桥头、润丰步行街绿化	紫罗兰、香彩雀、天蓝鼠尾草、金露、三色堇、紫鸭跖草、小秋菊、秋海棠、石竹、黄金络石、火焰南天竹等
零星改造工程	28处	盐湖线(环城南路—绕城路)、柳莺花园南(崇福大道)、新民北路(逾桥西路—体育西路)、会展中心、见喜桥港(桐昆)南侧、体育路与世纪大道交叉口、环城北路(老湖盐线)、润丰步行街颐高数码前花坛、石门路与环城西路、桐乡汽车综合性能检测站边、长乐路、中央名品服饰城门口、人民路与校场路交叉口、景雅路边、人民路水闸边、果园桥水厂北侧、文昌路南北两侧、光明大酒店旁、庆丰南路西侧、北港河滨河、环城东路客运中心东侧、世纪高尔夫南(中山东路)、幸福路与校场路交叉口、环北新村旁、康居苑围墙旁、庆北垃圾中转站、清华园旁、茅盾路与世纪大道交叉口西南面绿地改造	榉树、青桐、月季、樱花、蔷薇、丝带草、果岭草、紫荆、毛鹃、凌霄、垂柳、香樟、法桐、红叶石楠、金边黄杨、小腊、红叶李、海桐球、兰花三七、紫薇、红梅、无刺构骨、茶梅

（朱铁波）

环境保护

概　述

2014年，桐乡市环保局以改善环境质量、确保环境安全、促进科学发展为目标，各项工作稳步推进。交接断面出境水质好于入境水质，在2014年度全省跨行政区域河流交接断面水质考核中，桐乡市首次被评为优秀。

深化生态示范建设，继续推进生态绿色系列创建活动。开展嘉兴市级生态村现场验收工作，验收高桥镇越丰村等11个村，复查2012年度嘉兴市级生态村53个，红杉郇景区申报创建省级生态文明教育基地。充分发挥报纸、网络、电台等媒体宣传作用，营造更浓厚的生态文明建设氛围。全年在各类报纸刊登宣传稿件95篇，电视专题报道39期。开展生态法制教育培训宣讲活动，招募环保志愿者参与水环境治理巡防、环境执法和环境案件审理、环保标志发放等活动。举办“世界地球日”主题演出、“科技·环保·绿色设计”校园环保创意设计大赛、《中华人民共和国环境保护法》征文、环境保护法知识网络答题竞赛、环境违法案件执法大比武等大型宣传活动。

3月12日，市环保局联合公安局打击环境污染犯罪行为

市环保局提供

坚持“铁腕治污，露头就打”方针，加强与公安、检察院、法院、司法局的联系与沟通，完善案件移送、案件会商、信息共享等制度。开展“亮剑”系列环保专项行动，每季开展一次。全年出动执法人员8154人次，检查企业2958厂次。立案查处环境违法案件146件。其中行政处罚131件，罚款708.3万元；移送公安机关15件。刑事打击环境犯罪涉案人员62人，依法判决案件14起。实施违法排污“黑名单”制度，全年曝光6批次135个环境违法行为。组织开展跨界污染问题排查，联合湖州市环保部门开展嘉湖边界环境联合执法检查，建立健全预防与处置跨界污染纠纷协调联动机制。

环境管理

【概况】 2014年，市环保局严格实施项目审批与区域环境质量、产业结构调整、环保基础设施建设、污染减排绩效挂钩措施，从源头上控制污染增量。全年审批建设项目环评文件421项，实施主要污染物总量替代建设项目31个。主要污染物化学需氧量减少39.101吨/年、氨氮减少4.432吨/年、二氧化硫减少

150.661 吨/年、氮氧化物减少2027.823 吨/年。同时，对污染排放大，能耗高以及不符合环保审批条件的项目予以否决，全年否决建设项目 29 项，涉及投资金额 5.7 亿元。继续深化四大行业整治工作。在全省率先按照"市场化处置"为主、"行政推动"为辅的工作模式，长效制约、依法高效推进。全市累计已实现关停淘汰四大行业企业 74 家（包括直接关停和整合关停），完成整治提升验收企业 104 家。严格执行排污收费与环保"三同时"制度，开展排污费收缴清查、建设项目环保"三同时"专项检查工作，全年排查建设项目3142 个，其中涉及环保审批项目2296 个，竣工环保验收项目 846 个。公开环保"三同时"验收项目 95 个。

· 相关链接 ·

建设项目环保
"三同时"管理制度

指公司新建、改建、扩建的基本建设项目、技术改造项目、引进的建设项目，其安全设施必须符合国家规定的标准，必须与主体工程同时设计、同时施工、同时投入生产和使用，环保设施的投资应纳入建设项目预算。

【深入推进水环境综合治理】 2014 年，市环保局围绕"五水共治"工作大局，执行"三长治河"制度，牵头组织实施"治污水"工程。加快推进工业污水全入网行动，全年新增污水入网企业737 家；加大饮用水源保护区污染整治力度，基本完成一级水源地海盛建材关停工作；强化水源地环境问题整改，关停饮用水源一、二级保护区内企业 10 家，纳管入网企业 4 家。加强示范河道整治，结合运河旅游开发，细化落实运河（桐乡段）沿线工业企业污水整治工作方案，协调督促沿河 99 家企业污水入网和排污封堵。合力推进农村生活污水治理，全面推广农村污水"纳管网"和"集中式生态池"两种综合治理模式。2014 年，累计完成农户 2.3 万户生活污水治理；加强养殖污染专项整治，推进违章猪舍专项清理行动，全年清理拆除面积 74.98 万平方米。

【实施三大特色行业整治提升工程】 2014 年，桐乡市政府制定出台《桐乡市榨菜（蔬菜）行业整治提升工作方案》《桐乡市机制丝绵行业整治工作方案》《桐乡市涉汞（电光源生产）行业整治提升方案》，开展特色专项整治，加快解决区域性、行业性、结构性的突出环境问题。深化蔬菜和机制丝绵行业整治行动，关停、兼并榨菜加工企业 5 家，35 家企业进行整治提升；关停 55 家不具备兼并整合条件的机制丝绵企业，完成 8 家企业的整治提升验收工作；全市涉汞企业 16 家，其中 15 家实施停产，1 家落实搬迁整合提升工作，全面完成河山小精炼专项整治工作，关闭取缔小精炼作坊 50 家。

【加大大气污染防控整治力度】 2014 年，市环保局加强大气污染防控与整治，制订《清洁空气行动年度方案》，出台《大气污染防治实施细则》。划定高污染燃料禁燃区，提高清洁能源使用率。加强固定源防治，促进大气环境治理。开展热电和水泥企业燃煤锅炉脱硫脱硝改造，10 台炉（窑）完成改造投入试运行；划定禁止使用高污染燃料区域，开展市区浴室锅炉整治；强化机动车污染防治，推行高污染机动车市区禁行管理整治，加大机动车环保标志发放力度，全年核发环保标志 9.83 万张，环保标志核发率 87.4%，机动车油改气 560 辆；加快淘汰黄标车，淘汰黄标车 4734 辆；治理挥发性有机废气排放 9 家；加快大气复合污染监测与预警体系，完成市区 2 座空气站监测系统的升级改造，增加细颗粒物、臭氧、一氧化碳等监测指标。

【严格辐射固废管理】 2014 年，市环保局强化辐射安全监管，完善辐射工作单位、放射源类别和数量分布图、及时更新数据库资料，巩固提高"放心放射源和熔炼企业"创建成果。依法对辐射建设项目进行监管把关，严格按照审批权限进行辐射建设项目的审批和初审。全年审批电离辐射建设项目 6 项，电磁辐射项目 7 项。出台《污泥规范化处置管理办法》，制订集中整治方案，开展规范污泥处置专项检查，落实污泥贮存场所"三防"（专职巡防、群策群防、重点布防）措施，建立污泥管理台账制度。扎实开展污泥规范化处置专项整治，全力推进污泥无害化处置项目实施。加强危险废物转移审批管理，实行转移联单网上办理、校核，全年审批转移计划 157 起，其中否决 17 起。工业危险废物转移 362 起，处置危险废物 4291.13 吨。

【加强舆情信访调处】 2014 年，市环保局建立《危险化学品事故应急救援制度》《突发环境污染事件应急处置制度》等七项制度，推进环境应急保障体系建设。全面清理各类环境风险隐患，8 家企业纳入 2014 年全市环境风险源名录，强化风险源的危险化学品贮存安全、应急管理水平和区域环境敏感性等方面的排摸调查，实现“处置一起，整改一批”，抵御环境风险，保障民生环境安全。畅通环境信访渠道，强化“12369”环保举报热线受理，确保群众举报热线 24 小时畅通。充分利用“桐乡环保”微博等平台，建立健全环境舆情搜索、监控、快速调处和回应机制。开展领导下访、包案活动，着力解决重点、难点信访和信访积案问题。强化环境维稳形势分析研判，掌握重大环境信访情况和调查处理趋势，做好信访信息预警工作。落实信访首问责任制，降低重复信访，提高环境信访违法行为处理率。全年受理各类环境信访 423 件，调处率 100%。

【探索生态“三偿”机制】 2014 年，市环保局出台《关于推进“生态有偿、生态补偿、生态赔偿”机制建设的实施意见》，在全市范围内开展“三偿”机制建设的实践探索。“生态有偿”机制，通过深化排污权交易制度、探索排污权流动机制、实行总量控制激励机制，建立政府指导下的生态有偿市场化运作机制，全面推行排污权有偿使用，最终达到区域排污总量控制、环境资源优化配置、产业结构转型升级的目的。“生态补偿”机制，通过重点区域补偿机制、区域间双向补偿机制、生态修复补偿机制以及设立生态补偿专项资金等制度建设，建立政府统筹、多层次、多渠道的补偿机制，按照“谁开发谁保护、谁受益谁补偿”的原则，明确责任与义务，严格考核与问责，从制度约束上推进“生态补偿”工作的开展，并最终有利于实现区域间统筹发展。生态赔偿机制，按照“谁污染谁赔偿”原则，企事业单位、个体工商户和个人，因违法排放、倾倒、处置污染物，对公共生态环境造成污染或者生态破坏的，应依法承担环境污染损害赔偿。2014 年，全市完成主要污染物排污权交易 16 起，包括化学需氧量和二氧化硫交易，共涉及交易金额 37.3 万元。

【实施违法排污“黑名单”制度】 3 月起，桐乡市环保局实施违法排污“黑名单”制度，通过报纸、广播、电视和网络等媒体，对列入“黑名单”的排污者有关信息进行公布，接受社会监督。被列入“黑名单”的主要涉及 8 种情况：被环保部门行政处罚的；监督性监测超标的；每月在线监测超标率 5%以上的；未按期完成整治任务的；信访投诉后被查实且在规定时间内未整改到位再次被投诉的；拒不履行环保行政处罚决定而被依法申请强制执行的；污水收集管网 1 千米半径覆盖范围内未实现入网的废水排放企业；其他经查实具有严重环境违法行为的。被纳入“黑名单”后，不仅要通过媒体曝光并向社会公开其整改的动态信息，而且会由相关责任主体对其实行“一对一”跟踪监管，同时，环保部门暂停审批技改项目，并且不得为当事人及其法定代表人出具申请上市或者融资、环境管理体系认证等多种环保认可证明，相关信息也同步送至金融系统和省环保厅。该制度具有进入和退出机制，列入违法排污“黑名单”的排污者，必须在 6 个月内完成有关环境违法问题的整改工作，相关责任主体将对名单中具体排污者实行“一对一”跟踪监管，直至跟踪监管对象退出“黑名单”。2014 年以来，已累计曝光 6 批次 135 个环境违法行为。全年累计曝光 4 批次 102 个环境违法行为，已完成整改企业 95 家。

【深化产业结构调整】 在统筹环境统计、污染普查及动态更新数据的基础上，结合桐乡实际，2014 年，市环保局下发《关于公布 2014 年全市主要污染物总量减排工作任务和重点项目的通知》，确定重点减排项目 26 个。全年实施结构关停项目 17 个，建成工程治理项目 8 个，建成但因停产未运行项目 1 个。重点减排项目中有 5 个项目发挥减排效益。淘汰落后产能企业 161 家，腾退低效用地 113.71 公顷。

【实施环保行政审批层级一体化改革】 2014 年，市环保局进一步深化审批改革，实施环保行政审批层级一体化改革，严格执行“两集中、两到位”（即审批事项向审批科室集中、审批科室向行政审批服务中心集中,审批部门进驻审批服务中心的人员到位、审批权限授权到位),全面承接嘉兴市环保局下放的行政许可事项16项、非行政许可事项9项(涵盖桐乡市环保局原10项许可项目)。全年承接办理嘉兴市局下放审批事项142个,其中环境影响评价文件审批印染、化工项目8个,辐射项目审批1个,辐射安全许可证核发11个,危险废物转移许可和年度计划转移122个。1月,市环保局印发《行政审批层级一体化改革审批事项下放承接和集中办理实施方案》,承接的审批事项统一纳入桐乡市行政审批服务中心集中办理。同时做好承接工作,将3项行政许可事项、5项非行政许可事项交由各基层环保所承接。

2012～2014年桐乡市环境空气质量情况

表18

项　　目	2012年	2013年	2014年
二氧化硫(毫克/立方米)	0.032	0.034	0.026
二氧化氮(毫克/立方米)	0.044	0.050	0.043
可吸入颗粒物(毫克/立方米)	0.076	0.101	0.098
细颗粒物(毫克/立方米)			0.055
臭氧(毫克/立方米)			0.102
一氧化碳(毫克/立方米)			0.9
空气质量级别	Ⅱ级	劣于Ⅱ级	劣于Ⅱ级
空气质量描述	良	轻度污染	轻度污染
一级天数(天)	92	53	30
二级天数(天)	258	259	226
三级及三级以上天数(天)	16	53	94
主要污染物	可吸入颗粒物(PM10)	可吸入颗粒物(PM10)	可吸入颗粒物(PM2.5)
全年优良率(%)	空气污染指数(API)95.6	空气污染指数(API)85.5	空气质量指数(AQI)71.1

注:因2014年起实施空气质量新标准,新增细颗粒物、臭氧、一氧化碳三项指标,故表中一级、二级、三级及三级以上天数和全年优良率数据较之前无可比性

环境监测

【概况】 2014年,市环境监测站获各类监测数据33611个(包括噪声),出具各类监测报告542份,检测报告581份,验收报告213份,监测收费62.2万元。制订《2014年监测质量管理计划》,包括人员培训考核、监测依据的确认和控制、监测设备和标准物质的量值溯源、设施和环境保护、外部支持和供给的质量控制

8月20日,市环保局举行环保监测上岗证考核　　市环保局提供

等多项内容，并认真组织实施，确保监测站质量管理体系的持续有效运行和不断改进。2月，市环境监测站顺利通过国家环保部标准化建设验收。有序推进乌镇与乌镇北两个新建交接断面水质自动监测站建设，加强重点污染源监督监测、污水处理厂、涉重企业和电离辐射的监督监测工作。环境监测站监督监测省控以上废水污染源159厂次、省控以上废气污染源31厂次、污水处理厂20厂次；监测废水在线监控系统比对99厂次、废气在线监控系统比对29厂次、涉重金属重点防控企业15厂次。做好市环保局网站自动监测空气质量日报、周报更新发布工作。12月，在嘉兴市环境监测系统2014年度技术比武活动中，桐乡市环境监测站获团体总分第一名。

【环境监测站通过环保部“标准化”建设验收】 2月，经环保部监测司、国家监测总站及相关省站的专家组实地核查，桐乡市环境监测站标准化建设整体通过验收。近年来，市环境监测站通过实施标准化建设，监测领域进一步拓展，质量管理进一步强化，环境监测整体能力得到较大提升，较好地发挥了环境监测服务环境保护和经济建设的技术支撑作用。

【水环境质量】 2014年，全市地表水环境质量有所改善，氨氮和总磷是桐乡地表水中的主要污染物。全市12个地表水常规监测断面水质类别范围为四类至五类。其中四类断面6个，五类断面6个，各占50%，相比2013年减少1个三类断面，增加5个四类断面，减少3个五类断面和1个劣五类断面。对比功能区要求，全市12个监测断面中崇福市河满足功能类别要求，其他均不满足功能区要求，比2013年所有断面均不满足功能区有所进步。其中主要污染因子为氨氮和总磷，相比上年同期，氨氮浓度下降7.98%，总磷浓度下降24.6%。

【交接断面水质考核为优秀】 2015年5月4日，浙江省环保厅、水利厅、财政厅发文公布，桐乡市在2014年度全省跨行政区域河流交接断面水质考核中为优秀，这是浙江省实施跨行政区域河流交接断面水质考核以来，桐乡市首次获得的年度考核优秀。全市地表水交接断面总体出境好于入境，入境水质为五类，出境水质为四类。主要污染因子为氨氮。1～12月，高锰酸盐指数属于达到功能区要求三类水质，氨氮出境较入境改善11.3%，总磷改善4.85%，高锰酸盐指数恶化4.31%。2014年出境与上年相比高锰酸盐指数改善0.7%，氨氮改善6.3%，总磷改善16.4%。

桐乡市12个地表水常规监测断面水质情况

表19　　单位：个

项　　目	2012年	2013年	2014年
三类断面	1	1	0
四类断面	1	1	6
五类断面	7	9	6
劣五类断面	3	1	0

【市区环境空气质量】 2014年，全市环境空气质量保持稳定。空气质量达到一、二级的天数为256天，占监测总天数的71.1%（按新标准，因此与2013年同期没有可比性），空气质量综合指数为5.93，首要污染物为细颗粒物（PM2.5）。监测结果显示，大气中年平均浓度二氧化硫为0.026毫克/立方米、二氧化氮为0.043毫克/立方米、可吸入颗粒物为0.098毫克/立方米、细颗粒物为0.055毫克/立方米、臭氧为0.102毫克/立方米、一氧化碳为0.9毫克/立方米（后三项为2014年新增指标）。其中二氧化氮、可吸入颗粒物、细颗粒物三项指标未达到国家二级标准。相比上年同期平均值，二氧化硫、二氧化氮和可吸入颗粒物年平均浓度分别下降23.5%、14%和3.0%。

【市区声环境质量】 2014年，全市声环境质量监测状况符合生态建设要求。市区有交通噪声监控点 49 个、区域环境噪声监控点 118 个，进行每年一次的例行监测。全市交通噪声加权均值 66.9 分贝，区域噪声均值 54.9 分贝，与上年基本持平。

【全市酸雨情况】 2014 年，全市实施降水监测 108 次，降水总量为 1070.1 毫米，酸雨率 100%，较 2013 年(97.6%)有所上升。降水 pH 范围 4.21～5.6，pH 均值为 4.82。

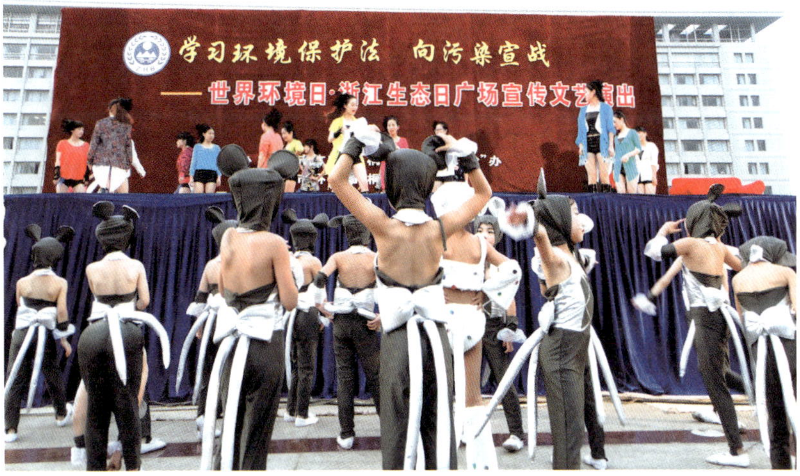

6 月 19 日，桐乡市举行世界环境日·浙江生态日广场宣传文艺演出 市环保局提供

生态建设

【概况】 2014 年，制定下发《2014 年度桐乡市生态市建设工作任务书及考核评分标准》，加强生态环境建设个性化指标考核力度，明确工作任务，落实工作责任，并将生态建设、污染减排、重点行业整治、污水新增入网量、燃煤控制等指标纳入镇(街道)职能考核范畴，实施一票否决。持续推进桐乡市生态绿色系列创建活动，龙翔街道、梧桐街道创建为国家级生态街道，红杉邨景区为省级生态文明教育示范基地。创建省级绿色学校 2 所、嘉兴市级生态村 11 个、嘉兴市级绿色社区 1 个。巩固省级美丽乡村先进县创建成果，3 个先进镇、11 个村通过扩面提升村验收，10 个村列入省级示范中心村建设。生态建设投入力度继续加大，全年投入经常性环保资金 3628.3 万元，比上年增加 369.1 万元。深入实施绿色信贷，新增绿色保险投保并完成环境风险评估企业 8 家。全市已完成城镇农村造林绿化 553.33 公顷。创建省级森林城镇 1 个(屠甸镇)、省级森林村庄 5 个、嘉兴市级绿化示范村 9 个，省级森林城市通过验收。

【深入推进“四边三化”行动】 2014 年，市环保局加大资金扶持与督促考核力度，加强公路边、高速铁路边、河边、村庄边的环境卫生整治，着力改善人居环境。以全国中小河流治理重点县综合整治试点和全国重点地区中小河流治理项目为契机，继续深入实施河道综合整治工作，实施河道整治 29.2 公顷，河道绿化 139.5 千米。将公路边沿线污染点源整治与“三改一拆”紧密结合，拆除县道以上公路边违法建筑物 11.78 万平方米，完成公路边绿化种植 628.8 公顷(其中“两高”沿线绿化 200 公顷、高速公路出入口绿化 16.4 公顷)。

【开展农村环境综合治理】 2014 年，市环保局加强畜禽养殖污染治理，出台《桐乡市农业面源污染防治专项行动实施方案》，开展农村环境综合整治，严控农业面源污染。全年拆除违建猪舍面积 74.98 万平方米。各镇(街道)病死动物收集中转站建设基本完工，覆盖全市的死亡动物处理中心建成运行。大力推广生态循环养殖模式，洲泉镇嘉华智能生猪养殖场智能化生猪养殖模式，崇福农发养猪专业合作社“畜粪生态化消纳与资源化综合利用”新模式均实现粪污资源化利用。鼓励养殖农户转产转业，乌镇陈庄生态旅游休闲农庄成为养殖大户成功转产的典型。开展水产养殖污染治理，养殖塘生态化改造 109.73 公顷，稻鱼共生治污 294.47 公顷，石门同润现代科技合作社、洲泉马鸣蔡国良养殖场的甲鱼污染尾水处理设施建成。推进秸秆及农作物废弃物综合利用，出台《桐乡市控制农村废气污染专项行动实施方案》，建立禁止露天焚烧秸秆监管长效机制。

(朱跃红)

财政　税务

概　　述

2014年，桐乡市财政收入稳步增长，收支基本平衡。全市财政总收入89.05亿元，比上年增长9.3%，其中公共财政预算收入49.19亿元，增长8%。全市公共财政预算支出52.42亿元，比上年增长11.2%，其中市本级公共财政预算支出42.17亿元，增长11%。

2014年，桐乡市财政部门收入占总收入的5.4%，公共财政预算收入占财政总收入的55.2%，地税部门税收收入占总收入的44.9%。加强税收收入管理，开展重点行业分税种管理，引入税收保障风险管理应用平台，是年税收收入平稳增长。加强非税收入管理，68个执收单位全部上线运行新版非税系统。全市政府性基金收入53.32亿元，社会保险基金收入21.91亿元，分别比上年增长37.8%、5.6%。

支持经济转型发展。落实人才专项资金2000万元，促使技术、人才、资金向创新发展型企业集聚。实施"3＋1"金融配套支持计划，为纳入扶持名录的600家中小微企业提供信贷支持。设立专项资金，支持企业创新发展，为实施"两退两进"的企业提供财政优惠政策资金2.5亿元，撬动企业腾退低效用地121.93公顷。为列入"百企千亿工程"和"百家成长工程"的企业提供应急转贷资金3.26亿元。通过融资贴息，支出财政资金2亿元，全力保障濮院古镇征迁项目的资金需求，加快古镇保护与旅游开发步伐。

服务保障民生事业。2014年全市民生支出42.19亿元，比上年增长12.5%，占公共财政预算支出的80.5%，增长0.1个百分点。"三农"投入31.59亿元，增长16.5%，助推现代农业发展，稳定粮食生产，推动粮食功能区建设和森林桐乡建设，推进美丽乡村建设和村级组织建设。教育支出15.29亿元，增长11.9%，推进教育现代化建设，提升全市各阶段教育水平。医疗卫生和计划生育支出4.59亿元，增长34.4%，推进基层医疗卫生改革，统一城乡合作医疗标准。社会保障和就业支出3.12亿元，增长18.5%，提高城乡居民社会保障水平和城乡居民保险制度覆盖率，优化人力资源结构。投入2.5亿元，实施"五水共治"，在嘉兴市率先试点生活垃圾分类收集，整体搬迁水源保护区内企业，安排2000万元提前淘汰黄标车，支持生态文明建设。

财　　政

【概况】 2014年，桐乡市公共财政预算收入49.19亿元，公共预算支出52.42亿元，财政收支基本平衡。组织开展"严肃财经纪律和'小金库'专项治理工作"和行政事业单位《中华人民共和国会计法》专项执法检查，规范政府部门财政运行秩序。完善基于公共预算、社保预算、国有资产经营预算的全口径预算编制，全市67个一级管理部门公开预决算，打造"阳光财政"。加强镇（街道）财政所规范化建设，上线运行镇（街道）公共服务平台，12个镇（街道）财政所全部通过嘉兴市级规范化建设验收。盘活存量资金，实行新一轮社保基金协议存款。调查中长期债务计划，摸清债务需求，制订全市中长期债务总量控制指导计划。甄别全市债务，出台《关于进一步规范融资业务办理流程的通知》，实现规范有序举债。城投公司年内发行10亿元中期票据和6亿元短期融资券，新市镇公司新增贷款7.2亿元，为全市发展提供财力支持。制订出台一系列国有公司管理配套办法，不断完善国有资产监管机制，实现国有企业分类分平台管理。

【出台政府购买服务实施办法】 2014年，桐乡市在浙江省率先出台《政府向社会力量购买服务实施办法(试行)》。结合本地市场现状，确定公布政府采购公共服务目录，总计72项服务项目，当年实施首批24项，涉及财政资金6643万元。取消被列为政府购买对象的服务项目的预算直接补助，实施政府采购。购买主体编制采购计划，向社会公布服务项目需求、数量及标准，通过竞争性选择、项目评审等，确定承接主体。严格按照预算管理办法、政府采购和国库集中支付制度等，遵循"先预算后支出"流程拨付购买资金，确保资金安全、规范、高效使用。

【实施中小微企业贷款支持计划】 2014年，桐乡市出台《桐乡市中小微企业贷款支持计划》，对全市2013年销售收入5000万元以下的中小微企业提供额度不超过500万元的单户信用贷款和保证贷款扶持。确定中小微企业贷款支持名录，出台实施细则，对纳入扶持名录的企业进行优先扶持。安排1亿元贷款支持资金，成立风险补偿准备金，专门用于对银行和担保公司等参与机构的风险补偿。全年为600家纳入扶持名录的中小微企业提供信贷支持超5亿元，大力支持企业创业创新和做大做强。

【加强"三公"经费管控】 2014年，市财政局加强制度建设，牵头集中整治"三公"经费管理不规范行动。公务接待费、会议费在预算编制中单独分项列示，按项目执行。加强"三公"经费预算编制管理和执行管理。通过部门门户网站、信息公开平台，公开全市部门预决算及"三公"经费预决算，接受群众监督。健全公务支出、公款消费制度体系，制定差旅费、会议费、培训费的具体管理规定，建立、统一各类经费开支标准。严格控制公务支出、公款消费，加强内部管理，要求所有单位都按规定实行公务卡结算制度，规范财政财务收支行为。全年全市压缩"三公"经费37.4%，专项用于全市垃圾河清理、丁家桥港改造和九曲港改造等。

【实现一事一议工作与"五水共治"有效结合】 2014年，桐乡市结合"五水共治"，实现一事一议工作与污水治理有效结合，明确责任主体和实施主体。制订《2014年村级公益事业建设一事一议财政奖补项目立项指南》，联合市农经局召开全市立项申报会议，确保一事一议各级财政奖补资金的70%用于"五水共治"。将2014年农村生活污水治理村纳入"一事一议"财政奖补项目申报村，全市59个村列入项目申报村，项目受益人口15.65万人。申请省财政奖补资金2001万元，村内生活污水治理投资3457万元，占各级财政奖补资金的86.4%。

（沈嘉佶）

国家税务

【概况】 2014年，桐乡市国家税务局组织税收收入48.88亿元，比上年增长9.47%。全年办理各项税收优惠27.92亿元，其中出口货物退(免)增值税18.69亿元，增值税转型固定资产进项抵扣6.55亿元，落实高新技术企业税收优惠、资源综合利用减免退税、民政福利企业先征后退等合计2.68亿元。深化"营改增"试点改革，为试点纳税人减轻税收负担1989万元，新增抵扣税额8359万元。开展行业纳税评估，入库评估税款和滞纳金4371万元，冲减留抵税款和调整以前年度亏损3765万元。打击各种涉税违法行为，对举报案件、大案要案、虚开增值税专用发票案件、骗取出口退税案件等，依法加大查处力度，稽查入库6481万元。推进羊毛衫、皮毛、皮鞋、布艺丝行业税收管理，制定《四行业税收征管绩效评价办法》，实行行业递进式管理。年内，市国税局被省国家税务局列为基层单位岗位绩效管理试点单位，出台《岗位绩效管理办法(试行)》《绩效大提高活动方案》等，将部门绩效与岗位绩效结合，逐步形成"目标指引、科学考评、质量监督、业绩导向、奖责结合"的岗位绩效管理体系。市国税局的"菊乡金税100"服务品牌被列入嘉兴市首批机关服务品牌。

【开办电子退库、更正、免抵调业务】 市国税局2011年被国家税务总局列入首批电子退库、更正、免抵调业务实地测试单位，2013年市国税局完成各项测试工作，2014年被国家税务总局列入首批正式试点上线单位。4月28日，桐乡市继财税库银横向联网后，开启退库、更正、免抵调业

电子退更免业务上线　　市国税局提供

务无纸化模式，开办电子退库、更正、免抵调业务。至年底，市国税局为3870户次企业办理电子退库、更正、免抵调业务，其中退税7.96亿元，免抵调库2.2亿元。

【开展低效工业企业税收问效】2014年，市国税局依据工业企业绩效评价结果，引导企业树立"亩产论英雄"发展理念，推进全市"退低进高"工作，加快工业企业转型升级，联合地税部门开展低效企业税收问效。将全市606户占地10亩以上的规模以下企业、规模以下零税收企业、工业园区内的个体户以及工业园区外占地3亩以上的个体户列为问效对象。根据企业实际情况，对398户进行风险提醒，将29户列入纳税评估，对6户进行联合稽查，对40户上报建议作为"退低进高"腾退处理对象。国地税联合问效直接补征税款1100万元，被问效企业2014年度申报销售收入41.26亿元，比上年增长29.1%，全市新增年销售2000万以上企业23户。

【全面推行国地税联合办税】4月，市国税局加强与地税部门、行政审批中心联系，交换入驻办税窗口，互设自助办税设备，整合国地税办税资源，全面推进国地税联合办税。代开普通发票和增值税专用发票、国地税共管户的停业登记、登记变更及注销等事项都纳入协作范围，国地税的任一窗口皆可受理，实现国地税内部流转。除此之外，国地税还在提供税法援助、开展纳税人满意度调查、纳税人信用等级评定等方面形成合力。至年底，市国税局所有办税网点基本实现国地税联合办税。

【电信行业"营改增"试点启动】营改增，即以前缴纳营业税的应税项目改缴增值税。6月1日起，全国电信业实施"营改增"。为平稳推进试点，市国税局制订具体工作方案，落实工作责任，明确业务处理方式，顺利完成全市29户电信企业国地税征管信息交接，有序开展企业基础信息确认、一般纳税人认定、发票管理等工作。多渠道加强政策解读力度，召开电信业"营改增"专题座谈会，为纳税人答疑解难。6月1日，桐乡市电信业实现"营改增"新旧税制平稳转换，中国移动桐乡分公司等电信运营商成功开具增值税发票。

【开展便民办税"春风行动"】2014年，市国税局以群众路线教育实践活动为契机，开展便民办税"春风行动"。行动涵盖六大方面38项具体举措，推出延时服务和预约服务，落实一次性告知制度和首问责任制，启动"简化表证单书、优化业务流程"工作，简化资料，统一表单，再造流程，进一步减轻纳税人负担。实施《县级税务机关纳税服务规范》，梳理对照六大类业务操作规范和三大类纳税服务规范，及时更新办税指南。取消进户执法项目29项，修订《桐乡市国家税务局税务人员下户工作审批登记制度》，杜绝"多头执法"和"重复检查"。

（胡颖群）

地方税务

【概况】 2014年，桐乡市地方税务局组织各项收入66.81亿元，比上年增长7.2%。其中，税收收入40亿元，增长6.9%；非税收收入26.81亿元，增长7.5%。做精做细重点税源监控，确定

上街开展税务发票维权宣传活动 市地税局提供

1281户重点税源监控企业，全年入库税款32.03亿元。建立房地产企业营业税、所得税、土地增值税全程管理机制，清算补缴入库土地增值税8382万元。临时性下浮全市5023家水泥、造纸等6个行业之外工业企业的社保缴费比例。开通纳税人之家微信公众号，制作企业所得税和社会保险费汇算清缴辅导课件，优化纳税人之家学校功能，贯彻落实纳税服务规范，实现办税服务厅国地税联合办公模式，切实减轻纳税人办税负担。稽查全市80户纳税人，查补入库1884万元。

【调整城镇土地使用税政策】2014年，桐乡市对城镇土地使用税实行差别化征收政策，根据区域经济发展情况和公共设施建设情况，将城镇用地分为3个类别，一级、二级、三级城镇土地的使用税征收标准分别提至12元/平方米、9元/平方米和6元/平方米，倒逼企业主动参与集约、节约用地。依据亩均税收、单位能耗工业增加值等数据，设立评价考核体系，对3282家试点企业实行综合绩效评价。再按绩效评价排序，把试点企业分为重点扶持、鼓励提升、整治提升和落后淘汰四类，实行差别化税费减免。重点扶持企业税费减免幅度80%，鼓励提升类企业减免幅度60%，其他企业不予税费减免。全年减免高效用地企业税额1.07亿元，引导企业树立“亩产论英雄”发展理念，提升工业企业用地绩效。

【做好小微企业优惠政策宣传落实工作】 10月，国家税务总局发布公告，将小微企业免税额度提至3万元，再次为小微企业发展减轻压力。桐乡市地方税务局依托“线上＋线下”纳税人之家(学校)平台，做好政策宣传辅导工作，通过税企通、电话、微信公众号发布辅导会有关信息，接受网上报名，召开现场政策宣传辅导会，讲解宣传优惠政策，及时通过纳税人之家网站发布辅导课件，方便纳税人学习。切实落实减免政策，电话提醒可享受减免的企业及时申请税收减免。针对地税与国税信息系统中存在信息差异，做好国地税数据差异联合比对工作，实现国地税增值税缴纳方式信息一致，确保税收政策及时、准确落实。全市3200家小微企业享受此项优惠政策。

【推进税收风险管理工作】2014年，市地税局组织实施税收风险管理工作，成立领导小组，配备专职人员，引入税收保障风险管理应用平台，推进税收风险管理长效化、常态化。建立健全风险管理工作机制体系，在上级部门推送基础上，再确定9类自行风险项目，增加风险点4780个。与国税、工商、法院等单位建立信息传递和协作机制，加强企业注销清算国地税联合审核、预警管理比对、实时比对信息查询，加强工商股权转让信息比对，与市法院签订《地税、法院执行涉税工作协作备忘录》，明确法院执行资产涉税事项的处置工作流程和执行企业的欠税清缴工作流程，加强数据分析。推进税收风险管理，有效堵塞税收漏洞，降低征纳双方涉税风险，全年通过税收风险管理，组织入库税费款2.1亿元。

（沈嘉佶）

金　融

概　述

2014年，桐乡市有银行业金融单位18家、保险业30家、证券业5家、其他金融业17家(含典当、担保和小额贷款公司)。是年，桐乡金融业积极应对复杂的国内外经济形势，贯彻落实稳健的货币政策，存贷款稳步增长，信贷结构进一步优化，融资方式更趋多元，社会融资总量合理增长，金融支持实体经济作用明显。

年末，全市银行业金融机构本外币各项存款余额886.79亿元，比上年增长7.18%，同比少增46.68亿元。2014年，单位存款增长乏力，活期存款下滑明显，个人存款增量略低于上年，财政性存款略有多增。单位存款年末余额比年初下降3.27亿元。活期存款年末余额比年初下降10.13亿元。个人存款年末余额比年初增加54.67亿元，增长11.7%，高于各项存款增速4.52个百分点，同比少增8.02亿元。年末，财政性存款余额比年初增加2.37亿元。

年末，全市银行业金融机构本外币各项贷款余额740.83亿元，比上年增长13.83%，同比少增11.05亿元，贷款增量、增速连续第二年列嘉兴五县(市)首位。当年信贷投放突出支持实体经济。企业类贷款年末余额比年初增加20.1亿元，其中年销售收入3000万元以下小微企业贷款年末余额比年初增加7.09亿元。个人经营性贷款年末余额比年初增加13.1亿元，增长17.28%，高于各项贷款增速3.45个百分点。是年，政府背景类贷款增长较快。至年末，全市政府背景类贷款比年初增加49.1亿元，增长59.97%，高于各项贷款增速46.23个百分点。

2014年，全市外汇存贷款新增出现“双升”。年末，全市各项外汇存款余额3.21亿美元，比年初增加267万美元，增长0.84%，同比多增3368万美元；各项外汇贷款余额4.23亿美元，比年初增加1952万美元，增长4.83%，同比多增3396万美元。外汇存贷款的变化与全市进出口情况息息相关。外汇存款方面，出口形势回暖使部分外汇资金留存银行形成外汇存款；受人民币汇率波动影响，企业结汇意愿下降，外汇存款留存较多。外汇贷款方面，受经济大环境影响，外贸企业生产经营不理想，投资信心和意愿有所下降，致企业进口下滑较快，外汇贷款增速放缓。

2014年，桐乡市各银行业金融机构在稳健货币政策指导下，积极向上争取信贷规模和政策支持，不断拓展融资渠道，全力支持实体经济发展。全年全市社会融资总规模170.98亿元，其中全市银行业本外币各项贷款年内新增90.02亿元，银行表外融资年内新增7.13亿元，直接融资年内新增47.84亿元，其他融资25.99亿元。全市信贷资产质量运行良好，全年银行业处置不良贷款2.7亿元，年末不良贷款率0.34%，系嘉兴市最低，比年初下降0.12个百分点。桐乡市银行业金融机构全年堵截电信网络诈骗66起，为客户挽回损失195万元。辖内未发生重大信贷风险和重大责任事故，实现案件零发生。

2014年年末桐乡市各银行业金融机构人民币存贷款余额统计

表20　　　　单位：万元

机构名称	年末存款余额	本年增减	年末贷款余额	本年增减
人民银行	26934	23840		

续表 20

机构名称	年末存款余额	本年增减	年末贷款余额	本年增减
工商银行	1084679	71671	926110	116292
农业银行	1781627	117900	1379689	258899
中国银行	448890	－26485	495930	21271
建设银行	887152	9113	814721	88540
农发银行	42962	2547	137809	2463
交通银行	135821	－20076	176791	5303
中信银行	387769	52168	320303	59314
浦发银行	186064	－44805	227739	11844
嘉兴银行	219702	－27139	188980	－60
农村信用社	2363502	282172	1533336	159954
邮储银行	329575	40477	67616	6126
杭州银行	162463	8459	207419	54797
浙商银行	84668	－12121	125714	3868
招商银行	68787	－10421	88778	－963
平安银行	157982	22198	192562	95076
民生银行	63433	－6622	162703	－31128
民泰村镇银行	102455	24922	95007	27793
湖州银行	31208	31208	8023	8023
合　　计	8565673	539006	7149230	887412

2014 年年末桐乡市各银行业金融机构外汇存贷款余额统计

表 21　　单位：万美元

机构名称	年末存款余额	本年增减	年末贷款余额	本年增减
工商银行	2488	－691	7855	54
农业银行	2709	447	5269	835
中国银行	15020	4730	12747	－276
建设银行	6421	1470	8961	2351
交通银行	102	－79	135	135
中信银行	3905	－3908	2989	－2971
浦发银行	463	－1689	907	511
农村信用社	290	126	903	178
杭州银行	671	217	1912	657
招商银行	28	－186	665	478
合　　计	32097	257	42343	1952

【桐乡市国库业务电子化试点率先上线运行】 参见《财政税务·国家税务》中相关条目。

【桐乡市跨境人民币结算稳居嘉兴市首位】 2014年，中国人民银行桐乡市支行一方面组织各银行立足特色，开展多样性的跨境人民币业务宣传活动，让更多企业了解跨境贸易人民币结算"控制风险、管理更优、政策支持"的突出优势；另一方面，向各银行宣传跨境人民币业务方面的新政策，指导培训各银行合规办理跨境人民币业务，加强通报力度，推动全市跨境贸易人民币结算业务增量扩面。桐乡市实现全年跨境贸易人民币结算量123.76亿元，比上年增加27.87亿元，居嘉兴市首位。

【桐昆集团成为嘉兴市首家外汇改革试点企业】 2014年，外汇局桐乡市支局积极向企业宣传解读外汇试点政策，及时上报外汇试点储备企业名单。在上级支持下，专门邀请外汇局浙江省分局领导实地走访调研相关企业。重点做好对企业、合作银行的业务指导，指导企业准备试点备案申请材料，指导合作银行为企业量身定制试点业务操作方案。9月底，桐昆集团关于跨国公司外汇资金集中运营管理试点的备案申请通过外汇局浙江省分局审核，系嘉兴市首家。随后，外汇局桐乡市支局召开试点业务推进会，对企业进行现场指导，与市政府、企业、银行合力推进试点实施。年内，桐昆集团经常项目外汇资金集中收汇5049万美元，外汇资金集中管理1260万美元，集中付汇6097万美元，其中通过外汇集中调剂解决进口用汇约2000万美元，直接为企业节省汇兑成本约50万元。

（包芳芳）

银行业

【概况】 7月，湖州银行嘉兴桐乡小微企业专营支行开业。2014年年末，桐乡市银行业有金融单位18家。年内，桐乡银行业在严峻复杂的宏观经济大环境下，贯彻落实稳健货币政策，以服务地方经济发展为己任，按照"有扶有控、有保有压"原则，调整优化信贷结构，创新金融产品，改善金融服务，不断提升金融综合服务能力和客户满意度，为地方经济转型发展提供金融保障。年末，本外币各项存款余额886.79亿元，比上年增长7.18%，其中人民币存款余额867.15亿元，增长7.32%；本外币各项贷款余额740.83亿元，比上年增长13.83%，其中人民币贷款余额714.92亿元，增长14.17%。是年，人行桐乡市支行加强对法人机构的窗口指导，强化支农、支小工作导向。全市农业类贷款年末余额7.26亿元，3000万元以下小企业贷款年末余额107.34亿元，浙江桐乡民泰村镇银行股份有限公司获人行支农再贷款资金8000万元。中国银行业监督管理委员会嘉兴监管分局桐乡办事处引导银行业打造平安金融，继续深化"平安金融单位"创建工作，评出2013年度"平安金融示范网点"8家、"星级平安金融网点"9家，其中中信银行股份有限公司嘉兴桐乡支行被评为四星级"平安金融网点"。人行桐乡市支行与政府相关部门联合出台《关于在政府投资民生工程建设项目中同步开展行贿犯罪档案与信用记录查询工作的实施办法（试行）》，在嘉兴市率先将企业信用报告应用于行政管理事项，推动信用建设纵深发展。中国工商银行股份有限公司桐乡支行被

嘉兴市首家跨国公司外汇资金集中运营管理试点推进会
人行桐乡市支行提供

评为嘉兴市首家全国银行业“安全管理先进单位”，营业部被评为“中国银行业文明规范服务千佳示范单位”。中国农业银行股份有限公司桐乡市支行和中国建设银股份有限公司桐乡支行被评为全国文明单位。嘉兴银行股份有限公司桐乡支行被评为省级文明单位。桐乡市农村信用合作联社入评省“十强信用联社”。年内，银行业创新业务品种，助推地方经济发展。工行桐乡支行推出银信租、收益权产品、中小企业私募债等，年末该行表外资产规模近19.1亿元。中国银行股份有限公司桐乡支行以中国联通的“沃易购”电子商务平台为载体，推出“中银沃易贷”网络贷款。中信银行嘉兴桐乡支行助力桐乡市城投公司，3月和中信证券股份有限公司联席主承销其中期票据。12月，又和浙商银行股份有限公司嘉兴桐乡支行共同承销其首期短期融资券，中信银行承销3.9亿元，浙商银行承销2.1亿元。年内中信银行嘉兴桐乡支行还办理了辖内首笔商标质押授信业务。中国邮政储蓄银行股份有限公司桐乡市支行推出小微企业增信贷、家庭农场贷款等。

（包芳芳　朱剑光）

大麻镇银企对接会　　人行桐乡市支行提供

【人行组织开展“金融服务进基层”活动】　2014年，人行桐乡市支行组织开展以“下基层、惠民生、解难题、促发展”为主题的“金融服务进基层”活动。牵头各银行加强与镇（街道）、经济综合部门的沟通对接，深入基层开展大走访大调研活动，详细排摸企业融资需求。会同镇（街道）举办现场对接会，参会企业介绍生产经营情况，提出资金需求，银行讲解特色信贷，镇（街道）介绍经济情况和特色产业，银企深度沟通交流，现场授信签约。为提升活动成效，人行桐乡市支行编印《桐乡市金融产品手册（2014年版）》。全年人行桐乡市支行牵头组织举办“金融服务进基层”现场对接活动5场，参与企业230余家，促成银行与企业现场签约授信16.5亿元。

（包芳芳）

【银监办引导银行业打造普惠金融】　2014年，桐乡银监办积极引导银行业打造普惠金融。鼓励引导银行机构向下延伸网点，桐乡民泰村镇银行年内增设大麻、梧桐两家支行，中国民生银行股份有限公司嘉兴桐乡支行成立桐乡首家社区支行——碧水云天社区支行，杭州银行股份有限公司桐乡崇福小微企业专营支行1月开业。市农信联社和桐乡民泰村镇银行开展“走千访万、进村入社区”活动，推进农村信用体系建设。市农信联社推出普惠金融特派员制度，选派12名基层信用社主任担任各镇（街道）普惠金融特派员，继续开展整村授信走访活动。桐乡民泰村镇银行在崇福镇、石门镇和大麻镇推行客户经理驻村模式。嘉兴银行桐乡支行有序推进普惠金融三年行动计划，推广普惠金融产品，设立农村金融联络站，确立驻村联络人，建立农村居民联络档案，围绕支持小微企业等普惠内容，推广无还本续贷、中小企业专项信用贷款等，全年发放无还本续贷产品29940万元、中小企业专项信用贷款5000万元。桐乡银监办督促涉农银行完善渠道，解决“金融服务最后一公里”，推进农村普惠金融工程。市农信联社布设便农服务终端、助农POS等，全市所有村开通金融便民服务。农行桐乡市支行选派7名干部赴乡镇挂职分管金融工作，同时实现全市农村“惠农通”机具全覆盖。桐乡银监办组织开展第三届小微企业金融服务宣传月活动及金融知识进万家宣传月活动。如邮储银行桐乡市支行开展“理财惠农、国债下乡”活动，到各镇（街道）定点设摊开展宣传活动，杭州银行桐乡支行开展金融知识进社区宣传活动。

【银监办引导银行业加强旅游金融保障】 2014年，桐乡银行业以桐乡市获批全国首个旅游综合改革试点县为契机，优先保障旅游信贷需求。重点支持乌镇旅游开发、乡村旅游和濮院古镇开发。农行桐乡市支行联手工行桐乡支行、民生银行杭州分行，向濮院镇“旧镇改造”项目发放银团贷款20亿元，其中农行承贷12亿元，工行6.7亿元，民生银行1.3亿元。市农信联社和中信银行嘉兴桐乡支行共发放2400万元信贷资金支持福严景区升级和屠甸美丽乡村建设。建行桐乡支行向乌镇国际旅游区物业发展有限公司乡村旅游项目授信2.8亿元。加大对酒店服务业、养生养老等旅游配套产业的信贷支持，全年向养生养老产业放贷8.57亿元。完善乌镇景区结算渠道，精心为首届世界互联网大会服务，中行桐乡支行作为乌镇旅游公司签约的唯一外币代兑银行，大会期间，各外币代兑点接受咨询100余人次，办理外币兑换14笔。农行桐乡市支行选派应急保障团队和青年志愿者，投入141台BMP收银系统终端、113台POS设备、26台自助售票机及8台ATM机，全程参与大会金融服务工作。至年底，全市银行业支持桐乡旅游发展融资余额51.11亿元，年内新增28.22亿元，增长123%。

【银监办引导银行业推广授信总额联合管理】 2014年，市银监办引导辖内银行业推广授信总额联合管理，避免多头授信、过度授信引发的风险。根据银行对企业的授信情况，确定授信主办行，牵头组织各授信银行测算、核定银行对企业的授信总额及企业的对外担保总额。市银监办组织召开企业授信总额联合管理动员会，要求各行排摸信贷企业客户，上报企业授信总额联合管理试点落实情况。及时掌握试点进展情况，指导银行业协会做好组织牵头、沟通协调工作，并现场督察试点工作推进缓慢的银行机构。截至11月末，全市1145家企业纳入授信总额联合管理，贷款金额147.92亿元，占全部企业贷款余额的26.54%。

【银监办引导银行业打造绿色金融】 2014年，市银监办引导银行业打造绿色金融，助力“五水共治”与“三改一拆”。建立桐乡银行业清单分类管理动态监测制度，发挥环保信息对信贷投向的引导作用，督促银行信贷限制环保黑名单企业。建立银行业执行工业企业绩效评价监测制度，各行按季报送执行差别化信贷政策情况。年内，银行业信贷限制环保黑名单企业18家，其中退出3家、贷款1178万元，压缩5家、贷款875万元，其余不予新增贷款。企业绩效评价为A类、B类的年末贷款余额比上年增加11.42亿元，C类、D类企业年末贷款余额下降5.06亿元。市农信联社全年累计发放1.94亿元贷款支持“五水共治”，压缩环保黑名单企业贷款5户、金额1123万元，压缩生猪养殖业贷款116户、金额997万元。中行桐乡支行向市城市水利生态建设有限公司授信2亿元，建行桐乡支行向崇福公益事业投资开发有限公司“五水共治”项目授信3亿元，工行桐乡支行用于水利建设的年末融资余额超8亿元。

（朱剑光）

【农发行突出支持水利和新农村项目建设】 2014年，中国农业发展银行桐乡市支行发挥政策性银行的导向作用，加大力度支持水利建设和新农村建设。是年，石门湾现代农业示范区水利综合整治项目贷款授信2.25亿元，贷款期限8年，年内投放2.25亿元。振东新区城南村农村土地综合整治新农村建设项目和高桥新城花园安置小区（C组）一期“两新”工程建设项目，各授信2亿元，年内投放2000万元。

【农发行做好秋粮收购信贷服务工作】 2014年，农发行桐乡市支行积极做好桐乡市的秋粮收购资金供应和管理工作，及时筹措信贷资金，确保收购顺利开展。发放秋粮收购贷款6106万元，其中储备粮轮换贷款1302万元、县级储备粮贷款4682万元、县级储备油贷款122万元，支持企业轮换收购晚粳谷19967.19吨、晚籼谷485.42吨，调入储备油190吨。

（张　璐）

【工行支持实体经济发展】 2014年，工行桐乡支行以服务实体经济为根本，深入开展金融服务实体经济专项活动，加大信贷投入，不断创新金融。年内，工行桐乡支行向上级行争取更多信贷规模倾斜。年末各项贷款余额97.41亿元，年内新增11.68亿元，其中公司贷款年末余额76.73亿元，年内新增11.19亿元。争取表内信贷规模同时，加大创新力度，拓宽融资渠道。年末全行规模外融资余额39.32亿元，全年项目贷款投放17.78亿元（含表内外），表内外净增9.78亿元，有效支持企业经营发展。在信贷资金配置上，用好增量，盘活存量，重点保障全市“五水共治”、旅游开发等。新批政府类项目6个，年末政府类负债余额40.86亿元。“五水共治”相关融资客户9家，余额13.79亿元。

【工行支持参与“幸福新桐乡”合作医疗居民理财计划项目】 2014年，桐乡市贯彻中央惠民政策，在全国首创实施“幸福新桐乡”合作医疗居民理财计划。参加城乡居民合作医疗保险的居民只要在工行桐乡支行存入1万元，每年享受银行同期存款利息同时，免交下一年度合作医疗保费自费部分。工行桐乡支行则将归集的资金全部用于桐乡市政府民生工程建设。实施“幸福新桐乡”计划既创新了农民合作医疗费的缴纳模式，有利于扩大城乡居民合作医疗保险的覆盖面，又提高了农民收益，支持了经济发展。该计划年内先在崇福镇试点，后在高桥镇和石门镇推广，至年末，三镇59个村的17127名村民参加，募集资金17127万元。

（田燕　张强）

【农行支持地方经济发展】 2014年，农行桐乡市支行创新金融服务手段，围绕政府重点工作，发挥县域金融主力军作用，为地方经济发展添砖加瓦。年末贷款余额141.19亿元，新增26.41亿元，同比多增54.98%，年内累计投放各类贷款101.35亿元，对接全市重点行业、重点项目。其中平安集团养生养老项目贷款7.17亿元，乌镇雅达休闲养老及康复医院项目贷款2.06亿元，凤凰湖实业项目贷款3.7亿元，联手工行、民生银行，向濮院镇“旧镇改造”项目发放银团贷款20亿元，其中农行承贷12亿元。推出“智动贷”“票据池融资”“入园企业前期贷”等产品，支持小微企业发展，全年新增小微企业信贷客户34户，发放贷款18.1亿元。

【农行全面开展“百村万户”金融下乡活动】 2014年，农行桐乡市支行加大农村普惠金融力度，全面开展“百村万户”金融下乡活动。选派7名干部至乌镇、濮院、崇福、洲泉、大麻、河山、屠甸等镇挂职，协助镇主要领导分管金融及其他各项工作。成立农村工作组，探索服务三农新模式，创建金融自治村，设立三农金融服务工作室。走访农村、农户、企业，了解金融需求，推广金融创新服务，加大农村金融普及力度。全年举办金融知识巡讲32场，利用电子服务渠道为农户提供上门服务。实现全市176个村农行“惠农通”机具全覆盖，为农户提供查询、转账、理财产品购买等服务，推行“五免一优”政策，培育新型支付渠道，农户足不出村便可享受便捷金融服务。创新探索农村融资模式，发放嘉兴市首笔家庭农场主贷款和金融自治村信用贷款。全年

农行三农金融综合服务推进会　　农行桐乡市支行提供

累计投放三农个人贷款3.83亿元，比上年增长12.32%。

（吴容天）

【中行成功办理全国中行系统首笔南非兰特外汇买卖业务】 外汇买卖业务是中行的优势。近年，中行桐乡支行的外汇买卖业务在当地同业中一直处于领先地位。2014年，中行桐乡支行获悉某企业客户南非采购原材料以兰特进行结算，而兰特汇率波动较大，客户结算风险高。中行桐乡支行鉴于该情况，向客户推荐远期外汇买卖业务，帮助其规避汇率风险。11月，中行桐乡支行成功办理南非兰特外汇买卖业务，系全国中行系统首笔。

（洪小芳）

【建行"招投标直通车"上线】 2014年，建行桐乡支行密切银政合作，与市公共资源交易中心联合开发"招投标直通车"系统，11月21日，该系统上线运行。建行桐乡支行成为浙江省首家成功上线"招投标直通车"的县级支行。招投标直通车即电子招投标系统，以网络技术为基础，实现招投标全程数字化、网络化。投标人可使用转账支付、保函等方式缴存保证金，可通过"招投标直通车"系统，足不出户全天候办理保证金关联、保证金查询等。

【建行首办投资移民业务】 2014年，建行桐乡支行投资移民业务实现"零"的突破，办理了省建行系统首单澳大利亚投资移民业务。年初，建行桐乡支行得知一客户有投资移民澳大利亚的金融需求，立即与上级行沟通，召开专题业务会议，学习掌握建行澳大利亚投资移民业务知识，做好对客户的营销和服务，带领客户参加省分行与澳洲分行联合举办的投资移民报告会，帮助客户确定投资计划，完成账户开立、资金划转、产品投资、境外私人银行服务等。6月3日，该客户与建行墨尔本分行合作的基金公司——澳大利亚承裕投资咨询公司签署投资协议，建行桐乡支行完成首笔澳大利亚投资移民业务。

（沈学清）

【嘉兴银行首发小微企业金融债】 11月6日，为支持小微企业发展，嘉兴银行桐乡支行创新推出小微企业金融债。小微金融债，是一种在全国银行间债券市场发行的、按约定还本付息的人民币有价证券，发债所筹集的资金专款专用于小型微型企业贷款，有三年期、五年期两个品种。嘉兴银行桐乡支行全年发放小微企业金融债65笔、金额7183.85万元。

（封芸芸）

【中信银行办理巨石1500万美元境外放款汇出业务】 境外放款，指境内企业在核准额度内，以合同约定的金额、利率和期限，为其在境外设立的全资附属企业或参股企业提供直接放款的资金融通方式。3月，中信银行嘉兴桐乡支行为巨石集团有限公司办理1500万美元境外放款汇出业务。该笔业务是中信银行嘉兴分行境外放款业务迄今最大一笔。

（金凤英）

【邮储银行推出"邮益宝"】 2014年，邮储银行在"余额宝"冲击下，创新产品，与易方达基金公司联手推出"邮益宝"。12月，邮储银行桐乡市支行正式开办。"邮益宝"，系一种货币基金，当天赎回，当天到账，收益按日结转，零申购费和赎回费，投资限额低，风险低，流动性强。"邮益宝"一经邮储银行桐乡市支行推出，即受到客户欢迎，至年末申购金额27.54万元，交易笔数21笔。

（沈碧琰）

【杭州银行开办"速退贷"】 11月，杭州银行桐乡支行推出"速退贷"产品，为外贸企业发展提供金融支持。"速退贷"，又称出口退税质押贷款，外贸企业在完成退税流程之前，以国税局出具的出口企业应退未退税款凭证为依据，将应退未退税款质押给杭州银行，向该行申请出口退税质押贷款。出口退税质押贷款在企业提出申请后3个工作日即可发放，退税后归还贷款。28日，该行为桐乡市鼎丰进出口有限公司发放出口退税贷款20万元。

【杭州银行发放全市首笔专利权质押贷款】 2014年，杭州银行桐乡支行为解决科技型企业担保难问题，为技术创新型企业融资开辟新渠道，推出专利权质押贷款。专利权质押贷款，是一种向合法专利权人发放的质押贷款。专利权人以被国家知识产权局依法授予、仍在法定有效期限内、不涉及国家安全与保密事项，以及已在实施阶段、形成产业化经营规模、具有一定市场潜力和良好经济效益的发明专利或实用新型专利和外观设计专利为质押物，向银行申请贷款。9月，杭州银行桐乡支行发放桐乡市首笔专利权质押贷款，向桐乡市小老板特种塑料制品有限公司放贷1000万元。

（樊宇扬）

【浙商银行推出“小企业三年贷”产品】 2014年年初，浙商银行嘉兴桐乡支行根据桐乡区域块状经济小微企业流动资金紧张的情况，推出“小企业三年贷”产品。该产品按月（按季）付息，到期一次还本，贷款金额在500万元以内，主要特点：期限长、成本低、手续简便，授信一次，贷款用三年，客户不用一年一周转，节约了一定的财务成本。该产品一经推出，备受小微企业青睐，年末“小企业三年贷”余额9000多万元。

（朱伟昌）

【民泰银行获“小微企业金融服务先进单位”称号】 2014年，中国银行业监督管理委员会浙江监管局根据《浙江银行业小微企业金融服务评价办法（试行）》，授予全省21家银行业金融机构为“小微企业金融服务先进单位”，桐乡民泰村镇银行名列其中。该行2014年坚持服务“三农”“小微”，年内新增大麻、梧桐两家支行，在崇福镇、石门镇、大麻镇推行客户经理驻村模式。年末，该行贷款余额95007万元，其中涉农贷款余额87464万元，占贷款总额的92.06%。贷款总户1605户，其中贷款额度100万元以下1442户，占全部贷款户数的89.84%。年内，桐乡民泰村镇银行结算渠道日趋畅通，1月开通网上银行，6月开通通存通兑业务，11月借记卡业务上线。

（杨晓萍）

【农信联社创新产品支农支小】 2014年，市农信联社创新产品支农支小。7月，在乌镇试点推出“税融通”。根据小微企业税费缴纳情况和电费年缴纳情况，估算其年销售收入和营运资金量，据此核定单户最高授信额度500万元（含）以内的流动资金贷款。至年底，“税融通”产品向25户小微企业发放贷款35笔、2778万元。10月，联手市财政、科技等部门，依据《桐乡市科技型中小微企业贷款实施细则》，设计推出“科技金融贷”，向名录科技企业发放科技担保贷款和科技信用贷款等，至年底，共向科技企业授信42257万元，贷款余额28054万元。11月，针对农村市场推出“惠民消费宝”产品。为农户建房、学生入学、青年婚嫁等提供七大类贷款，“惠民消费宝”准入门槛低，放贷速度快，利率优惠，年底贷款户数1853户、余额2.49亿元。12月，市农信联社以土地流转经营权及地上附着物为抵押物，向石门镇一土地承包大户发放桐乡市首笔土地流转经营权贷款。

【农信联社完成增资扩股】 2014年，市农信联社通过定向募股，引入3个持股比例5%以上的法人大股东，募得7887.35万股，募集资金3.94亿元。本次增资扩股进一步优化了市农信联社的股权结构，夯实了发展基础，该社总股本从47963万股扩至56463万股，年末资本充足率14.1%，核心资本充足率12.98%。

（程　远）

保险业

【概况】 2014年年末，桐乡市有财产险保险业金融机构17个（含营销服务部），年内大众产险更名为史带产险。财产险全年实现保费收入68884.4万元，比上年增长14.78%，增速同比下降0.85%，其中企财险保费收入5862.42万元，农险保费收入1086.65万元，车辆险保费收入58340.1万元。财产险全年赔款支出40954.62万元，其中企财险赔付3824.38万元，车辆险赔付35441.48万元，简单赔付率59.57%，比上年下降8.67%。中国人民财产保险股份有限公司桐乡支公司全年实现保费收入22663.67万元，增长14.17%，共承保各类机动车辆36018辆，实现机动车辆险保费收入18080.8万元。全年处理各类赔款案件22711件，支付赔款11379.1万元，赔付率50.21%。2014年年末，桐乡市有人寿险保险业金融机构13个（含营销服务部），生命人寿年内更名为富德生命人寿。人寿险全年实现保费收入71462.27万元，增长7.51%；短险赔付支出1078.88万元，下降0.98%。人寿保险业有在岗营销人员1517名，年内新增268名。

【政策性农险增设新险种】 7月初，桐乡市进一步扩大政策性农业保险辐射范围，将露地蔬菜、葡萄、大棚西瓜种植和淡水养鱼纳入保险保障范围。人保财险桐乡支公司派员对新险种进行宣传推广，向有投保意向的农户进行条款解读、投保理赔指南和财政补助政策说明等，帮助相关种养户在了解政策的情况下理性选择风险转移方案。截至年底，人保财险桐乡支公司共与21户葡萄种植户、1户露地蔬菜种植户及1户淡水鱼养殖户签订保险协议，共为他们承担风险保障186.8万元。

（蒋惠文）

证券业

【概况】 2014年，方正证券、浙商证券相继进驻桐乡。至年末，桐乡市有证券营业部6家，分别是：申银万国证券股份有限公司桐乡和平路证券营业部、中信证券（浙江）有限责任公司桐乡复兴北路证券营业部、财通证券股份有限公司桐乡世纪大道证券营业部、方正证券股份有限公司桐乡市场路证券营业部、申银万国证券股份有限公司桐乡崇福镇崇德西路证券营业部和浙商证券股份有限公司桐乡世纪大道证券营业部。可以办理沪深A股、B股、基金、债券、债券回购、融资融券、期货（商品期货及金融期货）、约定购回、股票质押融资、债券质押式报价回购等业务。2014年上证指数年初2112.13开盘，最低盘中探至1974.38，年底收于3234.68；深成指开于8083.77，最低盘中探至6959.25，年底收于11014.62。2014年底，桐乡市6家证券营业部有A股股东账户144029户，B股账户2181户，托管客户资产总数144.36亿元，2014年完成成交量1070.2亿元。

（地方志办公室）

【方正证券股份有限公司桐乡市场路证券营业部成立】 5月9日，方正证券股份有限公司桐乡市场路证券营业部开业。该营业部系方正证券股份有限公司下属二级营业部，主要从事证券经纪、证券投资咨询、证券自营、证券资产管理和证券投资基金代销、新三板等业务。营业部成立后恪守“方方正正做人，实实在在做事”的经营理念，竭诚为客户服务。除经营传统的证券业务外，为满足“客户低风险、稳收益、方便购买”要求，推出方正金小宝、金添利等优先级集合资产管理计划。至年底，方正桐乡市场路证券营业部已与中、农、工、建、交、浦发、招商、中信、兴业等银行合作开办第三方存管业务。托管客户资产总值2551万元，完成交易量50018万元。

（徐海涛）

其他金融业

【概况】 2014年，浙江祥源典当有限责任公司成立，嘉兴市中亿担保有限公司、浙江信旺担保有限公司相继关停。至年末，桐乡市有小额贷款公司6家，注册资本合计8.2亿元；典当公司7家，注册资本合计1.4亿元；融资性担保公司4家，注册资本合计2.03亿元。年内，桐乡市各小额贷款公司、典当公司、融资性担保公司坚持以“支农支小、小额分散”为经营原则，积极为小微企业和“三农”经济服务。市融丰小额贷款公司和市永益小额贷款公司在浙江省2013年度小额贷款公司考核中被评为A+级。年内，全市小额贷款公司实现营业收入1.83亿元、净利润6640万元，上缴税金3228万元。全年累计发放贷款2649笔、25.11亿元，其中100万元以下小额贷款16.75亿元，占全部贷款发放额的66.71%。年末贷款余额10.34亿元，其中100万元以下小额贷款8.37亿元，占年末贷款余额的80.9%。全市典当公司年末银行贷款余额7300万元，是年实现净利润849.8万元，上缴税金415.72万元，典当余额2.13亿元，全年累计为700多个中小微企业办理典当业务998笔、总额16.66亿元，其中，房产抵押典当总额4.24亿元，动产质押典当总额8.44亿元，财产权利质押典当总额3.98亿元，中小微企业的融资占典当业务总额的90%以上。全市担保公司实现净利润1315.8万元，上缴税金508.6万元，全年累计担保户数1014户，累计担保总额8.34亿元，其中工业企业976户、担保额8.28亿元；年末在保企业1237户，在保余额7.87亿元，其中工业企业829户、在保余额6.93亿元。

（张亚云　茅叶旸　程子路）

经济管理与服务

综合管理

【概况】 2014年，桐乡市发展与改革局加强规划、调研等方面工作力度，发挥统筹谋划作用。加强规划引领，启动编制“十三五”规划，制订规划编制工作方案，征集“十三五”规划意见和建议。开展“十三五”规划编制前期调研，形成《桐乡市“十三五”规划基本思路研究》，牵头完成部门“十三五”前期课题研究33个。推进“多规合一”试点工作。强化分析研究，进行各季度经济形势分析，在嘉兴市范围内率先推行经济运行监测小微企业扩容工作，得到省发改委肯定。抓计划报告工作，做好《关于桐乡市2014年上半年国民经济和社会发展计划执行情况及下半年工作重点的报告》等计划总结撰写。加强调查研究，围绕经济、社会发展中热点、难点问题，完成要素市场化配置改革思考等一批重点课题研究。牵头起草2014年全市《关于促进经济转型升级创新发展若干政策意见》，并经市委、市政府发文公布。

【深化重点领域改革】 2014年，市发改局推进要素市场化改革、小城市试点培育、行政审批制度改革等各项重点改革工作。要素市场化配置综合改革取得重大进展，桐乡市列入省资源要素市场化配置改革试点首批扩面名单，牵头制订出台要素市场化配置综合配套改革总体方案和差别化电价、水价等10个配套改革方案。加快强镇扩权步伐，实施《桐乡市强镇扩权改革实施意见》，后续权力下放工作稳步推进。谋划新一轮省级小城市培育试点工作，会同崇福镇完成新一轮小城市培育试点三年行动计划编制工作。梳理2014－2016年小城市建设重点项目和重点改革创新举措，编制完成濮院、洲泉两个嘉兴市级小城市培育试点镇三年行动计划。深化行政审批制度改革，加强行政审批层级一体化改革监管工作，出台《桐乡市加强行政审批层级一体化改革事中事后监管实施意见》，完成10个单位试点工作。推进审批提速保质，着力打造环节少、程序优、时间短的项目审批流程，开展提前介入、并联办理、模拟审批等服务，项目审批效率大幅提升。全年发改审批窗口共审批、核准、备案、上报项目131项。

【加大重大项目有效投入】 2014年，市发改局以重大项目推进为抓手，扩大有效投入。重点抓9个省级“411”（万亿产业转型升级工程、万亿基础设施完善工程、万亿统筹城乡建设工程、万亿公共服务提升工程，建设1000个以上省重大项目，带动全市固定资产投资超10万亿元）项目、16个省重点建设项目、9个省重大产业项目，60个嘉兴市级“三个千亿”（基础设施千亿工程、社会事业千亿工程和产业升级千亿工程）项目和261个桐乡市级重大项目。261项市级重大项目开工率95%，合计完成投资201.7亿元，其中43项服务业重大项目开工率100%，完成年度投资75.9亿元。全市完成固定资产投资372.3亿元，比上年增长20.2%，其中服务业投资193.6亿元，增长20.7%。强化项目综合管理，完善项目推进机制，实施月度通报交办制度、项目进度“红黄绿”“三色”预警等举措，着力统筹协调解决项目建设中重点问题。强化项目前期工作，调整优化前期项目储备库，开展桐乡通用机场、桐乡连接杭州轨道交通等项目前期工作。制订2015年政府投资项目计划。加快政府项目竣工验收，全年完成政府投资项目验收127项。向上级争取15个项目资金7404.25万元，争取土地指标48.73公顷。

【加快发展现代服务业】 2014年，市发改局坚持以推进现代服务业发展作为经济转型升级重要抓手，全市实现服务业增加值262.51亿元，比上年增长8.4%，占地区生产总值比重43%，提高0.5个百分点。突出服务业集聚区建设，乌镇国际旅游区位列省级服务业集聚示范区评估旅游休闲度假区类第一位，高桥健康产业集聚区入围嘉兴市级第三批服务业集聚区。加大重点企业培育，乌镇旅游公司和宇石物流公司入列省服务业重点企业。加快“退二进三”（缩小第二产业，发展第三产业）步伐，全年腾退企业37家，腾退土地40.68公顷，实现“进三”项目5个。

【加强区域合作】 2014年，市发改局把浙商回归作为经济工作“重中之重”推进，在嘉兴全市浙商回归考核中获一等奖。举办“桐行天下，浙商回家”招商推介会，浙商回归项目审批实现一站式服务。上报嘉兴市浙商回归重大产业项目61个，协议总投资358.5亿元，到位资金28.7亿元；浙商资本回归到位8.7亿元；引进人才科技项目138个；吸引功能性机构落地47个；全市公益捐赠到位资金4.9亿元，均创历史新高。加强对口帮扶工作，落实双对口、山海协作、扶贫结对及民族乡建设专项资金共562万元。其中对口帮扶四川藏区阿坝州松潘县300万元；对口支援重庆涪陵区专项资金30万元，新妙镇20万元；山海协作专项资金25万元。崇福镇、洲泉镇分别与遂昌县的妙高街道仙岩村和云峰街道湖边村结对，落实每个村帮扶项目资金6万元；扶贫结对庆元县17个村，实施项目帮扶资金95万元。梧桐街道、崇福镇、濮院镇分别与庆元县的松源街道、张村乡和五大堡乡结对，落实每个乡（街道）帮扶项目资金10万元；结对莲都区老竹镇开展“民族乡建设”，到位帮扶资金50万元。组织14家企业参加“宁夏平罗—桐乡”产业推介会和对接交流活动。作为轮值县，组织9家企业20个展位参展，代表嘉兴市参加第十四届西湖博览会。推进华友钴业在衢州投资60亿元的建设项目。

桐乡市领导赴四川省松潘县开展对口支援　　市发改局提供

【推进循环经济发展】 2014年，市发改局承担市循环经济领导小组办公室职责，开展循环经济各项工作。制订《桐乡市发展循环经济建设节约型社会工作2014年任务书》，优化修订考核办法，加强循环经济发展工作推进机制。指导桐乡经济开发区（核心片区、临杭片区）争创“省级循环化改造示范试点园区”，成为全省首批8个省级循环化改造示范试点园区之一，嘉兴地区唯一的省级试点园区。组织园区、企业首次亮相循环经济博览会。组织参加第三届中国国际循环经济成果交易博览会。全省首批循环化改造示范试点园区——经济开发区（核心片区、临杭片区）以及浙江京马电机有限公司、浙江东江能源科技有限公司两家循环经济重点企业，作为浙江循环经济成果展览板块重要代表，首次在最高级别的循环经济博览会上亮相。

【完善政策性农业保险】 2014年，市发改局发挥市政策性农业和农房保险领导协调小组办公室职责，完善政策性农业保险。在嘉兴市范围内率先开展政策性农业保险扩面试点工作。规范参保准入，对不符合市“五水共治”“三改一拆”等政策要求的养殖场（户），不再给予保险。做好政策性农业保险和农村住房保险参保、理赔等有关工作，全年开展理赔案件2288件，理赔金额883万元。做好粮食、棉花等农产品进口配额工作，促进农产品企业降低成本增加效率，获国家玉米进口关税配额2000吨，国家棉花进口关税配额1194吨。

（程跃峰）

物价管理

【概况】 2014年，桐乡市物价局贯彻落实《国务院办公厅关于进一步加强涉企收费管理减轻企业负担的通知》等文件精神，对经营服务性收费进行统计，建立清单，加强收费动态监管工作。以服务稳增长、促转型、治环境、惠民生为重点，按照浙江省定价目录，坚持定价成本监审、听证等程序，推进重要商品和服务价格调整。加强价格监测和农本调查工作，及时发布价格监测信息，引导消费，保持全市价格总体水平稳定。加强世界互联网大会、节假日等重要时期价格检查和监管，参与行风热线活动，解答市民关心的价格热点问题。组织"3·15"消费者权益日价格宣传、12月4日宪法宣传日等活动，发放价格宣传资料以及关系民生的宣传手册200余份。深入农村自来水管理服务站及有关用水单位进行调研，形成关于推进全市城乡供水一体化调查研究文章，提出相关改革建议。加强价格认证，做好涉案价格鉴定等价格争议调处工作。全年为公安机关出具价格鉴定结论600件，涉案标的金额939.8万元，为检察机关（反贪）出具价格鉴定结论8件。

【利用价格杠杆促进经济转型升级】 2014年，市政府出台《关于实行差别化电价水价促进企业转型升级的实施意见》，从7月1日起对纳入高污染、高耗能行业范围的企业或认定为限制、淘汰类企业实行差别化电价、水价政策，其中对属于国家、省级限制类和淘汰类行业的企业，电价在现行工业企业用电价格基础上，分别提高每千瓦小时0.1元和0.3元；对绩效综合评价结果为C类、D类的企业，水价在现行一般工业企业用水价格基础上每吨分别加价0.3元、0.6元。市发改局（物价局）根据省物价局等上级单位通知，经过成本监审、价格听证、集体审价、网上公示调整相关资源价格，调整城镇和农村自来水价格。城镇居民用水每户每月20立方米及以下1.9元/立方米、21～40立方米2.85元/立方米、41立方米及以上5.7元/立方米；非居民生活用水2.9元/立方米。农村居民生活用水价格不高于2.45元/立方米，非居民生活用水价格不高于2.9元/立方米。调整非居民用天然气价格。从12月15日起，非居民用天然气价格调整为4.99元/立方米，下浮幅度由天然气公司与用气单位协商而定；调整水资源费征收标准，从11月1日起水资源收费上调至0.2元/立方米，对超许可量取水户实行累进收费。

【加强收费管理工作】 2014年，市发改局（物价局）针对市区停车现状，重新修订桐乡市机动车停放服务收费管理办法，缩短免费停车时间，实行按时收费，取消交通事故车辆停放服务收费，放开住宅小区内停车服务收费，增加景区节假日占道停车收费。对茅盾中学、东方学校、濮院新星学校3所民办学校学费进行调整。2014年秋季开学起，小学700元/生·学期，初中1000元/生·学期，高中8000元/生·学期，浮动幅度为10%。对市社会福利中心康乐苑5号楼老年公寓收费定价，重新核定浙江传媒学院桐乡校区到桐乡火车站公交车票价，对安全生产培训收费进行核价，对交付使用半年以上、尚未成立业主委员会的普通住宅小区前期物业服务核定收费标准。加强行政事业性收费年审。对2013年度全市25个系统主管部门、74家单位和54个项目类别的行政事业性收费执行情况进行年审，收费总额比上年减少1500多万元，下降3.5%，未发现违规收费行为。

【开展价格监督检查】 2014年，市发改局（物价局）开展元旦、春节、五一、中秋、国庆和互联网大会期间市场价格检查，重点监管民生、交通运输、旅游行业等价格行为。组织对米、食用油等生活必需品价格巡查，对商贸领域价格促销行为等进行提醒和警示。互联网大会期间对出租车收费进行检查，对各大商场、超市商品明码标价进行检查，并加强价格举报电话值班。开展8项专项检查，即成品油价格调价跟踪检查、涉农和涉企收费检查、春节期间市场检查、全市药店药品价格检查、驾驶员培训学校检查、农贸市场收费专项检查、教育收费检查和医疗机构收费检查。全年受理举报(包括市长电话)234件,办结率100%。

【深化价格监测工作】 12月10日,市物价局加强物价员队伍建设,聘任涉及农本调查、认证咨询、价格监测、价格监督等方面物价员52名,任期两年,并用以会代训形式对其进行业务培训。做好生猪养殖、桑园培植、菊花生产、烟叶生产四项农业生产成本调查工作,定期上报国家发改委农调中心。注重日常价格监测,对崇福镇、乌镇镇、梧桐街道三个大型农贸市场六大类22种商品进行价格采集,分析形成农贸市场价格周报;对56种农资商品价格和城市重要商品每月进行监测,向嘉兴物价局报送价格监测信息,并在中国桐乡阳光工程、桐乡市政府信息公开、市发改局网站上发布价格信息。

(张永清)

工商行政管理

【概况】 2014年,根据中央、省、嘉兴市关于改革完善食品药品监管体制的意见,桐乡市政府出台《关于改革完善食品药品监管和工商质监行政管理体制的实施意见》,组建市场监督管理局。新组建的市场监督管理局为市政府工作部门,统一整合原食品药品监管局、工商局的机构和职责,挂食品药品监管局、工商局牌子,并划入质监局的食品安全监管职责,同时承担食品安全委员会的具体工作。全市各类市场主体1.26万户,其中企业2389户,个体工商户1.02万户。强化市场监管职能,全年查处各类案件271起,其中大案要案205起,罚没款309.6万元。加强"12315"平台建设,规范"12315"工作流程。全年受理各类来信、来电1711件,其中受理消费者投诉272件,为消费者挽回经济损失75万元。开展2014年红盾网剑专项行动,建立网商基本信息库。

【市场监督管理局成立】 1月,桐乡市政府出台《关于改革完善食品药品监管和工商质监行政管理体制的实施意见》,市场监督管理局正式成立。5月,市政府召开改革完善食品药品监管和工商质监行政管理体制工作会议,宣布领导班子任命,落实合署办公事项,进入正常办公状态。根据《桐乡市市场监督管理局主要职责、内设机构和人员编制规定》中的"三定方案",市场监管局在12个镇(街道)设立市场监督管理所(分局),完成中层干部调整和基层所(分局)一般干部调整。机构整合期间做到思想不乱、队伍不散、工作不断,并加快人员融合、业务融合,各项工作顺利开展。

【推进工商登记制度改革】 2014年,市工商局落实企业注册资本由"实缴登记制"(企业实际到位资金数额)改为"认缴登记制"(企业承诺缴纳资金数额),取消最低注册资本限额等商事登记制度改革举措。根据国务院《关于取消和调整一批行政审批项目等事项的决定》,将网吧、娱乐场所、旅行社、驾驶员培训等31项原工商登记前置审批事项改为后置审批,由原来须先经有关部门批准方可办理工商登记,变为可在办理工商登记后,再向有关部门申请许可。这意味着"先照后证"改革正式落地。制定《桐乡市工商登记制度改革实施意见》。《实施意见》主要内容包括推进市场主体登记和经营资格许可审批相分离、探索建立工业企业负面清单管理模式、放宽住所(经营场所)登记条件、简化登记流程、下放登记权限等方面。

【深化"个转企"工作】 2014年,市工商局坚持质量为重原则,健全长效工作机制。制定"个转企"行业指导目录,联合桐乡市财政局制定《桐乡市"个转企"中小微企业贷款管理办法》,发布首期"个转企"绩效评价。全年完成"个转企"479家,其中有限公司463家,转为公司制企业比例96.7%;累计完成"个转企"1728家,其中有限公司1257家,转型公司制企业比例72.7%。至年末,累计"个转企"企业中达到"规模以上""限额以上"标准74家,占"个转企"企业总数的4.3%。

【强化商标品牌建设】 2014年,市工商局通过举办知识竞赛、媒体宣传等方式加强新《中华人民共和国商标法》宣传工作。针对新《商标法》关于"生产、经营者不得将'驰名商标'字样用于商品、商品包装或者容器上,或者用于广告宣传、展览以及其他商业活动中"的规定,对桐昆股份有限公司等41家持有驰名商标

市场监管局举办新《商标法》知识竞赛　　市市场监管局提供

的企业进行行政提醒，指导企业对照新《商标法》要求开展自查，督促企业对已经使用"驰名商标"字样的商品包装、容器、广告宣传等进行清理。推进商标品牌创建工作，全年新增中国驰名商标1件，浙江省著名商标4件，嘉兴市著名商标13件。

【加大市场秩序规范力度】2014年，市工商局围绕全市"大整治"中心工作，联合市安全生产监督管理局、市综合行政执法局、市商务局等部门完成无证无照工业生产单位、黑加油站(店)、黑网吧、出租房屋无证无照食品生产经营等专项整治。完善打击传销长效机制，全年取缔涉传窝点51个。以知识产权为重点领域，集中查处不正当竞争中的突出问题，查获商标侵权案件34件、不正当竞争案件39件、违法广告案件27件、侵犯消费者权益案件2件。

（朱炜君）

国土资源管理

【概况】2014年，桐乡市国土资源局完善国土空间规划体系，上报市规划建设局调整方案22个，调整面积489.73公顷；开展"812"(省政府提出2013年至2017年，全省将垦造耕地80万亩，建成高标准基本农田1043万亩，综合整治农村建设用地20万亩)土地整治工程，提前完成2014～2015年5900公顷建设任务；推进农村土地综合整治，验收农村土地综合整治面积205.2公顷；完成土地开发项目验收9个，整理区域总面积174.67公顷。保障各类用地需求，全年上报建设用地总面积397.87公顷，土地一级市场办理供地208宗，面积358.67公顷，成交土地出让金37.87亿元。办理超面积补办等改变出让条件项目250个，面积137.47公顷；办理集体用地35宗，面积90.07公顷；办理设施农用地79宗，面积10.13公顷；办理临时用地3宗，面积4.63公顷。全年收储土地54宗，面积92.53公顷。年内完成各类土地登记2.49万件，其中办理国有土地初始登记873宗，变更登记1.47万份；办理集体建设用地使用权登记24宗；办理宅基地初始登记1510宗，变更登记96宗；办理土地抵押登记、查封登记、注销登记、更正登记、遗失补证835宗；办理土地分割登记285宗，发放土地登记分割凭证6789份。全年受理群众来信来访61件，受理市长电话28件，群众路线教育实践活动办公室转办2件，全部按期办结。办理行政复议、行政诉讼案件，组织农村土地整治方案听证19次(件)，建设用地项目报批听证14次(件)，土地利用总体规划局部调整听证22次。做好土地变更调查和村庄数字地籍调查工作。2013年度土地变更调查成果通过省级核查，完成龙翔街道、梧桐街道(城区部分)、濮院镇(镇区部分)和20个原乡政府所在地小集镇约18.3平方千米农村村庄数字地籍测绘、22平方千米权属核查工作，数据库建库工作。

【优化国土空间规划】2014年，市国土资源局推进规划修订工作，以"民生优先、力保重点"为原则，强化节约集约用地引导，将合理划定"城乡建设用地扩展边界""永久基本农田保护边界"和"生态保护红线"作为修改工作重中之重，编制完成《土地利用战略研究》等七个专题报告，制订规划空间分解方案，指导各镇(街道)按"多规合一"要求开展规划局部修改工作，市级规划（中心城区）通过市“多规合一”（土地利用总体规划、全市经济社会发展规划、城乡规划、生态环境保护等统筹协调）领导小组成员单位会审通过。全年上报市规划建设局调准方案22个，调整面积489.73公顷。

【推进“812”土地整治工程】2014年，市国土资源局推进“812”土地整治工程，强化耕地质量管理和高标准农田建设，加大垦造耕地资金投入，调整资金补助政策，提高新增耕地质量，提前完成2014～2015年建设用地任务。实施建设用地耕作层剥离再利用项目2个。推进农村土地综合整治，完善“镇、村、户”三级激励机制，实施农村土地综合整治项目38个，全年通过验收复垦面积205.2公顷；新立项目19个，规划复垦总面积146.6公顷，规划节余挂钩指标85.67公顷，节地率58.5%。建立农村土地综合整治增减挂钩节余指标交易平台，允许节余指标在市域范围内有偿调剂使用，全年通过平台交易指标11.07公顷。合理调整开发垦造耕地奖励标准和补助方式，鼓励基层深入挖潜，提升耕地比例。全市土地开发项目批复立项14个，整理区域总面积217.47公顷，规划新增耕地149.07公顷，至年末，实际完成验收9个，整理区域总面积174.67公顷，新增耕地116.6公顷。落实耕地保护目标责任机制和耕地保护共同责任机制。年初与各镇（街道）签订耕地保护目标责任书，强化对镇（街道）党委、政府耕地保护目标责任考核。下发《桐乡市耕地保护补偿机制实施细则》，落实耕地保护共同责任机制，全年全额拨付耕地保护补偿资金1243万元。

【强化各类用地保障】2014年，市国土资源局强化各类用地保障，全市各类建设用地指标351.53公顷，其中年度下达计划指标140.73公顷，争取省留计划指标64.2公顷，农村土地综合整治挂钩指标146.6公顷。全年上报建设用地总面积397.87公顷（新增336.2公顷），其中上报10个批次，面积162.87公顷（新增125.4公顷）；上报省重点项目4个，总面积72.4公顷（新增64.2公顷），上报农村土地综合整治项目面积162.6公顷（新增146.6公顷）。全市土地一级市场办理供地208宗，面积358.67公顷，成交土地出让金37.87亿元。其中工业用地58宗，面积113.87公顷，成交金额4.55亿元，比去年增长16.7%；经营性用地71宗，面积99.93公顷，成交金额32.93亿元，增长40.6%。办理超面积补办等改变出让条件项目250个，涉及面积137.47公顷；集体使用35宗，面积90.07公顷；设施农用地79宗，面积10.13公顷；临时土地3宗，面积4.63公顷。2014年收储土地54宗，面积89.2公顷。

濮院镇永越村、永联村农村土地综合整治项目　市国土资源局提供

【保障农户建房用地需求】2014年，市国土资源局开展“规范宅基地管理，破解农民建房难问题”专项行动，保障农户建房用地。在规划修改中优先安排新农村建设用地712公顷，占全市总用地面积17.6%。合理优化村庄点规划，协同相关部门调整全市新村点规划布局，全年新增村庄点161个，优化完善村庄点87个，置换村庄点11个。保障农户建房用地指标，57个农村土地综合整治项目，覆盖全市100多个村，保障6630户农户建房需求；安排计划指标29.27公顷用于保障“无房户、危房户”建房。

【实施“亩产倍增”行动计划】2014年，市国土资源局开展“供而未用土地消化利用，促进扩大有效投资”专项行动，大力处置转而未供、供而未用土地，全市消化转而未供土地面积217.53公顷，处置闲置土地7宗（总面积10公顷），闲置土地处置率95%。2011～2013年新供建设用地按期开工率90%，2011～2013年全市供地率分别为93%、94%、79%。推进城镇低效用地再开发。出台《关于低效利用工业用地的处置意见》，界定城镇低效用地开发范围，完善利益激励机制，合理处置历史遗留问题。完成城镇低效用地调查、专项规划、实施方案编制和数据入库工作。通过协商收回等方式，盘活一批城镇低效用地，激发土地利用潜能，全年盘活存量建设用地236.87公顷，其中实现二次利用107.47公顷。加强建设用地批后监管。落实批后监管共同责任机制，追究违约责任，督促用地单位按照土地出让合同约定履约。实施挂牌施工，加强用地单位自律行为。实时更新动态监管系统数据，确保系统数据与项目实际同步。2014年列入“供而未用土地利用促进扩大有效投资”专项行动开工项目135个，实际开工109个，开工率81%；列入专项行动竣工项目128个，实际竣工89个，竣工率70%，竣工率位列嘉兴市前列。

【深化国土资源领域改革】 2014年，市国土资源局深化国土资源领域行政审批制度改革，制订《桐乡市国土资源局行政审批层级一体化改革实施方案》，梳理桐乡市管理职能和审批事项目录清单，清理审批事项，做好上级下放权限承接。梳理出涉及市国土局行政审批事项24项（行政许可事项12项，非行政许可12项），进行内部整合和职能归并，实行首席代表制，优化办事流程，构建审批一条龙、服务一站式行政审批工作新机制，实现审批提速70%以上。推进“扩权强所”改革。在“三位一体”（规范化国土所、群众满意国土所、“扩权强所”创建）强所创建基础上，通过优化简化办事流程，配足配精基层力量，开展业务培训，促进基层国土所20项下放事权衔接工作，服务基层群众。推进资源要素市场化配置改革。出台《关于工业土地差别化供应管理的实施意见》，实行弹性出让年限、差别化地价标准和差别化用地管理，推进全市工业用地高效利用，促进节约集约用地和产业转型升级。

【建立土地执法监管共同责任管理机制】 2014年，市国土资源局建立土地执法监管共同责任长效管理机制。开展执法监察网络化、网格化管理，加快各镇（街道）违法用地防控专门队伍建设，完善考核制度、奖惩办法，降低违法用地比例，全市开展联合执法巡查1200余次。做好土地、矿产卫片执法监督检查工作。年内，国土资源部下发疑似违法用地图斑178块，图斑面积81.98公顷，其中耕地30.02公顷；查实违法用地102宗，面积39.66公顷，其中耕地24.98公顷，违法占用耕地比例7.6%。全年违法用地案件69件，全部立案并作出行政处罚，收缴罚款1363.63万元，处分责任人员61人次，移送司法机关7件，申请强制执行58件。配合开展全市“三改一拆”专项行动。加强指导、协调、督促，集中开展“建新不拆旧”专项整治行动。全市累计拆除建筑109万平方米，占“三改一拆”总面积97.79%。深化信访、维权、普法工作。进行国土资源法律法规政策培训，全市12个镇（街道）176个村组织1500余人参加培训。开展“3·22”世界水日和水周、“4·22”世界地球日、“6·25”全国土地日普法宣传，创新宣传模式，借助老干部自行车队，将土地法律法规、征地拆迁新政策等宣传到田间地头。

【推进国土工作信息化建设】 2014年，市国土资源局推进国土工作信息化建设，优化“一张图”信息系统，初步验收平台系统建设项目。综合档案扫描260多万页。农转用项目入库2326个、征收协议入库2412个、开发整理项目入库350个、供地项目入库4652个、储备项目入库828个、违法用地项目入库438个；实现农转用、供地、储备等项目属性数据与图形、档案之间挂接，并按业务流程间的关联关系，实现报批与开发整理之间、报批与征地储备之间、供地与报批之间的数据关联。强化政务信息网上公开工作。桐乡市国土资源局网站更新信息1232条，受理局长信箱、网上咨询等互动栏目来信45件；在“中国桐乡”门户网站“桐乡市政府信息公开”专栏发布各类政府信息957条，受理并及时答复网上办事咨询20件；在“中国桐乡”阳光工程专题国土栏目，发布信息346条。

（陆艳艳）

质量技术监督

【概况】 2014年，桐乡市质量技术监督局实施“三强”（质量强市、标准强市、品牌强市）战略，坚守质量安全底线，服务桐乡经济发展。推进质量强市工作，帮扶指导有条件企业开展质量创新，推进质量管理孵化基地建设。至年末，全市1家企业获全国质量奖，1家企业获省政府质量提名奖，5家企业获嘉兴市市长质量奖，14家企业获桐乡市市长质量奖，实现四级质量奖创建全覆盖，连续三年蝉联嘉兴市质量强市先进县。深化标准强市工作，全市56家企业主导或参与制（修）订标准183项，其中国际标准2项、国家标准81项、行业标准90项、地方标准2项、联盟标准8项，数量居全省前列；建成国家级农业标准化示范区1个、省级农业标准化示范区10个、桐乡市级农业标准化示范区39个；清理农业地方标准86个，其中修订82个、废止4个。开展品牌强市工作，协助乌镇国际旅游区获批筹建全国首个全国古镇旅游知名品牌创建示范区。全年创建浙江名牌产品11个，其中复评3个、新增8个，累计有浙江名牌产品39个，数量居嘉兴前列。完成质量检测1.5万批次，计量检定器具3.26万台（件），免收计量检定费27.9万元。全年申报科研项目23项。国家纺织服装产品质量监督检验中心（浙江桐乡）“一种微波自动烘干装置”获国家实用新型专利、浙江省嘉兴皮毛产业技术创新服务平台申报“年产300万张毛皮主要工序废水循环使用集成技术应用示范”项目获桐乡市科技进步一等奖，国家纺织服装产品质量监督检验中心（浙江桐乡）“羊毛纤维高效节能微波烘干技术应用研究”项目获桐乡市科技进步三等奖。发表科研论文15篇，获桐乡市第八届优秀科研论文一等奖2人，二等奖、三等奖各1人。强化特种设备安全监察，出动检查人员1124人次，检查特种设备相关单位353家次，立案查处各类特种设备安全违法案件29起，淘汰、停用高耗能重污染锅炉46台。开展工业产品生产许可监管，完成生产许可证年审18家，年审实地核查6家，证后监管巡查20家，受理省级发证申请13家，受理国家发证审核6家，发证现场核查19家。实施产品质量监督抽查171批次，全市产品质量监督抽查合格率97.4%。开展蓝剑系列等专项行动，助推“法治质监”建设。处理举报投诉128起，立案查处违法行为108起。按照职权法定原则开展权力清单、责任清单梳理工作，梳理行政权力346项，获“浙江省质监系统依法行政示范单位”称号。

【中国鞋类设计赛在石门举行】 3月，中国皮革协会主办，石门湾鞋业城开发有限公司独家赞助的2014“真皮标志·石门湾杯”中国鞋类设计大赛在石门镇举行。大赛受到皮鞋行业内科研机构、高校、企业等有关单位关注，收到来自全国33所艺术院校、企业和个人参赛作品1164件。比赛结果大赛冠名权花落桐乡石门镇。这是桐乡市首次获得国内最高规格鞋类设计大赛冠名权，有效提升桐乡女鞋在国内市场的品牌知名度。

【开展“计量四进”服务活动】 4月，市质监局开展民生计量进市场、进医院、进社区、进学校“四进”服务活动。诚信计量进市场，对全市50家农贸市场实施计量器具免费检定，检定各类计

质监局开展“5·20”世界计量日现场活动　　市质监局提供

价秤、台秤4469台;健康计量进医院,对全市9个镇(街道)卫生院的血压计、心电图机、B超仪等在用医疗器具1370台件进行免费计量检定;服务计量进社区,深入26个社区为群众免费检测血压计等计量器具,并提供血压测量、视力验光、镜片清洗等相关服务,现场服务市民140余人次、发放宣传资料550份;民生计量惠万家,免费检定市18家幼儿园的电子秤。开展全市范围内加油机强制检定工作以及“民用三表”(水表、电表、燃气表)计量监督专项检查工作,计量器具受检率95%以上。

【两项联盟标准填补国内空白】 5月,嘉兴市皮毛和制鞋工业研究所主导制定《毛皮铬鞣废水中铬回收技术规范》《毛皮染色废水循环使用技术规范》两项皮草行业联盟标准通过专家组审核,填补国内皮草行业在铬鞣废水及染色废水处置等方面标准的空白。至年末,全市12家大型毛皮硝制企业全部采用联盟标准。两项联盟标准的实施将为年产300万张鞣制毛皮企业通过节能、节水、减排和节约化工材料,直接产生经济效益1500余万元,间接产生经济效益2000万元以上。

【完成食品监管体制改革】 5月,桐乡市质监局完成食品监管体制改革及人员、职能划转。将原先由桐乡市质监局承担的食品生产加工环节质量安全监管职责划入桐乡市市场监管局。年内,质监局在食品监管方面出动检查人员276人次,实施抽样80批次,处理举报投诉64起,立案查处违法行为7起,约谈违规企业10家,上报黑名单1家,取缔无证生产窝点3个。

【制订鞋类行业标准】 7月,嘉兴市皮研所主导制订《鞋类化学试验方法苯乙酮的测定气相色谱一质谱法》鞋类行业标准并正式发布实施。该标准填补了国际上在苯乙酮检测方面标准的空白。经全国制鞋标准技术委员会审查,认定此标准达到国际领先水平。标准发布实施后,全市300余家鞋厂主动执行此标准,并开展苯乙酮含量自查工作,有效防范潜在贸易风险的发生。

【建立产品质量监督市场反溯机制】 8月,市质监局出台《桐乡市质量技术监督局市场反溯行动工作规范(试行)》,实现产品质量监管由事后监督向事前预防、被动应对向主动出击转变。市场反溯行动围绕全市皮鞋、皮草、蚕丝被、毛衫、家纺等五大区域的特色产业展开,全年采购电子商务样品155批次,实行反溯监管模式后,相关行业案件数量比上年下降50%。

【获批皮革行业国家自然科学基金项目】 9月,嘉兴市皮研所与陕西科技大学联合申报的2014年国家自然科学基金项目“具有多尺度孔隙结构的皮革中游离甲醛的释放行为研究”获国家自然科学基金委员会批准,获资助金额90万元。该项目的获批标志着皮研所成为全省质检系统首个主导承担国家自然科学基金项目的县级技术机构。

【入围全省首批“浙江制造”试点县】 10月,浙江省启动“浙江制造”县(市、区)域培育试点工作,桐乡市成为全省首批7个试点县(市、区)之一。质监局起草《桐乡市关于开展浙江制造品牌和标准化建设的实施意见》和《桐乡市“浙江制造”试点工作方案》,围绕“浙江制造”试点县建设,在房车产业、新能源产业中开展“浙江制造”试点工作,联动实施质量、标准、品牌战略。

【开展特种设备安全专项检查】 10月,桐乡市质监局出台《2014年首届互联网大会期间全市特种设备安全检查工作方案》,确定开展为期一个月的特种设备安全大检查。质监局职能科室人员对辖区内涉及特种设备重点使用单位进行专题培训,成立2个电梯应急小分队,会议期间24小时随时待命,并对乌镇景区所涉特种设备(主要包括39台电梯、5台锅炉、42台观光游览车)进行逐台检查。出动执法人员206人次,检查特种设备使用单位61家次、检查特种设备675台次、发现特种设备安全隐患17起,安全隐患全部闭环消除。

【一项目被列为省级标准化试点项目】 12月,嘉兴市皮研所承担的“桐乡皮毛硝染企业清洁生产联盟标准的制定和实施”项目被列为2014年省级标准化试点项目。该项目实施期限为两年。皮研所计划起草和推广的皮毛“铬鞣废水中铬回收技术规范”“毛皮染色废水循环使用技术规范”2 项联盟标准，在 15 家规模以上企业中有效执行，帮助联盟企业实现皮毛清洁化硝染，减少废水排放。

【推进国家质检毛针织品分中心建设】 2014 年，桐乡市质量技术监督局推进国家质检毛针织品分中心建设。1 月，国家纺织服装产品质量监督检验中心(浙江桐乡)毛针织品分中心通过 CNAS 认可和资质认定现场评审；6 月，获国家认证认可监督管理委员会颁发的计量认证书，正式获得向社会出具公正检测数据和结果的法定资格；7 月，通过省质监局预验收，达到 B 级国家质检中心建设要求。

（裴付宇）

食品药品监督管理

【概况】 2014 年，桐乡市食品药品监督管理局按照市政府《关于改革完善食品药品监管和工商质监行政管理体制的实施意见》，与工商局组建成市场监督管理局。食品药品监督管理工作着力构建长效机制，提升队伍素质，打击食品药品违法犯罪行为，全市食品药品安全形势平稳可控。履行食品安全综合监管职能。完善食品安全工作例会、联席会议制度，分析食品安全形势，及时研究、解决问题。开展重点时期、重点领域、重点环节食品安全集中检查和联合执法行动，牵头开展食品安全大整治百日行动等专项整治工作。强化药品安全监管，做好药品零售企业开办等行政审批工作，抓好药品安全日常监管和专项整治工作，开展保健食品、化妆品委托生产专项检查，推进保健食品、化妆品经营示范单位创建活动，保障市民用药安全。制订《首届世界互联网大会食品安全保障工作方案》《餐饮服务食品安全保障工作方案》，保障互联网大会食品安全。

1 月 27 日，桐乡市市场监督管理局成立　　市市场监管局提供

【组建市场监督管理局】 参见《经济管理与服务·工商行政管理》中相关条目。

【加强食品安全各环节监管】 2014 年，市场监督管理局结合职能调整，履行食品生产、流通、餐饮环节监管职能和综合协调职能，确保食品安全无事故。在生产环节，开展食品生产许可证换发证初审 106 家次，发证检验申请及抽样 13 家，食品生产加工委托备案 3 件；在流通环节，新核发流通许可证 2091 张；在餐饮环节，发放餐饮服务许可证 1117 张。开展食品安全百日严打行动、农贸市场自制食品清源专项整治、农村食品市场“四打击四规范”(打击无证无照行为，规范食品生产经营者的主体资格；打击销售、使用无合法来源食品和原料的违法行为，规范食品生产经营者的采购活动；打击生产经营侵权仿冒和“五无”食品违法行为，规范食品包装标签标识管理；打击生产经营“两超一非”等劣质食品行为，规范食品生产经营过程)专项整治等行动。突出重点，加强执法办案，严厉打击食品安全违法行为。食品生产环节立案 6 起，涉案金额 13.03 万元，罚没款 7.9 万元；流通环节结案 19 件，罚没款 9.95 万元；餐饮环节立案 10 起，涉案金额 2.3 万元，罚没款 15.6 万元。

【强化药品、保健品和化妆品安全监管】 2014 年，市场监督管理局强化药品、保健品和化妆品安全监管，严把入关口。全市新开药店 18 家，其中乙类 1 家；注销药店 22 家，其中乙类 2 家；换证 78 家，变更 105 家；药师备案 121 家，GSP 认证 80 家；医疗器械经营企业新开 4 家，换证 2 家，变更 2 家。第一类医疗器械生产企业备案 1 家，第一类医疗器械产品注册许可证 2 家，换证延续 4 家，备案 1 家。加大日常监督检查力度，与企业签订《双向承诺书》，加强新版 GSP 认证和检查。加强药品、医疗器械不良反应监测，上报药品不良反应 935 例，医疗器械不良事件 109 例。加大对药品违法行为的打击力度，开展医疗器械"五整治"(整治虚假注册申报行为、整治违规生产行为、整治非法经营行为、整治夸大宣传行为、整治使用无证产品行为)专项行动、医疗机构药械质量专项检查等专项整治行动，药品、医疗器械立案 13 起，涉案金额 3.3 万元，罚没款 10 万元。假药案移送公安机关 3 起。

【健全食品安全监管长效机制】 2014 年，市场监督管理局加强社会共治，开展"食品安全，你我同行"主题活动，组织"我执法 你参与"等系列活动。实施食品安全"黑名单"制度，向社会公布首批黑名单。强化食品安全电子监管平台建设，食品流通环节安装电子监管平台 158 户。强化餐饮单位诚信自律意识，推进"阳光厨房"建设，全市 35 所学校食堂、12 家餐饮单位建成"阳光厨房"。探索农村家庭集体聚餐监管新模式，试点探索农村厨师资质制，帮助筹建农村厨师协会。创建食品安全"回头看"示范店，至年末，创建示范店 176 家。开展品牌超市进校园工程，指导 10 家校园品牌超市，开展嘉兴市品牌超市进校园工程达标单位创建。开展餐饮服务食品安全示范街和示范单位创建活动。

（朱炜君）

安全生产监督管理

【概况】 2014 年，桐乡市安全生产监督管理局抓工作责任和措施落实，强化队伍建设，夯实安全基础，围绕企业转型升级提升安全本质，把服务贯穿安全监管全过程。发出《关于要求在世界互联网大会乌镇峰会期间控制乌镇地区烟花爆竹进、送货量的函》，做好互联网大会安保工作。全市发生各类安全生产事故(不含火灾)313 起，死亡 67 人，直接经济损失 490.87 万元，分别比上年下降 10.1%、8.2%、3.6%。其中工商贸领域事故发生 6 起，死亡 6 人，直接经济损失 240 万元；道路交通事故发生 306 起，死亡 60 人，直接经济损失 250.37 万元；水上交通事故 1 起，死亡 1 人；生产经营性火灾事故 243 起，无人员伤亡，直接经济损失 314.96 万元。

【加强安全生产执法检查】 2014 年，市安监局按照年度安全生产监管行政执法工作计划，执法检查 285 家，出具整改指令书 28 份，整改各类安全隐患 350 条，对 1 家企业实施行政处罚。通过执法、监管，全市工商贸领域未发生较大安全生产事故。开展"三场所两企业"(有限空间作业场所、涉及可燃爆粉尘作业场所、喷涂作业场所、涉氨制冷企业、船舶修造企业)安全生产专项治理工作，执法检查 203 家企业，其中限期整改 11 家，取缔关闭 2 家。开展危险化学品及烟花爆竹领域专项检查，联合市禁毒大队，邀请企业安全管理员、化工专家参与现场指导，以交叉检查方式对全市 20 家危险化学品生产企业开展专项执法检查。针对全市烟花爆竹零售经营市场存在经营商店相隔间距不足、现场管理混乱、消防灭火器材失效等问题，在全市范围

危化企业安全检查　　市安监局提供

内集中开展烟花爆竹经营(零售)单位安全专项整治工作,并组织持证经营单位负责人签订《烟花爆竹安全专项整治承诺书》。开展安全生产隐患挂牌整治。年初,全市2家企业被确定为嘉兴市级隐患挂牌单位,5家企业被确定为桐乡市级隐患挂牌单位。通过落实责任,督促整改,至年末,7家隐患挂牌单位全部通过验收摘牌。

【深化安全生产宣教培训】 2014年,市安监局开展以"强化红线意识,促进安全发展"为主题的全国第十三个安全生产月活动,组织开展安全生产"123"(1百场安全警示教育,2千个单位参与观看警示电影,3万名职工接受安全教育)活动,举办广场文艺晚会、安全生产咨询日活动和安全生产图板警示教育巡回展,举办企业负责人、安全管理员、危化企业从业人员等培训班81期,培训人员8822人次。学习新的《中华人民共和国安全生产法》,组织全市安监人员开展新《安全生产法》学习辅导,向全市各镇(街道)、开发区、振东新区和安委会成员单位发放新《安全生产法》学习读本,向全市各企事业单位发送新《安全生产法》单行本和《致全国各企业主要负责人的公开信》各1万份。

【强化企业安全生产基础工作】 2014年,市安监局开展规模以上企业安全生产标准化创建工作,推进小微企业规范化建设。至年末,全市467家企业创建三级标准化(不含危化企业),3家企业创建二级标准化,7家企业完成二级标准化换证,199家小微企业完成规范化建设,市政府兑现奖励资金722万元。全市527家企业完成安全生产岗位风险点排摸工作,建立岗位风险点2673个,591家企业开展诚信等级分类,其中A级141家,B级447家,C级3家。

【推进小化工企业安全综合整治工作】 2014年,桐乡市以生产植绒胶、纸管胶为重点的小化工企业安全综合整治被列入2014年省级安全生产综合整治试点名单。市安监局专门下发《桐乡市以植绒胶、纸管胶为重点的小化工企业安全综合整治方案》,组织召开动员部署会议,各项任务落实到责任部门和具体责任人员,同时为企业解读方案,做好现场引导宣传工作。整治工作历时8个月,21家企业进行重点整治,其中淘汰关闭不符合安全生产条件且未能完成整治提升的企业8家,纳入"退二进三"企业1家,完成原地整治提升企业12家。另外32家参照执行的企业中,关闭淘汰企业27家,搬迁入园企业3家,纳入"退二进三"企业1家,淘汰落后生产线企业1家。

【开展危险化学品重大事故应急救援演练】 2014年,市安监局专门对17家重点企业进行"生产安全事故应急处置演练"培训。市政府牵头,安监、公安、质监、消防、环保等10余个部门单位参与,在浙江申腾涂层织物有限公司开展危险化学品重大事故应急救援演练。全市各镇(街道)、开发区、振东新区安全生产分管领导、各基层安监站站长以及危化企业代表百余人到场观摩。演练模拟公司生产车间因工人操作不当,发生特种设备爆炸,造成危险化学品燃烧、泄漏,人员伤害及相关设施破坏之后的应急救援。市政府启动重大事故应急救援预案,成立应急救援指挥部,出动应急救援队,采取疏散警戒、抢救伤员、消防灭火、危化品堵漏、污水处置等措施。通过演练,检验市《危险化学品重大安全生产事故应急救援预案》和应急救援队伍应对突发事故救援处置战斗力和综合处置协调能力。年内,市安监局参与全市应急联动11次。

(严晓萍)

审批办证服务

【概况】 2014年,桐乡市行政审批服务中心(公管办)推进行政审批制度改革,做好行政审批层级一体化承接工作,推行政府行政审批清单,建立"期望办理"新机制和"求导式"分类直达办理模式,开通三级便民服务网上办事大厅,健全中介机构信用等级体系。全年受理各类行政审批服务项目25.16万件,办结24.92万件,平均日办理979件,承诺件按时办结率100%。港航、农经、社保、交警、烟草、出入境六个部门分中心全年受理项目8.49万件,办结8.41万件。市公共资源交易平台组织各类招投标项目2363件,交易总金额75.44亿元。全市12个镇(街道)便民服务中心办理、代理各类事项23.59万件,三级便民服务网上办事大厅受理各类事项

5.28万件;招标采购中心组织各类招投标项目1054件,交易金额7.56亿元。

【深化行政审批制度改革】2014年,市行政审批服务中心清理行政许可、非许可和民生服务事项,分层次公布行政审批事项目录。承接嘉兴市下放行政许可、非许可事项121项。工商、人防、环保、建设等部门成建制整体进驻中心窗口办理。中心"既受理又办理事项"90.9%,进驻中心窗口办理行政许可和非许可事项"一审一核"率86%。实施建设项目全流程网上审批,全年170多个建设项目在平台运行。推行公司注册登记"一窗式"多证联办和契证、房产证、土地证"三证联办"等措施。建立"求导式"(针对不同的企业投资项目,在实行分类管理的基础上,设定最简的审批环节、最短的办理时间,以求得该类项目办理的最大时效)分类直达办理和"期望办理"(业主在承诺及时提供真实合法报批材料和中介技术服务资料的同时,可根据项目建设实际需要,向审批职能部门提出完成全部报批手续的时间期望)机制,改革企业投资项目、技改项目审批办理方式,确立企业投资主体地位,打破和优化企业投资项目审批前后置关系,简化企业投资项目审批流程。全年33个项目与职能部门签订"期望办理"双向承诺书,其中19个项目已按业主的期望时间全部办结。有机融合代办制、模拟制、联审制,"三制联动"服务项目审批,全年办理全程代办项目50个。建立前置审批联用、资料入库共享制度,将涉及证照办理的工商、质监、建设等13个部门的20个批文、证照,审批需要提供的151个材料入库,已收录各类证照批文1.1万余个,下载利用900余个。实行"1+X"(一名中心领导班子成员或业务科室负责人带班,业务科室和相关窗口一到两名骨干组成导办小组,向企业提供咨询、查询、导办、代办、投诉、效能督察等服务)零距离、全流程、人性化导办服务,平均每天接待群众咨询60人次,导办10人次,代办3人次。

市审批代办中心工作人员为群众提供代办服务　市审批中心提供

【公共资源交易有序运转】2014年,市公共资源交易中心建立集体经营性建设用地、农村土地综合整治增减挂钩节余指标交易平台,优化土地资源要素配置。根据《国有建设用地使用权公开出让交接备忘录》要求,做好国有建设用地使用权公开出让交接事宜。电子招投标系统启动试运行,工程项目建设、政府采购等公共资源交易项目的招投标所有流程都在网上完成。6月,市行政审批服务中心会同市财政局、机关事务管理局下发《关于办公家具零星采购相关事项的通知》,破解以往零星家具采购过程长的难题,服务全市办公用房清理工作。全年实施"容缺受理"预报建预招标26项,招标金额约15亿元。完成首届世界互联网大会相关30多个紧急采购项目招标采购服务工作。联合检察院、人民银行出台《桐乡市政府投资民生工程建设项目中同步开展行贿犯罪档案与信用记录查询工作的实施办法》,在政府投资民生工程建设项目中创新行贿犯罪档案和信贷征信记录同步查询工作。强化公共资源交易投诉举报、信访处理工作力度,对违法违规的招投标行为实行零容忍,暂停其在市交易平台投标资格并限期整改。开展镇(街道)招投标统一平台专项检查,发现问题专门召开镇(街道)分管领导会议进行通报,并要求整改。全年惩治不良行为企业6家。

【中介机构监管持续有效推进】 2014年，市行政审批中心修订完善《桐乡市中介机构管理暂行办法》和《桐乡市中介机构信用评价管理办法(试行)》，重点加强中介执业规范管理和行业自律作用发挥。开展中介信用等级评价，并将评价结果等信息公布于中心网站、办事大厅。调研摸底清理涉及行政审批中介服务事项，编制中介服务项目目录，向社会公布。完善中介"网上超市"，会同有关部门出台《关于进一步规范政府投资项目工程价款结算审核工作的若干意见》，实施审计全覆盖。建立2014～2015年度工程造价审核服务机构备选库，实现政府投资项目工程造价咨询机构全流程监管。

【实现三级便民服务网全覆盖】 2014年，市行政审批中心依托镇(街道)、村(社区)便民服务中心，运用现代信息技术手段，将市级行政审批系统功能延伸至镇、村。市人力资源社会保障局、人口计生局、农业经济局等9个部门，共95项镇级服务事项、124项村级服务事项和103项社区服务事项进入镇、村便民中心受理、办理。7月，三级便民服务网上办事大厅在全市12个镇(街道)、经济开发区和振东新区及所属210个村(社区)实现全覆盖。

(杨丽莉)

审　　计

【概况】 2014年，桐乡市审计局重点围绕预算执行、民生工程、专项资金、经济责任审计和政府投资建设项目审计开展审计工作，全年完成审计项目34项，查出违规金额2936万元，管理不规范金额23176万元。在年度审计中提出审计建议50条，采纳42条，促使被审计单位建立健全规章制度14项。根据审计工作质量提升年活动实施意见，科学编制审计项目计划，督促审计整改，加大依法处置力度，采取措施抓审计质量。推进领导干部经济责任审计，落实中央"八项规定"中有关经济责任审计内容，促进健全有权必有责、用权受监督、失职要问责、违法要追究的监督机制，完善干部考核办法和奖惩机制。

【深化财政预算执行审计】 2014年，市审计局围绕建立公共财政框架总体要求，开展2013年度财政预算执行审计和财政存量资金审计。结合经济责任审计、其他专项审计等，对财政预算执行和管理情况、财政收支情况、国有资产监管情况等方面进行审计监督。发现国有资产监管存在缺位、公有住房出售收入未纳入财政预算管理、财政净结余没有真实体现、未落实具体项目的财政存量资金规模偏大影响资金使用绩效、结转下年支出核算不规范影响真实财力体现、部门单位支出管理不够严、结转和结余资金清理不到位、部分资金预算执行率较低等问题。市审计局分析形成问题原因，提出加强各项财力统筹管理，加大对预算单位未动用指标的清理力度、加强预算管理、增强预算约束、加强对上级转移支付资金管理和使用等审计意见和建议。

【加大经济责任审计力度】 2014年，市审计局加大经济责任审计力度，完成11家单位14名领导干部任期经济责任履行情况审计，承办嘉兴市局交办的秀洲区公安局局长经济责任审计。通过对14名领导经济责任审计，指出被审计领导及所在单位在行政执法、政府性资金使用管理、资产管理、对下属单位监管等方面存在不足，经过对被审计单位的整改督促，问题基本得到整改落实。全年所有经济责任项目审计报告都得到市领导批示，其中上报的《审计部门反映排污费征收缺乏有效审核亟待重视》信息得到嘉兴市领导重视，嘉兴市市长肖培生、副市长祝亚伟对此作出重要批示。

【政府投资项目审计监督全覆盖】 2014年，市审计局审计桐乡市污水收集系统及尾水外排工程竣工决算、浙江传媒学院桐乡校区建设工程项目竣工决算、桐乡市启新学校初中部迁建工程竣工决算审计、桐乡市传媒中心大楼工程竣工决算等项目。开展重点项目跟踪审计，对桐九公路客运中心至高铁段改建工程、市城镇生活污水入网改造等工程进行不定时突击式审计检查，督促建设单位规范管理，堵塞经济漏洞，提高政府资金使用绩效。联合市财政局、市公共资源交易管理委员会办公室发布《关于进一步规范政府投资项目工程价款结算审核工作的若干意见》，将全市政府投资项目审价工作按照分类管辖原则，在审价监督方面明确将审计监督范围由原来的市重点政府投资项目扩大至全市政府投资项目，实现政府项目审计监督全覆盖，并对审价范围、审价机构选择、审价原则、收费标准及审价质量要求等方面提出指导性意见。

【专项审计和调查成效显著】 2014年，市审计局开展全市公务支出公款消费、保障性安居工程、乌镇慧力生猪生态养殖场财政补助资金、涉农财政专项资金投入情况、开发区财政收支运行及下属公司期末资产负损益、金鑫小额贷款公司经营风险、全部政府性资金专项调查等专项项目审计，成效显著。抽调13名审计人员参加全市国有土地使用权出让收入情况专项审计调查。在全市涉农财政专项资金投入情况审计调查中发现，蚕业公司等4家龙头企业或专业合作社在实施涉及生态循环示范基地建设等项目中存在未按审批方案实施农业项目问题，市审计局出具审计决定，收回财政专项资金197.2万元；乌镇慧力生猪生态养殖场财政补助资金专项审计调查中，发现该养殖场存在虚报投资，套取、私分财政资金问题，移送桐乡市人民检察院处理；全市公务支出公款消费专项审计，抽查25家一级预算单位和29家二级预算单位，纠正被审单位在“三公经费”（公务接待费用、因公出国经费、公车运行费）、会议费和培训费支出管理中存在的问题。

【审计项目质量提升】 2014年，市审计局深化审计项目“三级复核”（主审复核、法制科复核、局领导复核）工作，提高审计工作质量和管理水平；推进审计整改督促工作，根据《桐乡审计局审计整改督查工作管理办法》，履行整改检查跟踪机制，对18个项目整改落实情况开展审计回访。督促存在问题部门（单位）提高整改意识、主动落实。年末，凡审计发现问题均进行整改。全年出具审计移送处理书1份、审计决定4份，对4个单位违反国家财政财务收支规定的11个事项作出审计决定，收缴违规资金230.22万元，将相关事项移送市纪委、市检察院，查处涉及人员12人。做好审计项目评优工作，评出桐乡市局级优秀审计项目6个，嘉兴市优秀审计项目1个。

审计人员参加全市国有土地使用权出让情况调查　市审计局提供

【推进内部审计工作规范化】 2014年，市审计局推进内部审计工作规范化、科学化发展，制订内部审计项目计划建议条目，指导各单位内审工作者做好计划安排，组织全市内部审计干部进行集中学习培训。市审计局多次深入内部审计单位，与单位内部审计人员共同研究协商，讨论分析内部审计中发现的问题，帮助指导振东新区管委会完善信息化管理系统，该系统已初步建成并投入运行，实现决策、管理科学化。组织内部审计会员单位参加上级内部审计协会2013年度项目评比，信用联社、水务集团两家单位4个内部审计项目均获嘉兴市优秀表彰，其中，信用联社项目获省优秀项目表彰。

（戚　新）

统　计

【概况】 2014年，桐乡市统计局突出统计“双强”（强基础、强能力）行动，重点抓好第三次经济普查工作，推进各项统计改革，提高统计数据质量，提升统计服务水平。加强经济社会运行监测和分析，做好地区生产总值核算，做好农业、工业、建筑业、服务业、住户调查等日常统计工作，加强社情民意调查及专项调查，开展统计法宣传教育和统计执法检查及统计分析研究工作，为市委、市政府和有关部门决策和管理提供有参考价值的统计分析研究报告。完成统计公报编辑工作，编印《桐乡经济动态》《桐乡服务业》、月度主要经济指标动态卡片，出刊《2014 桐乡统计简要本》《2014 桐乡统计年鉴》。全年提供统计信息 77 篇，上报政务信息 172 篇，撰写统计分析 21 篇，统计专报 7 篇，多篇得到市领导批示。拓宽统计服务领域，做好企业申报国家、省级名牌和免检产品数据核实工作，为申报企业开具书面证明材料。建立统计工作联席会议制度，成立基本单位名录库管理、固定资产投资统计、工业科技统计、地区生产总值核算与综合监测评价、服务业统计、农业统计 6 个专项小组，明确职责，开展活动。

【推进第三次经济普查工作】 2014 年，桐乡市经济普查办公室推进第三次经济普查工作，运用广播、电视、报纸、网络以及街头宣传、短信等载体进行宣传；结合全国第三次经济普查方案，建立业务培训制度，进行数据审核程序及相关业务培训；建立分工联系制度，加强对各镇（街道）经济普查工作的业务指导、督促和检查，分四个小组深入各镇（街道）督查；召开业务会议，通报普查进度，加快已登记普查数据上报进度；建立进度监测制度，了解各镇（街道）进展情况和重大事项；建立监督检查机制，保障企业独立上报统计数据不受外部干扰；召开数据审核会议，细化数据质量审核网格，明确各专业职责分工；建立数据审核制度，从网上直报平台、PDA 数据审核两个平台开展联审，加强行业审核、数据排重；加强普查数据质量控制，对经济普查数据进行审核、汇总、评估，以问题为导向，分析数据结构和趋势，发现错误，通知普查对象核实修改；核查底册，细化各项填报、比对工作，补全遗漏单位，与工商、地税、国税、质检等多部门提供的法人单位名单进行比对排查；分关停、破产、已注销等类型开展个体户地毯式排查，对个体经营户抽样调查表制作纸质表和电子表，进行抽样调查入户登记，对相关数据进行三级评估，村（社区）、镇（街道）、市分别评估。全年完成 10.6 万家单位和个体户的普查登记上报，其中法人、产业活动单位 1.4 万家，个体经营户 9.2 万户。成立 4 个质量抽查组对 14 个镇（街道）216 家单位随机抽查，主要检查告知书、授权书、普查台账、营业执照、相关调查数据等，了解普查登记中发生的单位和指标差错情况，对全市数据质量进行定量评估。普查结果显示源头数据质量较高。

【深化各项统计改革】 2014 年，桐乡市统计局进行专题研究和解读嘉兴市经济转型升级统计指标体系和统计评价，收集相关数据进行测算，分析桐乡市经济转型升级进展情况，为市委、市政府监测经济转型升级进程，加强经济管理和引导提供依据。重点研究旅游业增加值测算，关注浙江省统计局对县市旅游业增加值测算方法、制度制订等进展情况，对 2011 年和 2012 年市旅游业增加值占比进行初步测算，为市旅游大县建设发挥统计服务职能。组织实施投资统计制度改革试点工作，成立工作小组，制定实施方案，在屠甸镇召开全市固定资产投资统计制度方法改革试点工作培训会，对试点地区 110 家单位和全市各镇（街道、开发区）投资统计人员进行试点制度培训和工作部署。

【加强基层统计中心基础建设】 2014 年，桐乡市统计局推进镇（街道）统计中心星级制建设，开展镇（街道）、经济开发区、振东新区统计机构星级评价，评选出五星级统计中心 3 家、四星级统计中心 8 家、三星级统计中心 3 家。强化领导联系镇（街道）制度，分组每月走访各镇（街道），重点了解掌握项目进展、经济运行、企业培育等情况，将疑难问题转交相关专业进行协调。建立“企业＋项目”专业巡访机制，实时查询企业数据变化情况，对总量过大、增速过快、项目漏报等情况，加大走访力度。全年统计局专业人员走访 252 次，涉及调查单位 574 家，各镇（街道）统计中心专业人员走访 4106 次，涉及调查单位 3713 家。完善联审辅导工作机制，各专业人员做好数据质量联审会议记录，根据联审工作中存在的问题，梳理总结并进行针对性培训。组织工业、能源、服务业、投资、科技、房地产、劳动工资、农业等专业人员赴各镇（街道）开展数据质量联审 48 期，涉及调查单位 190 家。建立专业巡访制度，根据数据质量评估中发现的数据异常问题，开展督查，根据统计巡查工作中发现的问题开展回访。

（沈红雅）

党　　政

中共桐乡市委员会

重要会议和决策

【党的群众路线教育实践活动部署会议】 2月20日，桐乡市召开党的群众路线教育实践活动部署会议，市委书记、市委教育实践活动领导小组组长卢跃东强调，群众路线是党的生命线和根本工作路线，要以真学真悟的态度领会精神，切实增强思想自觉和行动自觉。卢跃东用15个"有的"深刻剖析桐乡市党员干部中存在的"四风"问题，从"文山会海"、考核评比等八个方面剖析各级组织中存在的顽症。卢跃东指出，解决这些问题，需要标本兼治，要始终贯彻中央提出的"照镜子、正衣冠、洗洗澡、治治病"总要求，教育引导党员干部真学真改真觉悟，主动远离酒局、远离牌局、远离庸俗，走进群众、走进困难、走进高尚，争做勤政、廉政、能政"三合一"干部，用作风建设新成效取信于民。省委、嘉兴市委督导组组长蔡福民在会上传达中央、省委、嘉兴市委关于第二批党的群众路线教育实践活动基本要求，对桐乡市全面开展教育实践活动提出希望和要求，并表示将尽职尽责做好督导工作。市委副书记、市长盛勇军主持会议并就落实会议精神提出具体要求：要认真学习，筑牢思想基础；要精心准备，实现良好开局；要动真碰硬，狠抓问题整改。要把开展群众路线教育实践活动与深入实施"五大行动计划"、抓好"五水共治""三改一拆"、深化改革、旅游大县建设、产业转型升级、扩大有效投入等中心工作结合起来，促进桐乡市经济持续健康发展和社会和谐稳定。

【全市工商强市大会】 5月8日，桐乡市召开全市工商强市千人大会。会议首先为2013年度纳税百强企业、工业企业优秀经营者、科技进步企业、创业创新领军人才颁奖。市长盛勇军作主题报告，对推进桐乡工商强市建设进行具体部署。工商联（总商会）的会员企业，巨石集团有限公司、浙江易锋机械有限公司、桐乡波力科技复材用品有限公司等代表优秀企业作大会交流发言。市经信局、商务局、开发区、崇福镇代表涉企政府部门就如何服务企业作表态发言。最后，卢跃东强调"以实体为本、以转型为要、以担当为荣"三点意见。全市2013年度纳税百强企业、工业优秀企业、科技进步企业，农业龙头企业、工业规模以上企业、二级资质以上建筑企业、限额以上服务业企业、高新

5月8日，桐乡市召开全市工商强市大会　　市委办提供

技术企业的代表，出口10强企业、个转企、浙商回归重点项目负责人、商会会长和经济类协会的代表，创新型试点示范企业、农业科技企业、专利示范企业、科技合作示范企业、孵化企业代表，创新平台负责人等1000余人参加会议。

【市委十三届五次全体(扩大)会议】 7月29日，桐乡市召开市委十三届五次全体(扩大)会议暨市十五届政府第六次全体会议。会议指出，全市上下紧紧围绕"狠抓落实、稳中求进"工作主基调，突出"大整治、大转型、大招商"三件大事，以改革引领转型、以创新驱动发展，全市经济社会呈现较好发展态势。市委书记卢跃东要求每个干部，要保持政治定力，始终与党中央保持高度一致，在大是大非面前坚定清醒。要保持战略定力，始终坚定不移、不折不扣地贯彻执行好中央、省、嘉兴市以及本市重大战略决策部署。要保持道德定力，特别是各级领导干部要在道德上以身作则，当好表率。卢跃东强调，有定力，最终要体现在敢于担当上。所谓敢于担当，就是必须坚持原则，认真负责，面对大是大非敢于亮剑，面对矛盾敢于迎难而上，面对危机敢于挺身而出，面对失误敢于承担责任，面对歪风邪气敢于坚决斗争。要义不容辞地担当政治责任、经济责任、社会治理责任、民生责任、从严治党责任。要培养团队精神，形成千斤重担大家挑的浓厚氛围。

【市委读书会】 12月13日，桐乡市召开2014年度市委读书会。市委书记卢跃东在会上指出，桐乡市作为首个全国旅游综合改革试点县的示范效应正不断显现，特别是世界互联网大会永久落户，更是给桐乡带来千载难逢机遇。我们一定要把握这些优势，把桐乡打造成诗画水乡典范、旅游休闲名城和互联网智慧城市。卢跃东要求，新的一年，全市上下要深入实施"五大行动计划"。在工商强市方面，要确保工业强市、市场强市、旅游强市三轮驱动不动摇；在宜居水乡方面，要确保"三改一拆""清三河"等成效，继续加大生猪减量提质力度；在人文名城方面，要抓好国家和省级公共文化服务体系示范区创建工作；在安康家园方面，要加强德治、法治、自治"三治"建设，确保社会长治久安；在党建高地方面，要抓好党的群众路线教育实践活动整改落实和团队建设等工作。市委副书记、市长盛勇军强调，要用互联网思维来武装自己，组建世界互联网大会筹备机构、定位产业规划、争取国家级互联网产业试验区、强化特色和优势产业，做好互联网产业承接准备工作等；要用转型升级来提质增效，培育战略性新兴产业、做大做强现代服务业、改造提升传统产业并注重与资本市场的对接；要用生态链理念来建设美丽幸福桐乡，重点围绕政务生态链、环境生态链和产业生态链这三方面进行。

12月13日，桐乡市召开市委读书会　　市委办提供

办公室工作

【概况】 2014年，市委办公室以"六个严格"(严格执行会议审批、严格控制会议规模、严格规范会议管理、严格精简公文数量、严格执行发文制度、严格清理简报资料)的要求治理会风文风，努力形成务实高效的办文办会机制，承办大小各类会议100余次，完成3次警卫接待和18批次党政考察团接待任务。发文147个，比上年减少34%。审定保留简报15份，减少102份。市委工作报告、领导讲话

稿、工作汇报和各类致辞等100余篇，在《人民日报》《浙江日报》《江南论坛》《今日浙江》及《政策研究》等各类报刊上发表的市委主要领导署名文章14篇。刊发《桐乡信息》182期，出版《桐乡通讯》12期。向上级报送信息1100余条，录用334条。获省委副书记批示1件，嘉兴市领导批示35件，信息录用总得分居嘉兴地区第二。发挥督查考核在贯彻市委决策中的风向标作用，确保全市重点任务有效落实。在考核体系上以“减量提质”深化改革，取消镇街道和部门主要领导考核，将综合考核办法从5项减至3项，实现综合考核体系“精简瘦身”，取消镇(街道)职能工作考核，设立综合目标责任制考核，改革市级专项性考核机制，转变业务条线分头实施考核奖励的传统模式，提升专项性考核项目推动中心工作落实，激励先进的积极效应。通过清理整改，精减考核项目58项、评比达标表彰项目38项，考核评比项目减少96项、下降44.7%。简化考核评比方式，建立长效管控机制，制订《桐乡市关于进一步规范考核及评比达标表彰活动的若干规定(试行)》。围绕年度重点任务，督促整改和责任落实，并通过通报(专报)等形式公布，开展各类督查40余次，编发督查通报、专报、快报20期。认真落实密码安全保密责任制，加强涉密高清视频会议系统管理，保密工作注重宣传教育和检查指导。出台《关于开展“周一夜学”系列活动的通知》，通过“夜学”“小讲坛”等学习形式开展“周一夜学”，每次安排2～3小时，组织全办工作人员集中学习，党员干部参学率100%，党支部集中学习时间都在3天以上。出台《关于加强全市干部团队精神建设的实施意见》，提出“团结、拼搏、奉献”的团队精神，倡导团队文化，培育团队精神，发挥整体战斗合力，积极打造优秀团队。同时，对市委办工作流程和岗位职责进行重新梳理，形成科学完善的工作流程和操作程序，确保办公室工作高效、有序。

(李大略)

纪检监察工作

【概况】　2014年，桐乡市各级纪检监察组织全面落实“转职能、转方式、转作风”要求，聚焦中心任务，强化执纪监督问责，推进党风廉政建设和反腐败斗争。桐乡市纪委制定“两个责任”履职清单，建立党委(党组)主体责任履职备案、尽责说明、年度述责等制度，开展主体责任履行情况报告，推动落实党风廉政建设主体责任。廉情约谈全市各镇(街道)、部门“一把手”。开展笔记抽查、廉政考试、问卷调查、财务检查和巡视督察。全年受理信访举报525件，比上年增长102.7%；立案查处违纪违法案件125件，涉及科(局)级领导干部8人，一般干部19人，村干部10人，移送司法机关追究刑事责任14人；给予党政纪处分125人，其中双开处分7人，开除党籍35人。加强作风建设，紧盯重要节点、重点领域，常态化正风肃纪，全年开展各类检查82次，查实效能违规人员14人，追究连带领导13人；查处违反中央八项规定精神问题8个，给予党政纪处分8人。通报曝光28个典型问题。市纪委出台《行政监察事项移送操作规定》和《强化执行力问责追究办法》，重点查处行政不作为、慢作为、失职渎职、慵懒散拖等行为，全年受理各类投诉举报57件，问责49人，其中给予党政纪处分7人，

庭审现场警示教育会　　市纪委提供

市民在公交站观看廉政漫画　　市纪委提供

通报批评3人,效能告诫39人。完善“@菊乡清风”微博,开通“桐乡纪检监察”微信公众号,改版官方网站,建立“三位一体、联动运行”网络反腐倡廉平台。市纪委与中央纪委监察部网站建立合作关系,定向为网站专栏创作主题漫画。年内,为中纪委网站专题创作廉政漫画4次,被选用28幅。与中纪委杭州培训中心合作建立廉政漫画长廊。选送廉政漫画参加嘉兴市反“四风”图片展。举办全市廉政漫画巡展。加强廉政漫画品牌建设,发挥廉政漫画教育引导作用。经过两轮调整清理,市纪委参与议事协调机构由121个减少到14个。探索纪委常委直接分管制度,开展派驻机构专项监督工作,落实派驻纪检组长在党组内不分管其他业务工作要求,加强对派驻纪检监察机构统一管理。

【推进纪检监察派驻机构统一管理规范化建设】 2014年,桐乡市纪委通过强化领导、健全制度、创新方法等举措,探索纪检监察派驻管理机制改革,推进派驻机构统一管理规范化建设。推行纪委常委直接分管制度,选取6个重点部门纪检组,确定1名纪委常委直接分管,查办案件与实施监督直接受市纪委领导。建立市纪委领导班子分片联系派驻机构制度,加强沟通联系和指导监督。实施“一事一报告、一月一报表、一季一汇报”制度,建立派驻机构和派驻机构负责人工作档案,实行“签字背书”和问责制度,加强对驻在部门的监督。重点开展专项监督工作,20个派驻纪检组长查找出具体问题14个。

【落实党风廉政建设主体责任】 2014年,桐乡市纪委紧扣“定责、述责、督责、问责、评责”五个环节,初步建立落实党风廉政建设主体责任完整链条。制定“党委(党组)履行主体责任、主要负责人履行第一责任人责任、纪委履行监督责任”等责任清单,量化履职事项,细化执行标准。实施主体责任履行情况报告制度,全市33家单位党委(党组)书记向市纪委常委会口头报告主体责任落实情况,86家单位递交书面报告。建立党委(党组)主体责任履职备案、尽责说明、年度述责等三项制度,全市6家单位进行重大情况备案,8名领导作出尽责说明。开展廉情约谈,市纪委面对面约谈12个镇(街道)党委书记、48个部门党委(党组)书记,廉情评估400多名市管领导干部。纪委采取专项调查、突击检查、全面巡查等方式,建立“追查倒查机制”,6个镇(街道)党委书记和1个部门主要负责人接受诫勉谈话。与单位综合考评、干部选拔任用、纪检组织履职相结合,倒逼各单位履行好职责。

【构建网络反腐倡廉平台】 2月,“桐乡纪检监察”微信公众平台建立,发布微信160多次500多条,曝光案例40多起,受到2000多名微信用户关注。桐乡市纪委官方网站于2014年年初改版上线,主要设置曝光台、信访举报、信息公开等栏目,开设“中国廉政漫画馆”网上展厅等版块。桐乡市在嘉兴五县两区中率先建立“微博、微信、网站”三大平台,形成“三位一体、联动运行”网络反腐倡廉主阵地。“微博、微信、网站”成为桐乡纪检监察工作的信息发布平台、宣传教育平台、互动交流平台、工作展示平台和网络监督平台。

（李 俊）

组织工作

【概况】 2014年，全市组织工作按照市委打造“党建高地”要求，围绕服务全面深化改革、助力转型发展这一主线，突出开展党的群众路线教育实践活动这一重点，切实强化组织部门核心主业，着力提高组织工作科学化水平，为加快建设美丽幸福新桐乡提供坚强组织保证。

加强干部队伍建设，稳步推进干部人事制度改革。有步骤有计划推进干部人事调整，2014年，调整领导干部133人次。推行领导干部“日志月评”制度。试行干部署名推荐，推荐干部244名；开展领导干部专题推荐，择优推荐10名正科(局)级领导干部人选。开展机关中层干部跨单位竞岗和一般干部跨单位双向选择工作。市委出台《关于加强全市干部团队精神建设的实施意见》，提振干部精神气质。实施年轻干部“多岗锻炼、一线实战”成长工程，确定67名年轻干部列入多岗培养人选。完善干部教育培训制度。6月3日，市委办下发《关于印发〈2013～2017年桐乡市干部教育培训规划〉的通知》，全年举办市委主体班11期，参加培训人数1300多人次。深化干部教育培训学分制管理，推进干部教育新干线学习平台建设，抓好《干部任用条例》学习贯彻。强化干部监督管理，实施领导干部年度考核评价量化计分。深化领导干部有关事项报告制度，对638名在职领导干部个人事项开展申报登记，对12个镇(街道)、68个部门领导配备情况进行排查整改。完善干部监督联席会议制度，推行干部监督预警制。对6名镇(街道)、部门主要领导进行经济责任审计，对11名镇(街道)、部门主要领导实行经济事项离任交接。审批因公出境2批6人次、因私出境17人次、赴台3批11人次。做好领导干部天价培训(高收费社会化培训)整治、“裸官”清理调整等工作。

强化基层运转，完成村级配套组织换届工作，加强村级制度建设。深化“德治、法治、自治”三治合一建设，全市建立“百事服务团”211个、“道德评判团”211个、“百姓参政团”14个。开展星级基层党组织评定工作，评出五星党组织209个、无星党组织4个，完成32个软弱涣散党组织整转工作。推进农业产业链富民党组织建设，建立农业产业链党组织。开展电商创业党组织建设，成立嘉兴首个电商行业联合党委。加强党员志愿服务工作，建立“红立方”(党员志愿服务驿站)、幸福桐乡志愿驿站等服务平台15个；深化“当一天社区干部”活动，5681名在职党员到居住地社区报到；开展“点亮微心愿·共筑中国梦”1+X四季主题活动，征集“微心愿”3720个。加强带头人队伍建设，调整村书记15名、村主任4名，分别举办村(社区)、两新(新农村新社区)、机关事业党组织书记专题培训班，开展第二届村书记“耕耘奖”评选，注重村后备干部队伍建设，完善后备人才库。深化党组织先进、党员先锋“双先指数”考评，完善考评办法，开发推广手机“党务掌中宝”，拓展党建红云平台功能，做好远教入企省级试点工作。深化党员“净化工程”，评出不合格党员49名，其中15名作劝退或除名处置。加强党务红领职业化建设，推行两新组织党务红领资格认证，认证初级、中级、高级党务红领167人，并按规定级别发放每月100～300元工作补贴。深化“三级联述联评联考”制度，全面落实党建工作责任制。强化经费保障，落实每名党员每年不低于120元党员教育活动经费，全年党员教育活动经费149万元、社区党组织工作经费134万元、每村每年10万元基本运转补助和村主职干部基本报酬财政转移支付407万元。健全党员党内关爱、关怀帮扶机制，“七一”期间发放慰问金24.22万元，继续做好退职村干部养老保险工作。加大党员创业扶助力度，提供97名农村党员创业扶助贷款贴息100万元。落实党代表任期制，深化市、镇两级党代会年会，推行党代表党内重大事项票决制。开展党代表领办项目、驻室接访、调研督查“三式服务”活动，领办实事项目982个，驻室接访180余次，调研视察50余次。深化党代表联系服务活动，推进党代表询问工作，开展市十三届党代会重点提案回头看专题询问活动。

强化党管人才工作，不断完善工作体制机制，首次实施镇(街道)党委书记人才工作书面述职。在镇(街道)、开发区设立科技人才办公室，分批抽调人员到市委人才办挂职顶岗，推进招才引智与招商引资协同工作。深化“金凤凰计划”，大力引进培育各类人才，开展招才引智活动85次，洽谈高层次人才684名，全市引进各类人才7865名，其中硕士（副高）及以上高层次人才628名。申报并入选国家“千人计划”2人、省“千人计划”1人，全市培育国家级“千人计划”3人，省级4人。入选并落地“创新嘉兴·精英引领计划”人才7人，全市总数达到28人，人才创业企业注册资本2.4亿元，2014年销售收入5.6亿元，新增超亿元、超千万元企业各1家。抓好人才服务，市委人才工作领导小组办公室出台《海外高层次人才项目落户快速决策管理办法》，建立审批绿色通道，强化高层次人才服务联盟运作，协调解决高层次人才各类问题22个。

3月24日，党代表带头参与“五水共治”活动　　市委组织部提供

【推行领导干部“日志月评”制度】 2014年，在全市副科（局）级以上领导干部中推行“日志月评”制度，组织部向每位领导干部发放《工作日志》，要求如实记录每天工作情况，每月对全市领导干部进行考核评价，由市级领导和部门单位“一把手”分别对所分管的领导干部，按“好、较好、一般、较差、差”五个等次作出评定。对一年内评定为“一般”及以下等次累计2次以上领导干部，取消当年度评优资格；以“月度评价”结果为依据，对履职存在问题的干部，及时进行提醒谈话、诫勉谈话；对经谈话教育仍无明显改进的，组织实施专项考察，经考察确认为不称职、不能胜任现职的干部，按程序予以降职、免职或改任同级非领导职务等处置。

【实施年轻干部“多岗锻炼、一线实战”成长工程】 2014年，桐乡市实施年轻干部“多岗锻炼、一线实战”成长工程。面向全市各领域各层面，在40周岁以下、具有3年以上工作经历的市级机关、镇（街道）、市属国有企业和主营业务收入1亿元以上非公企业的中层干部及村（社区）党组织书记中，推荐产生152名初步人选。组织部抽调相关人员成立6个调研小组，分赴74个部门（单位）对推荐出的初步人选情况进行为期1个月实地调研，并通过无领导小组讨论、能力测试等环节，最终确定67名年轻干部列入多岗培养人选，其中22名派到治水办、“三改一拆”办等一线岗位进行为期1年的实战锻炼，以6个月为期限进行轮岗交流。建立跟踪考察小组，定期走访考察，了解掌握培养人选的工作情况，并推行“工作日志”制，每半个月上报一次。强化考察运用结果，对学习能力不强、适岗能力较差、争先意识不够的干部，立即中止锻炼，及时调整回原单位；对表现优秀、工作出色、实绩明显的干部，列入重点培养的后备干部人选，遇有合适岗位予以提拔任用。

【开展机关中层干部双向选择】 2014年，桐乡市开展机关中层干部跨单位竞岗和一般干部跨单位双向选择工作。经过各单位申报，全市推出8个中层正职、40个中层副职岗位，放宽竞岗年龄、任职资格等条件，动员机关干部参与报名，161名机关干部参加竞岗。各单位采取走访了解、竞职演说、集体票决等方式分别组织开展竞岗，38名机关年轻干部通过竞岗走上中层岗位或由中层副职岗位担任中层正职岗位，并按照中层干部上下平衡原则，34名中层干部退出中层现职。在此基础上，开展一般干部跨单位双向选择，通过个人报名、单位确定、双向匹配等途径，19名一般干部实现跨单位交流。

【推行领导干部监督预警制】2014年，桐乡市建立领导干部监督预警制，对全市领导干部实行“全天候”动态管理。明确领导干部遵守政治纪律、执行制度规章、履行工作职责、廉洁从政、自身形象及其他六方面37条预警内容，一旦领导干部存在预警内容涉及的苗头性和倾向性问题，组织部门立即启动预警程序，按照相关规定实施预警。扩大预警信息来源渠道，建立干部监督工作联席会议成员单位信息互动机制、领导干部居住地社区动态管理机制、“四位一体”信访举报机制等8个预警信息搜集途径，掌握干部情况，建立干部监督预警管理平台，对搜集到的干部监督信息逐一登记，形成一人一档。强化预警结果运用，对领导干部存在问题，经信息甄别、核实确认后，根据情节轻重，分别给予函询承诺、谈话诫勉、书面诫勉、调整职务、通报教育和移送查处等处置，至年底，有3名领导干部作函询承诺。

【实施农业产业链富民党组织建设】 2014年，桐乡市以“筑富民堡垒、强富民机制、育富民人才、架富民桥梁”为抓手，实施农业产业链富民党组织建设。以特色产业为纽带，以农民专业合作社、农业龙头企业为重点，采取单独建、联合建、挂靠建等多种方式，推进农业产业链党组织集中组建，建立农业产业链党组织35个，对未建党组织的农业产业组织，选派党建工作指导员“一对一”联系指导。构建市、镇、村三级联动农业产业链富民党建工作机制，市级建立农业产业链党建联席会议制度，镇级建立农业产业链综合党委，村级推行农业产业链党员“日常管理双重、作用发挥双岗、形象展示双亮、考核激励双向”的“四双”模式。注重把各类农业产业组织中的党员培养成致富能手、把各类致富能手培养成党员、把党员致富能手培养成理事会（董事会）和党组织班子成员，2014年，开展各类农村实用人才、农业技术培训59次，培训人员3439人次。加大党员创业扶助力度，建立“党员带富责任田”14公顷、“先锋创业大棚”24个，成立以党员、农技专家为骨干的各类服务队40余支，实施“红色信贷”助创项目，落实6500万元党员创业贷款和100万元贷款贴息。

10月24日，桐乡市农业产业链富民党建工作推进会召开

市委组织部提供

【实施电商创业党组织建设】2014年，桐乡市以世界互联网大会永久落户乌镇为契机，推进电商创业党建工作，服务电商产业发展。以市电商行业协会、电商集聚区、电商龙头企业为重点，借助党建红云平台、党务掌中宝手机平台等，摸清全市电商党员底数，组建嘉兴首个电商联合党委，成立5个电商实体支部，并全部建立网络E支部。加强电商党员教育管理，依托嘉兴唯一的“淘宝大学”和市电子商务中心，定期举办“桐乡市电子商务大讲堂”“创业班”等实体课堂，2014年，举办各类培训25期，近1300人次参加。电商党组织向每名电商党员发放一张IC卡，实行积分制管理，指数化考评，依托“党务掌中宝”APP模块，开设手机党校、移动微心愿等。发挥党员作用，组建全市电商党员专家导师团，建立“三个一”帮扶结对机制，即电商联合党委及电

6 月 28 日，举行桐乡市电商联合党委揭牌仪式　　市委组织部提供

商党支部分别联系结对一个村、一家电商企业、一名电商青年，帮助电子商务企业或从业人员破难解困。

【开展“远教入企”省级试点工作】 2014 年，桐乡市作为全省 6 个县市区试点之一，率先探索开展“远教入企”工作。结合桐乡实际，建立“12345”工作机制，即打造“区域共管一卡通”（党员 IC 卡）远教模式；推行双先指数考评制度（党组织先进指数、党员先锋指数）；用好党建红云平台、时代先锋网、手机党务掌中宝 3 种远教平台；重点教育企业党组织班子成员、党员、出资人、员工 4 类人员；办好红色党性课堂、蓝色技能课堂、绿色奉献课堂、橙色和谐课堂、紫色活力课堂等“五彩”企业远教课堂，切实加强企业党员教育管理，有效助推企业双强争先。9 月，在全市择优选取 18 家硬件设施好、党建基础工作强企业，先期开展试点，重点培育 10 个左右示范点，并逐步扩大覆盖面。

【开展党代表“三式”服务】 2014 年，桐乡市 1003 名党代表带头践行党的群众路线，深入开展解难式、定点式、主题式“三式”服务，切实搭建党代表为民服务新平台。推行“六个一”党代表领办惠民实事项目制度，即领办发展项目，落实一个重点推进项目；领办专业项目，开展一次专业组团服务；领办脱贫项目，帮扶一批生活困难群众；领办就业项目，对接一批就业困难群众；领办宣讲项目，组织一轮政策理论宣讲；突出取信于民，作出一项领办实事承诺，至年底，领办实事项目 982 个。完善党代表驻室接待服务，组织代表工作室的代表走出工作室，主动进企业、进景区、进学校、进社区、进村民小组开展“五进送服务”活动。改进调研方式，采用“集中视察、分组视察、专题视察”方式，重点督促检查党委政府中心工作、重点工程、基层党建及代表议案等落实情况，助推经济社会各项事业有序发展。

（钟　欢）

宣传工作

【概况】 2014 年，桐乡市宣传思想文化工作紧扣“狠抓落实、稳中求进”主基调，推进省级示范文明城市创建、人文名城建设两大工程，营造建设美丽幸福新桐乡良好氛围，为桐乡科学发展提供精神文化支撑。

开展系列主题宣传教育活动。组建形势政策理论宣讲团、理论骨干基层宣讲团、住村干部入户宣讲团，以菜单式、定点式、走访式等形式开展基层理论宣讲工作，开展主题理论宣讲活动 100 余场，送课下乡 300 余场次，面对面宣讲 1000 余场次，印发宣传资料 1 万余份，受教育群众近 16 万人。推进学习型党组织建设，组织理论中心组学习《之江新语》《论群众路线重要论述摘编》等书目。组织各类集中学习 1465 次，领导干部上党课 161 场，开展科局级领导干部集中轮训 3 期，655 人参加。组织督学考学 6 次，2012 人参加。举办《桐乡大讲堂》10 期，创新学习方式，鼓励党员干部登台交流发言，将德孝文化、社会主义核心价值观等内容以戏剧形式进行宣传，寓教于戏，提升学习效果。开展“周一夜学”活动。加强基层中心组学习载体建设。创新和完善“两校一库”（电视党校、基层党校和理论师资库）建设。安排电视党校 12 期，完善反馈机制，提升覆盖面和受教育面。推进“基层党校”建设，下发《2014年度基层理论学习中心组学习意见》，做好基层理论学习中心组学习成果审核工作。完善“理论师资库”，扩充德孝文化、人文礼仪等内容，有宣讲员75人，教育资源100项。印发《美丽幸福新桐乡精神宣讲手册》5万份。开展社科联工作，定期召开社科联常务理事会议，组织社科联工作培训会等。扎实开展“美丽幸福新桐乡”大讨论活动。进行专题部署并制订活动方案和策划宣传方案。设置专题评论版块，开展一把手访谈，利用电视、电台、报纸、微信等平台与基层互动访谈。邀请各界人士进行专题交流讨论，针对不同群体、不同层次举办座谈会、主题论坛、演讲比赛等活动，举办座谈交流会等活动近500场。开展“美丽幸福新桐乡”大献计活动，征集意见建议2000余条。

统筹全市重大主题宣传报道。推进“大整治、大转型、大招商”主题宣传。重点对“五水共治”“一业驱动四化”“清三河”等内容进行集中宣传。开展党的群众路线教育实践活动主题宣传，重点报道“正风为民发布会晒实招”“四联四强大走访”“寻找敢担当的干部”“正风肃纪进行时”等活动中的亮点、特色。深化“五位一体”改革、“三治”建设、美丽幸福新桐乡大讨论、省级示范文明城市创建等重大主题宣传报道。完善新闻宣传沟通机制，建立月度新闻对接会制度，编发《新闻宣传要点》等，建立外宣联席会议制度，规范外宣项目运作，宣传桐乡整体形象。开展“美丽幸福新桐乡”主题摄影DV大赛，为城市形象宣传推广提供优质素材和图像储备。做好与上级媒体的通联对接工作，借力央视等媒体开展对外宣传。协助央视等媒体拍摄《全国媒体看嘉兴浙商回归》《聚焦两美浙江》《大运河》《稻之道》《乌镇人家》《石门湾》《高杆船艺》《消费主张》等剧片。加强网络舆情监管，对网络媒体进行日常巡查，并进行舆情趋势研判，做到及时转发和处理落实。开展网络热点事件舆情引导处置，确保事件不发酵、不扩大，妥善处置香港城业主维权等近20起网络热点事件。组建基层网评员队伍，分批次进行实战培训，提高网络实战水平和能力。举办全市新闻发言人培训班，开展新闻发布会模拟演练。做好首届世界互联网大会新闻宣传。利用各种载体发布大会宣传广告，营造外部氛围。策划大会报道主题和方案，围绕“互联网盛会”“互联网让生活更美好”“电子商务”“网络安全”“网络空间法治化”等议题，开展大会新闻报道。互联网大会新闻发布会，吸引人民日报社、路透社等158家境内外媒体581名记者到会报道。刊发相关原创报道3730余篇（条），境内外各大网站报道转载近20万条（次）。配合省网信办开展大会相关网评、舆论监测等工作，传播大会正能量。

完善公共文化服务体系建设，市文化中心六个功能馆全部开馆，建成126个排舞小广场。开展主题系列文化活动，围绕“美丽幸福新桐乡”建设，策划开展“中国梦·我的梦——美丽幸福新桐乡”主题系列文化活动。培育戏剧品牌，举办第二届乌镇戏剧节，建立乌镇戏剧孵化基地，承办“2014浙江省新农村题材小戏”会演、央视《过把瘾》节目下基层进桐乡暨越迷演唱大赛，创建“浙江省戏剧之乡”。丰富节日群众文化活动，加大“送文化”“种文化”及“文化走亲”活动力度，开展“舞动春天、幸福桐

1月9日，市委宣传部组织文化下乡活动　　市委宣传部提供

乡”新春排舞联欢会、“一村一韵”村级精品文艺团队展演等活动。加强企业及校园文化建设，开展“企业文化建设示范单位”和“校园文化建设示范单位”评选活动。推动文化领域创新发展。启动首届“丰子恺杯”全球华人散文大赛作品征集，建成开放木心故居纪念馆。系列微电影《住村干部》在央视电影频道陆续播出，桐乡市文化艺术服务中心团队赴京参加央视《一鸣惊人》栏目演出获年度6强，动画作品《汉语岛》被列入浙江省文化精品扶持工程第九批扶持项目、嘉兴市重大题材文化精品工程扶持项目。开展第六届文学艺术金凤凰奖评选，评出“金凤凰奖”作品2件、“金凤凰提名奖”作品10件。出版《乌镇历史文化丛书》《崇福历史文化丛书》等书籍。推进文化产业稳步发展。制定《桐乡市文化产业专项资金管理办法（试行）》，完成2013年度市文化产业专项资金扶持项目申报及兑现工作。推进文化创意产业园区建设。开展园区招商工作，引进3家企业，注册资金2500万元。做好重大项目建设服务，推动项目申报、立项、启动等工作，2014年园区产值1600余万元，文化产业服务业投资额11.6亿元。推动文化企业“走出去”，参加第九届义乌文交会、广交会、深圳文博会、北京文博会等展会。

【建立“桐乡发布”新媒体矩阵】 8月20日，“桐乡发布”新媒体矩阵上线，新媒体矩阵由桐乡发布微博（新浪、腾讯）、微信公众号、新华—桐乡手机报、桐乡发布网站组成，是市委、市政府新闻信息的官方发布平台。“桐乡发布”编务室负责内容收集、编辑、发送等，市新闻办负责日常内容审核把关，确保信息发布的权威性、安全性和公信力。“桐乡发布”新媒体矩阵围绕市委、市政府中心工作，精心采编桐乡时政、经济、文化、旅游等各方面新闻信息，推出“关注、民生、经济、文化、人物”等20余个话题，并配以图片，丰富发布内容。至年底，“桐乡发布”微博、微信粉丝总量突破10万，新华—桐乡手机报赠阅用户约6万。

【开展“中国梦·我的梦——美丽幸福新桐乡”主题系列文化活动】 2014年，市委宣传部与市文化局围绕“美丽幸福新桐乡”建设，策划开展21项“中国梦·我的梦——美丽幸福新桐乡”主题系列文化活动。举办“我和我的祖国”新中国成立65周年桐乡市群众合唱大赛、“美丽幸福新桐乡”摄影DV大赛暨摄影作品展、“看桐乡”人文探访活动。深化“国字号”名人文化品牌建设，使桐乡名人文化内涵不断拓展，办好“子恺杯”第十届全国漫画大展、第三届“徐肖冰杯”全国摄影大展、“伯鸿书香奖”颁奖仪式等名人文化活动。打造群众文化品牌，深化“中国排舞之乡”建设，承办“文化礼堂杯”浙江省首届乡村排舞大赛、第四届全国全健排舞大赛等大型赛事、桐乡市第二届排舞大赛、“音乐桐乡”城市广场音乐会、“童心共筑桐乡梦”嘉年华等群众文化活动。培育“戏剧”品牌，承办2014年“浙江省新农村题材小戏”会演暨“江浙沪现代小戏”邀请赛。系列文化活动的开展，丰富群众精神文化生活，促进文化精品创作，扩大文化名人效应。

（陈厚文）

统战工作

【概况】 2014年，市委统战部坚持从统战工作实际出发，发挥统

2014年桐乡市群众合唱大赛　　市委宣传部提供

一战线优势和作用，在夯实基础、凝聚共识、增强活力、提升水平上下功夫，提高统战工作科学化水平。在民主党派和无党派人士中开展坚持和发展中国特色社会主义学习实践活动，举办党外干部十八大、十八届三中全会和习近平总书记系列讲话精神学习会，举办党外干部（人士）管理与能力提升培训班，召开民主党派、知联会专题学习会。强化党外干部基层锻炼，采取岗位交流、住村、“一线成长工程”锻炼、赴外地挂职等形式，帮助党外干部积累工作经验。深入开展“同心·服务”活动，做好“同心·服务”活动两周年总结，全年开展各类活动30余次，服务群众5000余人。组织党外人士专题调研“五水共治”、旧城改造，举办全市文化系统党外人士座谈会，出刊《党派建言》5期，安排调整特约人员43名。发挥党派工作联络室联络、服务、协调职能作用。在宗教界开展以爱国主义为主题的“寻梦中国·正言正行”教育实践活动，举办第十三期爱国爱教培训班、基督教“两会”教牧义工培训班、第二届汉传佛教讲经交流会、宗教界“政策法规学习月”和第二期“宗教界人士看桐乡”活动。开展“星级平安场所”“和谐寺观教堂”评创活动，首次在福严寺举行紧急疏散和灭火演练。深化民族团结进步“三进”（进社区、进学校、进市场）工作，举办“民族团结手拉手，兄弟姐妹一家亲”民族文艺宣传会演活动。规范场所建设许可审批，督促做好祇园寺、香海寺、濮院基督教堂等场所的修建、改建设计和审批工作。开展联络联谊，做好海外重要团组和知名华侨华人来访接待工作，全年接待海外华侨、华人、港澳同胞18批次，200余人。服务涉侨对象，开展“送健康暖侨心”、归国留学人员交流互动、侨界人士考察浙商回归重点项目等活动。在梧桐街道试点成立“梧桐侨心苑”，开设微信公众平台，推出侨务政策、实用

8月21日，同心·服务团成立二周年总结会　　市委统战部提供

英语、出国咨询等服务。在梧桐街道杨家门社区、崇福语溪社区建立侨务工作站，开创社区侨务工作新局面。牵线桐乡市旅居日本的“全日本华人书法家协会”主席晋鸥回家乡设立艺术馆事宜，加强中日文化交流，提升桐乡本土文化艺术水平。桐台两地交流合作全面拓展。助推台企转型升级，开展以“服务台商转型发展、深化桐台产业合作”为主题的走访服务月活动，走访台资企业87家次。做好赴台交流工作，组织4个公务团（组）进行赴台考察交流，促进桐台两地农业、旅游、经贸等领域多个项目投资合作。开展第四届“两岸邻里节”桐乡站活动，邀请台湾南投县鹿谷乡20多名基层民众到桐乡市参访交流，鹿谷乡竹林村与龙翔街道元丰村结为友好村。做好台胞台属联络服务工作。非公经济“两个健康”有力促进。召开全市协会商会和执委企业座谈会，指导成立民营企业法律服务中心，推动成立首个桐乡市温州商会人民调解委员会，组织开展光彩事业第十五次结对助学活动。在非公有制经济人士中开展理想信念教育实践活动，开展第五届桐乡市优秀社会主义建设者评选活动，抓好新生代企业家培养教育。推进协会商会规范化建设，分行业协会商会、异地商会、基层商会等层面进行分类考核，指导成立桐乡市杭州商会等5个协会商会。市工商联（总商会）党委下设二级党委电子商务行业联合党委，成为嘉兴首个电商联合党委。开展“美丽幸福新桐乡”大讨论，征集到“金点子”200余条。

【成立嘉兴首支基层民宗工作专职队伍】 参见《社会生活·宗教》中相关条目。

【完成全市基本侨情调查】 2014年,市统战部(侨办、侨联)牵头,会同统计局共同组织开展全市基本侨情调查工作,于8月完成。侨情调查是2013年10月在嘉兴地区率先开始的,对全市机关事业单位进行详细排查摸底,并充分利用短信、广播、电视、网络、电子屏等途径全方位开展宣传。全市参与调查的涉侨家庭1277户,海外涉侨1533人;市内归侨侨眷977人,海外留学人员家属1151人,港澳同胞眷属141人;归国留学人员414人;侨港资企业58家。通过调查,重点掌握全市侨情变化新特点和海内外侨胞新需求。

【首次举办国际时装设计师培训班】 参见《平台建设·濮院针织产业园区》中相关条目。

【推进对台招商工作】 2014年,统战部(台办)开展对台招商,指导桐乡市企业和有关部门赴台开展商务活动,组织举办"广东·桐乡产业"对接会,邀请台商到桐举办桐乡市对台产业推介会,组织市政府经贸考察团专程赴台湾开展招商活动。重点对今日集团的台湾兰花项目、福建晋江台商协会的休闲观光项目和桐乡台商赖先生的台湾水果园项目进行跟踪和洽谈,年内台湾水果园项目正在建设中;休闲观光农业项目签订投资协议,投资约4亿元的兰花项目顺利签约,破土动工。通过"以企引企"方式,引进台湾帝凯农业鲜切花项目在高桥镇落户。

(洪　宇)

信访工作

【概况】 2014年,桐乡市信访工作以党的群众路线教育实践活动为抓手,开展领导干部下访接访、信访积案专项化解、信访事项规范化办理等具体活动。全市信访形势总体平稳可控,信访秩序逐步好转,信访工作在维护社会稳定、服务经济发展中的基础性作用显现。全年,全市各级信访部门受理群众信访3434件,比上年下降1.4%。其中,来信844件,比上年下降19.8%;来访2285批次8648人次,分别比上年上升3.4%和4.2%;网上信访305件,比上年上升38.6%。

推进信访工作责任落实。市信访局与12个镇(街道)、40个部门(单位)签订目标管理责任书,层层分解落实工作责任。因地制宜制定信访考核办法,明确责任单位责任。信访工作领导小组、联席会议办公室及各专项小组坚持不定期召开会议,及时研究解决工作中问题和困难。开展"依法信访"主题宣传月活动,引导群众依法、理性、有序、文明信访。通过电视栏目、新闻媒体、座谈会等形式开展集中宣传,发放宣传资料1.5万份,传递信访工作为民解忧正能量、提高"依法信访"社会影响力、增强广大群众依法信访观念和理性维权意识,推动信访工作法治化进程。

推进领导干部接访制度。市委市政府改革市级领导集中接访制度,实行每月10日、15日、20日市领导分片到基层面对面接待群众,变群众上访为领导下访,集"下访、走访、约访、拜访、回访""五访"合一。信访局全程做好接访服务、信访人员分流等工作,着力化解突出的信访矛盾,有效维护群众合法权益。年内,市领导参与下访接访144场次168人次,接待群众533批1482人次,其中集体访54批647人次,当场调

5月23日,桐乡市信访局"依法信访"上街宣传活动　市信访局提供

处解决 278 件次。国家信访局《人民信访》对此项改革创新工作,进行专题经验介绍。

【推进信访问题"事要解决"】 2014 年,桐乡市信访局继续开展积案化解活动。44 件久拖多年未决的"硬骨头""钉子"案,分别由市四套班子领导包案调处。信访局全力做好化解活动的推进、协调、督导等工作。活动中,市领导专题听取案情汇报,采用下访、调研、召开协调会等方式指导基层开展化解稳控工作;责任单位成立化解工作小组,因案施策做好化解稳控;市委市政府专职信访督查员分片对每个信访积案进行带案督查走访,实时掌握化解进度、化解中存在问题。至年底,44 件信访积案化解 11 件,有效稳控化解 17 件,稳控化解率为 64%,完成化解率 50%以上工作目标,积案化解活动在省信访局《信访与民情》刊物上作经验介绍。其中崇福镇胡某某长达十七年信访积案成功化解,信访人向信访局送来锦旗,省信访联席办也专门发来表扬函,积案化解情况作为经典案例刊登在省信访局《信访与民情》上,同时被评为嘉兴市调处化解信访事项优秀经典案例,在《钱江晚报》宣传报道。

【推进信访工作规范建设】 2014 年,全市 12 个镇(街道)和 27 个市级重点单位与"全国信访信息系统"实现联网,来信办理、来访登记、网上信访、业务统计等主要业务实现网上流转。完善"信、访、网"三位一体信访工作平台,拓宽群众诉求反映渠道,逐步形成畅通的信访网络体系,实现群众诉求渠道多元化、便捷化、高效化,方便群众依法就近反映诉求。按照来访四步法、办信十步法工作要求,规范办信、接访、网上信访、督查、复查复核等信访业务工作程序,市信访联席办每月对信访事项规范办理情况进行通报,提升办理质量。落实首办责任制,加强初信初访办理工作,发挥访调对接机制作用,把问题解决在首办环节,化解在基层和属地,全年通过访调对接化解信访问题 15 件。

（黄　群）

政研工作

【概况】 2014 年,桐乡市委市政府政策研究室"围绕中心、统揽全局、突出重点、适度超前"原则,克服人员少、任务重困难,强化"三大理念",落实"三项责任",注重"三个突出",开展政研工作。

组织协调和参与全市调研工作。确定 55 个市级重点课题,组织协调课题开展。承担全市重点调研课题《桐乡县域治理研究》《桐乡特色新型城镇化路径研究》和《加快桐乡庄园经济发展,努力建设中国庄园之乡》课题实施工作。根据课题要求,完成课题实施方案、召开调研座谈会,赴浙江大学等高校、苏南和浙南兄弟县市实地调研,完成三个课题调研报告,汇编成册并组织实施。

协调和指导全市各部门镇(街道)年度重点课题的确定和开展。重点调研课题确定后,收集整理各部门主要领导的年度调研课题选题,结合全市中心工作和部门重点工作,协调和指导相关课题开展。对调研文章进行评选,编辑出版《2013 年部门单位、镇街道领导调研文选——调研与思考》。配合上级部门有关重点调研、专向调研和联动调研的相关课题开展调研,配合省市关于污水处理运营情况、桐乡"机器换人"实施后企业经济效益运营情况、桐乡"三治合一"建设、县域经济向城市经济转型等。

围绕全市中心工作,开展深化改革、团队精神打造、土地节约集约利用、全域城市化发展、三文(以文化人、以文惠民、以文兴业)建设、庄园经济发展、县域治理体系构建等调查研究,做好参谋。牵头起草《关于加强我市干部团队精神建设的实施意见》。开展"美丽幸福新桐乡"大讨论活动,参与表述语概括、提炼等工作。承担全市领导干部勤政周记汇编的编辑整理工作,收录工作感悟 243 篇,计 20 余万字,出刊《勤政周记》。组织第三届浙江省公共管理创新案例评选活动申报工作,申报《基层社会治理"德治、法治、自治"桐乡实践》和《濮院镇基层专职网格员管理模式》两个案例,其中"三治"模式入围首批候选名单。组织乌镇、濮院、石门、崇福、洲泉开展全省特色小镇申报工作。对领导批示件《石狮市集约用地之策值得借鉴》开展专项调研,形成《桐乡市土地节约集约利用》调研报告。

参与生猪养殖、五水共治相关督察工作,实行领导班子参与联系街道水域督促责任制,在自身单位经费紧张情况下,为联系村"五水共治"提供赞助款 3 万元。主动开展调查研究,配合全市转型和招商工作推进。围绕"大整治、大转型、大招商"主题,与"百千万"活动办联合开展住村干部大调研活动，开展评选住村干部专题调研形成的164篇调研报告工作。与团市委联合开展桐乡籍返乡大学生暑期"我看嘉兴发展"基层调研活动。

【调整职能协调推进全面深化改革工作】 2014年，根据《中共桐乡市委关于成立市委全面深化改革领导小组的通知》，市委全面深化改革领导小组成立，下设办公室作为常设性工作机构，设在市委政研室，一个机构、两块牌子，市委副书记、政法委书记蒋惠玲兼任市委改革办主任，政研室主任陈伟宏兼任常务副主任，市委政研室增设改革协调科，增加编制1人，职能作相应调整，承担市委全面深化改革领导小组日常事务工作，一是组织开展全面深化改革重大问题的政策研究，围绕桐乡市五位一体改革情况，开展《"三下乡四融合"旅游模式创新推动我市乡村旅游大发展》等调研；二是统筹协调有关方面提出相关改革工作方案和措施，参与"三文"实施意见的修改意见征求等，提供相关决策参考；三是协调督促有关方面落实领导小组的决定事项、工作部署和要求；四是研究处理有关方面提出的重要改革事项和相关请示，向领导小组提出建议；五是收集汇总有关改革问题信息资料；六是联系有关研究机构和专家学者就改革重要问题进行研究和咨询；七是负责领导小组的日常联络、会议组织、简报编印、资料管理等工作；八是负责市委和领导小组交办的其他事项。

（钱　昉）

老干部工作

【概况】 至2014年年底，全市有离休干部164名，其中享受厅（局）级待遇1名，县（处）级待遇76名，科（局）级待遇87名。按工作年代分：抗战时期25名，解放战争时期139名。属行政机关53名，事业单位35名，企业单位76名。垂直管理部门委托代管14名，异地到桐安置14名。

落实离休干部政治待遇。市领导春节前上门慰问曾任县（团）实职的离退休干部，邀请老干部代表参加重要会议，举办全市老干部读书会，召开市委常委会征求意见座谈会，市政府工作报告征求老干部意见、建议，市人大、市政协"两会"以及其他重要会议安排老干部代表参加，市委老干部局每月定期到有关镇（街道）组织老干部学习或向老干部传达上级重要文件精神，邀请党校老师和有关部门领导为离休干部及曾任县处级实职的退休干部作专题辅导报告讲座。加强离退休干部思想政治建设，探索新的载体和形式，通过集中学习、专题辅导、主题讨论、参观考察等形式，确保广大老干部思想常新。坚持和完善定期传达文件、重大会议和活动邀请老干部参加等制度，改进和完善老干部读书会的内容和形式，发挥老干部党校的教育引导作用。老干部党支部建设以"五好"为目标，定期举办全市老干部党支部书记培训班，召开片组会议，下发学习资料，提高离退休干部党支部建设制度化、规范化水平。5月，举办全市老干部党支部书记培训班、表彰11个2012～2013年度先进离退休干部党支部，推动全市离退休干部党支部整体建设。

落实离休干部生活待遇。确保离休干部各项生活福利补贴按标准发放。加强与相关部门协调，规范统一离休干部生活待遇的相关政策，加大对基层老干部工作检查力度，确保各单位离休干部生活待遇各项制度落实。完善服务关爱机制，开展送温暖活动，走访慰问生病住院和家庭有特殊困难的离休干部、离休干部遗属、异地到桐乡安置的离休干部。发挥干部帮困机制作用，全年发放困难补助金2.1万元，看望住院老干部63人次。5月，组织离休干部进行健康检查，根据离休干部特点，优化体检方式，对行动不便离休干部进行上门体检。7月，开展高温慰问，给离休干部送去防暑养生食品。深化社区"四就近"（就近学习，就近活动，就近得到关心照顾，就近发挥作用）服务工作，定期与社区互动，改进和完善"四就近"工作举措，加强与各镇（街道）协调，将"四就近"工作服务范围拓展到各镇（街道）。做好老干部信访工作，落实信访首访负责制度，及时跟踪和反馈老干部信访热点难点问题，疏导不符合政策规定的来信来访，化解矛盾。

深化老干部工作阵地建设。推进市老干部活动中心和市老年大学两个阵地建设。市老干部活动中心以传统佳节为载体，组织"风轻云淡乐生活，诗词歌赋伴佳节"系列活动，弘扬中国传统文化；依托兴趣小组，开展各种活动，丰富老干部精神文化生活。市老年大学通过搭建文化学习、文化活动、文化交流、文化服务四大平台，拓展“文化养老”的深度和广度，推进校园文化建设，市老年大学迁建工程主体工程竣工。

发挥老干部作用，为和谐社会建设作贡献。2月，组织离休干部为市领导上党课。7月，组织离休老战士进警营与官兵联谊，开展“讲传统、话未来”活动。全市12个镇(街道)和振东新区、开发区，176个村和35个社区，65所中小学校，35家民营企业建立关工委组织。关工委讲师团围绕社会主义核心价值体系，举办理想信念、道德法制、科普环保、心理与生理健康、家庭教育等五大块内容45个课题的专题教育。调整充实“五老”(老干部、老军人、老教师、老专家、老模范)网吧监督员，依法对全市有经营执照网吧进行义务监督。

【开展“情暖老干部”走访活动】 4～6月，市委老干部局结合党的群众路线教育实践活动，开展“情暖老干部”走访活动。全局成立4个情暖老干部服务活动小组，分别由局领导带队。走访前做到合理安排计划，确保每位离休干部联系到位。走访过程中，通过上门走访、到病房慰问、电话沟通等多种形式，努力做到关怀亲情化、覆盖全面化。走访结束后进行汇总整理，对老干部提出的实际困难，及时协调相关部门，帮助解决。走访慰问活动切实做到增进与老干部的感情、增强老干部在心中的分量、拉近与老干部的距离。

【开设“光荣的岁月”展厅】 10月，市委老干部局在市老干部活动中心开设“光荣的岁月——桐乡老干部和老干部工作展”。展厅由10余块展板、60余件实物、300多名离休干部的视频资料3个部分组成。展板以文字和图片相结合的形式，简要回顾桐乡市老干部工作30多年走过历程和取得的成就，及广大老同志离休后丰富的晚年生活与良好的精神面貌。陈列的实物有离休干部与党和国家领导人的合影以及军功章、任命书、军用作战地图等，视频资料则展示离休干部当年工作、战斗历程及现在的精神风貌。在展出的两个月时间内，100多人进行参观，展览结束后，实物及展板将以照片形式和视频资料一起继续在展厅中供人们参观。

【开展“寻红色足迹·忆峥嵘岁月”活动】 7～8月，市委老干部局、市关工委与团市委联合开展“寻红色足迹·忆峥嵘岁月”活动。活动邀请返乡大学生寻访离休干部，离休干部回忆曾经的峥嵘岁月。28名大学生与21名离休干部进行面对面零距离接触。老干部的奋斗经历，激励年轻大学生继承和发扬老一辈的优良传统，更好地服务于社会。

（潘连城）

党校工作

【概况】 2014年，市委党校以开展第二批党的群众路线教育实践活动为契机，坚持“党校姓党”原则，贯彻“从严治校、从严施教、从严管理”方针，围绕“做大做深做强，打造具有桐乡特色的红色学校”目标，推动党校事业新发展。年内，市委党校举办干部教育培训工作主体班次21期，外培班4期，培训各类干部2000余人次。主要包括全市科局级以上干部轮训班(3期)、新一届村党组织书记培训班、市直机关党组织书记培训班、“五水共治”专题研讨班、旅游业建设

7～8月，开展“寻红色足迹·忆峥嵘岁月”活动　市委老干部局提供

专题研讨班、全市新闻发言人培训班、第12期中青年干部培训班、第三期大学生村官更新知识暨第九批高校毕业生到村任职上岗培训班、成长型企业综合管理知识高级研修班、纪检干部培训班等。发挥科研成果在市委、市政府工作中的决策作用。党校科研工作以市情研究为重点，全年完成科研成果近60项，省委党校第十五、十六批课题结题5项，入选省委党校类研讨会2篇、浙江省科会社学2014年学术论坛3篇、省社联学术年会6篇，省社联哲学学会结题3项，在环太湖课题申报立项1项，红船精神研讨会立项3项，在嘉兴党校系统入项、结题、获奖14项；发表各类文章21篇，省级以上刊物7篇，其中《旅游村整合：组织供给与互惠共生》在第六届中国农村研究博士论坛获优秀奖，《社会研究中的问题与从问题出发的社会研究》在省第五届社科研究优秀成果中获二等奖。党建研究势头良好，2篇论文在红船精神研讨会上被评为优秀论文，3篇论文入选纪念邓小平诞辰110周年研讨会，3项课题入选习近平党建思想研究课题。全年社会宣讲60多场，培训人数5000多人。其中围绕“十八届三中全会精神”为基层单位宣讲18场次，受益人数1900人次；围绕党的群众路线教育实践活动宣讲28场次，受益人数2200人次。

【举办全市科局级以上干部轮训班】 4月8～16日，由市委组织部和市委党校联合举办全市科局级以上干部学习十八届三中全会精神和习近平系列讲话轮训班。轮训班分3期，每期3天，受训人数652人次。轮训班邀请省委党校副校长何显明、省委党校经济学教研部主任李炯、省委党校政治学教研部主任方柏华、嘉兴市委党校副校长徐连林等多名教授专家授课。轮训班加深了受训干部的执政理念。

【第12期中青年干部培训班开班】 10月，由市委组织部和市委党校联合举办的桐乡市第12期中青年干部培训班开班。全市58名年轻干部在党校接受两个多月脱产学习培训。培训坚持按照“理论武装、党性教育、市情研究、能力提升、知识更新”目标，采取“党校主题教学＋革命传统教育＋异地联合办学＋基层一线实战”四位一体培训方式，突出“党校姓党”原则，注重党性培养。组织学员进行党性知识测试，赴井冈山革命根据地进行5天理想信念教育和上海交通大学进行为期5天理论教育学习，并与上海交通大学干部学生面对面学习交流，培训围绕“科技创新”“旅游发展”“五水共治”“党建工作”进行研讨，深化了桐乡市干部教育培训工作。

（姚丽红）

市直机关党建工作

【概况】 2014年，市直机关党工委坚持以邓小平理论、“三个代表”重要思想、科学发展观和习近平系列重要讲话为指导，贯彻落实党的十八大、十八届三中全会和市第十三次党代会精神，紧扣党的群众路线教育实践活动主题，把握服务中心、建设队伍两大任务，以改革创新精神、求真务实作风，推进机关党的各项建设。

深化思想理论武装。宣传教育活动，把党员干部的思想和行动统一到十八大和十八届三中全会精神中。以推进学习型

10月，第12期中青年干部培训班学员在井冈山革命根据地进行理想信念教育　　市委党校提供

党组织建设为重要抓手，开展学习宣传贯彻《党章》活动。围绕市十三次党代会和市委十三届三次会议精神，开展市党代会精神宣讲工作，组织“美丽幸福新桐乡”大讨论；举办“美丽桐乡”摄影展，全市63个部门（单位）的1561人观看展出；举办“美丽幸福新桐乡”演讲比赛，23名选手参加；开展以“美丽幸福新桐乡”为主题的微型党课比赛活动，来自19个机关部门的21名选手参加。协助相关部门组织浙江省皮肤病防治研究所上柏住院部医疗队先进事迹报告会和举办“我和我的祖国”群众大合唱比赛。

夯实基层组织建设。落实机关基层党组织和党员积分制管理，举办“双先指数”（即机关党组织“先进指数”和党员“先锋指数”）考评工作培训会，完成党组织和党员“双先指数”考评工作；开展星级评定，加强市直机关基层党组织规范化建设。组织直属机关基层党支部书记向党工委专题述职，开展评议，督促书记落实管党治党主体责任。抓好市直机关基层党组织分片联系指导工作，搭建相互之间的交流平台，加强调研和指导工作。落实“三会一课”、组织生活会、民主评议党员等制度，指导8个部门的机关党组织召开组织生活会。继续抓好党员“净化工程”，加强先进性、纯洁性教育，严格党员发展标准和程序，组织40名入党积极分子进行党的基础知识测试，举办入党积极分子和新党员培训班各1期，加强对机关党员教育、管理、服务和监督。全年审批新党员35名，预备党员转正64名。

开展党的群众路线教育实践活动。落实“八项整治”集中行动，坚持边查边改，取消考核评比项目3个，精简办会办文，制定整改措施25条。中央国家机关工委副书记邵旭军和省委副秘书长、省直工委书记施利民、省直工委副书记鲁维明先后到桐乡调研指导工作。与市委组织部、市委党校共同举办全市机关事业党组织书记专题培训示范班，组织学习十八届三中全会精神、党的群众路线和“红船精神”。开设全市机关“新桐乡·新风尚”文化系列讲座5期，引导机关党员干部远离“牌局”“酒局”等庸俗趣味，提高文化素养，培养高尚道德情操。

推进创新型机关建设。继续开展机关党建工作创新项目化管理，立项实施创新项目24个，受到省工委、嘉兴市工委表彰的创新项目各1个。开展“党日活动方案”设计比赛，鼓励基层开展各具特色的党日活动，切实增强基层党建的生机和活力。市国税局“菊乡金税100”获嘉兴市首批机关服务品牌。

优化服务型党组织建设。引导教育机关党员干部比学赶超、争先创优，推进重大项目建设、重大政策实施、“五水共治”和“三改一拆”等重点工作落实，开展全市机关干部“助力治水 我们在行动”活动。继续开展“当一天社区干部”“四联四强”和“进百村住千家联万户”等实践活动，深化“组团式服务”“结对帮扶”“红色义工”等行动。

加强机关党风廉政建设。落实中央八条规定精神和桐乡市有关规定，继续抓好反“四风”，参与全市效能检查。落实党风廉政主体责任，开展廉政提醒教育和警示教育活动，强化岗位廉政风险教育；深化廉洁文化进机关，创新廉政教育形式，开展鲜明特色的宣传活动。加大案件查办力度，严格审查和处置

6月20日，机关党工委开展党员干部军事体验活动

市直机关党工委提供

党员干部违反党纪政纪行为，对9名党员作出党纪处分。

（俞国强）

机构编制工作

【概况】 2014年，桐乡市编委办坚持改革创新，完成机构编制各项任务。完善体制机制，推进体制改革。设立桐乡市市场监督管理局。开展综合行政执法试点工作，明确实行综合行政执法范围和机构编制和管理体制。调整机构设置，市城市管理行政执法局更名为市综合行政执法局。优化人员编制。按照“精简统一效能”原则，综合行政执法工作所需人员力量，通过整合资源、盘活存量、挖掘潜力的途径解决。理顺管理体制。驻各镇（街道）的市综合行政执法局派出机构实行条块结合的双重管理体制。在领导体制方面，以市综合行政执法局为主；在日常管理工作机制上，以镇（街道）为主。桐乡市职业教育中心学校成建制并入桐乡市高级技工学校。更名为桐乡技师学院，通过整合，桐乡技师学院为公益二类事业单位，归口桐乡市人力资源和社会保障局。提高中文域名注册率，对新增事业单位进行域名注册，指导发生变动单位及时进行信息维护，及时与财政部门沟通协调，落实专项经费。确保中文域名注册工作进入常态化和长效化管理阶段。按照《事业单位登记管理暂行条例》要求，推进事业单位网上登记管理系统的使用工作，做好事业单位网上登记管理，年内，依法对全市398家事业单位进行年度检验，年检率、合格率均100%，并在卫生、教育、文化、建设、农经、人力社保各选取一家事业单位进行法人年度报告公开试点。

【推行权力清单制度工作】 4月，全市推行政府部门权力清单制度工作动员大会召开，市委常委、常务副市长吴炳泉对各部门职责清理工作进行动员部署。一是部门自查清理。桐乡市列入职权清理部门36家，第一次上报权力事项8356项。二是职权审核审定。由编办会同监察、法制、财政、审批中心、政研室、督考办等部门进行审核，在广泛征求意见基础上报市政府审定。桐乡市“一审”保留权力事项6347项，“二审”保留权力事项5437项，“三审”保留权力事项4323项。三是公布权力清单。10月，经审定后的权力清单通过浙江政务服务网向社会公布，建有门户网站的部门同时公布本部门职权目录。12月，桐乡市提前完成责任清单制度工作，在浙江政务服务网公布政府工作部门及有关市直单位责任清单，36个工作部门（单位）主要职责532项，涉及具体工作事项2507项；划分部门（单位）间职责边界事项186项、履职案例190个；建立健全事中事后监管制度327项，其中直接监管制度222项、间接监管制度105项；公共服务事项236项。

【城乡居民合作医疗保险和职工基本医疗保险整合工作】 参见《人力资源与社会保障·社会保障》中相关条目。

【推进实名制管理工作】 对全市机关事业单位14495名在编人员及5633名离退休人员的实名制采集数据进行审核及导入，其中政法委、统战部、法院、检察院、公安局等单位数据作为保密数据上报嘉兴市编委办。对实名制信息库台账进行逐年录入。根据实名制情况，编印2014年机构编制名册及内设机构名册，完成机构编制相关台账装订工作。

（朱　亮）

桐乡市人民代表大会

概　　述

2014年，市人大常委会履行宪法和法律赋予的职责，各项工作取得新进展。市人大常委会举行常委会会议7次，审议“一府两院”工作报告19项，提出审议意见10项，作出决议、决定8个。召开主任会议15次，听取“一府两院”工作汇报9项，对5个方面重要工作开展专题视察。重视群众来信来访，受理来信64件，接待来访15批29人次，及时转交“一府两院”及有关单位研究处理。履职评估40名法官和23名检察官。对市教育局和市民政局开展部门工作评议。按照省人大常委会统一部署，开展“查找不适应全面深化改革要求的法律法规条文”主题活动，收集、梳理关于《中华人民共和国刑法》《中华人民共和国突发事件应对法》等18部法律的29条修法意见和1条修法建议。按照《中华人民共和国监督法》规定，对37件规范性文件进行备案审查。参与乌镇国际旅游区建设、崇福省级小城市培育试点建设、“五水共治”“三改一拆”等中心工作，助推首届世界互联网大会在桐乡召开，多次听取汇报，组织实地视察，督促措施落实，协调解决相关困难和问题。常委会坚持党管干部与人大依法任免相统一原则，做好人事任免工作，依法任免国家机关工作人员94人次，任免人民陪审员35人次。完善任前法律知识考试制度，举行新任命人员向宪法宣誓仪式。加强调查研究，参与市委重大课题调研，为市委、市政府制定相应政策措施提供重要依据。召开全市人大工作读书会，密切与“一府两院”沟通联系，依法支持“一府两院”工作，开展与兄弟县（市、区）人大的工作交流。抓好“人大视点”“人大园地”“人大之窗”等宣传阵地建设，人大信息宣传工作继续保持全省前列。加强人大网站建设，《常委会公报》《常委会简报》质量不断提高。5月，《桐乡市人民代表大会志》出版，并进行首发。重视做好人大机关党的建设和工会工作、老干部工作。

4月23日，市人大第三十五次主任会议听取市政府关于污水管网建设情况的汇报　　市人大办提供

重要会议

【市十五届人民代表大会第三次会议】 1月7～10日，市十五届人大三次会议在梧桐举行。会议应到代表263名，实到代表261名。市委、市政府领导等175人列席会议。会议听取和审议《政府工作报告》《市人大常委会工作报告》《市人民法院工作报告》《市人民检察院工作报告》，审查《关于桐乡市2013年国民经济和社会发展计划执行情况及2014年国民经济和社会发展计划草案的报告》《关于桐乡市2013年财政预算执行情况和2014年财政预算草案的报告》。大会召开专题审议会议，组织代表对市十五届人大二次会议《关于加快桐乡西部重大交通设施建设》《关于统筹城乡发展，加快村级道路亮化工程建设》《关于加强学前教育管理》三件重点建议办理工作进行专题审议。大会期间收到代表十人以上联名提出的议案70件，根据地方组织法、代表法和《桐乡市人民代表大会代表议案处理办法》有关规定，经议案审查委员会审查，主席团决定70件代表议案全部作为建议、批评和意见处理。其中陈东旭等代表提出的《关于加快行政审批制度改

革的议案》、李玉娟等10位代表分别领衔提出的《关于要求进一步加大治水工作力度，落实“河长制”具体措施》为内容的10件议案、李雪海等2位代表分别领衔提出的《关于要求加强食品安全综合管理，加大食品安全监管力度》为内容的2件议案，共三个方面13件作为重点建议。会议期间还收到代表建议、批评和意见154件。

【市十五届人大常委会第十四次至第二十次会议】 3月17日，市十五届人大常委会举行第十四次会议。会议经讨论和审议，决定许可对桐乡市第十五届人大代表陈坤荣依法采取强制措施。

3月27日，市十五届人大常委会召开第十五次会议。会议审议市政府《关于全市基层医疗卫生工作情况的报告》。审议通过《桐乡市人大常委会专项工作评议暂行办法（草案）》、关于许可对个别市人大代表采取强制措施的决定。审议市政府《关于“六五”普法规划实施情况的审议意见落实情况的报告》，表决通过有关审议意见。会议以无记名投票方式通过有关人事任免事项。

5月28～29日，市人大常委会举行第十六次会议。会议审议市政府《关于全市学前教育工作情况审议意见落实情况的报告》、市人民法院《关于执行工作情况的审议意见落实情况的报告》。会议表决通过市人大常委会《关于修改后刑诉法贯彻实施情况的审议意见（草案）》、市人民政府与浙江理工大学合作办学项目、市人大常委会《关于代表变动情况的公告（草案）》和有关人事任免事项。

7月30～31日，市十五届人大常委会召开第十七次会议。会议听取和审议市政府《关于2014年上半年国民经济和社会发展计划执行情况及下半年工作重点的报告》《2014年上半年财政预算执行情况的报告》《2013年财政决算、预算执行和其他财政收支的审计工作报告》《政府组成部门2013年预算执行情况报告》《全市防洪排涝工作情况报告》。听取和审议市人大常委会主任会议提请的人事免职议案、市长盛勇军提请的人事任职议案和市人民法院院长冀友佳提请的人事任免议案。审议市政府《关于2013年度依法行政工作情况的报告》《关于全市基层医疗卫生工作情况审议意见落实情况的报告》。会议表决通过有关报告决议、公告和审议意见草案，以无记名投票方式通过有关人事任免事项。

9月25～26日，市十五届人大常委会举行第十八次会议。会议听取和审议市政府《关于饮用水水源保护审议意见整改落实情况的报告》《关于代表议案建议办理工作情况的报告》《关于调整2014年度2000万元以上政府投资项目计划的议案》。听取和审议市人大常委会《关于饮用水水源保护跟踪检查情况的报告》。审议市政府《关于全市防洪排涝工作审议意见落实情况的报告》。表决通过有关审议意见、决议和人事任免事项。会议还对市教育局、市民政局进行工作评议。

11月27日，市十五届人大常委会举行第十九次会议。会议表决通过市人大常委会《关于加快行政审批制度改革情况的审议意见（草案）》。审议市政府《关于2013年度财政预算执行和其他财政收支审计工作情况审议意见整改落实情况的报告》“一府两院”《关于修改后刑事诉讼法贯彻实施情况审议意见落实情况的报告》、市政府《关于依法行政工作情况审议意见落实的报告》。

12月25日，市十五届人大常委会举行第二十次会议。会议审议表决有关人事任免、辞职事项，审议市人大常委会代表资格审查委员会《关于代表变动情况的报告》、市人大常委会《关于代表变动情况的公告（草案）》。会议听取和审议《关于召开市十五届人大四次会议的决定（草案）》。

重要活动

【助推经济社会科学发展】 2014年，人大常委会加强对政府组成部门的预算监督，首次审议梧桐、凤鸣、龙翔三个街道的年度预算，提升人大街道工委预算审查能力。对饮用水水源保护执法检查审议意见的整改落实情况进行跟踪检查，并对政府落实情况进行满意度测评。主任会议听取全市污水管网建设管理及收集处理、规划控制区开发管理、安全生产等工作情况汇报，推动政府及相关部门落实责任。常委会专题听取和审议全市基层医疗卫生工作情况报告，组织代表开展实地视察，督促市政府进一步改进工作。继续开展对食品安全工作的视察检查，督促市政府进一步完善责任体系，健全监督机制。常委会视察全市旅游、“美丽乡村”建设提升和社区居家养老服务照料中心建设等工作。常委会以督办市十五届人大三次会议《关于加快行政审批制度改革》重点建议为抓手，通过专项审议、重点督办、代表接待等形式，广泛听取各方面意见建议，集中力量深入开展行政审批制度改革专项督查。针对工作中存在的困难和矛盾，督促政府继续深化行政审批制度改革，加强社会中介组织管理，提高行政审批服务效率。市政府出台《行政审批中介机构管理办法》，完善相关激励机制，为提高行政审批效率创造条件。

【营造良好法治环境】 2014年，常委会听取和审议“一府两院”关于修改后刑诉法贯彻实施情况的报告、市政府关于2013年度依法行政工作情况报告，督促“一府两院”进一步强化执法理念，正确把握保障人权与打击犯罪、程序与实体、职权与责任关系，加强各部门之间协调配合，提高执法和司法水平。加强对改革试点领域法律实施情况的监督，主任会议听取关于深化相对集中行政处罚权工作开展情况的汇报，要求市政府进一步加强协调指导、理顺工作关系、明确部门职责、强化执法保障。探索司法监督的新途径，精心确定评估方式，以40名法官和23名检察官为评估对象，既考察“两官”队伍整体情况，又注重评估对象的个人表现。评估工作始终坚持客观公正原则，在深入开展走访调查基础上，面向律师等社会各界征求意见，努力掌握“两官”各方面情况。发扬民主，面对面开展评估，提出意见建议，督促抓好落实整改，加强“两官”队伍的思想建设、能力建设和制度建设，促进司法公正。常委会制订《专项工作评议暂行办法》，以市教育局和市民政局为对象，开展本届人大的首次部门工作评议。通过调研、视察、明察暗访、查阅档案资料等途径，较好地掌握两个部门相关工作情况。召开专题评议会议，听取工作报告，提出评议意见，并对两个部门履行法定职责、推进依法行政等工作情况进行满意度测评。两个部门对照评议意见，切实抓好整改落实，有力推动依法行政。

【做好人大代表工作】 2014年，常委会制定《关于加强人大代表联络站建设的实施意见》，指导各镇（街道）开展代表联络站建设，按照“定人员、定场所、定制度、定安排”建站要求，实现12个镇（街道）代表联络站、四级人大代表进站全覆盖。通过聘请法律顾问、制订选民意见建议处理办法、建设网上代表联络站等措施，推动联络站成为闭会期间代表开展常态化活动场所。做好代表培训工作，举办专题讲座，开展履职经验交流，表彰优秀议案建议，增强代表责任意识和履职能力。常委会以集体和分组方式接待市人大代表，听取他们意见建议，汇总梳理出各类意见建议6个方面39条，首次以联席会议形式，向“一府两院”负责人面对面进行通报反馈。邀请100多名代表列席常委会会议、参加执法检查和专项视察等重点工作。为适应信息化时代代表履职新需求，做好“省人大代表履职平台”推广应用和四级人大代表、“一府两院”联络员注册登记，畅通代表反映民意渠

9月18日，市人大常委会领导视察乌镇东邛港综合治理情况

市人大办提供

道。围绕全市中心工作，组织开展“进一步当好‘四大员’、保护母亲河”主题活动，发动全市人大代表助推“五水共治”，全市各级人大代表积极响应，主动开展认领河道、视察巡查、志愿者宣传等活动。组织河道巡查活动22次，巡查河道70多条(段)，全市475名各级人大代表为“五水共治”捐款2449万元。在全市人大代表中开展“美丽幸福新桐乡”大讨论，通过座谈、征文、献“金点子”等活动，为推进“五水共治”营造良好氛围。全市各代表小组因地制宜，通过组织代表进社区接待选民、向选民述职、开展工作评议、定向视察部门工作、专项工作督查等形式，提高代表能力，活动见成效。抓好市十五届人大一次会议关于“实施生态优先，推进桐乡经济社会持续发展”大会议案的督办，推进“宜居水乡”行动计划和“森林桐乡”建设。市十五届人大三次会议关于《加快行政审批制度改革》《加大治水工作力度，落实“河长制”具体措施》《加强食品安全综合管理，加大食品安全监管力度》三件重点建议得到较好落实。年内，224件市十五届人大三次会议提出的代表建议，问题得到解决106件，基本解决77件，解决和基本解决率比去年提高4.6个百分点。

3月28日，市人大常委会领导赴大麻镇接待代表　市人大办提供

【提升人大履职能力】 2014年，人大常委会为提升人大履职能力，以纪念人民代表大会成立60周年为契机，召开多种形式座谈会，举行人大知识竞赛，开展人大理论与工作系列研讨活动，形成一批高质量研讨成果，提高全社会的人大意识。参与市委重大课题调研，做好常委会会议审议议题的事前调查研究，为市委、市政府制定相应政策措施提供依据。召开全市人大工作读书会，密切与“一府两院”的沟通联系，依法支持“一府两院”的工作，切实加强对代表闭会期间活动的指导，坚持每季度为全市各代表小组开展活动提出明确要求，实行按季通报，提高代表活动的到会率和活动质量。加强常委会及“一府两院”与人大代表沟通联系，为代表知情知政、议政督政服务。

【《桐乡市人民代表大会志》出版】 5月12日，由桐乡市人民代表大会志编纂委员会编纂的《桐乡市人民代表大会志》正式出版。主编俞少杰。从2003年6月起，桐乡市人民代表大会志编纂委员会历经7年时间，先后搜集和查阅六大类，600多个卷宗，复印6000多页、628万字的文史资料、拍摄250页照片史料，经过筹划准备，制定编目，搜集资料，编写试稿、征求意见稿、送审稿，最后审定等阶段，数易其稿，于2013年8月脱稿付梓。志书上起1949年5月崇德县、桐乡县解放，下迄2012年年初，遵从地方志体例，以述、记、志、表、图、录等为载体，用记叙文体记述，共7篇31章，约215万字，系统记述桐乡市人民代表大会制度建立、发展和逐步完善的历史及现状，客观反映桐乡人大及其常委会在致力于加强社会主义民主，健全社会主义法制，推进物质文明、政治文明、精神文明建设进程中的历史功绩。

(吕春燕)

桐乡市人民政府

重要会议和决策

【政府全体会议】 2014年，桐乡市人民政府召开全体会议两次。

3月10日，召开市十五届政府第五次全体会议。会议贯彻落实市第十三届党代会第三次会议精神，根据市十五届人大三次会议通过的《政府工作报告》，部署2014年政府工作各项目标任务。

7月29日，召开市十五届政府第六次全体会议。（参见《党政·中共桐乡市委员会》中相关条目）

【政府常务会议】 2014年，市政府召开政府常务会议15次。

1月20日，召开市十五届政府第二十三次常务会议。会议同意给予乌镇旅游股份有限公司“古北水镇”项目团队记集体三等功1次，授予市公安局集体嘉奖1次，授予方雪祥、沈剑、潘国强、王建良4人各记三等功1次，提请嘉兴市政府授予方雪祥、沈剑2人二等功1次、授予桐乡市公安局集体二等功1次。

1月26日，召开市十五届政府第二十四次常务会议。会议原则同意《2013年度桐乡市市长质量奖评审工作情况汇报》《2013年全市招商引资考核奖励方案（送审稿）》。

2月11日，召开市十五届政府第二十五次常务会议。会议原则同意《关于加快桐乡市“五水共治”建设的实施意见（送审稿）》《桐乡市镇级跨行政区域河流交接断面水质保护管理考核办法（送审稿）》《桐乡市榨菜（蔬菜）行业整治提升工作方案（送审稿）》《关于建立完善镇（街道）、开发区财政管理体制的意见（送审稿）》《关于调整被征地农民养老基本生活保障有关政策的通知（送审稿）》《关于全面建立桐乡市三级法律服务团制度的实施意见（送审稿）》《2014年〈政府工作报告〉主要工作任务及惠民实事工程任务分解方案（送审稿）》《2014年“三会”建议提案办理工作分解方案（送审稿）》《桐乡市濮院镇小城市试点三年行动计划（2013～2015）》《桐乡市洲泉镇小城市试点三年行动计划（2013～2015）》。不同意《海宁市饮用水水源保护区划分方案》。

2月28日，召开市十五届政府第二十六次常务会议。会议原则同意《濮院镇旧镇改建项目房屋征收补偿方案（送审稿）》《2014年全市投资任务目标确定及分解情况》《2014年镇街道和开发区工业经济工作指标考核目标任务分解情况》《2014年招商选资、外贸目标任务分解方案》。

3月25日，召开市十五届政府第二十七次常务会议。会议原则同意《运河桐乡段综合治理工作方案》《桐乡市“五水共治”三年行动计划》《桐乡市“五水共治”相关政策补助建议方案》《桐乡市人民政府关于实行最严格水资源管理制度加快推进节水型社会建设的实施意见》《桐乡市节水型社会建设工作方案（送审稿）》《关于促进经济转型升级创新发展若干政策意见（送审稿）》《桐乡市要素配置“两优三改四化”综合改革总体方案》《桐乡市市属国有企业高级管理人员薪酬管理暂行办法（送审稿）》《关于进一步加强国有资产营运平台体系建设的意见》《桐乡市中小微企业贷款支持计划》《桐乡市民间融资服务中心方案（试

3月10日，市第十五届政府第五次全体会议召开　　市政府办提供

行)》《桐乡市基本农药集中配送零差价销售实施意见(送审稿)》《关于公共自行车项目建设管理的实施意见》《桐乡市农村集体土地征收中房屋拆迁补偿安置办法》。会议部署全市安全生产工作。

4月29～30日,召开市十五届政府第二十八次常务会议。会议原则同意《桐乡市K191路城乡公交运营体制改革工作方案》《关于进一步深化社会治安防控体系建设的意见(送审稿)》《桐乡市进一步深化行政审批制度改革实施意见》《桐乡市关于实行差别化电价水价促进低效产业转型升级的实施意见(送审稿)》《关于进一步加强政府性债务管理的意见(送审稿)》《桐乡市政府性债务收支计划管理办法(送审稿)》《关于进一步完善工业企业绩效综合评价办法加快转型发展的实施意见(试行)》《关于关停黏土砖瓦窑企业的实施意见》《桐乡市机制丝绵行业整治工作方案》《关于推进桐乡市“生态有偿、生态补偿、生态赔偿”机制建设的实施意见》《桐乡市“生态有偿、生态补偿、生态赔偿”机制建设工作方案》《2014年桐乡市招商引资考核奖励办法(送审稿)》。会议讨论了《桐乡市民间融资服务中心发起人方案对比分析》。

5月29～30日,召开市十五届政府第二十九次常务会议。会议原则同意《关于事业单位优秀人才到企业创业创新建立绿色通道的实施意见(送审稿)》《桐乡市大气污染防治实施细则(2014～2017年)》《关于开展调整城镇土地使用税政策促进土地集约利用工作的实施办法(试行)》《桐乡市发展学前教育第二轮三年行动计划(2014～2016年)(送审稿)》《关于加强卫生人才培养和引进的若干意见(送审稿)》《桐乡市高层住宅二次供水管理实施意见》《关于调整桐乡市自来水销售价格的通告(送审稿)》《桐乡市预拌商品混凝土行业专项整治实施意见(送审稿)》《关于进一步深化“以文化人 以文惠民 以文兴业”改革的实施意见(送审稿)》《桐乡市崇福镇小城市培育试点三年(2014～2016年)行动计划(初稿)》《桐乡市人民防空工程建设利用管理办法(送审稿)》《桐乡市人防工程建设审批与产权登记实施细则(送审稿)》《桐乡市人民政府关于乌镇镇旧镇改建项目房屋征收的决定》《桐乡市砂石料加工场规范提升方案(送审稿)》《桐乡市各类沿河堆场清理整治建议方案》《桐乡市政府向社会力量购买服务实施办法(试行)》《桐乡市金融机构支持地方经济发展考核奖励办法》。

6月27日,召开市十五届政府第三十次常务会议。会议原则同意《关于深化基层卫生综合改革完善基层医疗机构运行新机制的实施意见(送审稿)》《关于进一步加强财政支出管理厉行勤俭节约的通知》《关于鼓励和扶持企业利用多层次资本市场促进我市经济快速发展的实施办法》《关于桐乡市工业企业绩效综合评价工作情况汇报》《桐乡市人民政府关于调整征地补偿区片综合地价标准的通知》《集体土地征迁涉及特殊情况村民房屋拆迁安置原则性处理意见》《关于要求公布2014年度住房保障相关标准的请示》《关于调整振东新区拆迁安置用房(检察院)项目投资概算的情况汇报(送审稿)》。

7月22日,召开市十五届政府第三十一次常务会议。讨论《市委十三届五次全体(扩大)会议暨市十五届政府第六次全体会议报告(送审稿)》。

8月1日,召开市十五届政府第三十二次常务会议。会议原则同意《关于公布市政府行政规范性文件清理结果的通知》《桐乡市城乡居民合作医疗保险和职工基本医疗保险整合工作实施方案》《关于大力发展现代庄园经济的实施意见(送审稿)》《桐乡市恒通公共交通集团有限公司组建方案》《桐乡市关于进一步开展农村集体经营性建设用地入市交易试点的实施意见》《关于进一步规范国有建设用地供应和批后监管的若干意见(送审稿)》《桐乡市关于推进低效建设用地再开发的实施意见》《桐乡市土地差别化供应管理的实施意见》《关于加强我市中小微企业服务体系建设的若干意见》《关于修订〈桐乡市退役士兵安置管理办法〉第十六条及大学生入伍有关优待政策的方案(送审稿)》。会议还对部分市政府领导分工作调整。

8月29日,召开市十五届政府第三十三次常务会议。会议原则同意《关于进一步促进工业经济稳定增长的实施意见》《关于桐乡市城乡环境卫生“四位一体”长效保洁工作的实施意见(送审稿)》《桐乡市城乡环境卫生“四位一体”长效保洁工作“以奖代补”办法(试行)(送审稿)》《桐乡市城乡环境卫生“四位一体”长效保洁工作考核办法(试行)(送审稿)》《关于开展村级土地民主管理创建活动实施方案(送审稿)》。同意授予张东伟、陈国权各记三等功一次。同意给予沈继东开除处分。

9月19日,召开市十五届政府第三十四次常务会议。会议原则同意《桐乡市加强行政审批层级一体化改革事中事后监管实施意见(送审稿)》《关于调整2014年度2000万元以上政府投资项目的报告》《关于进一步加快旅游经济发展的若干政策(送审稿)》《桐乡市旅游发展总体规划(2014～2030年)》《桐乡市乌镇省级旅游试验区概念性规划》《关于加强安全生产促进安全发展的实施意见(送审稿)》《关于桐乡市振东新区城南村农村土地综合整治项目融资的报告》。会议部署全市安全生产工作。

10月30日,召开市十五届政府第三十五次常务会议。会议原则同意《桐乡市城乡居民基本医疗保险工作实施意见(送审稿)》《桐乡市机动车污染防治专项实施方案(2014～2017年)》《桐乡市治理淘汰黄标车实施方案》《桐乡市鼓励黄标车提前淘汰政府奖励补助实施办法》《桐乡市上级财政专项转移支付资金监管办法(送审稿)》《关于浙江合众新能源汽车项目有关事项的情况汇报》《关于印发〈桐乡市退役士兵安置政策若干规定〉的方案(送审稿)》。会议还总结市政府党组党的群众路线教育实践活动开展情况。

11月28日,召开市十五届政府第三十六次常务会议。会议原则同意《吴蓬先生向桐乡市人民政府捐献珍贵书画物品和桐乡市人民政府建造“吴蓬艺术院”的协议书》《桐乡市人民政府关于银行业金融机构实施差别化信贷工作的指导意见(送审稿)》《桐乡市行政审批中介机构管理办法(送审稿)》《桐乡市政府投资项目预(概)算会审管理暂行办法(送审稿)》《桐乡市财政专项资金竞争性分配管理试行办法(送审稿)》。同意授予洲泉镇专职消防队记集体三等功1次、市消防大队记集体三等功1次、何瑞强、方祥同志各记三等功1次。同意给予劳应强、连勇、殷剑频、金永坤、倪国强、王茂盛开除处分。

12月26日、31日,召开市十五届政府第三十七次常务会议。会议原则同意《桐乡市市级企业国有资本经营收益收缴管理试行办法(送审稿)》《桐乡市强镇扩权改革实施方案(送审稿)》《桐乡市机动车停放服务收费管理办法(送审稿)》《关于进一步完善行政执法责任制的意见(送审稿)》《桐乡市工业企业用能总量指标交易实施意见(试行)(送审稿)》《桐乡市工业土地差别化供应项目认定标准及处置办法(试行)(送审稿)》《关于我市优化完善“1+X”村镇布点规划工作情况的汇报(送审稿)》《关于嘉兴市消防支队训练基地建设工程项目有关情况的汇报》《关于崇福老市河实施交通管制的情况汇报》《桐乡市市区零星建筑垃圾分类处置及再生利用试点实施方案(送审稿)》《桐乡市市区生活垃圾分类处置试点工作实施方案(送审稿)》《关于丁家桥港整治方案的情况汇报》《关于进一步加强我市动物卫生监督机构和队伍建设的对策建议(送审稿)》《桐乡市职工基本医疗保险暂行办法(送审稿)》《桐乡市地名管理办法(送审稿)》《关于桐乡市2014年财政预算执行情况和2015年财政预算的报告》《2014年财政运行及2015年财政预算安排情况的汇报》《关于2000万元以上政府投资项目2014年执行情况及2015年计划草案的报告》《关于桐乡市2014年国民经济和社会发展计划执行情况及2015年国民经济和社会发展计划草案的报告(送审稿)》《2015年政府工作报告(送审稿)》《2015年政府惠民实事工程备选项目(送审稿)》。会议对部分市政府领导分工作调整。

(陈海林)

【“12345”市长电话】 2014年,市长电话受理中心受理市民诉求1.76万件,比上年增长1.5%。其中交承办单位处理6931件,占39.3%;受理中心直接答复1.07万件,占60.7%。在受理诉求中,桐乡市长电话1.54万件,增长4.5%,平均每个工作日61.3件;市长信箱收到市民邮件1724件,增长4.3%;承办嘉兴市长电话375件,增长28.9%;短信受理103件。网络单位按时办结率99.9%,反馈率99.8%,满意率98.5%,问题解决率97.2%。市长电话履行为民服务,为民解忧工作职能,把保障民生作为一切工作的出发点和落脚点。顺应移动互联网发展趋势，开通市长信箱微平台，畅通民生诉求渠道，整合市长电话、市长信箱、行风热线、短信受理、微信平台等资源，形成综合诉求平台。及时提供社情民意，为领导研究解决民生问题、化解社会矛盾提供知情权、主动权。全年编发《今日要情》250期、《市长电话专刊》8期、《市领导呈报表》5期，获领导批示247件次。做好“市长电话第十二轮领导值班”及“行风热线”工作，全年12名市政府领导、25名部门主要负责人参加市长电话接话日，现场接听群众来电，现场批示办公。紧抓交办、催办、督办、回访四个环节，紧扣维稳重点，着力做好化解矛盾、维护社会稳定工作。加强效能监督，全年受理效能建设相关投诉319件次，推动作风转变。市长电话与新闻媒体密切配合，共同关注和解决群众关心的社会热点和难点问题。与《今日桐乡》报社建立长期合作关系，共同打造民生栏目。

（王　蕾）

办公室工作

【概况】 2014年，市政府办围绕全市中心工作，履行各项职责，当好参谋助手，确保各项工作保质保量完成。

强化统筹协调，发挥办公室统筹协调作用。加大对全市中心工作协调力度。组织召开各类协调会议，助力产业转型升级、“五水共治”、旧城改造、互联网大会筹备等工作扎实推进。抓好领导批示办理，注重完善工作方法，落实专人负责登记、交办、跟踪、催办、督办，确保办理质量。全年交办市政府领导批示102件，勤政周记处理单946件，承办嘉兴市级以上领导批示170件。抓好建议提案办理工作。年内，全市政府系统承办党代表提案、人大代表建议和政协委员提案525件，占全市“三会”建议、提案总数的93.9%。

提升公文质量，精简各类文件。规范行文程序，完善发文审批制度，控制发文数量。全年印发各类文件430件，比上年下降26.6%。按照整治“文山会海”问题集中行动要求，会同市委办建立会议、发文情况通报制度，对印发文件进行月度通报。提高办文效率，全年签收处理各类公文2500余件，承办请示、报告500余件。提升文稿质量，梳理归纳各类信息，为领导决策提供参考。全年编发《每日要讯》251期，《工作交流》15期。上报信息被国办录用4条、省政府办录用45条，获省政府领导批示4条、嘉兴市政府领导批示57条，信息工作考核在嘉兴各县（市、区）中名列第一。

推进法治政府建设，建立健全政府法律顾问团制度，发挥法制办参谋助手作用，协助市政府处理好旧城改建、非法托幼机构专项整治、海盛建材关停等重大事项的涉法事务。执行规范性文件“三统一”制度，做好文件的合法性审查、编号、备案工作，全年审查规范性文件45件。探索现场执法跟踪检查机制，提高全市依法行政水平。为推进行政审批制度改革，落实政府权力清单制度提供有效法律服务。

深化政务信息公开，加快行政权力公开平台建设，完成政府网站和信息公开平台升级改造，推进政务服务“一张网”建设。政务服务网上线以来，全市通过政务服务网公布行政权力事项670项，公共服务事项1830项，加载信息5850余条。加大信息公开力度，年内，政府办公开政府信息241条。政府受理信息公开申请12件，均按时办结。发挥《桐乡政报》宣传作用。编发《桐乡政报》5期，发行3700余份。

加强对外交往、交流的管理和服务工作，强化因公出国（境）管理，从严控制境外培训团组、无实质性内容团组和国际会议，全年申报因公出国（境）团组13批30人次，其中列入计划管理党政干部24人次，比上年下降53.8%；申报因公赴台团组7批40人次，其中列入计划管理党政干部26人次，比上年下降33.5%。推动对外友好交往，与法国黎塞留开展友好互访，在乌镇举办黎塞留展览，就教育、旅游等事宜达成合作意向。

提高金融服务水平，推动企业对接多层次资本市场。成立浙江股权交易中心桐乡营运中心，推进企业股改上市工作，协助做好中国玻纤总部落户桐乡及新澳纺织上市工作。鼓励企业运用债务融资工具开展直接融资，全年发行直接融资11笔，募集资金38.1亿元。推动金融改革创新，推行“幸福新桐乡”农民普惠理财计划，首期试点工作签约1.71万人。设立民间融资服务中心，营造良好金融秩序。推进普惠金融工程，实施中小微企业贷款支持计划。防范化解金融风险，落实工业企业应急转贷资金，做好小贷公司监管工作，搭建金融机构与司法部门沟通桥梁，协调企业金融风险。提高金融服务实体经济水平，出台相关政策，引进新型金融机构，完善组织体系与金融服务，支持地方经济发展。

继续做好市长电话服务工作，建立健全社会应急联动平台，制定完善应急预案，强化科技、财政保障，提高应急处置能力，推进应急管理工作。

做好会务和接待工作。建立会议审批制度，严格会前审查，尽量少开会、开短会，提高会议效率。开发市级会议预登记系统，建立高效的会议协调机制。2014 年会议总数比上年下降近 40%。在政府常务会议及市长办公会议上率先启用无纸化会议系统。节俭热情做好公务接待工作，接待国内考察团 80 余批、接待外宾 130 余人次，首届世界互联网大会期间，配合国家网信办、省政府做好各项会务工作，向世界推介桐乡和乌镇。

（陆亚英）

5 月 20 日，法国黎塞留展馆在乌镇开幕　　市政府办提供

外事工作

【概况】 2014 年，桐乡市切实规范因公出国(境)管理，严格审核程序，办理因公出国(境)团组 20 批 70 人次，与上年相比，全市因公出国(境)人次大幅下降。接待各类外宾 130 人次，包括以柬埔寨人民党中央外委会副主席兼国会外交委员会副主席索斯亚拉为团长的柬埔寨人民党高级干部考察团、日本全国市长会事务局、捷克皮尔森州副州长、南非驻沪总领事、韩国驻沪总领事、东盟国家主要新闻网站负责人等重要团组。5 月 20 日，法国黎塞留展馆开幕式在乌镇西栅景区原世博馆举行，桐乡市有关领导、黎塞留市市长诺维利、各新闻媒体等出席开幕式。诺维利提出除与乌镇旅游合作外，扩展到与桐乡市加大多领域合作建议，双方就旅游深度合作、现代农业产业合作、教育和教学交流等事项进行磋商，12 月，桐乡市代表团赴黎塞留访问，先后拜访法国图尔大学，黎塞留市中学、小学，以及黎塞留市 3 个企业，访问团代表浙江传媒学院与图尔大学签订合作框架协议。桐乡市 3 所中小学与黎塞留市两所中小学签订建立友好学校合作备忘录，双方建立为期五年的交流与合作关系。11 月 19～21 日，首届世界互联网大会在乌镇召开，外事办做好配合工作，完成相关外事工作。

【与普洛斯集团签订投资协议】 11 月 23～27 日，市委常委、崇福镇党委书记徐鸣阳带队赴新加坡进行为期 5 天的项目签约和经贸交流考察活动。代表团参加第十届浙新经贸理事会各项议程。作为第十届浙新经贸理事会活动中重大项目浙江省方面签约的代表之一，在省委书记夏宝龙和新加坡总理公署部长兼环境及水源部第二部长、外交部第二部长、新加坡—浙江经济与贸易理事会联合主席傅海燕共同见证下，徐鸣阳与普洛斯(中国)投资管理有限公司副总裁张利平上台签约，标志着普洛斯(崇福)物流园项目进入实质性推进阶段。代表团还与新加坡政府及企业界人士举行座谈会，参观普洛斯公司总部，并和中国区业务主要负责人进行洽谈交流。活动期间考察团拜访新加坡中华总商会、新加坡国际企业发展局、新加坡公用事业发展局、新加坡国

11月24日，崇福镇与新加坡普洛斯集团签订投资协议

市政府办提供

立大学医学院有关负责人，进行加强合作交流沟通。

【与美国、加拿大教育交流合作】 12月20～27日，桐乡市教育访问团一行6人在副市长费玉林带领下，赴美国和加拿大进行教育访问，签订友好姐妹学校和合作交流协议。代表团走访美国落基山学院、北卡州东北学校和加拿大菲尔斯顿学校，桐乡市茅盾实验小学与北卡州东北学校签署姐妹学校的协议，现代实验学校、茅盾中学和北卡州东北学校签署合作办学协议，现代实验学校、茅盾中学和加拿大菲尔斯顿国王学院结为友好学校。

【日本静冈农业调查团到桐乡考察】 3月6日，以栗冈隆为团长的日本静冈农业调查团7名农业专家专程到桐乡市考察杭白菊有关生产加工情况。参观桐乡衡明菊业有限公司同心杭白菊示范基地，听取杭白菊生长习性及主要栽培技术等情况介绍，参观桐乡市土特产有限公司杭白菊生产加工车间，考察杭白菊生产加工等有关流程，双方就杭白菊生长环境、病虫害防治、合作社规范化种植和政府扶持政策等方面进行交流。

【柬埔寨人民党高级干部团到桐乡访问】 3月29日，以柬埔寨人民党中央外委会副主席兼国会外交委员会副主席索斯亚拉为团长的柬埔寨人民党高级干部考察团一行19人，在中联部、省外办有关领导陪同下访问桐乡。代表团考察桐昆集团，参观生产车间、企业陈列室，并与企业负责人就贸易与投资等问题开展交流，建立联系渠道。市委常委、常务副市长吴炳泉会见代表团。

（沈　伟）

台务工作

【概况】 2014年，桐乡市台界人士担任嘉兴市人大代表1人，政协委员2人，桐乡市人大代表1人，政协委员9人。全年组织赴台交流项目5个45名。市委副书记、市长盛勇军在2月率市经贸团赴台考察，带领4家企业赴台进行商务活动，3名学生赴台交流。组织5次台资企业协会会员例会，邀请有关部门作政策、法规讲座和咨询服务。开展相关法律法规宣传，依法保护台胞合法权益，全年受理台胞台属来信来访41人次(件)。帮助6名台属办理赴台探亲手续，接待台胞210人次。举办台胞台属联谊活动2次，召开台属座谈会36人次，走访台属及台属所在企事业单位40余次。台联界人士积极参政议政、建言献策，在桐乡市政协八届三次会议期间递交提案4件、建议6件。做好涉台调研信息工作，年内向上级台办系统等报送各类信息24篇，获浙江省台办2014《浙江对台工作》最佳用稿单位荣誉。调研课题《关于加强桐台农业交流合作的思考》结题，被省台办列为重点课题；承担市重点课题《加强桐台交流合作，把桐乡打造成为台商旅游创业的家园》的调研任务。开展桐台两地交流联谊，全年向台胞寄发贺信、贺卡、宣传资料和赠送桐乡土特产口等500多封(份)，与在台桐乡籍台胞通信、通电12件(次)，传递家乡信息，开展联络问候。做好台湾上层人士及台胞到桐乡的接待工作，接待台湾中国国民党副主席、嘉义市市长黄敏惠，台湾宜兰县议员林棋山，海协会原会长陈云林、长三角地区城市台商协会会长等。组织第四届两岸邻里节桐乡站活动，邀请台湾南投县鹿谷乡21名基层民众到桐乡访问，并与龙翔街道元丰村签订友好合作意向书。加强与在台桐乡籍配偶的联络工作，邀请2对桐乡籍大陆新娘夫妇到桐乡参加“涉台婚姻配偶故乡行”活动。加强与桐乡市在台大陆学生联系，建立QQ群，8月中旬，召开桐乡籍大陆学生座谈会。年内在全市范围开展定居台湾省籍同胞普查工作，掌握相关情况。5月，组织台胞台属、在桐台商赴嘉兴参加“海峡两岸同胞裹粽子交流联谊活动”。6月，组织台联界政协委员、理事、在桐居留台胞、台属代表，赴嘉兴参加“台湾政治与两岸关系发展的基本态势”专题讲座。9月，组织在桐台商和摄影协会理事，参加政协嘉兴市委员会主办的“跨越海峡——第二届嘉兴·台湾摄影交流展作品集”活动，桐乡市“乌镇雪韵”等4幅作品入选作品集。9月，与市商务局配合，在广东佛山举办广东·桐乡产业对接会。10月，邀请台湾青商总会、台湾贸易中心等32名台商到桐，举办桐乡产业推介会，并与桐乡经济开发区达成食品项目投资意向书。建立台资企业数据库，全市有台资企业79家，总投资1.21亿美元。同月，台北桐乡旅台同乡联谊会总干事、桐乡籍台胞陈秉铖病故，根据生前遗愿，遗体捐献给嘉兴医学院作医学研究。12月，推荐桐乡市出席嘉兴市第六次台胞台属代表大会代表15名赴嘉兴参加会议，桐乡市台胞台属联谊会会长吴晓平当选嘉兴市第六届台胞台属联谊会副会长。台联界顾仰声、杨汉荣、胡敏等3人捐资助学，资助3名大陆贫困学生就读大学。举办2014台商中秋联谊会，120多名在桐乡台商及眷属参加。

【“海峡两岸书画家江南名镇采风行交流活动”团一行到桐】 4月19日，海峡两岸关系协会原会长、现海峡两岸关系协会顾问、海峡两岸关系协会书画交流分会理事长陈云林为团长的“海峡两岸书画家江南名镇采风行交流活动”团一行35人，到桐乡乌镇进行采风活动。“海峡两岸书画家江南名镇采风行交流活动”团成员由海峡两岸的书画名家、从事书画艺术研究的专家及领导组成。成员们参观乌镇东栅、西栅景区，乌镇的水乡风貌、人文历史、生活方式吸引了海峡两岸的书画名家，几位画家当场作画，一抒胸怀。桐乡市台办举行招待酒会，酒会由嘉兴市台办主任张彤芳主持，市委书记卢跃东致欢迎词，表示桐乡市将借着被列为全国旅游改革试点县东风，着力引入台湾先进农业生产技术及经营管理模式，发展庄园经济和休闲观光农业，朝着努力打造“中国旅游第一大县”目标迈进。海峡两岸关系协会原副会长、书画交流分会副理事长李炳才代表“海峡两岸书画家江南名镇采风行交流活动”团来宾讲话，表示乌镇的水乡风貌深深打动众位书画家并留下深刻印象，希望台湾书画家回到台湾后在岛内宣传桐乡、宣传乌镇，为提升乌镇知名度，助推桐乡旅游业出力。省台办副主任张正镛，嘉兴市政府副市长盛全生，桐乡市委常委、统战部部长潘家春等陪同采风。

（严伟明）

侨务工作

【概况】 2014年，市侨办加强与海外华侨华人、留学人员和港澳同胞的联络联谊，发挥侨联、留学人员家属联谊会、归国留学人员俱乐部作用，凝聚侨心、汇集侨智、发挥侨力、维护侨益。邀请由意大利侨领吴青阳带领的意大利顶级时尚服装品牌设计师中国访问团一行访问桐乡，与企业开展对接交流活动。接待澳大利亚侨商陈东君，美国哥伦比亚芝加哥学院人文科学教授叶陆鹰，美国北卡罗来纳州立大学终身教授朱幼兰，香港桐乡同乡会名誉会长甘成，美国标准普尔公司高管陆钧祥，澳籍华人知名画家姚迪雄，新加坡国立大学医学教授沈汉明，澳门皇都酒店董事长王孝行，浙江省政协常委、澳门苏浙沪同乡会副理事长王孝仁等。同时，先后接待海外华校校董、法国华人经贸协会、澳大利亚教育团组、香港工商界人士，海峡两岸及香港、澳门南宋货币学术研究专家、浙江省外浙籍侨联之友联谊会成员等团组，促进两岸在教育、经贸、学术、文化等方面合作交流。11月，市委常委、统战部部长潘家春率团赴香港举办香港桐乡同乡会联谊活动，调整充实香港桐乡会同乡分会理事班子。接待海外华侨、华人、港澳同胞17批次，115人。走访慰问归侨侨眷46户，处理侨务信访8件。完成全市基本侨情调查工作。年内，组织人员参加省侨联组织的侨界最美演讲比赛，获优秀奖。市侨办组织归国留学人员开展交流互动活动，组织侨界人士考察调研浙商回归重点项目及桐乡市新建科创园区。6月，市侨办组织健康知识讲座4场，分别选择在归侨侨眷、港澳同胞眷属、归国留学人员、海外留学人员眷属相对集中的梧桐街道的4个社区举行。

【对接时尚、文化产业】 5月，由市侨办牵线，濮院镇党委与代表意大利设计师团队的浙江欧伟时尚设计创意有限公司执行董事、意大利侨商吴青阳，共同签署扶持濮院毛衫设计师成长计划框架协议，将时尚前沿的资讯引入濮院，开阔本土设计师的视野，提高濮院毛衫设计师的整体素质，加快濮院毛衫与国际接轨步伐。9月，在濮院镇举办意大利设计师主讲的首期高级服装设计师培训班，邀请原范思哲总设计师莫拉罗·吉恩·彼亚特罗为全市40多名毛衫、皮草企业的设计师(企业主)参加培训。年内，牵线桐乡市旅居日本的全日本华人书法家协会主席晋鸥，在桐乡筹建以晋鸥名字命名的艺术馆，加强中日文化交流，提升桐乡本土文化艺术水平。

【协助做好招商引智工作】 2014年，市侨办会同市科技局、人才办，做好海内外人才引进工作。5月，接待美国北卡州立大学博士徐矗、上海岩芯电子科技有限公司总经理黄建明、苏州东安新高能源科技有限公司总经理彭惠新、上海轩浦净化科技有限公司总经理袁东日等一批海内外高层次人才，就项目落地进行洽谈。6月，会同人才办、科技局赴武汉参加国家侨办与湖北省外侨办联合举办的“华创会”，与海外侨商、国家“千人计划”人才联系，开展海外高层次人才引进工作。配合市商务局推荐4名海外招商大使。引荐澳大利亚侨商陈东君、美国标准普尔公司Crisil全球企业及银行资讯公司北美地区执行董事陆钧祥与商务局进行会谈，并推荐陆钧祥申报国家“千人计划”。分别与旅美华侨华美银行分行经理杨霞，德国西门子总公司能源管理集团智能电网解决方案全球产品管理部副总监、项目部主任工程师居凯商谈招商引智工作。

9月，桐乡市首期高级服装设计师培训班开班　　市委统战部提供

【成立“梧桐侨心苑”】 10月，在梧桐街道试点成立“梧桐侨心苑”，打通服务侨眷“最后一公里”。“侨心苑”导入菜单式教育模式，将服务引入课堂和各类活动载体，根据涉侨人员需求推出侨务政策、实用英语、出国咨询等课程，结合小班化教学和大范围服务，建立上传下达以及侨眷之间沟通、交流平台，举办6期英语轻松小课堂。借助“侨心苑”建立“微信侨”公众微信平台，通过平台发布相关活动事项及提供咨询服务，搭建各侨眷之间相互交流载体。

【完成基本侨情调查】 参见《党政·统战工作》中相关条目。

（范　瑜）

档案工作

【概况】 2014年，桐乡市机关部门、镇(街道)档案从业人员100人，其中专职档案人员37人，占36.3%；室藏档案236.52万卷(件、张、盒)比上年增长20.5%。全市机关、镇(街道)利用档案1.9万人次，提供档案资料3.28万卷(册)次；形成2013年度文书档案6.7万卷(件)，其中市级机关5.5万件，镇(街道)1.2万件。市档案馆全年依法接收计生、教育等各类档案0.18万卷、1.8万件。至年底，馆藏档案186个全宗、25.66万卷(件)，其中寄存档案

9.2 万卷(件)。市档案馆接待查档利用 3103 人次,9483 卷(册)次、93 件次,复制档案资料 1.53 万页,提供档案证明 1556 份。

强化档案登记备份工作。市档案局与市重点建设办公室联合转发《浙江省重点建设项目档案登记备份管理办法》,强化桐乡市级及以上重点建设项目档案登记备份工作,登记备份污水处理收集系统及尾水外排工程、桐乡二中迁建工程等 8 个重点建设项目。备份数据总量 51.9GB。全市 119 家部门(单位)实施档案数据登记备份,备份数据 993.57GB。对城建档案馆、住房公积金中心等 14 家涉民单位电子业务数据实行定期备份,备份数据 1.6TB。通过服务外包方式加大馆藏档案数字化加工进度。完成数字化案卷 3.41 万卷,输入目录 64 万条,扫描全文 303 万页。

深化档案文化建设。2014 年征集到各类名人档案、资料 450 件,其中,从乌镇植材小学征集到茅盾回忆手稿 8 页,从著名作家夏衍的儿子沈旦华处征集到夏衍与茅盾出访时珍贵照片 5 张。同时,征集到各类照片 1861 张。市档案局与市总工会联合开展向社会征集全市省级以上(含省级)劳动模范档案资料活动,征集到 3 个镇(部门)移交 8 位劳模档案 20 件。编撰出版《古陶文书法》一辑,与政协文史委合作出版《桐乡古桥》。乡村文化资源得到深入挖掘,屠甸镇汇丰村、龙翔街道元丰村被省档案局列入第二批乡村记忆示范基地。

夯实档案业务基础,推进机关数字档案室创建。全市创建 49 家单位数字档案室,其中省级示范数字档案室 7 家、嘉兴市规范化数字档案室 39 家、桐乡市级数字档案室 3 家。组织 9 家建档单位通过目标管理认定工作。强化村、社区档案指导工作。坚持以镇(街道)为单位,采取时间、人员、档案“三集中”方式开展村、社区档案集中整理活动。全市各村年度档案立卷 1.23 万件、社区档案立卷 990 卷。推进企业档案规范化建设,举办企业档案培训班 2 期,引导企业规范建档。至年底,全市有企业档案目标管理达国家级 2 家,省部级 5 家。巨石集团有限公司、桐昆集团股份有限公司和浙江华友钴业股份有限公司等 3 家民企入选全省“企业记忆之窗”示范点。

数字档案馆立项。数字档案馆项目经市发改局立项批准,总投资 930 万元,项目建设内容包括硬件平台建设、应有软件建设、馆藏档案数字化加工、数字档案馆系统等级保护测评等内容。项目计划分二期实施,到 2016 年年底建成。

【增强档案服务中心能力】 2014 年,市档案局参与全市中心工作,配合“党的群众路线教育实践活动”“三改一拆”“五水共治”等重大活动,与相关单位对接并出台《加强群众路线教育实践活动档案管理的通知》《加强“五水共治”档案管理的通知》,指导各镇(街道)开展档案资料整理归档工作。首届世界互联网大会期间,派出骨干力量全程参与,收集各类会议档案材料,收集纸质资料 1094 件、照片 1.23 万张、实物 56 件、光盘 17 张、视频时长 2659 分钟。首届世界互联网大会组委会档案工作得到国家网信办领导肯定。参与全市政府投资项目竣工验收工作,出台《关于开展政府投资项目档案专项验收工作方案》和《桐乡市政府投资项目档案管理和验收办法》。完成 150 个政府投资项目档案专项验收任务和 8 个重点建设项目的指导和档案专项验收工作。

【优化档案服务窗口建设】 2014 年,市档案局结合党的群众路线教育实践活动和档案系统“比实干、比服务”主题实践活动,实施“全员查档接待轮岗制”“查档预约服务”等多项创新机制,打通联系服务群众“最后一公里”。4 月,召开以“破解群众查档难”专项服务为主要内容的“正风为民”新闻发布会,向全市发布“破解群众查档难”服务内容。窗口服务工作得到社会各界和群众肯定。

【完善两大档案信息查询平台】 2014 年,市档案局完善和维护好农村档案信息资源共享平台系统建设。实现全市 12 个镇(街道)、2 个管委会、176 个村和 33 个社区全覆盖,所有档案条目进平台,其中 33 个村率先达到全文数字档案进平台,为实现市、镇、村对农村档案信息资源三级共建和共享打下基础。同时,做好与嘉兴市民生档案查询对接工作,在全市设立 224 个民生档案远程利用服务点,新增民生档案 8 种。至年底,远程利用平台查询内容包括婚姻登记、二胎生育审批等 12 种以上,实现民生档案“就近查询、跨馆出证”目标。

(沈　琳)

史志工作

【概况】 2014年，市委党史研究室、市地方志办公室推进二轮修志、党史征编、年鉴编纂、组织史编写和史志宣教等各项工作。为确保《桐乡市志（1991～2010）》编纂工作进展顺利，加强修志力量配备，组织召开业务培训会，多次开展志稿讲评，加强对志稿的阅改和业务研讨交流，加大对落后部门督促指导。至年底，基本完成《桐乡市志（1991～2010）》主体部分总纂稿。为弘扬桐乡历史文化传统，记录、保存具有地域特色的《桐乡方言志》10月由方志出版社出版；完成《中国史话》之《桐乡史话》编印工作。加强对专业志、部门志的指导，《桐乡市旅游志》《桐乡市人大志》《桐乡卫生志》相继出版，《福严寺志》《新联村志》启动编修。完成《桐乡市特色产业发展专题集》编辑校对工作和《桐乡党史人物》系列丛书编印工作。出版《中国共产党浙江省桐乡市2012～2013年组织史资料》，在编纂过程中，除纸质档案外，电子文档内领导人名录与电子文件一一链接，形成电子文档查阅系统。调整组织史第七卷基础框架。编纂出版《桐乡年鉴（2014）》。做好《嘉兴年鉴（2014）》《浙江地方志年鉴（2014）》桐乡部分撰稿任务。

【《桐乡方言志》出版】 桐乡市地方志办公室编辑的《桐乡方言志》由方志出版社出版，主编姚建明。10月，在市图书馆举办赠书仪式，并由市新华书店向社会发售。《桐乡方言志》分语音、词汇、语法、内部差异与标音材料四大编，前有绪言，版面文字计75.9万字，是桐乡市第一部系统记录和研究桐乡方言的志书，客观地反映桐乡方言。编修工作坚持科学性与资料性相统一、学术性与普及性相统一、历时性与共时性相结合的编写方针，坚持以“记录语言事实为主”原则，志书体例的专业性与语言学的专业性融为一体。在编著过程中，采集桐乡12个镇（街道）居民的录音，确保语音的原始风貌。12月，为扩大《桐乡方言志》出版影响，史志办联合新居民局、文化局等单位，举办桐乡新居民方言大赛。

【《桐乡市特色产业发展专题集》编写完成】 12月，由中共桐乡市委党史研究室编辑的《桐乡市特色产业发展专题集》编写完成，主编姚建明。全书14万字、50幅图片，编写内容以中共十一届三中全会为起点，下限至2013年年底，收录“濮院羊毛衫产业的发展与启示”“古镇保护和旅游开发的过程与启示”等14个产业典型，展现各镇、街道及振东新区、开发区的特色产业发展历程，系统总结特色产业发展的经验启示，通过编写彰显地方特色的专题，反映改革开放以来桐乡特色产业发展轨迹，总结历史发展的经验启示，为桐乡特色产业发展提供新智慧，凝聚新优势，助推全市经济社会转型发展。

【《桐乡党史人物》系列丛书出版】 12月，由中共桐乡市委党史研究室编辑的《桐乡党史人物》系列丛书出版，主编姚建明。丛书共四册，分别为《一代文豪茅盾》《革命志士沈泽民》《红军女将张琴秋》《一大卫士王会悟》。丛书收集整理桐乡四大党史人物的生平事迹、传闻轶事、历史评价、照片等资料，计40余万字。编撰工作坚持中国共产党党史研究“资政育人”宗旨，坚持实事求是，本着尊重历史原则还原历史原貌，再现这些对党和国家有过重大贡献的杰出人物，记录他们在各自岗位上为党和国家奉献的光荣事迹。

【《桐乡年鉴（2014）》出版】 11月，《桐乡年鉴（2014）》由方志出版社出版发行，《桐乡年鉴》自1998年创刊以来，连续出版17卷。该书由桐乡市委、市人民政府主办，桐乡市地方志编纂委员会编纂，主编姚建明。全书设30个栏目、218个分目，计67.7万字，大16开本，附彩色插页31页，地图2幅，穿插表格23个。前有中英文目录，后有主题索引。《桐乡年鉴（2014）》调整部分框架设置，把记载第三产业及旅游服务业的《贸易》《旅游》《市场》栏目适当提前；《国内贸易》《开放型经济》栏目合并为《贸易》；《工业》栏目新设《机械制造》《电子信息》《橡胶塑料》等分目；《旅游》栏目增设《乌镇国际旅游区》《濮院旅游经济区》分目；《综述》栏目删“菊花节”内容，增“住村服务”内容；《平台建设》栏目增设《文化创意产业园区》分目。卷首部分新闻彩页按市委提出的“五大行动计划”设工商强市，宜居水乡，人文名城，安康家园，党建高地等版块。

（计予廷）

政协桐乡市委员会

概　　述

2014年，桐乡市政协以“改革创新形合力，助推发展献智力，尽心履职增活力”为工作主线，履行政治协商、民主监督、参政议政职能，全年召开全体会议1次，常委会议4次，主席会议9次。

突出协商重点，致力科学发展。市政协召开“稳中求进，促进转型发展”为议题的常委会议，开展专题协商，提出要把握经济发展新常态、发挥国家级旅游综合改革试点县优势等建议。主席会议就金融财政工作、实体经济发展、生态农业与旅游发展进行重点协商，提出防范企业经营危机、把好企业综合绩效评估的节奏和力度、发展现代农业、建设慢生活体验区等意见，为政府决策提供参考，助推相关政策出台。围绕“四换三名”工作、适用型人才培养使用、争创建筑强市等进行专题调研，形成调研报告6篇，提出建立领导联系重点建筑企业制度、培育龙头企业等意见得到市委市政府采纳；围绕行政审批制度改革、新居民积分制优化、杨园村“三治合一”新社区管理试点工作等内容开展专题调研和视察。将《加快结构调整步伐，推动经济转型发展》等6件提案列为重点提案，由市领导领办，相关部门重点办理；首届世界互联网大会召开之际，反映《借力互联网大会、发展互联网产业》《借题发挥，打造中国会展之都》2件社情民意，市政府主要领导作出批示。《推进行政审批制度改革、切实简化政府审批流程》的团体提案和《建议桐乡市政府早日出台权力清单制度》的社情民意信息，得到市领导的重视，签批办理意见，助推桐乡市审批制度改革和权利清单制度出台。

注重监督实效，助力民生改善。市政协参与省政协“三级政协联动、万名委员同行、助推‘五水共治’”专项民主监督活动。主席会议、委员约谈会专题视察“清三河”等工作，督办《推进“五水共治”，建设宜居宜游水乡》重点提案，组织动员全体委员参与“五水共治”，27名委员担任“河长”。组织三级委员开展“守护母亲河，治水献计策”专项视察，7个政协联络处分别选择砂石场治理、养殖场转型升级、黑臭河整治等内容开展基层民主协商。主席会议就城中村改造、粮食生产与安全、公共卫生事业、交通工作等进行实地视察，开展重点协商。组织专门委员会就凤凰湖建设、地下管网建设、公共体育设施建设等内容开展专项视察；对治理大气污染的提案办理开展跟踪视察，提出改善桐乡空气质量的意见建议，助推部门工作。

发挥独特优势，协力促进和谐。建立政协主席、副主席联系民主党派、工商联、人民团体和界别制度。召开民主党派、工商联、人民团体负责人座谈会和纪念市政协成立30周年暨2014年各界人士中秋座谈会，工商联、九三学社分别在常委会议上就新生代企业家培养等内容作专题发言。关于加大对砂石料场整治、全面开展“五水共治”、关注农产品质量安全等20件党派团体提案提交市领导领办，其中2件被列为重点提案。完善提案工作机制，注重办理协商，加大督办力度，通过分类督办、

5月14日，市政协领导视察高桥镇卤水处理和河港治理情况

市政协办提供

协调联办，达到提案“提”与“办”良性互动，市政协提案委的《在提案办理的全过程创新协商机制》入选省政协工作创新案例。完善社情民意信息工作机制，畅通社情民意反映渠道，重视社情民意信息采用情况反馈，完善社情民意信息工作机制，提高社情民意数量和质量。反映社情民意信息 178 件，专报市领导 58 件，上报嘉兴市政协 56 件，其中 29 件得到桐乡市领导批示，10 件被省政协、嘉兴市政协采用。牵头人文名城建设，组织和参与第三届“徐肖冰杯”全国摄影大展、“子恺杯”第十届中国漫画大展以及吴蓬艺术院筹建等工作，对民办博物馆建设开展调研，提出意见建议。编纂出版《桐乡市政协志》、第三十三辑文史资料《桐乡古桥》。

践行群众路线，提升履职能力。市政协党组和政协机关党组，深入开展党的群众路线教育实践活动，开展理论知识大学习、专项主题大讨论、联系群众大走访，征集问题建议 42 条 415 条次，按照整风精神开展对照检查、批评与自我批评，制定完善规章制度 12 项，用制度成果保障转变作风的成效。协助市委召开全市政协工作会议，学习贯彻总书记习近平在庆祝中国人民政治协商会议成立 65 周年大会上的讲话精神，推进《中共桐乡市委关于进一步加强和改进新形势下人民政协工作的意见》文件精神贯彻落实。开展“接地气、增底气、扬正气”主题实践活动，走村入户访企联项目。发挥各界别委员的特长优势，开展送文化、送教育、送法律等活动 35 场次，举办政协女委员健康知识讲座，组织三级政协委员和机关干部开展植树造林，为“五水共治”捐款 1346 万元。改版桐乡政协网，30 多篇履职报道在《人民政协报》等全国、省级媒体上刊出，多篇理论研讨文章在省政协获奖。

重要会议

【市八届政协第三次会议】 1 月 6～9 日，政协第八届桐乡市委员会第三次会议举行。会议审议市政协副主席周民代表常委会作的《政协第八届桐乡市委员会常务委员会工作报告》，市政协副主席顾根梁代表常委会作的《政协第八届桐乡市委员会常务委员会关于八届二次会议以来提案工作情况的报告》。与会人员列席市十五届人大三次会议，听取并讨论《政府工作报告》和其他报告。大会收到以提案形式提出的意见建议 314 件，经提案委员会审查，271 件立为提案，43 件作来信处理。会议期间，卜掌浩等 5 名委员分别代表经科委、农业界和石门镇联络处、文教卫委、社法三胞委、民建桐乡总支作大会发言。大会审议通过《政协第八届桐乡市委员会第三次会议决议》《政协第八届桐乡市委员会第三次会议提案委员会关于提案审查情况的报告》。

【市八届政协第十二次至十五次常委会议】 1 月 8 日，市八届政协举行第十二次常委会议。会议审议市八届政协三次会议决议（草案）和人事事项。

5 月 27 日，市八届政协举行第十三次常委会议，协商讨论“稳中求进，促进转型发展”和有关人事事项。会议听取常务副市长吴炳泉关于全市实体经济发展及重点工程进展情况的通报，市政协经科委、文教卫委、社法三胞委和市工商联分别作专题发言，会议审议通过《关于同意沈富春同志辞去市八届政协委员的决定》《关于增补钱建良等同志为市八届政协委员的决定》《关于给予唐晓东同志警告处分的决定》。会议通报市政协党组党的群众路线教育实践活动对照检查情况，征求市政协党组“四风”方面存在突出问题及意见建议，并对“接地气、增底气、扬正气”主题实践活动再作动员部署。

7 月 31 日，市八届政协举行第十四次常委会议，协商讨论全市经济发展情况。会议听取市长盛勇军关于全市上半年经济发展情况和下阶段工作重点的通报，与会人员围绕议题开展协商讨论，提出意见建议。会议传达学习省政协主席读书会精神，通报市政协党组专题民主生活会情况，审议通过《关于同意金建荣同志辞去市八届政协委员、常委职务的决定》《关于金建荣同志免职的决定》。

9 月 28 日，市八届政协举行第十五次常委会议，重点协商讨论“‘三治合一’强管理，关注民生促和谐”议题。会议听取常务副市长吴炳泉关于 2014 年度政府惠民实事工程进展和市八届政协三次会议以来提案办理情况通报。市政协提案委、经科委、文教卫委、社法三胞委和市九三学社分别作专题发言。与会人员围绕议题展开协商讨论。会议公示市政协党组党的群众路线教育实践活动整改方案。

【全市政协工作会议】 12月2日，中共桐乡市委召开全市政协工作会议，学习贯彻总书记习近平在庆祝人民政协成立65周年大会上讲话以及上级有关会议精神，研究部署新时期政协工作。市委书记卢跃东出席会议并讲话，市委副书记、市长盛勇军主持会议，市政协主席池晓明作具体部署，市领导张林洪、蒋惠玲、吴炳泉、潘家春、费玉林、周民、陈英、孙晓东、顾根梁、李云飞、陈炳荣等出席会议。

重要活动

【提案工作】 2014年，市八届政协三次会议后，政协委员、各参加单位等以提案形式提出意见建议316件。经审查，立案274件，其中各民主党派、工商联、人民团体、界别、专委会、联络处（组）集体提案42件，委员个人和联名提案232件，有208名委员参与提出提案，委员参与率80%。提案分别送交53家承办单位办理，全部办复。从收到反馈情况看，委员对办理结果满意和基本满意率为100%。提案涉及领域广泛，反映情况真实，研究分析深入，所提建议有针对性和可操作性。经过办理，为推动桐乡市经济、政治、文化、社会和生态文明建设发挥作用。常委会完善提案工作机制，注重办理协商，加大督办力度，通过分类督办、协调联办，达到提案"提"与"办"的良性互动，《在提案办理的全过程创新协商机制》入选《省政协工作创新案例》。

【"接地气、增底气、扬正气"主题实践活动】 2014年，市政协开展"接地气、增底气、扬正气"主题实践活动。政协委员和机关干部结对联系村、困难户，参与点亮微心愿活动，走访联系村、社区、企业，组织政协机关、政协委员参加"清三河"义务劳动，政协委员和政协工作者为"五水共治"捐款1346万元；组织政协常委、省、嘉兴政协委员以及政协机关人员到石门镇开展植树活动，助推"森林桐乡"建设。举办女政协委员"流年锁韵、青春长驻"健康知识讲座。各委处组、界别根据自身特点，发挥自身优势，议政建言，开展"五下乡"活动35场次，发放各类宣传读本、资料5000多份（册）。

【开展专项民主监督活动】 2014年，市政协根据省政协"三级政协联动、万名委员同行、助推五水共治"专项民主监督工作部署，发动全市各政协组织和全体政协委员，发挥上下齐动，协同作战作用。组织三级委员开展"守护母亲河，治水献计策"专项视察活动，为运河水环境治理和沿岸砂石料加工场整治寻找对策。将4件涉及水环境治理提案合并为一项重点提案，以主席会议名义专题督办。召开委员约谈会，收集委员们在调研、视察和监督中发现的问题。针对突出问题和实际困难，深入调研，及时向相关部门和所在镇（街道）提出具有针对性和可操作性的对策建议。市政协班子成员履行"河长"的治理监督职责，深入联系镇（街道）指导和协调"五水共治"民主监督工作。活动开展以来，开展各类视察与调研242次，实地查看村176个次，河道211条次。

【《桐乡市政协志》出版】 11月，桐乡历史上第一部综合性著述政协历史专志——《桐乡市政协志》由政协桐乡市委员会编纂委员会编纂，中国文史出版社出版，主编陈英。该志收录1983年5月至2012年2月，桐乡市政协的发展历程，是一部集资料性、科学性为一体的珍贵史籍，翔实记载桐乡市政协所做的主要工作和获取的基本经验，客观反映历届政协在各个时期围绕中心、服务大局、履行职能的生动实践，展现广大政协委员参政议政、建言献策、建功立业的风采。这部专志最大的特点就是把政协建言献策和党政重视人民政协工作的内容写了进去，这是其他地方政协志中没有涉及的。全书计95万字。

【第三十三辑文史资料出版】 12月，第三十三辑文史资料《桐乡古桥》由中国文史出版社出版，该书由桐乡市政协文教卫体与文史资料委员会、桐乡市档案局共同编纂。本书内容以原桐乡县农业机械水利局1982年桥梁普查资料以及桐乡市博物馆馆藏资料为基础，根据资料记载，民国以前桐乡境内有古桥1807座。全书分《名桥风姿》《古桥遗韵》《附录》三部分。重点介绍227座古桥，28万字，收录照片432幅。

（邱 亚）

民主党派和人民团体

民主党派

【概况】 2014年,全市各民主党派在中共桐乡市委领导下,充分发挥民主党派参政议政和民主监督作用。进一步推进桐乡市多党合作制度化、规范化、程序化建设。全年参加市委、市政府重要会议、重大活动13次,通报会、座谈会、协商会6次,提出建议100多条。在市政协八届三次会议期间,各民主党派递交提案125件,其中11件提案被评为重点提案和优秀提案;在市人大十五届三次会议期间,提交人大议案5件。市委、市政府各有关职能部门聘请26名民主党派成员担任特约审计员、纪检监察员、教育督导员、交通执法监察员、干部教育监督员、行风评议员和人民监督员,被聘请成员认真履行职责,积极监督。6个民主党派组织与12个政府职能部门开展对口联系,联系活动正常,相互交流工作,征求意见建议,积极建言献策。根据各民主党派的意见和建议编辑《党派建言》三期,送市委、市政府主要领导参阅,为党委、政府科学决策提供依据,其中民盟的《重视我市土地流转与稳定粮食生产关系的问题》受到市领导高度关注,市长盛勇军专门作重要批示。

全市有民主党派总支(基层委员会)6个。2014年吸收新成员13名,至年底有成员344名。其中:中国国民党革命委员会桐乡市总支有党员35名,中国民主同盟桐乡市基层委员会有盟员64名,中国民主建国会桐乡市总支有会员59名,中国民主促进会桐乡市总支有会员58名,中国农工民主党桐乡市总支有党员69名,九三学社桐乡市基层委员会有社员59名。民主党派担任浙江省十一届政协委员1名、嘉兴市七届政协委员12名、嘉兴市人大代表5名。桐乡市八届政协委员65名(其中2名为传媒学院民盟支部盟员),其中政协常委10名,市十五届人大代表2名。担任人大常委会副主任1名,担任正科(局)级领导2名,担任副科(局)领导干部7名。民盟桐乡市基层委员会被民盟中央评为"先进基层组织",民进桐乡市总支被民进浙江省委会评为"优秀基层组织"。民主党派成员被评为基层先进工作者32名,系统先进工作者21名,桐乡市级先进个人15名,嘉兴市级以上先进个人14名。民盟盟员曾正君被民盟浙江省委会评为优秀盟员。民进会员施如玉获"民进全国组织建设工作先进个人"称号。

各民主党派注重自身建设。坚持以思想建设为核心,组织建设为基础,制度建设为保障,以领导班子建设为重点,不断提高全体成员和领导班子的整体素质。各民主党派认真组织学习中共十八大、十八届三中、四中全会以及总书记习近平中共十八大以来系列重要讲话精神,深入开展坚持和发展中国特色社会主义学习实践活动,进一步加强政治思想建设。

各民主党派热心为社会服务。发挥民主党派自身优势,参与经济建设和社会服务,继续组织开展以"服务企业、服务基层"为主要内容的"双服务"活动。以民进桐乡市总支会员为主体的"同心·法律服务团",开展形式多样的法制宣传教育活动。共接受群众法律咨询470多次,免费提供法律援助11人次,走访企业193家次;以民建桐乡总支成员为主体的"同心·经济服务团",义务解答各类经济咨询1000多次,开展财经法律法规辅导培训15次,帮助企业规范建账30多家,办理个转企45户的工商登记,指导企业成功转换小会计准则500多家,发放宣传手册1000多份、资料4000多份;以九三学社桐乡基层委员会社员为主体的“同心·农业服务团”，举办大型惠农活动14次，受益农民1100多人；以农工民主党桐乡市总支党员为主体的“同心·医疗服务团”，为1000多名患者提供医疗服务，培训医务人员近200人次；以民盟桐乡市基层委员会盟员为主体的“同心·教育服务团”，把新居民学校作为重点服务对象，组织开展师徒结对，送教进校等活动51次，受益的学生及家长7000多人次；以民革桐乡总支成员为主体的“同心·文体服务团”，举办各类文体活动19次，接受服务的群众达到2400多人次。

【调研献策】 2014年，各民主党派广泛开展调查研究，通过各种渠道向市委、市政府有关部门反映社情民意，建言献策。向市委、市政府提交调查报告8篇，如民革桐乡市总支撰写的《桐乡个体经营户调查报告》，民盟桐乡市基层委员会撰写的《桐乡民盟“盟员之家”制度化、规范化建设初探》，民建桐乡市总支撰写的《完善污水治理工作提升环保工程效益》，民进桐乡市总支撰写的《我市职业教育的现状以及对策》《依法防范和化解专业市场矛盾多发的思考》，农工民主党桐乡市总支委员会撰写的《防控医患矛盾 维护医疗机构正常秩序和医务人员安全》，九三学社桐乡市基层委员会撰写的《用“三治”建设引领新社区管理》等调查报告受到市委、高政府领导充分肯定，为有关部门所重视和采纳。5月、12月，分别组织全市民主党派负责人专题调研“五水共治”工作、城中村改造工作，为民主党派参政议政、民主监督、建言献策提供知情平台，民主监督得到进一步加强。

【坚持和发展中国特色社会主义学习实践活动】 根据上级组织的统一部署，各民主党派分别举行“坚持和发展中国特色社会主义学习实践活动”动员会，结合自身特点，制订学习实践活动方案，有344名成员参加学习实践活动。5月，各民主党派成员参加市委统战部组织的专题学习会，听取省委统战部副巡视员兼研究室主任杨卫敏的《核心价值观与道路认同》专题讲座。6月，市委组织部、统战部、市社会主义学校联合举办的党外干部（人士）管理与能力提升培训班，各民主党派主委、副主委参加。培训班特邀市委常委、副市长徐云松，市“五水共治”办常务副主任王宏欣，分别作“旅游大县”建设和“五水共治”专题讲座。在浙江省社会主义学院分别听取“习近平总书记系列重要讲话精神”“坚持和完善中国特色政党制度”“如何撰写社情民意”等方面的专题讲座。

【五水共治·同心行动】 2014年，各民主党派积极响应市委、市政府号召，扎实推进全市统一战线“五水共治·同心行动”的深入开展。深入农村指导农民科学施肥用药、节水灌溉；深入企业帮助破解废水治理难题；深入基层一线开展调研，为城镇转型改造中推广污水循环处理装置积极建言献策。进学校开展科学节水和健康用水知识宣传，进社区举办“五水共治·同心行动”专场文艺演出，进农村举办防洪排涝知识讲座，扩大了全市“五水共治”的宣传面和广大人民群众的知晓率和参与率。

【成立党派工作联络室】 1月，桐乡市党派工作联络室成立。联络室隶属市委统战部，为全民

6月18日，“同心·教育服务团”进校园宣传“五水共治”活动

市委统战部提供

事业单位。2月，选调民革、民盟的两名党派成员到党派工作联络室工作。党派工作联络室主要做好全市6个民主党派，市知联会和12个镇(街道)知联分会的联络、服务、协调工作。

（张　军）

桐乡市工商业联合会

【概况】 2014年，市工商联(总商会)深入开展群众路线教育实践活动和非公有制经济人士理想信念教育实践活动，认真开展调查研究，加强宣传教育培训工作和协会商会规范化建设，促进非公有制经济健康发展和非公有制经济人士健康成长。市工商联被评为浙江省“五好”县级工商联、嘉兴市优秀工商联、省工商联系统先进单位。开展第五届(2012－2014年度)桐乡市优秀中国特色社会主义事业建设者评选活动，朱建华等10人被评为桐乡市优秀建设者。

理想信念教育深入开展。根据全国工商联统一部署，深入开展以“四信”为主要内容的理想信念教育实践活动。制定实施意见，将理想信念教育实践活动与非公有制经济人士教育培训、“四联四强”“进村入企”“双联双促”等专项行动、第五届优秀社会主义事业建设者评选表彰等具体工作相融合。加大宣传发动力度，扩大教育实践活动的影响。利用《桐乡商界》刊物和工商联网站平台，广泛宣传，树立典型，以点带面，实现覆盖面、吸引力、创新点、实效性等四个方面的突破，此项工作得到省工商联的肯定。

调研参政水平不断提高。组织委员认真撰写提案和社情民意，市政协八届三次会议期间，工商界政协委员围绕社会民生关注的热点问题积极撰写提案和社情民意，提交各类提案26件，其中联名提案8件，个人提案18件；召开全市协会、商会和执委企业分片座谈会，正面解读市委、市政府相关政策，避免部分企业家的误解误读，提振发展实体经济信心。广泛听取基层商会和执委企业的意见建议，征集到意见建议22条。对资源要素改革、“一业驱动四化”等企业关心的意见建议通过专题汇报、部门沟通、情况反映、勤政周记等多种渠道反映给市委、市政府领导，许多情况和观点得到市委、市政府主要领导的关注或批示。完成新生代企业家培养、民营企业文化建设、协会商会党组织建设三个方面专题调研，其中《加大新生代培养，再创桐乡经济新辉煌》在政协常委会上作专题发言。完成全国上规模民营企业调查表和全国民营企业社会责任调查各27份、全国工商联民营企业第十一次抽样检查51份、全国工商联民营企业“两个健康”调查52份，省工商联中国民营企业500强党建状况调研3份及桐乡市民营企业传承调查100份等各类调查。陪同全国工商联党组书记全哲洙，副主席徐冠巨等调研桐乡小微企业发展、商会建设、会员发展和管理情况。

基层指导力度不断加强。强化对全市协会商会的管理，指导其完善法人治理结构、规范内部管理、依照法律和章程开展活动，充分发挥宣传政策、提供服务、反映诉求、维护权益、加强自律等作用。指导桐乡市乐清商会、皮毛行业协会、温州商会、安徽商会换届工作。市工商联修改完善《2014年度协会商会工作考评办法》，考核办法更加科学、更具操作性。指导桐乡市电子商务行业协会建立党支部，并建立中共桐乡市电子商务行业联合委员会(二级党委)，发挥工商联党委在非公经济领域党建工作的政

7月8日，全国工商联副主席徐冠巨到桐乡调研商会工作

市工商联提供

治核心和政治引领作用。将协会商会吸收为工商联(总商会)团体会员,协会商会的会长、常务副会长进工商联常执委班子,新增补12名执委和常委。

加强宣传教育培训工作。组织8名优秀建设者参加中央社会主义学院培训,3名企业家赴香港理工大学研修,35名企业经营者参加浙江省企业管理名师论坛,15名企业家参加嘉兴市工商联举办的当前经济形势分析报告会;推选18名企业家参与浙江卫视《义行天下》《浙江新力量》专题宣传和《浙江工商时报》"浙商好人",嘉兴市"最具社会责任感企业及企业家"的评选;出刊《桐乡商界》2期,宣传政策近10篇,宣传报道优秀企业家及新生代企业10人次。报送信息99篇,其中全国工商联刊登12篇、省工商联刊登36篇、嘉兴市工商联刊登51篇。

服务会员内容不断丰富。与司法局联合成立民营企业法律服务中心,聘请7名资深律师和1名公证员组成服务团,主动调解民商事纠纷,维护民企权益。在温州商会试点成立首个商会人民调解委员会,助推"三治合一"社会治理模式的深入实践;组织常执委、界别委员、光促会理事和爱心人士,以及协会商会秘书长以上人员等500余人开展第八次免费健康体检;组织15名工商界委员走进浙江传媒学院桐乡校区,举行"民企、协会商会走进传媒学院"活动,达成多项校企合作协议;组织行业协会商会、异地商会、基层商会分赴张家港、宜兴、吴江、桐庐等地学习考察,与当地工商联、协会商会开展工作交流,拓宽协会商会工作思路,促进协会商会规范化建设;组织开展"银企对接"活动,助力缓解中小企业融资难。

社会公益事业不断发展。在"五水共治""三改一拆"等中心工作中,开展"百企联百村,合力治污水"为载体的助推"五水共治"专项行动,利用工商联优势,发挥好工商联作用。通过《桐乡商界》杂志、网站、手机报、治水简报等渠道,开展"五水共治"宣传动员,鼓励民营企业参与"五水共治",营造全民参与合力攻坚的良好氛围;引导企业主动承担社会责任。动员民营企业出钱出力,治理全市2622条河道,49.55平方千米水域面积。全市民营企业认捐治水资金5886.7万元。做好浙商回归公益捐赠统计,全市浙商回归公益捐赠额排在嘉兴各县市区前列。开展第十五次结对助学活动,动员组织10名企业家与10名贫困大学生结对。

【组织网络建设进一步拓展】 2014年,桐乡市杭州商会、桐乡市濮院毛衫成长企业联合会、桐乡市印刷行业协会、桐乡市鞋业协会、崇福镇芝村村商会5个协会商会成立。桐乡市鞋业行业协会成立后,整合全市制鞋产业资源,消除企业隔阂,促进整体抱团发展。做好"桐商回归"工作,组织开展桐乡籍人士在外经商人员数据库更新调查,在嘉兴工商联统一组织下,与兄弟县市区抱团成立南京嘉兴商会、兰州嘉兴商会和郑州嘉兴商会,延伸市工商联的组织网络建设。至年末,有协会商会48家,会员总数3154家。

【发挥新生代企业家创业联谊会作用】 新生代联谊会成立一年多来,精心设计活动载体,开展一系列活动,注重发挥新生代企业家联谊会平台作用。组织副会长以上人员参加浙江大学浙商总裁论坛,举办跨界融合共赢未来经济论坛,邀请O2O专家杭州王道电子商务有限公司创始人佳珍女士给会员分享传统企业如何转型做电商以及未来O2O模式的发展经验和感悟,组织部分企业家参加浙江青年创业学院举办的创业大讲堂,组织会员单位参加浙江大学总裁班特聘教授、时代光华著名讲师方永飞主讲的《赢在中层》管理课程,组织理事及以上成员到鄞州区新创会开展学习交流,到苏州德胜洋楼参观考察。通过上述一系列活动,汇集正能量,努力化解接班鸿沟,防范代际风险,青年企业家队伍素质明显提升,为培养一支政治上有方向、经营上有本事、责任上有担当、文化上有内涵的新生代青年企业家队伍做了有益探索。

(陈三星)

桐乡市总工会

【概况】 2014年,桐乡市总工会围绕中心,服务大局,推动经济社会转型升级,各项工作取得一定成效。铭龙控股集团公司职工图书阅览室被命名为中华全国总工会"职工书屋示范点",崇福供电所等7家单位的职工图书阅览室被命名为"浙江省工会示范职工书屋",崇福镇五丰村联合工会被命名为浙江省“农民工文化家园”；屠甸镇汇丰村村民委员会获“浙江省模范集体”称号，市供电公司电力调度控制分中心获“浙江省工人先锋号”称号；新凤鸣集团股份有限公司庄奎龙、董家茭白专业合作社张永根、农村信用合作联社崇福信用社顾娟文、恒泰精密机械有限公司钟耀权获“浙江省劳动模范”称号，新凤鸣集团股份有限公司沈彬彬获“浙江省第七届优秀职工”称号。桐乡市工会第十八次代表大会召开，选举产生市总工会新一届领导班子。至年末，全市有基层工会2206家，联合工会244家，覆盖单位7102家，其中新建基层工会140家。组建乌镇国际旅游区、临杭经济区和高桥新区管委会直属工会。全市有工会会员31.56万人，组建率、入会率均达到97%。加强建会、建制、建家的规范化建设，单建工会开展职工评家活动达到70%以上。全市55家国有集体企业单位和163家机关事业单位，职代会和厂务公开建制率均达100%；8864家建会非公企业，非公企业建制率分别达到92%和95%。市总工会出台《关于推进桐乡市职工医疗互助保障工作的指导意见》。加强市职工服务中心建设，建立职工四级服务站（点）286家，为132名困难职工建立档案。深入开展“送温暖、金秋助学”等活动，发放慰问款物36.6万元。建立“职工心灵驿站”100个、“妈咪暖心小屋”8家、女职工（女劳模）工作室8家，为职工提供心理辅导等服务；开展“安康杯”竞赛活动，企业参赛率90%。参与7起职工生产伤亡事故调查，全年受理职工来访56人次，结案率98%。切实为职工解难事、办实事、做好事。“五一”前夕，走访慰问20名各界劳模代表。加强劳模服务管理，全年发放劳模荣誉津贴、医疗费报销款18.6万余元，59名嘉兴市级以上劳模享受健康体检。

配合中心工作，助推“五水共治”攻坚战。发放《全力投身“五水共治”携手共建美丽幸福新桐乡》倡议书4.6万份，组织200余名工会干部和职工代表赴屠甸镇汇丰村开展河道清淤，征集“五水共治”“我为治水献一计”金点子180个，认捐治水资金6000万元。在全市34个重点建设项目开展“五水共治”重点工程立功竞赛活动，督促企业工会将“五水共治”列入厂纪厂规。助推“德治、法治、自治”建设。向全市各级工会组织发出倡议，出台《关于深化工会组织参与社会管理“三治”建设工作的指导意见》，召开“三治”建设推进会，引导各级工会组织进行探索实践，全市各级工会组织全年开展职工普法宣传教育、道德讲堂、德孝文化进企业等活动1.8万场（次），100余家企业工会以组建治安纠纷自解、环保自查、安全生产自纠小分队为载体创新自治模式。开展以“美丽幸福新桐乡”为主题的微感言大赛，征集微感言380余条。

4月21日，桐乡市总工会组织职工代表200人在屠甸镇汇丰村开展河道清淤活动　　市总工会提供

【构建和谐劳动关系】 7月，联合桐乡报社在浙江嘉澳环保科技股份有限公司举行“走基层、惠员工”百佳企业公益行活动仪式，市人社局、安监局等20多家单位积极参与，为职工“零距离”提供劳动保障、维权、安全生产、桐乡旅游推荐等服务内容，历时4个月，开展活动53场，惠及职工群众1.3万人。联合新闻媒体对全市35家五星级劳动关系和谐企业典型进行创建特色提炼宣传，开展和谐企业、和谐园区推荐评选，浙江嘉澳环保科技股份有限公司等6家企业被评为嘉兴市创建和谐劳动关系先

进企业，市经济开发区被评为先进工业园区。在全市范围内开展工资集体协商要约行动，出台《桐乡市工资集体协商规范化建设标准》，90%建会企业完成工资集体协商网上申报，工资集体协商续签率100%，四星级以上和谐企业规范率100%。

【开展建功立业活动】 2014年，市总工会开展社会主义劳动竞赛，举办市第八届职工技能运动会，开展汽车维修、客房服务等11场市级竞赛，镇（街道）、企业工会组织各类比赛2280场，参与职工16万人。通过劳动竞赛，有36人获"桐乡市技术操作能手"称号，17名党员获"党员技能能手"称号，46名选手分获高、中级职业资格证书。深入开展职工合理化建议活动，广大职工提合理化建议5870条，被采纳1758条，为企业创造经济效益近亿元。同时，开展"工人发明家"评选活动。

【加强企业职工文化建设】 2014年，市总工会开展"争当好职工、奉献中国梦"主题教育实践活动，联合举办全国全健排舞大赛，先后举办全市职工家庭才艺、羽毛球等比赛。建立以企业职工之家为基础的职工文化展示交流平台，深化"百场演出进基层""百场电影下企业""万册图书送职工"活动。全年各镇（街道）工会开展活动150场次，观众5万人次。90%规模以上企业完成企业职工文化"八个有"建设目标任务。

【桐乡市工会第十八次代表大会】 12月10～11日，桐乡市工会第十八次代表大会在新世纪大酒店召开，310名工会代表出席会议。嘉兴市总工会党组书记、副主席张心桥，桐乡市委书记卢跃东、市委副书记蒋惠玲到会并作重要讲话。会议听取和审议祖建国代表桐乡市总工会第十七届委员会所作的《凝心聚力促发展 改革创新谱新篇 团结和带领全市工人阶级为建设美丽幸福新桐乡而努力奋斗》工作报告，审议桐乡市总工会第十七届委员会财务工作报告，听取和审议桐乡市总工会第十七届经费审查委员会经费审查工作报告。会议选举产生市总工会十八届委员会委员45名、经费审查委员会委员7名，市总工会十八届常务委员会委员9名，主席1名，副主席3名，祖建国当选主席。

（王　鲁）

中国共产主义青年团桐乡市委员会

【概况】 2014年，团市委围绕市委和上级团组织的工作要求，以"双网互动"为统揽，强引导、助改革、优服务、重覆盖、转作风，团结带领广大团员青年为加快建设美丽幸福新桐乡发挥生力军作用，先后被评为嘉兴市团建工作先进县、省级共青团信息工作先进单位、省级突出贡献青年文明号活动组织单位，获嘉兴市共青团工作创新奖、嘉兴市先进少工委等称号。至年底，全市有基层团委58个（其中直属团委34个，二级团委24个），团总支73个，团支部1467个，共青团员2.65万人。

加强青少年思想道德建设，唱响时代主旋律。以建国65周年、五四运动95周年等为契机，开展"奋斗的青春最美丽""红领巾相约中国梦"等主题教育活动，举办主题论坛、青年大讲堂、18岁成人宣誓仪式、14周岁集体生日等各类活动26场次，参与青少年3.6万人。五四期间，团市委召开纪念建团92周年、五四运动95周年表彰大会，评

4月30日，团市委举行纪念五四运动95周年表彰大会

团市委提供

选表彰桐乡市“最美青春榜样”“活力团支部 魅力团支书”，举办“宇都电商杯”桐乡市青年乒乓球比赛、桐乡市青少年经典诵读比赛等活动，引导激励广大团员青年为实现“美丽幸福新桐乡”贡献青春、智慧和力量。积极培育先进青少年典型，广泛开展寻找“身边的青春榜样”“美德少年”“活力团支部 魅力团支书”等评选表彰活动，组建先进青年事迹报告团，举办“奋斗的青春最美丽”分享会5场，直接影响和受益青少年7300多人。弘扬主流时尚的青年文化，先后举办青少年经典诵读比赛、青年乒乓球比赛、少儿轮滑大赛等活动，发动864名暑期返乡大学生参与老干部寻访、警营体验等社会实践活动，提升他们的综合素质和实践能力，此项工作获2014年度嘉兴市共青团工作创新奖。做好青少年网络舆论引导工作，建立由团干部、青年骨干共200人组成的网评员队伍，开展青年舆情监测和主题宣传引导活动9次。

服务党政大局，助推改革发展，切实发挥团员青年生力军作用。以助推“电商换市”为重点，积极服务青年就业创业。抓好青年电子商务创业中心建设，成立全市首个电商团总支，推进团组织在电商领域的有效覆盖，联合商务局出台优惠政策，为青年网商进驻中心牵线搭桥。“电子商务进万村工程”省级试点工作迈出实质性步伐，30余类产品通过“青韧”电商网店上线，累计实现农产品网上销售16.64万元。青年就业见习基地建设、青年创业小额贷款等工作有序推进，新建青年就业见习基地5家，开展青年就业创业培训32期，1520人次参加，发放小额贷款351笔，总金额3250万元。以开展纪念“青年文明号”20周年系列活动为契机，深化“号手”品牌活动。举办各类岗位练兵、技能比武27场，465人次参加，其中青年导游大赛被列为嘉兴年度重点青工技能比武项目。全市新增嘉兴市级青年岗位能手5人，新获评省级青年文明号2家。以“助力治水 青春建功”行动为载体，开展“共青示范河”创建，对重点河道实行治水护水段长负责制，组织各级团组织每周开展垃圾清理、水质监测等工作，举办“五水共治”环保T恤义卖、桐乡市青少年治水漫画比赛等活动。

关注青年民生，弘扬时代新风，积极参与社会管理创新，有序推进志愿服务工作。以规范化建设为目标，印发《桐乡市志愿服务“五统一”实施意见》，明确由市志工委统一指导和协调全市志愿服务工作。深入推进“幸福桐乡”志愿驿站建设，开通“掌上志愿”服务平台，推进志愿服务常态化发展和社会化动员。围绕“三改一拆”、文明出行、助残“阳光行动”等主题，开展志愿服务活动，全年累计开展活动1650场，服务群众14.3万人次，协助团省委和市承办领导小组圆满完成首届互联网大会志愿服务工作。维护青少年合法权益，继续深化重点青少年群体服务管理和预防犯罪全国试点工作，依托综治工作平台和“双网”网格采集重点青少年基础信息，推进重点青少年群体“5＋1”帮教模式、“共青团与人大代表、政协委员面对面”及青少年维权岗创建等工作，全市未成年人犯罪率有效控制在全省平均水平以下。围绕高级青年人才、青年职工等群体，全年开展10场“幸福桐乡 青春有约”单身青年联谊会，1500多名单身青年参与活动。加强智能化“12355”青少年服务热线建设，组建青少年阳光行动服务团，开展“心灵花园”体验、考前减压等专项服务活动，参与青少年4.3万人次。针对困难青少年群体，开展爱心书包赠寒门学子、“六一”微心愿征集、新居民子女“公益夏令营”等活动，全年募集资金42万元，受益青少年4265人。

坚持双网互动，夯实基层基础，有效增强团组织活力。深入推进“双网互动”团建模式创新，探索运用网格群模式、团建联合体模式、趣缘模式三种网格划分模式，进一步优化网格设置，推动构建“网络＋网格”的组织覆盖格局，全市建有网格397个，日常管理服务团队465支。规范团队基层基础建设，启动镇（街道）团委换届工作，顺利完成全市175个村团支部的换届工作。扎实推进“两新”组织团建工作，新建非公企业团组织32家，新社会组织团组织35家，成立湖南驻桐团工委，团组织的覆盖面进一步扩大。深入推进“青春党建 活力团建”工作，在屠甸镇试点成立15个“青春支部”，实施党建带团建指导员聘任制度，进一步增强党建工作的青春活力。少先队工作扎实推进，成功召开第七届少代会，建立桐乡市校外教育师资库。发挥市青联凝聚和服务青年人才的作用，开展“桐乡梦 青年梦”主题实践活动，举办趣味运动会、走进古镇摄影采风等活动。市青少年宫新宫建设和童玩空间项目稳步推进，“流动青少年宫”的品牌效应不断显现，并与乡村学校少年宫实现了一体化建设。信息调研工作扎实推进，信息分数名列嘉兴共青团系统第一，全省第二。

【开展“助力治水 青春建功”行动】 2014 年，桐乡市开展垃圾河结对清理工作，团市委成为桐乡第一个认领垃圾河的市级部门。实施共青团治水护水段长制，组织各基层团委和志愿者服务站按照黑河、臭河、垃圾河优先的原则，结对不少于 1 段域内“共青示范河”，并设立不少于 5 个监护点，每周开展清理垃圾、水质监护等活动。开展志愿者助力“五水共治”美丽行动，组织发动团员青年、青年企业家、少先队员等群体，开展垃圾清理、植绿护水、沿河宣传、水质监测、专项募捐等工作，开展清“三河”活动 180 余次，清理垃圾 40 余吨，发放治水宣传资料 9000 多份，向社会募集治水专项资金 7300 元。

【设立“幸福桐乡”志愿驿站】 2014 年，市志工委每个周六或周日，组织相关单位在市区新世纪广场、新世纪公园、植物园、大树广场、汽车站、高铁站、百乐小区、文华小区、东方小区、银园大酒店 10 个场所开展“幸福桐乡”志愿驿站便民服务活动，各站点负责单位组织志愿者开展量血压、修补毛衣、理发、磨刀、家电维修、健康咨询、政策咨询等服务。全年累计开展“幸福桐乡”志愿驿站 380 多场，参与志愿者 1260 多人次，服务群众 6.7 万人次，推动志愿服务常态化运作。

【青少年快乐暑期旅游嘉年华活动】 7 月 1 日，团市委在市会展中心举办桐乡市青少年“快乐暑期”旅游嘉年华活动。本次嘉年华活动为青少年准备 10 个创意制作类项目和 14 个童玩互动类游戏，让孩子们在互动体验中学习，快乐中成长。嘉年华活动中有体验童趣的抖空竹、捉七、跳房子、溜溜球、踩高跷等趣味游戏，有极富创意的纸筒人、沙瓶画、玩偶、酷炫车模等手工制作，整个活动吸引了全市 1000 余名青少年前来观摩体验。

【桐乡籍返乡大学生暑期社会实践活动】 2014 年，团市委开展“我与家乡共成长、青春共铸桐乡梦”返乡大学生志愿服务活动，200 名返乡大学生参与“五水共治”、寻访老干部、重点课题调研、警务体验等 7 个方面的活动。8 月 28 日下午，团市委举办桐乡籍返乡大学生形势政策报告会暨返乡大学生暑期志愿服务活动总结表彰大会，300 余名返乡大学生参加会议。报告会上，市发改局、经信局、农经局、人社局、政研室相关人员与返乡大学生开展交流互动，详细解答大学生们关于回桐乡就业的基本情况、创业扶持政策和社会保障等相关问题。

【中国少年先锋队桐乡市第七次代表大会】 10 月 28 日，中国少年先锋队桐乡市第七次代表大会开幕。市委副书记、政法委书记蒋惠玲，共青团嘉兴市委副书记、市少工委主任顾秋莉出席会议并讲话。市领导朱红、陈英出席开幕式。会议审议通过团市委副书记沈小炎代表市第六届少工委所作的《高举队旗跟党走

10 月 28 日，中国少年先锋队桐乡市第七次代表大会举行

团市委提供

童心共筑中国梦 为全面建设美丽幸福新桐乡时刻准备着》的工作报告，选举产生新一届市少工委委员。会上还表彰了桐乡市“十佳少先队队员”“十佳少先队辅导员”和“十佳少先队志愿辅导员”。

（朱 涯）

桐乡市妇女联合会

【概况】 2014年，市妇联团结和凝聚全市妇女力量，为建设“美丽幸福新桐乡”作出贡献。至年末，全市有镇（街道）、振东新区妇联13个，系统（局）妇委会21个，社区妇联34个，村妇代会176个。

引领女性创文明新风。开展“美丽女性 幸福家庭”主题活动，开展“美丽幸福新桐乡，家庭和美新风尚”大讨论，引导妇女做“贤妻、良母、孝女、善邻”。举行纪念“三八”国际劳动妇女节104周年大会，召开“德孝桐乡·从家开始”主题活动推进会，筹建“德孝文化主题公园”。与市委宣传部、市直机关党工委、市文体局联合开展“我和我的祖国”群众合唱大赛。以“寻找身边的幸福家庭”活动为载体，参与全国妇联“寻找最美家庭”活动。以“孝顺好、恩爱好、家教好、勤俭好”家庭标准为基本要求，开展星级文明家庭评创活动。引领妇女做美丽环境先行者。开展“五水共治 巾帼先行”志愿服务活动，发放宣传资料5000余份、倡议书3000余份，开展“弯腰30秒清水”行动60余次，捐助爱心款50多万元。举行“栽绿蕴美德·共植德孝林”巾帼志愿者植树造林月活动，种植巾帼德孝护水林13.33公顷。组织全市妇女和家庭参与“优美庭院”创建，参与率100%。2014年新增嘉兴市级优美庭院示范村11个，市级优美庭院示范村20个。引领妇女做美丽人生先行者。通过桐乡妇联网、《嘉兴日报·桐乡新闻》“巾帼园”专栏等载体，宣传女性建功成才感人事迹。在全市住村女干部中开展“群众路线在我心 学习实践在农村”主题活动。发挥全市1000多名巾帼志愿者作用，帮助困难群众解决难题。举办桐乡市女企业家协会“美丽人生 幸福女人”年会，70多名商界巾帼用歌声、诗朗诵、舞蹈等展示女企业家风采，还通过爱心义卖、爱心结对贫困女童等活动奉献爱心。

3月26日，全国妇联宣传部部长王卫国到桐乡调研　　市妇联提供

助推妇女创业创新。3月，依托市科技创业服务中心，成立市妇女创业孵化基地，帮扶创业妇女解决融资、项目、信息等难题。编印《桐乡市经济扶持政策选编》，开展电子商务、SIYB创业培训等适合妇女职业技能培训和创业培训100余次，向省妇女手工产品创意大赛选送作品13件，开展来桐创业女企业家及浙商家属调查摸底暨“乡情暖心”走访活动，评选表彰市“十佳巾帼创业明星”、市“妇”字号创业基地等。规范“巾帼文明岗”创建工作，举办第四届“岗长论坛”，开展岗位LOGO设计大赛，建立完善“一岗一品”定期申报制度、动态管理制度等。2014年争创各级巾帼文明岗32个，其中桐乡市级20个，嘉兴市级8个，省级3个，全国级1个。至年底，全市累计创建巾帼文明岗449个，其中全国级3个，省级32个，嘉兴市级75个，桐乡市级339个。以“女能手联谊会”为平台，举办农业产业政策解读暨家庭农场规范化创建培训辅导，至年底全市妇女注册家庭农场27个，注册资金2600余万元。会同市人力社保局做好女性生猪养殖退养人员就业和社会保障工作，实现女退养人员再就业62

人。举办第十一届“架金桥 促发展”女性专场招聘会，推出适合女性工作岗位1345个，吸引1053名女性到场应聘，221名现场达成求职意向。继续实施妇女创业小额贷款贴息活动，帮扶妇女创业项目12个，贴息贷款250余万元。

服务妇女儿童。发挥“12338”婚姻家庭咨询热线、市法律援助中心妇女援助站和“李瑾流动法律服务岗”作用，加强村（社区）妇女维权站标准化建设。全年市妇联接待调处来信来访来电45件，调处率100%。建立婚姻家庭纠纷人民调解委员会、家庭暴力庇护所，联合公安等部门出台《家庭暴力告诫制度》，加大对家暴案件的干预力度。组织“丹心警花”巾帼志愿者、住村女干部等，开展“关爱女性 普法宣传”三八维权周活动，期间发放宣传资料5000份，参与妇女1万人次。继续开展“平安家庭”“平安家庭示范户”等创建活动。强化关爱服务，加强妇女儿童工作，2014年被评为浙江省实施妇女儿童发展规划示范县（市、区）。强化家教服务。制定示范家长学校（家庭教育指导机构）工作办法，开展市示范家长学校申报认定工作，为25家单位申报。在恒基建设集团有限公司成立企业家长学校，举办嘉兴市家庭教育优秀论文征集活动，上报论文20余篇，获奖12篇。继续开展科学家教城乡行活动，开设“家教公益大讲堂”，组织实施“心系妇儿——家庭教育空中课堂”公益项目，3500余名0～6岁家长信息录入云集平台。

加强妇联组织建设。3月，完成全市村级妇女组织换届选举。换届后的村妇代会主任100%进入村支部委员会、村民委员会。5月，举办“和美家庭·幸福桐乡”全市基层妇女干部能力素质提升培训班。七一前夕，组织妇女干部开展“重温党的历史 弘扬奋斗精神”军事体验日活动。根据省妇联统一部署，将已建立的妇女维权站（点）、姐妹谈心室、妇女学校等单项性的活动阵地一并纳入“妇女之家”，进一步完善“妇女之家”维权服务、公益服务、家庭教育、文化健身等方面组织管理。

【星级文明家庭评创活动】 2014年，市妇联开展星级文明家庭评创活动。评选以“孝顺好、恩爱好、家教好、勤俭好”四好家庭标准为基本要求，结合各地实际，依托各级道德评议组织，建立动态升降机制，打破传统文明家庭“一劳永逸”的评创方式，在广大家庭中形成比拼家风，共树文明新气象。至年底，全市有6户家庭获省级“文明家庭”称号，11户家庭获嘉兴市“百户文明家庭”称号，1户家庭获嘉兴市“十佳嘉禾最美家庭”称号。

【成立市妇女创业孵化基地】 参见《科学技术·科技创业》中相关条目。

（王增学）

桐乡市科学技术协会

【概况】 2014年，桐乡市科学技术协会所属市级学会（协会、研究会）33个，会员8000名；镇（街道）科协、振东新区科协13个；企业科协13个；市级农村专业技术协会5个。桐乡市预防医学会成立，浙江晶通塑胶有限公司企业科协成立。市联丰养羊专业技术协会、杭白菊产业协会被中国科协、财政部评为2014年“基层科普行动计划”奖补单位。桐乡市科协被浙江省科协评为2014年度全省县级科协工作先进单位，被嘉兴市科协评为2014年度县（市）科协工作目标责任制考核优秀单位。

成人教育与职业教育协会、老科技工作者协会、土木工程学会、护理学会、会计学会、工艺美术学会、花卉协会等7个学会完成换届。市科协出台《桐乡市科协推进所属学会承接政府购买服务工作方案》，引导所属学会承接政府购买服务，有11个学会承担16项政府转移（委托）职能。全年所属各学会开展学术交流活动110余次，其中立项开展重点学术活动项目25个。开展2014年度科协系统调研文章评选活动，征集调研文章70余篇，评出一等奖6篇、二等奖10篇、三等奖15篇。第六批桐乡市青年科技奖和优秀科普工作者评审结束，10人获青年科技奖，10人获优秀科普工作者称号。推选嘉兴市青年科技奖1人并获奖。调动科技工作者建言献策积极性，开展“桐乡市电子商务发展”等专题调研，刊出《科技工作者建言献策》2期，提交市委、市政府决策参阅。

5月，开展以“科技生活·创新圆梦”为主题的科技周活动。策划开展17项系列科普活动，发放科普资料2万余份，参与群众约1.5万人次。其间，在“中科院老科学家桐乡行"活动中，邀请中国科学院4位老科学家到8所中小学做大型科普报告，7000余名师生聆听报告；联合教育局开展桐乡市青少年头脑奥林匹克暨"安全降落"巧手制作比赛、与嘉兴市科技馆联合开展流动科技馆进校园巡展活动等。

全年组织科普讲座200余场，发送科普短信10万余条。龙翔街道运北秸秆利用合作社、大麻海北圩水产养殖合作社被命名为嘉兴市级科普示范基地。河山镇、洲泉镇被省科协评为第八批基层科普示范乡镇，梧桐街道庆丰社区、乌镇镇南宫社区被省科协评为2014年基层科普示范单位，全市有省级科普示范镇(街道)7个、村(社区)12个，嘉兴市级科普示范镇(街道)12个、村(社区)192个。与上海市科技发展基金会合作，引进新型科普系列节目"科普新说"，在桐乡电视台播放，全年播出100期；在《新华桐乡》手机报上开设"掌上科普"栏目，将原科普短信纳入其中，内容更丰富，每周至少发布2条。

实施"金桥工程"33项，"厂(村)会协作"21项。在全市13家企业科协中开展"讲理想、比贡献"活动，13个企业科协为企业提出合理化建议1235条，被企业采纳实施527条，产生经济效益3202.26万元；科技建议284条，产生经济效益1799.3万元；技术攻关143项，产生经济效益3448.13万元；新产品开发126项，产生经济效益32240.11万元；推广新技术106项，产生经济效益3519.12万元；重大成果项目17项，产生经济效益3188.39万元；新技术论证项目16项，产生经济效益429.7万元；实施节能减排项目70项，产生经济效益4277.15万元。

【院士专家工作站助推经济转型发展】 2014年，桐乡市新建浙江华嬴板业科技有限公司、浙江海得新能源有限公司2家嘉兴市级院士专家工作站。浙江朝晖过滤技术股份有限公司晋升为省级院士专家工作站。至年末，有院士专家工作站7家，其中省级2家。汪檟生、石碧、蒋士成、高从堦、王一德等一批资深院士及其科研团队进驻建站企业。做好已建院士专家工作站的跟踪服务工作，浙江新凤鸣集团院士专家工作站完成"高效节能短流程聚酯长丝高品质加工技术研究""聚酯节能技术""机器换人"项目等3项重大课题，为企业新增产值4.5亿元，节约用煤近7万吨，节约用工550名。中辉皮草有限公司院士专家工作站完成"皮毛甲醛剂及除醛工艺研究与应用""毛皮中水回用技术与工程化示范项目""毛皮染色水脱铬处理技术研究""毛皮污水处理中污泥高效减量化新技术研究"等4个项目，为公司新增产值1350万元，年减少排水量12万吨，节约水处理成本120万元。邀请中国工程院院士蒋士成作"我国纺织产业科技创新发展战略"专题报告，全市137家纺织企业160多人参加。

【举办"五水共治"全国科普日系列活动】 9月，市科协联合市教育局、科技局和市"五水共治"指挥部办公室，以"创新发展，全民行动"为主题，开展"五水共治、全民参与"走基层进乡村科普文艺演出、低碳环保科普宣讲周活动等21项群众性科普活动。在梧桐街道庆丰社区举行的科普日开幕式暨"科普让生活更美好"美丽家乡科普游活动中，梧桐街道各社区居民代表和市老年自行车队150多人参观庆丰社区低碳科普馆、桐乡市水务集团同福水厂、石门桂花村科普教育基地和森林科普馆。举办"五水共治科普大讲堂"，邀请治水领域知名专家，浙江大学环境与资源学院、环境科学研究所副教授张志剑作"普及前沿科学治水知识，传播先进治水理念和方法"专题讲座。配合"五水共治"工作，编印《五水共治宣传册》《桐乡市科普旅游攻略》等科普口袋书2万册、科普挂图1.35万张。在凤鸣街道路家园村建成全市首个"五水共治"科普教育基地。

【开展互联网科普活动】 10月19日，首届世界互联网大会在乌镇召开，并确定乌镇为世界互联网大会永久会址。在世界互联网大会召开前夕，市科协开展精准科普，推出三项举措，营造浓厚的学互联网、用互联网社会氛围。面向全市领导干部和部分重点人群，赠送《互联网之美》《物联网的机遇与利用》《漫话大数据》3册介绍互联网前沿知识的书籍近千册；面向广大城乡居民，会同有关部门设计制作一套互联网知识挂图，在全市220个村(社区)科普宣传橱窗挂设；在《钱江晚报·今日桐乡》开辟"科普让生活更美好”专栏，集中刊登互联网科普知识，每月不少于2期；与《嘉兴日报·桐乡新闻》联合开展“科协百本图书大放送——我的互联网微故事”征集活动。

【引进科普系列节目《科普新说》】 2014年，市科协与上海科技发展基金会合作，引进新型科普系列电视节目《科普新说》，并与该基金会签订合作协议，加盟《科普新说》大型系列电视片展播联盟。《科普新说》是上海科技发展基金会的一个科普节目，主要有天文知识、疾病预防、健康养生、科普文化等主题内容。《科普新说》于2014年1月在桐乡电视台播放，每周至少更新2期内容，全年播出近100期。市科协在《钱江晚报·今日桐乡》开辟“科普让生活更美好”专栏，每月推出不少于2期；在《新华桐乡》手机报上开设“掌上科普”栏目，将原科普短信纳入其中，容量更大，内容更丰富，每周至少发布2条。

【市科协第十次代表大会召开】 12月8～9日，桐乡市科学技术协会第十次代表大会召开。来自全市科技、教育、卫生、经济等各条战线和各级科协组织的216名科技工作者代表参加。浙江省科协原副巡视员吴惠林，嘉兴市科协副主席李轩渠，桐乡市领导卢跃东、蒋惠玲、汤云良、朱红、郑利民、周民出席会议。市委书记卢跃东、嘉兴市科协副主席李轩渠在开幕式上讲话，市科协主席周建富代表九届委员会作题为《服务创新驱动 助推转型发展 为加快建设美丽幸福新桐乡贡献智慧和力量》的工作报告。大会期间，与会代表审议并通过桐乡市科学技术协会第九届委员会工作报告的决议和统一使用《中国科学技术协会章程》的决议，宣读《致全市科技工作者的倡议书》，选举产生市科协第十届委员会委员、常务委员、主席、副主席、秘书长。周建富当选为主席。

（罗正阳 陈晓翔）

12月8～9日，桐乡市科学技术协会第十次代表大会召开

市科协提供

桐乡市文学艺术家联合会

【概况】 2014年，市文联下属有作家协会、美术家协会、书法家协会、摄影家协会、曲艺家协会、戏剧家协会、音乐家协会、舞蹈家协会、民间文艺家协会、漫画家协会、诗词楹联学会、名人研究学会、茅盾研究会、丰子恺研究会、吕留良研究会、收藏家协会和青桐印社等17个协会，在册会员1600人，其中国家级会员62人，省级会员164人。开展“围绕大局助发展，服务基层惠民生”系列活动，开展文化走亲活动10次，组织文艺骨干力量指导和参与“农村文化礼堂”建设。出版《守望》《寻找》《桐乡本是凤凰家》《吴之振诗选注》《桐乡古今竹枝词选》《张履祥诗文选注》《桐乡历代诗钞》等书籍。启动编写《桐乡历史文化丛书》第三辑。举办第六届桐乡市文学艺术“金凤凰奖”评比颁奖活动。市文联主办和承办的活动有：第二届菊乡文学新苗培育工程，全市中小学生作文现场比赛，第三届“徐肖冰杯”全国摄影展，第十届“子恺杯”全国漫画展，桐乡市第三届丰子恺漫画节，中国书法之乡·华夏行四地联展，书香有约·桐乡富阳书法联展，“缘缘杯”全市中小学生漫画大赛。

市文联各协会走进基层、贴近群众，开展富有实效的惠民活动。市作家协会在求是中学、桐乡一中、桐乡二中、崇德小学开展“作家进校园”活动，面对面指导学生写作。市书法家协会指导屠甸镇汇丰村争创“浙江省书法之村”。诗词楹联学会推进“诗教进校园”活动，共建“嘉兴市级诗教基地”。茅研会、丰研会、吕研会、名人研究会分别组织茅盾生平事迹展进校园、丰子恺艺术进校园、乡贤精神宣传进校园活动。市曲艺家协会送曲艺演出进社区、进农村，演出50场次。市音乐家协会开展“文化暖心”活动，组织会员下基层演出，开展音乐爱好者培训活动。市舞蹈家协会在全市开展排舞推广培训活动。市戏剧家协会开展文化下乡演出及组织少儿戏曲培训活动。市民间文艺家协会辅导基层爱好者进行民间故事、民间歌谣采风整理，举办小故事创作培训班。市美术家协会与镇（街道）文联合作开展美术创作展赛活动。市摄影家协会举办摄影培训讲座。市漫画家协会承办各类漫画展赛活动，邀请漫画家下基层、进学校开展漫画创作指导，指导河山镇东浜头村创建“漫画村”。市收藏家协会组织“红色收藏展”下基层展出活动。

名人研究会筹备成立桐乡市太虚研究会。青桐印社确定并建立首批十个桐乡市篆刻艺术教学基地。

各镇（街道）文联主要活动有：梧桐街道文联举办“梧桐颂”征文比赛，凤鸣街道文联组织“雅意服饰杯”书画邀请赛，濮院镇文联与市女作家协会创作《幽湖梦寻》一书，洲泉镇文联组织书画创作笔会和展赛，石门镇文联策划、推动并承办“丰子恺杯”全球华人散文大赛，屠甸镇文联举办“听故事，看风景，游屠甸”乡村人文宣传体验活动，河山镇文联组织人手开展“蚕文化”专题研究活动。

【《洲泉诗词印谱》出版发行】 2月15日，由青桐印社创作、编辑的《洲泉诗词印谱》由上海科学技术文献出版社出版，并在洲泉举行首发式。《印谱》从50首历代有关洲泉的诗词中摘取绝句，刻成印章，然后成集。共印2000册。

【《桐乡本是凤凰家》出版】 4月29日，桐乡民间故事集《桐乡本是凤凰家》由浙江人民出版社出版，全书20万字，分地名故事、人物故事、古迹遗存、风物特产、风土人情五个篇章。这是继1985年《中国民间文学集成（桐乡卷）》之后重新编印的一部新版桐乡民间故事集，主编王士杰。作者多为市民间文艺家协会会员。

【8件作品获嘉兴市第九届文学艺术南湖奖】 8月，嘉兴市第九届文学艺术南湖奖揭晓，桐乡市有8件作品获奖。市文化馆创作、编排的舞蹈《菊娃梦》、沈岩亮刻字作品《崇德修己》获银奖；张振刚话剧剧本《佛心日月楼》等6件作品获铜奖。

【第二届菊乡文学新苗系列培育活动】 9月，由市文化局、市文联、市教育局和浙江传媒学院文学院主办，市作家协会承办的菊乡文学新苗系列活动启动。活动包括全市中小学生作文现场赛，《雏凤清声——获奖作品集》结集刊印，“文学之星”、优秀文学社和优秀文学指导老师评选，文学讲座、采风等。11月22日，现场作文赛在浙江传媒学院文学院进行，全市269名中小学生参赛，文豆豆等10人获一等奖，被授予“文学之星”称号，吕梦嫣等21人获二等奖，俞诗婷等31人获三等奖。

【《守望》《寻找》相继出版】 10月，市作家协会会员作品（小说、散文）集《守望》由浙江人民出版社出版发行，收录46名作者的46篇作品，全书30万字，印1000册。11月，诗歌集《寻找》由浙江人民出版社出版发行，印1000册，收录桐乡17名诗人的诗歌192首。这是作协第一次编辑出版会员作品集，得到市文联的大力支持。两书均由市文联主席王士杰等任顾问，作协主席陈伟宏任主编。

【第六届文学艺术“金凤凰奖”】 12月26日，桐乡市第六届文学艺术“金凤凰奖”揭晓，并举行颁奖座谈会。该届“金凤凰奖”收到符合申报条件的作品31件，经评委会初评、终评，市文化馆创作编排的舞蹈《菊娃梦》、张森生的创作研究专著《梧桐树下的辉煌》获金凤凰奖，陈伟宏的文学作品集《稻草人》、来荣祥等人的小戏《驻村风波》、严旻操等人的小品《怒放的生命》、蒋灵云的排舞《猫咪嘉年华》、沈岩亮的书法《崇德修己》、王勋的篆刻《我和草原有个约定》、费胤斌的篆刻《印屏》、李荣华的系列水彩

12月26日，举行桐乡市第六届文学艺术“金凤凰奖”颁奖座谈会

市文联提供

画《桥》、虞燕燕的壁画《消逝与留存》、吴浩然的漫画研究专著《民国漫画风范》等10件作品获提名奖。

（颜剑明）

桐乡市残疾人联合会

【概况】 2014年，市残联围绕桐乡市残疾人事业“十二五”发展规划目标，认真履行“代表、服务、管理”职能，推进全市残疾人事业深入发展，全市211个村完成残协换届工作，全年新办残疾人证988人。

实施惠民实事工程。“建立精神残疾人庇护体系”纳入2014年度政府惠民实事工程，10月16日，桐乡市残疾人托养(庇护)中心项目开工建设，项目总投资3600万元，项目用地0.73公顷，建筑面积约8000平方米，计划配置床位180张。持续推进残疾人宜居家庭——家居环境(无障碍进家庭)改造，全年改造95户家庭，其中家居环境改造84户、无障碍进家庭60户，共投入资金60万元。

重视残疾人康复工作。在全省率先试行肢体功能障碍患者康复补助政策前移实施办法。2014年9月1日起，对持有桐乡市户籍，年龄原则上在70周岁以下的有康复意愿和康复价值的脑梗死、脑溢血、颅脑外伤、脊髓损伤、骨关节疾病造成的肢体功能障碍患者实行康复补助，最高不超过9600元，至年底，15人享受补助。出台《贫困精神病患者服用基本抗精神病药物费用全额保障》政策，惠及全市455名贫困精神病患者，服药补助35万多元，住院补助90万元。继续实施残疾人康复工程，完成白内障复明手术1249例，听障残疾人验配助听器10台，视力残疾人验配助视器22台，肢体缺失残疾人安装假肢17条，盲人定向行走培训15人，投入资金108万元。开展0～6周岁残疾儿童抢救性康复工作，全年聋儿语训6名、脑瘫儿童康复训练6名、智残儿童康复训练4名、孤独症儿童康复训练3名、辅助器具适配2名，补助资金15.7万元。

推进残疾人特殊教育，新开设特殊教育职高班，推动特殊教育向“两头”延伸。全年资助残疾学生及贫困残疾人家庭子女367名，补助37.7万元。并做好高校在读残疾人大学生学费、住宿费减免工作，10名在校大学生获补助9万余元。

开展企业安置残疾人就业审核认定工作，依法推进残疾人按比例就业。全年向全市纳税企业寄发审核通知书4386份，征收残保金3648.45万元。全市有1266家企业分散按比例安置残疾人2781人，其中新增115人。全年举办农村实用技术培训班14期，培训1100人；继续扶持残疾人自谋职业和自主创业，全年补助残疾人(家庭)、扶贫基地小额贷款贴息96万元。市残联出台《桐乡市残疾人扶贫基地建设管理及扶持奖励考核办法(试行)》，全年共帮扶残疾人扶贫基地补助资金105.3万元。坚持各方参与、合作共赢，发挥基地资源、设施、技术、劳力和市场优势，帮助残疾人家庭增收脱贫，与市慈善总会联合实施2014～2016年龙翔元丰蚕业扶贫基地“造血型”救助项目，安排扶持资金37万元，扶持残疾人家庭190户。

做好全市贫困残疾人的生活救助工作，通过构建定期补助的长效机制、临时救助的应急机制、走访慰问的关爱机制，为残疾人提供全方位的基本生活保障。全市846名符合条件的重度贫困残疾人全部纳入残疾人基本生活保障工程，实行全额施保，发放低保金及低保补助金391万元。完成残疾人生活救助帮扶2971人(其中集中托养149人、居家安养1165人，生活不能自理460人、无固定收入1197人)，累计发放补助资金680多万元；下拨临时补助资金40多万元，缓解残疾人生产生活中遇到的困难；12名因病、因灾以及其他意外伤害等原因造成特殊困难的残疾人获得省爱心助残特殊救助资金13万元；5273名残疾人参加第二轮残疾人意外伤害保险，33起案件实施理赔，赔付金额约20万元，占保费总数的76%；在元旦春节和全国助残日期间，集中安排走访慰问贫困残疾人家庭120余户，发放慰问金12万元。

大力支持和鼓励基层残联自主开展文体活动，13个镇(街道、区)举办各具特色的残疾人文体活动14场次，参与活动残疾人500多名。举办以“我心中的美丽幸福新桐乡”为主题的征文比赛，收到参赛作品51篇。开展“2012～2013年度残疾人事业好新闻”评选工作，向嘉兴选送优秀新闻作品12篇，获一等奖1篇、二等奖4篇、三等奖2篇；选送优秀残疾人文艺作品参加嘉兴市创建全国残疾人文化体育建设示范市迎检作品展。9月19～21日，组团参加“嘉兴市第六届残疾人运动会”，25名残疾人运动员参加6个大项74个小项的比赛，取得39金15银3铜及团体总分第一名的好成绩，同时还获得“体育道德风尚奖”和“组织奖”。9名运动员代表嘉兴参加省第九届残疾人运动会，获4金2银3铜。桐乡籍残疾人运动员孟国芬，在韩国仁川举办的第十七届亚残会上获游泳金牌1枚，在全国残疾人游泳锦标赛上获金牌4枚。

【第二十四次“全国助残日”系列活动】 2014年围绕“关心帮助残疾人，实现美好中国梦”活动主题，开展扶残助残系列活动。5月16日，市残工委召开“桐乡市第三届自强模范”表彰大会暨先进事迹报告会，会议表彰10名残疾人自强模范，4名自强模范代表在会上作先进事迹报告。5月13～16日，市四套班子领导带队走访慰问特困残疾人家庭、市特殊教育学校、市儿童福利院等。5月17日，市残联与市人力社保局联合举办“2014残疾人就业专场招聘会”，13家企业为残疾人提供岗位145个，23名残疾人达成初步意向。“市残联托养康复中心”组织工作人员对全市近100名有康复需求的肢体残疾人进行上门康复指导。组织残疾人辅助器免费赠送活动，向322名残疾人免费赠送各类辅助器具437台(件)，计16万元。5月18日，桐乡市残联举办“首届残疾人歌咏比赛”，20名视力和肢体残疾人参加比赛。6月9～13日，市残联邀请省残联手语培训中心老师在市委党校举办“中国手语培训班”，全市残联系统、市级部门窗口服务单位等56名工作人员参加培训，并获得“中国手语初级证书”。

【开展全国残疾人专项调查】 11月起，市残联开展全国残疾人基本服务状况和需求专项调查工作。市残联与各镇(街道、区)残联签订目标责任书和保密协议，下发专项调查实施方案，申请调查工作专项经费87万多元。至11月20日，完成全市

5月16日，桐乡市举行第三届自强模范表彰大会暨先进事迹报告会　　市残联提供

16964 名残疾人的信息核查工作。12 月 1 日，举行全市专项调查工作启动仪式，分三批次对全市 376 名入户调查员进行系统培训，12 月 27 日，接受中残联的专项督导检查。至年底，入户调查阶段工作基本结束，转入信息核对审核、录入阶段。预计此项工作在 2015 年 3 月底全部结束。

【顺利通过“省级爱心城市”复查验收】 根据省残工委《关于开展省级扶残助残爱心城市(区)验收和复查的通知》，5 月 29～30 日，由省发改委副巡视员张黎明带领的第四复查验收组一行 6 人到桐乡进行“省级扶残助残爱心城市”复查工作。通过观看宣传片、听取汇报、查阅台账、实地检查等方式，验收组对桐乡创建工作表示充分肯定，给予了“全、实、广、新”的高度评价。同时，不断拓展载体，深化创建水平，11 月份，启动首届“桐乡市扶残助残爱心单位”“爱心人士”评选，推动创建工作深入开展。残疾人孟国芬先后获得“嘉兴市三八红旗手”和“嘉兴市自强模范”称号；市教育局、市康复医院获“嘉兴市扶残助残先进集体”称号，施华英等 4 人被评为先进个人；残疾人叶辛根获“桐乡市第二届耕耘奖”。

(张　萍)

红十字会

【概况】 2014 年，桐乡市红十字会以“情暖桐乡 服务大局”为主线，积极践行群众路线，重点抓好实施红十字惠民行动和创建省红十字工作示范县(市)两件大事。2014 年获浙江省红十字会系统先进集体、2014 年度浙江省造血干细胞捐献工作先进集体和浙江省红十字青少年工作先进集体等称号。

以“5·8”世界红十字日、献血日、“博爱送万家”、造血干细胞捐献等系列活动为宣传平台，以网站和媒体合作为重点，及时更新、发布工作信息，上下联动，广泛宣传红十字知识，传播红十字精神。5 月，在河山镇开展助力平安建设志愿行动暨红十字志愿者服务队成立仪式。6 月，联合市卫生局首次开展“世界献血者日志愿行动”。在崇福镇陈家埭村开展以“救护惠民·‘五水共治’红十字在行动”为主题的文艺演出活动。通过救护图片展、知识问答、土话小品、越剧等形式，向广大群众宣传溺水、烧烫伤、触电、心跳停止等意外事故发生时如何自救互救的知识和技能。组建红十字现场救护培训中心，新成立桐乡市红十字应急医疗救援队，整合专业医疗救援者、红十字志愿者和民防志愿者队伍资源，构建覆盖全市各镇(街道)的红十字应急医疗救援体系。红十字志愿服务中心成立，下设红十字博爱志愿服务队、红十字精神宣传志愿服务队、现场救护志愿服务队、“五水共治”红十字志愿服务队四支分队。全年开展“助力平安建设”“救助小贵莲”“世界献血者日”“‘五水共治’救护物资下乡”、造血干细胞集中采集、“鲁甸有你 救有力量”现场募捐、“平安红十字”义诊等志愿活动 52 场(次)，宣传红十字救护知识。

【桐乡市获首批浙江省“红十字工作示范县(市)”称号】 12 月 4 日，浙江省红十字会公布首批省级“红十字工作示范县(市、区)”名单，桐乡市名列其中，成为嘉兴地区唯一的省级红十字工作示范县(市)。近年来，桐乡市高度重视红十字工作，在全省率先开展“助力五水共治·河道保洁员救援救护”行动，现场救护培训全市近 700 名河道保洁员。在河山镇启动组建红十字“五水共治”志愿队，各镇(街道)红十字会结合实际，开展河道保洁、垃圾清除、河道巡查、现场救护培训等治水志愿服务活动。开展系列救护大培训，在全市公安、旅游、安监、供电、治水等领域开展现场救护培训。每年开展“红十字博爱送万家”活动，救助覆盖全市各村(社区)。先后开展“情暖老人”“情暖特殊家庭”“情暖环卫工人”“情暖寒门学子”“情暖麻风病人”“情暖白血病儿童”等六大救助活动。

【继续实现“万人救护培训”目标】 2014 年，市红十字会推进“救护培训进网格”，开展现场救护培训“六进”(进企业、进农村、进社区、进学校、进市场、进机关)活动。全面推广现场救护培训工作，组织实施“世界急救日”掌上学堂推广、应急救护知识下乡等活动。开展“红十字进校园”活动，全市 100 多名初中、小学体育老师接受现场急救知识师资培训，现场救护知识培训纳入学校体育与健康课程。5 月，为乌镇旅游公司等 12 家企业开展救护培训，发证培训 280 人，普及培训 80 人。红十字救护培训纳入新录用公务员初任培训课程体系，首次对年内新录用的 56 名公务员进行现场救护发证培训。10 月，与市平安办、市妇联联合启动"应急救护知识进家庭 助力'三治'建设"活动，力争用一年时间普及培训家庭 5000 户。全年举办培训班 125 期，培训人数 1.15 万人次，其中发证培训 1538 人，完成嘉兴市定任务。

【开展"情暖桐乡"六大救助行动】 2014 年，市红十字会积极打造"情暖桐乡·红十字博爱救助"工作品牌，继续在春节期间开展"红十字博爱送万家"活动，先后开展"情暖老人""情暖特殊家庭""情暖环卫工人""情暖寒门学子""情暖麻风病人""情暖白血病儿童"等六大救助活动。在乌镇景区设置 2 个爱心募捐箱，扩大爱心募捐箱覆盖面。加强 48 只爱心募捐箱和五个村级博爱救助金的管理，新建河山庙头村红十字会，扩大工作宣传和红十字博爱救助面，助推"德治"建设。8 月初，开展支援鲁甸地震抗震救灾工作，多种渠道发放抗震救灾呼吁书，联合市慈善总会公布捐赠热线，率先开通公益捐款网银渠道并实现网上捐款零突破，收到爱心捐款 51543.1 元。11 月，联合桐乡东方医院启动"红十字爱心病房"活动，实施结石病普查，在东方医院医治的家庭贫困结石病患者给予一定的资金救助。首批活动在洲泉、石门、河山 3 个镇近 50 个村（社区）展开，2865 人参与筛查，完成手术援助 160 人。继续做好全省试点"红十字博爱家园"项目建设，发挥红十字博爱文化广场、博爱超市、救护培训基地功能，宣传红十字精神。年内，接收爱心捐款物资价值 66.37 万元，发放慰问金及物资 46.66 万元，惠及困难群众 6700 多人次。

【推进"生命关爱惠民"工程】 2014 年，市红十字会在全市各镇（街道）团员青年、机关干部中大力发展造血干细胞捐献志愿者，全年新增造血干细胞捐献志愿者 86 人，初筛 18 人，再动员 10 人，高配 5 人。5 月 13 日，红十字志愿者张剑在省中医院捐献 140 毫升造血干细胞悬液，成为全国第 4170 位、浙江省第 179 位造血干细胞捐献者，张剑也成为嘉兴市机关系统、桐乡籍首例成功捐献造血干细胞的红十字志愿者。市红十字会联合市文明办发出《关于学习张剑先进事迹的倡议书》。12 月 24 日，外来务工者丁某在市第一人民医院捐献肝脏一个，肾脏两个，眼角膜一对，成功挽救三名患者生命，使两名患者重见光明，同时也实现了桐乡市首例器官捐献。年内，新增器官捐献志愿者 7 例，遗体捐献志愿者 9 例，实现遗体成功捐献 3 例，其中 1 例为首例台胞捐献。全市累计实现造血干细胞捐献 2 人、器官捐献 1 例、遗体捐献 4 例。

（钱小磊）

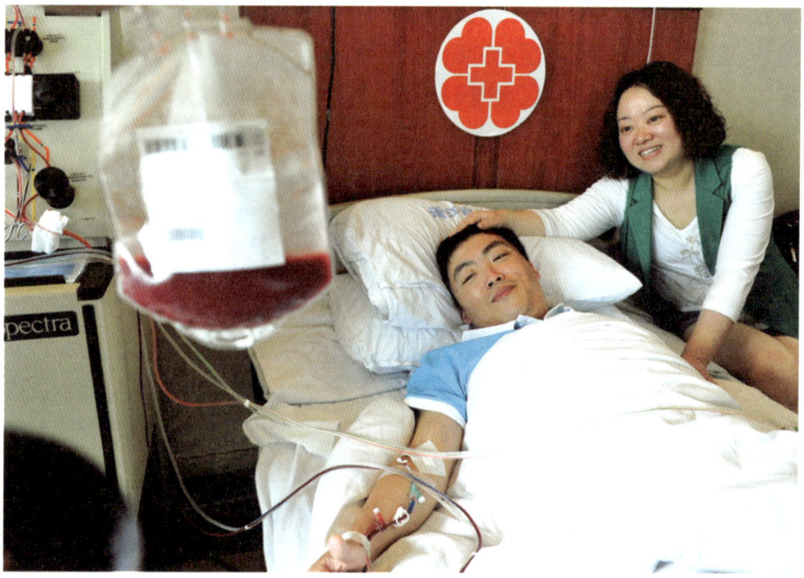

5 月 13 日，红十字志愿者张剑在省中医院捐献造血干细胞

市红十字会提供

地方军事

概　述

2014年，桐乡市人武部围绕“保持荣誉，抓出特色，全面建设再上新台阶”目标要求，团结一致、真抓实干，实现班子平稳过渡，完成军分区年度工作任务。组织“牢记强军目标，献身强军实践”主题教育、“讲党性、守党规、严党纪”教育、干部三观教育和“正确对待军队调整改革”专题教育。协调市委、市政府联合出台《关于加强民兵应急大队建设的实施意见》，规范民兵队伍建设，提供制度保障。抓国防教育普及。结合纪念“九一八”事变83周年，举办第十四个全民国防教育宣传周广场文艺晚会；指导市实验小学教育集团、濮院小学教育集团等5所学校举办少年军校系列活动；在桐乡市高级中学、桐乡第一中学等5所中学设立国防教育墙，国防教育得到普及。抓党委班子建设。查找梳理出“四风”问题25种具体表现，制定整改措施；研究制定《党委议事规定》《机关日常管理规范》和《物资经费管理措施》，规范党委议事规则和决策程序，规范机关办公秩序和物资经费管理秩序。市人武部被浙江省军区评为先进团单位、军事训练先进单位、征兵工作先进单位和新闻报道工作先进单位。

加强军事训练，提高遂行多样化军事任务能力。开展“每月军事训练周”活动。4月，组织全市专职人武部部长在市民兵训练基地进行业务技能强化训练，并参加军分区组织的集训比武考核。6月，仓库主任和保管员参加军分区组织业务集训和比武考核，获单位总评第一和个人综合第一。8月，完成上级临机战备拉动任务。11月，军分区组织红船民兵连长大比武，桐乡人武部获集体综合第一名。推进战备规范化建设。抓作战值班室制度落实及信息化设备升级改造，完善作战值班室信息网络和指挥信息化系统建设。着眼应急应战要求，更新补充战备物资器材，修订战备行动方案，组织战备行动演练。

坚持开拓创新，提升国防后备力量建设水平。围绕“大国防、大武装、大融合”总体目标，推进国防后备力量建设创新发展。开展民兵整组工作。经过科学整组，退伍兵比例、专业对口率和高中以上文化程度比例均有明显提高。市人武部对任务明确分队、应急分队和跨单位组建的基干民兵分队进行集中拉动点验，并成立检查组，到各基层单位检查，拉动其他基干民兵分队，到点率均达到90%以上。抓民兵训练工作。组织民兵应急连、网络防护分队、伪装防护分队等民兵分队训练，严格训练时间、人员、内容和质量落实；组织对嘉兴场站一级军事目标协防任务对接，拟制修订重要目标协防方案；组织“三个现地”（现地整组点验、现地明确任务和协同关系、现地组织训练）训练，提高民兵分队应急应战能力。组织民兵参与“五水共治”、环境卫生整治、配合公安部门担任首届世界互联网大会期间安保警戒任务等活动。论文《发挥民兵优势有力巩固基层政权》被《解放军报》内参刊发，《群众工作简报》转发，并先后在《国防报》和《人民前线》头版及专版进行宣传报道。完成兵员征集任务。突出征集大学生士兵，印制分发《征兵宣传手册》5000余本，协调市广播电台采访10名参军成才典型，集中400余名大学生及家长进行集中政策解读，组织100余名大学生代表到空军嘉兴机场参观体验，出台“每年推出一定岗位的事业单位和国有企业编制岗位单独面向退伍大学生士兵招考，为赴新疆服役的新兵提高家庭优待金和退役安置金3万元”等一系列优待措施，激发大学生报名参军热情。全市征集的新兵中，大专以上学历占58.1%，为历年之最。

强化安全发展理念。开展“条令学习月”和“条令学习日”、“我为安全献一计”等活动，强化干部职工安全意识，落实安全管理“六个规范”（组织体系、制度机制、教育训练、常态活动、基础设施、人文环境）。抓装备保障。突出民兵武器仓库建设，落实部领导定期检查制度，定期检修各类设施设备，确保性能良好稳定，安全无差错。

国防教育与军民共建

【概况】 2014年，桐乡市人武部增强全市干部群众国防观念，在迎接第十四个全民国防教育日之际，结合纪念“九一八”事变83周年、新中国成立65周年、甲午战争120周年和全省国防教育宣传周活动，对市民进行国防教育。9月18日，市人武部联合市委宣传部、市人防办、市文化局等单位在市政广场组织“关心国家安全，维护海洋权益”“铭记历史，勿忘国耻”为主题的国防教育晚会。市国防教育委员会20家成员单位领导、各镇（街道）专职人武干部及民兵代表参加晚会活动。市人武部部长何建撑宣读桐乡市国防教育委员会、市委宣传部、市人武部关于表彰情系国防好家庭、好企业通报。梧桐街道城西村陆云丰等10户家庭、中国移动通信集团浙江有限公司桐乡分公司等10家企业获桐乡市首届“情系国防好家庭、好企业”称号。市委副书记蒋惠玲、常务副市长吴炳泉、市人武部政委严培、市人武部部长何建撑等军、地领导为好家庭、好企业代表颁奖。来自全市12个镇（街道）和经济开发区、振东新区民兵代表演出第十四个国防教育文艺节目。省全民国防教育周期间，组织国防教育进社区、进村组、进学校活动，增强民众和青少年国防意识。

【强化国防后备力量基层规范化建设】 2014年，市人武部根据军分区“全面达标、评星挂牌、动态保险”军事工作指示，强化国防后备力量基层规范化建设。组织基层规范化建设推进会、基层武装部实地观摩、市人武部领导分工帮带等活动。年末，桐乡市国防后备力量基层规范化建设经过嘉兴市军分区检查考评、复评，所有镇（街道）全部通过，基层规范化达标建设名列嘉兴市五县两区之首。

兵役工作

【概况】 2014年，桐乡市征兵办公室贯彻执行上级征兵命令，坚持创新征兵、规范征兵、安全征兵和廉洁征兵，第一次实行网上征兵，完成年度征兵工作任务。市、镇（街道）均成立征兵宣传工作小组，明确指定各村（社区）民兵连长和1名干部为宣传员，形成覆盖市、镇（街道）、村三级宣传网络。在市会展中心集中组织全市目测初检合格大学生及家长进行征兵政策解读，到空军嘉兴机场近距离感受军营生活，走进班排与战士展开面对面交流，听取优秀大学生士兵代表传经送宝。严把政策关。规范设置体检站，落实全封闭管理，按照“五统一”（统一认识、统一标准、统一检查方法、统一体检表格填写、统一结论）、“四见面”（本人、家长、领导、老师）、“四走访”（个人、家庭、学校、单位）、“六摸清”（符合年龄的人数、文化程度、青年的思想状况、身体素质、家庭成员、社会关系）程序走访调查和政治考核。采取廉洁征兵措施。设立举报电话和举报箱，下发廉洁征兵意见反馈卡。坚持“三公开”（征兵任务公开，兵员去向公开，兵员的身体、政治条件公开）“四张榜”（应征公民名单张榜、预征对象名单张榜、体检政治考核双合格名单张榜、新兵名单张榜），做到征兵任务、兵员去向、兵员身体、政治条件公开；应征公民名单、预征对象名单、体检政治考核双合格名单、新兵名单张榜公布，主动接受群众监督。及时回复网上咨询115条，举报1条。

桐乡市所征新兵高中以上文化程度占总数99.6%，大学以上文化程度占总数58.1%；党团员占总数74.4%。没有一例退换兵。桐乡市被浙江省政府、浙江省军区表彰为2013年度征兵工作先进单位。加大入伍大学生退役士兵安置优抚力度。根据年度大学生退役士兵数量多少，在市综合性事业单位招聘岗位中推出普通管理岗位5%～10%名额，用于定向招聘本市籍全日制大学生退役士兵；在国有企业招聘中，推出一般岗位10%名额，用于定向招聘本市籍大学生退役士兵。针对南疆兵员征集任务，依据南疆地区自然条件差的现状，南疆兵优抚金按普通

欢送新兵入伍　　市人武部提供

地区1.5倍发放，另外每人奖励1万元。

民兵、预备役

【概况】 2014年2月，桐乡市人武部深入基层镇（街道）和国防动员委员会各办公室，对后备力量潜力进行调查摸底，重点调查摸底18～35岁退伍军人及浙江宇石国际物流有限公司、中石油桐乡分公司、桐乡大中汽车销售服务有限公司等新编民兵单位，尤其对近三年来的退伍军人专业、年龄、文化、工作、分布、单位等情况，进行分类登记造册，为民兵整组工作展开提供翔实的第一手资料。把预编兵员和应急队伍作为重中之重任务，落实责任制，确保民兵队伍能随时拉得出、走得了。3月，市人武部贯彻落实嘉兴军分区民兵工作调整改革任务，按整组方案，围绕“平时服务、急时应急、战时应战”目标，推进后备力量三个转变（由数量规模型向质量效能型转变、由直接参战为主向支援保障作战为主转变、由以应战建设为主向应急应战一体建设转变）。统一思想，确定民兵整组工作方向，召开专题会议，与市政府联合下发《2014年度桐乡市民兵预备役部队组织整顿工作实施意见》，调整基干民兵队伍编制。11月，根据首届世界互联网大会乌镇峰会安保筹备方案和桐乡市乌镇景区外围保卫组工作方案，全市抽调276名基干民兵，分16个组，实行三班制，24小时上岗执勤。协助公安各卡点和巡逻蹲点组安保任务，做好外围治安秩序维护工作。

【巨匠集团人民武装部成立】 12月26日，根据嘉兴军分区《关于成立巨匠集团人民武装部的批复》，全市22名知名企业家、专武干部、行业系统兼职武装干部及各镇（街道）基干民兵代表300余人，在巨匠集团举行武装部成立仪式。嘉兴军分区参谋长卞云坚，桐乡市委副书记、政法委书记蒋惠玲，市委常委、人武部政委严培，市人武部部长何建撑等军、地领导参加仪式。市人武部部长何建撑宣读《关于批准巨匠集团成立企业人民武装部的决定》及巨匠集团人民武装部干部任职命令。卞云坚、蒋惠玲为巨匠集团人武部揭牌。

（李　签）

人民防空

【概况】 2014年，桐乡市人防（民防）工作完成“浙江金盾—1406”演习，获省人防指挥部演习先进单位表彰。开展市、镇（街道）、社区、重要经济目标单位应急应战演练。参与部门应急联动演练，与交通局城市公交公司等部门联合开展反恐处置应急演练，与市安监局等部门开展应急疏散演练。移动指挥车参加嘉兴市人防办组织的跨省、跨区域民防应急指挥车野外拉练活动。完善各类应急应战疏散方案，完成《桐乡市防空防灾人口疏散方案》《桐乡市城市地下空间开发利用规划（2013－2020）》和各镇（街道）、社区新一轮人口疏散方案修编工作，推进振东金融商务区地下空间开发城市设计方案和崇福镇小城市地下空间开发利用规划编制工作。全市11个重要经济目标单位全部落实人防机构设置、场所建设和防护方案编制。与市民政局合作推进疏散场所双挂牌工作，新增应急避难场所78个，总数达到169个。全市疏散基地、疏散地域和疏散点“三位一体”应急避灾疏散场所体系更趋完善。落实警报社会化管理和警报系统维护管理制度。年内，为社区配备安装电声警报器2台，新购手摇警报器15套，更换警报控制器1套。全市33个社区均配备1台手摇警报器，警报音响覆盖率98%以上。推进人防专业队、民防应急救援队和民防志愿者服务队组成的人防队伍建设。按计划落实年度整组和训练，在嘉兴市康慈医院组建1支10人心理防护专业队；开展岗位练兵和技能比武活动，参训率95%以上；提高应急救援处置能力，在福严寺人口疏散基地配备应急疏散安置装备器材；组织实施以应急指挥所、医疗救护站、通信站、物资供应站和应急供电(水)站开设保障为主要课题的演习；投资近15万元购置60套民防应急箱配发至中心城区封闭式小区，中心城区封闭式小区应急救援箱配备全覆盖。自建工程项目进展顺利，按计划抓好进度和质量，F1101项目、F1102项目竣工验收、资料归档，市文化中心广场地下人防工程竣工验收；结建工程完成竣工验收项目8个，建筑面积6.53万平方米，其中兼顾人防竣工面积1.87万平方米；全市累计竣工人防工程项目104个，面积43.4万平方米，其中兼顾人防面积8.8万平方米；征收人防易地建设费2700.5万元。市中心城区平时以交通停车功能为主的市F801自建人防工程项目获批。开展镇(街道)人防规范化示范单位创建和社区人防(民防)规范化达标活动，石门镇完成人防规范化示范单位创建，梧桐街道和乌镇镇6个社区开展综合防灾减灾示范单位创建活动。

"浙江金盾—1406"演习现场　　市人防办提供

【加强人防工程质量监督】2014年，市人防办加强工程质量监督管理，开工在建78个项目(兼顾人防项目51个)，办理质量监督手续25个，人防防护设备合同备案23个，实施现场检查监督验收100余人次；指导协调国家人防工程防护设备定点生产企业——嘉兴巨匠防护设备有限公司获批生产经营许可，并正式投产；有序推进人防工程标识标牌安装工作和全省人防工程综合管理系统全面运作，规范人防工程建设管理工作。

【深化行政审批制度改革】2014年，市人防办建立"前置审批联用、资料入库共享"机制和联审联批、模拟审批制度，提高行政审批质量和效率，全年办理审批事项326件，全部按时办结，在电子监察考核中名列前茅；按要求完成权利事项梳理工作和权力清单编制审核，规范行政行为。根据群众举报，查处桐乡市首例人防工程被侵占案，并按照相对集中行政处罚权要求，移送市行政执法局立案查处，省人防办将该案件执法经验在全省转发。

【服务地方中心工作】2014年，市人防办结合"五水共治"工作要求，根据人防工程的特点，有效应对防洪排涝工作；组织市、镇(街道)、社区三级人防工作人员，对全市98个人防工程开展地毯式防汛排涝专项检查，并对检查中发现的问题，进行督促落实整改；推进地下空间资源开发利用，服务城市交通，全年完成地下空间开发建设15.56万平方米，新增人防工程地下停车位1160个。

【推进产权制度改革】2014年，市人防办推进人防工程产权制度改革，《桐乡市人民防空工程建设利用管理办法》和《桐乡市人防工程建设审批与产权登记实施细则》自8月1日起实施，标志着桐乡市人防工程产权制度改革正式启动实行。年内，完成1个自建人防工程项目产权登记制度改革试点任务，桐乡市金源商务大厦地下人防工程取得房屋所有权证和国有土地使用证，桐乡市F801工程取得地下国有土地行政划拨使用权。

【加大人防教育力度】 2014年，市人防办加大人防(民防)宣传教育力度，强化民众防空防灾意识。结合“3·1”国际民防日、“5·12”防灾减灾日、“九一八”事变等时间节点，开展各类宣传活动37场次、应急应灾演练30次，专题文艺演出3场，发放宣传资料4.5万余份，参加活动群众6.28万人次。开展人防工作“五进”(进机关、进学校、进社区、进企业、进网络)活动，实现初级中学全覆盖，并试点进入小学、高中和大专院校开展防灾减灾主题宣教工作；探索开展“漫画人防”活动，利用桐乡漫画特色和学校资源，组织市首届人防漫画比赛，在文昌、学前两个社区建设漫画长廊，出刊“漫画人防”作品集；拓展“微信人防”载体，推进“桐乡人防”微信宣传，扩大人防(民防)教育覆盖面；巩固“文艺人防”阵地，组织防灾减灾文艺晚会，与市国防教育办公室联合举办“关心国家安全，维护海洋权益”“铭记历史，勿忘国耻”等主题大型文艺晚会，提升宣传实效。与市委党校合作举办2期党政干部人防知识专题讲座，与宣传媒体合作设计制作3个广告宣传片，在全市8个大型电子屏轮流播放。

(杨　决)

武装警察部队

【概况】 2014年，武装警察部队桐乡市中队根据武警省总队、嘉兴支队部署，贯彻落实《军队基层建设刚要》和支队党委决策，加强部队自身建设，履行工作职责。投入250余万元用于营房升级改造；组织新兵入伍训练，重点实施军事技术操作及体能基础科目训练，提高军事训练水平；开展执勤动作、执勤技能、特殊情况处置等专勤训练，提高正规化执勤能力。做好市看守所监区警戒执勤工作，押解421名判决犯人投入劳改。参与市公安局组织的常态化城市武装巡逻，做好高考试卷看护等临时勤务。定期开展双拥共建活动，协助市教育局开展国防教育和中学生军事训练活动，派出战士到桐乡市高级中学、凤鸣高级中学、茅盾中学等学校指导学生军训。年内，中队参加嘉兴支队特勤排应急班比武获战士团体第一、干部团体第二。

武装警察部队桐乡市消防大队下辖桐乡中队和城南中队。市消防大队有消防登高车1辆、举高车1辆、水罐车7辆、抢险救援车2辆。开展出租房屋“三合一”(住宿与生产、储存、经营场所合用)消防安全整治、重大火灾隐患集中排查整治、消防安全“打非治违”专项行动和区域性火灾隐患整治等消防安保活动，打击消防违法行为。全年检查单位8271家，督促整改火灾隐患或违法行为2613处，下发责令改正通知书1094份，处罚单位151家，罚款122.33万元。

【构建火灾防控体系】 2014年，市消防大队深化消防安全网格化管理、户籍化管理，督促全市14个大网格、205个村(社区)中网格和1999个责任片区、社会单位小网格，履行网格内消防管理、火患排查、宣传教育等职责，同步落实火灾隐患抄告制度。先后3次召集全市217家消防安全重点单位部署户籍化管理，优化消防管理工作，每月完成三项报告备案率97%。自11月起开展以濮院镇梅园社区等4个区域为重点，涵盖其他镇(街道)火灾等安全事故防控综合治理体系建设。12月下旬结合今冬明春火灾防控和体系建设开展专项督导检查，火灾防控体系第一阶段工作基本完成。

【消防安全宣传教育】 2014年，市消防大队以《全民消防安全宣传教育纲要》为指导，开展以出租房屋平安家庭消防宣传活动、“119”消防宣传月活动为主线，以《消防安全常识二十条》为内容的消防主题宣传活动。推进消防“进社区、进家庭、进学校、进农村、进人员密集场所、进社会单位”示范点建设，新认定消防宣传“六进”试点单位25家。7月下旬与市广播电视台签订合作协议，循环播放消防常识和公益广告，11月指导振东社区建成消防教育馆并投入使用，12月新购置消防宣传车1台开展巡回流动宣传活动，向群众宣传消防安全知识，传授火灾逃生疏散方法。

(姚　杰)

法　治

概　述

2014年，桐乡市政法工作推进平安桐乡建设和法治桐乡建设，提升政法工作水平，为深化改革创造安全稳定的社会环境、公平正义的法治环境和优质高效的服务环境。全年未发生严重危害国家安全事件、严重影响社会稳定事件、重特大刑事犯罪案件、严重影响经济秩序案件、重大安全生产事故和公共安全事件。2005～2013年桐乡市连续9年被省委、省政府命名为平安市。

推进“三治”（法治、德治、自治）建设。结合中共中央新时期提出的新要求、新任务，依托浙江大学等科研机构，完善“三治”理论体系。以法制宣传、法治文化、法律援助、法律服务为重点，建立100个覆盖市、镇、村的法律服务团，创设“板凳法庭”“法治驿站”，深入开展“政法干警联网格送服务”活动，依托“三治”，助力“五水共治”“三改一拆”等中心工作，基本公共法律服务体系初步形成。评估发布依法行政指数，建立法律顾问制度，政府常务会议和专项整治会议坚持邀请律师列席，强化各级干部和群众“遇事找法、办事依法、成事靠法”的思维方式。

加强综合整治。整合力量，专项整治道路交通、消防、出租房屋等，整改消除“三合一”（生产、经营、居住在同一区域）消防安全隐患5930个，火警比上年下降35.29%。排摸出租房屋41563户，发现安全隐患44062个。开展出租房屋安全宣传，提高群众消防意识。整治非法幼托机构，通过新设看护点、就地改造提升、就近进入公办幼儿园等，实现全市托幼机构“零无证”。全年取缔关停无证无照网吧52家、非法行医场所5家、非法燃气灌装点158家、非法加油站（店）13家、无证无照易燃易爆有毒物品经营场所178家、无证无照食品生产经营场所588家，拆除用于出租的违法建筑1190户，整改直管公房563户。

抓好维稳安保。强化政法合力，做好安保工作。拟订实施《世界互联网大会乌镇峰会安保方案》，安保科技支撑投入930万元，建立安保指挥部，落实安检服务外包。与周边省、市及兄弟县市信访、维稳、反恐无缝对接，确保首届世界互联网大会“护城河”工作扎实有效。把桐乡市域稳控工作划分为核心、警戒、控制、稳控和护城五个区，分区确定牵头领导、工作组。专门抽调公安武警消防战士、协勤、民兵预备役战士、社会力量、浙江警察学院学生等，全力做好乌镇西栅景区及控制区的安全保卫工作，确保首届世界互联网大会顺利举行。

夯实基层基础。市、镇两级配套专项经费，将基层社会治理工作纳入年度平安综治考核。强化社会服务管理中心规范化建设，加强网格管理员队伍建设，根据全市1391个网格的不同情况，采用“一格多员”“多格一员”和“网格四员”模式，做深做实“网格化管理、组团式服务”工作。至2014年年底，全市有网格管理员1687名，其中专职网格管理员332名，组建专业服务团队197支。落实专职网格督导员8名，通过经常性异地交流、抽查台账资料、走访基层干部群众等方式，加强督导各村（社区）的网格化管理工作。开展“专业知识大学习、岗位技能大练兵、网格民情大比武”活动，评选出百名优秀网格长，提升网格长队伍素质和服务能力。利用网格化工作信息平台，对接各职能部门，及时收集解决基层反映的问题。平安村（社区）创建与系统平安创建相结合，对照“行业型”“区域型”和“整治型”三种类型，抓实抓好33项系统平安创建。厘清村（社区）76项职责清单，推动基层依法自治。开展平安大巡防活动，加大平安宣传力度，建立平安家庭积分制，结合“平安综治双月宣传”和“平安建设主题宣传月”活动，组织网格长、网格管理员和平安志愿者，定期深入新居民集居区、工厂、学校和医院等，发放平安建设倡议书，进一步提高群众对平安建设的知晓度和参与度。

是年，桐乡市政法各部门工作成效显著，市委政法委社会管理综合治理委员会被评为2012～2013年度全省综治先进集体，市委政法委打造平安桐乡活动领导小组办公室被评为2004～2013年度省级平安创建工作先进单位。市委政法委书记蒋惠玲被评为2012～2013年度全省社会管理综合治理先进个人。市公安局获“嘉兴公安机关优秀公安局”称号，分别被浙江省公安厅和嘉兴市人民政府授予集体二等功。市人民检察院被最高人民检察院评为全国检察机关“文明接待示范窗口”。市人民法院被省高级人民法院授予集体二等功。市司法局被评为省社区矫正工作先进集体。

市委政法委根据上级统一部署，结合桐乡实际，在全市政法系统中继续组织开展“百名政法干警联网格送服务”活动和政法系统“系列十佳”及人民满意先进集体、先进个人评选活动，评选出“十佳调解能手”“十佳办案能手”“十佳执法标兵”“十佳政法辅助人员”和“十佳综治维稳队员”，评出人民满意先进集体10个、人民满意先进个人17个。

（姚晓青）

政府法治

【概况】 2014年，桐乡市法制办根据《国务院关于加强法治政府建设的意见》和《浙江省法治政府建设实施标准》的要求，围绕法治政府建设，履行各项职责，服务于行政执法体制转变和社会管理创新，保障政府、部门依法行政。坚持政府常务会议会前学法制。在全市行政执法部门法制例会上，市法制办主任领学，各行政执法部门交流探讨学习。出台《关于进一步完善行政执法责任制的意见》，整理确定市政府常用执法权力75项、通用权力12项，分解落实执法责任，实现权力行政向责任行政转化。修订完善《桐乡市依法行政指标体系》，合理修改指标比重，单列依法行政满意度评估指标，激发各行政机关依法行政的自觉性和主动性。加强规范性文件审查，市法制办全年审查规范性文件48件，逐一出具《合法性审查意见书》，并向桐乡市人大、嘉兴市政府同步备案，做好12件部门制发规范性文件的备案工作。清理38个责任部门的243个规范性文件，决定保留200件，失效12件，废止31件。把好法制关，参与清理行政许可与非行政许可，梳理、审定便民服务事项798项，新增203项。参与审查、审核权力清单，为打造阳光政府打好基础。联合市纪委（监察局）开展现场执法检查，听取被检查单位对执法工作的意见、建议，市政府领导带队向检查单位单独反馈检查情况，提升执法部门的执法水平。评查全市行政许可、行政处罚案卷，入围案卷进行PPT现场讲解，评出2014年“双十佳”执法案卷。提升执法人员执法水平，市场监督管理局的183名执法人员参加统一培训和专业资格考试。重视矛盾化解，办理市政府行政诉讼2件、行政复议14件，其中3件行政复议案件采取听证方式审理。开展市政府部门负责人出庭应诉工作，指导办理行政诉讼案件11件。新建专业性调解组织4个，全年受理行政调解4615件，调解成功4547件。

【成立市政府法律服务团】 2014年，桐乡市制定实施《关于全面建立桐乡市三级法律服务团制度的实施意见》，成立市政府法律服务团，为政府关停企业、整治非法托幼机构等重大执法活动提供法律咨询服务。浙江省社科院副院长陈柳裕、浙江大学法学教授章剑生、浙江传媒学院公共关系学教授马志强、有关部门的7名分管领导以及5名律师组成首届市政府法律服务团。8月1日，市政府法律服务团召开第一次会议，省级专家及律师代表就如何促进政府运用法治思维和法治方式解决好各种矛盾提出意见建议。年内，市政府法律服务团参加市领导召集的法律咨询会、分析论证会、协调会以及市法制办组织的涉法风险评估、案件评议、协议谈判、合同审查、信访接待事务等合计39个次。

（赵云飞）

公　安

【概况】 2014年，桐乡市公安机关围绕经济社会发展大局，紧扣“狠抓落实、稳中求进”工作主基调，积极履行公安职能，全力维护社会治安稳定。主动参与社会维稳工作，滚动排摸涉稳隐患，上报不安定因素1100余个，妥善处置涉稳涉众群体性事件20起。依法打击各类犯罪活动，破获各类刑事案件4166起、经济案件113起，命案破案率100%，移送起诉犯罪嫌疑人1933名。组织开展治安巡逻、设卡检查和治安清查等，加强对旅馆业、娱乐服务场所、电子游戏场所、网吧等重点行业、场所的管理，依法查处治安违法行为和涉赌、涉丑、涉毒违法案件，破获黄赌毒刑事案件154起，对321人采取强制措施。加强查处环境污染案件，依法查处环境污染刑事案件15起。做好常住人口和外来流动人口管理，登记常住人口68.67万人、外来流动人口40.83万人。开展道路交通安全管理工作，全年发生交通事故306起，死亡60人，受伤292人，直接经济损失210.47万元，分别比上年下降10.53%、10.45%、12.05%和10.04%。组织开展消防安全检查、消防监督管理和灭火救援工作，全年接报火警1002起，死亡3人，受伤2人，直接经济损失524.38万元。

【开展"两打两保"春季行动】 2月14日～5月31日，市公安局开展"两打两保"春季专项行动。该专项行动以"打盗抢保民生、打黄赌保民安"为主要内容，其间，全市发生侵财刑事案件1251起，同比下降4.9%，破获侵财刑事案件217起，打击犯罪嫌疑人115名，移送起诉65名。破获涉黄涉赌刑事案件18起、治安行政案件117起，采取刑事强制措施69人，治安处罚465人，没收赌博机352台。

【组建应急处突小分队】 3月，市公安局组建两支应急处突小分队，每天安排4名民警、9名协勤，配备2辆巡逻车，按照"2＋3"(2名民警、3名协勤)模式，在特定区域开展全天候、常态化武装巡逻。每个巡逻小组配备一定武器警械，巡逻队员统一着防弹(刺)衣。年内，出动巡逻力量2100余人次，盘查2000余人次，有效处置"酒(武)疯子"闹事2起，解救人质1名。

【开展打击整治传销集中行动】 4月23日～7月31日，市公安局在全市开展打击整治传销行动。将查禁传销活动纳入社会治安综合治理考核，深入开展创建"无传销社区、无传销乡镇、无传销校园"活动。发动村干部、社区干部、小区物业，全面调查摸底辖区内的出租房屋，核查租房信息和流动人口信息，发现掌握非法传销窝点的源头信息。集中清查重点区域，依法取缔非法传销窝点12个，解救受骗受困人员340余名，依法遣散110余名。

【深化社区警务工作】 9月，市公安局在全省率先成立县级公安机关"直属警务室"，抽调10名机关民警，会同辖区派出所民警排查基础信息，按照"街不漏户、户不漏人"原则，逐街、逐店、逐户、逐人开展排查，精准采录基础信息。年内先后在文华小区、永兴小区挂牌成立"直属警务室"。以全市法治、德治、自治"三治合一"建设为契机，创新新居民自治，组建新居民义务巡逻队，聘请新居民管理员，协助公安机关抓好新居民集聚区内矛盾纠纷化解和巡逻防控等工作。建立流动人口"以房管人、以证管人、以业管人"工作模式，率先在文华小区试点推广"二维码"管理，通过移动警务通对"二维码"的扫一扫、查一查，快速掌握各类基础信息。

【开展道路交通"纠违治危"专项整治行动】 5月21日～12月31日，市公安局组织开展道路交通"纠违治危"专项整治行动。严查酒后驾驶、闯信号灯、飙车、超载超速、违反禁令标志等交通违法行为。组织开展"零点行动"和"禁酒驾"专项整治行动，全市形成严管严查态势。开展"降速"行动，利用交通智能监控系统、测速设备等，进行定点测速、流动测速，严查超速违法行为。开展七类交通违法行为统一行动等，加强检查客货车、危险品运输车、工程运输车等。其间，查获各类交通违法行为9338起，其中酒后驾驶422起、醉酒驾驶31起、超员超载179起。排查各类车辆3866辆，其中营运客车695辆、危险化学品运输车151辆、中型以上载货汽车829辆、农村面包车2191辆，查处5次以上违法未处理机动车999辆。

（姚　杰）

检　察

【概况】 2014年，桐乡市人民检察院践行"强化法律监督、维护公平正义"工作主题，履行法律监督职责。依法批准逮捕污染环境犯罪嫌疑人26名，立案监督2人。查办侵犯知识产权、合同诈骗、金融诈骗、生产销售伪劣商品等破坏社会主义市场经济秩序犯罪38件56人。依法受理提请批准逮捕各类刑事案件

792件1134人，移送起诉1262件1878人，经审查，批准逮捕905人，提起公诉1705人，移送嘉兴市人民检察院和其他院审查起诉24件49人，从快批捕重特大刑事案件61件77人。加强刑事立案监督和侦查活动监督，监督立案10件20人，监督撤案3件5人，书面纠正严重违法情形5件。开展羁押必要性审查，建议变更强制措施13人，全部被采纳。加强对刑事审判和刑罚执行场所的监督，重视审查客观性证据，与市公安局、市人民法院联合出台《关于进一步加强客观性证据收集和审查工作的若干意见》，排除非法证据1例。依法出庭支持公诉1162件，提出抗诉2件，提请抗诉1件，全部获改判。重视追究遗罪漏犯，追诉漏罪4个，追诉漏犯12人。考察监外执行等五种罪犯1100余人次，审查呈报减刑91人，纠正不符合减刑条件的罪犯及调整减刑期限10人。加强民事审判监督和行政诉讼活动监督，提请嘉兴市人民检察院抗诉2件，向市人民法院发出再审检察建议3件，均获改判或改变原判决结果。向市人民法院发出审判监督检察建议11件，向执法机关发出执法监督检察建议6件，其中16件得到采纳。推进惩防体系建设，依法立案侦查职务犯罪案件15件17人，其中贪污3人、受贿6人、挪用公款2人，滥用职权5人、动植物检疫徇私舞弊1人，内含科级以上干部6名、现职副科级领导干部1名。集中查处涉农资金补贴环节职务犯罪系列案件，涉案12人。深化职务犯罪预防，开展“零距离”警示教育，会同市纪委、市人民法院组织有关人员旁听相关案件的庭审。以预防职务犯罪为主题，拍摄微电影——《迷途难返》，举办廉政公益海报巡回展。化解基层社会矛盾，全年受理首次举报信访115件，接待群众来访143批223人，初查查结举报线索8件，立案复查刑事申诉案件7件，实现涉检信访赴省、进京“零上访”。市人民检察院控告申诉检察科连续第三次被最高人民检察院评为全国“文明接待室”。

【初步形成“室、站、点、员”四位一体工作网络】　2014年，市人民检察院以基层检察室为平台，探索服务基层、服务群众新方式，探索建立联系点、联络站。5月13日，嘉兴市首个检察联系点——市人民检察院濮院检察室永越村联系点挂牌运行。至年底，市人民检察院在乌镇镇、龙翔街道设立检察联络站2个，在乌镇景区、濮院羊毛衫市场等人口密集场所设立检察联系点25个，初步形成“室、站、点、员”四位一体工作网络。第一时间搜集基层群众诉求，参与矛盾纠纷的排查和化解。

【成功办理全省首例跨省协作支持起诉案件】　2013年4～7月，熊某等6名原告（重庆人）受雇于沈某（浙江桐乡人）位于新疆维吾尔自治区伊宁县的“富民安居房”工地。其间，沈某未能按期支付劳动报酬，向熊某等人出具欠条两张，载明欠熊某等人工资共计8万余元，承诺于2013年10月30日前付清。但后又以“无力支付”为由拒付。2014年4月，熊某等人请求重庆市武隆县人民检察院帮助追讨拖欠的工资，当地检察院考虑到本案地域的特殊性，请求桐乡市人民检察院予以管辖。市人民检察院接案后立即与武隆县人民检察院沟通联系，协作办理该案。4月底，依法向桐乡市人民法院递交支持起诉意见书。市人民法院及时立案。5月30日，该案调解结案。被告人沈某在市人民检察院和市人民法院等多方调解下与熊某等6名原告达成协议，被告2014年12月1日前分四次支付所欠工资8

嘉兴市首个检察联系点揭牌　　市人民检察院提供

万余元，并补偿原告交通费2000元。该案跨重庆、新疆、浙江，系浙江省首例跨省协作支持起诉案件。

【办结嘉兴市首例虚假劳动仲裁案件】 6月上旬，市人民检察院在办案中发现桐乡某时装有限公司利用国家对劳动者的特殊保护，通过将公司法定代表人个人负债计入员工工资、公司经营过程中应付往来款计入员工工资、虚报行政人员工资数额等途径，虚构约150万元债务，以虚构事实、证据方式提起虚假仲裁，意图将普通债权变为优先债权，致使仲裁部门受蒙骗作出错误仲裁调解。市人民检察院依法建议桐乡市人事争议仲裁委员会重新审查并仲裁申请人王某等119人与被申请人桐乡市某时装有限公司劳动工资争议案，市人事争议仲裁委员会依法审查后决定撤销之前所作的仲裁调解书。

【未成年人刑事检察科获“嘉兴市三八红旗集体”称号】 11月，市人民检察院未成年人刑事检察科被评为“嘉兴市三八红旗集体”。该科室成立于2011年11月，三名科室成员均为女性。科室成立以来，坚持结合检察职能抓维权，延伸帮教抓预防，完善捕、诉、监、防“四位一体”办案模式，层层推进未成年人刑事检察工作。2014年，市人民检察院与市人民法院、公安局、司法局等联合出台《关于办理未成年人刑事犯罪案件社会调查的实施意见》和《未成年人犯罪记录封存实施办法(试行)》等，进一步探索未成年人法律援助、补偿救济、心理干预等，健全刑事案件未成年人全方位综合预防保护体系。贯彻“教育、感化、挽救”方针，落实对未成年犯罪嫌疑人的慎捕慎诉原则，加强逮捕必要性审查，坚持“可捕可不捕的坚决不捕、可诉可不诉的坚决不诉”。年内，市人民检察院依法不批准逮捕13人、不起诉10人(含附条件不起诉3人)，封存犯罪记录219件，最大限度降低刑罚对未成年犯罪嫌疑人造成的不利影响。建立不捕、不诉未成年犯罪嫌疑人回访考察机制，回访考察20余次，通过与其面谈、到基层司法所了解情况等措施，进一步评估未成年犯罪嫌疑人帮教工作成效，跟踪掌握未成年犯罪嫌疑人回归社会后的思想动态、日常表现。未成年人刑事检察科在开展各项常规工作外，还积极投身社会，服务群众，构筑少年儿童和谐成长环境，帮助失足少年走出阴影，关爱贫困残障少年儿童成长。

(凌哲婕)

审　判

【概况】 2014年，桐乡市人民法院履行审判职责，提升司法公信力。宽严相济，惩治犯罪，贯彻实施新修改的《中华人民共和国刑事诉讼法》。受理刑事案件1327件，审结1219件，判处被告人1642人，其中审结“两抢一盗”“黄赌毒”等危害社会治安犯罪案件638件972人，审结涉民生犯罪案件22件60人，审结贪污、贿赂、渎职等职务犯罪案件15件16人，547名符合条件的被告人依法适用缓刑。强化刑事司法人权保障，通知法律援助律师为255名被告人出庭辩护。坚守罪刑法定、证据裁判、疑罪从无等原则，严格非法证据排除，邀请侦查人员出庭2次，裁定准予检察机关变更和撤回起诉2件。执行新修改的《中华人民共和国民事诉讼法》，最大限度化解社会矛盾。受理民商事案件8869件，审结8105件，分别比上年上升11.14%、9%，结案标的20.36亿元。保障民生权益，审结涉人身损害、劳动报酬、婚姻家庭等案件合计4220件。维护市场主体的合法权益，审结买卖、承揽、担保等商事案件3851件。坚持调判结合化解矛盾，72.18%的案件通过协调撤诉解决，对不宜调解、调解不成的案件依法及时作出裁判。积极促进依法行政，实现保护相对人合法权益与促进政府依法行政的有机统一。受理行政诉讼案件17件，审结17件，分别上升70%和183.33%，其中80%的案件争议得到实质性化解。落实“裁执分离”工作机制，依法审查行政非诉执行案件284件，准予强制执行188件。完善行政首长出庭应诉制度，行政首长出庭应诉率100%。综合治理执行难题，受理执行案件3350件，执结3016件，执结标的6.11亿元。加大对失信被执行人的惩戒力度，全年向社会曝光被执行人166名，上报“失信被执行人名单库”2707人，司法拘留107人。落实24小时值班备勤制度，布控查控37人，执结案件45件，到位380万元。加强金融债权司法保障，执行化解银行不良资产5800余万元。继续推进网络司法拍卖，建立网拍不动产按揭贷款和产权预登记机制，网拍77件，成交率超90%，总成交额3亿元，为当事人节省佣金600万余元。完善便民利民举措，在嘉兴市率先建成诉讼档案电子标签智能管理系统，实现档案安全高效管理和自主查询。新设濮院人民法庭，方便当地群众诉讼。发挥高桥“法官之星”调解室作用，开展巡回审判50余次。发挥人民法院在“三治”建设中的重要作用，支持人民调解工作，确认人民调解协议400余份，向政府部门和企事业单位发出司法建议4份，反馈采纳率75%，选派14名干警参与全市三级法律服务团，参与村镇依法治理。

【开展案款管理电子化改革】2014年，市人民法院在全省率先开展案款管理电子化改革试点。拓宽缴退费渠道，当事人可通过银行柜台、网上银行、自助通、惠农通、微信、支付宝等进行缴费，退费方式也在原有“现金”和“支票”方式基础上，增加了“银企直联”方式。同时，新系统严格按照银行提供的“虚拟账号”交款，整个过程以“一案一人一缴费账号”模式收款和退费，确保每笔进账款项案件信息完整，收费、退费信息一目了然。12月，市人民法院案款电子化改革试点工作通过省高级人民法院验收，成为全省首批实行电子化案款管理的法院之一。

【加强未成年人刑事审判】 2014年，市人民法院新设未成年人审判庭，专门审理未成年人犯罪案件69件。年内，出台《涉案未成年人心理干预实施办法》，对未成年犯罪嫌疑人、被告人、被害人以及与案件有关的其他未成年人进行心理干预和辅导，保护未成年人身心健康。落实未成年人犯罪记录封存制度，清理封存58件未成年人刑事档案。贯彻落实合适成年人参与刑事诉讼制度，对监护人无法出席陪同的未成年被告人，邀请合适成年人陪同。

【判决桐乡市首起污染环境罪】2月19日，被告人严某未经审批在桐乡市高桥镇毛水浜村庙河西6号开设电镀加工点，私设暗管未经处理直接向周边河道排放电镀污水。2月25日严某被依法查处。经环保部门检测，其非法排放的电镀污水中，重金属铬、锌含量均超过国家电镀污染物排放标准三倍以上，严重污染环境，严某行为已构成污染环境罪。5月9日，市人民法院以污染环境罪判处被告人严某拘役4个月，并处罚金1.5万元。此案系市人民法院审理的首起污染环境罪案件。市人民法院通过门户网站、官方微博等直播了该案的庭审。

【作出嘉兴市首个行为保全】4月4日，市人民法院在审理一起离婚纠纷案件过程中，根据原告申请和提交的证据，对被告舒某作出行为保全裁定，禁止被告以骚扰、跟踪、威胁、殴打方式侵犯原告人身权利，侮辱、毁坏原告名誉，擅自处置、毁损较大价值夫妻共同财产。同时，向市公安局屠甸派出所发出协助执行通知书，要求保护原告人身安全，监督被告行为。此案系实施修改后的《中华人民共和国民事诉讼法》以来，嘉兴市首例在审理中作出行为保全民事裁定的案件。

【开展涉民生案件专项执行行动】1～4月，市人民法院开展涉民生案件专项执行行动，重点解决欠薪、房屋租赁、追讨抚养费等案件的执行难题。坚持“执行程序穷尽、执行措施穷尽、财产线索穷尽和执行方法穷尽”原则，利用与公安、地税、电力、水务等部门的执行协作机制，加强查控被执行人。专项执行行动执结涉民生案件1000余件，执行到2752余万元。其中“香港城”系列执行案件被执行人浙江厚源商业发展有限公司主要股东林某执行到2000余万元，用于偿还厚源商业公司所欠业主的租金。

（吕佳瑜）

执行干警在为农民工发放工资　　市人民法院提供

司法行政

【概况】 2014年，桐乡市司法局履行司法行政职能，推进公共法律服务体系建设，为建设“平安桐乡”和“法治桐乡”积极发挥作用。健全公共法律服务站点，建立市、镇(街道)、村(社区)三级公共法律服务中心(站、室、窗口)，为群众提供“一站式”法律服务。深化法律顾问制度，服务于经济转型升级、法治桐乡建设和基层民主自治。市公证处办理各类公证7168件。深化“六五”普法工作，深入开展法律“十进”(进机关、进乡村、进社区、进学校、进企业、进市场、进单位、进家庭、进工地、进新居民集居区)活动，对重点对象和重点领域加强法制宣传。推进镇(街道)法治文化广场(公园)、长廊等阵地建设，实现法治文化与地方特色文化、机关文化、校园文化、行业文化、群众文化的有机融合，创建一批法治文化示范点，打造特色“法治文化茶馆”。年底，该项目被评为嘉兴市司法行政工作创新项目。培育“民主法治村(社区)”“诚信守法企业”和“依法治校示范单位”，提升基层民主法治水平。4月，评定表彰新一轮“依法治校示范单位”23个。至年底，全市有全国民主法治示范村1个，省级民主法治村(社区)12个、嘉兴市级77个、桐乡市级104个，嘉兴市级诚信守法企业6家、桐乡市级14家。年内，崇福、大麻、洲泉、河山、经济开发区、龙翔等6个司法所创建新一轮浙江省星级规范化司法所。崇福司法所、大麻司法所被省司法厅命名为四星级规范化司法所，龙翔司法所、洲泉司法所、河山司法所被命名为三星级规范化司法所。构建人民调解专业化格局，打造集人民调解、司法调解、行政调解于一体的矛盾纠纷化解平台，深化专调、诉调、检调、警调、访调、援调和律调“七位一体”建设。全年全市各级人民调解委员会调处各类矛盾纠纷7879件，调处成功率99%。完善法律援助服务站点，设立法律援助专项资金，推行律师全天候值班制，组建劳动争议、人身损害赔偿、婚姻家庭、刑事辩护(代理)和综合指导等法律援助服务团，在法律援助案件办理中引入“准入制”“退出制”和“承包制”，降低法律援助门槛，为涉及工伤、讨薪等案件开启“绿色通道”，提高法律援助服务质量。全市建有法律援助站41个、法律援助联络点211个，全年办理法律援助案件833件，提供法律咨询2817次，挽回经济损失1991.3万元。规范社区矫正执法监督，健全市、镇、村三级社区矫正监管网络，成立市社区矫正执法大队和社区矫正指挥中心。排查管控社区服刑人员，动态分析社区矫正安全稳定形势，市司法局每月组织司法所走访社区服刑人员，排查重点对象，首届世界互联网大会召开前夕，集中走访在册社区服刑人员。联合开展社区矫正执法督查3次。落实帮教安置工作，深化监(所)地共建，与乔司、南湖、长湖、六监、女监签订联合帮教协议，年内赴监狱开展延伸帮教活动5次。新接收社区服刑人员485人，期满解除矫正450人，年底，在册社区服刑人员530人，脱管漏管率在1.5%以内。归正人员1999名，安置率99.4%，帮教率99.5%，重新犯罪率1.2%。

【深化法律顾问制度】 2014年，桐乡市推进法律顾问组团式服务，建立市、镇、村三级法律服务团100个，其中市政府法律服务团1个、专项法律服务团5个、镇级法律服务团14个、村级法律服务团80个。推进实施行业法律顾问制度和企业法律顾问制度，引导医疗机构依法解决医患纠纷，引导规模以上企业依法经营。推进商会法律顾问建设，市司法局与工商联(总商会)联合成立民营企业法律服务中心，为非公有制企业法律维权搭建平台。深化村(社区)法律顾问制度，实现“两至三个村一个法律服务团、一村一社区一法律顾问”。是年，法律顾问为政府(部门)重大决策提出法律意见和建议78条，开展法律咨询39场次；走访企业670家次，出具法律意见书或风险提示408份，参与调处矛盾纠纷195件，代理诉讼(非诉讼)323件；帮助修订、完善村规民约等51份，提出法律意见建议152条，参与调处矛盾纠纷63件。

【建立市社区矫正指挥中心】 2014年，桐乡市发挥监管、教育、帮扶三个信息管理平台的作用，成立市社区矫正指挥中心，形成“一中心三平台”管理模式。该中心总投资约100万元，面积400余平方米，12月建成运行。设有视频监控室、教育室、宣告室、检察室、远程视频帮教室、入矫室、心理咨询室、谈话训诫室等，能实时在线开展执法管理、视频指挥、巡查督察、应急处置、监督管理、教育矫正和社会适应性帮扶等工作。该中心聘有国家二级心理咨询师9名、三级心理咨询师5名。

(周 丽)

教　育

概　述

2014年，桐乡市有各级各类学校、幼儿园106所。其中全日制高校1所、成人高校2所、普通高中5所、中等职业学校2所、义务教育学校55所、特殊教育学校1所、少体校1所、幼儿园39所，注册学生11.49万名，在职教职工9132名。年内，市教育局被评为浙江省教育科学和谐发展业绩考核优胜单位、省卫生先进单位、嘉兴市安全生产工作先进集体。年度财政性教育经费预算9.98亿元，比上年增长7.9%。小学生均公用经费2208元，初中生2460元，均超过省最低标准30%以上。市中山小学纳入桐乡市实验小学教育集团，组建濮院小学教育集团，筹建濮院茅盾实验小学，设立高桥新区中心学校和中心幼儿园，缩小城乡教育发展差距，达到资源配置优化。推进教师进修学校改扩建、桐乡三中、濮院小学翔云校区迁建等项目建设。义务教育学校标准化率89.1%，中小学心理咨询室、卫生室（含保健室）实现全覆盖，义务教育民办学校多媒体班套比（班级数与多媒体套数之比）达到1∶1以上，教育计算机网千兆宽带学校接通率96.7%。推进“交通安全保障试点工程”“十万学生饮食放心工程”和“平安智能校园专项建设工程”，实现人防、技防、物防全覆盖。

学前教育、基础教育、成人教育、高等教育、社区教育和职业教育等各类教育健康、协调发展。2014年，学前三年幼儿入园率99.4%、义务教育入学率100%、在校生巩固率100%、“三残”（智残、体残、肢残）儿童入学率100%、初中升入高中段比例99.5%、十五年（三年学前教育、九年义务教育及三年高中教育）教育普及率99.8%。高考文理科一类上线806人（文科198人，理科608人），上线率17.99%，比上年提高1.49个百分点，上线人数年增加68人，增长率9.2%。

在省内率先实施《新一轮三年行动计划》，新增嘉兴市学前教育示范镇1个，省二级幼儿园3所，核增事业编制教师30名。推进托幼机构联合整治，依法取缔关停无证托幼机构68所，整改提升4所，备案兴建学前儿童看护点13个，有效消除托幼机构安全隐患，促进学前教育健康有序发展。

义务教育实现新发展。坚持“阳光招生”，巩固市区学校学区划分“零择校”成果，开展中考

8月27日，市委书记卢跃东出席托幼机构整治会议　市教育局提供

保送生制度、民办学校招生等教育热点工作。推进“一校一品”(一所学校形成一个个性化的教育特色)工程,抓特色学校创建、学科基地建设和学校体育艺术工作。年内,新增省绿色学校2所,新命名市级特色学校4所、校园文化特色示范学校10所、非遗传承教学基地6个。成立桐乡市特殊教育指导中心,推进个别化教育和送教上门工作,开展资源教室建设试点工作,启动残疾人职业教育基地建设项目,推动特殊教育由义务教育向学前教育和高中阶段职业教育两头延伸,实施新居民子女积分制入学管理办法,在校新居民学生比上年减少3079人,下降12.2%。

普高教育实现新跨越。深化普通高中课程改革,以特色办学为导向,推进普通高中多样化发展,桐乡市高级中学被评为首批“浙江省一级普通高中特色示范学校”,凤鸣高级中学、桐乡一中被评为“浙江省二级普通高中特色示范学校”。

职业和成人教育实现新突破。筹设桐乡市技师学院,推进省中等职业教育现代化建设工程,桐乡市职教中心针织工艺(羊毛衫制作与工艺)专业被评为“2014年省级中职特色(新兴)专业”。加强专业、师资、课程、基地等工程建设,单考单招考试和职业技能大赛连续取得突破,桐乡综合中等专业学校获“全国秘书技能大赛团体一等奖”,桐乡职教中心学生于晓琴获“全国技能大赛银奖”。完善三级成人教育网络,推进扫盲和社会培训工作,全市12所镇(街道)成人学校(街道社区学校)标准化达标率100%,桐乡市被省教育厅审定为“浙江省社区教育示范区”。

基础教育

【概况】 2014年,桐乡市有幼儿园39所,其中市区13所、镇(街道)26所。省一级幼儿园8所,省二级幼儿园14所。在园幼儿23289名。小学27所,在校学生47763名。普通中学33所,其中初中28所(含九年一贯制学校10所),在校学生26445名,普通高中5所,在校学生11887名。高中学校录取新生6003名(普通高中3667名、职业类高中2336名)。完善中考招生制度,加大保送生招生力度,保送生录取实行提前招生,增加保送生招生名额,全市1575名初中毕业生被保送进入桐乡市高级中学等5所普通高中就读,26名考生分别被5所普通高中录取为体育类特长生,5名考生被桐乡市高级中学录取为美术类特长生。高考一本上线率连续6年增长。茅盾中学“中加班”(中国与加拿大联合办学)毕业班学生100%被国外大学录取。执行义务教育阶段学校新居民适龄子女积分入学管理,年内1579人持积分卡申请入学。开展随迁子女接受义务教育后参加高中段学校录取资格审查,369名随迁子女通过审核,全市5所普通高中录取符合条件新居民学生169名。至年底,全市有民办教育机构51所,其中民办中小学4所,在校学生7467名;民办新居民子女学校2所,在校学生3874名;民办幼儿园21所(不包括民办托儿所),民办培训学校27所。

推进“真人德育”实践活动。课题《区域推进“真人德育”的实践研究》结题,“三大主题”(爱己、爱人、爱国)目标板块、“三大平台”(认知推进、应用推动、示范辐射)推进机制、“三大核心”(真学生、真教师、真学校)育德体系等系列成果提炼固化,德育成果《凝聚德育智慧 培育时代真人》结集出刊,“真人德育”渐成品牌。茅盾实验小学评为“浙江省中小学德育基地学校”,成为嘉兴唯一获此荣誉的小学。天女小学陈雪新获“全国希望工程园丁奖”称号;特殊教育学校沈亚香获省首届“最美教师”称号;北港小学教师许丹红获“浙江省

城北小学学生摄影作品《向日葵》获美国《国家地理》全球青少年摄影大赛中国赛区一等奖　　市教育局提供

首批班主任工作室领衔人"称号。振兴西路小学教师计晶在第十三届浙江省少先队争章技能展示活动中获"浙江省辅导员素质技能金章"和"少先队活动说课展示一等奖"。

启动中小学校园文化建设示范单位评选活动，实验小学教育集团北港小学等10所中小学被命名为首批"校园文化建设示范单位"。植材小学口琴节目《水乡童趣》获"第十届亚太口琴节金奖"。中山小学风雅陶笛乐团参加中国民族管弦乐学会陶笛艺术委员会首届北京陶笛邀请赛，获合奏组银奖。城北小学学生摄影作品《向日葵》在"2014美国《国家地理》全球青少年摄影大赛中国赛区"比赛中获一等奖。《浙江日报》以《河山孩子的足球梦》为题，大篇幅报道河山小学校园足球特色。以《彰显办学特色 铸造教育品牌》为题的桐乡基础教育改革实践经验，在浙江省区域推进"轻负担、高质量"联系县第十一次现场会进行交流。

【创建"一校一品"体育特色项目】 2014年，市教育局以"一校一品"体育特色项目校本课程建设为突破口，科学规划全市体育项目布点工作。年内，组织学生参加嘉兴市级比赛，田径、游泳、举重、篮球、乒乓球、武术等优势项目继续领先，其中田径实现三连冠，篮球包揽初高中男女四个组别全部冠军，乒乓球获高中男女两个团体冠军，并代表嘉兴市参加浙江省中学生乒乓球联赛晋级赛，取得男子团体冠军、女子团体第六名，总决赛男子团体第三名的成绩。植材小学率先被浙江省空竹协会命名为"浙江省空竹运动培训基地"。

【组建濮院小学教育集团】 8月，桐乡市首个农村教育集团——濮院小学教育集团成立。集团下设桐乡市濮院小学教育集团毛衫城小学和翔云小学，其中毛衫城小学下辖三个校区，即毛衫城校区、永乐校区和行知校区。年末，《浙江教育报·教师周刊》在头版以《一个农村教育集团的发展样本》为题报道濮院小学近十年发展轨迹。

【开展全市小学低年级段教学与评价改革试点】 2014年，市教育局开展全市小学低年级段教学与评价改革试点，改革和优化期末"统测"内容和方法。全市多所小学形成自己特色：一、二年级期末变考试为考察，成绩不用分数说话，考试科目设成闯关游戏，游戏内容依据课程所要求知识点设置。通过游戏性考核，考查内容全面、形式灵活，有效改变对学生的评价模式。教育行政部门在"统测"之外，有计划地采取"进学校入班级""推门听课"、教学调研、走访座谈等多种途径和方法综合评价学校工作。

实验小学低年级学生以游园活动取代期末考试　　市教育局提供

2014年桐乡市学生参加省级及省级以上竞赛获奖情况

表22

序号	赛事名称	获奖等第	人数(人)
1	2014年浙江省高中学生化学竞赛	二等奖	6
		三等奖	15

续表 22

序号	赛 事 名 称	获奖等第	人数(人)
2	第二十八届中国化学奥林匹克(初赛)(全国奖)	三等奖	1
3	第三十一届奥林匹克物理竞赛浙江赛区奖(全国奖)	二等奖	2
		三等奖	11
4	第三十一届奥林匹克物理竞赛浙江省级奖	一等奖	3
		二等奖	7
		三等奖	11
5	2014 年浙江省高中生物学竞赛(全国生物学联赛)	一等奖	3
		二等奖	18
		三等奖	41
6	2014 年全国高中数学联赛(国家级)	二等奖	5
7	2014 年全国高中数学联赛(浙江省级)	一等奖	6
		二等奖	11
8	2014 年全国"希望杯"数学邀请赛(高中段 国家级)	一等奖	5
		二等奖	9
		三等奖	75
9	2014 年全国"希望杯"数学邀请赛(初中段 国家级)	一等奖	11
		二等奖	32
		三等奖	334
10	2014 年全国高中数学竞赛(浙江省级)	一等奖	9
		二等奖	27
		三等奖	15
11	2014 年浙江省高生研究性学习成果评比	二等奖	2
		三等奖	2
12	2014 年浙江省初中生研究性学习成果评比	二等奖	26
		三等奖	1
13	2014 年浙江省中等职业学校学生护理技能大赛	二等奖	2
		三等奖	2
14	2014 年全国中等职业学校学生护理技能大赛(第四届)	二等奖	1
		三等奖	1
15	2014 年全国文秘专业技能比赛"个人全能"	一等奖	2
		三等奖	1
16	浙江省职业院校数控技能大赛暨全国数控技能大赛(数控车工)	三等奖	1
17	浙江省职业院校数控技能大赛暨全国数控技能大赛(数控铣工)	三等奖	1

续表 22

序号	赛 事 名 称	获奖等第	人数(人)
18	2014 省中职学生技能大赛暨国赛选拔赛(服装)	一等奖	1
		二等奖	2
		三等奖	3
19	2014 全国职业院校技能大赛中职组“晨晓阳·富怡杯”(服装)	二等奖	1
20	2014 浙江省中等职业学校“文明风采”竞赛	一等奖	1
		二等奖	1

职业教育

【概况】 2014 年 8 月,浙江省人民政府批复同意桐乡市人民政府筹建桐乡市技师学院。全市职业教育学校 3 所,其中中等职业学校、技工学校和成人中等专业学校各 1 所。专任教师 623 名、专业课教师 374 名、“双师型”(专任教师中文化课教师之外的专业技能教师)教师 307 名。开设 12 个专业大类 36 个专业。在校学生 9344 名(含技校),招收新生 2907 名,毕业 4124 名。毕业生一次就业率 98.6%,专业对口率 87.4%,双证书取证率 100%。全市职业类学校报考高职考、高考 650 人,上线 615 人,上线率 94.6%。其中本科录取 82 人,有 15 名学生进入全省各专业大类前 100 名,其中 1 名学生获第一名。年内,全市职业类学校在嘉兴市级以上技能竞赛中获奖牌 61 枚,其中国家级 6 枚,省级 15 枚,嘉兴市级 40 枚。争创浙江省中等职业教育现代化建设工程项目(职业教育类)3 个:桐乡市职业教育中心学校针织工艺(羊毛衫制作与工艺)被评为 2014 年“浙江省级中职特色(新兴)专业”;桐乡市综合中等专业学校(桐乡市卫生学校)康复技术产学研联合体被评为“2014 年省级中职教育产学研联合体”;桐乡市职业教育中心学校被评为“2014 年省级中职教育校外实习实训基地”。

成人教育

【概况】 2014 年,全市各镇(街道)成人文化技术学校继续实施劳动者素质提升培训工程,全年组织各类劳动力素质培训 10.79 万人次。继续实施成人“双证制”(即等级技能证书和学历证书)教育培训,1079 人取得成人高中(或成人初中)毕业证。完成农村预备劳动力培训 440 人。2014 年是桐乡市开展新一轮扫盲教育第二年,全年扫除文盲 3695 人。洲泉镇成人文化技术学校被命名为“嘉兴市级示范社区教育中心”。

桐乡市被省教育厅审定为“浙江省社区教育示范区”。至年底,组织实施省市县三级实验项目 40 个,其中省级项目 1 个、嘉兴市级项目 5 个、桐乡市级项目 34 个。启动社区教育特色课程建设,其中浙江省运河文化课程教材《家乡的那条河》由浙江教育出版社出版,嘉兴市级 5 门课程立项建设。全年有 15 篇社区教育论文在省市级刊物发表,6 篇论文获奖,其中省级三等奖 2 篇、嘉兴市级一等奖 1 篇、三等奖 3 篇。

高等教育

【概况】 2014 年,桐乡市有浙江传媒学院桐乡校区 1 所高等学校,校区设有文化创意学院、文学院、管理学院、设计艺术学院和音乐学院 5 个二级学院,开设文学、艺术设计、摄影、会展、公共关系、文化创意、文化产业管理等 23 个本科专业及专业方向。2011～2014 级在校学生 5173 人,教职员工 282 人,其中正高职称 28 人、副高职称 66 人,1 人享受国务院特殊津贴。浙江省新世纪 151 人才工程培养 13 名,省中青年学科带头人 5 名。传媒学院桐乡校区获省部级及以上课题 24 项,获厅局级项目 46 项,各项科研成果 500 多项,发表各类论文 443 篇,出版专著

45部，文学院教师吴斯佳获国家社科基金青年项目1项。校区组织近1200名学生参加各类大赛，获各类竞赛国家级奖项62项、省级奖项100余项。

2014年，校区与桐乡市委、市政府在多个领域、多个平台开展多种形式合作。音乐学院承担的桐乡音乐专题创作项目获多个奖项。文学院承担的桐乡文化系列微电影、桐乡名人剧本创作以及茅盾文学研究三个课题结题。设计艺术学院承担的第三届“徐肖冰杯”全国摄影大赛暨首届“徐肖冰杯”中国大学生摄影双年展吸引全国30余所高校师生参赛。以设计艺术学院为主的专业团队深入桐乡市企业，为企业转型升级和文化品牌建设提供智力支持。校区通过与嘉兴市教育局对接沟通，加入到嘉兴市领军企业联盟中，将校区专业和行业优势辐射至嘉兴市领军企业中，寻求校企合作项目。170余名同学参加首届世界互联网大会服务工作，将学校文化、专业和行业优势融入大会中。文学院结合自身专业学科优势与桐乡地域文化优势，凝练学术团队，联合桐乡市文化广电新闻出版局筹建校级“茅盾研究中心”，组织编撰《新世纪语境下的茅盾多维透视》《茅盾研究年鉴2012～2013》等书，由现代出版社出版发行；与市教育局、市文化广电新闻出版局、市文学艺术界联合会联合举办桐乡市第二届“菊乡文学新苗”现场作文赛。管理学院与浙江省财政厅、衢州广播电视总台等单位合作，完成多个文化产业规划与研究报告，为省级国有文化企业、地方文化产业繁荣发展提供智力支持，选派专业师资到国家广电总局、四川广电集团等10多个省及地方部门开展人才智力服务。

教师队伍

【概况】 2014年，桐乡市各级各类学校教职工11000名，其中离退休教职工1868名。在职教职工中普通中学3536名，职业中学666名，普通小学2739名，幼儿园2114名，电大桐乡学院27名，特殊教育学校35名，少体校15名。至年底，系统内教师取得硕士学历学位262名，全市专任教师学历合格率分别为：普通高中99.9%，职业高中98.6%，初中99.9%，小学100%。高层次学历分别为：初中92.8%，小学95.4%。全年招聘教师171名，其中研究生学历15名、本科学历129名、大专学历27名。开展中小学教师专业发展培训，重点强化全面质量管理，完善教师发展培养机制。市实验小学教育集团北港小学教师许丹红被教育部授予“全国优秀教师”和“全国中小学优秀德育工作者”称号；市高桥镇骑塘中心学校教师蒋利娟被教育部授予“全国优秀教师”称号；桐乡一中石德才、职业教育中心学校沈建树、濮院小学教育集团路茂方、高桥新区中心学校邱国昌被省人民教育基金会授予第二十五届“春蚕奖”；桐乡二中庄志琳和凤鸣高级中学曹冬林被省人民政府授予第十一批“浙江省特级教师”称号；市高级中学教师杨冬晖在第三届长三角地区中小学班主任基本功大赛中，获一等奖；冯杰亮、沈耐作为“省优秀教师中小学师德楷模”受到省教育厅、省人力资源和社会保障厅、省财政厅联合表彰。继续实施“名师名校长工程”，经嘉兴市教育局评选产生第十一批嘉兴市学科教学带头人58名，桐乡市教育局评选市学科教学带头人103名，骨干教师212名。选派凤鸣高级中学王华等5名教师作为省“希望之光”专家团队到云和县开展为期一年半的帮扶工作。

【部署义务教育学校教师校长交流工作】 6月，市教育局与市机构编制委员会办公室、市财政局、市人力社保局联合出台《关于桐乡市义务教育学校教师校长交流工作的实施意见（试行）》，部署义务教育学校教师校长交流工作。交流着眼于校长、教师队伍长远建设，旨在有效促进教师队伍由超编学校向缺编学校、由优质学校向薄弱学校、由市区学校向城镇学校、由城镇学校向农村学校交流。年内196名教师参与交流，其中校级领导18名，骨干教师53名，普通教师125名，通过校长、教师合理流动，扩展优质资源，促进教师发展，让更多学生享受优质均衡的教育资源。

【启动名师奠基工程】 5月，市教育局启动名师奠基工程。首期遴选产生桐乡一中陈国清等13位教师为高端班培养对象，实验幼儿园丁钰芬等116位教师为研修班培养对象。奠基工程计划通过三年时间，培养出一批在桐乡乃至嘉兴市、全省有较大影响力和较高声誉的骨干名师和专家型名师，为桐乡教育高位、均衡、持续发展奠定人才基础。

【健全师德建设长效机制】 10月，市教育局出台《桐乡市教育系统教师从事有偿补课、违规收礼等行为的处理办法(试行)》，明确相关违规行为具体的界定条款和处理措施，从严查处教师有偿补课、违规收礼等行为。健全师德建设长效机制，严格责任追究，开展师德师风大检查和自查自纠工作，自查自纠22件，清退钱款8.4万元，退还实物30件(次)。全年开展全系统教育行为规范暨效能建设检查3次，对检查中发现问题及时通报落实整改；查实通报3所学校5名教师违规行为，责成学校严肃处理。2名挪用公款涉案人员被开除公职。

教育行政

【概况】 2014年，市教育局投入基本建设资金1.6亿元，完成基建项目13个，建筑面积7万平方米。同福初中食堂及风雨操场、大麻中心学校体育馆、永秀小学教学楼、天女小学凤凰路校区实验楼、教师进修学校改扩建工程、濮院小学翔云校区迁建工程竣工，六中西校区综合楼拆建、植材小学民兴校区改扩建工程、桐乡三中迁建工程、少体校综合新建工程、世纪路学校扩建工程进展顺利。

年内，综合督导评估留良小学等8所中小学办学水平。全市38所中小学、幼儿园进行“六五”普法依法治校专项督导，61所学校进行心理健康教育专项督导，37所农村义务教育学校(教学点)进行基本办学条件专项督导，18所学校进行“规范办学行为、减轻学生过重学业负担”专项督导，15所学校进行学校体育工作专项督导。全年受理民办培训学校办学申请3件，许可办学3件。受理民办高中变更申请1件，许可变更1件。受理民办幼儿园办学申请1件，变更申请1件，许可办学1件，许可变更1件。春季教师资格认定65名，秋季对通过国家考试的86人核发证书。

义务教育学校公用经费稳步提高。学校规模700人以内的小学生均公用经费提高到每生每年650元，初中800元。全年安排教育装备专项资金2035.74万元，学前教育经费3000万元，小班化经费补助200万元。完善公共教育经费资助民办教育制度，全年安排民办教育专项经费2187.6万元，其中民办高中经费补助1371.7万元，民办义务教育免课本费和杂费618.5万元，民办中小学安保经费97.5万元，民办幼儿园经费补助100万元。加大对农村教育点经费投入，每个教育点增加投入6万元。全市中小学配备、添置图书27.54万册、计算机2268台、多媒体299套。

完善贫困学生助学体系，抓好扶贫助学工作，不让一个学生因家庭贫困而辍学。年内，幼儿园免保教费和代管费74人次，金额11.6万元。享受义务教育营养餐补助3757人次，金额140.9万元。中等职业类学生获国家助学金821人次，金额61.6万元，免学费18832人次，金额3391.9万元。普高免学费300人次，金额32万元，资助家庭经济困难学生助学金79.4万元，受益1323人次。

【实施幼儿教育民生实事工程】 2014年，市政府实施以幼儿园建设为主题的民生实事工程。屠甸镇中心幼儿园、崇福镇中心幼儿园芝村分园、高桥镇中心幼儿

新落成的濮院小学教育集团翔云小学　　市教育局提供

园、高桥新区幼儿园、凤鸣街道第二中心幼儿园、河山镇中心幼儿八泉分园、乌镇镇中心幼儿园、梧桐街道启新分园8个续建项目建成并投入使用，投入建设资金2476万元，完成计划投资103.3%。大麻镇中心幼儿园、濮院镇第三幼儿园、振东新区灵悟幼儿园、梧桐街道同庆社区幼儿园、安乐幼儿园三期工程、崇福中心幼儿园6所新建幼儿园工程投入资金5690万元，完成计划投资101.8%，其中4个项目提前实现主体结顶，安乐幼儿园三期工程、崇福中心幼儿园易地新建工程进展顺利。

【推进“平安智能校园”建设】 2014年是全市学校“平安智能校园”建设关键年，全市投入建设资金450余万元，加强校园监控系统建设。配备保安468名，实现全市学校全覆盖。60多所中小学校组建172支校园防暴恐应急队伍，860名教职员工成为应急协防队员，投入近50万元配备安保装备。消除校园安全隐患，全年排查教室2894间、师生宿舍2762间、实验实训场所366个、图书馆91间、食堂154间、其他场所287个。开展全市中小学校寒假前后消防安全教育“四个一”（上一堂消防安全知识课，开展一次消防安全检查，组织一场逃生疏散演练，布置一份消防安全假期作业的）活动，60多所中小学校开展“上一堂消防安全知识教育课”，听课率100%。学生与家长共同完成《家庭消防安全自查表》99980份，以家庭为单位绘制“火灾预案与逃生图”80000份、制作家庭每个房间逃生路线图70000张。进行教职员工消防安全技能培训。市教育局向全市教职员工印发《桐乡市学校岗位安全工作指导手册》1万余本，编发《安全工作通报》11期。开展第五届中小学防溺水专项教育活动，印发5000份学生防溺水安全教育挂图。全市4235位义务教育阶段学校教师实地走访71340名学生家庭，重点加强防溺水、交通安全、治安安全等方面的宣传教育。教育局编印《中小学生道路交通安全常识》系列读本1万本，翻印桐乡市《平安宣传》海报1万多份，与交警大队联合开展交通安全征文和黑板报展示竞赛活动，与市气象局联合开展“天气和气候：青年人的参与”气象科普征文活动，全市小学3年级至高中7万多名学生参加活动。至年底，全市115所各级各类学校（含校区）141所食堂中，省A级食堂65所，B级食堂55所。18所学校食堂被评为“嘉兴市餐饮服务食品安全示范食堂”，10所学校食堂被评为浙江省“321示范工程”。

教育科研

【概况】 2014年，桐乡市级教育科学规划（微型）课题立项547项，其中重点课题10项，一般课题262项，微型课题216项，陶行知教育思想研究专项课题24项，学科带头人专项课题35项。嘉兴市级教育科学规划（微型）课题立项151项，其中重点课题4项，一般课题38项，微型课题38项，名师专项课题18项，教改专项课题12项，教育技术专项课题7项，教研员专项课题4项，评价专项课题17项，教育学会重点调研课题13项。省级课题立项17项，其中省教科院规划课题8项，省教研室教研课题9项。浙江省第五届优秀教研成果评比三等奖3项。浙江省教研室“三项教学论文评比”31篇论文获奖，其中一等奖3篇，二等奖12篇，三等奖16篇。嘉兴教育学院“三项教学论文评比”一等奖71篇，二等奖382篇。桐乡市教育教学论文评比一等奖1109篇，二等奖1873篇。落实《桐乡市中小学教师专业发展培训实施细则》，中小学、幼儿园学科教研员组织开展教师专业发展培训项目148项，培训教师10282人次。

【学科基地及教改项目学校建设工作启动】 2014年，桐乡市第二轮“轻负担、高质量”学科基地及教改项目学校建设工作启动。经过市教育局综合考核与评审，确定桐乡市第六中学等14所学校为第二轮学科基地学校，河山镇中心学校等14所学校为教改项目学校，凤鸣同福中心小学等34所学校为第二轮学科基地联盟学校。在第一轮学科基地建设的基础上，形成以学科基地为中心，以教改项目学校为依托，形成全市学校齐参与、全覆盖局面，巩固区域推进轻负担高质量成果。

（陈中华）

科学技术

概　　述

2014年，桐乡市推进科技创新，加快转变经济发展方式，高新技术产业不断发展，优势特色产业巩固提升，以科技创新促转型升级成效显著，第七次蝉联全国科技进步考核先进市。桐乡市获浙江省“党政领导科技进步目标责任制考核优秀单位”称号。根据科技进步统计监测报告显示：全市科技产出综合评价、转型升级综合评价均位列浙江省第10位，位次提前5位；变化情况综合评价列全省第12位，位次提升10位。高新技术企业梯度培育成效明显，全年认定高新技术企业24家，数量居嘉兴市首位，累计64家，创历史新高。企业自主创新能力提升，全年获国家星火计划、火炬计划、国家创新基金等国家级项目11项，浙江省科学技术进步奖2项；知识产权工作再上新台阶，全市专利申请量、发明专利申请量、专利授权量、发明专利授权量四项指标均居嘉兴市首位，通过省级知识产权示范市验收。网上技术市场建设取得新突破，“桐乡市科技大市场”被列入全省首批26家科技大市场试点单位，新增网上技术市场加盟企业168家，网上技术市场交易合同金额8473.5万元，桐乡市获浙江省“网上技术市场先进县(市、区)”称号。推出科技金融贷款“升级版”，新建1000万元科技信用贷款风险池，企业累计获各类科技贷款2.5亿元。完善孵化平台服务体系，孵化企业118家，其中千万元以上企业8家、软件信息及相关企业47家。

市长盛勇军调研科创园区在孵企业　　市科技局提供

高新技术

【概况】 2014年，市科技局加快高新技术企业培育，促进产业结构调整。高新技术企业培育与知识产权申请、科研台账建设、管理制度完善相结合，在全市筛选出100家科技企业形成高新技术企业后备库进行梯度培育。召开全市高新技术后备库企业培育工作会议，对备选企业进行前期整体培训和后期一对一辅导。3家企业入围“高企百强”，数量居嘉兴市首位。规模以上企业累计975家，高新技术产业增加值占规模以上工业增加值的30.9%。新认定省级企业研究院1家，累计4家，认定省级高新技术研发中心、省级农业科技企业研发中心合计9家，累计46家；认定嘉兴市级企业研发中心23家，累计48家；培育桐乡市级研究开发中心107家，累计201

家。培育认定省创新型试点、示范企业各1家，累计10家；培育省科技型中小企业50家，累计185家；培育省级农业科技2家，累计14家；培育桐乡市创新型企业27家，累计90家。重点扶持桐乡市新能源、新材料等新兴产业，获国家火炬计划项目6项，国家星火计划项目2项，国家创新基金项目2项，中欧国际合作项目1项；获省级各类项目8项，省级新产品试制计划406项，争取上级专项补助资金1345万元；支持桐乡市科技项目30项，其中战略性新兴产业项目25项。市级项目"高盐度废水处理系统"，利用物联网技术实现菜厂尾水低成本达标排放，为全市蔬菜行业转型升级开辟新径。

【恒通项目获国家科技进步奖】 1月，桐昆集团公司"恒通年产40万吨差别化聚酯长丝成套技术及系列新产品开发"项目获国家科技进步二等奖，这是桐乡市企业首次获此荣誉。该项目通过桐昆集团与中纺院联合攻关，取得重大技术革新成果。产品以高附加值、高科技含量的阳离子丝、有光丝、细旦异形丝等纤维为主，首创"超大型单线生产工艺技术"。项目产品在2008年全球金融危机时期逆势而上，实现反周期发展，产能达到40万吨/年。该项目实现了多项科技进步和技术创新成果，先后获纺织之光科技进步一等奖、浙江省科学技术一等奖等多项荣誉。

【申报高新技术企业数量增加】 5月，桐乡市出台《关于开展工业企业绩效综合评价加快转型发展的实施意见（试行）》，规模以下企业按亩均税收指标，从高到低，分成A、B、C、D四类，在资源要素配置上实施差别化政策。经认定的高新技术企业，在原评级结果基础上提升一档，在用地、用能、用电、用水、排污、信贷等方面优先扶持，同时享受国家规定的所得税税率由原来的25%降为15%的税收优惠政策，企业申报高新技术企业积极性提高。年内，全市筛选37家企业上报省认定办公室，申报数创历年之最。37家企业中新材料技术领域22家，占申报总数59.5%；高新技术改造传统产业领域6家，占总数16.2%；其他9家企业分别分布在生物与新医药技术、电子信息技术、新能源及节能技术、资源与环境技术领域。

【固特热熔胶有限公司被认定为高新技术企业】 8月，浙江固特热熔胶有限公司收到国家"高新技术企业"证书。通过国家高新技术企业认定是对企业科技创新能力的肯定，在扩大品牌影响力的同时，还能享受10%的减税优惠，为企业未来的研发创新带来动力。该公司已获授权发明专利2项，授权实用新型专利22项，每年实现科技成果转化4～5项。高新产品销售收入每年以30%速度增长。

【桐昆股份科技项目立项】 11月，科技部火炬中心公布2014年国家火炬计划立项名单，桐昆集团股份有限公司研制的科技项目——"超低缩复合水晶麻纤维"即"ITY"获批立项，成为桐乡市2014年列入国家火炬计划的6个科技项目之一。该项目是桐昆集团股份有限公司的攻关项目，已获得国家授权发明专利，具有自主知识产权，项目自主研制开发成功的一系列新产品"舒感纤维"入选中国化纤工业协会2013～2014年中国纤维流行趋势。该项目科技含量高，技术工艺先进，市场前景广阔，处于国内领先水平，符合纤维高附加值差别化、功能化发展方向。这一产品占公司全年销售额的20%左右，在国内外市场上拥有较高的知名度和推广价值。

农业和社会科技

【概况】 2014年，桐乡市科技局派驻第六批14名科技特派员进驻镇（街道），并首次派驻科技特派员团队。来自市级相关部门及嘉兴市农科院的5名专家组成团队，派至石门湾现代农业高新技术园和市运北农业园区助力农业现代化发展。出台《桐乡市科技特派员计划项目管理暂行办法》，特派员计划项目经费从平均分配转向竞争分配。年内，2项特派员计划项目获桐乡市重点科技项目立项，4人次获嘉兴市级优秀科技特派员资格，人数居嘉兴市首位。围绕国家可持续发展实验区32项指标，实施49项示范工程，并通过验收。推动新农村示范建设，省级新农村建设科技示范村元丰村经过一年时间的建设，各示范项目效果显现，有效解决种粮、养蚕、畜禽粪便处理及生活污水处理等难题，通过省厅组织的中期检查。利用"5·12"防灾减灾日活动周，开展防震减灾知识“进机关”“进学校”“进社区”扩大宣传阵地。开展防震减灾科普教育示范基地创建工作，新建教育示范基地1家，累计16家，申报创建嘉兴市级防震减灾示范社区2个。市地震局做好防震减灾监测台站管理工作，获嘉兴市防震减灾工作一等奖。地震台数据采集连续率100%，创建台以来新纪录，在浙江省地震观测资料质量评比中获得流体学科水位（数字）测项和数字前兆台站运行质量两项第一。

【开展平原绿化建设成效评估与结构优化技术研究】 2014年，桐乡市林业站与省林业科学研究院合作开展平原绿化建设成效评估与结构优化技术研究项目。该项目以平原地区不同森林类型生态功能为导向，划分森林类型，提出适合平原区监测指标、方法和技术，构建植物净化、固碳、释氧、生物多样性、森林游憩、景观绿化附加值和森林防灾减灾等7大类14个指标组成的平原绿化成效评估体系。开展主要树种吸收重金属、吸收大气污染物、减噪、滞尘等研究，定量评估桐乡市平原绿化生态效益，为评估全省平原绿化建设价值提供理论依据。

【泥鳅水花苗至寸片苗培育技术见成效】 2014年，桐乡市恒盛泥鳅养殖专业合作社在泥鳅水花苗至寸片苗培育技术研究方面取得新突破。技术人员以自主选育泥鳅为亲本，通过泥鳅亲鳅培育技术、人工催产技术、孵化技术、苗种培育技术、水质调控、病害防治等技术，优化改良方案，形成一套泥鳅繁养流程。通过该技术的应用，泥鳅水花苗至寸片苗成活率提高到30%以上，已申请实用新型专利9项，发明专利1项。

【自创新型葡萄育苗技术】 2014年，桐乡市新农乐园艺农业有限公司建立3个200亩以上葡萄基地，其中核心基地位于濮院镇红旗漾村，全年为周边葡萄种植户输出种苗几十万株。基地管理技术先进，葡萄种苗颇受种植户欢迎。农业专业基地针对常规葡萄地插育苗耗电量大、温湿度难控制、出苗不整齐、与当地种植时间存在矛盾等情况，通过采用大棚自然保温、保水苗床与基质改良等技术创新措施，葡萄营养钵育苗比常规地插育苗提早了移栽时间，在能耗和风险方面更为低廉和可控，新型葡萄种植技术带动农民增收，得到省农科院等水果专家肯定。

【菜厂卤水达标排放可控流】 2014年，高桥镇本土企业浙江中创环保设备有限公司研究出一套含盐有机废水处理系统，解决了蔬菜加工中卤水处理难题。系统集成运用微滤分离技术与脉冲进水技术解决蔬菜加工企业有机废水处理难题，同时利用物联网技术实现人对系统运行全过程精确度的控制，保证污水排放质量。以年污水量4万吨计算，该系统较传统方式年节约电能9万千瓦小时。

【首次实施基层卫生适宜技术成果转化工程项目】 5月，省科技厅、省卫生厅和省计划生育委员会联合公布基层卫生适宜技术成果转化工程重大项目清单、基层卫生适宜技术成果转化工程示范基地和转化医疗机构名单，桐乡市多家医院参与实施。嘉兴市康慈医院牵头实施“抑郁症和老年期痴呆防治技术”推广应用工程。该项目的实施，旨在将现有先进技术和成果向基层医疗机构转化，通过人才培养、现场临床示范培训等手段，拓展先进技术受益面，整体提升基层卫生医疗机构临床诊治水平和能力，为基层医疗体制改革提供技术支撑和服务。在本次项目实施后，示范基地——嘉兴市康慈医院培训组建一支技术骨干团队，在嘉兴地区举办一系列专业培训。培训内容多为抑郁症和老年期痴呆的国内外研究，知识贴近医学临床，及时更新医护人员对痴呆和抑郁症的诊断、治疗和护理知识。

【湖羊颗粒饲料生产技术研究与应用】 9月，桐乡市高桥镇湖羊专业合作社承担的“湖羊颗粒化全混合日粮生产关键技术研究与应用”项目获桐乡市重点科技计划项目立项。湖羊养殖逐步向产业化、集聚化方向发展。传统的“羊草”供应方式跟不上养殖大户的发展需求，该合作社将此前积累的工商资本投入到湖羊饲料开发和产业化中，在省农科院与安徽农业大学合作指导下，经过近5年研究，研发出一套“湖羊颗粒饲料”生产技术，生产出的颗粒饲料能有效提高湖羊生产性能，缩短育肥时间，每只湖羊可增加利润5%，同时自行设计和改良生产机器，尝试产业化生产。

【华腾猪肉成为世界互联网大会指定餐肉】 11月，首届世界互联网大会在桐乡市乌镇镇召开。大会所需食材全部经过严格检验、层层筛选。浙江华腾牧业有限公司生产的华腾猪肉成为世界互联网大会乌镇峰会唯一指定餐肉。华腾牧业有限公司注重科技投入，多次承担实施国家级、省市级科技项目。近年来，公司致力于“放心猪”养殖及供应，聘请比利时饲料协会主席马克·胡恩担任公司技术总监，让欧洲先进养猪模式在桐乡扎根。华腾牧业养猪场里猪舍通风良好，冬天地热保暖，平时消毒杀菌，猪喝的是清洁恒温水，猪群壮实，抵抗力强，不易生病。此次被选作乌镇峰会唯一指定餐肉，是企业依靠科技创造效益的成功范例。

【16项成果获科技进步奖】 12月，嘉兴市科技局公布嘉兴市年度科技进步奖获奖项目，桐乡市16项科技成果获奖励，数量居嘉兴五县之首。其中巨石集团有限公司承担的“透明板材用短切毡”、浙江海得新能源有限公司承担的“2.0兆瓦全功率液冷风机变流器”2个项目获嘉兴市级科技进步奖一等奖，浙江易锋机械有限公司承担的“活塞防旋面的加工方法（发明专利）”项目获二等奖，浙江比华丽电子科技有限公司承担的“基于物联网的太阳能热水工程监测和控制系统”等13个项目获三等奖。

科技合作

【概况】 2014年，市科技局举行“桐乡·上海科技人才项目对接会”，桐乡市委副书记、市长盛勇军率队参加，市委人才办、市科创园相关负责人就8个高新项目进行现场签约。开展第二批“创新驱动促转型、名校硕博进桐乡”活动，来自十所知名高校的68名硕士、博士、研究生进驻32家企业进行难题破解，受到企业好评；与浙江工业大学、浙江理工大学共建研究生实践基地，为企业高层次人才引进打下基础；举办“创新驱动促转型、青年教师进桐乡”活动，首次聘请浙江理工大学、浙江科技学院12名青年教师担任相关企事业单位特聘科技顾问，为全市经济转型升级提供智力支持。新增“浙江农科院环土所·同润养殖固废资源化工程技术中心”“生物医用实验耗材联合研发中心”等13家创新载体，解决养殖固废处理及资源高效利用等难题，累计联合大院名校共建创新载体60家。发挥原有“国家技术转移联盟桐乡工作站”和“浙江理工大学技术转移中心桐乡工作站”两大技术转移平台作用，开展校企难题对接125项。完善科创中心（科技大市场实体）现场服务和浙江网上技术市场桐乡分市场网络服务两大平台，为企业提供成果展示、技术交易、知识产权代理等服务。在市场建设中聚集各类创新资源，促进、完善中介服务体系，新增嘉兴市重点科技中介服务机构4家；出台网上技术市场成交产业化项目管理办法，首次对7个项目进行资金补助。

【养殖固废资源化技术中心建立】 1月，桐乡市同润现代农业科技专业合作社和浙江省农业科学院环境资源与土壤肥料研究所共建的浙江农科院环土所·同润养殖固废资源化工程技术中心揭牌仪式在桐乡市举

8月22日，市科技局举行“桐乡·上海科技人才项目对接会”

市科技局提供

行。浙江省农科院院长助理、研究员孙国昌,市政府党组成员赵季康等出席揭牌仪式。通过中心的建立,双方运用合作社基地、资金、市场优势和研究所人才与技术优势,在畜禽养殖固废无害化处理及资源化利用方面开展技术合作和开发,共同解决困扰桐乡农业社会经济转型升级的畜禽养殖固废问题,实现资源利用高值化,达到科技合作双赢。

【开展印染企业难题调研】 3月,市科技局了解企业在生产中遇到的技术问题与发展瓶颈,结合“五水共治”行动,共同研究解决问题的措施,推动印染企业向节水型、环保型方向发展。深入桐乡市新时代皮草公司、桐乡市鑫诺皮草有限公司、浙江新中和羊毛有限公司、桐乡市中辉皮草有限责任公司等企业,就企业共性技术难题进行调研,在新时代皮草公司,深入生产车间了解毛皮染色流程、废水循环使用工艺,探讨节水型设备研发改造进展。经过不断分析、试验,解决一系列技术难题,使最新研发的节能环保设备节水率达到原设备的90%以上。

【首创病死动物无害化生物处理新模式】 2014年,桐乡市利用蝇蛆无害化处理死畜禽的生态化处理新模式,建立桐乡市恒生动物生物处理中心。该中心采用物理与生物相结合的处理手段,将死猪投入140℃的处理机内密封,经过分切、绞碎、发酵、杀菌、干燥五大步骤,将病原性细菌彻底剿灭。之后添加菌种等辅料作为蝇蛆饲料,通过生物处理收获蝇蛆和有机肥。蝇蛆用来喂鸡及特种水产,有机肥实施还田。整个项目处理过程均在全封闭环境下进行,实现零污染、零排放。至年末,相关项目已获12项专利授权。市政府根据病死动物的收集数量给予处理中心一定的财政补贴,购置病死动物收集车辆享受农机补助政策。该项目总投资2432万元,全年可处理病死猪24万头,产鲜蛆1800吨。

【促进网上技术市场发展】 2014年,桐乡市科技局出台《网上技术市场成交产业化项目管理办法》,管理范围包括全市注册并加盟浙江省网上技术市场的企业。通过网上技术市场,高校、科研院所、非关联企业和个人进行技术成果合作,实现产业化项目。实施网上技术市场成交产业化项目补助政策,凡通过网上技术市场成交合同金额在20万元(含20万元)以上的项目予以实际成交额25%的经费补助,单个项目补助额度为5万～30万元。

【开展名校硕博进桐乡活动】 7月,桐乡市第二届“创新驱动促转型、名校硕博进桐乡”活动启动。浙江理工大学研究生部主任、党委研工部部长徐定华,浙江工业大学研究生院常务副院长徐维祥,桐乡市副市长潘敏芳及部门相关领导,国内十所知名高校的专家教授、进企硕博士及全市对接企业代表等共计150余人参加本次活动。启动仪式上,浙江工业大学、浙江理工大学分别与桐乡市科技局签署《研究生桐乡实践合作项目协议书》,同时举行两校“研究生桐乡实践基地”揭牌仪式。来自浙江大学、华东理工大学等高校的68名硕士、博士研究生带着课题任务进驻32家企业,开展为期1个月的技术服务工作,帮助企业破解技术难题,助推企业创新转型。

第二届硕博进企总结表彰大会　　市科技局提供

知识产权

【概况】 2014年，市科技局加大知识产权宣传与执法力度，利用“4·26”世界知识产权日、知识产权宣传周、知识产权服务进百家企业等开展宣传活动。全年走访基层企业100多家，组织参与国家知识产权知识有奖竞赛单位100多家；在河山镇开展知识产权培训，发放专利基础知识宣传资料100余份。开展专利行政执法专项检查，在乐购超市桐乡店等商品流通企业检查日用品、电器、玩具等商品300余件，对6件涉嫌假冒专利的商品和3件专利法律状态不明确的商品进行拍照登记和取证，共立案9起，查实5起假冒专利案件。提高知识产权创造与运用能力，修订《桐乡市专利专项资金管理办法》，企业申报积极性明显提高，全年专利申请量5535件，比上年增长23.5%，其中发明专利申请950件，增长84.1%；全市专利授权3488件，增长3%，其中发明专利授权107件，增长69.8%。全市专利申请量、授权量、发明专利申请量、发明专利授权量均排名嘉兴首位。全年分两批对2777项专利进行奖励，奖励金额643.2万元。推进专利典型示范，以专利示范企业为重点，实施知识产权规范管理，形成国家、省、市、县四级知识产权示范企业梯队培育机制。全市拥有专利示范企业143家，其中省级专利示范企业14家，嘉兴市级专利示范企业44家，桐乡市级专利示范企业85家；浙江东兴商厦被评为省流通领域知识产权保护示范单位；拥有嘉兴市级专利示范镇3家，桐乡市级专利示范镇6家，3家企业获中国专利优秀奖。

【专利专项资金管理办法修订出台】 7月，《桐乡市专利专项资金管理办法》修订出台，《办法》调整发明专利奖励条件，规定对进入实质审查阶段的国内发明专利奖励4000元，授权后再奖励6000元，实用新型专利每件奖励2000元，外观设计专利每件奖励800元。对获得国外知识产权管理组织授权的发明专利每件奖励3万元，实用新型专利奖励1万元。《办法》还规定对新认定的国家级、省级、嘉兴市级专利示范（优势）企业，分别给予20万元、10万元、5万元奖励。对获得中国专利金奖、中国专利优秀奖的分别给予50万元、20万元的奖励。至年底专利奖励资金643.16万元，比上年增长13.8%。

【蓝印花布防染新工艺获发明专利】 9月，桐乡市蓝印花布有限公司传统蓝印花布物理精细防染新工艺获国家发明专利授权。桐乡传统手工蓝印花布使用的是石灰、黄豆粉作为防染浆（即物理防染法），由于石灰粉末和黄豆粉在用水拌和后颗粒迅速膨胀，颗粒直径往往大于20目（“目”是衡量颗粒大小的单位，目数越小颗粒越大）。传统印花选择型纸镂空雕刻，完美性受到印制条件限制，很难表达材料层次感。该项发明提供一种经水膨胀后颗粒目径小于80目的蓝印花布物理精细防染新工艺，能在保持传统印花工艺精髓的同时，采用嫁接现代印花工具“丝网制版技术和工艺”印制传统材料，使传统材料有层次感，成为蓝印花布传统印花工艺技术上的创新与突破。

【东兴商厦被认定为省流通领域知识产权保护示范单位】 10月，浙江省知识产权局和浙江省商务厅联合发文，认定2014年浙江省流通领域知识产权保护示范单位9家。浙江东兴商厦股份有限公司位列其中。东兴商厦是一家集大型连锁百货、连锁超市、连锁药房、连锁家电、配送为一体的嘉兴地区最大综合性零售商厦。曾先后获“浙江省知名商号”“浙江省服务名牌”“浙江省著名商标”“浙江省消费者信得过单位”等荣誉。公司将知识产权保护管理工作制度和侵权纠纷应对机制纳入企业日常管理体系，公司管理层和员工知识产权意识提高，专利和商标索证制度完善，公司知识产权创造、运用、管理和保护能力增强。

【两企业获中国专利优秀奖】 12月，第十六届中国专利奖授奖项目揭晓，桐乡市中驰化纤有限公司的“纺丝箱体的脱过热加热方法以及实施该方法的系统”（ZL200810121242.0）和巨石集团有限公司的“风能织物用无碱玻纤直接纱的浸润剂”（ZL200910155657.4）获中国专利优秀奖。这是桐乡企业连续第三年获中国专利优秀奖，获奖累计数位列嘉兴首位。桐乡市中驰化纤有限公司的该项获奖专利解决了传统纺丝箱体加热技术在加热效率、能耗以及安全性上的不足，提供了低能耗，控制温度方便、安全性能较高的纺丝箱体脱过热技术；巨石集团股份有限公司连续两年获中国专利优秀奖，此次获奖专利已为企业新增销售8.53万元，实现利润9370万元。

科技创业

【概况】 2014年，市科技局以国家级科技企业孵化器为载体，拓宽招商渠道，引入32项高端项目落户，其中精英计划7项；拥有国家千人计划4人，省千人计划1人，省钱江人才计划2人，嘉兴精英计划20项；拥有在孵企业78家，毕业企业40家，其中软件产业、物联网及相关企业47家，总资产千万元以上企业8家，规模以上企业5家。孵化企业年销售总额3.65亿元，比上年增长10%。完善《桐乡市科技创业服务中心管理办法实施细则》，对在孵企业实行差别化管理，按A、B、C、D四档提供不同待遇房租和经费支持。全年对17个优秀项目拨付种子资金85.8万元，2家企业考核不合格，停拨种子资金并劝退搬离；实施腾笼换鸟行动，清理中心兼并发展过程中的传统企业，6月底前全部搬离，空间让给高质量信息产业项目；推出绿色通道服务高层次人才项目，通过绿色通道服务企业8家，为孵化企业争取各级各类科技项目169项，获资助经费4401万元。2013年度孵化企业税收返还工作，涉及36家孵化企业返还42.14万元，两项均创历史新高。根据《桐乡市中小微企业贷款支持计划》，出台科技金融贷款"升级版"，在原有担保贷款基础上，新推出科技信用贷款、专利权质押贷款等，挑选全市172家企业进入科技型中小微企业贷款支持计划名单，授信总额度9.4亿元，入孵企业可第一时间获得额度内贷款。年内，9家企业获信用贷款1210万元，1家企业获嘉兴市最大一笔专利权质押贷款1000万元，22家企业获担保贷款3370万元，累计38家企业获担保贷款6765万元。加强科创园区建设，科创园拥有开发区和高桥新区两片孵化区域，面积共计12.3万平方米；总投资3000万元，建筑面积1.21万平方米的科技创业园区人防工程通过优良工程验收。

【科技创新助推"五水共治"】 6月，桐乡市科技局、市科协指导石门镇桂花村开展以"疏浚河道、开挖池塘"为主的人文水系工程。初期大部分工程因规模小、分布散、水体不流动等原因导致水体富营养化污染，成为农村的污水面源之一。为响应省"五水共治"号召，解决水污染问题，石门镇科协联合桂花村通过太阳能吸热板和喷泉装置等机械设备加速水体流动，实现美化乡村、减轻污染目标。该项目创新应用太阳能光伏为动力来源，由太阳能电池组件提供系统所需动力，传输给逆变控制装置，把直流电转化成交流电驱动水泵提水，有效解决常规电力驱动装置耗电大、维护成本高、管理不方便等问题，实现系统全自动运行。系统具备人工操作和运行管理方便、项目投资和运行成本低廉等优势。该项目于9月完成，经现场验证，喷泉效果良好，能加速水体流动，减轻水体富营养化污染，达到净化水体目的。

【成立妇女创业孵化基地】 3月，桐乡市妇女联合会与科技局共同打造的桐乡市妇女创业孵化基地在桐乡市科创中心揭牌成立。该基地旨在通过桐乡科创

石门镇桂花村太阳能吸热板装置　　市科技局提供

桐乡市成立妇女创业孵化基地　　市科技局提供

中心这个平台为符合条件的创业妇女解决场地、融资、项目申报和各类培训等难题，用最优的服务、最快的速度、最低的成本，帮助妇女走上创业道路，实现创业目标。入驻企业可享受房租减免、种子资金扶持、科技政策扶持、人才政策扶持等服务，同时还可以享受生产经营所需的场地和办公方面的共享设施。年内，嘉兴起航知识产权代理有限公司、桐乡市天远科技有限公司等20家女性创业企业入驻。

【与华科大共建创业基地】 4月，市委人才工作领导小组办公室、市科技局共同举办"凤栖桐乡·成就梦想"华中科技大学创业校友桐乡人才对接活动，副市长潘敏芳出席会议并致欢迎词。华中科技大学创业校友会30多人参观市科创园、巨石集团、华友钴业等创业平台和先进制造业基地，听取桐乡创业创新环境有关情况介绍，最终与市人才办签订"华中科技大学上海校友会桐乡创业基地协议"，双方就项目、人才、资金、政策等问题作探讨和交流，达成初步意向9个，当场签订入驻协议1个。

【普力隆复合材料公司获国家创新基金扶持】 7月，国家火炬中心公布2014年度国家科技型中小企业基础创新项目立项名单，在孵企业嘉兴普力隆复合材料有限公司榜上有名，获60万元扶持资金。公司立项的碳纤维热塑性复合材料，具有质量轻、强度大、耐高温、耐腐蚀特点，在汽车配件、电子电器等产业中运用广泛。市科创中心累计6个项目获国家创新基金510万元。

【科创平台获国家科技服务项目补助】 8月，桐乡市科技创业服务中心有限公司获国家科技型中小企业科技服务项目资金200万元，成为本年度国家创新基金嘉兴市单项补助最高企业。桐乡市科创中心继2013年被命名为国家级孵化器以来，不断扩充服务内容，拓展服务模式，在科技型中小微企业服务中成效突出。完善内部管理体系，出台《桐乡市科技创业服务中心（科技孵化器）管理办法实施细则》，对入驻孵化中心的科技项目实行差别化管理，从技术、管理、业务、财务四个方面进行评价，对绩效优良的A、B档项目优先扶持，对绩效差劣的C档、D档项目及时整改、淘汰。年内，对新入驻的14个项目进行半年度考核，根据考核结果拨付种子资金78.8万元。为整合外部引进资源，科创中心陆续引进科技创投、科技担保机构、企业研究院、检测服务机构等8家科技中介服务机构，形成完善的综合孵化功能体系。1～6月协助企业申报"创新嘉兴·精英引领计划"项目13个、桐乡市级科技重点项目2个，累计获专利授权301项，其中发明专利近1/5。改革金融扶持政策，出台《桐乡市中小微企业贷款支持计划》，推出担保贷款、专利质押、信用贷款等多种融资方式，为10家企业发放担保贷款1265万元，"宝禾医疗"获得首笔科技信用贷款60万元，缓解企业资金难题。

（王连秀　姚益焕）

文化 体育 新闻

概述

2014年，桐乡市文化部门加快实施“人文名城”行动规划，统筹城乡发展，提升公共服务水平，加强文化管理，繁荣文化事业，壮大文化产业，规范文化市场管理，发展体育事业。桐乡市获“浙江省戏曲之乡”“浙江省篆刻之乡”称号，创建“浙江省体育强县(市、区)”。

公共文化设施建设跨上新台阶。文化中心六馆(博物馆、文化馆、钟旭洲钱币艺术博物馆、非物质文化遗产馆、徐肖冰侯波纪念馆、漫画艺术馆)对外开放；完成图书馆新馆总体设计和土地整理等前期工作；完成吴蓬艺术院房屋征收工作和维修方案设计；高桥文化站投入运行；乌镇文化站土建工程竣工；村级文体小广场全覆盖；崇福、濮院、洲泉拆装式泳池投入使用；建成灯光篮球场25处。

开展群众文化活动。实施“菜单式”文化服务。“菜单”包含声乐表演、村歌创作、排舞、摄影、文学创作等近30项文化服务，实现文化服务供给与群众文化需求无缝对接。继续组织广场文化活动、文化惠民“助力百千万”文化下乡活动、电影放映“2131工程”等活动。实施文艺队伍素质提升工程，培育骨干队伍。举办文化暖心“六个一”服务基层常训班、太极拳推广骨干培训班等。开展“戏曲进校园”“戏曲进基层”活动，举办戏曲培训班。

组织大型文体赛事，普及群众文体活动。举办全国全健排舞大赛、“美丽浙江 幸福乡村”浙江省文化礼堂乡村排舞大赛、桐乡市第二届排舞大赛、太极“六进”工程等。营造“书香社会”，举办全国首届“伯鸿书香奖”颁奖典礼、“书香济源 快乐学习”读书月、“你选书 我买单”全民阅读活动。

历史文化传承获得新成果。桐乡文物管理部门落实遗产保护规划，推进文物保护工作。为境内大运河设置界桩和保护标志，宣传运河保护，两岸文物普查等工作，完成大运河申遗(桐乡段)保护工作；开展文物安全大巡查，推进古村落保护；与电视台合办文物鉴赏栏目；开展第九个“文化遗产日”系列活动。加强非物质文化遗产保护，出版省级护非物质文化遗产杂志《精神家园》。开展“服务传承人月”活动，确定第四批省级非遗传承人。非物质文化遗产丛书《土色土香》出版；《桐乡蚕桑习俗》完成初稿。

加强文化市场管理。引导、扶持文化产业，发展体彩事业。文化产业公司开发特色产品，扩大人文影响。全年销售体育彩票1.09亿元，获体彩公益金359万元。桐乡大剧院多渠道引进国内外大型文艺演出，演出法国哑剧《想象的世界》、福建越剧团《女驸马》等28

桐乡市文化馆　　市文化局提供

场。规范审批程序，强化文化市场管理。规范行政许可项目审批程序，做到公正、公开、公平，及时完成审批手续。全年新批、变更文化经营单位 64 家。加强部门联合，开展“净网”“清源”等专项检查整治活动。

发展体育事业。组队参加上级举办的体育赛事和活动。举办嘉兴市青少年篮球锦标赛（甲组）、桐乡市“希望杯”小学生篮球赛等比赛。加强体育社团组织建设，扶持机关、企事业单位体育健身组织。

社会文化

【概况】 2014 年，市文化部门以公共文化围绕建设“人文名城”为总体目标，创建“戏曲之乡”为主线，完善文化阵地建设、培训文艺骨干、开展文艺活动为着力点，全力打造全民参与的社会文化新格局，广泛开展“菜单式”文化服务活动。全年举办广场文艺 80 余场，有迎新春排舞联欢会、美丽幸福元宵夜主题文化活动等；举办文化下乡活动 350 余场次，主要有戏曲、三跳、舞蹈和书法等；量身定制文化套餐，开展政府买单的文化惠民活动。打造民俗文化品牌，举办“一村一韵”培育工程，全市村级精品文艺团队展演活动。举办全国排舞师资培训班。继续实施农村电影“2131 工程”（21 世纪 1 村 1 月 1 场电影），数字化放映率 100%，优质放映率超 95%，在全市 176 个村和 34 个社区巡回放映电影 3000 余场次，电影公司和会展中心放映电影 5800 场，观众 1.4 万人次。观众总数 54.16 万人次。

提升公共图书馆服务水平，拓宽服务渠道，创新服务形式，年末藏书 125.2 万册，全年书刊外借 95.4 万册次。开展业务辅导活动 100 余次，配送图书 3.99 万种 4.28 万册，加强图书分馆建设，延伸基层图书服务触角。桐乡籍古琴演奏家傅华根应市文化局、教育局邀请开设古琴培训班进行古琴演奏培训。桐乡音乐工作者沈冠群创作的《海上丝绸之路》，在第二届青年奥林匹克运动会开幕式上演出。开设“书香润校园”“贝贝总动员”“名人文化巡讲”“伯鸿悦读沙龙”“少儿国学馆”五大系列活动，满足不同层次群众的阅读需求。

【桐乡市文化中心对外开放】 2014 年，桐乡市文化中心投入试运行。文化中心于 2009 年年底开工建设，2013 年年底建成，是桐乡市有史以来投资最大的公共文化设施工程。文化中心位于桐乡市环园路 399 号，工程总建筑面积 2.28 万平方米，其中地面主体工程 2.18 万平方米、地下人防工程 1600 平方米，建筑高度 20.3 米。中心东、西两区包括“六馆”，东区有博物馆、钟旭洲钱币艺术博物馆、徐肖冰侯波纪念馆，西区有文化馆、非物质遗产展览馆、漫画艺术馆，其中西区的文化馆、非物质遗产馆、漫画艺术馆和东区钟旭洲钱币艺术博物馆为地上 3 层，东区博物馆及徐肖冰侯波纪念馆为地下 1 层、地上 3 层。桐乡市文化中心设计新颖并集多种功能于一体，成为群众休闲、娱乐、活动的新场所，满足群众精神文化需求。

【桐乡市漫画艺术馆开馆】 9 月 15 日，桐乡市文化中心漫画艺术馆举行开馆仪式。来自省内外漫画界人士以及桐乡市美术爱好者、中小学生、老年大学学员等 200 余人出席开幕式。嘉兴市文化局局长、文联主席金琴龙，桐乡市政协主席池晓明等领导出席开幕式。应邀出席开幕式的还有浙江省漫画家协会主席俞志达，中国美协漫画艺委会委员、浙江省漫画家协会名誉主席于保勋、浙江省漫画家协会副主席刘一丁、朱自尊、郭治，著名肖像漫画家蒋文兵等。艺术馆总面积 1837 平方米，内设公益漫画宣传区、漫画名家展示区、历届“子恺杯”全国漫画大展精品陈列区、漫画名家工作室、漫画报刊编辑室、漫画教学培训室等。开馆首日，举办桐乡市第三届丰子恺漫画艺术节开幕式。漫画艺术节至 9 月底结束，分别展出“全国水墨漫画名家邀请展”“讽刺与幽默——浙江省漫画展”“惟妙惟肖——落子漫像写生展”。

【徐肖冰侯波纪念馆开馆】 12 月 16 日，徐肖冰侯波纪念馆开馆。中国摄影家协会副主席索久林，中国摄影家协会分党组成员、副秘书长顾立群，省文联书记处书记柳国平，省委组织部副部长庄跃成，嘉兴市委常委、宣传部部长陈越强，桐乡市领导卢跃东、盛勇军等出席开馆仪式。徐肖冰侯波纪念馆原名侯波·徐肖冰摄影艺术馆，位于庆丰南路，1993 年 12 月对外开放。新落成的纪念馆建筑面积 2391 平方米，位于植物园北区环园路。纪念馆分三个部分，展现徐肖冰与侯波这对著名

12 月 26 日，举行第三届“徐肖冰杯”全国摄影大展暨首届“徐肖冰杯”中国大学生摄影双年展颁奖典礼

市文化局提供

摄影家伉俪的艺术创作历程。两位老人及子女先后把近万件电影、摄影、图书、资料作品捐献给家乡。开馆当日，举行第三届“徐肖冰杯”全国摄影大展、首届“徐肖冰杯”中国大学生摄影双年展。第三届“徐肖冰杯”全国摄影大展以“在路上”为主题，4 月启动作品征集，收到 1614 人的 2062 组有效参评作品，经过专家评选，入展作品 18 组。首届“徐肖冰杯”中国大学生摄影双年展是面向大学生群体的摄影学术活动，收到全国各地高校 706 名大学生的 1066 组参评作品。

【戏曲、篆刻入选“浙江民间艺术之乡”】 9 月 16 日，浙江省文化厅发文公布“浙江省民间文化艺术之乡”（2014－2016 年度）名单。桐乡市成为“浙江省戏曲之乡”“浙江省篆刻之乡”。桐乡籍印人坚持走自己的路，刻出自己的风格。至年底，桐乡印坛有 14 位西泠印社社员，不仅个人篆刻造诣深厚，更致力于培养新人。其中健在的 6 位西泠印社社员中，有两位常住桐乡，对桐乡印学的发展起到一定的作用。2014 年开始，各镇（街道）、村（社区）设立戏曲培训班，培训 60 多期，市文化馆等单位派出业务骨干指导戏曲欣赏、演唱 40 多次，帮助有条件的镇（街道）建立戏曲队伍。继续开展“戏曲进校园”活动，在北港小学、高桥小学开设戏曲培训班，免费举办少儿戏曲培训 50 多期，培训少儿 1000 多人次，培养戏曲艺术接班人。桐乡主要戏曲越剧及地方戏花曲鼓戏。举办“文化进万家”央视“过把瘾”桐乡行·越剧明星戏迷演唱会。组织“萧山·桐乡两地文化走亲”戏剧专场演出。筹备“江浙沪”现代小戏邀请赛。

【“子恺杯”第十届全国漫画大展】 10 月 23 日，“子恺杯”第十届全国漫画大展开幕式暨子恺画院揭牌仪式在漫画艺术馆举行。子恺画院是中国美术家协会在漫画艺术馆成立的全国首个以丰子恺命名的画院，是培养中国漫画人才的重要基地。“子恺杯”全国漫画大展每两年在桐乡举办一次，由中国美术家协会、桐乡市政府主办。此届漫画大展展出 100 件代表全国漫画最高水平的漫画作品，其中入选作品 70 件，优秀作品 30 件。同时，举办“湖北安陆、河北邱县、浙江桐乡三地漫画联展”“于保勋漫画作品展”“蒋文兵水墨肖像展”，召开全国水墨漫画高峰论坛暨中国美协漫艺会年会。

（颜剑明）

【吴蓬书画大展暨《芥子园画魂》首发式】 7 月 18 日，吴蓬书画大展暨《芥子园画魂》首发式在新落成的桐乡市博物馆举行。展出吴蓬创作的《颐和园长卷》《富春江长卷》《江南农耕风情长卷》《桐乡名迹》等书画精品 180 余件，其中 70 件是首次展出。同时，举行《芥子园画魂》首发式和书画艺术研讨会。该书由广西师范大学出版社出版，近 20 万字。吴蓬编著的自传体的长篇小说《芥子园画魂——一个国画大家的成长过程》,用通俗的语言记录一个从浙北农村怀揣绘画梦想的农民成长为一名国画大师的全过程。书画艺术研讨会对新书《芥子园画魂》进行了研讨。广西师范大学出版社集团有限公司总裁姜革文与读者讲述广西师范大学出版社12年来,与吴蓬合作出版9部作品的渊源。吴蓬在问答互动时,与读者分享自己追求绘画理想,富有传奇色彩的成长故事,表示书中人物的艰难追梦之路,是自己的真实写照。

·相关链接·

吴蓬简介

吴蓬,字抱虹,又字稚农,室名蓬岚阁、白雪斋。浙江省桐乡市人,1941年生于石门镇,现居北京。当代著名书画家,美术理论家、书画教育家。现为中央国家机关美术家协会名誉主席、上海书画研究所研究员、中央数字电视书画频道特聘教授、嘉兴学院客座教授。吴蓬精通书、画、篆刻,擅长古琴。书法方面,擅长金文、甲骨文等;绘画方面,花卉以"四君子"(梅、兰、竹、菊)为出手绝招,鸟兽以墨鸡、墨马为专攻,山水画中尤其擅长画水,人物画中最擅长画佛像。著作颇多,有《吴蓬画集》《研田耕耘录》《芥子园画谱·吴蓬临本》《甲骨文书法》《东方审美词汇集萃》《蓬岚阁画谱》《白雪斋竹谱、兰谱、菊谱、石谱(四部)》等作品出版。

(张新根　颜剑明)

7月18日,举行桐乡市博物馆新馆开馆吴蓬书画大展暨《芥子园画魂》首发式　市文化局提供

【桐乡市戏曲队获中央电视台《一鸣惊人》年度总决赛第六名】 3月,桐乡市以文化艺术服务中心为主体,组成戏曲队参加中央电视台戏曲频道《一鸣惊人》栏目第17期周赛,以桐乡花鼓戏、越剧《梁祝·回十八》、原创戏曲小品《割肉还娘》,晋级月赛。5月31日,戏曲队参加第30期月赛,参赛内容延续周赛风格,凭借越剧彩唱《陆游与唐琬·浪迹天涯》、原创桐乡花鼓小戏《姑嫂饼》,获月赛冠军,晋级到年度总决赛。11月24～27日,参加中央电视台戏曲频道《一鸣惊人》栏目年度总决赛,戏曲队在比赛中表演越剧《红梦楼·金玉良缘》、小品《献宝》、越剧《徐九经升官记》,以传统戏曲融汇现代戏剧元素的理念,老中有新、新中有根,并结合桐乡民俗风情的表演,向全国观众展示桐乡戏曲的精彩,获年度总决赛第六名。2014年央视《一鸣惊人》栏目比赛,汇聚来自全国的20多个剧种、78支队伍和近700个节目。

【全国全健排舞大赛在桐乡举行】 10月24～26日,由中国职工文化体育协会、中国社会工作协会、中国下一代教育基金会、中国老年保健协会主办,桐乡市政府、浙江省文化馆、桐乡市文化广电新闻出版局和全国全健排舞专业委员会承办的2014全国全健排舞大赛在桐乡市举行。来自全国各地各系统70支代表队1500余名队员参加比赛。桐乡市参赛队均获奖,市乐动排舞代表队的《女孩能量》获中老年B组一等奖,市青年排舞队的《科帕卡巴纳》获中青年C组一等奖,市振兴西路小学的《纽约到洛杉矶》获少儿组一等奖。

【全国排舞师资培训班在桐乡开班】 3月26～30日,由亚太国际排舞联合会中国区委员会、浙江省文化馆、桐乡市广电新闻出版局主办,亚太国际排舞联合会浙江省委员会、桐乡市文化馆承办的全国排舞师资培训班在桐乡市开班。来自全国各地近400名学员会聚桐乡，参加培训班，接受专业培训。这次培训是为“文化礼堂”乡村排舞大赛、浙江省第八届排舞大赛，以及全国排舞大赛所做的赛前准备。全国排舞师资培训，推动桐乡排舞的推广与传播，提升百姓的健康指数、幸福指数。桐乡通过选聘排舞教练员等方式，扎实推进基层排舞活动，以文化为媒，舞出桐乡排舞特色。

【首届“伯鸿书香奖”颁奖在桐乡举行】 4月20日，由光明日报社、中华书局、桐乡市政府、中国阅读学研究会共同主办的首届“伯鸿书香奖”颁奖仪式暨伯鸿书香论坛在桐乡市举行，桐乡是中华书局创办人陆费逵（伯鸿）的家乡。光明日报社总编辑何东平、中华书局总经理徐俊、省委宣传部副部长鲍洪俊及桐乡市有关领导出席颁奖典礼。“伯鸿书香奖”由光明日报社、中华书局、桐乡市政府和中国阅读学研究会共同设立，该奖意在秉承陆费逵先生的精神，评选和奖励在“全民阅读推广”方面作出突出贡献，产生一定影响的民间团体和个人。“伯鸿书香奖”下设组织奖、人物奖和阅读奖。活动自2013年7月13日启动，通过《光明日报》《中华读书报》，以及光明网、新浪读书频道、大佳网及官方微博等进行征集，收到参评组织奖材料23份、人物奖参评材料22份、“阅读丰子恺”主题阅读征文208篇。经过评审，《史航说书》主办人史航等获伯鸿书香人物奖，豆瓣网获伯鸿书香组织奖，徐玲芬的《民国廿三年》、杨早的《读丰三题》、李广顺的《一个“丰迷”的独白》等16篇文章获伯鸿书香阅读奖。

文物　博物

【概况】 2014年，桐乡市博物馆配合中国大运河申遗，对与运河相关的100多处文化遗产，包括水利工程遗产、运河聚落遗产、非物质文化遗产等，进行调查、评估、规划、宣传和整改。6月，中国大运河申遗成功，成为中国第四十六个世界遗产项目，桐乡市按照世界文化遗产的保护标准对运河桐乡段进行保护。

2月25日，桐乡市博物馆和市文物监察大队、各镇（街道）文体站联合组建巡查小组，开始对全市113家文物保护单位展开安全大巡查。推进崇福镇横街保护性改造、濮院镇旧城改建、石门古镇区保护工作。指导大麻镇海华村、乌镇镇民合村等古村落保护，参与制订乌镇镇民合村（船丰浜组）、梧桐街道桃园村、崇福镇上市村的古村落保护规划。市文化局与市广电台联合播出《零距离赏宝》栏目13次，展出200多件拍摄文物。举办钱君匋书画篆刻装帧展、吴昌硕先生诞辰170周年特展等大型展览20多次。编辑出版国家级非物质文化遗产项目丛书《含山轧蚕花》。4月10日，嘉兴市文化广电新闻出版局主办2014年嘉兴灶头画邀请赛，桐乡市民间艺人沈华良创作的灶头画获一等奖。

【《含山轧蚕花》出版】 3月，浙江省非物质文化遗产代表作丛书之一《含山轧蚕花》，由浙江摄影出版社出版，主编吴利民、张琳，作者徐春雷，印数2000册。依照省文化厅国遗丛书编写体例与内容的要求，桐乡市文化部门自2011年始组织编纂。全书6万字，图文并茂，分蚕桑历史渊源、含山轧蚕花、轧蚕花与蚕桑习俗、轧蚕花与传统文化、轧蚕花习俗的保护与传承等部分。含山轧蚕花是流传于浙北杭嘉湖蚕区的蚕俗盛会，一般具地方特色的民间习俗，已有数百年历史。该书使读者对桐乡市国遗“含山轧蚕花”项目有一个透彻的认识和全面的了解，保留含山轧蚕花民俗记忆，传承发扬传统文化。

【院藏吴昌硕、钱君匋书画印作品展】 6月27日～7月9日，桐乡市文化广电新闻出版局主办，君匋艺术院承办的“一面师缘 百年翰墨——院藏吴昌硕、钱君匋书画印作品展”在君匋艺术院开展，展出吴昌硕书画作品5件、印章15方，钱君匋书画19件、印章13方。1924年，18岁的钱君匋在上海结识吴昌硕，有“一面师缘”。1985年春，钱君匋将毕生收藏的明清和近现代名家字画、印章、印谱等珍贵文物4000余件捐献家乡，其中有吴昌硕书画篆刻珍品160件。

【桐乡市博物馆新馆开馆】 7月18日，桐乡市博物馆新馆开馆。新馆位于桐乡市环园路399号，建筑面积9518平方米，展陈面积近5000平方米，设有凤栖梧桐——桐乡历史文化陈列、琢玉良渚——良渚文化玉器精品展、翰墨撷英——馆藏古代书画精品展三大基本陈列和两个临时展厅。市博物馆为地下1层、地面3层，双曲线弧形现代建筑。中央国家机关工委统战（群工）部副部长孔冈、国家机关美术家协会秘书长副李东、广西师范大学出版社总裁姜革文、中央国家机关美术家协会名誉主席吴蓬，以及来自上海、杭州、嘉兴等地文博系统的领导和艺术家共100余人出席。吴蓬书画大展暨《芥子园画魂》首发式同时举行。

【蓝印花布印染技艺晋升国家级护非物质文化遗产项目】 7月20日，文化部下发《关于公示第四批国家级非物质文化遗产代表性项目名录推荐项目名单的公告》，计306个项目，其中，“桐乡蓝印花布印染技艺”从全国1111个申报项目中脱颖而出，位列扩展项目“传统技艺”类榜首。至此，桐乡市国家级非物质文化遗产项目3个。蓝印花布以蓝、白两色相配，其花纹、图案多取材于民间故事，色调清新，工艺简单，具有鲜明的桐乡地方特色，曾多次在国内外博览会上获奖。桐乡多元化的蓝印花布产品早已远销海内外，并涌现丰同裕、蓝蓝、泰丰斋等一批知名品牌，成为全国最大的蓝印花布生产基地。

【木心纪念馆开馆】 参见《旅游·乌镇国际旅游区》中相关条目。

文化市场管理

【概况】 2014年，市文化部门发展文化产业，规范文化市场管理。文化市场执法大队严格规范行政许可项目的审批程序，及时审批，全年新批、变更文化经营单位64家，其中网吧25家，出版物经营单位12家，包装、装潢企业10家，娱乐场所11家，营业性演出场所6家。全年开展专项检查12次，包括“两会”期间文化市场保障行动，校园周边文化市场专项整治，网络淫秽色情信息专项整治“净网”行动，出版物市场“清源”行动等。重点检查元旦、春节文化市场安全，全年检查377次，出动文化执法人员880人次，检查各类文化经营场所1610家次，收缴非法音像制品636张（盒），非法书刊171册，罚没款13.26万元。办理案件27件，其中一般案件25件、简易案件2件。6月17日，市文化执法大队联合公安局和龙翔街道办事处，在龙翔街道榨溪小区取缔一非法小广播电台，查扣违法播放用的发射器、室外天线和播放器等通信设备两套。

【桐乡首家演出经纪机构成立】 2月，浙江省文化厅发文，同意桐乡市文化乌镇股份有限公司增设演出经营项目，从事演出经纪活动，为公司核发“营业性演出许可证”。这是桐乡市第一家获省文化厅批准的演出经纪机构。文化乌镇股份有限公司演出经纪机构成立，方便企业举办营业性演出活动、大力推动桐乡演出市场发展具有重要作用。

群众体育

【概况】 2014年，市体育局大力提升体育公共服务水平。创建“浙江省体育强县（市、区）”，开展桐乡市第六次体育场地普查工作。通过省体育强县检查组验收，获“浙江省体育强县（市、区）”称号。完成全市体育场地普查工作。启动创建“中国武术之乡”工作。加强科学健身宣传和指导，举办专项公益健身培训班30期，培训社会体育指导员、健身骨干3500余名，以政府购

广泛开展群众体育活动　　市文化局提供

买服务方式引导体育社团组织健身下乡活动12次，为3200多名城乡市民进行体质检测并提供个性化科学健身处方。广泛开展群众体育活动，举办第六个全民健身日暨全民健身体育休闲节、篮球周末联赛、青少年乒乓球比赛、浙江省万人气排球活动(桐乡站)等群众性体育赛事活动204次，参与人数7.5万人次。加快体育设施建设，建成25个灯光篮球场，崇福、濮院、洲泉镇完成拆装式游泳池建设。有序推进学校体育场地向社会开放，截至2014年年底开放学校21所。成立市足球协会。积极引导各体育社团不断完善自身建设，规范内部管理，充分发挥在群众体育活动中的引领作用。组织参加上级体育部门的各类赛事活动50余次，参与人数2000人次。贯彻落实国务院《关于加强青少年体育、增强青少年体质的意见》精神，协同市教育局等相关部门，创新学校体育活动形式，大力开展阳光体育活动，将足球、武术等列入体育课程。开展青少年体育竞赛，先后举办市第五十届中小学田径运动会、市中小学足球赛，市第六届中小学生乒乓球联赛竞赛、市小学生排球赛竞赛、中小学生篮球赛等。切实提高广大青少年学生身体素质。

【桐乡市获"浙江省体育强县"称号】 2014年，是创建省体育强县的关键之年。4月，市委、市政府召开创建省体育强县动员大会，成立创建领导小组，提出创建工作要求，明确任务，落实责任。市体育局配合市委、市政府创建工作，按照浙江省体育强县(市、区)创建标准，分阶段落实工作，推进体育健身服务、体育旅游等体育产业领域的发展和创新，加强群众体育设施建设及小康体育村(农民健身工程)建设，推行"体教结合"工作，加强青少年业余体育训练，承办各类国际、国内比赛，构建全民健康生活模式等。12月，通过省检查组验收。2015年2月3日，省政府批准桐乡市为"浙江省体育强县(市、区)"。

【桐乡市第六次体育场地普查】 2014年，桐乡市以2013年12月31日为标准时点开展第六次全国体育场地普查。1月，市政府印发《桐乡市第六次体育场地普查实施方案》，成立市第六次体育场地普查工作领导小组，召开桐乡市第六次体育场地普查工作动员布置会议。3月，市体育局举办第六次体育场地普查业务培训班。4月，完成场地普查登记和数据校核、抽查工作。5月，对调查登记、报表填报、数据审核等普查环节实行全过程的质量控制，汇总审核上报普查数据。8～12月，分析研究体育场地相关数据，摸清和掌握全市体育场地现状、使用及其发展变化情况，撰写普查分析报告，为政府完善体育公共服务体系提供基础数据和建议。截至2013年12月31日，桐乡市有体育场地1907个，场地面积104.95万平方米，人均场地面积1.27平方米。

【全民健身体育休闲节】 6～9月，桐乡市举办全民健身体育休闲节，活动以"健康桐乡 全民同行"为主题，突出"大众化、生活化、社会化"科学健身理念。活动内容有五人制足球赛、游泳公开赛、拔河比赛、三人制篮球赛、广播操比赛、第六个全民健身日暨太极拳(剑)比赛、趣味比赛、河道英雄争霸赛，均具有地方特色、贴近群众生活。来自各镇(街道)、各部门的4000多名群众参加比赛。

【WBS世界八国功夫王争霸赛桐乡站比赛】 8月16日，"波卡士杯"世界八国功夫王者争霸赛(桐乡站)在桐乡市体育馆举行。争霸赛由WBS(世界搏击系列赛)主办，浙江电视台、桐乡市武术协会承办。中国、南非、摩洛哥、泰国、法国、墨西哥、新西兰、俄罗斯八国搏击高手参加比赛。争霸赛赛制为两人一组对抗，胜者为本组冠军，现场共9场比赛。比赛分7场男子比赛，1场女子比赛，1场儿童赛，最终，除75公斤级因中方选手受伤不记名次，85公斤以上级由新西兰选手达夫获冠军外，其余6个级别的冠军均被中方选手获得。

(颜剑明)

【桐乡市足球协会成立】 4月2日，桐乡市足球协会举行成立仪式暨全体会员大会。足球协会全体会员参加会议。桐乡市足球协会，首批会员300人，会员代表大会表决通过《协会章程》。《章程》宗旨是遵守宪法、法律、法规和国家政策，遵守社会道德风尚，团结全市足球工作者和爱好者，推动全市足球运动的普及和发展，增进人民身体健康，促进足球运动技术水平提高，发展

桐乡足协举办“佳都杯”足球赛　　市足球协会提供

同全省、全国乃至各国和地区足球协会及运动员之间的友好关系，为建设社会主义物质文明和精神文明服务。选举产生足协首届会长陈东明，秘书长（团体法定代表人）余斌。5～7 月，桐乡市足协在高桥新区中心学校举办“佳都杯”八人制足球赛，14 支球队参赛，桐乡恒钜网络足球队获冠军。12 月，在浙江传媒学院桐乡校区和桐乡技师学院（筹）举办“摩旭杯”十一人制足球赛，16 支球队参赛，桐乡佳都服饰足球队获冠军。

（余　斌）

竞技体育

【概况】 2014 年，浙江省举办第十五届运动会。市文化（体育）局协同教育部门，探索“体教结合”新模式，完善课业训练布局，健全优秀体育后备人才的选招、训练、管理、输送指导，抓好人才输送的梯队建设，认真抓好少体校、布点学校的业务训练考核工作，提高省、嘉兴市运动队运动员的数量和质量。统筹指导省运会各项备战工作，科学安排各项目备战计划，认真梳理运动员参赛资格信息，加强各方面的后勤保障，动员和鼓励运动员积极参赛，充分发挥潜能，争取获最佳成绩。组队参加浙江省、嘉兴市青少年锦标赛。

【桐乡市运动员在浙江省第十五届运动会上获多枚奖牌】 7～9 月，在浙江省第十五届运动会上，桐乡市选派运动员 90 人次，在田径、游泳、举重、体操、皮划艇、网球、排球、柔道、武术套路等大项比赛中获前八名。其中，周炜、朱婷分别和嘉兴市队友一起获体操比赛男子丁组、女子甲组团体冠军，周炜、王悦彤在体操比赛个人项目中获 3 枚铜牌；蒋天淇、诸凯其、李欣瑶、俞佳萍、蔡周杰等在田径比赛项目获 7 枚银牌、5 枚铜牌，徐一舟、柏泽丞、房驰宇等在游泳比赛项目中获 1 枚银牌、3 枚铜牌，徐佳梅、朱晓樱等在举重比赛项目中获 2 枚铜牌。

【桐乡市运动员在国际、国内举重比赛中屡创佳绩】 3 月 26～28 日，在江西新余举行的 2014 年全国青年男女举重锦标赛暨青奥会选拔赛上，桐乡市运动员吕陆莹发挥出色，获女子组 58 公斤冠军；6 月 20～28 日，在俄罗斯莫斯科喀山举行的 2014 年世界青年举重锦标赛上夺女子组 58 公斤第四名。5 月 12～17 日，在山东青岛举行的 2014 年全国游泳冠军赛暨亚运会选拔赛上，桐乡市运动员张思琪获女子 4×200 米自由泳接力冠军，并夺女子 400 米混合泳个人银牌、400 米自由泳第五名。

【桐乡市第五十届中小学田径运动会】 11 月 2～4 日，市第五十届中小学田径运动会在桐乡技师学院（筹）举行。全市中小学 64 支代表队 985 名运动员参加短跑、中长跑、跳高、跳远、铅球等 15 个大项比赛。城北小学、启新小学、桐乡六中、石门路学校初中部和凤鸣高级中学分获城镇小学、农村小学、城镇初中、农村初中和高中组的团体总分第一名。桐乡六中赵雨桐以 12.99 米的成绩打破嘉兴市铅球纪录，桐乡六中李心怡以 27 秒 73 的成绩打破桐乡市女子 200 米纪录，桐乡六中俞佳萍以 11.74 米的成绩打破女子三级跳远纪录，桐乡高级中学蔡宇飞以 1.99 米的成绩打破桐乡市男子跳高纪录。桐乡六中刷新初中女子甲组 4×100 米、初中男子甲组 4×100 米的桐乡市纪录。

（颜剑明）

广播电视

【概况】 2014年,是桐乡广电体制改革,"台网"分离后的第一年。桐乡广电台倡导时政新闻的民生化表达和民生新闻的正能量传输,着力打造《桐乡新闻》《今日桐乡》《人文桐乡》《记者观察》四大电视新闻传播平台,结合广播和新媒体传播,针对性实施新闻宣传。

广播媒体对外宣传连续第二年实现全省"双十佳",中央台用稿全省排名第三、浙江台用稿全省十佳列第七。电视媒体对外宣传中央台《新闻联播》用稿继续突破,获全省十佳(含地级台),列第九;央视国际频道编导直接协助参与桐乡宣传策划;与央视电影频道合作的10集住村干部微电影播出。继续对接浙江卫视,独立承接元宵、中秋等新闻现场连线直播,在《浙江新闻联播》和《新闻深一度》等主打新闻栏目中实时播出,在浙江卫视打响"桐乡广电品牌",成为卫视主题直播的首选县级台。1名主播在"全国十佳市县电视节目主持人评比"中获"全国十佳主持人"称号。在各类新闻政府奖评比中,获省级二等奖1个、三等奖2个,地市级一等奖5个。其中"治水五虎将"策划活动获嘉兴市唯一省级政府奖。11月,在首届世界互联网大会服务工作中,桐乡广电台派出三个工作组直接参与一系列国际性直播,直接参与系统性专题对外宣传。广电台严格按照"不间断、高质量、既经济、又安全"十二字方针,从技防和人防两方面入手,确保广播电视安全优质播转,并顺利通过嘉兴市和全省广播电视安全播出大检查。

【镜头对准治水草根英雄】 2014年,桐乡市广电台围绕全省、全市"五水共治"中心工作。在"五水共治 我在一线"活动中,把镜头对准草根治水英雄。摄制组择优选出草根治水人物15人,通过纪录的方式完成整个报道,原汁原味地反映人物的真实风貌,更具可看性和感染力,传递正能量。8月19日,桐乡市"治水五虎将"颁奖典礼在电视台综艺演播室举行。"治水五虎将"、十大"治水先锋"获奖。浙江省"五水共治""三改一拆"督察组组长秦忠应邀参加颁奖典礼,并高度评价这活动,认为这样关注草根,扎根一线活动值得提倡,很好体现当下践行群众路线思想和媒体人"三贴近"的工作作风。

【全国首个县级专业频率推出"旅游之声"】 4月10日,桐乡广电台开通全国首个县级专业频率。在无线频率FM97.1推出一档专业旅游广播——"旅游之声",桐乡旅游之声开播仪式当日在桐乡传媒中心举行。频道以"为桐乡旅游发展服务,为旅游者服务,为创建桐乡旅游强市服务"为宗旨,努力实践动态广播现代传播理念,立足桐乡旅游,服务社会各界听众,办身边、实用、时尚的现代服务型广播和现代休闲型广播,成为桐乡有影响力和有活力的新媒体。近7小时"开播季"直播、30小时"五一"直播、70小时"十一"黄金周直播等大型直播活动赢得大量听众群。《旅游桐乡》《伴你同行》《环球旅行家》为旅游主打节目,此外有《音乐漫步》《971旅游资讯》等生活、旅游服务性节目和《听游世界》《空中剧院》等娱乐休闲节目。

(徐伟东)

报 业

【概况】 《嘉兴日报·桐乡新闻》为中共桐乡市委机关报,该

8月19日,桐乡市"治水五虎将"颁奖典礼举行　　市广电台提供

报由嘉兴日报报业传媒集团直属管理，是桐乡唯一一家拥有正规发行资格的纸质媒体，向桐乡全体党员免费发放。2014年，报纸立足桐乡、面向嘉兴，发行范围涵盖嘉兴五县两区。《嘉兴日报·桐乡新闻》紧紧围绕桐乡市委、市政府中心工作，服务发展大局，推出“走群众路线 树清风正气”“最美党员”“践行群众路线 政在回声”“运用‘三治’法宝 建设安康家园”“从数据看竞争力”“提振信心 转型发展”等专栏。5月，《嘉兴日报桐乡新闻》微信公众平台正式改版上线。全年《嘉兴日报·桐乡新闻》出刊245期。

2014年1月，全新改版的《钱江晚报·今日桐乡》正式与读者见面。报纸围绕全市中心工作，及时准确传达桐乡市委、市政府声音，切实有效为推动政府工作提供舆论保障。努力贴近民生，反映百姓真实心声，真诚为百姓服务，成为一份读者喜闻乐见的市民报。全年，《钱江晚报·今日桐乡》出刊247期。

【内容形式不断创新】 2014年，《嘉兴日报·桐乡新闻》正式推出微信公众平台《嘉兴日报桐乡新闻》，每天推送桐乡最新鲜的新闻。《嘉兴日报·桐乡新闻》积极探索与实践媒体融合报道，是年，《嘉兴日报·桐乡新闻》联合桐乡市创森办开展“寻找最美桐乡森林路”活动，通过报纸、微信、微博、网站等载体，将广大市民广泛发动参与到“寻找最美桐乡森林路”活动中来，活动的宣传报道在微信上的阅读转发量3万多人次，在省森林城市检查验收反馈会上，这一活动得到省政府领导的一致认可，在创新传播方式与扩大传播效果上实现多赢局面。

【嘉兴日报桐乡新闻微信公众平台正式改版上线】 7月15日，嘉兴日报桐乡新闻微信公众平台正式改版上线，这是推出《桐乡新闻》新浪官方微博后的又一大动作。在微信公众平台里，读者会感受到与纸质版不一样的《桐乡新闻》。5月，《桐乡新闻》正式改版一周年，一年中，记者深入桐乡企业、农村等基层一线，捕捉基层声音，致力于为读者提供桐乡最及时的原创新闻和第一手资讯；举办各类互动活动，受到各界人士的好评。作为传统媒体，《桐乡新闻》办报风格日趋成熟，在移动互联网时代，人们的阅读需求、阅读习惯等都有变化，《桐乡新闻》与时俱进，在新媒体时代有所作为，创立微信公众平台是有益尝试。

【推出“桐乡互联 网动全球”专栏】 2014年，首届世界互联网大会在乌镇召开期间，《嘉兴日报·桐乡新闻》推出“桐乡互联 网动全球”专栏，以小人物的互联网故事为主线，通过一个个生动的生产、生活细节去触摸互联网带给人们的温情和神奇，展现其“便捷、数据思维、用户体验”等鲜明特色，引导更多的桐乡人去感知、感受互联网带来的快乐、机会和财富，稿件以现场见闻开头，以电讯的形式刊发，强调时效性和现场感，语言生动、可读性强。

（潘晓琴）

【重大主题活动宣传报道】 2014年，今日桐乡报社始终围绕经济社会发展重要领域和市委、市政府中心工作做好宣传报道，超前谋划舆论引导工作，抓好重大主题活动宣传报道。重点对党的群众路线教育实践活动、“五水共治”、一业驱动四化等内容进行集中宣传，报道成绩经验，曝光反面事例，开展舆论监督。配合“五水共治”，今日桐乡报社推出“五水共治 全民大行动”专栏，及时报道工作动态，营造宣传氛围。在此基础上，推出“五水共治曝光台”

记者上街服务，听取读者意见　　今日桐乡报社提供

专栏，邀请市民来电举报身边的“问题河”，实现新闻报道的良好互动。同时，推出“走读桐乡水”专栏，通过记者实地寻访京杭大运河、长山河等河流，深度剖析它们背后的历史与故事，共同思考今后与水和谐共处的方法。在推进经济社会又好又快发展的过程中，今日桐乡报社的宣传报道紧扣“狠抓落实，大干快上”这一全市性工作主基调，做好经济转型升级深度报道。推出“‘四换三名’桐乡在行动”系列报道，围绕“腾笼换鸟”“机器换人”等主题，向读者展示企业蜕变的过程、产业转型升级的过程，为市委、市政府决策提供参考。

【互联网大会报道提前策划】 2014年，首届世界互联网大会的召开，引发全社会对桐乡的关注，给报纸的新闻宣传报道带来挑战。为做好盛会的宣传报道，今日桐乡报社精心策划报道方案，大会召开之前就专门在报纸上推出“迎接首届世界互联网大会·当好东道主，你我共参与”专栏，在报纸头版开设“大会倒计时”报花，提前为大会营造浓厚的宣传氛围。大会召开期间，报社派出组成采访组进行深入采访，“‘乌镇时间’世界互联网大会特别报道”的系列稿件，向桐乡市民全面介绍大会的相关内容，也为来自五湖四海的与会嘉宾和媒体同行提供参考。世界互联网大会组的报道在2014年度浙江省县市区域报好新闻奖评选中获“系列报道类一等奖”。

【报道弘扬社会正能量】 年初，东兴商厦发生黄金大劫案，正逢《今日桐乡》改版后全新亮相，报纸为读者还原案件发生的始末。特别是与持枪劫匪进行英勇搏斗的保安的采访，在桐乡引发一场价值观大讨论，弘扬社会正能量、崇尚社会真善美，使改版后的《今日桐乡》有一个良好开局。关于《东兴黄金大劫案》的报道，在2014年度浙江省县市区域报好新闻奖评选中获“突发事件类报道一等奖”。今日桐乡报社配合省级示范文明城市创建，将“弘扬社会正气、传递社会正能量”作为一项重要宣传职能，在报纸上发起“寻找身边的‘最美桐乡人’活动”，致力在基层挖掘典型事例，为来自基层的“正能量”寻找注脚，让市民在感受“风清气正”的同时，潜移默化，在感动中学做好人。

【创建新媒体】 2014年，今日桐乡报社在宣传内容上注重创新，在宣传形式上不断创新，以迎合更多读者的阅读需求。在原有数字报、手机报和微博的基础上，5月“爱桐乡”网正式上线，成为桐乡一个由官方媒体运作的生活类网站，同时又推出“钱江晚报今日桐乡”“周游桐乡”两个微信平台，延伸新闻报道的阅读面，受到读者的欢迎，搭建起一个全媒体宣传矩阵。作为一份主流都市报，报纸在“三贴近”上同样不遗余力。

（张娟玉）

网络媒体

【概况】 8月20日，桐乡市委、市政府授权的“桐乡发布”网络平台正式上线，根据市委宣传部要求，《桐乡新闻网》列入广电台管理运行，与之配套，广电台成立新媒体中心。网络新闻列入广电台管理，实践媒体融合发展，实现广播、网站、微信、微博、视频联合传播，拓展传媒发展路径。桐乡市委常委、宣传部部长沈建坤在“桐乡发布”网络平台启动仪式上强调，互联网作为发展最迅猛的新兴媒体，有效弥补传统媒体的不足。建设“桐乡发布”网络平台，有利于进一步畅通政务信息公开渠道；有利于应对突发事件和舆情热点；有利于加强和创新社会管理；有利于拓展外宣渠道、展示城市形象；有利于推动官方与民间两个“舆论场”深度沟通。

【“市长信箱”入驻“桐乡发布”微平台】 8月，“桐乡发布”网络平台正式上线。借此网络平台，市长电话受理中心在原有受理通道的基础上，将“市长信箱”的功能扩展到微信平台上，方便市民通过手机便捷反映诉求。12年来，市长电话从单一的“12345”热线电话，发展成以市长电话为主，集市长信箱、短信受理、微信平台于一体的综合受理平台，受理市民诉求17.6万件，对政府的工作起到相当大的促进作用，同时也为老百姓解决许多实际问题和困难。与“市长信箱”PC端相比，“市长信箱”微平台的优势更为突出。通过手机上网，市民可在任何时间和地点通过微平台发信。并且微平台还新增附件上传功能，可以把一些文档、图片等佐证资料一并上传。发信成功后，市民还会立即收到一个信件编号和密码。凭这些信息，就可通过“市长信箱”微平台和PC端，查询处理进度和结果。

（徐伟东）

卫　生

概　述

2014年，全市有各级各类医疗机构283所，其中市级综合性医院4家、专科医院3家、社区卫生服务中心（卫生院）12家、社区卫生服务站158个、民营医疗机构66家。民营医疗机构中有综合性医院1家、专科医院1家、门诊部7个、个体诊所57个。全市有医疗床位数3061张，千人床位数3.7张；卫技人员4613名，千人卫技人员数5.57人；执业医师（助理）1524名，千人执业医师（助理）数1.84名；注册护士1820名，千人注册护士数2.2名。全市卫生系统有事业编制工作人员2784名，其中专技人员2714名；研究生以上学历103名、大学学历1919名、大专学历527名，大专及以上学历占91.56%；正高职称73名、副高职称383名、中级职称984名，中级及以上职称占专技人员的53.1%。

规范药品、医疗器械设备招标采购。全市公立医疗机构从省药械监督平台采购药品入库总金额51391.91万元，医疗器械设备采购总金额2970.89万元。全年办理卫生行政许可2116件，其中公共场所卫生许可686件、执业医师（助理）注册385件、护士注册563件、医疗卫生机构设置执业许可（含校验）274件、放射诊疗许可15件、乡村医生注册（再注册）193件。全年承办各类案件92起，其中一般程序91起，简易程序1起；医疗卫生案件41起，公共场所卫生案件46起，消毒产品案件5起；作出警告处理50起，罚款84起，罚没款总额22.34万元，移送司法机关8起，无提起行政复议或行政诉讼案件。开展权力清理，对承担的卫生行政审批、行政处罚、行政强制、行政给付、行政奖励和其他行政权力进行全面梳理，并对上级下放的事项进行对接和承接，梳理出行政许可16项（本级8项、承接嘉兴市卫生局下放2项、承接省卫计委下放6项）、非行政许可1项、行政处罚55项、行政强制4项、行政给付3项、行政奖励3项、其他行政权力20项。开展婚育收养、就医保健、证件办理等便民服务事项梳理，在省政务服务网上公布服务信息298条次。

5月9日，副省长郑继伟到桐乡第一人民医院调研县级公立医院综合改革工作　　市卫生局提供

卫生行政

【概况】 2014年，桐乡市深化基层卫生、公立医院综合改革，出

台《桐乡市深化基层卫生综合改革完善基层医疗机构运行新机制实施意见》，实施市域内医疗联合体建设，推进社会资本办医工作。加强重点学科（专科）建设，桐乡市第一人民医院、桐乡市中医院等市级医院分别与上海、杭州等地医院开展重点科室深度合作。一院心血管病学科被评为浙江省县级龙头学科，康慈医院精神病学学科被评为嘉兴市医学重点支撑学科，高桥镇中心卫生院中医儿科、河山镇卫生院中医骨伤科被评为嘉兴市基层医疗机构特色专科。加强医疗卫生机构建设。一院被国家卫生和计划生育委员会列为全国首批重点扶持500家县级医院之一，中医院成立陈木扇女科流派传承工作站，高桥镇中心卫生院通过省级甲等卫生院考核。加强卫生重点工程建设，市妇幼保健院和疾控中心迁建工程实施地下室主体施工，市皮肤病防治院扩建工程开工。引进优质社会资本举办民营医疗机构。桐乡新华骨科医院获嘉兴市卫生局批准设置，并完成基础部分建设；桐乡和济护理院和桐乡同仁医院通过设置审批。推进卫生信息化建设。一院、中医院开通“银医通”项目，一院在全省县（市）级医院中率先实行“诊间结算”项目。巩固省级卫生强市创建成果，6月通过嘉兴初评，8月通过省级复核。

6月，市政府出台《关于加强卫生人才培养和引进的若干意见》，专门设立医学助学金。加大业务骨干选拔培养力度，中医院于占文被确定为浙江省名中医培养对象；一院唐建良入选嘉兴市卫生系统学科带头人培养人选，另有1人入选嘉兴市卫生系统后备学科带头人培养人选，3人入选嘉兴市卫生系统青年优秀人才培养人选；评选产生桐乡市卫生系统第四轮第二批学科带头人5名、学科骨干5名、医坛新秀14名。全市医疗卫生单位面向普通高等院校医学类应届毕业生直接公开招聘93人，面向社会公开招聘108人（护师36人、护士32人、社区医生10人、其他30人），定向委培本科社区医生25名；晋升高级职称85名（正高15名、副高70名），中级职称116名。市卫生学校高职类考试平均上线率99.4%，连续11年夺得医护类全省状元，护理资格考试通过率99.5%。

【完善基层医疗机构运行机制】　7月，市政府出台《桐乡市深化基层卫生综合改革完善基层医疗机构运行新机制实施意见》，提升基层医疗卫生服务能力，深化人事分配制度改革，完善基层医疗机构多渠道补偿机制。对基层医疗机构的基本建设、大型维修、设备购置、人才学科和规范化培训等实行项目化管理，经批准的基本建设项目、5万元以上的维修及10万元以上的设备购置按市财政60%、镇（街道）财政20%、基层医疗机构20%的比例予以分担。加大基层医疗机构的财政投入，建立动态增长机制，基层医疗机构离退休人员经费由市财政足额承担。对基本公共卫生服务、基本医疗实行政府购买服务，按常住服务人口进行补助。镇（街道）财政按市及以上财政投入基本公共卫生服务经费的15%给予配套，全年各镇（街道）财政补助经费投入1178.4万元。

【设立医学助学金】　6月，市政府出台《关于加强卫生人才培养和引进的若干意见》，专门设立医学助学金，鼓励本地优秀高中应届毕业生报考重点医学院校。高考成绩位列全市前100名桐乡籍学生，凡被“211”“985”工程院校医学类紧缺专业正式录取的，按每人每年2万元标准补助；凡被其他院校医学类紧缺专业第一批正式录取的，按每人每年1.5万元标准补助。现就读于“211”“985”工程院校和其他第一批正式录取的医学类紧缺专业桐乡籍学生，凡回本市医疗卫生单位工作的，也按上述政策给予补助。医学助学金发放办法为：学生在校期间发放总额的40%，毕业回桐乡工作后，分5年发放总额的60%。助学学生按照卫生技术人员招聘有关规定，符合条件的纳入事业编制，办理事业单位工作人员聘用手续；通过执业医师资格考试和住院医师规范化培训后，实际在本市从事卫生专业技术工作时间应多于5年。至年底，2名学生与市卫生局签订医学助学协议。

【实施市域内医疗联合体建设】　8月，市卫生局出台《桐乡市区域医疗联合体建设实施方案》，9月底首批三家医疗联合体正式启动。一院、二院、中医院分别与石门、洲泉、高桥3家中心卫生院结成医疗联合体，实施以管理输出、人才交流、技术支援为主要模式的紧密合作，逐步探索

9 月 23 日，市域内医疗联合体建设正式启动　　市卫生局提供

市、镇（街道）卫生一体化。结成医疗联合体后，卫生院的机构性质、职能定位和财政补助政策不变，卫生院院长兼任市级医院副院长，市级医院支援团队负责人任卫生院院长助理。3 家市级医院分别派出 4～5 名管理、技术人员常驻卫生院工作，重点提高卫生院住院部和专科门诊的医疗服务能力，逐步建立基层首诊、分级诊疗、双向转诊的就医机制。至年底，3 家中心卫生院的医疗质量和服务能力得到相应提升，门诊、住院人次增长较快。

卫生监督与疾病控制

【概况】 2014 年，市卫生局强化卫生监督执法，加大打击非法行医力度，全年取缔无证行医 33 户次，没收药品、器械 915 千克，立案 33 起，罚款 26 起，案值 9.49 万元，移交司法机关追究非法行医罪 8 起，对 28 名非法行医举报人发放奖励金额 2.45 万元。开展"依法执业、守护健康"专项检查，检查各级各类医疗机构 252 家，对 3 家单位作出立案处理。加强餐饮具集中消毒单位监管，3 家单位实施"五常法"（常组织、常整顿、常清洁、常规范、常自律）管理，其中 2 家单位获评 2014 年度浙江省餐饮具集中消毒示范单位。推进重污染高耗能行业整治提升工作，完成制革、印染、造纸、化工"四大"行业 108 家企业原地整治提升职业病危害效果评价与验收，其中印染行业配料房染料盒密闭存放的整改经验作为样板在全省推广。开展职业健康检查与诊断机构规范化提升行动。全市 3 家职业健康检查机构、1 家职业病诊断机构分别通过浙江省、嘉兴市规范化验收。全年监控处置职业病危害信息 1644 份，处置率 100%，其中处置检测与评价报告 389 份，检测岗位 3723 个，岗位合格率 99.1%；处置职业健康检查报告 1255 份，体检工人 2.26 万名，职业禁忌 361 名，调离率 100%。推进卫生监督协管服务工作，9 家医院（社区卫生服务中心）创建为省级卫生监督协管服务示范点。推进"五水共治"保供水，全年未发生生活饮用水卫生事件。年内，无甲类传染病发病报告；乙类传染病报告 1723 例（按发病日期），发病率 207.96/10 万（按常住人口），比上年下降 0.5%；丙类传染病报告 3038 例，报告发病率 366.68/10 万，较上年上升 19.8%，全年无突发公共卫生事件报告。加强重点传染病防控，1 月 8 日确诊 1 例人感染 H7N9 禽流感后，及时落实群防群控策略，暂停全市活禽交易，加强发热呼吸道门诊管理，防控工作取得阶段性胜利。创新实行艾滋病防控"四位一体"（疾控中心、定点医院、社区卫生服务中心、病人）管理模式，出台《桐乡市艾滋病感染者和病人随访管理经费考核实施细则》。全年报告艾滋病感染者及病人 37 例，比上年增长 15.6%，在管病人 160 例；新增抗病毒治疗 45 例，在治病人 129 例。巩固国家级慢性非传染性疾病综合防控示范区创建成果，全年登记高血压患者 8.94 万例，发现率 13.1%，规范管理 6.07 万例，规范管理率 67.9%；登记糖尿病患者 1.9 万例，发现率 2.8%，规范管理 1.27 万例，规范管理率 67.1%。12 月，在中国医学科学院召开的中国慢性病前瞻性研究项目年度工作会议上，桐乡市获全国"突出贡献奖"，疾控中心钱一建获"杰出贡献奖"、王春梅获"最佳管理者奖”。加强重性精神疾病防治管理,全市登记重性精神疾病患者3699人,新发现重性精神疾病患者并纳入管理99人。9月1日起实施贫困精神病患者服用基本抗精神病药物费用全额保障。加强地方病、寄生虫病防治工作,新确诊本地布病病例6例,首次发现本地湖羊养殖人员感染布病病例。全市有麻风现症病人1例,患病率0.15/10万,继续保持在基本消灭麻风控制指标1/10万以下,市皮肤病防治院被授予“2013－2014年全国麻风病防治管理信息系统工作先进集体”。加强死因监测,全年报告死亡4983例,死亡率7.28‰,全市人均期望寿命80.24岁,其中男性78.03岁、女性82.67岁。前五位死因死亡率及构成为:恶性肿瘤182.98/10万(25.15%)、脑血管病122.08/10万(16.78%)、呼吸系统疾病120.77/10万(16.60%)、损伤与中毒94.19/10万(12.94%)、心脏病81.34/10万(11.18%)。

【首届世界互联网大会医疗卫生保障】　11月19～21日,首届世界互联网大会在乌镇举行。市卫生局制订《首届“世界互联网大会”医疗卫生保障工作方案》,成立保障工作领导小组,下设医疗保障、重要首长及贵宾保健、卫生监督和疾病防控四个工作组。通过各工作组多次现场踏勘和上下对接,研究制订大会医疗卫生保障实施方案、应急预案和工作操作手册,明确设置临时指挥中心、景区医疗站、会场临时医疗站及各级定点救治医院。选调省、嘉兴市、桐乡市专家58人、120救护车5辆、其他工作用车9辆,承担医疗救治、卫生监督、疾病防控等保障工作。会前,各工作组做好医疗器械、抢救物资和消杀药品等采购、配备与测试工作,多次开展针对性的培训和演练,并于11月11日在市三院、乌镇西栅景区开展医疗卫生应急演练。大会期间,省、嘉兴市、桐乡市卫生行政部门有关领导驻点市三院临时指挥部,统一指挥医疗卫生保障工作。在保证常规医疗站点24小时接诊基础上,专门派遣医护人员44人次参与会议保障17场次。各医疗站点累计诊疗病人67人次;卫生监督组累计检测生活饮用水标本12份、直饮水15份、游泳池水4份,游离余氯、pH、浑浊度等监测结果全部符合国家卫生标准;疾病防控组加强对接沟通,及时掌握隐患情况,加强梳理每日就诊病人信息,及时分析和预警。大会期间未发生突发公共卫生事件。

医疗服务

【概况】　2014年,市卫生局加强医疗质量管理,修订完善医疗质控检查标准,开展药品及医疗器械安全专项检查,落实医疗核心制度和“三个重点”(重点科室、重点人员、重点环节)管理制度。全年开展2次综合医疗质量检查,每个季度开展纠纷案例集中讨论和点评。实施优质护理服务工程和医疗服务“阳光用药”“阳光采购”工程,公立医院“阳光用药”公示指标从12项扩展到16项,基层医疗机构公示指标达到9项,开展放射影像类耗材、骨科材料“阳光采购”工作。加强医疗资源整合,完成桐乡市医学影像诊断中心建设并运行,出台桐乡市临床检验中心、桐乡市医疗器械消毒供应中心建设方案,开展系统建设和物流用车采购等工作。加强中医药工作,实施基层中医药服务能力提升工程并接受省级专项督查,中医院新开设康复病区,开展中医特色护理;完善基层医疗机构中医诊疗设备和中医人员配备,加强中医药适宜技术培训和推广,举办中医药适宜技术培训班3期350多人参加培训。完善综合目标责任制和绩效考核办法,把降低药占比和药品均次费用作为核心内容,经过部署、通报、督查等环节,药占比下降2.4%,其中市级医疗单位下降2.2%、基层医疗机构下降3.7%。开展“改进医德医风,提升服务能力”主题活动,各医疗卫生机构推出院长接待日制度、“一站式”服务中心、午间门诊等便民举措,完善就诊环境,优化服务流程,医疗卫生机构社会满意度达99%以上。继续做好住院医师、全科医师规范化培训工作,64人参加西医住院医师(助理全科医师)规范化培训,其中住院医师、全科医师规范化培训45人、助理全科医师规范化培训19人;12人参加中医住院医师规范化培训。中医院继上年列入浙江省第一批中医住院医师规范化临床培训基地后,通过第二批中医住院医师规范化临床培训基地学科评审。全年有4151人次参加无偿献血,比上年增长6.5%,采集全血总量1339.2升,增长5.1%,一次献血400毫升以上者占献血人次 27%，无偿献血 100%。全年“120”指挥调度中心受理电话 5.17 万次，增长 6.2%；救护出车 1.8 万次，增长 5.6%；接收病人 1.38 例，增长 3.%，无因调度差错引起的事故和纠纷投诉。

【四院托管工作成效明显】2014 年，桐乡市第四人民院接受嘉兴市第二医院托管，各项工作运行平稳，成效明显。嘉兴二院管理技术团队覆盖内科、外科、儿科、重症、放射、护理等，8 名人员常驻桐乡四院，并针对性开设 17 个专家门诊，由副高以上职称人员、嘉兴地区学科带头人定期坐诊，建立师徒式带教模式；确立首批 5 个重点扶持学科，与嘉兴二院相关科室建立合作关系，聘请 7 名知名专家作为指导顾问，选派人员到嘉兴二院进修，提升桐乡四院医疗技术和服务水平。年内，桐乡四院门急诊人次比上年增长 5.6%，住院人次增长 48.1%，医疗收入增长 30.3%，手术台数增长 58.4%，并开展腹腔镜等新技术、新项目，深受社会各界好评。

4 月 11 日，副市长费玉林调研四院托管工作　　市卫生局提供

妇幼保健

【概况】 2014 年，桐乡市推进妇幼健康服务年活动，实施孕产妇和 0～6 岁周岁儿童免费保健服务。全年完成妇女病普查 112963 人，检查率 88.6%，查出各种妇科病 2.82 万人，妇科病患病率 25%。实施城乡妇女“两癌”检查项目，完成宫颈癌筛查 6.23 万例，确诊宫颈癌 11 例；完成乳腺癌筛查 7.55 万例，确诊乳腺癌 25 例。孕产妇保健工作质量提高，重症高危孕产妇管理率 100%，发生本地孕产妇死亡 1 例，无新居民孕产妇死亡。本地产妇数 5856 人，活产数 5896 人（部分为双胞胎或多胞胎），建册率 100%，早孕建册数 5762 人，早孕建册率 97.7%，早孕检查率 97.7%，孕产妇系统管理率 97.6%。筛选高危孕产妇 2442 例，高危发生率 41.7%，高危孕产妇管理率 100%，住院分娩率 100%。儿童保健工作持续稳定，儿童死亡率保持较低水平，其中 5 岁以下儿童死亡率 3.1‰、婴儿死亡率 2.4‰、新生儿死亡率 1.5‰。全市 7 岁以下儿童 4.35 万人，保健覆盖人数 4.33 万人，保健覆盖率 99.5%，其中 3 岁以下儿童 1.65 万人，系统管理 1.62 人，系统管理率 97.8%。做好婚检、孕产妇住院分娩补助、孕前及孕早期增补叶酸预防神经管缺陷等重大公共卫生妇幼专项工作；完成婚前检查 8224 人次，婚检率 91.4%，检出疾病数 306 人，其中指定传染病 55 人、生殖系统疾病 139 人、内科疾病 112 人；孕产妇住院分娩专项补助 1774 人，住院分娩补助率 100%；叶酸服用人数 4310 人，叶酸服用率 100%，叶酸知识知晓率 100%，叶酸服用依从率 87.2%。启动爱婴医院复核工作，全市 6 家助产机构通过嘉兴市评审。针对单独二孩政策，市妇保院开设“再生育咨询门诊”，增强高危妊娠门诊力量。

【城乡妇女免费检查“两癌”】2014 年，桐乡市出台《城乡妇女“两癌”检查项目实施方案》，对全市 35～64 岁城乡妇女每两年进行一次“两癌”免费检查，全市 13 家医疗机构和计划生育技术指导站承担检查工作。“两癌”检查费用人均 128 元，其中宫颈癌检查人均 49 元、乳腺癌检查人均 79 元，项目实施所需经费由市财政承担。全年宫颈癌检查 6.23 万人，检出阳性 1781 例，阳性发生率 2.9%，阳性病例中阴道镜检查 1435 人，宫颈组织病理学检查 576 例，确诊宫颈上皮内瘤变 320 人(CIN，宫颈癌前病变)，其中 CINI(轻度)178 例、CINII(中度)79 例、CINIII(重度)63 例，确诊宫颈癌 11 例，发生率 17.6/10 万。乳腺癌检查 7.55 万例，检出阳性病人 1090 人，阳性发生率 1.4%，阳性病例中钼靶检查 460 人，确诊乳腺癌 25 例，发生率 33.1/10 万。

科研与交流

【概况】 2014 年，市卫生局加强医学科研工作，全年科研立项 88 项，其中省级及以上 4 项、嘉兴市级 6 项、桐乡市级 78 项；通过科技成果验收 40 项，其中桐乡市级 34 项、嘉兴市级 6 项；获桐乡市科技进步奖 7 项，其中二等奖 2 项、三等奖 5 项。全年新开设科室 8 个，治疗 1.07 万人次；开展新技术 87 项，治疗 2.62 万人次；开展新项目 74 项，治疗 5.57 万人次。加强医学继续教育工作，举办国家级继续教育项目 4 项、省级继续教育项目 5 项、嘉兴市级继续教育 16 项。全年举办各类培训班、学术活动 42 场，开展“三基”考试和临床技能、妇幼保健技能等竞赛活动。邀请上海、杭州专家到桐乡讲课 94 次，听课人次 4298 人；邀请上海、杭州专家到桐乡会诊手术 473 人次；派出医务人员赴上海、杭州等地上级医院进修 93 人次。加强市级医院支援基层卫生工作，派出 55 名市级医院医务人员支援基层，每人累计支援 30 天。深化医疗开放合作，一院与复旦大学附属肿瘤医院建立合作关系，康慈医院与省立同德医院建立院际合作，洲泉镇中心卫生院成为杭州师范大学附属医院桐乡分院，全市医疗机构与上级医院、医药高等院校建立合作项目累计 21 项。

【完成青海省都兰县人民医院三年帮扶工作】 桐乡市第一人民医院作为嘉兴市指定援青对口支援医院，于 2012 年 9 月 11 日与青海省都兰县人民医院签订结对帮扶协议，正式建立卫生对口支援合作关系，截至 2014 年完成三年援建工作。三年中，一院分三批派出医务人员 13 人次，每批派驻 3 个月，涉及骨科、肝胆外科、神经外科、呼吸科、麻醉科、妇产科、超声科、放射科、重症医学科、检验科等 10 个专业；接收都兰县人民医院 12 名医生来院学习、进修。通过三年帮扶，都兰县人民医院独立开设骨科、微生物室、重症监护室等新科室，医疗技术水平明显提高，能够独立完成 20 多项新技术、新项目，其间，还开展都兰县人民医院首例脑外科手术和腹腔镜胆囊切除手术。一院派驻的专家医疗队进行手术示教 100 余次，指导危重病人抢救 30 余次，通过学术讲座培训当地医务人员 1000 余人次，通过教学查房培训 800 余人次，通过麻醉操作示教、手术示教培训 300 余人次，为当地寺院及农牧民义诊 300 余人次，并多次赴高海拔矿区对矿工进行义诊和保健知识讲座，受到受援医院及当地政府、群众高度评价。

(杨林峰)

爱国卫生

【概况】 2014 年，桐乡市提升城乡环境卫生管理水平，出台《桐乡市城乡环境卫生“四位一体”长效保洁工作实施意见》，建立涵盖镇区、公路(除高速公路外)、河道、村庄四大区域“四位一体”城乡环境卫生保洁新机制。对保洁情况每月开展考核，考核分月度检查、季度考核和年度考评，考核实行现场抽样，并依托互联网技术，考核数据上传云端，实现数据汇总与考核同步。市财政为每个镇(街道)配备洗扫车辆、转运车、保洁船等，购置洗扫车 10 辆，保洁船 6 艘，各类设施设备补助 486.6 万元。农村保洁补助经费由 60 元/户提升到 120 元/户，年补助经费 5000 多万元。启动城乡垃圾分类试点工作。在市区华立世纪花苑小区、振东小区、机关单位试点垃圾分类，通过上门收集、“以物换物”方式，引导干部群众主动参与，收集可回收垃圾 20.76 吨，完成现场物品兑换 761 件，总价值 4700 元，参与户数 911 户。《浙江日报》等多家媒体对此进行报道。在屠甸镇、石门镇开展农村垃圾减量分类试点、餐厨垃圾收集处置试点工作，取得示范效应。开展病媒生物预防控制工作，进行全市病媒生物监测，开展城乡春、秋两季统一灭“四害”工作，“四害”密度均控制在国家规定范围内。河山镇、乌镇镇完成桐乡市“灭鼠、灭蟑先进镇区”复查。宣传贯彻《浙江省爱国卫生促进条例》，开展第二十六个爱国卫生月活动。

各镇(街道)、市区各社区开展城乡环境整洁活动、“关注健康 让学生和市民走进人体健康科普馆”健康教育实践活动。组织各镇(街道)28 批次 700 多名居民参观杨家门社区人体健康科普馆。国家卫生计生委副主任崔丽到科普馆调研健康教育工作。全市 3 家医院被浙江省爱国卫生运动委员会评为“健康促进医院”,9 家单位被评为“桐乡市级控烟先进单位”。卫生创建工作成效显著,全省国家卫生镇创建现场会在桐乡市召开。濮院镇、居甸镇通过国家卫生镇第一轮复查,被全国爱卫会确认为国家卫生镇;乌镇镇、河山镇启动国家卫生镇创建工作;凤鸣街道、龙翔街道通过省级卫生街道暗访;其他镇完善创卫长效管理机制,巩固发展省级卫生镇(街道)创建成果。卫生先进单位、卫生村建设与文明单位创建同步推进,强化培训指导,确保建设质量。全年命名省卫生先进单位 2 个、卫生村 2 个;嘉兴市卫生先进单位 22 个、卫生村 6 个;桐乡市卫生先进单位 20 个、卫生村 5 个。通过复查考核重新确认省卫生先进单位 21 个、卫生村 11 个;嘉兴市卫生先进单位 26 个,卫生村 13 个;桐乡市卫生先进单位 45 个。

【开展城乡生活垃圾分类收集试点工作】 12 月 26 日,桐乡市在嘉兴地区率先实施城市和农村生活垃圾分类收集试点工作,安排资金 500 万元。试点分别选取市区封闭式小区(华立世纪花苑小区)、开放式小区(振东小区)各 1 个,石门镇、居甸镇各 1 个村。市区实行可回收垃圾、不可回收垃圾、有害垃圾及其他垃圾“四分法”措施。农村实行可堆肥垃圾和不可堆肥垃圾“二分法”措施。可堆肥垃圾包括剩菜剩饭、菜叶果皮、腐烂瓜果、零食碎末、死亡动物粪便等;不可堆肥垃圾包括塑料包装壳、废橡胶制品、泡沫制品等。市区通过可回收垃圾“以物换物”并再生利用,有害垃圾分类收集并无害化处理,不可回收垃圾及其他垃圾统一回收并填埋焚烧;农村通过专业回收机器对可堆肥垃圾再生利用,不可堆肥垃圾填埋焚烧等方式,实现生活垃圾减量化、资源化、无害化目标。

(颜　辉)

健康城市建设

【概况】 2014 年,桐乡市创建办继续实施安康家园行动计划,推进健康城市建设。组织健康教育讲师团深入各企事业单位举办健康教育讲座 358 次,受益人数 3.2 万多人次;邀请浙江省疾控中心副主任俞敏为各镇(街道)爱卫办主任、健康教育讲师团成员作慢性病防制专题讲座和师资培训;开展健康教育实践活动,组织各镇(街道)30 批次 1000 多名学生、市民参观人体健康科普馆。推进实施健康科普进农村(社区)活动。举办健康科普知识讲座,以文艺演出形式将健康科普知识送进农村。全市各村(社区)均建有健康教育宣传橱窗,组织健康科普教育讲座 280 多场次,在各镇(街道)省级卫生村举办广场文艺演出 14 场次。向全市 211 个村(社区)免费发放《健康科普画报》6 期 7800 多张。开展健康城市宣传周、世界无烟日大型宣传活动,成员单位参与活动 150 余次,受教育 2.5 万余人。创建健康促进学校 5 家,其中金牌学校 2 家,银牌学校 1 家,铜牌学校 2 家;创建健康促进医院 3 家;创建健康示范单位 8 家。

【开展“世界无烟日”系列宣传活动】 5 月,市创建办开展“世界无烟日”系列宣传活动。根据中共中央办公厅、国务院办公厅《关于领导干部带头在公共场所禁烟有关事项的通知》精神,在市政府办公大厅展示控烟展板 11 块,向机关干部领导传递吸烟有害健康的相关数据和控烟知识;在滨河广场等公共场所和社区、学校开展控烟宣传咨询活动。通过签署控烟承诺书、健康展板、有奖知识竞答、专家咨询、发放控烟倡议书和宣传资料,播放《中国公民健康素养》专题片;在新浪微博“健康桐乡”“健康桐乡”微信公众平台、市疾控中心网站等宣传控烟知识,在《桐乡健康教育》报上刊登有关烟草防治知识文章,在《桐乡新闻》、电台、电视台等媒体播出宣传控烟健康知识;在人体健康科普馆健康教育实践基地举办控烟教育讲座;评选无烟单位和控烟积极分子。

(陆明海)

社会生活

计划生育

【概况】 2014年，桐乡市户籍人口68.68万人，年内出生人口7078人，人口出生率10.35‰，自然增长率3.09‰，计划生育率98.62%。市人口计生局以幸福家庭关爱工程为统领，对特殊家庭建立家庭档案，落实结对帮扶工作机制。推进计生家庭关爱工作，维护计生家庭合法权益。落实奖励扶助对象8748人、发放奖扶金839.81万元，落实特扶对象645人、发放特扶金556.2万元；发放计生公益金43.29万元、救助475户；发放独生子女父母奖励费153.22万元；补助子女考取高校的计生低保家庭35户7万元。推进生育关怀工作，投入80.4万元为全市10万余名独生子女购买第三轮安康保险，龙翔街道投入11.7万元试点运行独生子女家庭安康保险；继续推进"亿元基金·生育关怀在行动"活动，新增企业冠名基金22个，总冠名基金累计1.53亿元，结余可用资金335.88万元，1257户家庭享受140.01万元生育关怀和帮扶费。落实计生基本公共服务均等化工作，为新居民提供教育培训、青春健康关怀等计生服务。注重以人为本，落实国家免费孕前优生健康检查项目，提高婚检率和优生检测率。深化"阳光计生行动"，接受群众监督，推动行风政风转变，人口计生工作群众满意率得到提升。桐乡市被《中国人口报》评为"新闻工作先进单位"，在嘉兴市各县（市、区）人口计生目标管理责任制考核中得分排名第一，被嘉兴市政府评为"人口计生优秀单位"。

【项目化管理引领计生工作转型】 2014年，市人口计生局按照"抓点带面、示范引导、总结经验、逐步推广"工作思路，多措并举，以项目化建设引领人口计生工作转型。审定并实施14个人口计生工作创新项目，梧桐、乌镇、河山等地实施的6个项目获奖；立项实施17个经费补助项目通过考核验收，补助经费120余万元，巩固提升基层宣传服务阵地建设和基础工作。推广凤鸣、崇福、濮院申报的3个人口计生特色项目，以点带面，推动整体工作转型。

【拓展宣传计生服务途径】 2014年，市人口计生局拓展宣传计生服务途径，延伸网络服务触角。在全市655个计生联系员家中建立婚育新风传播站（点），投入14.3万元委托第三方统一

5月28日，人口计生上街宣传服务活动　　市计生局提供

更新市、镇、村三级计生公开栏和宣传栏，开展人口文化“五进”（进农村、进社区、进家庭、进校园、进企业）活动1600多次，组织“五期”（青春期、新婚期、孕产期、育儿期、更年期）教育300多期，“三优”（优生、优育、优教）培训100多场次，2.8万余人参加人口计生知识有奖竞赛。注重对外宣传和信息交流，在《浙江在线》等省级主流媒体发表信息16篇，在《中国人口报》等省级及以上媒体发表调研文章、各类信息46篇。注重以人为本，提高技术服务质量。将妇女生殖健康检查、查孕查环项目与卫生部门开展的农村合作医疗相关体检等工作联动，将婚检、孕检项目与市妇保工作联动，提高工作效率和参检率；对随访服务项目实施市、镇、村三级联动，提高工作针对性、实效性；深化避孕节育药具按需发放模式，洲泉镇试运行全自动售套机。实现新婚及待孕夫妇优生咨询指导率100%，病残儿父母再生育二孩优生指导和服务率100%，国家免费项目参检人数1.22万人，优生“两免”（免费婚前医学检查和免费孕前优生检测）率分别为93.89%和98.32%。

【实施单独二孩政策】 2014年，市人口计生局对符合单独二孩政策人群进行摸底和生育意愿调查，掌握政策实施对全市人口发展的影响。制订《桐乡市实施单独二孩政策宣传工作方案》，发挥广电、报刊、网络等现代媒介和基层公开栏、宣传栏、人口学校、“12356”计生服务热线等载体作用，引导群众了解政策，合理安排生育时间。对符合单独二孩政策人群进行统计分类，做好接待咨询、申请受理、针对性服务等工作，提高审批服务效率。在妇保院开设再生育科，为符合单独二孩政策人群提供政策咨询和孕前孕中指导服务。制订应急预案，做好涉及单独二孩政策信访维稳工作。全年受理单独二孩申请1563对，完成审批1491对，上报出生504人。

【规范新居民计生服务管理】 2014年，市人口计生局落实“一盘棋”工作机制，与16个省、市36个县（市、区）签订区域协作协议；发挥市流动人口计生领导小组成员单位作用，形成信息渠道畅通、部门配合紧密、服务网络完善的工作格局。集中开展出租房屋中流动人口计划生育专项整治，排摸企业集体宿舍270家、出租房3.5万户，查验流入育龄妇女婚姻证明1.6万人，发放计生宣传资料9.8万份，组建流动人口计生协会36个，与出租房屋户主签订计生协议书2.7万余份。在嘉兴市率先实施计划生育“三级证明”（村或居委会、乡镇或街道计生部门、县级计生部门）查验工作，查验流入人口计生证明4675例，其中违法生育1457例，并对违法生育对象进行跟踪处理，依法督缴社会抚养费。落实计生基本公共服务均等化工作，为新居民提供教育培训、青春健康关怀等计生服务，发放服务管理卡近1.8万本，孕环情检查5万余人次，报销四项手术459人次5.5万元，发放流动人口计划生育公益金1.08万元，走访慰问新居民116户、发放慰问金5.25万元。屠甸镇流动人口服务中心被评为“省级流动人口规范服务中心”。

【提升依法行政能力】 2014年，市人口计生局推进生育审批制度改革，将涉及人口计生的政府审批权力和服务事项进行梳理并在浙江政务服务网上试运行；加快市、镇、村三级便民服务网络建设，简化手续，优化流程，拓宽受理途径，达到办理计生服务事项“村民不出村”效果。全年受理网上计生审批服务事项1万余件。在乌镇镇试点运行再生育审批权限下放工作，取得良好社会反响；办理再生育审批2901件，办理特殊情况生育审批178件。建立依法行政例会制度，完善社会抚养费征收强制执行协作机制，动态分析社会抚养费征收工作，研究解决征收工作难题；全年征收社会抚养费185例677万元，申请法院强制执行65例。抓基层计生执法业务知识培训，定期开展执法案卷评查，提高干部业务水平和能力。落实国家、省市统计质量检查制度及计生“阳光统计”。

【性别比综合治理扎实有效】 2014年，市人口计生局把出生人口性别比综合治理工作纳入目标责任制考核，确保相关部门单位意识到位、责任到位、协作到位。加大计生与卫生、公安、市场监管等部门协作力度，新生儿分娩、B超检查、四项手术等实行实名制，完善孕情消失倒查机制，加强生育全过程服务管理。以主题活动等形式在人口密集、流动人口聚集等区域开展政策知识、新型生育观念宣传。年内专题宣传50余场次，发放宣传资料2万余份；各镇、街道开展以关爱女孩为主题宣传活动16次。加大“两非”（非医学需要的胎儿性别鉴定和非医学需要的人工终止妊娠）案件查处力度，集中开展出租房黑诊所、黑B超专项整治。年度考核出生人口性别比符合上级下达控制指标要求。

（庄林秋）

新居民事务

【概况】 2014年年底，桐乡市登记在册新居民39.71万人，其中16周岁以上34.92万人，16周岁以下4.79万人。新居民总人数比上年下降0.8%。全市12个镇（街道）中，有7个镇（街道）新居民超万人，其中梧桐街道、濮院镇两地新居民超过本地户籍人口，出现人口比例倒挂现象。新居民来源以省外人员、汉族为主。16周岁以上新居民中，来自省外31.71万人，占总数90.8%，其中来自安徽、河南和四川省的居多。新居民聚居化明显，相对稳定。区域上，受市场经济影响，居住在梧桐街道新居民13.78万人，占全市新居民总数39.5%；濮院镇新居民8.63万人，占新居民总数24.7%。新居民住宿以租赁房屋为主。全市有22.22万新居民（不包含16周岁以下新居民）租赁房屋居住，占新居民总数63.6%。租赁房屋范围，主要集中在城乡接合部和农民新村。开展以“查责任、查底数、查实效”为主要内容的百日排查活动。向32.08万人发放两类居住证，其中浙江省临时居住证28.61万人、浙江省居住证3.47万人；登记出租房屋941户。执行《桐乡市新居民积分制暂行办法》，加强条线联动，注重积分卡办理、审验、发放等工作。全年出具计生证明4036份，其中核实合法生育证明2800份；社保证明2657份，核实违法犯罪记录2223条次；发放新居民积分卡2185张。加强对全市87家新居民需求服务站的指导、月度考核。发放各类宣传资料及宣传袋36.5万余份，发放计生药具5.18余万份，为8名新居民发放计生公益金4800元。重视涉及新居民来电来访和救助工作。接听救助电话1791个；为符合救助条件的新居民争取救助资金7起，发放救助金1.82万元。

【推进居住证制度改革】 2014年，市新居民事务局结合国家户籍制度改革总体部署，按照浙江省、嘉兴市居住证制度改革试点要求，推进居住证申领制度改革。有序发放居住证，以合法稳定住所和合法稳定职业为基本条件，以居住证持有人积分管理为基本内容，实行凭证供给的基本服务。建立健全与居住年限等条件相挂钩的基本公共服务机制，实现居住证由“条件管理”向“积分管理”转变。

【加强基础信息调研】 2014年，市新民局按照“底数清、情况明、信息实”要求，依法采集各项基础信息。定期开展专项排查活动，提高数据质量。每季度对全市新居民作数据分析，内容包括年龄层次、来源地、男女比例、民族、文化水平、从事职业、子女就学、计划生育、居住情况、违法犯罪等各个方面。通过数据分析、动态跟踪，掌握新居民流量、流向、结构、分布和生存状态等最新基础信息，并运用信息进行科学研判，为政府制定政策、科学调控提供依据。

6月10日，嘉兴市新居民积分制管理工作推进会在桐乡召开

市新民局提供

【流动人口信息移动采集系统应用】 2014年，市新居民局在前期流动人口移动终端试用基础上发现问题，制订《桐乡市移动终端使用管理规定》，以移动终端运用推广为契机，多次开展基层协管员培训。全市新居民协管员基本掌握移动终端使用方法，实现流动人口移动终端由试用向全市全面推广。至年末，全市配备流动人口移动终端400台，查验流动人口登记信息12.96万条。

【推进平安和谐集聚区建设】 2014年，市新居民局推进平安和谐集聚区建设。新建新居民集聚区10个，累计44个。3861人次新居民参与义务治安巡防，协助抓获网上逃犯17名；开展欠薪排查1567次；协助采集育龄妇女信息4652条；调解各类纠纷968件，调处成功796件；参与清“三河”（黑河、臭河、垃圾河）工作180余次，推进“三治建设”（德治、法治、自治），引导新居民树立主人翁意识，促进全市和谐稳定。

【提高新居民综合素质】 2014年，市新居民局提高新居民综合素质，开展“消防疏散演练进桐乡新居民集聚区”“为新居民学生送心理健康大餐”“浙江法制宣传月”大型法律咨询服务活动、“三步走进车站开展安全宣传”等活动100余次，接受宣传教育新居民10万余人次。完善新居民集居区公共文化服务设施和载体，组织新居民参与各类比赛。桐乡市新居民代表队在嘉兴市新居民乒乓球大赛中获混合团体第三名，在嘉兴市新居民歌唱比赛中获二等奖。开展“小手牵大手平安进万家”平安暑期、竞选“三治服务团小成员”等新居民子女暑期教育活动。发挥新居民典型引领作用。开展第四届“桐乡市十佳优秀新居民”评选活动，通过新闻媒体宣传报道“桐乡市十佳优秀新居民”典型事迹，激励新居民在第二故乡建设中积极进取、建功立业。

（江雪琴）

人民生活

【概况】 2014年，桐乡市实现国内生产总值614.36亿元，比上年增长8.1%。人民生活水平稳步提高。至年末，城乡居民本外币储蓄存款余额514.65亿元，增长11.9%。城镇非私营单位从业人员年平均工资为5.67万元，增长12.9%。抽样调查数据显示：全市城镇居民人均可支配收入4.14万元，比上年增长9%。从收入构成看：人均工资性收入2.9万元，增长8.8%，占人均可支配收入69.8%；经营净收入4256元，增长10.9%；转移净收入3711元，增长8.4%；财产净收入4531元，增长8.7%。农村居民人均可支配收入2.52万元，增长10.1%，其中工资性收入1.79万元。工资性收入增加额对可支配收入增加额贡献率69%。经营净收入5385元，增长10.9%，其中第一产业经营净收入954元，第二产业经营净收入2556元，第三产业经营净收入1875元，分别增长0.4%、13.1%和14.1%。

【城镇居民消费保持平稳】 2014年，桐乡市城镇居民人均生活消费支出2.19万元，比上年增长7.6%。八大类消费支出均有不同程度增长。人均食品消费支出6548元，增长6.5%，恩格尔系数为30.0%，其中人均饮食服务支出1799元，增长9.8%；人均衣着消费支出1601元，增长4.1%，其中人均服装类支出1337元，增长4.9%；人均居住消费支出4001元，增长8.9%；人均生活用品及服务类支出1681元，增长6.5%；人均医疗保健消费支出1230元，增长5.5%；交通通信消费支出增长较快，人均消费支出3925元，增长10.2%，其中人均通信类支出885元，增长24.2%；人均娱乐文教服务支出2419元，增长9.8%；人均其他用品和服务支出448元，增长2.2%。

【城镇居民居住环境改善】 2014年，桐乡市城镇居民人均住房建筑面积71.9平方米，其中城区人均住房面积40.1平方米。所有家庭都用上自来水、液化石油气或管道天然气。各种耐用消费品不断增加，抽样调查显示，折算成每百户家庭拥有家用汽车68.9辆、摩托车或助力车共148.4辆、空调238.2台、彩电225台、计算机123.5台、移动电话295.4部。计算机、移动电话入网率分别为98.3%和79.5%。

【农村居民消费快速增长】 2014年，桐乡市农村居民生活消费快速增长。全市农村居民人均生活消费支出1.63万元，比上年增长15.6%。八大类消费支出均保持两位数的增长,人均食品消费支出4543元,增长12%,恩格尔系数为27.9%;人均衣着支出952元,增长13.9%;人均居住消费支出3226元,增长13.5%;人均生活用品及服务支出736元,增长10.3%;人均交通和通信消费支出3923元,增长21.8%,受购买汽车增多影响交通类支出增长迅速,人均交通类支出3449元,增长31.1%;人均教育和文化娱乐消费支出1596元,增长19.5%;人均医疗保健消费支出779元,增长17%;人均其他用品和服务消费支出526元,增长14.8%。

【农村居民家庭设施完备】 2014年,桐乡市农村居民人均住房建筑面积96平方米,所有家庭均为管道供水入户。汽车和计算机等耐用消费品不断增多,每百户家庭拥有家用汽车58辆、摩托车或助力车213.3辆、空调218台、彩电226.7台、计算机112.7台、移动电话302.1部。信息化方面与城镇差异不明显,计算机、移动电话入网率分别为98.8%和77.9%。

(周长金)

民政和社会福利

【概况】 2014年,桐乡市被浙江省委、省政府、省军区授予"双拥模范城"称号;桐乡市殡仪馆被民政部授予"全国殡葬工作先进集体"称号;梧桐街道杨家门社区"傅阿姨为老服务站"项目案例获全国优秀志愿服务项目案例优秀奖;市慈善总会义工分会获全国优秀志愿服务组织案例三等奖;市"96345"社会公共服务中心创建为省级巾帼文明岗;彩虹家庭社工事务所项目获省级资助20万元;创建"全国和谐社区建设示范社区"1个,"综合减灾示范社区"国家级1个、省级2个,嘉兴市"三社互动"社区3个。完成第十届村民委员会和第三届社区居民委员会换届,全市176个村、35个城市(城镇)社区均以"自荐直选"方式,选出村委会班子成员604人、社区居委会班子成员137人,加强村(社区)队伍建设,组织新一届村(社区)主任参加嘉兴市培训。全市城乡五星级和谐示范社区创建率分别为45%和30%,嘉兴市居务公开和民主管理规范化建设达标社区创建率100%。核拨35个社区、176个村的工作经费和政府职能延伸经费719万元。"96345"热线平稳运转,受理市民求助电话比上年增长15%,市民满意度99.7%。加大社工人才培养力度,全市持有国家级和嘉兴市级社会工作资格证书475人,比上年增长23.4%,城市社区工作者持证率56%,农村社区实现"一村一社工"。全市有民办社工机构5家,体制内社工机构4家,城市(城镇)社区实现社区社工站全覆盖。

城乡生活救助保障水平提高。12月1日起,全市城乡低保标准分别从每人每月520元和400元提至588元,实现城乡低保标准统一,增幅分别达13%和47%;低收入家庭救助标准在每户每年500元基础上增加每人200元。至年底,全市在册低保户2332户3916人、低收入户791户2333人。全年发放低保金及生活补贴1706.71万元、低收入家庭救助金和物价补贴106.32万元。同时,对参加城乡居民社会养老保险的低保低收入家庭成员发放个人缴费补贴688人51.22万元。

防灾救灾能力加强。民政局与气象局联合签署共同推进防灾救灾工作合作备忘录,形成联动合力。加强救灾物资储备库标准化建设,投入183万元建设79个村(社区)级避灾场所。加大自然灾害受困家庭救助力度,对乌镇、龙翔等因遭遇龙卷风袭击受灾的8户困难家庭发放房屋修建补助金16.5万元。简化临时救助审批程序,委托镇(街道)直接审批,按人均3元的标准安排临时救助资金,下拨市级资金136万元。加强流浪未成年人救助保护机构建设,在市救助管理服务中心增挂"桐乡市流浪未成年人救助保护中心"牌子。加强精神病人救助管理,全年治疗和送出流浪精神病人23人,支出医疗费20.34万元;救助乞讨人员128批次,支出救助金6964元。加强各镇(街道)流浪人员管理,下拨救助金25万元。加大扶贫建房补助力度,低保、低收入家庭住房补助标准在原有基础上翻一番,全市159户困难家庭完成扶贫建房,投入市级资金430.4万元。

出台《桐乡市退役士兵安置若干规定》《关于大学生入伍有关优待政策的通知》,分别对安排工作、自主就业两种安置方式的条件范围、相关待遇、责任主体,以及具体实施办法作出明确规定。完成297名2013年冬季退役士兵和1名军队复员干部接收安置工作，发放安置经济补助金762.02万元。完成2014年3名春季转业士官岗位安置工作，确保一人一岗。组织退役士兵职业技能和学历培训，知晓率100%，参加技能、学历培训196人。举办退役士兵就业专场招聘会，推出就业岗位1000多个。分两次调整部分优抚对象优抚金补助标准，全年发放优抚金1100余万元，比上年提高10%以上。为1902名60周岁以上退伍军人发放一次性生活补助156.18万元，为940户义务兵家庭发放优待金1066.21万元，为114名2013年入伍的大学生士兵和直招士官发放奖励经费143万元。加强优抚对象医疗保障力度，为761名重点优抚对象办缴合作医疗费用补助22.41万元，为717名重点优抚对象发放门诊补助费77.33万元。

推进平安边界建设。在全省首创与南浔区建立毗连镇平安边界建设联席会议和界线界桩走访制度。完成洲桐线第三轮联检工作。实现与周边毗连镇（街道）“平安边界共建”签约全覆盖。修订出台《桐乡市地名管理办法》，开展老街门牌整治工作，建立地名数据库，完成《桐乡地名词典》初稿编写工作。全年依法命名道路地名17条、更名道路地名1条、命名住宅小区地名11个、更名住宅小区2个、命名建筑物地名5个，设置楼幢牌895块、单元牌720块、户室牌7969块、道路门牌6718块、农村门牌184块，新发门牌证6135本。整治老住宅小区门牌2个、老城区道路牌2个。

加强婚姻登记管理。完成1950年以来婚姻登记历史数据补录、核对工作，联合市司法局在市婚姻登记处设立公益婚姻法律服务站开展婚姻法律咨询服务。全年办理结婚登记5370对、离婚登记1304对、补结婚登记证806本、补离婚登记证107本，出具无婚姻登记记录证明5528份，形成档案1.31万件。全年发放移民直补资金57.42万元，通过省移民办对桐乡市2001年和2004年两批三峡移民安置工程竣工验收。

安装启用残疾职工考勤系统。全市福利企业42家，安置残疾职工1736人。在职残疾职工月平均工资2456元，比上年增长6%。社会统筹养老保险月参保额907元，参保率100%。年内，全市福利企业销售额50亿元，实现利润3.2亿元，退税款5834万元。落实福利企业优惠政策，发放超比例安置奖励资金80万元。加强福利彩票发行销售安全管理，全年销售福利彩票2.14亿元，筹集福利彩票公益金1106万元。

【实现“省级双拥模范城”六连冠】 2014年是新一轮省级双拥模范城创建年，驻桐部队双拥共建单位21个，推动军民融合深度发展。组织节日期间拥军优属慰问、全国首个烈士纪念日敬献花篮仪式、退役士兵“四十佳”（创业、敬业、自强、奉献）评选表彰、退伍老兵“第二故乡”一日游、重点优抚对象和军休人员短期疗养、义务兵父母体检等活动，营造双拥氛围。在省纪念建军87周年暨双拥模范城（县、区）命名表彰大会上，桐乡市被命名为新一轮“省级双拥模范城”，实现“省级双拥模范城”六连冠。

【创新实施医疗救助政策】 2014年，市民政局创新实施医疗救助政策，在民政部研讨会上作

桐乡市退伍士兵专场招聘洽谈会　　市民政局提供

交流发言。全市按人均14元标准筹集医疗救助资金,以扩面提标为重点,健全重特大疾病医疗救助制度,执行医疗救助新政策:一是规定符合救助条件的困难家庭,不可报销部分医疗费用当年度累计2万元以上部分,给予20%救助;二是一类、二类、三类救助对象报销比例分别由60%、50%和40%提升至90%、80%、70%;三是对一类对象门(急)诊费用给予救助,实行包干制,按每人每年200元标准执行;四是救助封顶线由10万元提高至12万元。改革儿童"两病"(白血病和先天性心脏病)结算方式,采用"一站式"结报。全年发放医疗救助款886.81万元,1.15万人次受益。做好重大疾病困难家庭生活救助和困难群众合作医疗投保补助,发放生活救助款63.49万元、合作医疗补助金203.27万元。

【建立适度普惠儿童福利保障体系】 2014年,市民政局出台《桐乡市孤儿及困境儿童基本生活费申请与发放实施细则》,5月1日起调整困境儿童基本生活费发放标准。市儿童福利院集中供养孤儿和社会散居孤儿每人每月分别为1310元、790元,低保低收入儿童每人每月240元、其他家庭事实无人抚养、重病、重残儿童每人每月200元,全年发放孤儿和困境儿童基本生活费及物价补贴1万余人次277.18万元。落实困境儿童安置保障,依法开展涉外收养登记6件、国内收养登记113件、解除收养2件。其他医疗康复、教育、就业等分类保障均落实到位。至年末,全市有孤儿和困境儿童851名。建立适度普惠儿童福利保障体系,在全省试点工作总结推广会上作经验交流。

【启动社会组织直接注册登记工作】 2014年,市民政局启动"行业协会商会、科技、公益慈善、城乡社区服务"四大类社会组织直接注册登记工作。全年注册登记社会组织104家(其中直接登记71家),比上年增长600%。至年末,全市依法登记注册社会组织292家、备案基层社会组织1687家,登记注册社会组织总量列嘉兴市首位。开展社会组织年检、评估、审计,参检率96%、评估率86%。全市A级及以上社会组织138家,其中AAAAA级1家、AAA级26家、AA级50家、A级61家。投入40多万元以政府购买服务形式开展社会组织孵化园的托管和技术支持,出壳8家。开展孵化园公益周系列活动,实施11个项目公益创投,启动桐乡市社会组织信息系统平台建设。

【市殡仪馆被评为"全国殡葬工作先进集体"】 2014年,市民政局推行绿色殡葬,加强生态墓地和安息堂建设维护管理工作。下拨补助资金52.76万元,扩建部分镇(街道)生态墓地,公益性墓地镇(街道)覆盖率100%,龙山公墓圣皇庙区块建成树葬区并投入使用。倡导文明殡葬,做好清明期间祭扫安保工作,组织5户家庭6份骨灰实行海葬。完善惠民殡葬政策,深化阳光殡葬建设,全年累计为5203户丧户减免殡葬费401.41万元。市殡仪馆被民政部授予"全国殡葬工作先进集体"称号。

【开展社会救助专项整治活动】 2014年,市民政局建立市社会救助联席会议制度,完善社会救助公开、公示制度,修订出台《桐乡市城乡居民最低生活保障制度实施细则》,推动最低生活保障等社会救助政策规范实施。规范居民家庭经济状况核对,完善部门信息定期核对制度,完成核对申请低保低收入、医疗救助、扶贫建房、经济适用房等救助6571户。开展社会救助政策落实和专项资金管理使用情况专项执法监察,核查低保家庭金融资产,注销存款超标低保88户。全市累计新增低保118户,注销低保406户,其中通过专项监督清理低保158户,主动退保189户,发放生活补助金64.08万元。依托镇(街道)政务大厅、办事大厅,设立社会救助申请受理窗口,建立健全社会救助"一门受理、协同办理"机制,提升基层为民服务水平。

【开展整治村(社区)"机关化"集中行动】 2014年,市民政局加强创新基层社会治理,发挥牵头单位作用,开展整治村(社区)"机关化"问题集中行动。在梧桐街道大发社区和高桥镇三村村开展试点工作基础上,向全市推广,确定村(社区)悬挂标识和牌子的内容、数量,落实村(社区)工作事项准入和创建制度,明确村(社区)干部工作用房使用面积和配置标准。通过抓方案、抓协调、抓执行、抓督查,落实"三清理四规范一提升"(清理牌子、清理上墙制度、清理工作用房，规范工作事项、规范创建评比、规范台账资料、规范公款消费，提升服务效能）。至7月，全市176个村、35个社区清理牌子4000余块，清理墙上制度近5700块，村（社区）工作用房按要求清理完毕，通过嘉兴市专项督察和明察暗访。

2014年桐乡市新命名道路

表23

序　号	新命名地名	地　　址	里　程
1	越辉路	崇福镇工业区中山路北侧，东起西干河、西至中兴路	455米
2	青成路	洲泉镇青石集镇，东起青和路、西至青园路	200米
3	东学路	洲泉镇青石集镇，东起桐乡市洲泉镇华能皮鞋厂、西至东田路	919米
4	木行路	乌镇镇南部，南起浮澜桥村车白场自然村、北至青镇路	433米
5	民兴东路	乌镇镇西南部，东北起北庄桥、西南至道木桥	3238米
6	南鑫路	乌镇镇民兴集镇东部，南起民兴东路，北至桐乡市博源机械有限公司	590米
7	兴安路	乌镇镇民兴集镇东部，东起南鑫路、西至桐乡市安普复合材料厂	200米
8	昆鸣路	洲泉镇，东起崇新公路、西至永安北路	1700米
9	昆鸣东路	洲泉镇，东起洲泉镇岑山村山后自然村、西至崇新公路	1200米
10	合悦大道	高桥镇北高桥新区平安养生养老项目内，南起高桥大道、北至现代大道	1689米
11	悦和路	高桥镇北高桥新区平安养生养老项目内，东起世纪南大道（暂名）、西至南日港	650米
12	悦容路	高桥镇北高桥新区平安养生养老项目内，东起颐养大道（暂名）、西至南日港	1356米
13	悦明路	高桥镇北高桥新区内，东起颐养大道（暂名）、西至迎宾大道	3300米
14	悦秀路	高桥镇北高桥新区平安养生养老项目内，东起世纪南大道（暂名）、西至南日港	703米
15	逾新路	梧桐街道逾桥新村内，南起环城北路、北至秋韵路	712米
16	兴福路	濮院镇，东起中兴路、西至滨河路	541.73米
17	兴乐路	濮院镇兴福路南侧，三里塘北岸，东起中兴路、西至滨河路	590.87米

老龄工作

【概况】 2014年，桐乡市60周岁以上老人15.5万人，占全市总人口22.6%，其中70周岁以上老人6.5万人，占总人口的9.47%。全市拥有养老床位6232张，每百名老人拥有床位4.02张。实施数字养老工程，优化市养老服务信息系统，实现市、镇、村三级养老服务评估、申请补贴对象资格评审数字化管理，全年完成养老服务评估老人2830名，补贴资金100多万元。深化县级老年电大分校实体化办学工作，完成桐乡市老年电视大学民办非企业注册登记。开展全市老年电大教学点业务骨干培训，全年发放老年电大教材3.2万册。完成全市210个基层老年协会换届选举，完成社团登记63家，备案147家。开展“敬老月”系列活动。举办“九九消防平安行动”消防演练，在各镇（街道）养老服务中心、居家养老服务照料中心开展消防安全检查，举行广场文艺演出，评选表彰“十佳敬老之星”，走访老人7000多人次，发放慰问金80多万元。培训中、高级养老护理员134名，家庭养老护理员2028名，其中107人获得职业资格证。启动第二届桐乡市“敬老文明号”创建活动。年内60周岁以上无保障老年人每月基础养老金从100元提至125元，比上年增长25%。全年有2.61万名老年人参加城镇职工医疗保险，13.21万名老年人参加新型农村合作医疗，1.58万名老年人享受高龄补贴，4535名老年人享受医疗救助，2755名经济困难老年人得到救助，救助金额1059.29万元。全年政府累计补贴落实老年人优待资金1868万元，其中老年公交IC卡政府补贴近300万元。办理老年优待证7598张，14万余名老人持有老年优待证。全市老龄系统接待来信来访362人次，反映问题解决360人次。委托市统计局开展全市养老情况专项问卷调查，结果显示居家养老是95.5%老人养老首选方式。完成市养老服务现状及对策的调查研究。开展独居空巢老人的摸底调查，深化“银龄互助”行动，壮大“寸草心”敬老志愿服务队伍。完成人大代表议案建议和政协提案答复工作，14件意见建议办理完毕，满意率100%。乌镇养老服务中心的凌晓红被评为“全国农村五保供养工作先进个人”，高桥镇张晓芳被评为“2014年度全国孝亲敬老之星”。5月7日，嘉兴市养老服务体系建设工作现场会在桐乡召开，嘉兴市副市长祝亚伟对桐乡养老服务给予肯定并作出批示，把桐乡做法向全市推广。

【加快社区居家养老服务照料中心建设】 2014年，市老龄办加快城乡社区居家养老服务照料中心建设，确保工程质量，对新建照料中心实行选址、规划、建设、验收“四调研”。全年走访调研300多家次，确认验收居家养老服务照料中心47家，下拨建设补助资金1180.31万元。至年末，全市建成居家养老服务照料中心118家，城市社区覆盖率100%，农村社区覆盖率超80%。加强照料中心管理。市老龄办制订出台《2014年度桐乡市居家养老服务照料中心运行管理评分标准》，对照料中心的运行进行全面考核。采取分管市长带头查、局领导带队查、老龄办工作人员日常查的三级督察方式，对照料中心进行暗访督察。督察结果结合考核评分与年底运行经费挂钩，全年下拨运营补助资金221万元。拓展服务内容，要求有需求、条件成熟的照料中心开设老年食堂，并从以奖代补资金中划出1万～2万元作为食堂运行奖励。崇福镇店街塘村居家养老服务照料中心开展老年人意外伤害保险试点工作，每年出资3000元为到照料中心活动的老年人购买意外保险。

【为老社会组织参与养老服务】 2014年，桐乡市倡导“让专业的组织，做专业的服务”养老服务理念，通过政府补助、协调指导等形式推进为老社会组织参与养老服务工作。全市注册为老社会组织8家，引进社会组织1家，社会组织托管的居家养老服务照料中心26家，形成“本土＋引进＋外援”多元化为老社会组织网络。推进公办养老机构改革，以洲泉镇养老服务中心为试点，引进社会组织购买基本服务；

10月10日，梧桐街道凤鸣公园居家养老服务中心启用暨社会组织入驻仪式在凤鸣公园举行　　市民政局提供

以高桥镇养老服务中心为试点，引进社会组织进行整体托管。

【机构养老建设分层推进】 2014年，市福利中心加快养老机构硬件建设，二期装修完工并投入使用；河山镇、凤鸣街道等养老服务中心新建工程稳步推进，全年下拨建设补助资金750余万元；引进桐乡市颐康养护院与和济养老服务中心两家民办养老机构，两项目总投资1.05亿元，计划2015年投入使用。加大五保供养力度，标准提高至每人12200元/年，集中供养率100%。加强养老机构监管，规范内部管理，开展消防安全建设活动，完成政策性养老机构综合责任保险投保工作，为112名养老服机构工作人员投保人身意外伤害险。

2014年桐乡市百岁老人名录

表24

序号	姓　　名	性　　别	出生年月	家庭地址
1	林杏宝	女	1905.07	梧桐街道学前社区
2	高春香	女	1910.02	崇福镇星火村
3	姚阿二	女	1910.12	洲泉镇马鸣村
4	朱才娜	女	1911.06	洲泉镇义马村
5	唐影娜	女	1911.07	乌镇镇五星村
6	徐玉娥	女	1912.02	梧桐街道学前社区
7	郑素华	女	1912.07	洲泉镇湘溪村
8	张仰浩	男	1913.08	高桥镇漕泾村
9	劳叙英	女	1914.01	崇福镇东安村
10	张楚云	男	1914.06	石门镇墅丰村
11	沈阿凤	女	1914.08	河山镇五泾村
12	徐雪珍	女	1914.09	龙翔街道翔厚村
13	何阿七	女	1914.09	梧桐街道永宁社区
14	朱阿花	女	1914.10	乌镇镇银杏社区
15	王士元	男	1914.10	崇福镇上市村
16	吴金凤	女	1914.10	凤鸣街道建胜村

（沈　娟）

慈善工作

【概况】 2014年，桐乡市慈善总会募集慈善资金和增值资金2394.37万元，全市三级慈善资金累计19174.5万元；慈善救助力度加强，通过"祥和春节""金秋圆梦""大病救助""扶贫基地造血型救助"等项目，发放三级慈善救助资金、扶贫建房及公益项目资金2137.19万元，8448户困难家庭受益；助推五水共治，对全市近千名工作在五水共治一线的河道保洁员等发放雨披、体恤衫3000多件；开展系列助老活动，组织重阳节百名村、社区"三老"(老年人、老干部、老党员)游乌镇慰问活动；向嘉兴市康慈医院住院的精神障碍患者赠送千件爱心衣衫，会同桐乡世贸中心为大麻敬老院老人添置蚊帐、衣箱、彩电等生活设施。慈善义工服务有声有色，11支慈善义工队8200多人次参与各类惠民活动，服务时间累计2万余小时。加强慈善文化场所建设，开展慈善文化宣传。24家媒体报道有关桐乡慈善125篇，其中《今日桐乡》《桐乡通讯》等市级媒体45篇，《嘉兴日报》《南湖晚报》《嘉兴在线》等地市级媒体39篇，《浙江日报》《浙江慈善》《浙江老年报》等省级媒体29篇，《慈善公益报》《中国社会报》等国家级媒体12篇。横向联系与合作成效显著，慈善机构公信力和社会影响力提升。市慈善总会获省"万村慈善帮扶基金工程竞赛活动"优胜奖、"第二届慈善项目创新奖"等多个奖项。第三届"中国城市公益慈善指数"在北京发布，桐乡市继2012年后又获"全国慈善百强城市"称号。

【启动造血型扶贫救助项目】

2014年，市慈善总会会同市残联，启动龙翔街道元丰蚕业基地造血型扶贫项目。项目以免费发放三龄蚕、实行价外补贴、加强技术指导、组织慈善义工帮助特困家庭采春茧等形式，帮助龙翔街道9个村31户低保、低收入户和159户残疾人家庭通过养蚕增加经济收入，190户扶持户春蚕创收近60万元。秋季给予低保、低收入户每张蚕种100元补助。"农信基金"林丰基地造血型扶贫项目，向扶持户赠送30千克以上种羊108头、1千克以上鸡1200羽、发放化肥72包、土杂肥280包、包装箱1300只、鸡饲料7000千克，发放各类补助款11万元。基地举办技术培训班2期，分发技术资料200多份，与扶持户开通咨询服务电话。14户种梨户，收入比上年增收三成，总收入30万元；36户养羊户新生小羊羔120多头，增收6.5万元；20户养鸡户一季收入8.2万余元；种菊户增加菊花收入20万元。"农信基金"林丰基地造血型扶贫项目通过省慈善总会考核。

【开展慈善义工服务活动】

2014年，市慈善总会义工委坚持"统分结合"方法，组织慈善义工开展形式多样服务活动。组织义工对企业捐赠的近万件体恤衫和毛衫进行挑选、整理和重新包装，参加保卫母亲河、义务植树、便民理发和扶贫基地帮工，为市区6条主要干道75个公交站台保洁，开展"健康生活每一天"义诊，帮助低保、残疾人家庭采摘蚕茧和菊花，举办"百名学生素质提升工程"经验交流会。传媒学院桐乡校区开展校地合作，"与爱桐行"综合服务活动。新建慈善义工服务实践基地6个。义工服务中心服务项目从上年9项增加到15项，增设急救药箱、气象预报、助残轮椅等。同时在市老年大学开设义工医务室。义工进社区成为常态。年内，在大发社区组织7次敬老活动。慈善义工组织建设加强，首次举办义工骨干培训会，新增登记义工141人，新建综合服务义工队1个，83名义工达到星级义工标准。市慈善总会义工委和市卫生系统退协慈善义工队获浙江现代慈善20周年义工嘉年华活动组织奖。市慈善总会义工委获全国优秀志愿服务组织三等奖。

【创新慈善文化场所建设】

2014年，市慈善总会创新慈善文化场所建设，选择部分村或点，设置永久性慈善宣传设施和活动场所，得到《慈善公益报》点赞。在屠甸镇汇丰村和石门镇部墩村建立刻有名人名言、专家书画和记录村民善行善举事迹的石碑2座、长廊2个以及宣传橱窗1个，供村民和游人参观。

【横向联系与合作】 2014年，市慈善总会拓展横向联系，争取多

组织慈善义工参与环境整治活动　　市慈善总会提供

方支持。与杭州万向集团公司助孤项目合作，全市90多名孤儿得到资助；与省慈善总会少儿先天性心脏病项目合作，杭州第二人民医院在桐乡二院为14名患者免费进行检查，其中来自濮院、大麻、乌镇的3名少儿患者符合手术条件，得到免费治疗，一名乌镇成人患者进行手术并得到救助；浙江绿城心血管病医院在桐乡中医院开展心脏病患者免费检查，并为符合手术治疗的患者进行免费治疗；与嘉欣丝绸公司青少年白血病患者救助项目合作，5名患者痊愈。

【慈善社会影响力提升】 2014年，24家媒体报道有关桐乡慈善125篇，其中《今日桐乡》《桐乡通讯》等市级媒体45篇，《嘉兴日报》《南湖晚报》《嘉兴在线》等地市级媒体39篇，《浙江日报》《浙江慈善》《浙江老年报》等省级媒体29篇，《慈善公益报》《中国社会报》等国家级媒体12篇。2014年，桐乡市再次入列“全国慈善百强城市”；市慈善总会获市优秀社会组织奖、市首家AAAAA级社会组织，省“万村慈善帮扶基金工程竞赛活动”优胜奖和“第二届慈善项目创新奖”。桐乡市获中华慈善总会、浙江省慈善总会、嘉兴市人民政府及嘉兴市慈善总会等颁发的多个奖项。

（周汉江）

消费者权益保护

【概况】 2014年，桐乡市消费者权益保护委员会共受理各类消费者来信、来人、来电1574件，其中咨询1017件，举报257件，投诉300件，调处率100%，为消费者挽回经济损失110.59万元，消费者咨询、举报比上年略有上升，投诉比上年下降一成多。承办市长电话388件，比上年增长一半多。受理消费投诉主要集中在手机、家电、计算器及各类生活用品方面，受理举报集中在无照经营、黑网吧上。对全市消费纠纷处置情况实行电话回访，电话回访270件，回访率90%，满意率100%。开展“3·15”主题宣传活动。联合市市场监管局、质监、卫生、文化等30多个部门及公用企业在市区太平洋百货广场举行国际消费者权益日宣传纪念活动，开展新消费者权益保护法宣传。围绕“新消法、新权益、新责任”年度主题，向市民发放消费维权知识和饮食、出行及新消法等宣传资料4500多份。

【开展消费教育“五进”活动】 2014年，市消费者权益保护委员会开展消费教育“五进”（进农村、进市场、进社区、进企业、进商场）活动。教育消费进农村。针对农村消费者注重价格低廉等消费习惯和消费维权意识相对薄弱的现状，突出实用性消费，指导农村消费者掌握如何查看保质期、如何识别真假商品等消费常识。消费教育进市场。在桐乡世贸中心集中开展消费教育活动，现场发放宣传资料，现场接受专业市场消费者咨询及投诉。消费教育进社区。在梧桐街道百乐社区，通过展示宣传画板和印刷宣传资料、开设消费课堂、设立法律咨询台等形式，向消费者宣传科学消费理念，普及科学消费知识，提高消费者自我保护意识。消费教育进企业。在巨匠集团崇福名城广场项目施工现场，开展进企业宣传活动。消费教育进商场（超市），组织商场（超市）、净水店、母婴店等商家开展普法教育授课活动，介绍新消费者权益保护法相关理论知识，并结合实际案例，帮助商家明确自身及消费者权利义务范围。针对商家普遍关心的热点问题：经营者举证责任、七天无理由退货、网购、个人信息保密、格式条款等，结合实际案例进行分析讲解。指导商家加强食品安全管理，建立完善的进货、销货台账。

【扩大消费维权知识宣传】 2014年，市消费者权益保护委员会深化媒体合作，扩大维权知识宣传。在《桐乡新闻》上开设“3·15”诚信专版，重点进行《新消法》亮点解读，刊登2013年桐乡消保委典型案例剖析。刊登公益广告，在《桐乡新闻》报上刊登公益广告4篇，报道新消法消费维权信息6篇，重点宣传新消法年主题，对新实施的新消法亮点进行全方位报道，提高消费者自我保护意识。在《嘉兴广播电视周报》上刊登消费维权案例2起。

（程　辉）

宗　教

【概况】 2014年，桐乡市有佛教、基督教、天主教三大宗教和市佛教协会、基督教协会、基督教“三自”爱国运动委员会3个宗教团体。批准开放宗教活动场所25处，其中佛教寺院12处，基督教堂11处，天主教堂2处。认定备案宗教教职人员59人，另有佛教僧人70多人，基督教义工传道30多人。开展“寻梦中国·正言正行”主题教育实践活动和浙江省和谐寺观教堂、嘉兴市星级平安宗教活动场所评创活动。福严禅寺被评为省首批“四星级和谐寺观教堂”，桐乡市天主教堂、新生基督教堂、大麻基督教堂、亭桥基督教堂被评为嘉兴市“三星级和谐寺观教堂”。举办全市宗教界十八大精神专题报告会和市宗教界第十三期爱国爱教培训班，200余名宗教界代表参加会议及培训；组织全市寺院财会人员培训，学习《民间非营利组织的会计制度》及有关宗教活动场所财务管理规定精神，听取会计专职人员专题讲座。协助嘉兴市青年法师桐乡站巡讲活动，开展市第二期“宗教界人士看桐乡”活动。举办第二届汉传佛教讲经交流会。4月，组织宗教界为云南鲁甸地震灾区捐善款、献爱心活动。开展“权力清单”“责任清单”等简政放权工作。全年办理宗教方面许可事项13项。3月10日，乌镇石佛禅寺举办天王殿开光法会。4月20日、10月26日，演教禅寺分别举行大雄宝殿及七佛如来开光法会。10月27日，嘉兴市佛教协会青年法师巡讲第三站活动在福严禅寺举行，近200人参加。10月，桐乡市基督教“两会”换届选举大会召开，105名信徒代表选举产生第五届新班子成员。民宗局会同民防局及相关街道，首次组织佛教、天主教、基督教三大教在福严寺和桐乡基督教堂开展消防安全知识培训及应急疏散演练，受训宗教界骨干近300名。洲泉基督教堂新主堂、香海禅寺西禅房等工程先后完工。开展涉及宗教领域“三改一拆”行动。至年末，全市拆除宗教场所、民间信仰场所违法建筑6处，建筑面积2149.56平方米，拆除存在重大安全隐患破旧建筑2处，整治民间信仰点20处，10月通过省民宗委督察验收。

桐乡市宗教界第十三期爱国爱教培训班　　市民宗局提供

【开展宗教界“五水共治·宗教助力”公益慈善活动】 3月22日，全市宗教界“五水共治·宗教助力”公益慈善活动启动仪式，在市福严禅寺举行。市民宗局全体同志及来自全市12处寺院近百名僧人和居士代表出席仪式活动。活动仪式由市佛教协会会长、福严禅寺监院释乘心主持，市佛教协会副会长、双庆禅寺监院释延海宣读《倡议书》，并进行签名和为五水共治捐款、河道现场清洁等活动。市委统战部副部长、市民宗局局长金雪明出席启动仪式并讲话，肯定全市宗教界在公益慈善方面所作贡献，强调“五水共治”“三河”清理的重要性和紧迫性，要求宗教界提高认识，用实际行动响应和支持全市治水工作。天主教、基督教界同步开展相应活动。至10月，三大教先后为“治水”活动捐款12万余元、认领河道10多千米、植树2000多棵。

【演教禅寺举行大雄宝殿开光法会】 4月20日，高桥镇演教禅寺举行大雄宝殿开光法会。中国佛教协会常务理事、浙江省佛教协会会长释怡藏大和尚，嘉兴市委统战部副部长、民宗局局长陈国华，桐乡市委常委、统战部部长潘家春，桐乡市副市长周国强，嘉兴市佛教协会会长、桐乡香海禅寺监院释贤宗法师，桐乡市民宗局及高桥镇党政领导、信众代表等出席法会庆典典礼，2000余名善男信女沐浴法会。新大雄宝殿为仿古三重檐、框架结构，建筑面积1117.6平方米。殿内除主供七尊如来佛像外，还供奉海岛观音、十八罗汉、文殊、普贤等佛像。

【实现基层民宗专职干部全覆盖】 经桐乡市委组织部、统战部和民宗局、基层党委等多方协调，在2013年建立3个重点镇(街道)民宗工作协调小组基础上，5月，桐乡市实现基层民宗工作协调小组全覆盖，并明确各小组办公室主任为基层专职民宗干部。5月22日，在市民宗局，以"以会代训"形式进行首期全体民宗专职干部培训。市委常委、统战部部长潘家春到会并从民宗专职干部队伍的建立背景、工作任务、希望要求等三方面作动员报告。市民宗局领导就2014年度全市民宗工作重点工作作部署，介绍全市民宗基本情况及特点，开展工作交流。

【开展反恐维稳安全防范宣讲】 5月30日，市民宗局召集市基督教"两会"全体委员及宗教教职人员等近30人，在桐乡基督教堂，分别就有关当前暴力恐怖势力、民族分裂势力、宗教极端势力"三股势力"的动态、行径及其本质作深入揭露，解读党和政府立场和应对方针政策。同时，对全市消防、交通安全、社会治安、反邪教等情况作通报宣传，发放道路交通安全宣传资料，就宗教场所加强自我管理相关制度和措施提出意见和建议。市基督教"两会"领导作表态发言。

民　　族

【概况】 2014年，桐乡市有少数民族43个，人口3.12万人，其中常住少数民族32个3164人。新居民中少数民族41个，人口2.8万人。另有未识别民族3个122人。少数民族人士中，担任嘉兴及桐乡市级人大代表各1人，担任桐乡市第六届政协委员2人，担任桐乡市第十三届党代表1人。开展民族团结进学校、进社区、进市场"三进"活动。会同有关部门开展民族团结宣传，做好服务工作，按照相关政策、法规，先后为18人办理民族成分变更手续，高考确认证明32人，切实维护少数民族群众合法权益。

【开展民族团结进学校活动】 5月30日，市民宗局开展以"民族团结手拉手，兄弟姐妹一家亲"主题宣传活动及"感恩桐乡，放飞梦想"为主题的庆"六一"民族文艺会演，在桐乡市石门路学校举行。石门路学校是一所公办民工子弟学校，现有学生2300多名，其中包括来自全国18个少数民族学生近300名，是全市少数民族成分最多、少数民族学生最集中的学校。活动中，市民宗局指导学校制作多块以民族基本情况、民族政策、民族习俗、民族禁忌为内容的宣传板，放在学校醒目位置，供师生和家长观看。学校组织近20个会演节目，以民族歌舞的形式生动展现各民族特色，表达民族团结这一主题。开设石门路学校各民族学生"个性风采展示大舞台"，集中展示近百幅表达各民族特色的学生书画及手工作品。开展爱心义卖活动，学生把自己的民族手工作品、书画等进行义卖，所得钱款全部捐献给班级中贫困生，让各民族学生感受"一家亲"暖意。

（周云飞）

石门路学校各民族学生庆祝"六一"文艺汇演　　市民宗局提供

人力资源与社会保障

概　　述

2014年，桐乡市引进人才7865人，其中高层次人才628人，每万人人才拥有量净增206人。全市人才总量16.67万人，每万人人才拥有量2460人。引进培育市级以上创业创新领军人才10人。落实就业政策，统筹城乡就业，促进重点人群就业，推进就业再就业工作。全市新增城镇就业人员1.48万人，城镇失业人员再就业6712人，其中帮助困难人员实现再就业1969人。公益性岗位进村达标率100%。安排大学生参加见习182人。城镇登记失业率控制在2.9%，就业局势基本稳定。

全年新增养老保险参保2.75万人，净增基本医疗保险参保1.81万人，净增失业保险参保1.31万人，净增工伤保险参保1.01万人，净增生育保险参保1.17万人。社会养老保障覆盖率98%，城乡居民医疗保险覆盖率99%。

小微企业劳动合同签订率99.9%，已建工会企业集体合同签订率100%，劳动争议案件结案率100%，书面审查用人单位8512家。

规范专业技术人才评价管理，全年新增高技能人才7510人，创业培训1500人，职业技能鉴定发证13125人。

人才工作

【概况】　推进“金凤凰计划”。2014年，组织开展国家“千人计划”、浙江省“千人计划”“创新嘉兴·精英引领计划”项目申报工作。全年申报国家“千人计划”13人，浙江省“千人计划”8人（1人进入公示期），“创新嘉兴·精英引领计划”44人（10人入选）。开展桐乡市创业创新领军人才认定工作，赵鑫及其“油田变频节能装置的研发及产业化”、海内外高层次人才7人为2014年度桐乡市级创业创新领军人才及项目。做好领军人才项目落户工作，至年末，22个领军人才项目落户桐乡市并实现产业化，累计注册资本2.36亿元，年销售收入5.61亿元。海得技术创新团队等12家企业技术团队申报嘉兴市重点企业技术创新团队，其中4家入选。

完善人才工作体制。制订《海外高层次人才项目落户快速决策管理办法》，明确符合“千人计划”申报条件的人才及项目快速决策认定机制，简化人才项目引进程序。建立领军人才项目注册落户绿色通道，协助出台《关于建立高科技人才项目审批“绿色通道”的实施办法》，对已被评为“创新嘉兴·精英引领计划”领军人才项目或符合“千人计划”申报条件、且不存在污染的高层次人才科技创业项目，直接通过绿色通道予以登记注册，缩短项目落户需要办理相关手续时间。实施人才工作考核办法，推动人才工作指导督促和考核，调动镇、街道、开发区、科创中心和企业为主体的引智工作队伍主动性和积极性，营造重视人才工作氛围。

加大引才育才工作力度。参加海外人才嘉兴行、2014年美国（中创协会、硅谷基金）海外高层次人才嘉兴行等活动，举行华中科技大学创业校友桐乡行人才科技项目对接、“凤栖桐乡·成就梦想”浙大北美校友会桐乡对接、“桐乡—上海”科技人才项目对接会等活动。全年在上海、杭州、嘉兴等地开展招才引智活动和接待高层次人才10余次，和海内外10多个国家和地区的360余名高层次人才开展交流。推进企业经营管理人才队伍、高技能人才队伍、专业技术人才、社会工作人才等6支人才队伍和新农村建设人才、现代服务业高端人才、教育人才、文化人才、卫生专业人才等人才队伍建设。年内，选聘高校毕业生到村任职

21人，其中面向211、985等全国重点院校和涉水类专业择优入选8人，面向社会公开招聘13人。

提升人才服务工作水平。2010～2012年度落户的嘉兴市创业创新领军人才及项目进行考核评估和业绩评估，完成创业计划书进展目标的，按期拨付第二笔奖励资金。开展嘉兴市重点企业技术创新团队评估工作，桐昆新纤维研发团队等10家入选团队进行考核评估。2014年度，发放各类人才政策资金1189.84万元，其中领军人才550万元，创新团队120万元，2012年度创业创新人才柔性引才补助费174万元，2013年度创业创新人才专项津贴及购房补贴345.84万元。强化领军人才服务，支持民间资本成立风投公司，通过风险投资、合伙经营等多种方式，解决项目资金需求。

桐乡市委，桐乡市政府出台《创业创新人才管理职称认定管理办法》，对从事工程、研究系列专业技术工作的创业创新领军人才和重点创新团队的核心成员开通职称申报"直通车"，申报人员可根据本人学历、资历条件及能力水平、工作业绩直接认定中级资格，且资格取得时间可从被认定为领军人才或重点创新团队核心成员时算起。

形成高技能人才培养体系。出台《桐乡市高技能人才评价工作实施办法》，着重发挥企业培养高技能人才主体作用。在24家企业开展20个工种高技能人才评价工作。启动高技能人才直接认定工作，首批18人获评高级技师职业资格。巨石集团承办嘉兴市企业技能人才评价工作推进会。全年新增省级技能大师工作室1家，嘉兴市级2家，桐乡市级3家。金建春技能大师工作室在省年度考核中获优秀。组织参加2014年嘉兴市职业技能竞赛暨第七届职工技能运动会，48人参加18个工种技能竞赛，获5项第一。开展各类培训班102期，其中高级工班52期，劳动保障协理员培训5期。新审批民办培训机构2家。

桐乡市高技能人才工作室建设现场会　　市人力社保局提供

规范专技人才评价管理。公布2013年度职称评审高级250人、中级183人。2014年度职称评审62人，确定各类资格考试合格人员名单和职称1384人。留学回国人员科技活动项目择优资助申报成功1项，66人入围"嘉兴市第六批专业技术带头人及后备人才"。华友钴业股份有限公司"博士后工作站"（浙江省试点单位）授牌、开题。

【成立首个基层"大学生联盟"】 7月11日，洲泉镇面向洲泉户籍在校大学生成立全市首个基层"大学生联盟"——湘溪大学生联盟，搭建在校大学生信息交流和服务平台，便于大学生们了解、宣传、建设家乡，200多名在校大学生参加。联盟成立后，洲泉镇建立在校大学生动态信息库，100多名在校大学生填写登记表，加入联盟的大学生建立个人成长档案，根据大学生返乡开展活动表现，每年评选出若干优秀大学生，将评选结果反馈到学生所在高校。洲泉镇还通过建立QQ群、微博、微信朋友圈，定期发布和推送各类信息，帮助大学生了解全镇经济社会发展状况、各类创业扶持政策和就业信息，鼓励大学生回乡创业就业，利用大学生假期返乡机会，组织大学生开展技能培训、志愿服务、调研走访等活动。活动主要有开展各类技能培训和讲座，组织大学生针对性地走访调研活动，组织大学生参与镇、村两级的青少年暑期教育，开展各类志愿服务，此外根据大学生就业意向，针对性地提供实习岗位。

桐乡市与华中科技大学上海校友会签订共建“华中科技大学上海校友会桐乡创业基地协议书” 市人力社保局提供

【华中科技大学上海校友会到桐乡考察创业创新环境】 4月12日，华中科技大学上海校友会30多人到桐乡考察创业创新环境。校友会一行参观市科创中心、市科技创业园、巨石集团、华友钴业等创业平台和先进制造业基地，听取有关情况介绍，参加“凤栖桐乡·成就梦想”华中科技大学创业校友对接会。会上，市人才办与华中科技大学上海校友会签订共建“华中科技大学上海校友会桐乡创业基地协议书”，科技创业园与上海红旗泰电子科技有限公司总经理赵鑫签订项目入驻意向书。

【首次举办招才引智专题培训班】 9月17～19日，桐乡市首次在市委党校举办招才引智专题培训班。培训期间，邀请上海市公共行政与人力资源研究所研究员、博士后汪怿，嘉兴市人力资源和社会保障局人才开发处处长陈森荣等，讲授转型发展关键时期的人才发展战略、招才引智政策解读等内容。同时，组织培训人员赴无锡、江阴国家高新区就招才引智工作考察学习，吸取先进经验。全市各镇、街道和相关部门的50余名招才人员及分管招才引智工作领导参加培训。

人事工作

【概况】 深化人事制度改革，做好人事考录工作。坚持公平、公开、公正原则，实行“阳光招考”，2014年录用公务员（含参公人员）95人，公安系统招录特警10人、人民警察学员4人；招聘事业单位工作人员445人；招收国有企业员工30人，机关事业单位岗位合同工8人；公开选调事业单位工作人员2人；选聘21名高校毕业生到村委会任职。

加强公务员日常管理。完成2013年度全市部门科级领导以下公务员考核工作。全市公务员2945人，参加考核2943人，其中优秀534人、称职2289人、基本称职2人、不称职5人、不定等次113人。全市部门科级领导以下公务员获嘉奖和立三等功人员进行汇总、审核，获嘉奖499人，立三等功98人，降职处理4人。2013年录用的86名公务员进行试用期满考核、任职定级、并上报办理公务员（参照公务员法管理事业单位工作人员）登记报批手续。加强公务员能力建设。开展《危机管理与舆论引导》教育培训，开设网络课堂，进行网上在线学习，参加培训3300多人次。市委组织部、人力资源和社会保障局、行政学校联合组织56名新录用公务员初任培训。

完成军转干部安置工作。年内，4名营级及以下转业干部就业。调整84名企业退休军转干部生活补贴，从2014年1月起每月人均增加生活补贴235元。90名企业军转干部，发放慰问金58.79万元。符合医疗费补助条件的14名企业军转干部，发放医疗费补助3.15万元。开展企业军转干部两年一次健康体检，71名企业军转干部参加体检。

推进事业单位岗位设置管理工作。规范工作流程，做好事业单位公开招聘、岗位设置实施和聘任等工作。简化事业单位岗位重新设置实施所需材料，规范办事程序。完成全市事业单位岗位设置情况统计和汇总工作，全市事业单位岗位设置和实施完成率100%。

做好工资晋升等日常工资

福利工作。开展政调企人员慰问及因病救助工作。完成2014年正常晋升工资工作，批复公务员正常晋升工资级别580人、晋升档次3239人，事业单位正常晋升薪级10367人，审批享受浮动工资满8年转为固定手续人员3280人。办理人员调动、转正定级、试用期人员工龄、工资确定，工资变动、晋升警衔津贴、遗属生活困难补助3636人。完成机关工作人员、退休人员及高级专业技术人员，村委会、社区书记、主任健康体检工作，应检6346人，实检6083人，合计费用249.3万元。

完善工资福利政策，做好退管工作。检察院、法院列入国家政法专项编制且执行公务员工资制度人员发放补贴，一线从事护理常规轮值夜班护士发放临床护理津贴，统一机关事业单位退休人员、离休人员、改办人员、新中国成立前老工人整体待遇标准。核定非义务教育学校、教研室绩效工资总量。举办全市离退休人员游园会、棋类比赛。

【公务员招考报考人数锐减】 2014年，桐乡市各级机关推出61个职位，计划招录102名公务员（参公人员），招录计划数与上年基本持平。此次招考首次面向省外生源全日制普通高校2014年应届本科毕业生，最终报考2825人，审核通过2569人，缴费确认2225人，比上年分别减少1665人、1711人和1669人，降幅分别为37%、40%和42.9%，公考报名人数在连年暴涨之后首次出现大幅下降，报考人数为近三年最少，招录职位平均比例22∶1。此次报考人数最多职位是环保局环境监察大队科员，131人竞逐1人名额；报考人数最少职位是公安局面向大学生村干部招录民警，计划招录3人，仅4人报名。

【事业单位公开招聘三大变化】 2014年上半年，桐乡市事业单位公开招聘工作人员，招聘工作人员201名，招聘工作呈现出三大变化：采用网上报名方式；取消同意报考证明；发布平台更加广泛。考生可以在规定时间进入报名平台进行网上报名、资格初审、网上缴费、下载并打印准考证，整个报名过程方便、快捷。取消考生出具单位同意报考书同意报考证明，部分考生因而减少参加事业单位招聘顾虑。改变以往只通过桐乡市人力资源和社会保障局网站和桐乡人才网发布招聘公告方式，在嘉兴考试培训网、《嘉兴日报·桐乡新闻》等媒体上发布招聘公告，发布平台更加广泛，受众面更大。

【浙江华友钴业博士后科研工作站成立】 4月8日，浙江华友钴业股份有限公司举行浙江华友钴业股份有限公司博士后科研工作站揭牌仪式，桐乡市“博士后科研工作站”添新成员。华友钴业博士后科研工作站发挥公司冶金、化工技术和站内人才优势，加强与院校产学研合作，课题集中在“钴、镍产品的工业化生产适用技术及钴、镍新材料的开发”等方面。12月20日，工作站举行研究课题开题仪式，研究课题为“锂离子正极材料在充放电过程相态变化及可逆成都研究”，开展科学研发，提升在行业内的科技领先地位和竞争力。至年末，全市有国家级博士后工作站1个（巨石集团有限公司），省级博士后工作站试点单位1个（浙江华友钴业股份有限公司博士后科研工作站）。

浙江华友钴业博士后科研工作站授牌　　市人力社保局提供

【调整相关人群工资福利待遇】 2014年,桐乡市调整相关人群工资福利待遇。从2013年10月起,从事护理工作满30年的护士退休时享受100%基本退休费;从2014年1月起,基层医疗卫生工作满30年的人员退休时享受100%基本退休费;已退休397人补发基本退休费。交警大队获得集体三等功发放奖励;增加行政执法局发放特殊岗位津贴和考核奖励;公安局夜餐补贴不予包干,9月起,交警大队夜餐补贴按实报销。

【调整事业单位退休年限】 2014年,事业单位高层次人才流通到企业和事业单位工作人员提前退休出台政策:事业单位高层次人才到企业提供技术、科研服务,服务期为5年,服务期间保留人事关系,不再从原单位获取任何报酬;事业单位到法定退休年龄不足5年(含5年)且工作年限满20年或工作年限满30年的人员可提前办理退休手续。事业单位女性副高职称人员可延长到60周岁退休。起草2010年10月29日以来已办理退休手续人员复职处理意见。

劳动就业

【概况】 2014年,桐乡市落实各项就业补贴。全年拨付扶持公共就业服务费用(镇、村、社区平台网络建设费用)338.24万元;职业培训补贴5341人次,计410.52万元;社会保险补贴6055人次,计1745.58万元;岗位补贴192人次,计94.88万元;技能鉴定补贴4933人次,计49.33万元。公益性岗位人员拨付补助资金103.8万元。首次将灵活就业社保补贴享受对象扩大到桐乡市土地征用人员中、离法定退休年龄不足5年的自谋职业或从事个体经营、缴纳社会保险费(参加职工基本养老保险)人员,发放标准为每人每月300元。全市4800多名土地征用人员享受申领,涉及2054人593万元。

发挥失业保险“保生活促就业”功能。年内,办理失业人员登记4901人,其中新增城镇失业职工1578人,农民合同制职工3323人,失业金发放1.19万人次。基金收入1.1亿元,基金支出2378.68万元,收支结余8792.3万元,滚存结余5.04亿元。

深化创业型城市创建,开展就业创业系列评选。开展电商就业创业“系列十佳”评选活动,评选出“系列十佳”50人。嘉兴市创建国家级创业型城市工作领导小组评估认定为:第二批“嘉兴市创业型镇(街道)”,高桥镇等3个镇(街道);“嘉兴市创业基地”,华伟国际新能源市场等5家基地;“嘉兴市创业典型”,张成超等7人。崇福镇等6个镇(街道)被命名为嘉兴市充分就业镇(街道),凤鸣街道等6个镇(街道)被命名为桐乡市充分就业镇(街道)。

服务企业招聘工作,举办各类招聘会。每周六在人才市场举办人才集市,每月开设专场招聘会,全年组织举办各类大小招聘会61场。其中,春季大型招聘会7场,夏季招聘会1场,秋季招聘会1场,省人才市场举办桐乡专场招聘会1场,桐乡市职教中心学校举办专场招聘会1场,参加招聘企业6765家次,提供岗位10.9万个;发布网络招聘企业1252家,提供岗位9772个;发放人才招聘周刊1.7万份。年内,赴安徽、西安、北京、上海、东北等地招聘6次,引进人才及劳务引进600余人。

推进家庭服务业发展,全市范围内家庭服务行业企业进行调查摸底,召开部分家服企业座谈会,家服企业实行统一标牌制度。全市正在运作的家庭服务企业1068家,分为维修服务、医疗保健、家政服务、房产服务四类,其中员工制家庭服务企业20家,占全市比例2.9%。

稳步推进分流安置失地人员。全年分流安置失地人员1.01万人,其中参加被征地农民养老保险5769人,参加一次性货币安置4321人。累计办理土地征用人员分流安置9.96万人,其中参加养老保险6.23万人,一次性货币安置3.73万人。建立高校毕业生信息数据库,实时掌握高校毕业生详细情况。全年分两批招聘高校毕业生90名。规范农村劳务合作社组建运营。在凤鸣街道、河山镇、濮院镇、洲泉镇、高桥镇创建5家农村劳务合作社。

做好生猪养殖退养人员就业和社会保障工作,促进转移就业。全市生猪养殖退养人员1901人,其中劳动年龄段1525人,实现再就业1463人。

【桐乡市首届旅游行业洽谈会】 4月26日,桐乡市首届旅游行业洽谈会在市人才市场举行，洽谈会由市人才市场管理办公室、旅游管理委员会共同举办，开拓旅游人才交流服务工作新路子，组织乌镇景区、红杉邨景区、振石大酒店、大众旅行社等124家桐乡企业参加，提供岗位1824个，其中旅游行业岗位300余个。进场人数1260余人，初步达成意向223人，其中旅游类70余人。首届旅游行业洽谈会以招聘单位设摊和应聘人员现场洽谈形式进行。

【2014年残疾人就业推介会】 5月17日，桐乡市2014年残疾人就业推介会在市人才市场举行。推荐会进场单位115家，其中市残联推荐企业13家，提供岗位1729个（其中提供残疾人岗位145个）。进场人数1000余人（其中残疾人55人），达成初步意向221人（其中残疾人23人）。招聘会现场专设为残疾人提供用工求职登记服务台，设置残疾人就业法律政策咨询点，现场为残疾求职者答疑解惑，免费发放残疾人就业政策法规宣传资料，为有就业意愿残疾人提供“零距离”服务。

【“真情助就业”青年专场招聘会】 5月10日，2014年“真情助就业”青年专场招聘会在市人才市场举行，50多家企业进场招聘。此次招聘会经过青年企业家创业联谊会、青年电子商务创业中心发动，25家青年创业企业针对青年群体就业新特点设立400多个岗位。招聘会现场，电子商务类岗位最热门，淘宝客服、淘宝美工等成为抢手岗位，吸引全市540多名青年到现场参与应聘，178名青年与企业达成初步意向。

【电商就业创业系列“十佳”评选】 3月，桐乡市深化创业型城市创建工作领导小组办公室下发《关于开展桐乡市电商就业创业系列“十佳”评选和电商创业项目征集活动的通知》，9月26日，桐乡市电商就业创业系列“十佳”评选和电商创业项目征集活动结束。桐乡市电商就业创业系列“十佳”评选表彰大会在市电子商务中心举行，来自全市各成员单位、各个电商企业代表和获奖项目代表参会。会议表彰获奖个人及企业。桐乡市电商就业创业“系列十佳”评选活动由市人力社保局、商务局、市场监管局组织承办，自3月启动，历时7个月，最终评选出“十佳电商创业服务团队”“十佳电商创业典型”“十佳电商创业新星”“十佳电商创业人才”和“十佳电商创业项目”。

【新增省级技能大师工作室】 9月，桐乡市新凤鸣集团股份有限公司的杨新强维修电工技能大师工作室获评2014年浙江省技能大师工作室。继上年浙江易锋机械有限公司“金建春技能大师工作室”之后，桐乡市第二家省级技能大师工作室。“杨新强维修电工技能大师工作室”有10名成员，为各自子公司的电气管理员，发挥示范作用。先后获国家专利10项，浙江省科学技术成果10项，多次获公司先进生产工作者、贡献奖、三等功等荣誉。至年末，全市创建省级技能大师工作室2家、嘉兴市级技能大师工作室4家，桐乡市级高技能人才工作室9家，居嘉兴各县（市、区）前列。

【桐乡技师学院（筹）成立】 9月30日，桐乡技师学院（筹）揭牌仪式在原职业教育中心学校举行，市领导盛勇军、朱红、费玉林、周国强、陈英出席揭牌仪式。桐乡技师学院（筹）是由桐乡市高级

桐乡技师学院（筹）揭牌仪式　　市人力社保局提供

技工学校和桐乡市职业教育中心学校进行资源整合，合并而成。8月，浙江省人民政府批准筹建桐乡技师学院。桐乡技师学院(筹)现有南北两个校区，总占地面积22.7公顷，在册学生5998人，在编教职工435人，其中高级职称119人，技师及高级技工95人。学院开设八大类20个专业，其中，机电一体化、服装设计与工艺、商务外语专业，浙江省品牌专业机械设备装配与自动控制、数控加工、电气自动化设备安装与维修专业，有旅游服务与管理专业，有数控技术应用、财会、旅游、动漫、烹饪、计算机等专业。学院建成后，将面向全省招生，办学规模8000人，其中培养高级技工和预备技师5000人以上；每年开展企业在职职工技能培训1万人次以上，高级技工及技师等职业技能培训3500人次以上。桐乡技师学院(筹)原技工学校参加2014年全国职业院校技能大赛，获银奖1个；参加2014年全省中职学校和技工院校的学生技能大赛，获1金2银5铜。高考升学6个专业上线率均为100%，其中本科13名。开展学生技能考级工作，高级工理论一次性合格率100%，总合格率97.5%。

劳动监察

【概况】 2014年，桐乡市继续推进“企业关爱职工、职工热爱企业”双爱活动，加强宣传，提高用人单位和职工的参与率、知晓率。创建桐昆、华友、嘉名“双爱”示范企业。在嘉兴市人力社保局评选第四批和谐劳动关系先进企业、先进工业园区活动中，浙江嘉澳环保科技股份有限公司、浙江嘉名控股有限公司、浙江京马电机有限公司、浙江永和胶粘制品股份有限公司、浙江中辉皮草有限公司、浙江豪庭灯饰有限公司被评为先进企业；桐乡经济开发区被评为先进园区。完成样本企业薪酬调查、工资指导价位调查分析和劳动关系和谐指数测评、劳务派遣行政许可和特殊工时审批工作。全年主动监察各类用人单位5228家，涉及职工11.02万人，责令用人单位支付拖欠职工工资1200万元。43家违法企业受到行政处罚。

化解矛盾纠纷，处置突发事件。规范信访、投诉举报处理程序，依法受理各类举报投诉案件，为劳动者做好维权工作。全年作出行政处罚43件，处罚款13.58万元。办结欠薪案件276件、涉及1123人，涉案金额660.94万元。处理群体性突发事件49件，涉及2398人。处理欠薪逃逸案件22件，涉及817人、涉案金额602.45万元。

稳妥处理劳动争议。完善仲裁机构实体化和基层调解组织建设，加大仲裁庭硬件投入力度，提升劳动争议处理能力。全年立案受理案件350件，当期办结350件，结案率100%。办结案件中调解结案280件，调解结案率80%，裁决案件70件，其中一裁终局10件，受理案件中涉及集体争议案件18件，涉及劳动者1151人。妥善处理“退二进三”“退低进高”等关停企业的劳动争议案件。

着力推进依法行政。推行权力清单制度，梳理权力事项91项，上报行政许可、非行政许可审批事项17项。全年办理行政许可事项130件，其中特殊工时制123件、劳务派遣经营6件、民办职业技能培训机构设立许可1件。录入省政务网便民服务事项316项。审核行政处罚案件20件，工伤不予认定19件，工伤认定诉讼案件当事人撤诉2件，完成文件合法性审查3件。

加强宣传，提高用人单位和劳动者对劳动法律法规认知程度。组织开展“走进农民工”12333全国统一咨询日活动、《工伤保险条例》实施10周年上街宣传、“浙江法治宣传月”大型法律咨询服务等活动。全年举办、协办专题宣传活动8场，发放维权手册3270余份，发放人力社保法律法规宣传手册4100多册，解答劳动者或用人单位问题5400余条。

【开展“春雷专项行动”】 2月17日～3月17日，市人力社保局、公安局、工商局联合开展清理整顿人力资源市场秩序“春雷专项行动”。重点检查职业中介机构、从事职业中介活动或劳务派遣活动的组织和个人，人力资源市场的人力资源服务机构以及节后需要大量招工的劳动密集型企业等用人单位。检查内容包括严厉打击职业中介领域的违法犯罪活动、依法取缔“黑中介”、加强职业中介监管、规范用人单位招工行为、依法打击侵害劳动者人身权益违法行为。专项执法检查出动374人次，检查职业中介机构22家，用人单位201家，责令4家企业退赔押金8.1万元。

【“佳英劳动保障工作室”挂牌成立】 3月26日，“佳英劳动保障工作室”在河山镇东浜头村挂牌成立，工作室为当地村民、用人单位、职工提供社保政策宣传、劳动法律咨询、社保业务咨询等便民服务；开展企业用工和劳动者就业供求信息收集与对接服务，对失地农民、农村富余劳动力提供职业技能培训政策咨询和就业服务；指导企业依法用工管理和开展“双爱”活动；进行劳资纠纷前期预警调处，开展劳动仲裁指引服务；协助上级政府和劳动保障部门完成其他劳动保障服务。发挥劳动仲裁专业优势，以“佳英劳动保障工作室”为平台积极走访协调，帮助解决某羊毛衫厂和某制鞋厂欠薪事宜，29名农民工在春节前领到被拖欠的33万余元工资款。

【首次开展网上劳动保障书面审查】 5月4日～7月31日，桐乡市劳动保障监察大队组织实施2013年度劳动保障书面审查工作，各类企事业单位、有雇工的个体经济组织、民办非企业单位以及省内外企业在桐乡的非法人分支机构，首次在网上开展劳动保障书面审查。用人单位在相应时间内登录桐乡市人力资源和社会保障局网站，进入网上办事大厅“劳动保障书面审查”栏，通过“浙江省劳动保障书面审查网上申报系统”进行网上填报。

【整治违法使用童工打击违法犯罪专项行动】 4月15日～5月15日，桐乡市劳动保障监察大队开展整治违法使用童工打击违法犯罪专项行动，维护未成年人合法权益。全市范围内各类用人单位遵守《禁止使用童工规定》情况全面检查，其中餐饮、娱乐、小加工作坊等劳动密集型行业为检查重点。市劳动保障监察大队83名执法人员参与检查，检查各类用人单位1222家，涉及劳动者5.44万人，清退童工2人。

【开展用人单位遵守劳动用工和社会保险法律法规情况专项检查】 7月1日～8月15日，桐乡市开展用人单位遵守劳动用工和社会保险法律法规情况专项检查。检查全市各类用人单位，重点检查农民工较多的服装和羊毛衫加工、建筑、餐饮服务等劳动密集型企业。检查内容包括劳动合同签订、工资支付、休息休假、社会保险、技术工种就业准入等；用人单位遵守《禁止使用童工规定》，女职工和未成年工特殊劳动保护规定情况，夏季防暑降温措施执行情况，对劳务派遣单位和用工单位遵守劳务派遣法律规定情况进行重点检查。此次检查出动执法人员286人次，检查用人单位821家，涉及职工2.87万名，责令用人单位支付职工工资拖欠款260多万元。

【开展建筑装修行业农民工工资支付情况专项检查】 11月10日～12月25日，桐乡市开展建筑施工、装修装饰行业农民工工资支付情况专项检查。主要检查用人单位按照有关规定支付农民工工资情况，遵守最低工资规定情况，用人单位与农民工签订劳动合同情况，用人单位各项社会保险参保情况，工程项目施工现场实名制实施情况等。专项检查行动执法人员203人次，检查建筑施工行业企业30家、劳务分包企业8家，其中本地企业23家。对64个在建工程施工现场农民工工资支付情况进行抽查。桐乡市劳动保障监察大队和市建管处对部分存在欠薪隐患的工程下发限期改正指令书，提出限期整改要求。

社会保障

【概况】 推进五险（养老保险、医疗保险、失业保险、工伤保险和生育保险）合征，扩大社会保险覆盖面。以五险合征为基础，完善征缴管理政策，巩固和提高用人单位参保率。2014年，全市户籍人员进行比对，统计20～50周岁女职工、20～60周岁男职工未参保人员9.2万人，按户籍所在地层层分解目标任务，落实责任。完善生育保险制度，生育保险实现职业人群全覆盖。新增网上申报企业2894家，累计7734家。新老农保整合试点工作在高桥镇15个村铺开，整合老农保与城乡居民社会养老保险868人。

落实各项社会保险待遇。第十一次提高企业退休人员养老金，全市企业退休高工，企、事业遗属供养人员，失地农民，城乡居民，农技员等15类从事农村服务性人员待遇进行调整。年内，340.1万人次医疗保险待遇进行审核结算，审核费用4.9亿元，支付医疗保险基金3.9亿元;完成规定病种审批及备案526人、家庭病床审批45人;666名企业异地安置人员一次性发放医保个人账户159.23万元;3209名工伤职工落实待遇3943.58万元;3774名生育女职工落实待遇2963.89万元。

确保各项社保基金安全。开展社保基金内部控制检查,自查2012～2013年度全市五项社保基金情况。配合做好财政部驻浙江专员办对桐乡医保基金的核查。开展稽核审计工作,抽查征缴、养老、医保、工伤、生育、城乡居保台账资料713份,新参保单位参保情况实施重点抽查,向270家参保单位发出书面稽核通知书。提高定点零售药店的视频监控手段,全市137家定点零售药店进行360°高清监控系统的升级换代。有针对性地对"两个定点"开展稽核,全年16家违规定点零售药店发出暂停1～6个月医保服务资格责令整改的通知,取消1家药店定点零售资格,对3家医院的违规行为做出处理。开展社保待遇专项检查,查处多领、冒领违规社保基金,全年追回违规领取基金2.7万元。开展工伤、生育保险待遇落实情况专项检查。

加强工伤事故处置力度。发放工伤申请告知书,增加工伤认定、待遇享受透明度,执行工伤保险支缴率。全年受理工伤案件2180件,认定工伤案件2097件,受理劳动能力鉴定申请861件,组织专场劳动能力鉴定11次,工伤认定办结率96%以上。2013年12月31日前因工致残,完全丧失劳动能力,退出生产岗位按月享受定期伤残津贴的职工提高伤残津贴标准,平均调整额度为239.03元,增幅12.44%。

增强退休人员社区归属感。推进企业退休人员社会化管理,新增1.08万名企业退休人员,全市累计6.16万人,全部纳入社区管理,企业退休人员社区管理和社会化管理率分别为100%。开展企业退休人员生存情况调查工作。做好企业退休人员领取养老金资格认证工作,953名居住在异地人员进行邮寄资格认证、网上认证;5.88万本地居住人员,每月通过公安死亡数据与殡仪馆火化数据进行对比认证,生存情况认证率100%。开展企业退休人员服务慰问活动,全年开展节日慰问725人次,生病慰问837人次,死亡吊唁161人,涉及金额38.61万元。

劳动保障执法人员入企业检查劳动用工情况　市人力社保局提供

推进实时联网结报,提升便民服务能力。新增嘉兴武警医院为实时联网医院,住院费用可实时结报。至年底,桐乡市合作医疗市外实时联网结报的医疗机构12家,其中嘉兴6家、省级4家、上海(跨省)2家。

全年合作医疗市外医疗机构实时结报补偿4460人次,实时刷卡报销2678.53万元。实现儿童"两病"(急性白血病和先天性心脏病)合作医疗报销与民政救助同步结算。儿童"两病"除合作医疗报销70%以外,桐乡市合作医疗对民政补助的20%部分先予补偿,民政补助部分由合管办与民政定期结算。全年儿童"两病"同步结算补助39人次,合作医疗报销62.44万元,民政救助17.54万元。

实施支付方式改革,加大保障力度。合作医疗支付方式改革的实施,有效遏制市内定点医疗机构均次费用的不合理增长,2014年住院人均费用增长4.68%,低于市外住院人均费用的增长(市外为5.87%)。实施大病保险补偿,2014年共有1310位居民参保,共计6248人次获得大病保险补偿,补偿金额为948.99万元,人均补偿金额7244.21元,均次补偿金额1518.87元。参保人员享受大病保险后，实际补偿率提高11.03%。提高社区卫生服务机构门诊报销比例。2014年，桐乡市社区门诊报销比例提高5%，从2013年的40%提高到45%。扩大重大疾病救助范围，在原8种重大疾病的基础上，新增肺癌等12种重大疾病救助类型20种。合作医疗发放尿毒症医疗救助券1124人次，补助280.03万元；儿童"两病"救助55人次，补助103.25万元；其他16种重大疾病救助2148人，补助2837.15万元。

桐乡市合作医疗市外实时联网结报的医疗机构

表25

地　区	医　疗　机　构
嘉兴市	嘉兴市第一医院　嘉兴市第二医院　嘉兴市中医医院　嘉兴市妇幼保健院　武警浙江省总队医院　浙江省荣军医院
杭州市	浙江省人民医院　浙江大学医学院附属第一医院　浙江大学医学院附属第二医院　杭州市第二人民医院
上海市	上海市第一人民医院　上海市儿童医院

【实现生育保险制度职业人群全覆盖】 2014年1月1日起，桐乡市实现生育保险制度全市职业人群全覆盖，涉及15375人。一是参保对象。桐乡市行政区域内的国家机关、事业单位和民办非企业单位应为在职工作人员缴纳生育保险费，中央机关、省级机关驻桐机构等用人单位也可按规定参加。二是缴费标准。职工个人不缴纳生育保险费，由用人单位按规定缴纳，月缴费基数为3000元，缴费比例为0.5%。三是享领条件。女职工在生产前连续6个月(不包括生产当月)参保即可按规定享领生育保险待遇，具体标准按桐劳社〔2006〕75号文件执行；生育津贴基数按每月3000元计发。

【建立居保待遇享受人员生存数据交换机制】 2014年，市人力社保局、公安局、民政局三部门联合建立定期数据传递机制，应对死亡人员继续领取养老金情况，为死亡人员信息认证搭建完整、系统平台。市社保事业局与公安部门建立定期数据传递机制，通过每月核对公安部门提供销户数据，减少城乡居保享领人员死亡漏报现象。市社保事业局与殡仪馆建立定期数据传递机制，每月初由市殡仪馆向社保局提供上月火化名单数据。全市杜绝城乡居保待遇享受人员因死亡漏报现象。

【市民卡新增社会保障功能】 桐乡市社会保障市民卡发卡三年来，已发放30万张，基本覆盖全市职工基本医疗保险参保人群。2014年，制作市民卡5.1万多张，发放4.9万张。市民卡在公共服务领域新增功能，市社保事业局联合嘉兴市市民卡公司与市新华书店、振石大酒店、复兴影城达成合作协议，通过市民卡联机账户充值，使市民卡具备商业消费功能。桐乡市在嘉兴地区率先启动市民卡应用"诊间结算"服务功能，8月28日在桐乡一院举行"诊间结算"开通仪式。桐乡市市民卡应用"诊间结算"服务功能走在全省县(市、区)前列，列入桐乡市委常委会群众路线教育实践活动服务群众重点项目。2014年，桐乡一院"诊间结算"业务量稳定，平均每日在130～170笔之间。

【开展医疗保险反欺诈"亮剑"专项行动】 7月～11月，市人力社保局、公安局、卫生局、药监局、市场监督局、物价局等6部门联合开展医疗保险反欺诈"亮剑"专项行动，整顿和规范医疗保险秩序，严厉打击骗取医保基金的违法违规行为。专项行动主要有：核查大额报销票据，复查2013年的大额报销票据；检查定点医疗机构，检查乡镇卫生院、社区服务站点等是否存在留存参保人员证(卡)，为冒名就诊提供方便，虚假住院或利用社会保障卡非法牟利等行为；督查中药饮片使用情况；巡查定点零售药店，重点检查进销存管理，有无日用品、副食品、保健品串换行为；排查近年来门诊医疗费较高人员；核查重复享受医保待遇等其他医保违规欺诈行为。专项行动查处违规药店2家，医疗机构违规4件，参保人员冒名住院等行为14件。

【“12333”咨询服务中心成立】 11月，桐乡市人力资源和社会保障局“12333”咨询服务中心成立。“12333”为全省统一受理劳动保障咨询的号码，“12333”电话咨询服务热线内容主要包括：社会保险、就业创业、劳动关系、人事人才和公务员管理等相关政策咨询；人力资源和社会保障局业务办理指南咨询；参保人员基本养老保险、基本医疗保险个人账户信息查询；市民卡制作、使用相关问题咨询；受理人力资源和社会保障局业务投诉举报等。“12333”统一采用嘉兴市“12333”信息系统，专设3个电话座席，人工服务时间为周一至周五5个工作日，自助语音提供全天24小时服务。

【职工基本医疗保险与城乡居民合作医疗保险有效整合】 8月，根据《桐乡市人民政府办公室关于印发桐乡市城乡居民合作医疗保险和职工基本医疗保险整合工作实施方案的通知》，原由市卫生局负责的城乡居民合作医疗统筹管理职能整体划转至市人力社保局。工作职责调整后，由镇（街道）、开发区、振东新区分管人力社保工作的领导负责分管城乡居民合作医疗工作。原挂牌在镇（街道）社会事业服务中心的城乡居民合作医疗管理站牌子改挂在镇（街道）人力资源和社会保障管理所，其职责及经办人员同时划入。9月起，城乡居民合作医疗在2015年更名为城乡居民基本医疗保险。2014年，全市为400万人次报销合作医药费用3.7亿元，参保群众的受益面93.57%，为参保群众健康体检23.3万人。

市人因资源和社会保障局“12333”政策咨询宣传　市人力社保局提供

【城乡居民基本医疗保险】 2014年，城乡居民合作医疗大病保险被列入市政府的8项惠民实事工程之一。桐乡市人均筹资30元实施合作医疗大病保险，符合大病保险保障范围的个人自负部分的医药费用，提供上不封顶的累进比例补偿，其中起付线为5万元的报销50%，5万元（不含）～10万元元报销55%，10万元（不含）～15万元报销60%，15万元（不含）以上报销65%。全年1314人（6248人次）享受大病保险补偿，计948.99万元。参保人员享受大病保险后，实际补偿率提高11.03%。异地实时结报工程是桐乡市合作医疗为方便参合群众异地就医、缩短结报流程，减轻医疗费垫付负担的一项惠民举措。桐乡市合作医疗管理委员会办公室作为政府民生实事的前沿窗口单位，不断改善服务，紧扣民生主题，在调研的基础上大胆探索，针对患大病群众前往嘉兴市区、杭州、上海就医越来越多的现状，投入10多万元，信息系统进行更新升级。至此，村、镇、县、市、省、上海6级定点医疗机构合作医疗实时结报网络形成，桐乡成为嘉兴地区唯一实现“6级联网”的县市。至年末，桐乡市合作医疗参保44.5万人，参保率为99.4%。其中，省级医院报销370人次，报销数额245.7万元；市级医院报销163人次，46.3万元。

（徐忠熙　沈秀芬）

街道、镇发展概况

梧桐街道

【概况】 梧桐街道为桐乡市政府所在地，是全市政治、经济、文化、科技中心。南与高桥镇、凤鸣街道相邻，西与石门镇相接，东与濮院镇、屠甸镇相连，北靠京杭大运河，与龙翔街道隔河相望。西距杭州市63千米，东至上海市138千米，北距苏州市93千米，距沪昆高速公路屠甸入口8千米、高铁桐乡站6千米，320国道穿境而过。街道辖区面积78.3平方千米，其中建成区面积41.07平方千米。辖14个村，406个村民小组；13个社区，1466个居民小组。总户数4.58万户，总人口14.34万人。2014年实现地区生产总值130.31亿元，比上年增长7.1%；工农业总产值209.1亿元，增长2.2%；财政收入4.4亿元；完成全社会固定资产投资50.64亿元；实现外贸出口交货值2.92亿美元，增长-9.2%。农村居民人均可支配收入2.31万元，增长10.1%。

产业发展 全街道粮食播种面积1537.7公顷，油菜202.1公顷，烟叶50.1公顷，菊花521.1公顷，蔬菜840.9公顷，水果237.6公顷(其中果用瓜90.4公顷)。年产粮食1.02万吨、油菜籽556吨、烟叶128吨、菊花1313吨、蔬菜2.21万吨、果用瓜产量2836吨，桃园槜李实现产销两旺。全年饲养蚕种9955张，蚕茧产量665吨。年出栏湖羊1.66万头、家禽5.34万羽、兔2.38万只，肉类产量2196吨，小湖羊皮2.58万张。生猪养殖户转产转业，基本完成城西生态牧业小区建设。稳步推进同心、钱林和民安土地综合整治，土地综合整理开发土地133.33公顷，宅基地复耕17.2公顷，农房改造集聚382户。流转土地38.07公顷，创建粮食功能区1个，面积66.67公顷。粮食监测点粮食复种面积125.93公顷，完成机械化种植面积206.67公顷，新建农业基地3个，总面积20.13公顷，基本完成新玄、桃园土地开发暨标准农田建设项目。创建省级示范性家庭农场1家、桐乡市示范性家庭农场1家、桐乡市规范化家庭农场3家；通过农业循环经济项目2个、省级农技推广项目1个；获嘉兴市级农业龙头企业1家、嘉兴著名商标1件。完成工业生产性投入14.14亿元，比上年增长14.7%，实现工业总产值206.4亿元，增长2.5%；年度25个重点项目全部开工，其中10个项目投产。培育规模以上工业企业18家，累计99家，实现规模以上企业工业产值82.26亿元；启动市区4家企业“退二进三”和工业园区企业整治提升工程，腾退低效用地14.07公顷，存量土地挖潜42.8公顷。完成梧桐园区三期概念性规划设计，三期扩征平稳推进。强化招商选资，引进市外内资7.45亿元、注册资金3.9亿元，合同利用外资3436万美元，“浙商回归”到位资金3.8亿元。通过“两改两创”(技术改造、股份制履改造，管理创新、品牌创新)推动传统优势产业升级发展，实施“机器换人”30家。完成技改项目41项，股份制改造企业1家，新增企业管理创新达标企业2家、国家级高新技术企业2家，申报省级名牌产品1个，全年申报专利447项，其中发明专利83项。全年新增限额以上服务业企业34家，分离发展服务业企业4家，新增“个转企”58家，完成服务业投资41.61亿元。积极发展旅游业和庄园经济，启动港龙世界风情木屋庄园建设，建成“文化恒基·特色旅游园”，规划实施桃园西施槜李园为主要内容的历史文化名村建设。扶持培育2家示范性现代庄园，沈莉高蚕业文化园被认定为国家AA级旅游景区。

2014年梧桐街道主要经济社会指标完成情况

表 26

指　　标	单　位	数　值	比上年(±%)
地区生产总值	亿元	130.31	7.1
财政收入	亿元	4.4	4.8
农业总产值	亿元	2.69	2.59
粮食总产量	万吨	1.02	−5.22
工业销售收入(规模以上企业)	亿元	81.7	12.36
固定资产投资	亿元	50.64	
其中工业生产性投入	亿元	14.14	14.68
实际利用外资	万美元	382.54	−80.47
引进境内市外资金	亿元	7.45	0.02
外贸出口额	万美元	29203	−9.2
农村居民人均可支配收入	万元	2.31	10.14

城乡建设　治理垃圾河17条、黑臭河23条，街道辖区4个出水口监测水质均达到优秀；污水入网企业60家、农村生活污水入管网1010户，全面实施中小河流重点县综合整治项目，农村饮用水安全工程竣工；筹集“五水共治”捐款308.6万元。12月9日，接受嘉兴市级“无违建街道”考核组验收，完成“三改一拆”总面积64.6万平方米，其中拆除违法建筑6.8万平方米，拆除猪舍5.2万平方米。莲都公路、桐九公路、特高压输电工程等市级重点项目有序推进。加快城市有机更新，实施环北区块、育才弄和百合花园三个区域25.75万平方米老旧小区的基础设施改造，受益居民3745户。开展出租房整治，在重点区域整治出租房屋476户、三合一场所95户，打击黑网吧、非法煤气灌装点等。依法关停或整改市区42家非法幼托机构，平稳分流安置幼儿近4000名。集中开展世界互联网大会期间环境整治，完成绕城公路等主干道沿线提升整治任务和百桃工业区立面改造。深化行业整治，关停4家重污染高耗能企业，整治提升印染企业4家、化工企业2家。开展爱国卫生工作，履行“一把扫帚”职责，提升城乡环境卫生保洁质量，创建省级卫生单位1家、嘉兴市级2家。10月，配合市区环卫体制调整，妥善做好移交工作。完成新玄村扩面提升工程，创建嘉兴市级“优美庭院”示范村1个，实施危桥改造4座，农村道路维修养护102千米，农村道路亮化20千米。建成市区绕城公路梧桐(东方红村)段、新湖盐线梧桐村至屠甸段绿化景观林带，完成重点防护林和村镇绿化17.27公顷、建城区绿化14.27公顷，落实绿化长效管护机制，创建省级森林村庄1个、嘉兴市绿化示范村1个。

社会事业　启新幼儿园建成，同庆幼儿园开工建设，安乐幼儿园三期完成招标，提高幼儿园非事业编制专任教师待遇。全面实施文化惠民，举办首届家庭文化节、第四届桃园槜李文化周和以“携手义工爱满邻里”为主题的第十一届市区邻里节等大型文体活动。广泛开展群众性文化活动，全年举办各类广场文艺活动70场，开办培训班和文化科普知识讲座18期，街道被评为“浙江省群众体育先进单位”。深入实施“六五”普法，坚持用法治力量破解难题。依法采取针对性措施缓解征迁矛盾，落实梧桐村水墙门等组拆迁安置方案。街道成功创建“浙江省文明街道”。开展“幸福梧桐·美德先行”主题活动，组织星级文明家庭动态评创活动。培育发展义工，注册梧桐街道“义工时间银行”义工765名，存储服务时间26493小时。举办街道义工时间银行周年庆系列活动，评选表彰十大“美丽义工”和一批星级义工。开展幸福家园“心贴心”便民服务活动80场，开设便民服务生活夜市，建立流动“议事厅”让居民在政府性重点工作和民生实事中参与议事和决策。发展养老事业，社区居家养老照料中心覆盖率80%、农村50%。培育成立全市首个街道级民办非企业单位，试点培育发展12个社区社团，首推向社会组织购买居家养老服务。庆丰社区被评为全国和谐示范社区，杨家门、庆丰社区被评为全国社会工作服务示范社区，“携手夕阳红”项目获全国优秀志愿服务项目优秀奖。推进社会保险扩

2014年，完成产值5000万元，缴纳税金140多万元。

8月7日，梧桐街道举行"义工时间银行"周年庆活动

梧桐街道提供

面工作，新增养老保险参保1260人、基本医疗保险1020人。全年发放各类低保金、救助金846.85万元，全面实施残疾人共享小康工程。合作医疗参保率98.2%，计划生育率98.5%。

【浙江(桐乡)港龙世界风情木屋庄园项目开工建设】 10月15日，梧桐街道民安生态农庄项目正式签订招商协议书和土地租赁协议书，11月15日开工建设。项目暂名为浙江(桐乡)港龙世界风情木屋庄园，建设开发单位为浙江港龙木结构科技有限公司。庄园东邻新板桥港，南以狄家舍村为界，西以南北向机耕路为界，北以洪通泾港为界，占地23.33公顷，总投资约1.3亿元。工程计划建设期5年，分三期实施建设。该项目将打造一处以世界风情木屋庄园为特色，集农业旅游观光、会务接待、餐饮娱乐、休闲运动等功能为一体的生态农庄。

【2家企业被认定为国家级高新技术企业】 2014年，梧桐街道的浙江创嘉机电设备有限公司、桐乡德和绝热科技有限公司被省科技厅、省财政厅、省国家税务局、省地方税务局联合认定为国家级高新技术企业。创嘉机电公司位于梧桐工业园，占地6.87公顷，总投资1.55亿元。公司专业生产电梯配件，为瑞士迅达、巨人通力、台湾崇友、东芝、永大日立等电梯企业提供部件。2014年公司实现销售收入1.66亿元，缴纳税金700万元，利润300万元。德和绝热科技公司位于梧桐工业园，占地2.67公顷，是一家生产研发泡沫玻璃的专业厂家，是《泡沫玻璃绝热制品》JC/T647—2005行业标准、浙江省《泡沫玻璃建筑外墙外保温系统技术规程》的起草单位之一。公司历年来被中国石化集团、中国石油和化学工业联合会评定为推荐供应企业。

【梧桐街道率先实现社区联合党委全覆盖】 4月24日，梧桐街道13个社区全部建立社区联合党委，实现全覆盖，有成员单位171家，其中共建部门86家、共建单位85家。联合党委采取"党员共管、资源共享、教育共抓、活动共办、和谐共促"的工作方法，共同研究和协商社区党建和经济社会发展各项事务。在凤鸣社区试点基础上，街道2014年进一步明确社区联合党委的性质、功能，完善社区联合党委会议制度、社区重要问题审议决策制度、民主监督制度、考核监督制度、经费保障制度等五项工作机制，提升社区党建共建水平。

【居家养老服务首次引入社会服务组织】 8月25日，梧桐街道与桐乡市梧桐心贴心服务中心签订杨家门社区居家养老服务项目协议书，全市首例培育引入社会组织承接社区居家养老服务项目正式启动。该项目配合全新建造的居家养老服务照料中心，打造一个集助餐、学习、娱乐、交流等多位一体的AAAAA级居家养老服务照料中心。项目采取政府资金支持、多方协同参与、专业团队管理、社会组织受益的基本运营架构，坚持市场化运作模式，由政府搭建信息和服务平台，社会组织负责投资、管理和提供专业服务，进一步发挥专业化的社会组织、职业化的社工和本土化的社区"三方联动"作用。同时成立社会组织服务中心，对辖区各类社会资源进行整合，培育和发展社会组织，边试点边发展边规范，更好地满足社区居民多元化、个性化的养老服务需求。至年底，该项目共计提供各类居家养老服务1万余人次。

【梧桐街道被评为“浙江省群众体育先进单位”】 10月18日，梧桐街道被浙江省体育局评定为“2010～2013年度浙江省群众体育先进单位”。街道重视群众文化体育事业，坚持实施文体惠民，每年举办家庭文化节、桃园槜李文化周和市区邻里节等大型文体活动。全年举办各类广场文体活动70余场，创建省级小康村10个、省级社区体育健身俱乐部1个、新建村（社区）文化礼堂3个，建设农村标准灯光球场2个、桐乡市排舞小广场13个。

【庆丰社区获“全国和谐社区建设示范社区”称号】 11月，民政部公布“全国和谐社区建设示范社区”名单，梧桐街道庆丰社区成为桐乡市首个获此称号的社区。庆丰社区本着以人为本、优质服务的宗旨，不断深化提升社区服务能力。开展进组入户“四百”（串百家门、知百家情、解百家难、暖百家心）走访服务，组建志愿者、老年人和保安三支巡逻队，昼夜巡逻，保一方平安。组建文艺义工队12支，创新实施“相约庆丰文化秀”项目活动，全年社区举办文化秀系列活动25场。并积极调动辖区单位党建共建参与社区活动。创建嘉兴市级“十佳文明楼群”1个，桐乡市级“文明小区”6个，评选出嘉兴市“十佳绿色家庭”1户。社区连续十年被上级有关部门评为平安社区，近年来先后获全国文化先进社区、全国综合减灾示范社区、国家人口计生基层群众自治示范社区等32项嘉兴市级以上荣誉称号。

2014年梧桐街道各村(社区)基本情况

表27

村(社区)	户数(户)	户籍人口(人)	中共支部(总支、党委)书记	村委(社区)主任	集体经济总收入(万元)
东方红村	971	4092	张海良	朱国强	290.35
城东村	1173	4767	沈士根	沈士根	238.01
逾桥村	954	3630	钱柏祥	张永彬	295.87
庆丰村	919	3761	张荣祥	张荣祥	316.19
三新村	1252	4698	王松良	朱连根	451.2
民安村	981	3886	韩林松	占学林	276.48
城西村	1135	4563	高雪奎	高建兴	433.19
同心村	616	2548	钟　亮	范乙平	189.5
钱林村	624	2497	何振华	沈明强	250.24
梧桐村	909	3816	沈林荣	张金甫	159.19
安乐村	808	3216	吴明松	张建林	434.09
百福村	607	2453	许林川	许林川	199.74
新玄村	548	2342	高月明	李月兵	151.34
桃园村	590	2496	顾建荣	徐建锋	190.31
凤鸣社区	3333	8856	朱长兴	陆梅华	
环南社区	2130	5141	刘荣坤	姚晓春	
复兴社区	1165	3060	刘小妹	郑翠萍	
庆丰社区	2100	5538	周志红	周佳亮	
永宁社区	1618	4439	夏雪标	吴妍飞	
东兴社区	1668	4651	吴　宾	朱晓敏	
学前社区	4194	11163	包锡庆	唐　亮	
九曲社区	1815	4801	吴荣奎	毛晓芳	
杨家门社区	2767	7447	曹建奎	魏亚平	
文昌社区	2417	6217	沈汉康	徐佳燕	
大发社区	1383	4602	沈小萍	袁　扬	
同庆社区	234	554	蒋金浩	吴利英	
百乐社区	446	1053	胡　蓉	何　岚	

【梧桐街道两个社区被评为“全国社会工作服务示范社区”】 1月9日，民政部发文确定梧桐街道杨家门社区、庆丰社区为“全国社会工作服务示范社区”。杨家门社区以“特色、创新、服务”主题，建立党员义工服务承诺机制、党员义工学习培训机制、党员义工激励机制、单位共建共创机制，搭建党员义工站、“银龄之家”居家养老日间照料中心“两大平台”，打造“傅阿姨为老服务站”“党员义工大讲堂”“李瑾法律服务岗”三大品牌，创建“一楼阳光”工作室，有6名社工获嘉兴、全国社会工作者资格。庆丰社区成立党员志愿者服务队10支、社区公益性民间组织8个，注册登记志愿者693人，成立桐乡市“七彩夕阳”社会工作室，为社区60周岁以上老年人提供居家养老服务，全年新增国家级社工师1名，嘉兴级社工师1名，高级护理员1名。

【杨家门社区获“全国优秀志愿服务项目优秀奖”】 11月，梧桐街道杨家门社区“携手夕阳红”——社区居家养老志愿者助扶项目获民政部第二批“全国优秀志愿服务项目优秀奖”。该项目通过政府购买专业社会工作服务的方式，发挥社会组织、服务网点和义工组织的联动作用，打造新型“虚拟敬老院”。项目实施前社区随机对辖区内300名60周岁以上老人开展问卷调查，并据此将项目细分为爱心门铃走访服务、助餐服务、免费理发和健康义诊四个志愿服务子项目，辖区老人可根据自身服务需求，对照服务“菜单”，以“点菜”方式选取无偿、低偿或有偿服务项目。通过广泛发动，招募“梧桐义工”36名，辖区单位和部门的“红色义工”60名，成立为老服务志愿者队伍，合理划分服务区域，并开展志愿者精神和服务技能的教育培训，同时与“义工时间银行”进行对接，把志愿者的服务次数、服务时间记入“义工时间银行”。志愿者们积极引导、鼓励被服务对象和社区居民参与社区事务和居家养老事业，把社区打造成一个温馨大家庭。

【复兴社区成功创建“全国综合减灾示范社区”】 12月，民政部公布“全国综合减灾示范社区”公示名单，复兴社区入选。复兴社区出台《社区灾害应急预案》，完善应急预案，规范避难场所，开展群众性防灾抗灾演练，努力提高居民防灾减灾能力和水平，宣传并普及防灾减灾、自救互救知识，提高社区防灾减灾综合能力。社区成立至今未发生一起较大的安全、灾害事故。

（许寅佶）

凤鸣街道

【概况】 凤鸣街道位于桐乡市中部，与梧桐街道、高桥镇、石门镇、崇福镇接壤。320国道斜贯境内，长山河横贯全境。总面积47.4平方千米。辖1个社区，5个居民小组；11个村，279个村民小组。总户数1.26万户，总人口5.1万人。2014年实现地区生产总值26.35亿元，财政收入1亿元，农村居民人均可支配收入2.23万元。

产业发展 有耕地2085.33公顷，其中水田1299.4公顷、旱地785.93公顷。粮食作物播种面积745.1公顷，总产量2969吨。生猪存栏9164头，湖羊存栏2.03万头。种植花卉苗木118.4公顷、杭白菊985.93公顷、蔬菜（含菜用瓜）1509.2公顷。饲养蚕种1.14万张，蚕茧产量1577吨。有农业专业合作经济组织12家。开展“五水共治”工作。投资280万元，疏浚45条河道，疏浚土方33万立方米，其中重点整治“清三河”27条。投资2000多万元，实施全国中小河流治理和全国水利重点县建设项目，新建水闸7座、泵站18座、U形渠道21.6千米、生态河岸11千米等，完善水利基础设施建设。投资1300多万元，完成3个村农村生活污水治理工程。完成城镇生活污水入网改造406户，企业污水入网31家。做好森林桐乡创建工作，新增防护林23.33公顷，新建村级百亩林3个。街道有工业分区2个，规模以上企业74家，实现规模以上企业工业总产值79.35亿元，增长16.5%；固定资产投入10.5亿元，增长19.1%，其中工业生产性投入7亿元，服务业投入3.5亿元；引进市外内资2.31亿元；合同利用外资480万美元，实到外资243万美元。举办2014首届福严寺景区（国际）素食文化旅游艺术节，全年接待游客30万人次，比上年增长36%。

城乡建设 桐九公路、洲甸公路、嘉兴电力局220千伏天星变电所征迁、320国道拓宽、华能热电“双气”管线和临杭大道6

2014年凤鸣街道主要经济社会指标完成情况

表28

指　　标	单　位	数　值	比上年(±%)
地区生产总值	亿元	26.35	10.53
财政收入	亿元	1	32.4
农业总产值	亿元	3.71	－3.28
粮食总产量	万吨	0.2969	－6.77
工业销售收入(规模以上企业)	亿元	80.2	16.49
固定资产投资	亿元	10.5	19.1
其中工业生产性投入	亿元	7	31.8
实际利用外资	万美元	243	
引进境内市外资金	亿元	2.3	8
外贸出口额	万美元	9526	27.9
农村居民人均可支配收入	万元	2.23	9.55

个市级征迁工程顺利推进。其中,境内洲甸公路全长4.2千米,征用土地19.67公顷,涉及3个村,征迁农户2户、企业4家、个体户2家,办理失地农民养老保险390人;320国道境内段拓宽全长1.5千米,征用土地1.6公顷,拆迁农户9户,办理养老保险104人;华能热电“双气”管线总长14.5千米,其中天然气管道长7.8千米,热力管道长6.7千米,涉及5个村,借地21.54公顷,征地0.24公顷,拆迁房屋2处,基本完工。启动凤鸣街道工业区扩征及城镇建设征迁工作,涉及红旗村万代桥、灵安村史家门两个村民小组,征用土地30.52公顷,拆迁农户55户。按照创“无违建街道”工作目标,推进“三改一拆”工作,河道两岸、公路两侧、“一户多宅”、城镇建成区和占用耕地等作为拆违重点。全年拆除违法建筑6.4万平方米,拆除违建猪舍3.95万平方米,完成“三改”(旧住宅区、旧厂区、城中村改造)面积5.1万平方米。全年完成土地综合整治面积5.13公顷。10月,商贸综合体凤鸣新天地开业,建筑面积约2.6万平方米。加强民生基础设施建设,投入资金500多万元,用于乡村公路大中修、道路硬化、改建桥梁等。总投资300万元,建设污水管网8千米,新设道路交通信号灯1个,灵安城市公交首末站、桐乡九中城市公交车站建成运行。

社会事业　有初中2所,在校学生954人,教师105人;小学2所,在校学生3321人,教师190人;中心幼儿园1所,分园3个,村点1个,在园幼儿1158人,教职工69人。卫生院1家,卫生技术人员102人,床位28张。创建居家养老服务照料中心3家。投资90多万元,改建灵安社区(同福)居家养老服务照料中心;投资3000万元,建设街道养老服务中心(敬老院),占地0.93公顷、床位200多张。9月,凤鸣街道第二中心幼儿园开园,投资650万元。改建文化礼堂1个,全面完成村级文体小广场,新建灯光球场2个。

【开展“百姓百星”评选活动】　3月,凤鸣街道开展“百姓百星”评选活动。活动宗旨是让老百姓评选自己身边的道德“明星”,并在企业、村委会、学校等地宣传其事迹,进一步弘扬正气、凝聚人气、

7月30日,凤鸣街道召开“百姓百星”表彰大会　　凤鸣街道提供

2014年凤鸣街道各村(社区)基本情况

表 29

村(社区)	户数(户)	户籍人口(人)	中共支部(总支、党委)书记	村委(社区)主任	集体经济总收入(万元)
史桥村	842	3337	王建华	陈春光	147.1
环南村	847	3304	姚建忠	陆利强	246.55
灵安村	1187	4750	顾利敏	黄洪强	302.51
红旗村	977	4004	张锡良	蒋卫民	163.04
路家园村	701	2830	朱铁强	徐晓明	363
西牛桥村	511	2076	屠国强	王国强	166.67
新农村村	1086	3928	王兴标	倪利根	295.29
联庄村	1042	4236	黄海江	吴秋秋	217.18
建胜村	990	3770	鲍东明	徐建强	253.16
合星村	1056	3971	黄爱忠	沈建强	196.96
中群村	1054	4358	王永兴	孙国强	93.51
灵安社区	131	779	韩兴良	管民兴	

传递正能量。经过群众推荐、专家组评选、领导班子讨论、社会公示等环节,从确定的112名候选人中评出方雪祥、李素珍等85名街道草根明星。这些"明星"均来自最基层,在热心公益事业、创业创新、爱岗敬业奉献等方面做出明显贡献,其中有普通村民、村保洁员、村民组长,也有教师、企业家、社区医生等。7月30日,街道召开"百姓百星"表彰大会。

【举办"招商月"活动】 5月,凤鸣街道举办"招商月"活动。5月10日,利用浙江大学企业家同学会300多名优秀企业家齐聚桐乡的契机,通过嘉兴分会会长、街道亿元企业——汇丰经编董事长沈年福牵线搭桥,介绍街道投资环境和招商政策。5月中下旬,街道招商办依托驻杭、驻沪联络处与凤鸣街道籍企业家开展走访招商活动,邀请他们回家乡投资。5月24日,赴台州市黄岩区举办招商会,向当地企业介绍投资环境,开展招商活动。在"招商月"活动中,签约项目1个,投资规模867万美元;在谈项目4个,涉及项目总投资2.7亿元。

【开展出租房屋专项整治】 2月,凤鸣街道开展出租房专项整治工作。整治以文华小区为重点,排查出租房1000多户,采用"私人定制"的整改方案,以关、停、改等方法,整改隐患5000多次,关停非法燃气灌装点、非法加油站、非法幼托机构7家。整治核实新居民信息1.6万多人,文华小区有房屋出租户1532户,整治达标率99.5%,其中居住型出租1008户,100%通过验收。经整治,小区无火灾发生,治安案件比上年下降30%。

【凤鸣街道第二中心幼儿园开园】 9月,凤鸣街道第二中心幼儿园开园。该园位于文华小区同仁路,2013年6月开工建设,2014年8月竣工,整个园区占地面积2650平方米,建筑面积2450平方米,可容纳9个班级,总投资650万元。开设8个班级,招收幼儿318名。

【2014首届福严寺景区(国际)素食文化旅游艺术节】 参见《旅游·市场开发》中相关条目。

(韩莎里)

龙翔街道

【概况】 龙翔街道位于市区北部,与濮院镇、石门镇、乌镇镇接壤,与梧桐街道隔京杭大运河相望,湖盐公路、嘉湖公路、四级航道东宗线穿境而过,街区北部有申嘉湖高速公路出口。总面积39.83平方千米。辖1个社区,8个居民小组;9个村,179个村民小组。总户数6991户,总人口2.72万人。2014年,实现地区生产总值15.91亿元,财政收入6789万元,农村居民人均可支配收入2.21万元。

产业发展 实现农业总产值2.22亿元,完成农业投资2350万元,新增流转土地161.72公顷,新建农产品示范基地4个。推广机械化育插秧面积61.18公顷,培育家庭农场8家,新增市级示范性家庭农场1家,建设新品种新技术示范区2个。加强农田水利建设,新建泵

2014年龙翔街道主要经济社会指标完成情况

表30

指　　标	单　位	数　值	比上年(±%)
地区生产总值	亿元	15.91	6.1
财政收入	亿元	0.68	15
农业总产值	亿元	2.27	−2.32
粮食总产量	万吨	0.73	−12.2
工业销售收入(规模以上企业)	亿元	36.09	2.45
固定资产投资	亿元	12.94	98.1
其中工业生产性投入	亿元	5.28	8.42
实际利用外资	万美元	250	
引进境内市外资金	亿元	2.14	62.12
外贸出口额	万美元	21542	22.9
农村居民人均可支配收入	万元	2.21	10

站12座，明渠、灌渠4.5千米，排渠6.5千米，新建闸站4座。特色产业董家茭白示范基地茭白种植面积833.33公顷，全年农作物播种面积3573.67公顷，其中粮食播种面积1031.8公顷，产量7246吨。饲养蚕种3664张，蚕茧产量284吨。全年饲养生猪1.37万头、湖羊1.51万头、家禽46.24万羽，肉类总产量1545吨。种植杭白菊188.6公顷，产量424吨；种植晒红烟49.73公顷，产量125.2吨；蔬菜播种面积1861.93公顷，比上年增长10%。村级经济不断壮大。全年实现村组集体经营收入1323.13万元，农民人均所得20097元。加快企业梯队培育，新增规模以上企业8家、亿元企业1家，新增服务业规模以上企业6家、个转企3家。淘汰落后产能2家，实施“退低进高”项目6项，存量土地挖潜12.33公顷。11项市级重大项目开工率100%，全年完成42个工业投资项目，完成工业生产性投入5.28亿元。加大招商引资力度，亿洲机械、世通农业科技等项目落地，中华文明印象旅游等项目签订意向。

城乡建设　龙翔街道出台《2014年深化“两新”工程建设，稳步推进农房集聚的实施办法》，正式由“两分两换”试点工作过渡到“两新”工程建设。完成169户农民公寓房调产安置，800户农户“统建房”预审工作，12万平方米公寓房建设项目进入施工阶段。完成宅基地复垦12.13公顷。加强新村安置点便民服务基础设施建设，皂林商务酒店、便民菜场交付使用。全年新增重点防护林、村镇绿化及建成区绿化70.67公顷，杨园、翔厚村分别完成嘉兴市、桐乡市绿化示范村创建，4个村完成百亩片林建设，炉安公路获“最美桐乡森林路”称号。街道被环保部命名为“国家级生态街道”。

社会事业　深入挖掘龙翔历史文化，《炉头三记》出版发行；完成“务本堂”和单桥两个特色文化礼堂建设；开展“五有四好”评选，挖掘身边先进典型。深入开展“文体惠民”，丰富群众精神文化生活。重视教育、卫生事业发展。义务教育巩固率100%；初升高比率高于全市平均水平；依托幼儿园东园区建设，加强学前教育。街道通过省级卫生街道复查。开展独生子女家庭安康保险。社区卫生服务站完成布点。通过嘉兴市公共卫生强街道复查，公共卫生工作继续名列全市前茅。居民医疗保险参保率99.8%；市场监督管理所挂牌成立。扎实开展劳动监察工作，劳动合同签订率98.7%。关爱弱势群体，重视民政、残疾人事业，完善社会事务和社会救助，实施元丰蚕业扶贫基地造血型救助项目。开展地名、养老服务、优抚、社工、殡葬等规范化建设。创建居家养老服务中心2家，被命名为嘉兴市级爱心街道。加强党管武装，入伍新兵均达大专以上学历。

【成功创建“国家级生态街道”】

9月，龙翔街道被环保部命名为“国家级生态街道”。近年来，龙翔街道不断优化工业结构，减少能耗与污染，净化生态环境。加大污水管网建设力度与环保设施投入，发展循环经济，推行清洁生产。先后关闭翔厚园区小化工企业20余家、砖瓦企业3家。实施龙翔街道农村环境“五整治一提高工程”中长期计划，生态农业示范基地与绿色无公害(有机)农产品建设步伐加快，开展畜禽污染整治工程。加大

2014 年龙翔街道各村(社区)基本情况

表 31

村(社区)	户数(户)	户籍人口(人)	中共支部(总支、党委)书记	村委(社区)主任	集体经济总收入(万元)
皂林村	818	3273	沈林泉	沈林泉	76.3
南王村	485	1850	俞有章	俞有章	27.3
董家村	630	2427	吕立峰	朱文娟	8
金牛村	780	3073	王建强	姚培根	11.1
正福村	493	1930	陈福新	陈福新	15.7
元丰村	732	2766	姚兴佳	姚兴佳	28.9
杨园村	836	3164	沈晓华	姚坤潮	16
单桥村	777	3002	穆建华	穆建华	23.6
翔厚村	1214	4578	邹雪明	邹雪明	40.5
秀溪社区	373	1136	陈福祥	朱红燕	

镇区规划建设力度,人居环境面貌一新。大力营造文明和谐的社会新风尚。

【率先创建桐乡市"无违建街道"】 2014 年,龙翔街道集中力量抓好"三改一拆""五水共治"等重点工作,11 月通过验收。作为全市首家主体单位完成"无违建街道"创建。实施阳光拆违,累计拆违 10.16 万平方米,拆除猪、禽"两棚"7.13 万平方米,改造旧住宅区 4.63 万平方米,改造旧厂区 0.88 万平方米。完成"五水共治"年度工作任务,整治垃圾河 2 条 1607 米,黑臭河 19 条 14657 米,河道清淤 12.1 千米,工业企业污水入网 35 家,农村生活污水治理 1248 户;开展饮用水源保护工作,关停海盛建材有限公司。镇级交界断面水质监测达到优秀等次。

【湖盐线沿线整治提升】 9 月底始,龙翔街道开展为期两个月的湖盐线沿线整治提升工程,工程全长 4.8 千米,穿越皂林、金牛、正福三个村。投入资金 600 余万元,拆除公路控制区内建筑物 32 处,取缔农房经营户 38 家,农房外立面改造 40 户,创意绿化栽种 4.8 千米。经整治,湖盐线沿线面貌大为改观。为配合首届世界互联网大会召开,营造良好的外部环境。

【出版发行《炉头三记》】 7 月,弘扬龙翔传统文化的《炉头三记》由中国文史出版社出版发行,作者邹汉明。首印 3000 册,全书 15 万字,分皂林记、龙翔记、炉头记三部分。该书结合大量的史料收集、分析、整理,全面深入的介绍龙翔的历史文化、名人名景。《炉头三记》的出版发行,填补龙翔镇志的空白,为龙翔发展文化旅游产业提供历史资料。10 月 16 日,在桐乡市图书馆举行《炉头三记》首发式。

(谢寅杰)

崇 福 镇

【概况】 崇福镇位于桐乡市西南,西与大麻镇相接,东与高桥镇相邻,北与洲泉镇、石门镇、凤鸣街道相连,南与海宁市接壤。全镇总面积 100.14 平方千米。辖 26 个村,543 个村民小组;3 个社区,824 个居民小组。总户数 2.72 万户,总人口 10.18 万人。

产业发展 强化粮食生产安全,创建粮食功能区 2 个,粮食产量 3.46 万吨。新增流转土地 326.67 公顷。粮食播种面积 4791.53 公顷。饲养蚕种 2 万张,蚕茧产量 1391 吨,蚕茧总收入 5668 万元。生猪存栏 2.24 万头,出栏 10.9 万头。湖羊存栏 2.63 万头,出栏 3.07 万头。灾后应急水毁修复及中小河流治理等水利工程竣工。实施紫薇庄园建设,引进食虫植物生态园。全年农业投资 5910 万元。新增省级示范性家庭农场 1 家。"崇德果蔬"被评为浙江省著名商标。全年完成农业产值 2.93 亿元、林业产值 283 万元、牧业产值 2.67 亿元、渔业产值 2380 万元、农林牧渔服务业 2874 万元。工业经济转型提档。全镇有各类工业企业 4000 余家,其中规模以上企业 144 家,销售收入超亿元企业 31 家。认定高新技术企业 4 家。实施"退低进高"项目 7 项。引进中国节能环保产业园、正泰光伏发电等新兴环保节能项目。新澳纺织成功上市。全年实现工业总产值 390.9 亿元,比上年增长 14.4%。

2014年崇福镇主要经济社会指标完成情况

表32

指　　标	单　位	数　值	比上年(±%)
地区生产总值	亿元	71.07	10.7
财政收入	亿元	2.82	－0.5
农业总产值	亿元	5.97	8.5
粮食总产量	万吨	3.46	－3.6
工业销售收入(规模以上企业)	亿元	155.01	10.4
固定资产投资	亿元	48.38	34.6
其中工业生产性投入	亿元	25.08	32.9
实际利用外资	万美元	2757	44.3
引进境内市外资金	亿元	10.88	13.8
外贸出口额	万美元	32501	4.3
农村居民人均可支配收入	万元	2.41	12.6

工业生产性投入25.08亿元，实现外贸出口交货值3.25亿美元。合同利用外资3438万美元，实际利用外资2757万美元，首次跻身嘉兴市利用外资十强镇。引进市外内资9.21亿元，注册资金3.3亿元，引进“浙商回归”资金3.05亿元。加快服务业产业结构调整，引进嘉凯城·城市客厅、普洛斯物流等现代服务业优质项目。星火村城中村改造项目星东铭苑动工建设。全年实现服务业投资26.2亿元，完成“个转企”85家，培育限额以上企业27家，分离发展服务业企业3家，“退二进三”企业5家。完成南阳区块13个村民小组，153.33公顷土地征收工作，签订农房拆迁安置协议317户，现代服务业集聚区核心区块初步形成。旅游业开始启动，东安村森利园、店街塘村农庄、崇福中山公园先后被命名为国家AA级旅游景区。

镇村建设　对《崇福镇城镇总体规划》进行中期评估及调整，编制《崇福古镇保护规划》与《横街历史文化街区保护与整治详细规划》。加快城镇基础设施建设，语溪大道全面贯通，改造世纪大道中段，语溪家园安置房交付使用，便民服务中心、运河世纪公寓、崇德家园、南沙花苑、中沙花园等项目结顶。“美丽乡村”建设全面铺开，启动新村集聚点5个，完成农户集聚423户。创建省级中心村2个，扩面提升村1个。实施农村生活污水治理4815户，城镇生活污水入网264户。投资1000万元，改造农村危桥6座，修缮农村公路6.77千米。“三改一拆”顺利推进，全年完成“三旧”改造32万平方米，拆除违法建筑24万平方米。基本完成320国道沿线立面改造和崇长线专项整治，关停18家违法砂石料码头。做好“五水共治”工作，全面消灭垃圾河，治理河道69条，工业企业污水入网118家，镇域水质由劣五类上升为四类。

社会事业　文化惠民工程持续推进，新建4个农村文化礼堂。“民星”文艺演出活动常年不断，浙江电视台公共新农村频道《流动大舞台》栏目首次在店街塘村文化礼堂举行文艺表演。非遗文化保护取得新成果，蓝印

3月30日，浙江电视台公共新农村频道《流动大舞台》栏目首次在店街塘村文化礼堂举行文艺表演　　崇福镇提供

花布印染技艺入选第四批国家级非物质文化遗产代表性项目名录。《崇福历史文化丛书》出版发行。完成嘉兴市级文明镇创建工作。投入近1000万元，实施全镇校安工程建设，中心幼儿园芝村分园投入使用，中心幼儿园迁建工程启动。创建教育现代化和社区教育工作成绩显著，先后获“省示范性成校”“嘉兴示范性成校”“省职工培训示范学校”“桐乡市三星级镇社区学校”“优秀镇社区学校”等称号。实行城乡环境卫生“四位一体”长效保洁，卫生村、卫生社区实现全覆盖。全民体育健身活动蓬勃兴起，逐步由城镇向农村扩展。在店街塘村新建全市第一家拆装式游泳池。崇福镇被国家体育总局授予“全国乡镇体育健身示范工程”称号。合作医疗保障水平不断提高，参保率99.4%。试点推广“幸福新桐乡”农村居民普惠理财计划，免费享受医保农民8250人。全年发放民政、慈善等各类救助金1500万元，建成16个居家养老服务照料中心。新增城镇就业3485人。

【招商引资实现4个“零的突破”】 11月，崇福镇集中签约普洛斯（崇福）物流产业园、嘉衡人造皮毛、中国节能环保产业园、嘉凯城·城市客厅、正泰集团光伏发电等8个项目。2014年，崇福镇招商引资工作实现4个“零的突破”，分别是引进外资1亿美元项目，引进世界500强企业项目，引进央企项目，亿元项目“零土地”招商。

【“新澳股份”公开发行A股】 参见《工业·纺织服装》中相关条目。

【创建中国历史文化名镇工作启动】 配合崇福小城市培育试点和启动中国历史文化名镇申报工作，崇福镇政府于2013年7月委托中国城市规划设计研究院历史名城规划研究所编制《崇福古镇保护规划》《横街历史文化街区保护与整治详细规划》，2014年底完成，历时一年半，总投资260万元。规划范围为崇福镇域行政辖区，面积100.14平方千米；其中老镇区范围为规划重点区块，约80公顷，横街为规划核心区块，约8公顷。

【国内首个食虫植物主题生态园落户崇福】 11月5日，由乌镇人刘国民私人投资的国内首个食虫植物主题生态园落户崇福镇城郊村。该项目分三期，总投资约1100万元。一期基本完工，占地2000余平方米，投资400万元。主要为食虫植物生产和电商综合体建设，内有猪笼草、捕蝇草等6个大类700多个品种，是国内食虫植物品种最齐全的基地。二期将建造一个占地3800平方米的现代化连栋薄膜温室，主要用作电商平台及实体花店、花卉批发市场。三期将建造占地2300平方米玻璃展览温室和3000平方米室外景观的食虫植物主题生态园，内含湿地沼泽区、热带雨林区和高山植物区，展览各种植物品种。整个项目预计在2018年竣工，建成以食虫植物为特色，兼具生产、电商、现场售卖、景观展示、参观接待等多功能的食虫植物主题生态园。

【第五届“崇福杯”裘（革）皮服装设计大奖赛】 参见《工业·皮革》中相关条目。

【“镇长热线”正式对外开通】 9月17日，经过10多天试运行以后，崇福镇“镇长热线”正式对外开通。“镇长热线”分设两个号码，分别为：88413558、550000（崇福镇虚拟网短号），其中受理中心工作时间为周一至周五（节假日除外）。

【“幸福新桐乡”农村居民普惠理财计划在崇福镇试点】 参见《金融·银行业》中相关条目。

【“社区和事佬”工作室建立】 11月10日，崇福镇首个“社区和事佬”工作室在崇德社区建立，工作室聘请4名社区退休老干部为调解工作人员。工作室的职责是宣传法律法规、调处各类纠纷、收集社情民意以及提供民生服务等。

【桐乡市首家村级商会成立】 10月15日，崇福镇芝村村商会成立，并召开第一次会员大会，这是桐乡市登记注册的首家村级商会。大会选举产生第一届理事会和会长、副会长、秘书长。芝村村党委书记、浙江同辉纺织股份有限公司总经理沈明虎当选会长。村商会有会员企业30家，其中规模以上企业6家，年工业总产值超13亿元。村商会成立后，积极组织考察、交流、展览等经贸活动，为会员企业搭建内外交流平台，协助企业开展转型升级、专利申报等工作，举办培训活动，提供信息咨询、经营管理等服务。

【《崇福历史文化丛书》出版发行】 4月，《崇福历史文化丛书》

2014年崇福镇各村(社区)基本情况

表33

村(社区)	户数(户)	户籍人口(人)	中共支部(总支、党委)书记	村委(社区)主任	集体经济总收入(万元)
城郊村	1223	5387	朱冬毛	沈永根	681
上市村	1226	5297	徐雪强	沈伟国	293
东安村	1223	5476	钟红卫	金才学	582
民利村	1063	4555	邱国强	陈娟宝	344
星火村	604	2494	沈迎新	沈迎新	207
新益村	433	1811	戴叙兴	戴叙兴	209
上莫村	591	2522	李法学	李法学	256
联丰村	1216	5208	盛晓东	屠肖燕	505
利顺村	924	3901	俞佐国	俞佐国	365
五丰村	941	4081	闻明汉	闻明汉	412
芝村村	1099	4552	沈明虎	沈明虎	248
湾里村	880	3375	陈森鑫	陈森鑫	235
留良村	1125	4502	陈长青	陈长青	237
御驾桥村	611	2446	周建学	周建学	195
新桥村	793	3176	陆嵩祥	陆嵩祥	257
南阳村	594	2469	张国伟	张国伟	193
华光村	522	2158	蔡荣华	蔡荣华	167
李家浜村	468	1861	范煜中	范煜中	259
陈家埭村	516	2018	朱国强	朱国强	188
店街塘村	823	3283	方建清	方建清	329
芦母村	533	2105	方新荣	方新荣	170
景卫村	640	2717	费松良	费松良	281
中夫村	646	2675	姜锦泉	姜锦泉	235
钱家埭村	380	1563	沈加飞	沈加飞	198
茅桥埭村	763	3139	褚伟元	褚伟元	216
李家坝村	599	2558	沈伟强	沈伟强	194
中山社区	2499	6183	徐富仁	邹　武	
崇德社区	2469	5853	吕松发	沈志娟	
语溪社区	1748	4335	陈益群	孙红莺	

由浙江人民出版社出版发行，首印3000套。该丛书分《崇福史话》《崇福名人》《崇福风情》《崇福故事》《崇福诗文》五册，每册10万字左右。自2011年5月开始组织编写，历时3年，是一套通俗易懂的乡土历史读本。

（徐建人）

乌镇镇

【概况】 乌镇镇位于桐乡市北部，东临濮院镇，南连龙翔街道，西接湖州市南浔区，北界江苏省苏州市吴江区。距市区13千米，距杭州、苏州均为80千米，距上海140千米，申嘉湖高速设有乌镇互通区。总面积67.22平方千米，其中建成区面积6.85平方千米。辖3个社区、121个居民小组；16个村，352个村民小组。总户数1.64万户，总人口5.72万人。乌镇景区全年接待境内外游客692.4万人。养生养老产业、文化创意产业、乡村旅游等项目推动乌镇经济发展。首届世界互联网大会在乌镇召开，乌镇成为永久会址。“智慧小镇”建设启动。乌镇国际旅游区获国家质检总局批准，筹建“全国古镇旅游知名品牌创建示范区”，乌镇国际旅游区获省级服务业集聚示范区旅游休闲度假类第一位。“乌镇与法国黎塞留”举办双城展。2014年实现地区生产总值28.4亿元，比上年增长11.4%；完成工农业总产值102.68亿元，财政收入2.03亿元；按户籍人口计算，全镇人均生产总值4.96万元，增长12.5%。城镇居民人均可支配收入4.14万元，增长9%。农村居民人均可支配收入2.3万元，增长11%。

产业发展 2014年，全镇粮食功能区总面积1168.67公顷，年产粮食1.46万吨(其中晚稻1.13万吨),油菜籽282吨,菊花205吨,蔬菜3.19万吨,蚕茧产量688吨,生猪、湖羊、家禽、家兔年终存栏分别为1.2万头、1.06万头、42.72万羽、2.49万只。年产猪羊肉3402吨,禽肉1854吨,禽蛋4607吨,小湖羊皮1.46万张。全镇有农业龙头企业5家,实现销售收入4.68亿元,增长0.5%。有农业专业合作经济组织3家,成员345人。创办家庭农场8家,培育特色农庄3家;新建市级粮食功能区3个,提升嘉兴级粮食功能区2个。大力推进畜禽养殖提质控量,拆除棚舍面积53万余平方米,生猪饲养下降70%,涉及转产、转业2300多户,其中陈庄村东邱港转型案例在嘉兴市半年度双推工作现场会中受到一致肯定。全年完成工业生产性投入4.53亿元,增长47.6%,实现工业总产值99.27亿元;年度45个重点项目建设有序推进,其中雅达项目部分建成并对外营业;全年新增规模以上企业7家、亿元企业1家;实现规模以上企业工业总产值29.31亿元,增长5.8%。全面开展"两退两进"和四大行业整治,全年腾退、盘活存量土地16.8公顷,其中腾退低效用地面积4.11公顷,腾退"退低进高"土地5.84公顷,淘汰落后产能项目9个,工业经济转型升级步伐加快。招商引资成效显著,引进市外内资9.06亿元,合同利用外资2102万美元,市外内资注册资金2.4亿元,"浙商回归"资金4.2亿元。通过"两改两创"助推转型,实施国家火炬计划项目1项,新增国家高新技术企业1家,省级科技型企业7家,完成股份制企业改造1家;全年申报专利262项,其中发明专利56项;创建桐乡市级管理创新企业3家。培育限额以上服务业企业6家,完成服务业投资25亿元,增长25%,实现营业收入28.5亿元,增长20%。乌镇景区全年接待游客692.4万人,增长21.7%;实现门票收入4.8亿元,增长28%。全年实现利税5.36亿元,增长7.5%,其中利润3.86亿元,增长15.7%。规模以上企业实现利税3.32亿元,增长9.8%,其中利润1.98亿元,增长34.8%。

2014年乌镇镇主要经济社会指标完成情况

表34

指　　标	单　位	数　值	比上年(±%)
地区生产总值	亿元	28.4	11.4
财政收入	亿元	2.03	36.1
农业总产值	亿元	3.77	−10
粮食总产量	万吨	1.46	−26.7
工业销售收入(规模以上企业)	亿元	26.0	1.7
固定资产投资	亿元	26.78	24
其中工业生产性投入	亿元	4.53	47.6
实际利用外资	万美元	0	0
引进境内市外资金	亿元	9.06	59.2
外贸出口额	万美元	10422	−6.9
农村居民人均可支配收入	万元	2.3	11

整治后的乌镇镇陈庄村东邱港　　乌镇镇提供

镇村建设 全市首个万亩片林基地建成，苗木种植总面积866.67公顷。全年整治黑、臭、垃圾河72条，疏浚淤泥62万余立方米，新增工业企业污水入网40家，完成城镇居民生活污水改造5333户，新建农村生活污水收集处理终端492座，受益农户2662户。继续推进测土配方施肥和统防统治工作，农业面源污染得到有效控制，水环境质量明显好转，出境断面水质年度考核首次达到优秀。深入开展"镇区景区化"建设，完成姚太线绿化提升工程、虹桥路立面改造及观后街改造提升工程，全面提升镇区形象。全力推进"三改一拆"工作，全年拆除违法建筑14.1万平方米，旧住宅区改造14.9万平方米，旧厂区改造2万平方米，城中村改造6.1万平方米，拆除整治砂石料加工厂2家。乌镇北大街旧镇改建项目顺利推进。加快土地综合整治和新村集聚工作进度，完成土地综合整治32.33公顷，新村集聚432户。积极推进中心村培育，优化农村基础设施建设和水利工程建设，完成农村公路大中修8.3千米，改造危桥7座，新建防洪闸7座，泵站19座。乌镇城乡经营管理有限公司首个项目正式启动。

社会事业 继续加大教育、文化、卫生、计生等事业投入，有序推进植材小学民兴校区改建及中心幼儿园迁建工程，全面整治非法幼托机构。大力开展民合村古村落保护建设工作，非物质文化保护工作得到加强。启动创建国家卫生镇工作，完成垃圾压缩中转站改造搬迁及公共厕所改造提升，子夜路实现垃圾不落地。提升便民服务能力，三级便民服务网上办事大厅有效运作，试点再生育审批制度改革。统筹推进重点人群就业，全年新增城镇就业人员1321人，帮助城镇失业人员实现再就业616人。社保扩面提质稳步推进，社会养老保险覆盖率98%，被征地农民实现即征即保、应保尽保。社会救助力度持续加大，全年发放低保救助金及生活补贴163.2万元，实施农村困难家庭危旧房改造14户。社会养老事业继续发展，新建居家养老服务中心2家，全镇有居家养老照料中心7家。优化完善养老服务体系，完成颐养园前期建设，开启"1+3"新型养老模式〔学院式养老+敬老院+颐养园(社区综合居家养老中心)+村级居家养老中心〕时代。全镇有福利企业5家，安置"四残"人员232人。全年农村合作医疗参保人数36069人，参保率99.4%。计划生育符合率98.4%。积极开展法治、德治、自治建设工作，深化完善"网格化管理、组团式服务"，深入推进防控体系建设。积极探索多元社会治理手段，针对出租房"三合一"问题，出台政策进行专项整治。因旅游迅速发展滋生的系列社会管理难题，创新化采用政府职能为社团服务方式加以解决。人民武装工作持续发展，为部队输送优质新兵23名，通过嘉兴军分区基层规范化建设三星创建验收。

【乌镇荣获"2014年亚洲都市景观奖"】 参见《旅游·乌镇国际旅游区》中相关条目。

【法国黎塞留市在乌镇景区设立展馆】 参见《旅游·乌镇国际旅游区》中相关条目。

【乌镇镇获评省级信用镇】 8月，乌镇镇被浙江省农办、农村信用社评为省级信用镇。近年来，乌镇信用社在推进信用工程建设基础上，利用金融引导作用，促进地区工业结构优化，助力乌镇支柱产业——三产服务业的进一步发展，在推动农村信用体系建设，优化农村金融生态环境，支持"三农"发展、促进社会主义新农村建设等方面发挥主力军作用。

【乌镇西栅成为全省首个通过"环评"的景区】 9月27日，乌镇西栅景区成为全省首个通过"环评"的景区。省环保厅从生态环境、水环境、废气、噪声、固体废物、公众意见调查等方面对乌镇西栅景区进行全面评估，从主要水质指标的监测结果看，西栅河道的地表水环境质量明显优于附近京杭运河，所有调查人员对该项目的环境保护工作表示满意或基本满意。

【乌镇镇试行再生育审批制度改革试点】 8月1日起，乌镇镇率先落实简政放权，深化行政审批制度改革，实施试行再生育审批制度改革，成为嘉兴市首个试点乡镇。将现行规定的50个工作日缩短至15个工作日内，其中村级委托代办、审核、公示、上报不超过10个工作日，镇级审核、批准时间不超过5个工作日。同时依托三级便民服务网络实行网上"一次性告知"及申请办理。至年末，办理二孩审批75对。

2014 年乌镇镇各村(社区)基本情况

表 35

村(社区)	户数(户)	户籍人口(人)	中共支部(总支、党委)书记	村委(社区)主任	集体经济总收入(万元)
分水墩村	1080	3951	丁　蓉	丁　蓉	287
浮澜桥村	925	3552	邵建祥	邵建祥	610
横港村	714	2618	朱建新	朱建新	150
白马墩村	843	3391	胡金祥	胡金祥	332
虹桥村	1156	4123	杨丽芳	杨丽芳	127
陈庄村	657	2603	蒋小民	蒋小民	113
南庄桥村	775	3100	张国荣	张国荣	30
碓坊桥村	821	3252	彭子明	彭子明	130
陈家村	442	1748	冯和明	冯和明	108
彭家村	489	1923	钮培春	钮培春	105
双塔村	615	2434	钱建锋	钱建锋	411
新翁村	638	2493	蒋建平	蒋建平	52
颜家村	708	2741	王　震	王　震	177
浙月村	773	3122	沈惠章	沈惠章	26
民合村	714	2906	钱建松	钱建松	66
五星村	692	2860	宋京汉	宋京汉	54
东苑社区	1142	2572	徐文珍	徐文珍	
南宫社区	1578	4011	丁华君	丁华君	
银杏社区	1506	3544	戴生江	戴生江	

【乌镇镇首创贷款新产品“税融通”】 参见《金融·银行业》中相关条目。

（丁舒帆）

濮院镇

【概况】 濮院镇位于桐乡市东部，与嘉兴市秀洲区及桐乡市梧桐街道、龙翔街道、乌镇镇接壤。全镇总面积 64 平方千米。辖 5 个社区，144 个居民小组；14 个村，341 个村民小组。总户数 1.33 万户，总人口 4.79 万人，登记在册流动人口 9.2 万人。

产业发展 有耕地 3523.06 公顷，粮食播种面积 2620.4 公顷，年产粮食 1.74 万吨、油料作物（油菜籽、芝麻）694 吨、蚕茧 462 吨。出栏生猪 4.52 万头、湖羊 3752 头、家禽 24.36 万羽。完成新东高标准葡萄示范园区 66.67 公顷，建设粮食生产功能区 266.67 公顷，新增土地流转 83.33 公顷。新建 3 个生猪生态养殖园区，投入 1580 万元实施养殖废弃物生态化处理，新建养殖污水处理设施 3 处、干粪收集处理中心 1 处、病死动物无害化处理中转站 1 处。启动王母桥港治理工程，完成 2014 年中小河流治理重点县濮院项目区综合整治和新东高标准农田示范工程，新建闸站 4 座、泵站 6 座。全年实现工业总产值 228.83 亿元，比上年增长 5.3%；利润 7.05 亿元，增长 21.1%。有市级重大项目 31 项，开工率 100%，完成投资 16.62 亿元。年内，新增规模以上工业企业 12 家，累计 93 家。实现规模以上企业工业产值 45.88 亿元，实现工业增加值 11.2 亿元，增长 25.3%。新增亿元企业 4 家，完成“个转企”78 家。实施“两退两进”项目 15 项，腾退土地 10.76 公顷。重新认定国家高新技术企业 2 家、省级科技型中小企业 1 家，申报各类专利 360 项、科研项目 18 项。盘活存量土地 34.27 公顷，完成土地二次开发 5.53 公顷。全年完成服务业投资 25 亿元，增长 3.7%；实现服务业增加值 32.09 亿元，增长 8%；引进“浙商回归”省外投资方本年到位资金 1.78 亿元。濮院轻纺城项目完成服务业项目准入，新增服务业限额以上企业 13 家，完成服务业分离企业 2 家。320 创意广场入驻机构 55 家，列为省工业强市(县)省级特色工业设计示范基地。全年实现电子商务交易额 40 亿元。

镇村建设 优化完善镇村布点规划，制定镇北区块控制性详细规划，永越大道延伸段建成通车，完成工贸大道一期改造。实施旧镇改建项目房屋征收，房

2014 年濮院镇主要经济社会指标完成情况

表 36

指标	单位	数值	比上年(±%)
地区生产总值	亿元	73.84	9.9
财政收入	亿元	2.31	9.9
农业总产值	亿元	3.41	-3.5
粮食总产量	万吨	1.68	-12.7
工业销售收入(规模以上企业)	亿元	42.1	7.2
固定资产投资	亿元	42.67	41.1
其中工业生产性投入	亿元	20.89	41.1
实际利用外资	万美元	2511	28.2
引进境内市外资金	亿元	11.87	30
外贸出口额	万美元	3402	-9.5
农村居民人均可支配收入	万元	2.35	10.5

屋征收签约率 92.5%。完成城镇生活污水治理 1604 户，农村生活污水治理 1620 户，工业企业生活污水入网 60 家。新立土地综合整治项目 4 个，集聚农户 471 户。创建“无违建镇”，完成“三改一拆”17.15 万平方米，探索摊贩管理服务外包。改造提升桐星大道沿线绿化景观，清理露天茅厕 1931 只，新增重点防护林 27.33 公顷、绿化 24.73 公顷，新联村创建为省级森林村。

社会事业 有中小学 4 所，在校学生 10918 人，其中新居民学生 5503 人；有新居民子女学校 1 所，在校学生 1433 人。濮院小学更名为濮院小学教育集团。濮院小学教育集团翔云小学、庆安小牛津幼儿园迁建。桐乡三中、濮院第三中心幼儿园迁建工程完成主体工程建设。实施城乡环境卫生一体化保洁新机制。通过“国家卫生镇”复审。有中心卫生院 1 所，卫生分院 1 所，社区卫生服务站 16 家。有敬老院 1 所，床位 126 张。发放临时救助资金 74.5 万元，临时救助 858 人，新建居家养老服务照料中心 3 家。城乡居民合作医疗保险参保人数 3.48 万人，参保率 99.26%；城乡居民养老保险参保人数 1.49 万人。有 7 个文化活动中心、7 个文化活动室、14 个农家书屋、4 个文化礼堂。实施文化惠民工程，推广太极、排舞等群众文化活动，举办第三届全民运动会，放映电影 260 场次，观众 7.68 万人次。出刊《濮院时间》6 期。深化“法治、德治、自治”建设，开展“做文明有礼濮院人”主题活动，创建省级文明村 1 个、省级文明单位 1 个，新建法律服务团 9 个、法治文化广场 2 个。建成全市首个新居民爱心慈善联络点。

【全市首个党代表票决制在濮院镇试点】 2014 年，根据省委组织部和市委组织部要求，镇党委将 2014 年计划实施的重点工作进行项目化操作，细分成以“党群共建”扩大有效覆盖等六大重要事项，探索建立以“公开征集项目，充分讨论项目，代表票决决定项目，责任包干落实项目，跟踪督查保障项目”等为主要内容的执行落实体系，使党代表全程参与到党内重大事项的事前、事中、事后的决策之中。濮院镇在全市率先推行党内重大事项

2014 年濮院镇各村(社区)基本情况

表 37

村(社区)	户数(户)	户籍人口(人)	中共支部(总支、党委)书记	村委(社区)主任	集体经济总收入(万元)
新河村	908	3844	祁桂仙	祁桂仙	294.47
永联村	535	2315	姚锦民	苏忠明	283.61
永越村	909	3978	朱坤荣	庄明火	376.7
永乐村	738	2964	胡建良	徐炳春	513.68
新濮村	802	3173	周哲斌	周哲斌	418.56
新星村	1005	4131	孙雪忠(—11 月)	朱建锋	383.29
新东村	544	2105	计利锋	计利锋	176.06
红旗漾村	561	2182	周建生	周建生	475.02

续表 37

村(社区)	户数(户)	户籍人口(人)	中共支部(总支、党委)书记	村委(社区)主　任	集体经济总收入(万元)
新妙智村	531	2102	杨森坚	杨森坚	202.85
油车桥村	420	1625	钟　华	钟　华	48.29
新联村	654	2554	朱永良	沈海杰	591.07
新港村	685	2734	黄培江	朱建峰	460.29
星旗村	460	1734	金国良	朱新美	518.91
西浜村	570	2151	胡国明	胡国明	244.19
锦苑社区	1475	3774	徐伟红	徐伟红	
梅园社区	1972	5013	倪丽秋	倪丽秋	
双龙社区	72	188	甘晓莉	甘晓莉	
永乐社区	350	877	胡建良	徐炳春	
新生社区	165	413	朱永良	沈海杰	

党代表票决制。1月13日，在中共濮院镇第十四届代表大会第三次会议上，72名党代表票决确定了党群共建、“三治”建设、企业转型等6项重大事项为全年重要工作。

【培育省级示范性家庭农场1家】 3月，桐乡市濮院大圣果蔬农场经浙江省农业厅评定为省级示范性家庭农场。农场位于濮院镇新妙智村，始建于2006年11月，2007年获农业部“无公害”食品认证，2011年通过“绿色食品”认证。2012年6月注册，总面积9.33公顷，农场专业种植优质葡萄，引进“根域限制栽培”技术和自动化喷药、肥水同灌设施等，重点培育“夏黑”“金手指”“美人指”“晚优”等品种，创立品牌“小圣果品”。2014年总产值220万元，净利润105万元。

【基层专职网格管理员模式受中央综治委肯定】 2009年1月，濮院镇依托村、社区自治平台，在“网格化管理、组团式服务”的基础上，将全镇划分为190个网格，聘请专职网格员184名，根据辖区内复杂程度不同，以“一格多员”“一格一员”“多格一员”三种模式，开展基层社会事务的前期服务和管理，形成“一般事务网格内解决、重大事务一网联动”的基层专职网格管理员模式。2014年9月29日，中央政法委副秘书长、中央综治办主任陈训秋调研濮院镇永乐村社会治理工作。10月27日，在苏州召开的江苏、浙江、上海三省(市)基层服务管理平台指导意见座谈会上，濮院镇作交流发言，濮院镇基层专职网格管理员模式，受到中央综治委的肯定。

(王寅芊)

9月29日，中央综治办视频调研濮院镇永乐村社会治理工作

濮院镇提供

石门镇

【概况】 石门镇位于桐乡市中部，距市区10千米，与梧桐街道、凤鸣街道、龙翔街道、乌镇镇、崇福镇、河山镇、湖州市接壤。全镇总面积63.23平方千米。辖1个社区、34个居民小组；18个村，360个村民小组。总户数1.33万户，总人口5.25万人。2014年实现地区生产总值29.63亿元，比上年增长4.2%；

工农业总产值132.65亿元;财政收入1.1亿元,增长10%;农村居民人均可支配收入2.29万元,增长11.2%。

产业发展 2014年,全镇粮食播种面积2272.67公顷,其中单季晚稻1040.8公顷。全年主要经济作物种植面积3760公顷,其中花卉苗木615公顷,油菜252公顷,烟叶33.33公顷,菊花826公顷,蔬菜1764.13公顷,水果303.27公顷。年产粮食1.51万吨,油菜籽614吨,烟叶75.5吨,菊花2140吨,蔬菜6.63万吨,水果9051吨。全年生猪饲养量7.65万头,湖羊饲养量11.63万头,家禽存栏37.79万羽,水产养殖面积39.33公顷,全年饲养蚕种1.39万张,蚕茧总产量908吨。扎实推进土地综合整治,全年完成整治12.93公顷,强化粮食安全保障,新增土地流转面积152.13公顷。全年引进农业项目6个,新增农业生产投入5879万元,其中新增水利基础设施建设投入2812万元,现代农业产业基地投入2567万元,生态绿化投入500万元。完成工业生产性投入9.67亿元,增长52.7%,实现工业总产值127.15亿元,比上年增长4.9%;完成工业增加值14.2亿元,增长4.7%。年度6个市级重点项目(工业项目4个,服务业项目1个,政府投资项目1个)开工率和竣工率分别达到100%和66.7%。培育规模以上工业企业4家,累计68家,规模以上工业企业实现产值66.75亿元。全年淘汰落后产能5家,实施“机器换人”项目31项,完成投资2.27亿元,全年完成“退低进高”5家,“退二进三”4家,盘活存量土地14.07公顷。强化“亩产论英雄”的评价导向,开展232家企业评档工作,根据评价结果实施差别化水、电价和土地使用税。强化招商选资,引进市外内资2.94亿元,完成注册资金9400万元,引进“浙商回归”资金2.8亿元。全年发放科技专项资金20.5万元。组织申报各类科技计划项目32项,其中国家火炬计划1项,国家星火计划项目验收1项,省级新产品10项。申请专利352件,其中发明专利56项。新增国家高新技术企业两家。新增各级高新技术研发中心7家。全年新增限额以上企业6家,剥离生产服务型企业1家,新增“个转企”26家,完成服务业投资7.24亿元。积极发展旅游业和庄园经济,设立长三角自驾游休闲采摘基地,举办猕猴桃采摘节;桂花村获“2014中国最美村镇”称号,并举办2014桂花节;百花欢乐大世界项目启动建设。积极培育新型农业经营主体,新增农业庄园建设点9个,农业园区被评为省级标杆示范区。

2014年石门镇主要经济社会指标完成情况

表38

指　　标	单　位	数　值	比上年(±%)
地区生产总值	亿元	29.63	4.22
财政收入	亿元	1.1	10
农业总产值	亿元	5.5	-6.9
粮食总产量	万吨	1.54	-14.35
工业销售收入(规模以上企业)	亿元	66.43	-1.51
固定资产投资	亿元	16.28	75.6
其中工业生产性投入	亿元	9.67	52.7
实际利用外资	万美元		
引进境内市外资金	亿元	2.94	-13.65
外贸出口额	万美元	3850	-46.1
农村居民人均可支配收入	万元	2.29	11.2

镇村建设 完成“清三河”110条,总长度96.4千米,完成后木桥港等8条河道的综合整治,全面消灭垃圾河。实施三级污水管网建设4.42千米,城乡生活污水治理5633户,新增入网企业41户。全国中小河流治理重点县综合治理石门项目区竣工,全面修复2013年灾后应急水利工程,启动全国第五批小型农田水利重点县建设。超额完成“三改一拆”工作任务,全年拆除违章建筑8.8万平方米,拆除猪舍6.54万平方米,禽舍4万平方米。启动实施崇练公路、果园路绿化、亮化工程和陆家庄至周墅塘通达新社区道路建设,实施振石路与汇兴路交叉口道路绿化改造,完成环城南路西段改

造。全年拆迁农户128户，安置失地农民369名。新增两新集聚212户，积极推进两新配套基础设施建设，实现三通一平工作，改造危桥3座。深入推进出租房和企业“三合一”整治，整治出租房屋341户，创建安全生产标准化达标企业61家。深入开展大气污染防控整治，拆除燃煤锅炉22台（套），淘汰黄标车36辆。深化4+X行业整治，关停淘汰重污染高耗能企业7家，整治提升7家。进行“四位一体”综合管理试点，启动农村生活垃圾、工业垃圾分类处置工作，卫生环境明显改善。创建嘉兴绿化示范村1个、创建提升桐乡市绿化示范村1个。

社会事业　实施学前教育新一轮三年行动计划，重视学校素质教育和基础设施建设，改造完成羔羊中学运动场。开展校园周边环境综合整治。全面实施文化惠民，先后举办群众体育运动会、排舞比赛和住村干部文艺会演等大型文体活动。群众性文体活动扎实开展，全年举办各类广场文艺活动10余场次。开展“十佳百星”评选和宣讲、“五有少年、四好家庭”评选等活动。充分发挥网格长作用，在全市“网格化管理组团式服务”民情大比武中获一等奖。广泛开展爱国卫生运动，狠抓“四害”防治，不断加强城乡环境卫生综合整治，改善人居环境，禽流感等传染性疾病得到有效防控。实施市域内医联体建设，诊疗水平明显提高。扎实做好人口和计划生育工作，单独二孩生育改革平稳实施，计生家庭关爱帮扶工作深入推进，全年计划生育符合率99.4%。城乡居民养老保险参保人员新增204人，覆盖率97.8%；城乡居民合作医疗保险参保率99.98%，全年为37.54万人次报销医药费用3040.65万元。社会救助力度持续加大，全年发放低保金、救助金695.55万元，发放失业保险金84.59万元。全年落实扶贫建房12户，养老服务水平不断提高，新建居家养老服务照料中心4家，提档1家。全镇有敬老院1个，安置49人。

【石门镇率先开展农业产业链党建工作】　2014年，石门镇党委探索加强全镇农业产业链党建的有效途径，秉承“党建在身边，助富产业链”的富民理念，结合石门农业特色实际，率先开展农业产业链党建工作。石门镇设立农业产业链综合党委，有农业产业链党支部13家，以现有农业基地、合作社、农业龙头企业为主体，做好创新组织设置、实施人才工程、推广农业技术、树立优质理念、引领政策扶持、发挥组织优势“六篇文章”，融合人才、科技、品牌、政策等多项要素，通过实实在在的举措和工作模式，推动“党建助富产业链”活动，充分发挥党组织和党员带头致富、带领致富、带动发展的典型示范和辐射带动作用，构建符合石门镇农业特色的“党群致富联合体”。

【石门镇获“中国女鞋名镇”称号】　8月，石门镇被中国轻工业联合会、中国皮革协会授予“中国女鞋名镇”称号。2013年年底，石门镇启动争创“女鞋名镇”计划。石门镇政府从研发、企业管理、销售渠道、品牌建设等方面引导企业发展。石门镇制鞋企业从自身出发，引进高端设备，实现“机器换人”；在广州等地设立研发中心，克服设计软肋；投入大量资金，做好品牌包装推广。鞋业是石门镇的支柱产业，女鞋制造经过30多年的发展，有鞋业企业680家，年产女鞋3000多万双，产值40多亿

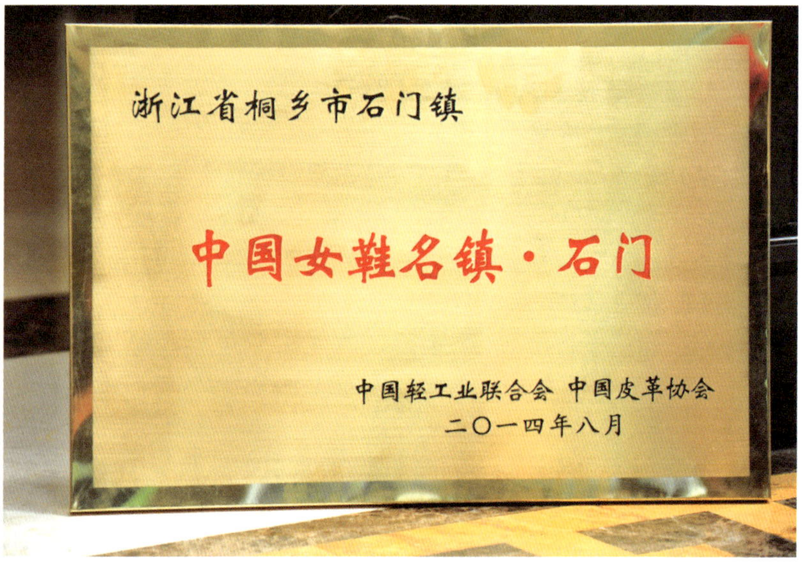

8月，石门镇被中国轻工业联合会、中国皮革协会授予“中国女鞋名镇”称号　　石门镇提供

元。石门镇的女鞋制造产业基地在全国排名第四，且以每年20%以上的速度递增。在产业快速发展的同时，企业的品牌意识不断增强，石门鞋业有中国驰名商标4件，浙江省著名商标2件，中国真皮名鞋1件。

【石门镇成功创建浙江省"森林城镇"】 1月13日，石门镇被浙江省关注森林组织委员会和浙江省绿化委员会评定为2013年浙江省"森林城镇"。石门镇自2013年开始创建省级森林城镇，科学规划全镇森林绿化，提升建成区、工业区、镇村主干道和村庄绿化覆盖率，改造公共绿地。至2013年年底，石门镇全镇林木覆盖率33.5%，村庄林木覆盖率47.4%。全镇18个村，有市级以上绿化示范村6个和省级森林村庄1个，占38.9%；建成区林木覆盖率27.9%，人均公共绿地面积为14.87平方米，各项指标均达到省级森林城镇创建要求。

2014年石门镇各村(社区)基本情况

表39

村(社区)	户数(户)	户籍人口(人)	中共支部(总支、党委)书记	村委(社区)主　任	集体经济总收入(万元)
安全村	724	3204	沈云丰	沈云丰	178.66
羔羊村	764	3166	顾铭强	顾铭强	232.65
二大埭村	384	1657	沈雪根	沈雪根	162.37
崇安村	762	3232	钟明鑫	钟明鑫	126.1
郜墩村	922	3879	张晓平	徐　强	555.51
东池村	688	2953	张晓平	陆永高	189.27
石门村	342	1088	吴天义	褚云锋	61.37
颜井桥村	814	3337	郭振潮	张爱英	178.63
桂花村	637	2746	钟明富	钟明富	278.85
叶新村	772	3207	钟子兴	诸建强	216.84
民联村	761	3076	朱钰祥	邱晓东	306.03
白马塘村	613	2459	陈松良	朱一鸣	185.63
民丰村	747	2992	高掌莲	高掌莲	278.41
周墅塘村	657	2599	汤银根	汤银根	235.7
墅丰村	871	3668	窦国勇	窦国勇	342.86
春丽桥村	567	2324	张卫兴	张卫兴	324.2
殷家漾村	476	1924	施玉祥	施玉祥	326.47
陆家庄村	526	2027	张惠强	张惠强	168.98
玉溪社区	1224	2767	颜伟强	张建丽	

【桂花村获"中国最美村镇"称号】 11月15～16日，石门镇桂花村在"牵手·2014中国最美村镇"评选及颁奖典礼中获"2014中国最美村镇"称号。本次评选活动由第一财经发起并联合中央人民广播电台等50多家广播电台和多家纸媒、网站举办。活动自2月起，经过全国各省市海选、推选、考察、两轮投票等过程。组委会综合5000万人次的网络投票，50位行业知名人士、专家顾问以及100家媒体的评分，60个村最终获名"最美村镇"称号。桂花村还因美味的桂花糖年糕，获"牵手·2014中国最美村镇"健康美食奖。同时，在第六届全国村歌大赛中，石门镇桂花村村歌《菊海桂雨中的村庄》获中国村歌十大金曲及十佳村歌好声音称号。

【石门成立桐乡市首个区域医院联合体】 9月23日，桐乡市第一人民医院与石门中心卫生院医院签约及授牌，成为桐乡市首个区域医疗联合体。医疗联合体成立后，市第一人民医院定期派驻专家进行技术帮扶、手术指导等；引入技术，帮助卫生院建设1～2个特色专科门诊，拓宽卫生院的医疗服务范围；为转诊患者提供绿色通道，为区域内群众提供基本医疗服务，以逐步形成"小病在社区、大病在医院、康复回社区"的就医格局。

【全市首家农村资金互助会成立】 5月19日，由石门镇政府牵头成立桐乡市石门惠农合作社资金互助会正式成立，副市长钱松华、石门镇镇长金雪根等领导参加成立大会。石门惠农合作社资金互助会吸收本镇56家单位及个人为会员，首期筹集入会资金300万元，为会员提供直接借款服务和贷款担保服务，解决会员在农业生产经营中的融资困难。至年底，为会员提供资金周转服务5次，金额347万元。

（钱丽芳）

洲泉镇

【概况】 洲泉镇地处桐乡市最西端，东接崇福镇、石门镇，南邻大麻镇和杭州市余杭区，西连湖州市德清县，北靠河山镇，距桐乡市区22千米，离杭州、嘉兴、湖州均不足50千米。全镇总面积73.36平方千米，其中城镇建成区面积9.3平方千米。辖19个村、433个村民小组；1个社区，41个居民小组。总户数1.56万户，总人口6.39万人，新居民约2万人。2014年实现地区生产总值75.7亿元，财政收入2.24亿元，农村居民人均可支配收入2.23万元。2014年入围“全国重点镇”行列。

产业发展 全年粮食播种面积3302.13公顷，产量2.26万吨，水稻机械化种植面积434.41公顷，各类经济作物种植面积2816.47公顷，油菜籽467吨，蔬菜5.2万吨。全年实现牧业产值3.04亿元，占农业总产值的49.7%；生猪饲养量19.61万头，出栏17.82万头；湖羊饲养量2.66万头，出栏7630头；家禽出栏274.98万羽；饲养蚕种8291张，蚕茧产量394吨。完成农业投资3950万元，新增土地流转253.6公顷，有家庭农场35家，示范性家庭农场1家。全国中小河流治理重点县综合整治洲泉西项目基本完工，全年整治河道58条27.8千米。修订《防汛防台抗旱应急预案》，防汛防台体系不断完善。改建闸站6座、泵站8座，加固加高圩堤1万米，新建防洪墙105米。全镇有工业企业3088家，比上年增加135家。其中规模以上工业企业111家，增加14家；亿元企业17家，增加2家；10亿元企业5家，增加4家。实现“个转企”24家。全年规模以上工业企业实现产值460.3亿元，增长7%；实现工业增加值42.4亿元，增长18.2%；实现利税20.14亿元，增长30.8%，其中利润10.54亿元，增长108.1%。全年存量土地挖潜12.47公顷，二次利用开发4.61公顷，完成土地复垦20.27公顷，淘汰落后产能3项，实施机器换人项目30项，减少用工1306人；申请专利462件，其中发明专利69件。全年引进总投资5.5亿元的项目6个，其中外资项目3个；合同利用外资3560万美元，实际利用外资550万美元，引进市外内资18.8亿元，“浙商回归”到位资金15亿元。启动13.13公顷的纺织新材料产业科技园规划。有市级研发中心21家、市级技术中心2家、省级技术中心4家、省科研所1家，申报专利517件。全镇获科技项目立项176项，其中国家火炬计划项目1项（桐昆集团），国家星火计划项目1项（华腾牧业），省级新产品试制计划174项，完成省级科技成果登记29项。有国家级高新技术企业7家，出口商品免验企业1家；中国驰名商标2件，中国名牌产品3个，国家免检产品3个，省级著名商标5件，省级名牌产品5个，浙江省著名商号3件，嘉兴市级著名商标19件，嘉兴市级

2014年洲泉镇主要经济社会指标完成情况

表40

指　　标	单　位	数　值	比上年(±%)
地区生产总值	亿元	75.7	4.7
财政收入	亿元	2.24	12.1
农业总产值	亿元	4.9	7
粮食总产量	万吨	2.28	−8.3
工业销售收入(规模以上企业)	亿元	440.8	6.4
固定资产投资	亿元	42	1.1
其中工业生产性投入	亿元	36.39	2.3
实际利用外资	万美元	550	2677.8
引进境内市外资金	亿元	18.8	−27.1
外贸出口额	万美元	49673	43.1
农村居民人均可支配收入	万元	2.23	10.4

名牌产品8个。全年新增服务业规模以上企业5家，分离发展服务业企业2家，实现服务业投入5.2亿元。坝桥景区被认定为国家AA级旅游景区，稻乡人家启动AAA级旅游景区争创工作，马鸣风情老街规划和修缮工程基本完工，全省第一家徐悲鸿文化艺术交流中心落户洲泉。

镇村建设 开展嘉兴市级小城市试点三年行动计划，项目开工率86%，竣工率60%，建成镇行政便民服务中心。完成金鸡路北侧区块、湘溪大道两侧等2个控制性详细规划。全年绿化造林233.33公顷，创建嘉兴市级绿化示范村1个，完成科洲公路及环南路长8千米绿化长廊建设和洲泉镇东入城口绿化提升项目。3个安置小区基础设施全面推进，全年投入3800万元，浇筑中洲路、福兴路、东田大道等道路，完成乐介区块、荡里安置点部分区块绿化。稳步推进“两新”工程建设，全年集聚农户144户。投入550万元，完成乡村公路大中修2.7千米，改造危桥9座。全年累计完成拆违21.1万平方米，完成“三改”总面积23.4万平方米，其中旧住宅区改造14.3万平方米，旧厂区改造7.6万平方米，城中村改造1.5万平方米。

社会事业 全年实施农村困难家庭危旧房改造13户，新建居家养老服务照料中心4家，发放低保救助金及生活补贴140万元，建成湘溪游泳馆并对外开放，实现全镇基层体育设施、排舞广场全覆盖。公共文化服务体系不断完善，新建3个村文化礼堂和1个村级图书馆，全年举办广场文艺晚会12场，文化下乡30场。洲泉中心卫生院挂牌杭师院附属医院桐乡分院，成为全省首家挂牌省级医院分院的卫生院。单独二孩生育政策平稳实施，全年受理再生育283对。洲泉中心小学、永秀小学等2所学校新教学楼投入使用。完成32名征兵任务，民防应急指挥中心竣工投入使用。新凤鸣集团企业“三治”建设、青石村“阳光议事厅”成效明显。新增社会治安监控装置59个，基层调解组织累计调处各类矛盾纠纷216起，受理群众来信来访37件，办理市长电话218件。加大信访积案和初信初访化解力度，全年实现零越级上访。全年完成招标采购项目81项。实现安全生产三项指标零增长，完成小微企业安全生产规范化建设21家，新增二级达标企业3家、三级达标企业53家；取缔3个非法储存硝化绵窝点、2家黑加

2014年洲泉镇各村（社区）基本情况

表41

村（社区）	户数（户）	户籍人口（人）	中共支部（总支、党委）书记	村委（社区）主　任	集体经济总收入（万元）
众安村	893	3606	金建华	吕祥兴	438
马鸣村	933	3968	屠香荣	谈文洪	181
义马村	1329	5325	钟雪华	沈银南	372
湘溪村	795	3355	朱雪根	杨继红	171
屈家浜村	734	3206	杨建忠	蔡钰湘	422
金家浜村	715	2954	钱建南	张金兴	338
石山头村	588	2461	徐根荣	朱子泉	405
南庄村	448	1910	王根明	吴焕杰	212
清河村	508	2261	吴立峰	翟荣坤	349
青石村	938	3770	唐惠兴	蔡跃章	724
东田村	550	2349	费金伦	费荣平	1449
小元头村	658	2833	黄国如	赵家驹	449
岑山村	1051	4602	叶辛根	庄建学	147
合兴村	870	3616	俞伟清	俞伟清	477
后塘村	325	1363	钱觉明	倪志良	343
晚村村	931	3977	沈如孝	朱权康	492
道村村	745	3181	李维江	虞松祥	145
夜明村	589	2465	李金权	朱明权	416
坝桥村	573	2411	唐建忠	唐建忠	514
朝晖社区	1662	4262	俞雪根	俞雪根	

油站，实现食品药品监管网络全覆盖。

【洲泉镇获“全国重点镇”称号】 7月21日，由住房和城乡建设部等七部委公布的新一轮全国重点镇名单中，洲泉镇榜上有名，首次跻身“全国重点镇”行列。洲泉镇为桐乡市经济重镇，获全国文明镇，中国化纤名镇、中国蚕丝被名镇、国家卫生镇、全国环境优美镇等称号，是国家纺织新材料产品开发基地、嘉兴市首批小城市培育试点镇。工业年产值逾500亿元，有上市公司2家（桐昆股份601233，双箭橡胶002381），中央企业2家（华能热电、中国电力建设集团），国内行业单打冠军3个（桐昆集团的涤纶长丝、双箭橡胶股份的输送带、京马电机的微特电机），有中小企业2093家，占全镇工业企业总数的67.8%。作为工业强镇，洲泉镇重视工业与生态协调发展，数千亩生态湿地——白荡漾、桑柴湖、野林滩和生态养殖场、乡村田野构筑洲泉优美的自然风光。

【洲泉镇入选“治水美镇·浙江样本”50强乡镇】 11月，洲泉镇在浙江网信办、浙江在线新闻网站、浙江城镇网联合推出的“治水美镇·浙江样本”评选中，获“工业治污·样本美镇”，为全市入选“治水美镇·浙江样本”50强乡镇中的唯一一镇。自“五水共治”实施以来，洲泉镇在全市率先构建“四位一体”（城市＋农村、岸上＋河道、道路＋水路、生活＋生产）大卫生格局，形成1＋1＋3治水领导体系（1名主要领导主管，1名分管领导具体管，3名副镇长协助管），成立“五水共治”办公室，全年治理垃圾河20条、黑臭河2条，封堵沿河排污口247个，打捞沉船1316条，农村生活污水治理2958户，城镇生活污水治理505户，工业企业污水入网199家。同时，开展机制丝绵污水专项整治，全镇60家机制丝绵企业关停32家，拆除55只小锅炉，其余28家整合为8家，机制丝绵企业所排污水经预处理全部纳管。断面监测水质从劣五类上升到三类。

【电子商务集聚区建立】 2014年，洲泉镇出台电商扶持政策，初步建成面积5500平方米的电子商务集聚区，协助蚕丝被、皮鞋企业电商换市。联手阿里巴巴，成功搭建全国首个B2B网络“蚕丝城”，发布蚕丝被“七星级”等级标准；与浙江日报传媒集团联合，举办“2014洲泉电子商务运营商对接会暨实效营销分享会”，介绍分享会情况。“双十一”期间，桐乡市钱皇蚕丝被有限公司稳居全网蚕丝被销售第一；新增6家洲泉企业，跻身天猫蚕丝被销售前十。

【“低碳小城·光伏大镇”建设】 2014年，洲泉镇依托两大央企华能热电和中国电力建设集团，探索绿色低碳发展，打破环评、能评要素制约，优化全镇能源格局，开启“低碳小城·光伏大镇”建设序幕。年内，总投资17.4亿元的省级重点项目华能天然气热电联产项目投产，2台20万千瓦燃气蒸气联合循环机组并网发电，配套供热管网项目进展顺利；中电建设首期投资5700万元建设的涉及6家企业9.5万平方米分布式屋顶光伏发电项目通过验收，并网发电，总装机6兆瓦，年均发电量559.98万千瓦小时，二期涉及40公顷水塘的渔光互补项目启动。同时，临杭经济区入选“省级循环化改造示范试点园区”，全年投入循环化改造资金15亿元。

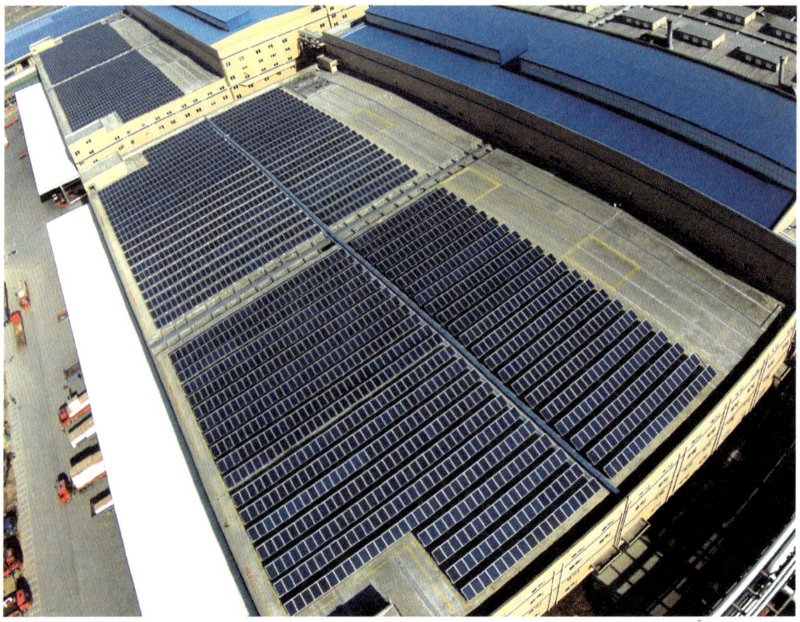

洲泉镇推行“低碳小城·光伏大镇”建设　　洲泉镇提供

【洲泉镇中心卫生院挂牌杭州师范大学附属医院桐乡分院】 8月22日，洲泉镇中心卫生院增挂“杭州师范大学附属医院桐乡分院”牌子，成为桐乡市第一家省级医院分院的医疗单位。洲泉镇中心卫生院前身为洲泉区卫生所，成立于1952年，2004年更名，下辖3所分院、13个社区卫生服务站，总院占地总面积8676.87平方米，建筑面积10313.36平方米，其中医疗用房5785平方米。共有职工216人，其中高级职称5人，中级职称30人。医院核定床位83张，实际开放床位69张。杭州师范大学附属医院是一家三级甲等综合性医院，医疗技术力量雄厚，教学科研资源丰富，医疗设备先进。挂牌后，将首批重点扶持桐乡分院的心血管内科、消化内科、普通外科、肛肠外科、骨科、儿科，定期选派专家到桐乡分院坐诊，并开展疑难病例会诊、查房、病例讨论、教学讲课等活动。届时，杭师大附属医院将优先安排、培养桐乡分院选送的医务、管理人员。根据需要，分院转诊病人可以优先到杭师大附属医院住院或接受门诊治疗。通过三年合作，使桐乡分院的综合技术能力达到二级乙等综合医院建设要求。

（张龙俊）

屠甸镇

【概况】 屠甸镇位于桐乡市东南部，与梧桐街道、高桥镇和海宁市、嘉兴市秀洲区交界，东距上海107千米，西离杭州54千米，距桐乡、海宁市区各9千米，沪昆高速公路设有屠甸互通区，湖盐公路和南排工程长山河穿镇而过。全镇总面积41.11平方千米。辖8个村、208个村民小组；1个社区，29个居民小组。总户数0.78万户，总人口3万人。2014年实现地区生产总值21.6亿元，财政收入8060万元，农村居民人均可支配收入2.15万元。

产业发展 2014年实现农、林、牧、渔业总产值3.41亿元，其中农业产值2.2亿元，增长1.7%；牧业产值0.82亿元，下降3.1%。农作物播种面积5184.33公顷，增长2.9%，其中粮食播种面积2063.8公顷，总产量1.43万吨，分别增长2.4%和1.5%。经济作物面积继续扩大，效益明显提高。蔬菜2426.4公顷，产量9.77万吨，分别增长2.6%和3.5%；杭白菊129.33公顷，产量344吨；果树164.2公顷，产量3333吨，增长16.8%；花卉苗木231.73公顷，增长116%。流转土地719.07公顷，占耕地面积的41.6%。实施科技兴农战略，推广水稻良种1.5万千克，创建省级粮食高产示范方1个，落实晚稻百户优质高产示范户16户。推动粮食功能区建设，新建粮食功能区200公顷。推进海星、万星等4个村标准田建设，农田质量提升387.8公顷。加快农业结构调整，完成土地流转面积166.67公顷，新建效益农业基地1个。加大支农扶农力度，农业投入2050万元，增长31.4%，水稻机械化插秧257.2公顷，晚稻机收面积1180公顷，机收率98%。饲养蚕种5714张，产量498吨。年末拥有农业机械总动力1.22万千瓦，全年农村用电量1.94亿千瓦小时。农村经济总收入85.86亿元，比上年增长12.3%。完成固定资产投资10.92亿元，其中工业生产性投入6.25亿元，比上年增长

2014年屠甸镇主要经济社会指标完成情况

表42

指　　标	单　位	数　值	比上年(±%)
地区生产总值	亿元	21.6	8
财政收入	亿元	0.81	21.1
农业总产值	亿元	33561	6.16
粮食总产量	万吨	1.44	−0.9
工业销售收入(规模以上企业)	亿元	85.25	14.3
固定资产投资	亿元	10.92	3.5
其中工业生产性投入	亿元	6.25	34.7
实际利用外资	万美元	374	
引进境内市外资金	亿元	1.94	−19.4
外贸出口额	万美元	9144	3
农村居民人均可支配收入	万元	2.15	13.8

34.7%；全年实现规模以上企业工业总产值54.36亿元，增长11.8%。新增规模以上工业企业11家，累计70家。新增限额以上企业6家，完成“个转企”11家。加快重点项目推进，全镇5个市级重点项目开工建设，完成投资2.2亿元，镇级项目开工建设35个，完成投资4.04亿元。引进“浙商回归”资金1880万元。推进工业强市工作，规模以上企业工业增加值增长22.1%。推进服务业重大项目建设，全年完成服务业投资4.72亿元，其中梅里达花园项目完成投资1.23亿元。发展乡村旅游，新增家庭农场5家，汇丰村旅游特色村、范蠡湖湿地公园等一批重点乡村旅游项目列入市旅游发展规划。

镇村建设 推进城镇基础设施建设，同丰路南延工程完工，湖盐线绿化提升和道口改造、森林绿道（屠新线东延）、石泾公园改造等一批重点工程顺利推进。改造乡村公路5条，总计7.36千米。规划启动6千米森林绿道建设，新建、改建农村桥梁4座。完成镇区和工业区雨水管网建设5.48千米，污水纳管工程3.78千米，全镇安装路灯776盏，镇区和农村主干道全面实现亮化。扎实推进“森林屠甸”建设，新增绿化面积181.66公顷，全镇林木覆盖率31.1%，公路、河道等主要绿化通道绿化率96.6%，通过省级“森林城镇”创建验收。深入开展印染、化工和榨菜行业整治，涉及企业31家，关停淘汰企业8家，整治提升23家。推进大气污染防治，淘汰黄标车36辆，通过清洁生产验收企业12家。开展城镇防洪工程建设，千金圩区、和平圩区、灾毁工程等一批重大城乡防洪工程顺利推进，新筑加固防洪墙3千米，土质圩堤7.6千米，新建、改建泵站闸站13座，预留闸门口13个，城镇防洪主体工程基本完成。加大“清三河”整治力度，全镇206条河道全部落实“三长”机制，11条市级“三河”全部完成整治任务。落实“三防”工作机制，中小河道治理项目建设取得阶段性成效，全年完成河道疏浚12千米，交界断面水质考核连续保持优秀。完成工业企业污水入网10家，完成农村生活污水治理1337户，城镇生活污水纳管入网2578户。深入推进“三改一拆”行动，开展“生猪退养村”创建，累计拆除违法建筑4.1万平方米，拆除猪舍2.1万平方米，拆除高速公路两侧违法广告牌88块，整治砂石料堆场9家。推进“两新”工程建设，完成恒丰、汇丰、荣星、海星、红星5个村新村点布局规划调整，增设辅助点4个，新建农房120户。扎实开展农村土地综合整治工作，全年新增耕地7.73公顷，查处违法用地12宗。

社会事业 有中小学校2所，在校学生2497人，教师161人；义务教育普及率100%，小学和中学入学率、巩固率均为100%，初升高比例98.5%；幼儿园2所，在园幼儿1200人。有公共图书馆1个，藏书量3.93万册；村级文化活动中心8个，文化茶馆5个，文化示范户9户，文化示范户专场演出6场，放映电影108场；文明家庭7420户，文明家庭率96%；有线数字电视用户8103户，入户率98.8%，广播喇叭5840只，入户率89.6%。中心卫生院1所，社区卫生服务站8个，卫生技术人员81人，床位20张；城乡居民养老保险实现全覆盖，新一轮农村合作医疗参保2.02万人，参保率99.7%；提高低保保障水平，发放低保救助金及生活补贴72万元。完成4家居家养老服务中心建设，实

8月29日，海宁市海昌街道与桐乡市屠甸镇举行文化走亲文艺晚会　屠甸镇提供

现全覆盖，全镇9个居家养老服务中心运行良好。食品药品安全工作有序推进，全年未发生食品药品安全事故。人口和计划生育工作扎实开展，镇流动人口计生服务中心获省级流动人口规范化服务中心称号。巩固国家卫生镇创建成果，通过国家卫生镇复评，乡镇生活垃圾资源化利用在全市率先试点。加强公共卫生基础设施建设，镇卫生院新建预防接种室申报浙江省五星级预防接种门诊。建立完善立体化社会治安防控体系，启动应急广播建设，安装治安高清监控50只。妥善化解各类矛盾纠纷130起，汇丰村通过全国民主法制示范村考核验收。开展非法幼托整治工作，整治取缔非法幼托机构3处。挖掘历史人文资源，举办《屠甸掌故》发行仪式暨“听故事、看风景、游屠甸”大型人文宣传体验活动。推进文化礼堂建设，新建文化礼堂1个。教育基础设施建设进一步完善，镇中心幼儿园本部建成并投入使用，屠甸镇小污水管网提升改造工程完工，屠甸镇小晏城校区提升改造工程上报立项并启动。加强校园及周边安全综合治理，开展校园安全综合整治10次，全年校园安全实现零事故，屠甸镇小获桐乡市AAAAA级平安校园称号。坚持党管武装，征集新兵17名。

【固定资产投资改革试点】 2014年，屠甸镇被列为桐乡市固定资产投资改革试点乡镇，承担全市综合试点工作任务。9月1～12日为二季度改革试点单位填报数据阶段，涉及“一套表”联网直报单位83家，其中规模以上工业企业62家、房地产企业4家、规模以上服务业企业1家、资质以上建筑业企业1家、限额以上批零住餐业企业15家；非“一套表”联网直报单位20家，其中部门单位3家，新建企业17家。经填报，至9月12日，103家改革试点单位全部完成二季度固定资产投资试点报表的报送工作，其中涉及计划投资5000万元及以上建设项目9家，并完成相关补充资料的填报工作。

【汇丰村获“浙江书法村”称号】 9月18日，浙江省书法家协会千名书家作品进文化礼堂嘉兴启动仪式暨屠甸镇汇丰村“浙江书法村”授牌仪式在汇丰村文化礼堂举行。同时，展出以“中国梦我的梦”为主题的近百幅书法作品。活动现场，省文联分别向嘉兴各县（市、区）、桐乡各镇（街道）农村文化礼堂赠送省书协书法家作品24件，并向汇丰村授牌，汇丰村成为桐乡市首个“浙江书法村”。桐乡是“中国书法之乡”，群众基础广泛，大批书法爱好者活跃在广大农村，而汇丰村具有相当数量的书法爱好者，且有常规活动计划、常设活动场地、教学场地，在当地具有一定的文化影响力。汇丰村作为省书协农村文化礼堂基层服务点，获得省书协“四送（送讲座、送辅导、送图书、送作品）入村”等服务。

【屠甸镇获省级“森林城镇”称号】 12月31日，屠甸镇通过省级“森林城镇”创建验收，获省级“森林城镇”称号。全镇现有绿化面积1277.35公顷，林木覆盖率31.1%；村庄林木覆盖率41.7%，建成区绿化覆盖率27.9%，公园绿地4.1公顷，人均公共绿地面积12.92平方米，林木育苗面积112.83公顷，主要道路绿化普及率96.6%。水系长度31.11千米，绿化面积41.24公顷，林木覆盖率25.4%，农田林网控制率91.5%。全镇公益财政性资金用

2014年屠甸镇各村(社区)基本情况

表43

村(社区)	户数(户)	户籍人口(人)	中共支部(总支、党委)书记	村委(社区)主任	集体经济总收入(万元)
汇丰村	1129	4728	陆炳康	陆炳康	751
恒丰村	689	2987	钱国强	张旭霞	315
荣星村	639	2529	金福良	姚勤锋	458
和平村	763	3020	徐瑞兴	范元松	187
联星村	741	3041	李建兆	陈银洲	210
万星村	726	3042	朱瑞强	朱瑞强	168
海星村	808	3377	王建锋	张珍松	164
红星村	977	4012	岳晓锋	张德松	178
屠甸社区	1263	3159	徐金明	陆千红	

于绿化投入累计823.55万元，其中民间林业资金投入超过3500万元。2014年新增绿化面积181.07公顷。

【屠甸镇流动人口规范化服务中心获省级称号】 8月12日，屠甸镇流动人口计划生育规范化服务中心被省计生委评为"省流动人口规范化服务中心"。该中心位于屠甸镇商贸街152号，建筑面积90平方米，2014年投入使用。服务中心累计受理、代办各项业务4914件，其中三级便民"一孩证"125例、"再生育证"110例、"独生子女父母光荣证"48例、四项手术报销225例、奖扶申请35例、公益金申领27例、安康保险4150例、流动人口婚育证明9例、国免项目185例、新居民积分婚育证明查验216例。全员信息核查流动人口信息3600余条，为4000多名外来新居民育龄妇女免费查孕查环。

（凌正德）

大麻镇

【概况】 位于桐乡市西南部，与洲泉镇、崇福镇、海宁市许村镇、杭州市余杭区接壤，京杭大运河、科洲公路贯穿全境，320国道、沪昆高速公路紧依其旁。全镇总面积32.64平方千米。辖1个社区，3个居民小组；11个村，289个村民小组。总户数8381户，总人口3.61万人。全年实现地区生产总值21.3亿元，比上年增长7.8%；财政收入5076万元，增长17.2%；农村居民人均可支配收入2.29万元，增长10.6%。

产业发展 2014年，实现农业总产值1.86亿元，其中渔业产值0.81亿元，占43.5%。有耕地1667.13公顷，其中水田1255.93公顷，旱地411.2公顷。强化粮食安全保障，严格耕地保护，建设粮食生产功能区200公顷，晚稻播种面积731.47公顷，其中机械化插秧面积162公顷。加快农业结构调整，培育新兴农业经营主体，提升农业庄园2家，新增嘉兴市级示范性农民专业合作社1家，嘉兴市级规范化建设专业合作社1家，新建家庭农场16家，其中省级示范性家庭农场1家。推进畜禽养殖减量提质，生猪、禽类存栏量分别减少4063头和12.1万羽，湖羊养殖总量6764头。加快特色农业发展，改造提升海北圩水产园区，加强水产品无害化处理和养殖尾水集中处理，逐步推进传统水产业转型升级。全年水产养殖面积427.2公顷，产量5139吨。累计投入资金3500万元，完成西南圩区等两项省重点水利项目建设和受"菲特"台风破坏的水毁工程修复，完成崇益、海华省级气象防灾减灾标准化乡村建设和11个村防汛体系建设，农田水利基础设施建设和防汛抗旱能力进一步提升。深入贯彻工业强市战略，不断巩固家纺布艺产业优势，家纺产值占工业产值的90%左右，2014年获"中国沙发布生产基地"称号。全年完成"个转企"29家，新增规模以上企业11家，亿元企业3家，规模以上企业总数63家，实现规模以上企业工业产值27.12亿元，比上年增长9.8%，规模以上企业工业增加值率21.1%，比上年提高1个百分点。"两改两创"扎实推进，实施"机器换人"项目20项，引进高档纺织机械等成套设备153台套，企业装备水平不断提升；新增省级名牌产品1个，嘉兴市著名商标2件，新增市级管理创新达标企业1家。全年申报专利321项，其中发明

2014年大麻镇主要经济社会指标完成情况

表44

指　　标	单　位	数　值	比上年(±%)
地区生产总值	亿元	21.3	7.8
财政收入	亿元	0.51	17.2
农业总产值	亿元	1.86	−7.98
粮食总产量	万吨	0.7	−9.18
工业销售收入(规模以上企业)	亿元	24.84	6.4
固定资产投资	亿元	6.42	71.1
其中工业生产性投入	亿元	3.73	64.3
实际利用外资	万美元	241	138.6
引进境内市外资金	亿元	1.5	24.8
外贸出口额	万美元	11339	19.7
农村居民人均可支配收入	万元	2.29	10.6

专利 37 项。加快推进家纺科技创业园建设,完成 A 区工程建设和招商,首批 19 家企业签约。规划设立运河北亿元工业区,为家纺龙头企业做大做强和先进制造业的引进预留发展空间。加强杭州湾轻纺城市场培育,进一步发挥交易、展示、推广等功能,促进创意设计等生产性服务业发展,扎实推进“电商换市”,加快电子商务集聚区建设,引进各类电商企业 54 家,逐步推动家纺产业从第二产业向第三产业延伸。推动新天地公寓二期工程建设,完成原大麻丝厂和力兵化纤“退二进三”项目的前期准备。全年新增服务业限额以上企业 6 家,完成服务业投资 2.9 亿元,增长 25.7%,实现服务业增加值 8.3 亿元,增长 12.6%,占地区生产总值 37.2%。

镇村建设 推进城镇建设,完成镇西路南段改造提升工程和农贸市场原地拆建、回迁,做好老卫生院区块出让前的准备工作,实施镇容镇貌大整治,镇区环境显著改观。以非法“一户多宅”分类处置为重点,加强“三改一拆”力度,全年拆除违法建筑面积 10.7 万平方米,农户建房管理进一步加强。完成“三改”(老住宅区、老厂区、城中村改造)面积 2.7 万平方米,镇区绿化、亮化、美化工程不断提升,城镇环境不断优化。深入实施“森林大麻”建设,扎实推进绿化造林“三个一”工程,完成大庄等四个村百亩片林种植,启动运河北岸吉字浜段 1.4 千米绿化建设,创建市级绿化示范村 1 个,全镇完成绿化面积 39.59 公顷。全市首家探索实施城乡环境卫生“四位一体”(镇区、公路、河道、村庄)改革,加强农村环境综合整治和检查力度,辖区保洁质量进一步提升,努力打造“美丽乡村”精品路线,获嘉兴市级“美丽乡村”建设先进镇。改建农村危桥 4 座,实施 2.8 千米农村道路大中修,农村基础设施不断完善。

社会事业 有中心幼儿园 1 所,学生 470 名。九年一贯制中心学校 1 所,学生 2527 名。小学升初中、初中升高中比例均为 100%。完成大麻汽车站、中心学校食堂和体育馆建设,中心幼儿园主体大楼建成,新便民服务中心和三级网上便民办事大厅投入使用,文化、教育、卫生、公交等服务设施进一步完善。举办“飞帆美格杯”农民篮球赛,打造中心学校非遗文化传承基地,大力推广排舞、太极拳等文体活动,加强文化礼堂等农村文化场馆建设,农民文化生活不断丰富。完善社会保障服务平台建设,建立和谐用工关系,推动养老、医保扩面,覆盖率分别达到 70.2% 和 99.6%。深化落实法治、德治、自治“三治合一”基层社会治理,不断完善“网格化管理、组团式服务”,全面推动社会管理向社会治理转变,完成中共十八届四中全会和首届世界互联网大会等重大活动安保工作,“平安大麻”实现九连冠。

【大麻镇获“中国沙发布生产基地”称号】 7 月,大麻镇被中国家用纺织品行业协会授予“中国沙发布生产基地”称号。近年来,大麻镇围绕家纺布艺产业的转型升级,坚持“以小企业打造大集群”的发展思路,强化平台建设,培育出浙江飞帆纺织有限公司、桐乡市鑫宝莱纺织有限公司等龙头企业,专注于沙发布生产与销售。2014 年,全镇有家纺布艺企业 3117 家(含个体户),实现销售收入 118.5 亿元,实现利税 10.78 亿元。全镇家纺从业人员 1.34 万人,有剑杆机 8028 台,雪尼纱机 255 台,加弹机 299 台。全年生产各类装饰布

7 月 11 日,大麻镇举行“飞帆·美格杯”农民篮球赛　　大麻镇提供

2014年大麻镇各村(社区)基本情况

表45

村(社区)	户数(户)	户籍人口(人)	中共支部(总支、党委)书记	村委(社区)主任	集体经济总收入(万元)
大庄村	911	4159	朱文根	吴日清	295.33
崇益村	720	3202	强忠良	强忠良	186.48
光明村	781	3498	费林甫	费林甫	218.02
麻溪村	592	2622	沈桂其	沈金狗	122
西南村	693	3132	潘其夫	钱国清	104.67
湘洋村	823	3707	李国富	李国富	145.04
百富村	738	3181	王荣毛	王荣毛	118.48
海华村	714	3071	李月清	杨惠娟	265.32
黎明村	646	2863	蔡惠昌	蔡惠昌	144.2
吉字浜村	549	2424	沈新权	舒智慧	119
永丰村	782	3172	蔡武强	蔡武强	163.59
大麻社区	485	1250	张熊麟	张熊麟	

2.09亿米,主要产品有沙发布、窗帘布、家居布艺等软家居用品;生产各类纱2.58万吨。

【大麻镇成立企业社会责任促进会】 2014年,大麻镇创新社会治理,贯彻市委“德治、法治、自治‘三治合一’”要求,6月5日,建立全市首个企业社会责任促进会,探索企业自治新模式。促进会重点通过企业互查互比、相互监督、集体评议等方式,发挥企业资本优势,促进企业履行公益责任、环保责任和社保责任。至年底,全镇已有78个企业成为会员单位。

【畅想园被认定为省级运动休闲旅游优秀项目】 桐乡市畅想园农庄位于大麻镇海华村,占地20公顷,于2010年4月正式启动建设,是集生态养殖、果蔬种植、休闲垂钓、餐饮娱乐四大功能为一体的休闲观光农业旅游园区,其中生态养殖、种植面积8公顷、绿化面积4公顷、垂钓区面积8公顷。竞技垂钓和休闲垂钓是园内的一大特色,畅想园竞技塘有3个,先后被浙江省钓协、杭州市钓协作为大型垂钓基地和培训基地,举办大小型钓鱼比赛30多场,接待人数1.5万人左右。5月,农庄开展创建省级运动休闲旅游优秀项目,10月,经省旅游局、体育局联合验收组实地查看后通过验收。

(顾立强)

高桥镇

【概况】 高桥镇位于桐乡市东南部。东与屠甸镇交界,南与海宁市接壤,西邻崇福镇,北靠凤鸣街道。全镇总面积55.04平方千米。辖15个村、479个村民小组;1个社区,1个居民小组。总户数1.23万户,总人口4.79万人。区域内有高桥、骑塘、南日、亭桥等4个集镇。区域交通便利,沪杭高速铁路、沪昆高速公路横贯,并分别设有高铁站、互通区,为全国为数不多的同时拥有“高铁、高速”便捷通道的“双门户”乡镇之一。2014年实现地区生产总值22亿元,财政收入5362万元,农村居民人均可支配收入2.25万元。

产业发展 严格耕地保护,有耕地3492.73公顷,其中水田2868.73公顷。农业以粮食生产为主,蚕桑、畜牧、蔬菜等多种经营全面发展。粮食种植面积2029.6公顷,年产粮食1.48万吨;桑地809.53公顷,饲养蚕种1.21万张,蚕茧产量2363吨;种植蔬菜3056.13公顷,产量12.64万吨。实施8个村标准农田提升工程,建成高标准农田1200公顷。总投资500万美元的玫瑰鲜切花种植基地开工建设,全年新增土地流转153.33公顷。深入推进三村村等村农村土地综合整治,全年完成土地复垦7.47公顷。启动湘庄农业综合开发项目,完成灾后应急水利工程、小农水重点县建设项目,累计投入建设资金3500万元。工业以包装、皮革、轻纺、化工、食品加工等行业为主。2014年实现工业产值80.16亿元,比上年增长1.3%。工业经济提质增效,全年新增规模以上企业3家,累计54家,实现产值71.59亿元,增长0.8%。完成“个转

2014 年高桥镇主要经济社会指标完成情况

表 46

指　　标	单　位	数　值	比上年(±%)
地区生产总值	亿元	22	7
财政收入	亿元	0.54	—5.3
农业总产值	亿元	3	9.87
粮食总产量	万吨	1.48	—12.21
工业销售收入(规模以上企业)	亿元	70.73	0.8
固定资产投资	亿元	22.62	31.1
其中工业生产性投入	亿元	6.5	56.4
实际利用外资	万美元	2311	20.9
引进境内市外资金	亿元	9.73	—0.75
外贸出口额	万美元	4374	13.2
农村居民人均可支配收入	万元	2.25	12.5

企”3 家，新增高新技术企业 5 家，实施各级科技计划项目 31 项，申请发明专利 73 项，引进各类人才 350 名。关停整治皮革、涉汞、化工、榨菜等企业 48 家，新建榨菜污水处理点 11 个，实现污水达标入网。全年腾退低效用地 11.67 公顷、淘汰落后产能项目 2 个。完成建筑业总产值 120 亿元。服务业实现总产值 4.97 亿元，增长 15.6%。平安养生养老项目首期样板区基本建成，年内完成投资 7.3 亿元。桐乡旅游广场、高桥信用社营业用房等项目加快推进。全年完成服务业投资 16.6 亿元。合同外资 3800 万美元，实到外资 2311 万美元，引进市外内资 9.73 亿元，利用外资工作位列嘉兴前十强。

镇村建设　推进高架路西侧文教区块建设，供电营业所建设项目竣工并投入试用。启动高桥集镇商住项目开发建设。桐斜线拓宽改造工程建成并投入使用，总投资 900 万元。桐九公路改建工程高桥段加快实施。全年修筑道路 7 千米，新建改建桥梁 11 座。稳步推进“两新”建设，全年完成农户集聚 369 户。深入推进“森林高桥”建设，全年新增绿化面积 22 公顷。深化“美丽乡村”建设，实施城乡环境卫生“四位一体”改革。加强“五水共治”，清理“垃圾河”8 条，治理“黑臭河”28 条，疏浚河道 45 条，完成农村生活污水治理 2145 户，整治砂石料加工场 3 家，完成污水管网铺设 7.5 千米，新增入网企业 44 家。扎实推进“三改一拆”，完成“三改”7.07 万平方米，拆除违法建筑 7.93 万平方米，其中拆除猪舍 2.96 万平方米，基本实现生猪养殖无污染镇目标。

社会事业　公共卫生服务体系建设进一步完善，医疗区域联合工作有序推进，高桥卫生院评定为省级甲等卫生院。镇中心幼儿园评定为省二级幼儿园，成人学校(社区学校)完成标准化建设。文化体育事业进一步加强，举办高桥镇第三届农民运动会，镇文化中心、图书馆投入使用。再就业工程深入实施，社会就业率 91.7%，被评为嘉兴市充分就业镇、嘉兴市创业镇。落实“阳光民政”，新建居家养老服务照料中心 3 个。法治、德治、自治“三治合一”建设不断深化，“大事一起干，好坏大家判，事事有人管”的社会治理高桥模式进

5 月 31 日，高桥镇举行第三届农民运动会　　高桥镇提供

一步确立。推进“六五”普法，有效化解信访积案3件，办理市长电话211个。开展村（社区）“机关化”集中整治行动，安全生产三项指标实现零增长。

【桐乡市科创园建成】 6月，桐乡科创园在高桥镇建成。科创园于2011年开工建设，总规划用地面积6.67公顷，首期用地4.2公顷。建有25层的孵化大楼、13层的人才公寓、8层的研发办公中心各1幢，以及餐饮、会务等配套设施。总建筑面积7.3万平方米，总投资1.85亿元，标准厂房2.3万平方米，可容纳200多家孵化企业同时入驻。科创园以“一个引擎、两个基地、三大平台、四大产业”为目标和方向，将努力打造成为集技术研发、成果转化、人才培育、商务配套等功能为一体的综合型科技创业新城。至年底，入驻企业39家。

·相关链接·

一个引擎、两个基地、三大平台、四大产业

“一个引擎”，即将科创园区打造成为一个引领全市创新创业的新引擎；“两个基地”，即努力使科创园区成为创新人才和成果转化的示范基地；“三大平台”，即将科创园区建设成为商务总部、科技研发、公共服务三大平台；“四大产业”，即重点培育和引进发展节能环保、新特材料、先进装备、高端服务四大产业。

【启动湘庄农业综合开发项目】 10月，湘庄农业综合开发项目开工建设，涉及湘庄村和骑力村，开发面积633.33公顷，总投资1830万元。工程包括水利措施、农业措施、田间道路、林业措施和科技推广措施五个部分。该项目着力于提高农田的综合生产能力，对基础设施进行升级改造，改善生产条件，由低产变高产，增加粮食产量。至年末，完成总工程量35%，开工建设泵闸站10座，完成渠道工程10千米，铺设砂石路面0.5千米，浇筑水泥路面6.3千米，基本完成高效节能微喷灌区及农业设施大棚建设。

【美泰现代农业玫瑰鲜花基地开工建设】 8月，桐乡市美泰现代农业玫瑰鲜花种植基地开工建设。该基地是借鉴台湾现代农业高科技技术，引进台湾新、优、特型花卉品种，培育与台湾同步最新改良品种，打造成具有台湾特色的花卉苗圃基地，进而带动本土农业转型，共创高效高能的都市型现代农业。项目占地面积19.13公顷，总投资500万美元。以玫瑰鲜花种植为主，其他花卉点缀试验区为辅，共18公顷，建设温室大棚9.9万平方米，仓储、包装车间2000平方米，项目先期进行示范基地主干道路、田间操作道、机埠、排灌渠、农电线网、管理房等基础设施建设，开展新品种新技术对比试验，筛选推广新品种，辐射带动全市相关产业的发展。

【桐斜线拓宽改造工程竣工】 10月31日，桐斜线（高桥镇区以南段）大修工程竣工。工程位于高桥南桥头至崇楼线之间，主体工程于3月20日开工，总投资794.11万元。工程完工后，路幅由7米增至10.5米，其中行车7米道，硬路肩3.5米。工程通车后，提升了该路段通车能力，尤其是北面路段与桥梁充分对接后，有效缓解上下班高峰期交通拥堵问题。

【成为全市首个基层党组织书记述职述廉试点镇】 12月21日，高桥镇53个基层党组织书记进行述职述廉。全镇15个村、1个社区及巨匠集团等17个基层党组织书记就2014年抓党建工作情况进行口头专项述职，36个基层党组织书记进行书面述职。述职内容主要是履行基层党建工作主体责任情况、存在问题以及下一步工作打算。这是桐乡市近年来第一次安排基层党组织书记专门就抓党建工作进行集中述职。述职结束后，由镇党委书记对各单位作点评，并由镇党委委员、人大主席、政协联络处主任、市委组织员和基层代表等进行评议。

【高桥卫生院被评为省级甲等卫生院】 2014年，高桥卫生院通过省级甲等卫生院评审。高桥镇中心卫生院创建于1952年，2012年卫生院整体搬迁，新院址位于高桥镇中兴路112号，占地面积1.34公顷，总建筑面积3550平方米，下辖分院1所，社区卫生服务站11所。卫生院按照浙江省乡镇卫生院等级评审标准，加强细节管理，围绕“做细、做实、做足”，将基础医疗与公共卫生服务“做优、做好、做精”，走出一条适合广大基层群

2014年高桥镇各村(社区)基本情况

表47

村(社区)	户数(户)	户籍人口(人)	中共支部(总支、党委)书记	村委(社区)主任	集体经济总收入(万元)
迎丰村	1008	4110	李兴江	魏冰杰	242.82
越丰村	752	2956	沈春雷	沈春雷	497.77
新丰村	616	2539	吴元清	吴元清	287.19
落晚村	1234	4666	沈玉伟	王学根	295.5
楼下角村	757	2876	戚连兴	戚连兴	215.66
高桥村	1090	4363	朱锦江	朱锦江	323.83
范桥村	585	2350	陆荣华	朱炳华	381.81
永安村	694	2730	计炳祥	计炳祥	209.8
毛水浜村	524	5129	计炳洪	计炳洪	185.64
三村村	675	2624	李瑞松	李瑞松	310.39
亭桥村	804	3085	张伟庆	张伟庆	169.72
漕泾村	636	2305	沈德金	沈德金	208.01
骑力村	750	2725	许利仁	许利仁	245.29
湘庄村	1070	4130	徐明强	范柏英	313.69
龙南村	814	3026	张晓东	张晓东	187.79
高桥社区	302	1288	张财坤	张财坤	

众的医疗卫生路线,促进卫生院全面、协调、可持续发展,全面达到省级甲等卫生院水平。

(夏　燕)

河　山　镇

【概况】 河山镇位于桐乡市西北部,西临德清,北接湖州,距上海市198千米,邻杭州市85千米,离苏州市131千米。申嘉湖、练杭高速公路贯穿河山。全镇总面积39.3平方千米。辖9个村,234个村民小组;1个社区,3个居民小组。总户数6694户,总人口2.79万人。2014年实现地区生产总值16.25亿元,财政收入4966万元,农村居民人均可支配收入2.23万元。

产业发展 2014年,全镇农作物播种面积2697公顷,其中粮食播种面积1232.2公顷,年产粮食7947吨,蚕茧473吨,饲养湖羊1.8万头,生猪3.5万头,实现农、林、牧、渔业总产值2.07亿元。农业产业化水平不断提高,新增流转土地面积142.47公顷,其中7个村达到整村流转标准。新建农业基地2个,百亩高产示范方2个,高产攻关实验田1处。全力推进生猪养殖转型升级,2014年拆除猪舍1133户,计15.08万平方米,生猪存栏量归零,成为全市首个无生猪养殖污染镇。深入实施工业强镇战略,全镇有工业企业800家,年内新增规模以上企业6家,累计59家,规模以上企业完成工业产值39.23亿元,占全镇工业总产值55%。培育限额以上企业6家,新增亿元企业2家,"个转企"7家,分离发展服务企业2家。加快科技成果转化,全年认定高新技术企业2家,省级科技型企业2家,各类科技项目38个,申报各类专利286件,成功创建嘉兴市专利示范镇。加强"招才引智"工作,全年申报各级人才项目3项,其中"千人计划"2项,入围答辩1人。积极发展乡村旅游,东浜头村漫画文化园成功创建国家AA级旅游景区,八泉村毛家浜生态旅游度假村开工建设,五泾村桑基鱼塘景区建设达成投资协议,堰头村荷花塘生态农庄注册成立。

镇村建设 完成《河山镇城镇总体规划》的修编和平安路区块、河山镇工业区、河山镇工业区东浜头区块等三个控制性详细规划的报批,结合河山镇城镇总体规划完成土地利用规划的修改方案。"两新"工程稳步推进,全年完成"两新"建房106户。继续推进"三改一拆"工作,累计拆除违法建筑6.9万平方米,改造城中村0.5万平方米,旧厂区改造0.8万平方米。"五水共治"强势推进,开展"清三河"专项整治,整治黑河臭河21条,全国中小河流治理无量桥港工程基本完成。开展非法精干品加工企业(点)专项整治行动,依法取缔非法精干品加工企业50家。完成工业企业入网33家,生活污水入网农户1426户。完

2014 年河山镇主要经济社会指标完成情况

表 48

指　　标	单　位	数　值	比上年(±%)
地区生产总值	亿元	16.25	8.3
财政收入	亿元	0.5	18.6
农业总产值	亿元	2.29	0.92
粮食总产量	万吨	0.81	−15.5
工业销售收入(规模以上企业)	亿元	36.76	16.26
固定资产投资	亿元	8.79	61.1
其中工业生产性投入	亿元	5.67	28.8
实际利用外资	万美元	244.5	
引进境内市外资金	亿元	1.73	−17.3
外贸出口额	万美元	10043	41.2
农村居民人均可支配收入	万元	2.23	10.4

成农村土地综合治理 10.87 公顷，新建百亩片林 5 个。完成大中修道路 5 千米，危桥改造 4 座，完成河山大街线路增容改造，实施天然气管道、热网管道工程建设。

社会事业　文体事业全面发展，河山公园改建完成并投入使用，镇文化体育中心启动建设，建成文化礼堂 2 个，新建、改造灯光球场 2 个。全镇有中小学校 3 所，在校学生 2273 人，专任教师 162 人，幼儿园、托儿所 2 所。河山中心学校初升高比例 99.3%，幼儿入园率 98.6%。扎实做好人口和计划生育工作，计划生育率 98.7%，河山村成为全国人口和计划生育基层群众自治示范村。认真做好民兵预备役和人防工作，完成 16 名新兵征集任务，其中大学生比例占 62.5%。社会保险事业更加完善，解决历史失地农民养老保险问题，288 名失地农民参保。城乡医疗保障水平有效提高，合作医疗参保率 99.7%，全年 15.87 万人次报销医药费 1387.97 万元。社会救助力度持续加大，全年发放各类补助 411 万元，实施农村困难家庭危旧房改造 12 户。养老服务水平不断提高，镇养老服务中心竣工，河山社区、石栏桥村等 6 个村(社区)建立居家养老服务照料中心。

【东浜头村漫画文化园晋升国家 AA 级旅游景区】　12 月，经浙江省旅游景区质量等级评定委员会评定，东浜头村漫画文化园被评为国家 AA 级旅游景区。东浜头漫画文化园占地 16 公顷，投入 580 万元，以打造丰子恺漫画文化为主题，建有漫画长廊、树博园、子恺广场、文化礼堂、漫画村校等，展示丰子恺先生的经典漫画之作。

【开展全国中小河流无量桥港综合整治工程】　1 月，全国中小河流治理项目无量桥港整治工程开工建设。工程总投资 2500 万元，治理、疏浚河道 11.11 千米，加高加固堤防 4.03 千米，新建护岸 5.43 千米。至年底，主体

12 月，河山镇东浜头村漫画文化园晋升国家 AA 级旅游景区

河山镇提供

工程完成。工程建成后，提升河道自净能力，改善河山区域水域环境，成为承担桐乡西部防洪泄洪功能的主要河道。

【光伏发电应用示范小镇启动建设】 2014年，河山镇启动光伏发电应用示范小镇建设。项目总规划建设规模35.5兆瓦，计划总投资3亿元。2014年一期工程启动建设，建设规模15.235兆瓦，总投资1.25亿元，预计年发电量1450万千瓦小时。其中“渔光互补”光伏电站11.5兆瓦，位于河山镇堰头村，总占地鱼塘面积20.07公顷；分布式光伏发电3.735兆瓦，分布于全镇20家企事业单位，屋顶总面积64724平方米。9月，桐杭炼染公司和百力达太阳能股份公司分布式光伏发电项目并网发电。

【平安路全线贯通】 平安路全长810米，是河山镇区主干道。2014年，镇政府将平安路中段项目（振兴路至桐德公路350米）作为十大惠民实事工程之一，总投资3000余万元。2014年5月开工建设，12月，平安路中段通车，至此，平安路全线贯通。新建桥梁1座，新建道路350米，路幅宽40米，双向4车道，设有非机动车道和人行道，道路两侧种植绿化隔离带。

【养老服务中心建成】 12月，社会养老服务中心建成。养老中心位于河山镇五泾村，2013年11月开工建设，总投资1200万元，用地2.07公顷。建筑面积3182平方米，养老中心设床位110张，配有电视、空调等生活设施，阅览室、健身房、棋牌室等文化娱乐设施，有专业工作人员辅导老人健身运动，增进其养身知识，配送营养餐饮，照料日常起居，有效解决养老需求，不断提高社会养老服务水平。

2014年河山镇各村（社区）基本情况

表49

村（社区）	户数（户）	户籍人口（人）	中共支部（总支、党委）书记	村委（社区）主　任	集体经济总收入（万元）
八泉村	891	3600	陈越新	陆月平	302
东浜头村	463	1926	朱树荣	朱树荣	308
庙头村	716	2874	陆锦良	诸顺年	295
堰头村	677	2832	唐荣方	唐荣方	273
五泾村	968	4059	陈荣法	陈荣法	262
华台村	509	2137	陆云松	陆云松	246
王家弄村	632	2626	倪剑峰	潘炳金	460
河山村	777	3257	姚荣林	陈国民	354
石栏桥村	924	3965	陆建根	陆建根	347
河山社区	147	563	董钟良	董钟良	

【河山村被授予“全国人口和计划生育基层群众自治示范村”称号】 2014年11月，河山村被中国计划生育协会授予“第五批全国人口和计划生育基层群众自治示范村”称号。该村总人口3257人，其中育龄妇女799人，充分发挥村计划生育协会的作用，有会员180人，会员联系户286户，创新婚育新风进万家活动的宣传模式，在村民组计生联系员家中建立婚育新风传播点，广泛开展计划生育宣传服务活动。

【河山村成功创建浙江省“森林村庄”】 1月，河山村通过省级森林村庄考核验收。该村位于河山镇西北部，总面积4.83平方千米。累计投入500余万元，实施造林绿化工程9.16公顷，新增片林面积6.81公顷，中心村建成区林木覆盖率达到40%，建成农民休闲公园，占地1.07公顷。利用河山村农业示范区，大力发展苗木、花卉等生态高效产业。

（范钟华）

人　物

桐乡市市级领导班子、党政社团、街道镇负责人名录

（2014 年 1 月～12 月）

中共桐乡市委员会

书　记　卢跃东
副书记　盛勇军　蒋惠玲（女）
常　委　吴炳泉（　～12 月）
　　　　沈建坤（　～12 月）
　　　　单志荣（　～7 月）
　　　　汤云良　陈千颂
　　　　潘家春　徐鸣阳
　　　　姚健康（　～4 月）
　　　　徐云松（　～11 月）
　　　　严　培（4 月～　）
　　　　戴金明（7 月～　）
　　　　朱明杰（12 月～　）

桐乡市人大常委会及其办事机构

主　任　张林洪
副主任　闻金根　沈济贤
　　　　吴娟芬（女）
　　　　曹荣金　孙　琦
　　　　朱　红（女）

市人大办

主　任　俞少杰

研究室

主　任　吴志强

法工委

主　任　陆振宇

财经工委

主　任　顾伟楚

教科文卫工委

主　任　黄建兴

代表工委

主　任　王伟根

城建农经工委

主　任　凌　云（　～7 月）

市人大党组

书　记　张林洪

市人大机关党组

书　记　孙　琦

桐乡市人民政府

市　　长　盛勇军
常务副市长　吴炳泉（　～12 月）
　　　　　　朱明杰（12 月～　）
副　市　长　钱松华
　　　　　　费玉林（　～12 月）
　　　　　　朱明杰（　～12 月）
　　　　　　潘敏芳（女）
　　　　　　周国强
　　　　　　徐云松（　～12 月）
　　　　　　杨青海（5 月～　）
　　　　　　郑利民（7 月～　）
　　　　　　柳国彪（12 月～　）
　　　　　　冯中海（12 月～　）

市政府党组

书　记　盛勇军

中国人民政治协商会议桐乡市委员会及其办事机构

主　席　池晓明
副主席　周　民　陈　英（女）
　　　　孙晓东　顾根梁
　　　　李云飞　陈炳荣
秘书长　张关林

政协办

主　任　赵兴华

提案委

主　任　杨庆祥

经科委

主　任　周跃荣

文教卫体与文史委

主　任　周少勤

社法与三胞委

主　任　金建荣（　～8 月）

市政协党组

党组书记　池晓明

市政协机关党组

党组书记　张关林

中共桐乡市纪律检查委员会

书　记　陈千颂
副书记　徐玉良
　　　　谢　峻（　～9 月）
　　　　张月萍（女，9 月～　）

中国人民解放军
桐乡市人民武装部

党委第一书记　卢跃东
党委书记　严　培
部　　长　姚健康（　～6 月）
　　　　　何建撑（6 月～　）
政　　委　严　培

桐乡市人民法院

院　　长　冀友佳（　～12 月）
代理院长　许邦清（12 月～　）
党组书记　冀友佳

桐乡市人民检察院

检 察 长　郭军毅（　～12 月）
代理检察长　何伟明（12 月～　）
党组书记　郭军毅

市委工作部门

市委办
主　任　张建林
组织部
部　长　汤云良
宣传部
部　长　沈建坤
统战部
部　长　潘家春
政法委
书　记　蒋惠玲（女）
政研室
主　任　陈伟宏
机关党工委
书　记　穆鸣龙
编委办
主　任　姚叙才

市政府工作部门

市政府办（政府法制办）
主　　任　姚毅军
党组书记　姚毅军
发改局
局　　长　卢达民
党组书记　卢达民
经信局
局　　长　罗永良
党委书记　罗永良
教育局
局　　长　施勤高
党委书记　施勤高
科技局
局　　长　包晓敏（女，　～5 月）
　　　　　卢爱驰（5 月～　）
党组书记　包晓敏（女，　～5 月）
　　　　　卢爱驰（5 月～　）
公安局
局　　长　单志荣（　～9 月）
　　　　　戴金明（9 月～　）
政　　委　金培荣
党委书记　单志荣（　～9 月）
　　　　　戴金明（9 月～　）
监察局
局　　长　徐玉良
民政局
局　　长　陈建良
党组书记　陈建良
司法局
局　　长　王正华
党组书记　王正华
财政局、地税局
局　　长　姜　玮
党委书记　姜　玮
人力资源和社会保障局
局　　长　姚叙才
党委书记　姚叙才

国土资源局
局　　长　张明德
党委书记　张明德
住房和城乡规划建设局
局　　长　王　勇
党委书记　王　勇
交通运输局
局　　长　王利浩
党委书记　王利浩
农经局（农办）
局长（主任）　郭林江
党委书记　郭林江
水利局
局　　长　张雪根（石门镇人）
党组书记　张雪根（石门镇人）
商务局
局　　长　屠建忠（3 月～　）
党组书记　屠建忠
文化局（体育局）
局　　长　吴利民
党委书记　吴利民
卫生局
局　　长　沈炳林
党委书记　沈炳林
人口计生局
局　　长　夏觉民
党组书记　夏觉民
审计局
局　　长　茅永良
党组书记　茅永良
环保局
局　　长　徐汉会
党组书记　徐汉会
统计局
局　　长　徐剑东
党组书记　（暂缺）
粮食局
局　　长　徐建华（　～5 月）
　　　　　张雪根（凤鸣街道人，
　　　　　5 月～　）

党组书记　徐建华（　～5月）
　　　　　张雪根（凤鸣街道人，5月～　）

民宗局

局　　长　金雪明

安监局

局　　长　张富强
党组书记　张富强

综合行政执法局（城管行政执法局）

12月，桐乡市城市管理行政执法局更名为桐乡市综合行政执法局。

局　　长　胡国盛
党组书记　胡国盛

市场监管局

1月，桐乡市工商行政管理局由省以下垂直管理调整为由地方政府分级管理后，统一整合食品药品监督管理局、工商局的机构和职责，并划入质监局承担的食品和食品添加剂生产加工环节质量安全监管职责，组建桐乡市市场监督管理局，为市政府工作部门。5月，撤销中共桐乡市食品药品监督管理局党组，建立中共桐乡市市场监督管理局委员会。

局　　长　杨顺坤（5月～　）
党委书记　杨顺坤（5月～　）

食品药品监督管理局

局　　长　祖建国（　～5月）
党组书记　祖建国（　～5月）

质监局

1月，桐乡市质量技术监督局由省以下垂直管理调整为由地方政府分级管理，为市政府工作部门。5月，建立中共桐乡市质量技术监督局委员会。

局　　长　朱建平（5月～　）
党委书记　朱建平（5月～　）

人防办（民防局）

主任（局长）　张应中
党组书记　张应中

市直属、派出单位

旅游委员会

党工委书记　吴炳泉（兼，～5月）
　　　　　　卢跃东（兼，5月～）
主　　任　卢爱驰（　～5月）
　　　　　金水平（5月～　）

开发区管委会

党工委书记　周荣奎
主　　任　冯富强

振东新区管委会

党委书记　赵月祥
主　　任　赵月祥

濮院羊毛衫市场管委会（濮院针织产业园区管委会）

5月，建立中共濮院羊毛衫市场工作委员会。

党工委书记　沈根潮（5月～　）
主　　任　沈根潮

高桥新区管委会

党工委书记　蔡立新
主　　任　沈建良

临杭经济区管委会

党工委书记　盛月良
主　　任　李建浩

乌镇国际旅游区建设管委会

党工委书记　（暂缺）
主　　任　陶咏椿

崇福经济区管委会（崇福皮毛市场管委会）

主　　任　徐鸣阳

石门湾现代农业示范区管委会

党工委书记　陈　东
主　　任　陈　东

档案局（馆）

局（馆）长　魏昱初
党组书记　魏昱初

老干部局

局　　长　张春标

信访局

局　　长　费朔军

机关事务管理局（接待办）

局长（主任）　谢　峻（5月～　）
副局长（副主任）
　　　　　沈志萍（女，～5月）
党组书记　谢　峻（5月～　）
党组副书记　沈志萍（女，～5月）

新民局

局　　长　陈建华
党组书记　陈建华

审批中心

主　　任　陈　政
党组书记　陈　政

党校

党委书记　杨雪乾
校　　长　汤云良

史志办

主　　任　姚建明

广电台

台　　长　赵裕华
党委书记　赵裕华

国企办

主　　任　赵学明
党工委书记　赵学明

供销总社

主　　任　葛柏金
党委书记　葛柏金

信用联社

理事长　魏　良
主　　任　沈祥荣（　～3月）
　　　　　陈银华（3月～　）
党委书记　魏　良

水务集团

董事长（总经理）　冯和坤
党委书记　冯和坤

公投集团

董事长（总经理）
　　　　　吴国良（1月～　）

党委书记　吴国良(1月～　)

金凤凰集团

董事长(总经理)　朱政华

垂直管理部门(单位)

国税局

局　　长　钟　华

党组书记　钟　华

工商局

1月,桐乡市工商局由省以下垂直管理调整为由地方政府分级管理,为市政府工作部门。5月,中共桐乡市委建立中共桐乡市市场监督管理局委员会。

局　　长　杨顺坤(　～5月)

党委书记　沈文千(　～5月)

质监局

1月,桐乡市质量技术监督局由省以下垂直管理调整为由地方政府分级管理,为市政府工作部门。5月,中共桐乡市委建立中共桐乡市质量技术监督局委员会。

局　　长　朱建平(　～5月)

党委书记　朱建平(　～5月)

国网桐乡市供电公司

总 经 理　张祖光

党委书记　田　增(　～11月)

　　　　　项志荣(11月～　)

邮政局

局　　长　胡金泉

党委书记　胡金泉

烟草专卖局

局　　长　王　卫

党组书记　王　卫

气象局

局　　长　钱炳强

电信局(公司)

局长(总经理)　陈国庆

党委书记　陈国庆

人民银行

行　　长　胡菊新

党组书记　胡菊新

银监办

主　　任　陈为群(女)

工商银行

行　　长　冯小华(女,9月～　)

副 行 长　冯小华(女,　～9月)

党总支书记

　　　　　冯小华(女,9月～　)

党总支副书记

　　　　　冯小华(女,　～9月)

农业银行

行　　长　胡　隽

党委书记　胡　隽

建设银行

行　　长　葛明洲

党委书记　葛明洲

中国银行

行　　长　周　亮

党总支书记　周　亮

农业发展银行

行　　长　周建林

党支部书记　周建林

人保财险

总 经 理　杨吉辰

党组书记　杨吉辰

人寿保险

经　　理　王明臣

党支部书记　郭建华(女)

太平洋财险

经　　理　崔文波(　～9月)

副 经 理　王　强(9月～　)

太平洋人寿

经　　理　孙剑波

党组书记　孙剑波

嘉兴日报报业传媒集团桐乡分社

社　　长　应丽斋

今日桐乡文化传媒有限公司

董 事 长　张　静(1月～　)

总 经 理　朱越峰(1月～　)

党支部书记　张　静(3月～　)

浙江传媒学院桐乡校区

党工委书记　戚鸿峰

主　　任　张　梁

人民群众团体

总工会

主　　席　朱士良(　～5月)

　　　　　祖建国(5月～　)

党组书记　朱士良(　～5月)

　　　　　祖建国(5月～　)

团市委

书　　记　赵银海(女)

党组书记　赵银海(女)

妇联

主　　席　张月萍(女)

党组书记　张月萍(女)

科协

主　　席　唐汉昌(　～5月)

　　　　　周建富(5月～　)

党组书记　唐汉昌(　～5月)

　　　　　周建富(5月～　)

残联

主　　席　周国强

理 事 长　吴丽娅(女)

党组书记　吴丽娅(女)

红十字会

会　　长　费玉林

党组书记　周建富(　～5月)

　　　　　朱雪良(5月～　)

工商联

主　　席　陈炳荣

党委书记　沈柏明(　～5月)

文联

主　　席　王士杰

侨联

主　　席　慎建法

街道、镇

梧桐街道

党委书记　蒋南强

人大工委主任　沈瑞芬(女)
办事处主任　陈丽悦(女)
政协联络处主任孙春祥

凤鸣街道

党委书记　张建根
人大工委主任
　　朱春林(　～5月)
办事处主任　张建平

龙翔街道

党委书记　张凌云(女)
人大工委主任　李玉娟(女)
办事处主任　姚伟平

濮院镇

党委书记　沈根潮
人大主席　龚林海
镇　　长　张茂华
政协联络处主任　蒋娟芬(女)

乌镇镇

党委书记　陶咏椿
人大主席　(暂缺)
镇　　长　朱学龙
政协联络处主任　黄伟明

屠甸镇

党委书记　顾妙根
人大主席　陈洪富
镇　　长　徐永强

崇福镇

党委书记　徐鸣阳
人大主席　范炳田
镇　　长　张雪根(凤鸣街道人，～5月)
　　王　群(5月～　)
政协联络处主任　范炳坤

高桥镇

党委书记　蔡立新
人大主席　肖元松
镇　　长　屠建忠(　～1月)
　　沈建良(5月～　)
政协联络处主任　曾正君(女)

大麻镇

党委书记　苏伟明
人大主席　章雪芳
镇　　长　张浩锋

洲泉镇

党委书记　盛月良
人大主席　陆永良
镇　　长　许　雷
政协联络处主任　许发根

石门镇

党委书记　陈　东
人大主席　高宜海
镇　　长　金雪根
政协联络处主任　沈永础

河山镇

党委书记　姜伟国
人大主席　姜伟国
镇　　长　朱雪良(　～5月)
　　沈富春(5月～　)

(董雅芬　孙　宇　许晓芬)

新任县处级领导简介

【严　培】　男，1970年10月出生，浙江省舟山市人，1987年11月参加工作，1991年3月加入中国共产党，在职大学学历。曾任舟山要塞区战士，舟嵊要塞区工勤营警卫连排长，舟山警备区警卫连副指导员、政治部保卫科干事，浙江省军区炮兵团政治处保卫股副股长、股长，浙江省军区政治部保卫处副营职干事、宣传保卫处正营职干事，浙江陆军预备役师高炮团政治处主任，浙江省军区政治部宣传保卫处副团职干事，南京军区浙江省军事检察院副检察长，桐乡市人武部政治委员。2014年5月任中共桐乡市委常委。

【戴金明】　男，1965年9月出生，浙江省嘉兴市人，1985年8月参加工作，1989年2月加入中国共产党，在职大学学历。曾任嘉兴市公安局郊区分局新丰派出所民警、治安管理大队办事员、户政科办事员、科员、科长，嘉兴市公安局郊区分局党委委员、指挥处主任，嘉兴市公安局秀洲区分局党委委员、副局长、常务副局长、党委副书记、政治委员，嘉兴市公安局反恐支队支队长、情报中心主任，嘉兴市公安局副县处长级干部。2014年7月任中共桐乡市委常委、市公安局局长。

【柳国彪】　男，1972年12月出生，浙江省嘉兴市人，1996年8月参加工作，大学学历。曾任嘉兴市发展计划委员会综合处干部、副主任科员、政策法规处(财政金融处)副处长、发展规划处处长，嘉兴市发展和改革委员会投资处处长、外资处处长，嘉兴市服务业发展局副局长、嘉兴市湘家荡区域联合开发建设管理委员会副主任(兼)。2014年12月任桐乡市政府副市长。

【冯中海】　男，1969年10月出生，浙江省平湖市人，1989年8月参加工作，1989年7月加入中国共产党，中央党校大学学历。曾任平湖县黄姑镇政府工作人员，平湖市(县)级机关党委工作人员，共青团平湖市委常委、青农部部长，平湖经济开发区管委会办公室主任，平湖经济开发区党委委员(党组成员)、管委会副主任，平湖经济开发区党工委委员、管委会副主任，钟埭街道党委委员、办事处副主任，平湖经济开发区(钟埭街道)党工委委员、经济开发区管委会副主任、钟埭街道办事处副主任，平湖市政府办公室副主任(正科长级)、市委市政府接待办公室主任、市机关事务管理局局长，平湖市黄姑镇党委书记、独山港区开发建设党工委副书记，平湖市独山港镇党委副书记、镇长、独山港区开发建设党工委副书记、管委会常务副主任、市政府驻上海石化办事处主任，平湖市独山港镇党委书记，独山港区开发建设党工委书记、管委会主任，平湖市独山港镇党委书记，独山港经济开发区党工委书记、管委会主任。2014年12月任桐乡市政府副市长。

（钟　欢）

【何建撑】　男，1971年1月出生，浙江省临海市人，1990年3月参加工作，1992年9月加入中国共产党，大学学历。曾任步兵第86师炮兵团战士，陆军第31集团军炮兵旅火箭炮营排长、152加榴炮一营连长、教导队队长、侦查科长、副参谋长，浙江省军区泰顺人武部副部长，浙江省军区临海人武部副部长。2014年6月起任桐乡市人武部部长。

（李　签）

先进人物

【许丹红】　女，1972年6月出生，桐乡市凤鸣街道人，1991年参加工作，本科学历，高级教师职称，桐乡市实验小学教育集团北港小学教师。2014年9月被教育部授予“全国优秀教师”称号和“全国中小学优秀德育工作者”奖章。20多年来，许丹红从乡村到城镇，一直担任班主任工作。创新班级管理工作，以创建班级文化为基础，开展丰富多彩的班会活动。所带班级学习成绩优秀，多次被评为示范班或文明班。近年来，许丹红在《中国教师报》《班主任》等报刊发表文章近两百篇，出版《班主任教育漫谈》等教育专著3部，其中《小学班主任的78个临场应变技巧》被当当网评为五星级图书。许丹红荣登《班主任之友》《班主任》杂志封面人物，其班主任工作经验收录在《全国知名班主任谈专业成长》一书中。并受邀在广州、上海、北京、河南、江苏、新疆等地讲述班主任成长历程100多场，许丹红先后获浙江省第二十一届春蚕奖，浙江省首批班主任工作室领衔人，全国文明礼仪优秀辅导员，嘉兴市第三、第四批名师，桐乡市第三届师德标兵等称号。

（陈中华）

【庄奎龙】　男，1962年6月出生，桐乡市洲泉镇人，1982年参加工作，中共党员，新凤鸣集团股份有限公司董事长、总裁、党委书记。2014年4月被浙江省政府授予“浙江省劳动模范”称号。庄奎龙工作敬业，作风务实，关心职工群众，在各子公司厂区设置意见箱和董事长热线，开展合理化建议活动，解决员工工作、生活方面的实际困难和问题。在庄奎龙的带领下，经过10多年的艰苦创业，企业由原来年产能不足8000吨的小厂发展成为集聚酯、涤纶纺丝、进出口贸易为一体的现代大型股份制企业，公司先后被授予“全国五一劳动奖状”、全国非公企业“双强百佳党组织”。国家低碳环保功能性长丝制造基地等称号，连续多年跻身中国民营企业500强、中国制造企业500强、浙江省百强企业、浙江省制造业百强企业、浙商全国百强之列。参与慈善事业，多次扶贫帮困、助医助学，用务实作风担当起一名企业家应尽的社会责任。

【张永根】　男，1961年2月出生、桐乡龙翔市街道人，董家茭白创始人、种茭能手和营销大户。现任桐乡市董家茭白专业合作社理事长。2014年4月被浙江省政府授予“浙江省劳动模范”称号。1987年张永根从杭州郊区崇贤引进“梭子茭”茭白种苗，试种0.027公顷获成功，随着产业结构不断壮大，1998年起，张永根尝试春茭大棚设施栽培，推广面积200余公顷，选育的耐低温型茭白新品种“龙茭2号”，推广面积60%以上。同时充分发挥基地内7500吨茭白保鲜库作用，使董家茭白市场供应期从原先的不足5个月延长到9个多月。2006年12月当选合作社理事长以来，通过建立机制、规范运作、完善管理、强化服务，努力完善“合作社＋基地＋农户”联结市场的产业经营模式，推动龙翔街道茭白生产由“一村一品”向“一镇一品”方向

发展，合作社年销售额由成立初的1602.4万元增加到3239.6万元。

【钟耀权】 男，1970年4月出生，桐乡市河山镇人，1989年6月参加工作，2008年被认定为“数控高级车工”，2009年通过“技师”职业资格鉴定。现任桐乡市恒泰精密机械有限公司生产技术部部长。2014年4月被浙江省政府授予“浙江省劳动模范”称号。钟耀权工作认真负责、勤奋肯干、虚心好学，所参与研发的科技项目多次获奖，其中：省级科技进步奖1次，嘉兴市科技进步奖一等奖3次，桐乡市科技进步奖一等奖3次，嘉兴市级科技进步奖二三等奖4次和桐乡市级科技进步二等奖5次。参与研发的科技项目也为公司创造出良好经济效益，2003年参与SPV716中空铝合金活塞如今每年为公司新增5000万元销售收入，2010年参与研发的PXE活塞项目研发成功，2013年为公司创造约15000万元的销售收入，对推动公司技术进步、提升公司实力，增强公司竞争力作出贡献。钟耀权先后获“浙江省优秀职工”“嘉兴市劳动模范”“嘉兴市杰出职工”“桐乡市劳动模范”“桐乡市勇克时坚杰出职工”“桐乡市金牌职工”等称号。

【顾娟文】 女，1969年6月出生，桐乡市崇福镇人，助理会计师，1985年参加工作。现任桐乡市农村信用合作联社崇福信用社副主任兼会计主管。2014年4月被浙江省政府授予“浙江省劳动模范”称号。30年来，顾娟文严守财经纪律，勤政务实，刻苦钻研业务知识，培养出一批又一批的业务能手，在桐乡联社的业务技能比赛中崇福信用社连续十届获团体第一名。在顾娟文的努力下，崇福信用社2009年获浙江省会计基础等级一级社，成为嘉兴地区首家获此项荣誉的信用社。顾娟文先后获浙江省“农村合作金融机构优秀会计辅导员”“嘉兴市劳动模范”“桐乡市劳动模范”、桐乡市职工职业道德建设“十佳标兵”等称号。

（王　鲁）

【蒋利娟】 女，1970年6月出生，桐乡市高桥镇人，1997年参加工作，本科学历，高级教师职称。骑塘中心学校初中部教师，桐乡市初中语文学科带头人，桐乡市人大代表。2014年9月被教育部授予“全国优秀教师”称号。蒋利娟一直在农村学校任教，工作认真执着，在作文教学方面潜心研究，不断改进教学方法，形成一套自己独特的作文教学方法。根据农村学生阅读量少的特点，在语文教学规划中增加学生的阅读量，增加学生课堂习作机会，提升学生写作能力和语文素养。所任教的班级，语文成绩优秀。在蒋利娟悉心指导下，学生在“新视野杯”阅读竞赛、“语文报杯”作文大赛中，多次获国家级、省级、嘉兴市级不同奖项，从2010年至今连续获“语文报杯”写作指导一等奖、特等奖。所带领的年级组团队，连续三届学生在桐乡市文理联赛中获团体二等奖。在2014年中考中，上省一级重点中学比例高达40%。蒋利娟曾获嘉兴市中小学“优秀班主任”称号。

（陈中华）

【蒋惠玲】 女，1962年1月出生，浙江省平湖市人。大学本科学历，中共党员，1979年10月参加工作，现任中共桐乡市委副书记、政法委书记。2014年3月被浙江省委、省政府授予“2012～2013年度全省社会管理综合治理先进个人”称号。任现职期间，牵头实施“安康家园行动计划”，切实做好政法各项工作。推动开展重大决策社会稳定风险评估和涉稳事件事后处置评估工作。认真落实全员维稳责任制，创新开展“全员维稳进网格”活动。加强大调解体系建设，健全应急预案，增强维稳应急处置能力，成功举办基层突发事件应急处置综合演练，得到中央维稳办、省、嘉兴市领导充分肯定。巩固提升社会服务管理中心规范化建设成果，深入推进“网格化管理、组团式服务”工作，抓好镇（街道）政法委等基层政法综治组织建设。深入推进社会治安防控体系建设，强化新居民和特殊人群服务管理，预防

减少各类案（事）件发生。督促做好社会公共安全监管，实现重大安全生产事故零发生。以创新思维推动社会管理向社会治理转变，牵头抓好法治、德治、自治“三治合一”基层社会治理实践，推动系统平安创建与平安村（社区）等基层创建，组织开展“平安大巡防”“系列大宣传”等活动，做好“公众参与、提升三率”工作，为桐乡市获2013年度嘉兴市平安创建工作先进县（市、区）、夺取“平安市”九连冠称号作出了贡献。

（姚晓青）

逝世人物

【张　伸】（1930.7—2014.1）男，山东省诸城市人。1946年2月参加革命，并加入中国共产党。曾任新四军1师3营3连通信员，华东军区警卫旅2团3营通信员，南下纵队司令部通信员，杭州市军管会排长。转业到地方后，曾任浙江省委办公厅事务长，崇德县城关区粮管所副所长，崇德县石门中心站站长，农业局种子公司炉头公社组长，炉头、大麻粮管所组长，桐乡县崇福粮管所组长，崇福油厂保管员、储运科副科长、科长。1990年9月离休。

【王士诚】（1921.6—2014.2）男，浙江省嘉兴市人。1949年5月参加革命。曾任崇德县城关区粮库会计，崇德县粮食局会计、财务计划股股长、购销股股长，桐乡县粮食局财计股股长。1979年11月退休，1982年4月改办离休。

【杨　乔】（1920.1—2014.2）男，浙江省桐乡市人。1947年9月参加革命，并加入中国共产党。曾任香港《华商报》秘密电台中文电讯负责人，香港新华社中文编辑电台副台长，广州新华社华友总分社编辑组长，广州南方日报社、上海解放日报社编辑，中央人民广播电台对台湾广播编辑部编辑、党支部副书记。1983年9月离休。

【许中乃】（1931.12—2014.2）男，浙江省桐乡市人。1949年2月参加革命，并加入中国共产党。曾任皖北巢湖军分区和皖北军区干训队学员，皖北警备1旅、华东警备14旅、24军71师、空军供应大队和空军独立2团会计，空军长沙大托铺基地助理员、副科长，空军高炮独7师科长。转业到地方后，曾任仙居县商业局副局长。1992年1月离休。

【孙德章】（1925.12—2014.3）男，山东省荣成市人。1947年7月参加革命，并加入中国共产党。曾任山东省荣成县4区区中队战士、副班长，新6师特务营炮兵连班长，32军94师特务营炮兵连班长、副排长，27军81师炮兵团参谋、一营参谋、管理员、二营参谋、军士教导连连长，炮兵361团司令部作训股副股长、战防炮营副营长，炮兵130团司令部侦查股股长。转业到地方后，曾任桐乡县乌镇供销社主任，屠甸镇总支书记，社教工作队队员，西山煤矿主任，南皋桥煤矿组长，桐乡县计划经济委员会干部。曾获解放奖章1枚，朝鲜奖章1枚，立三等功4次。1984年6月离休。

【陆向贤】（1931.8—2014.4）男，浙江省桐乡市人。1949年6月参加革命。曾任贵州省军区二野司令部电台实习生，解放军第20兵团司令部电台报务员、台长、排长。转业到地方后，曾任西藏自治区墨竹工卡县供销社总会计、副经理，浙江省桐乡县饲料公司办事员。曾立三等功1次。1991年8月离休。

【陈家德】（1916.12—2014.4）男，浙江省杭州市人。1949年9月参加革命。曾任解放军第三野战军7兵团教导团战士，华东军政大学浙江分校文工队队员、2大队7中队副区队长、4大队13队副区队长。转业到地方后，曾任杭州市工人技术学校、杭州工业学校政治教员，浙江机械专科学校教务员，杭州工学院机械系、浙江大学机械系政治干部，桐乡县第三中学、桐乡农业技术学校、钱林中学教师。1976年9月退休，1982年4月改办离休。

【毛祥兴】（1923.8—2014.5）男，浙江省江山市人。1948年8月参加革命。曾任苏北军区城市工作队队员，航务局副所长，南通城市工作队队员，嘉兴市船舶管理处所长，司法科看守所所长，浙江省人民法院嘉兴分院审判员，崇德县人事科干事、科员，卫生院政治指导员，县委组织部农村整党小组长、财贸部肃反办公室干事，桐乡县委农村工作队队员，崇福镇政府干部。1979年11月退休，1982年4月改办离休。

【钟志民】 （1925.2—2014.5）男，山东省乳山市人。1942年7月参加革命，并加入中国共产党。曾任山东省乳山县崖子区公所文书，乳山县邮局发行会计、南萸邮局局长，浙江省崇德县邮电局局长、党支部书记，桐乡县邮电局局长、党支部书记，西山煤矿副矿长，嘉兴地区长途电信线务站站长、党支部书记。1982年12月离休。

【吉岱云】 （1929.7—2014.6）男，江苏省盐城市人。1949年8月参加革命。曾任崇德县委工作队、财粮科工作人员，工委宣传干事，建设科、农林科文书，留良公社财务委员会干事，桐乡县建筑公司干部，崇福财税所农村专管员。1989年8月离休。

【万连芳】 （1929.9—2014.6）男，安徽省临泉县人。1948年6月参加革命，并加入中国共产党。曾任平湖国税稽征所办事员，桐乡县税务局副局长，采购局局长，二轻工业局（总公司）局长、书记，屠甸、乌镇税务所所长，乌镇镇、梧桐镇、崇福镇党委书记，灵安公社、濮院镇革委会主任、党委书记，县委办公室主任，宣传部副部长，统战部副部长，老干部局局长，县第九届人大常委会委员、党组成员，人大常委会法制工作委员会主任。1990年12月离休。

【朱炳生】 （1928.7—2014.6）男，浙江省桐乡市人。1947年8月参加革命，并加入中国共产党。曾任晋察热辽第8纵队22师教导队学员，炮兵营2连副班长、班长，45军133师炮兵营2连副排长，46军133师炮兵营3连，炮兵2团2营6连，野榴炮团2营6连排长，516团3营7连排长，8连副连长，516团122榴炮营2连、3连连长，榴炮营副营长，138师炮兵团司令部副参谋长。转业到地方后，曾任梧桐米厂（国营桐乡粮食加工厂）党支部副书记、厂长、调研员。1988年11月离休。

【朱　安】 （1932.1—2014.8）男，浙江省桐乡市人。1949年7月参加革命。曾任桐乡县屠甸区粮库会计，乌镇区公所统计干事、会计，共青团桐乡县委宣传干事，县人委卫生科、炉头公社卫生院、屠甸区卫生所、县卫生防疫站、药品监督检验所会计，第二人民医院总务兼伙食团会计，血吸虫病防治院总务，药品监督检验所会计。1992年3月离休。

【刘乃孝】 （1928.11—2014.11）男，山东省昌邑市人。1944年2月参加革命，并加入中国共产党。曾任山东省昌潍独立营1连通信员、班长。转业到地方后，曾任山东省羊口工商局通信员，海关检查员，宁波市贸易公司范市接运站业务员、站长，平湖县税务局副股长，乍浦镇镇长，桐乡县油脂公司经理，五金公司副主任，商业局燃料五金公司党支部副书记、副经理，燃料公司副经理，浙江省石油公司桐乡县公司调研员。1989年3月离休。

【施永泉】 （1928.5—2014.11）男，浙江省湖州市人。1949年5月参加革命。曾任湖州城北区中队战士、班长，嘉兴军分区警卫连、警备团3营7连、华东新训10团4营13连班长。转业到地方后，曾任湖州税务局地方税务股办事员，湖州丝绸公司菱湖仓库保管员，绍兴市中百公司百货门市部营业员，嘉兴地区土产公司办事员，崇德县委合作部职员、税务局办事员、中食公司办事员，桐乡县烟糖公司采购员，桐乡蔬菜厂业务员。1985年6月离休。

【苏良益】 （1923.11—2014.11）男，浙江省遂昌县人。1949年5月参加革命，并加入中国共产党。曾任嘉兴地区税务局、桐乡县濮院税务站办事员，屠甸税务所办事员、副所长、所长。1987年3月离休。

【张大升】 （1923.11—2014.11）男，浙江省桐乡市人。1940年7月参加革命，并加入中国共产党。曾任崇德县委组织部干事，灵安区公所副区长，纪律检查委员会秘书，崇德县人民政府企业科副科长、工商科科长，中国人民银行崇德支行行长，崇德县财贸部副部长、粮食局局长，桐乡县粮食局局长，自来水厂党支部书记，崇德丝厂厂长、党支部书记。1979年6月退休，1981年1月改办离休。

（潘连城）

国民经济统计资料

总户数总人口

表 50

	计算单位	2014 年	2013 年	2014 年为 2013 年%
一、年末总户数(户籍数)	户	186402	185450	100.5
二、年末总人口(户籍人口)	人	686778	682772	100.6
#非农业人口	人	271776	269114	101.0
农业人口	人	415002	413658	100.3
总人口中:				
男	人	339758	338217	100.5
女	人	347020	344555	100.7
性别比(以女性为 100)	%	97.9	98.2	99.7
总人口中:				
18 岁以下	人	101062	101770	99.3
18—35 岁	人	143588	142734	100.6
35—60 岁	人	286966	290987	98.6
60 岁以上	人	155162	147281	105.4
总人口中:				
镇人口	人	465148	464071	100.2
街道人口	人	221630	218701	101.3
三、迁入人口	人	6638	6892	96.3
#省外迁入	人	2969	2702	109.9
四、迁出人口	人	4630	4628	100.0
#迁往省外	人	778	735	105.9
五、全年出生人口	人	7021	5553	126.4
出生率	‰	10.25	8.15	125.8
六、全年死亡人口	人	4963	4886	101.6
死亡率	‰	7.25	7.17	101.1
七、全年自然增长人口	人	2058	667	308.5
自然增长率	‰	3.00	0.98	306.1
八、暂住人口(12 月末)	万人	39.61	39.97	99.1

注:资料来源于市公安局、新居民局

城乡个体户基本情况

表 51

	户数（户）	从业人数（人）	注册资金（万元）
城乡总计	50368	106781	359354
#城镇合计	22061	45332	127097
#农村合计	28307	61449	232257
1.农、林、牧、渔业	337	1232	22625
2.采矿业			
3.制造业	6954	30848	62122
4.电力、燃气及水的生产和供应业	3	13	53
5.建筑业	54	214	532
6.交通运输仓储邮政业	2174	2765	9937
7.信息传输业	78	110	127
8.批发零售业	32438	52423	208598
9.住宿餐饮业	3673	9123	25951
10.金融业			
11.房地产业	41	64	124
12.租赁和商务业	281	567	1960
#广告业			
13.科研技术服务和地质勘查业	95	175	443
14.水利、环境和公共设施管理业	52	96	157
15.居民服务和其他服务业	3744	7841	18375
16.教育	8	29	72
17.卫生社保和社会福利业	43	117	504
18.文化体育和娱乐业	238	972	7551
19.其他	155	192	223

注:统计范围为在市场监管局注册登记的所有个体经营户

主要年份规模以上工业企业主要经济指标

表 52

	计量单位	2000	2009	2010	2011	2012	2013	2014
企业个数	个	196	1376	1590	713	854	982	1057
＃亏损企业个数	个	11	170	160	80	96	79	69
工业总产值	万元	1129117	6908573	9545111	11075680	11329638	12547273	13671035
＃新产品产值	万元	217969	1505035	1989792	2651876	3128872	5042254	5752071
工业销售产值	万元	1114140	6737798	9461246	10907559	11183469	12240122	13397704
＃出口交货值	万元	247400	974901	1324877	1485345	1544982	1583300	1842032
工业增加值(生产法)	万元	243773						
全部职工年平均人数	人	57915	144213	153056	123998	129577	132415	136163
利税总额	万元	113379	431607	820163	912609	839613	1031896	1165722
＃利润总额	万元	64690	265294	563799	582376	437198	558689	702513
亏损企业亏损额	万元	804	21056	19659	20218	22052	22746	18182
主营业务收入	万元	1079233	6538026	9485199	10909550	10998193	12173498	13208242
流动资产年平均余额	万元	373725	3121059	4049112	4171039	4644555	5544812	5928926
固定资产净值年平均余额	万元	324183	2642520	2860380	2927631	3571095	3716482	3976089
资产总计	万元	802837	6343512	7816303	8164189	9284483	10881131	11936628
负债总计	万元	455109	3807273	4568937	4476923	5127362	6326910	6854327
产品销售率	%	98.67	97.53	99.12	98.48	98.71	97.55	98.00
资产负债率	%	56.69	60.02	58.45	54.84	55.23	58.15	57.42
成本费用利润率	%	6.35	4.20	6.29	5.46	4.12	4.80	5.61
工业增加值率	%	18.44						
企业亏损面	%	5.61	12.35	10.06	11.22	11.24	8.04	6.53
亏损率	%	1.23	7.35	3.37	3.36	4.80	3.91	2.52
新产品产值率	%	19.30	21.79	20.85	23.94	27.62	40.19	42.07

注:“流动资产年平均余额”和“固定资产净值年平均余额”从2009年起调整为“流动资产”和“固定资产净值”

固定资产投资完成情况

表 53　　单位:万元

	2008	2009	2010	2011	2012	2013	2014
全社会固定资产投资额	1398068	1636247	2112601	2157390	2552250	3096814	3723334
#限额以上投资	927946	1362549	1773234	2157390	2552250	3096814	3723334
#工业生产性投入	856825	953294	1121599	1071434	1227732	1452807	1747931
一、按报表种类分组							
1.国有及城镇投资项目	545180	570535	594181	493027	603920	713439	870077
2.农村非农户投资项目	573382	740380	1021237	1000690	1324339	1473508	2128272
3.房地产开发	201230	240056	396972	663673	623991	909867	724985
4.农村农户私人投资	78276	85276	100211				
二、按经济组织类型分组							
1.国　有	106460	137771	214060	241793	245023	286215	446229
2.集　体	47815	114151	144605	117024	126172	69712	248074
3.其他有限责任公司	391032	511658	803700	601484	1056073	1002880	869304
4.私　营	457120	490252	596734	918342	901943	1373998	1728581
5.港澳台商投资	64859	58594	62980	73580	101239	252920	210565
6.外商投资	221592	222028	158081	143369	97452	84118	117361
7.其　他	109190	101793	132441	61798	24348	26971	103220
三、按三次产业分组							
第一产业	13204	37760	51690	20111	20149	31101	36876
第二产业	858716	955515	1132691	1083326	1249596	1461778	1750366
#能源工业	52467						
第三产业(含农户建房)	526148	642972	928220	1053953	1282505	1603935	1936092

注:2000～2010 年统计范围为计划总投资 50 万元及以上项目,2011 年开始为计划总投资 500 万及以上项目

主要年份社会消费品零售总额

表 54　　　　　　　　　　　　　　　　　　　　　　　　　　　　单位:万元

	2000	2009	2010	2011	2012	2013	2014
合　　计	400923	1379987	1571168	1867040	2160803	2386274	2686632
一、按销售地区分							
市	114380	646781	1290007	1561570	1828950	1998453	2258378
市以下	286543	733206	281160	305470	331853	387821	428254
二、按行业分							
批发零售业	341719	1185271	1279264	1509802	1747206	1985505	2250778
#限额以上企业	48505	215917	239651	335515	389692	435275	534293
限额以下企业及个体户	293214	969354	1039612	1174287	1357513	1550230	1716485
#批发业		46209	74126	99923	109343	106994	117757
零售业		1139063	1205137	1409879	1637863	1878511	2133021
住宿餐饮业	25433	137980	176713	207871	244537	280678	306354
#限额以上企业		21701	31044	41383	43751	43951	37753
限额以下企业及个体户		116279	145669	166488	200786	236727	268601
其他	33771	56735					
异地零售额			115191	1493967	169060	120091	129500

注:1. 限额以上指批发业年主营业务收入 2000 万元以上,零售业年主营业务收入 500 万元以上,住宿餐饮业年主营业务收入 200 万元以上;

2. 2010 年零售额的分组中不包括其他栏,并且单列了异地在桐产业活动单位的零售额;

3. 2010 年按销售地区分城镇和乡村,与以前年份的分组方式不同

外向型经济主要指标一览

表 55

	计算单位	2000	2009	2010	2011	2012	2013	2014
一、当年新批三资企业	家	24	29	43	33	28	29	33
累计批准三资企业	家	314	907	950	983	1011	1040	1073
累计投产(开工)三资企业	家	127	520	563	464	492	521	529
二、当年新批三资企业总投资	万美元	6569	44584	71248	61915	46500	75078	66240
累计总投资	万美元	43991	481810	553058	614973	661473	736551	802791
三、新批三资企业注册资本	万美元	3883	27026	38969	32725	25700	38241	46377
累计注册资本	万美元	31623	283633	322602	355327	381027	419268	465645
五、当年合同利用外资	万美元	3700	28308	38664	38118	32963	38494	46881
累计合同利用外资	万美元	19783	241439	280103	318221	351184	389678	436559
六、当年实际利用外资	万美元	1434	16899	24758	20229	22693	23928	33123
累计实际利用外资	万美元	8154	113741	138499	158728	181421	205349	238472
七、引进技术设备投产项目	项	29	75	97	26			
全年实际用外汇	万美元	2928	9003	24642	11635			
八、全市进出口总值	万美元	30883	203913	293070	388221	386160	413791	428657
#进口总值	万美元	6446	62277	108231	148834	130882	144416	122334
出口总值	万美元	24437	141636	184839	239387	255278	269375	306322
#外贸自营出口	万美元	20740	61880	75119	98858	142474	162778	185014
外商投资企业出口	万美元	3697	79756	109720	140529	112804	106597	121309

注:资料来源于市商务局、经信局

主要年份财政一般预算收入

表 56 单位:万元

	2000	2009	2010	2011	2012	2013	2014
总　　计	78568	444471	530024	674624	759870	814935	890539
一、中央级收入	48959	218737	246975	311754	342226	359634	398637
增值税	41031	162732	161181	179152	203553	232864	249361
消费税	869	338	484	587	931	1165	1020
企业所得税	5040	37502	64110	105126	111911	92887	112366
个人所得税	2019	18165	21200	26889	25831	32718	35890
二、地方级收入	29610	225734	283049	362870	417644	455301	491902
增值税	13677	54244	53727	59717	67958	82783	90524
营业税	7359	62808	88247	90739	106432	110798	117856
企业所得税	3360	25001	42740	70084	74607	61924	74910
个人所得税	1346	12110	14133	17926	17221	21812	23926
城市维护建设税	2671	12065	15239	25117	24336	26362	27986
房产税	1800	11454	11183	15049	17500	23990	26514
其他税收	797	36379	57978	72421	72133	91047	92332
农业四税	2514	3456	5875	9121	27042	14026	7424
＃耕地占用税	176	3385	5820	9065	26928	13921	7340
国有企业亏损补贴	−8420	−9500	−22000	−19100	−15900	−9000	−7000
行政性收费收入、罚没收入及其他	2847	10386	6823	7984	13615	18090	22542
专项收入	1659	7033	8723	13143	12322	13181	14731
国有资源(资产)有偿使用收入		199	381	669	378	288	157

注:2000 年的数据按照现行口径进行了调整。资料来源于市财政局(地税局)

主要年份财政一般预算支出

表 57 单位：万元

	2000	2009	2010	2011	2012	2013	2014
总　计	36997	250918	301962	380042	412294	471587	524198
#民生支出	24946	182652	240213	302288	327345	374829	421890
1.一般公共服务	7441	33430	35118	42406	47557	50964	50126
2.外交							
3.国防	0	552	552	663	681	709	775
4.公共安全	1972	19866	24952	27509	30031	32740	36176
5.教育	8723	68157	85645	107240	126178	136680	152931
#教育费附加支出		5857	7167	10276	10182	14059	8167
6.科学技术	1096	10226	13517	16549	17817	19863	22442
7.文化体育与传媒	1346	6312	10010	9479	10188	11146	13071
8.社会保障和就业	1065	11981	15917	21656	24273	26315	31190
9.医疗卫生	2787	16107	23445	28337	29646	34117	45873
10.环境保护	316	10364	13897	17190	18688	20852	24012
#排污费支出	316	1232	1073	2335	1199	1833	2110
11.城乡社区事务	5123	17854	24679	38785	28432	44384	41263
12.农林水事务	2518	19745	25894	34646	38937	45297	52615
13.交通运输	888	27237	13614	19496	20726	25338	31339
14.地震灾后恢复重建支出		2040	2257				
15.住房保障支出				897	3155	3435	2317

注：1.民生支出是指地方财政支出中用于社会保障和就业、教育、文化体育传媒、医疗卫生、公共安全、环境保护、科学技术、城乡社区事务、农林水事务、地震灾后恢复重建、住房保障的支出；
2.2000 年的数据按照现行口径进行了调整

文件选编

重要文件选载

中共桐乡市委关于贯彻落实党的十八届三中全会精神全面推进“五位一体”改革的决定

桐委发〔2014〕4 号
（2014 年 1 月 8 日）

根据党的十八届三中全会以及省委十三届四次全会精神，经市委研究，现就我市推进“五位一体”改革，作出如下决定。

一、推进“五位一体”改革的总体要求

1. 重大意义。改革是中国发展的最大红利。在我市推进经济建设、政治建设、文化建设、社会建设、生态文明建设五个方面重点领域的改革，是贯彻落实党的十八大提出的“五位一体”总体布局的要求，是十八届三中全会通过的《中共中央关于全面深化改革若干重大问题的决定》核心改革内容在桐乡的生动实践，是加快桐乡科学发展、和谐发展的重大举措。

2. 指导思想。高举中国特色社会主义伟大旗帜，以马克思列宁主义、毛泽东思想、邓小平理论、“三个代表”重要思想、科学发展观为指导，牢牢把握贯彻党的十八大和十八届三中全会精神主线，按照市第十三次党代会提出的“改革走在前列、发展绩效突出、社会管理一流、人民群众满意”的奋斗目标，根据桐乡改革发展实际，努力发挥自身优势，率先改革，争创桐乡科学发展体制机制新优势。

3. 目标任务。通过“五位一体”改革，坚决破除各方面体制机制弊端，推进我市治理体系和治理能力现代化，进一步解放和发展社会生产力、解放和增强社会活力，开创桐乡经济发达、政治民主、文化繁荣、社会和谐、生态文明的科学发展新局面。

——深化经济领域改革，发挥市场在资源配置中的决定性作用，坚持和完善基本经济制度，加快完善现代市场体系、宏观调控体系、开放型经济体系，加快转变经济发展方式。重点推进旅游综合改革、农村土地改革和农村金融改革，促进经济更有效率、更加公平、更可持续的发展。

——深化政治领域改革，紧紧围绕坚持党的领导、人民当家作主、依法治国有机统一深化政治体制改革，加快推进社会主义民主政治制度化、规范化、程序化。重点推进民主协商、党政协同和权责协调工作，加快发展更加广泛、更加充分、更加健全的人民民主。

——深化文化领域改革，加强社会主义核心价值体系建设，完善文化管理体制和文化生产经营机制，健全现代公共文化服务体系、现代市场体系。重点推进以文化人、以文惠民和以文兴业，提升文化感化力、普惠力、生产力。

——深化社会领域改革，推进社会领域制度创新，促进社会公平正义，保障和改善民生。重点推进德治、法治、自治建设，加快社会管理向治理转变，确保社会既充满活力又和谐有序。

——深化生态领域改革，加快建立生态文明制度，健全资源节约利用、生态环境保护的体制机制，促进人与自然和谐发展。重点推进生态有偿、生态补偿和生态赔偿机制改革，建设美丽桐乡。

二、坚定不移推进经济领域改革

4. 加快旅游综合改革。紧紧抓住国家旅游综合改革试点重大机遇，扎实推进“双十双百双千”工程，以旅游业发展驱动新型工业化、新型农业化、新型城镇化和服务业现代化，努力建设“中国旅游第一大县”“世界知名旅游城市”。推进旅游领导体制改革，完善旅游发展重大事项协调机制，建立旅游项目领导联系制度，形成旅游发展高效运转体系。推进旅游管理体制改革，整合资源，打破部门条块界限，健全市、镇（街道）、村三级旅游管理体制，构建大旅游、大管理格局。推进旅游投融资体制改革，加大对旅游的投入力度，充分发挥财政资金导向作用，完善政策激励机制，广泛吸收社会资本参与旅游建设，推动旅游大发展。

5. 加快农村土地改革。创新农业发展用地机制，积极培育现代农业经营主体，加快发展以家庭农场为基础的庄园经济，推动农业转型升级。加快农村土地产权制度改革，保障农户宅基地用益物权，探索建立农村宅基地置换、有偿退出、有偿使用的机制，探索农民增加财产性收入渠道。推进土地流转机制改革，建立完善市、镇（街道）、村三级土地流转平台，加大对土地大规模流转的扶持奖励力度，探索建立土地流转风险防范和保障制度，促进农村土地有序流转。推进农业经营方式创新，鼓励农民以土地承包经营权入股形式发展农业产业化。

6. 加快农村金融改革。健全金融服务“三农”机制，促进金融创新，助推农村经济社会发展。创新金融服务平台，大力培育发展村镇银行、农村资金互助社、民间融资服务中心等新型农村金融组织，丰富金融市场层次和产品。优化融资环境，积极发展面向农民的普惠金融，推进城乡金融服务均等化。完善政策性农业和农房保险制度，建立巨灾保险制度，积极发展农民互助保险。多渠道推动股权融资，鼓励社会资本投向农村建设。创新金融监管制度，有效防范金融风险。

三、坚定不移推进政治领域改革

7. 加强民主协商。进一步发挥人大、政协、统一战线作用，加快建立多元化的民主协商机制，广集民智，增强合力。探索建立新型的公共政策协商载体，坚持协商于决策之前和决策之中，强化事后评估。完善民主监督机制，探索开展会议协商监督、民主监督员监督、民主评议监督等。完善基层党组织领导的充满活力的村民自治、社区居民自治和企事业单位民主管理制度，健全基层选举、议事、公开、述职、问责等机制。

8. 加强党政协同。充分发挥党委总揽全局、协调各方作用，注重改进党的领导方式和执政方式，科学界定党委、政府工作职责，探索建立县级党政权力分工职责体系，确保党委、政府各司其职，各负其责。完善市委常委会、全委会议事规则和决策程序，努力把市委打造成为“高瞻远瞩、坚定清醒、风清气正、奋发有为”的坚强领导核心。优化政府机构设置、职能配置、工作流程，完善决策权、执行权、监督权既相互制约又相互协调的行政运行机制，确保市委各项决策部署落实到位。探索构建县级党政领导力模型，提高各级领导干部的执政能力。

9. 加强权责协调。加快转变政府职能，进一步厘清政府权责边界，全面履行公共服务、市场监管、社会管理、环境保护等职责。深化行政审批制度改革，秉持“简政要减得干净，放权要下得彻底”的原则，减少审批事项、优化审批程序、提升审批效能。建立健全政府购买服务的体制机制，正确处理上下级政府的关系，政府与市场的关系，政府与社会的关系，提高政府公共服务的水平。完善发展成果考核评价体系，科学设置考核指标，加大个性化考核力度。

四、坚定不移推进文化领域改革

10. 坚持以文化人。积极开展以“四型”社会、“四好”家庭、“五有”市民建设为主要内容的文明素质提升工程，把社会主义核心价值体系建设融入到文化建设全过程，着力建设品德桐乡、品质桐乡、品味桐乡。健全坚持正确舆论导向的体制机制，加强意识形态引导的有效性。强化组织文化建设，建立健全社区教育制度。深入挖掘桐乡名人文化，积极推进优秀文化传承体系建设。开展文化精品培育工程，增强文化感化力。

11. 坚持以文惠民。建立公共文化服务体系建设协调机制，统筹服务设施网络建设，促进基本公共文化服务标准化、均等化。实行公共文化产品供需对接、有效竞争机制，鼓励社会力量、社会资本积极参与，培育文化非营利组织，推动公共文化服务社会化发展。完善文化设施网络建管用机制，分类分层推进覆盖城乡的文化设施网络建设。实施基本公共文化服务提升计划，以农村为重点继续推进重大文化惠民工程，深入推进农村文化礼堂建设，推进群众性文化活动广泛开展。创新公共文化服务机制，探索公共文化设施共建共享模式，推动数字文化服务网络建设。

12. 坚持以文兴业。完善文化产业发展机制，提高文化产业规模化、集约化、专业化水平。完善文化市场准入和退出机制，鼓励各类市场主体公平竞争、优胜劣汰。完善文化经济政策，加快文化产业投融资服务体系建设，鼓励文化企业发展，积极培育骨干文化企业。加快文化产业与其他产业融合发展，鼓励发展文化创意产业。加快资源要素整合和文化产业平台建设，吸引集聚更多更好的文化产业项目和优秀文化人才入户桐乡。推进文化企事业单位内部改革，提高文化开放水平。

五、坚定不移推进社会领域改革

13. 推进德治建设。大力推进公民道德建设工程，建设社会诚信体系，健全褒扬激励机制和道德失范矫正机制，努力营造好人好事要表扬，坏人坏事要曝光的浓厚氛围。完善道德评判体系建设，设立市、镇（街道）、村三级道德评判组织，组织开展各类群众性精神文明评创活动，发挥先进模范和榜样的带动作用。大力整合资源，设立民间道德基金，营造健康向上的社会氛围，培育奋发进取、理性平和、开放包容的社会心态，提升社会文明程度。

14. 推进法治建设。加大“法治桐乡”建设力度，努力运用法治思维和法治方式分析问题、化解矛盾。健全社会普法教育机制，增强全民法制观念。普遍建立法律顾问制度。完善规范性文件、重大决策合法性审查机制。全面推进依法行政，完善行政执法程序，强化行政执法监督，切实规范执法自由裁量权。健全网络突发事件处置机制，加强网络舆情研判导控服务机制建设，形成正面引导和依法管理相结合的网络舆论工作格局。强化法治保障合力，落实国家司法体制改革各项举措，确保依法独立公正行使审判权、检察权。改革信访工作制度，建立涉法涉诉信访依法终结制度。

15. 推进自治建设。健全基层群众自治机制，扩大基层群众自治范围，努力实现自我管理、自我服务、自我教育、自我监督。健全基层社会服务管理机制，扎实推进镇（街道）社会服务管理中心规范化建设，建立健全新型城乡社区（村）管理机制和基层综合服务平台。加强社区、社团、社工“三社”建设，大力培育社会组织，激发社会组织活力。培育各具特色的基层志愿者服务团队，打造红色义工之城。

六、坚定不移推进生态领域改革

16. 建立生态有偿机制。坚持使用资源付费原则，健全土地、能源、水节约集约使用制度，完善有利于资源节约和环境保护的资源价格形成机制。完善排污权交易制度，扩大排污权交易范围，结合“森林桐乡”建设，探索建立碳排放交易机制。探索排污权流动机制，实行总量控制激励机制。加快建立排污权交易网络平台和有效的监管体系，促进排污权交易工作有序开展。进一步完善环境保护政策法规标准体系，完善环评机制，提高项目准入门槛，减少排污量。

17. 建立生态补偿机制。建立生态保护激励约束机制，确立生态补偿标准，建立生态环保财政转移支付制度。按照谁投资、谁受益的原则，建立吸引社会资本投入生态环境保护的市场化机制，推行环境污染第三方治理，支持鼓励社会资金参与生态建设，构建多方并举、合力推进生态建设的新格局。完善发展生态经济的激励机制，健全促进生态产业发展的政策体系，全面推行清洁生产，支持节能低碳产业和新能源、可再生能源发展。

18. 建立生态赔偿机制。建立和完善严格监管所有污染物排放的环境保护管理制度，实施“五水共治”，及时公布环境信息，健全举报制度，加强社会监督。保持环境执法高压态势，加大环境违法行为的查处和责任追究力度，依法依规对污染行为进行严厉处罚。坚持谁污染、谁赔偿的原则，对造成生态环境损害的责任者严格实行赔偿制度和生态修复制度。健全环保信用等级评价制度，将环保纳入企业信用等级监管体系。

七、切实加强对推进“五位一体”改革的领导

19. 完善领导体制和工作机制。市委成立“五位一体”改革领导小组，负责全市改革的总体设计、统筹协调、整体推进、督促落实，并在领导小组下面设立经济建设、政治建设、文化建设、社会建设和生态文明建设五个专项改革领导小组和办公室，具体负责五个方面改革的统筹推进工作。市人大常委会要依法对推进“五位一体”改革工作进行

监督。市政府要制订有关改革实施方案，并抓好组织实施。市政协要积极为推进“五位一体”改革建言献策。各镇、街道，各相关部门、单位也要建立相应的组织机构，负责本区域、本部门“五位一体”改革工作的推进和各项具体改革举措的有效落实。

20. 发挥人民主体作用。坚持党的群众路线，尊重群众意愿、汲取群众智慧、凝聚群众力量，充分调动人民群众参与“五位一体”改革的积极性、主动性、创造性。充分发挥工会、共青团、妇联等人民团体作用，鼓励基层和群众大胆探索创新，不断聚合推进“五位一体”改革的正能量。

21. 大力营造改革氛围。广泛开展“五位一体”改革重大意义、主要内容、具体举措的宣传和舆论引导工作，引导全市干部群众持续解放思想，始终保持勇于实践、勇于变革、勇于创新的良好精神状态。及时总结宣传在改革实践中涌现出来的成功经验和先进典型，为加快推进“五位一体”改革营造浓厚氛围。

中共桐乡市委关于扎实开展党的群众路线教育实践活动的实施意见

桐委发〔2014〕8 号

（2014 年 2 月 19 日）

根据中央和省委、嘉兴市委统一部署，我市党的群众路线教育实践活动（以下简称“教育实践活动”）从 2014 年 1 月开始，2014 年 9 月基本完成。参加单位主要是：市级领导机关，市级部门、市直单位及其所属企事业单位，镇（街道）、村（社区）、非公有制经济组织、社会组织和其他基层组织，驻我市未参加第一批教育实践活动的部分垂直（双重）管理单位。现提出如下实施意见。

一、把握总体要求

开展教育实践活动要以党的十八大和十八届三中全会精神为指导，认真贯彻习近平总书记系列重要讲话精神和中央、省委、嘉兴市委有关文件精神，突出作风建设，贯彻整风精神，着力解决人民群众反映强烈的突出问题，提高做好新形势下群众工作的能力，使党员干部思想认识进一步提高，作风进一步转变，党群干群关系进一步密切，为民务实清廉形象进一步树立，基层基础进一步夯实，推动各项工作再上新台阶。

（一）紧扣主题、把握方向。认真贯彻“照镜子、正衣冠、洗洗澡、治治病”的总要求，以为民务实清廉为主题，深入贯彻落实中央八项规定、《党政机关厉行节约反对浪费条例》，省“28 条办法”“六项禁令”，嘉兴市“28 条办法”和桐乡有关规定，着眼于“真学真改真觉悟，三远三进三合一”，坚持严的标准、严的措施、严的纪律，坚决反对形式主义、官僚主义、享乐主义和奢靡之风，对作风之弊、行为之垢来一次大排查、大检修、大扫除。

（二）突出重点、全员覆盖。以市级领导机关、领导班子和领导干部为重点，突出抓好镇（街道）领导班子、领导干部的教育实践活动，突出抓好直接联系服务群众的执法监管部门和窗口单位、服务行业的教育实践活动，注重抓好村（社区）、非公有制经济组织、社会组织等基层党组织的教育实践活动。

（三）讲求方法、注重实效。发扬“认真”精神，坚持正面教育为主，注重发挥群众积极性，注重强化问题导向，注重严格要求，注重分类指导，重实际、出实招、求实效，确保教育实践活动不虚不空不偏、不走过场。

（四）围绕中心、服务大局。把开展教育实践活动与深入实施“五大行动计划”、抓好“五水共治”、“三改一拆”、深化改革、旅游大县建设、产业转型升级、扩大有效投入等中心工作结合起来，与完成本地本单位的重点任务结合起来，切实做到两手抓、两不误、两促进。

二、明确重点任务

教育实践活动的主要任务是抓住反对“四风”这个重点不放，着力解决领导机关、领导班子和领导干部“四风”方面存在的突出问题。同时，回应群众关切，注重解决关系群众切身利益的实际问题，把改进作风的成效真正落实到党的基层组织和“末梢神经”。

（一）坚定理想信念，切实解决政治定力不足问题。大力弘扬“红船”精神，强化思想政治教育，增强政治定力，教育引导广大党员干部解决好“我是谁、为了谁、依靠谁”的问题，防止出现信仰缺失、道德缺范、工作缺位等“软骨病”。深入实施党员队伍“净化工程”，做到勤学党章、亮明身份、向党述职、积分管理、争当义工，切实保持思想纯洁。强化团队意识、凝聚团队合力、发挥团队作用，更好地激发全市党员干部干事创业的工作热情。

（二）突出重点，切实解决“四风”突出问题。坚持问题导向、动真碰硬，切实找准并认真解决“四风”方面存在的突出问题。市级领导班子和领导干部重点解决政绩观不正确，当“老好人”，担当精神不够等问题。市级部门、市直单位重点解决庸懒散拖、精神不振、推诿扯皮、落实不力等问题。执法监管部门和窗口单位、服务行业重点解决事难办、效率不高、执法不公等问题。镇（街道）领导班子和领导干部重点解决联系群众不密切，不作为、慢作为，得过且过、遇到矛盾绕着走等问题。村（社区）等基层组织重点解决服务群众意识和能力不强，办事不公、不透明等问题。

（三）以抓好“五水共治”为着力点，切实解决群众反映强烈的切身利益问题。坚持治污水先行，推动防洪水、排涝水、保供水、抓节水，以“五水共治”的实际成效取信于民。推进“三改一拆”，扎实开展“无违建县”创建，着力办好教育、就业、社会保障、医疗、住房等民生实事，花大力气解决生态环境、食品药品安全、安全生产、社会治安、执法司法、征地拆迁、基础设施建设等方面与老百姓生活密切相关的民生问题。畅通群众诉求表达渠道，加强与群众真诚沟通，做好信访积案、矛盾纠纷化解工作。进一步落实真正重视、真情关怀、真心爱护的要求，关爱基层，把更多的人力物力财力投向基层，想方设法解决困难群众的生产生活问题。

（四）深化基层服务型党组织建设，切实解决联系服务群众“最后一公里”问题。坚持“抓党建就是抓关键”，以青春党建、民生党建、网络党建、区域党建、党群共建为载体，进一步健全服务网络、构建服务平台、打造服务队伍、完善服务机制、提升服务能力。深入推进基层服务型党组织建设，扩大党的组织和工作覆盖，健全完善以“定点联系、定时下访、定期住夜、定责督办、定向评价”为主要内容的联系服务群众工作机制。深化行政审批制度改革，加强便民服务中心建设，建立健全百姓事“马上办”“公开办”“网上办”“预约办”等制度。深化“四联四强”走访服务活动、“进百村住千家联万户”实践活动、年轻干部“多岗锻炼、一线实战”活动，推行市级领导干部下访接访、镇（街道）干部住村住夜制度，完善为民服务“五承办”等制度。健全《勤政周记》《民情夜记》等民情收集办理制度，推动党员干部为民服务常态化。深化德治法治自治建设，健全村（社区）“百事服务团队”，开展“当一天社区干部”、在职党员进社区点亮“微心愿”，全力打造红色义工之城。深化“五好”服务型镇（街道）建设和党组织、党员“双先指数”管理。

三、抓实工作环节

坚持问题导向，坚持教育和实践并重，坚持边学边查边改，把学习教育贯穿始终，把整改落实贯穿始终，使教育实践活动各个环节工作有效衔接、相互贯通。

（一）学习教育、听取意见。重点是搞好学习宣传和思想教育，深入开展调查研究，广泛听取党员群众意见。

1.开展“三思三观”学习大讨论。结合实际，采取桐乡大讲堂、红色课堂、道德讲堂以及红色宣讲团送课下乡等形式，组织党员干部认真学习《中共中央关于在全党深入开展党的群众路线教育实践活动的意见》（中发〔2013〕4号）规定的学习内容，切实做到真学真懂真信真用。县处级领导干部和各镇（街道）、部门（单位）党组（党委）中心组成员还要认真学习《干在实处、走在前列》《之江新语》两本书，仔细研读习近平总书记《弘扬“红船精神”、走在时代前列》的署名文章。要紧扣党的群众路线时代内涵、本地本部门本单位为民务实清廉要求、“四风”具体表现和危害，结合“美丽幸福新桐乡”大讨论，组织党员干部深入开展专题讨论，深刻反思与百姓的感情深不深、与百姓的距离近不近、百姓在心中的分量重不重，牢固树立人民创造历史的唯物史观，以人为本、人民至上的价值观，立党为公、执政为民的执政观。开展党的组织制度、组织规范、组织纪律教育，引导党员干部增强党的意识、组织意识，增强组织纪律性，始终与党同心同德，忠诚于党、忠诚于事业、忠诚于组织。机关、事业单位的集中学习讨论时间不少于3天。其他基层党组织要运用灵活多样、务实管用的方法，通过上党课、开交流会、看教育片等形式，抓好基层党员干部的学习教育工作。广泛开展“向身边的典型学习”活动，营造学先进找差距改作风的浓厚氛围。

2.开展“三比三提”党员干部大轮训。在全市开展以“比学习、提素质，比作风、提形象，比服务、提能力”为主要内容的集中大轮训，采取专题讲座、警示教育、案例教学等形式，重点抓好党的十八大、十八届三中全会精神和习近平总书记系列重要讲话精神的学习辅导，让党员干部树立良好的从政道德和群众观点，强化宗旨意识、责任意识和危机意识，进一步提高认知水平，增强行动能力。市管科局级领导干部轮训不少于3天；村(社区)等基层党组织书记，开展换届后专题轮训。

3.开展“四联四强”大走访。着眼于基层走亲连心解忧，开展以“联群众、强感情、解民忧，联村组、强管理、促和谐，联企业、强服务、助转型，联项目、强投入、增后劲”为主要内容的大走访活动，把“面对面”与“背靠背”结合起来，把“个别听”与“集体谈”结合起来，把“走进群众听”与“组织群众评”结合起来，广泛听取意见，特别要听取工作对象和服务对象的意见。以“千名干部联千企”活动为抓手，深入联系企业、重点项目，主动听取基层意见，帮助解决实际问题；市级机关住村干部和镇(街道)党员干部要结合住村夜班等制度，经常听取党员群众的意见，要走遍所住村所有农户，镇(街道)党政主要负责人要走遍村(社区)及困难党员和困难户，及时解决群众生产生活中的实际困难。各地各部门各单位要重视来信来访等送上门的意见，用好纪检、组织、审计等工作渠道反映的情况，运用“三同步”工作听取意见的成果，统筹做好征求意见工作，防止相互征求意见搞“公文旅行”“文来文往”，防止到基层“一窝蜂”、重复征求意见。

(二)查摆问题、开展批评。坚持为民务实清廉要求，认真查摆“四风”突出问题，深入进行党性分析和自我剖析，以整风精神开展批评和自我批评。

1.找准找实“四风”问题。学习和对照《党章》，对照廉政准则，对照改进作风要求，对照群众期盼，对照先进典型，采取群众提、自己找、上级点、互相帮、集体议等方式，查找“四风”问题具体表现。坚持“千人正衣冠、万人来点评”，各地各部门各单位通过媒体公示、网络问效、行风热线和部门开放日等形式，及时公开信息、公开承诺、公布“三同步”整改情况，直面问题、直面矛盾，让群众“揭短”，让群众点评，进一步找准找实突出问题。要围绕关系群众切身利益的问题，组织相关部门开展专题电视访谈，扩大公众参与，真正集智于民。各级机关和企事业单位要对照《党政机关厉行节约反对浪费条例》以及有关规定进行检查，镇(街道)、村还要对照《农村基层干部廉洁履行职责若干规定(试行)》进行检查。

2.写深写透对照检查材料。各级领导班子和领导干部要对照“理论理想、党章党纪、民心民声、先辈先进”四面镜子，按照“书面条目式列出‘四风’问题具体表现和典型事例、深入谈心谈话找问题、深入剖析思想根源、研究提出整改措施”的“四步成像”要求，认真撰写对照检查材料。对“三公”经费支出、职务消费、人情消费、公务用车、办公用房、家属子女从业等情况作出说明，市和镇(街道)党政领导班子、班子成员还要对抓“五水共治”等涉及群众切身利益的重点工作落实情况作出说明；从理想信念、宗旨意识、党性修养、政治纪律、担当精神等方面剖析根源；明确努力方向和整改措施。主要负责同志要主持起草领导班子对照检查材料，并在一定范围征求意见。班子成员要自己动手撰写个人对照检查材料。上级党组织、党组(党委)负责同志和督导组要严格审核把关。

3.严肃认真开展批评和自我批评。市级领导班子、市级部门和市直单位领导班子、镇(街道)领导班子要以整风精神开好专题民主生活会。会前，要全面开展谈心谈话，坦诚交流沟通思想、推心置腹交换意见，谈心谈话不限时间、不定次数，既要肯定成绩，又要指出问题和不足。会上，要按照“人人说我、我说人人”的要求，开展严肃认真的批评和自我批评，既要揭短亮丑、动真碰硬，又要实事求是、出以公心，不借机发泄私愤、搞无原则纠纷。会后，要在一定范围通报民主生活会情况。其他基层党组织要开好组织生活会，开展民主评议党员工作，针对存在问题提出改进措施和办法；村(社区)党组织要进行对照检查。党员领导干部要参加下级单位领导班子的专题民主生活会，并以普通党员身份参加所在党支部的组织生活会。

（三）整改落实、建章立制。按照常规性问题加大力度解决、遗留问题集中攻坚解决、新发现问题及时跟进解决“三句话”整改思路，从一开始就改起、从身边具体事改起、从群众最不满意的事改起，以问题整改开局亮相，以问题整改保持动力，以问题整改交出答卷。领导班子要认真制定整改方案和措施，明确任务书、时间表和责任人；领导班子成员要制定个人整改措施。实行开门整改，向群众作出整改承诺，及时公布整改情况，请群众评价和监督。要坚持市镇村上下联动、以上带下、动真碰硬、攻坚克难，确保整改成效让群众看得见、感受得到、大多数人满意。

1.集中开展八项整治。不折不扣地落实中央和省委确定的专项整治任务，结合实际，突出抓好八项集中整治。一是集中整治“文山会海”。建立健全报批、备案等工作制度，坚决取消一切没有实质内容的会议、活动和文件，从严控制各类会议活动规模和时间，切实改进会风文风。二是集中整治“考核评比多”。梳理、调整、合并、取消考核评比表彰项目，科学设置考评内容，严格控制台账数量，切实减轻基层负担。三是集中整治窗口单位“办事难”。深化行政审批制度改革，着力整治门难进、脸难看、事难办以及消极应付、不作为等现象，切实解决慵懒疲沓以及侵害群众利益等问题。四是集中整治干部“怕担当”。贯彻落实《干部任用条例》，深化干部人事制度改革，对软、懒、散的领导班子进行整顿，加大调整不适宜担任现职干部力度，突出整治推诿扯皮、消极应付、办事效率低等衙门作风，重点解决干事创业劲头不足、服务意识不强、主动协调不力和自身建设要求不严等问题，提振党员干部精气神。五是集中整治“三公”经费管理不规范。加大对公款送礼、公款吃喝、奢侈浪费的整治力度，对各单位“三公”经费账单进行清查，对办公用房进行清理调整，切实规范领导干部工作和生活待遇。六是集中整治权力“不透明”。重点遏制公权滥用，深化“阳光工程”建设，全面梳理权力事项、办理事项，健全完善“三务”公开机制，常态化推进权力公开透明运行。对侵害群众利益的行为要下猛药、出重拳，一项一项整治，不达目的不罢休。七是集中整治村（社区）“机关化”。规范村（社区）主要干部办公用房，健全完善村（社区）干部经常联系走访群众工作制度，从机关部门入手，着力解决村（社区）牌子多、台账多、检查多等问题，让基层干部腾出更多精力直接联系服务群众。八是集中整治八小时外“不带头”。加强教育管理，培养积极健康的生活情趣，着力解决党员干部在居住地影响不好、自律不够、约束不严、社区事务不带头等问题，树立党员干部良好公众形象。

2.正风肃纪一抓到底。注重上下联动、左右互动、内外结合，整合效能监察、行风监督、市长电话和社会媒体等资源，形成正风肃纪合力。开展明察暗访和受理群众举报，做到重要时间节点、重点热点问题、经常性检查“三个不放松”，坚决查处发生在群众身边的不正之风和腐败问题，继续狠刹“牌局”、“酒局”，严肃整治“会所中的歪风”，做到正风肃纪“零容忍”。对于整治不力和公然违反中央和省委、市委有关规定的，发现一起、查处一起、通报一起，达到查处一起、震慑一片的效果。对有问题不整改、大问题小整改、边整改边再犯的，要严肃批评教育，必要时进行组织处理和纪律处分。对存在一般性作风问题的干部，要立足教育提高，促其改进；对群众意见大、不能认真查摆问题、没有明显改进的干部，要进行组织调整；对活动中发现的重大违纪违法问题，要及时移交纪检监察机关或有关方面严肃查处。严格党员教育管理，加大不合格党员处置力度，对长期不起作用甚至起负面作用的党员，进行严肃教育或组织处理。

3.“学清立改停”确保长效。学，就是深入学习贯彻中央和省委、市委关于作风建设的一系列制度规定；清，就是对照中央和省委、市委精神及现行政策法规，对不适宜的规范性文件进行清理；立，就是根据工作需要，按照于法周延、于法有据、于事简便的原则，建立健全务实管用的制度规范；改，就是对不够完善或存在不足的政策制度做法及时改进；停，就是对不符合中央和省委、市委精神的政策制度做法及时废止。同时，强化制度的刚性约束，坚决纠正有令不行、有禁不止、无视制度的问题。

四、注重分类指导

坚持从实际出发，根据不同层级、不同领域、不同对象提出不同目标要求，有针对性地加强督促指导，鼓励探索创新，给基层留出空间。注重有序推进，坚持时间服从质量，统一部署、梯次展开、压茬进行。市委示范带头开展，市人大、市政府、市政协领导机关及时展开，市级部门、市直单位、镇（街道）和村（社区）及其他基层组织依次推进。

（一）突出分类实施。针对单位的不同特点分类制定实施方案。市级领导机关、领导班子和领导干部以解决“四风”问题为重点，在找准和解决突出问题上下功夫、见实效。市级以下单位要重视服务群众这个着力点，在增强服务意识、能力和水平上下功夫；非公有制经济组织、社会组织党组织要依托党建红云平台、道德讲堂、党员先锋日、党员议事日等载体，采取灵活多样的方式开展活动；流动党员一般应在流入地党组织参加活动，流出地党组织要通过寄送学习资料、电话谈心、视频沟通等方式进行教育，要利用返乡时机组织流动党员参加教育实践活动。离退休党员和年老体弱党员可采取送学上门、谈心沟通等方式开展学习教育。

（二）注重行业指导。政法、教育、环保、建设、农经、卫生、计划生育、市场监督管理、安监、民政、行政执法、交通、工商联等部门，要发挥行业系统条线指导作用，上下联动开展专项整治，纠正行业不正之风。

（三）从严从实督导。市委教育实践活动领导小组派出督导组，全程督导所负责单位的教育实践活动。督导组要参加所督导单位教育实践活动的重要会议和重要活动，审阅实施意见、实施方案、专题民主生活会方案、领导班子和领导干部对照检查材料、整改方案和活动总结材料等，全程参与专题民主生活会并进行点评。要坚持“一步一回头”，督促抓好每个环节各项工作落实，评估活动成效，及时发现和解决问题，有效传导压力，确保不漏项、不留死角。镇（街道）可结合党建工作指导员和住村、住夜干部等，加强对下属基层党组织教育实践活动的指导。督导组要履行“一岗双责”，把活动督导与推动工作紧密结合起来，将重点工作和民生实事项目的落实情况作为督导的重要内容，以活动开展推动工作落实，用工作成效体现活动成效。

五、加强组织领导

教育实践活动中，市级党员领导干部建立联系点，参加指导联系点领导班子专题民主生活会，示范带动和推进教育实践活动扎实开展。

（一）落实领导责任。各级党组（党委）要高度重视，成立相应的领导机构和工作机构。各级党组（党委）主要负责同志要切实承担起第一责任人的职责，做到“一把手”带头，抓好“一把手”，发挥示范推动作用。对教育实践活动走过场的，要追究“一把手”的责任。要用好的作风组织开展教育实践活动，力戒形式主义。

（二）注重群众参与。坚持开门搞活动，注重发挥“两代表一委员”作用，健全完善群众参与机制。每个环节都组织群众有序参与，让群众监督和评议，防止以自我感觉代替群众评价。发现和聚焦问题要坚持到群众中去，让群众提意见、找问题，请群众参加整改方案的制定、修改和完善，并向社会公示，接受群众监督。要注重听取群众评价，适时组织党员群众对领导班子和党员领导干部解决问题、改进作风情况进行民主评议，多数群众不满意的，要及时进行补课、返工。要积极构建以群众满意为导向的基层服务型党组织绩效考核评价体系，确保教育实践活动取得让群众看得见、让群众真满意的效果。

（三）加强宣传引导。充分运用传统媒体和新兴媒体，大力宣传中央和省委、市委要求，反映教育实践活动的进展和成效。加强正面宣传和舆论引导，用正面典型立镜子、树榜样，用反面典型标“雷区”、划红线。注重总结推广教育实践活动的好经验好做法，发现和挖掘一批党员干部身边叫得响、立得住、群众公认的优秀党员，发挥先进引领作用。强化舆论监督，通过以案说法、典型曝光等方式，发挥反面警示作用。加强党的群众路线理论研究，推动教育实践活动取得理论成果、实践成果和制度成果。

（四）坚持统筹兼顾。坚持系统思维、辩证思维，搞好统筹、突出重点，全面做好各项工作。要把开展工作与贯彻落实党的十八大、十八届三中全会和中央、省委、市委一系列重要会议精神结合起来，与做好市委、市政府确定的各项重点工作、重要任务结合起来，做到两手抓、两不误、两促进。

教育实践活动结束后，各镇(街道)、各部门(单位)党组(党委)要向上级党组织写出报告。

中共桐乡市委 桐乡市人民政府 关于开展“五水共治”工作的实施意见

桐委发〔2014〕9号
(2014年2月25日)

为认真贯彻落实浙江省委、省政府关于“治污水、防洪水、排涝水、保供水、抓节水”(以下简称“五水共治”)的决策部署，坚持不懈抓治水、科学有效抓治水、用好作风抓治水，坚决打赢“五水共治”攻坚战，着力推进桐乡经济转型升级和发展方式转变，为把桐乡打造成为中国旅游第一大县提供坚强的环境保障，现就加强“五水共治”建设提出如下实施意见。

一、总体要求

(一)指导思想

全面贯彻落实党的十八大、十八届三中全会和省委十三届四次全会精神，切实按照“五水共治”的要求，坚持改革引领、创新驱动，扎实推进水环境综合治理，加快形成科学治水、依法治水、全民治水的长效机制，充分发挥“五水共治”推动经济发展的龙头作用、美丽乡村建设的核心作用、资源高效利用的示范作用、产业转型升级的推动作用、人民生命财产的保障作用，率先走出一条“绿水青山就是金山银山”的转型升级、科学发展之路，以治水优生态，以治水促转型，以治水惠民生，为打造浙江经济“升级版”探路先行。

(二)总体目标

按照“五水共治、治污先行”总体思路和“一年重大突破、两年有效推进、三年全面形成”的进度要求，科学制定目标，统筹有序推进。

1.到2014年底，全面消灭垃圾河，有效改善臭河、黑河水质，在“三河”整治领域取得重大突破。

2.到2015年底，有效推进全市工业污水全入网、城乡保洁全覆盖、河道两岸全绿化、河道排污口全封堵、违章棚舍全清理。

3.到2016年底，在上游来水水质稳定改善的基础上，努力实现全市“市域以四类水为主，提高三类水比重”的治水目标。

二、主要任务

(一)标本兼治治污水

1.铁腕治污抓提升。按照空间、总量、项目“三位一体”的环境准入制度，进一步细化要求提高标准，严格控制高耗能、高污染产业的发展。继续贯彻“铁腕治污、露头就打”的执法方针，加大“十剑联动”机制的执法力度，严厉打击各类涉水环境违法行为。突出抓好“化工、印染、造纸、制革”等重污染高耗能行业及榨菜(蔬菜)、机制丝绵等传统行业整治，通过设定门槛、提高标准，淘汰一批、关停一批、整治提升一批。到2016年，全面淘汰不符合国家产业政策和节能减排要求的落后产品、技术和工艺设备，产业结构和区域布局明显优化，生产工艺、污染防治和清洁生产水平明显提升，水资源消耗和污染物排放总量大幅减少，区域水环境质量明显改善。

2.截污纳管控源头。加快推进工业企业污水全入网，切实加大工业企业限期入网督办力度，符合入网条件的企业实现污水全入网。加快推进城镇生活污水入网，完成未入网、雨污合流区块污水收集管网改造，进一步提高污水收集率；加快农村地区污水收集管网建设，采取“污水入网、微动力、六格式”等方式，通过三年努力，实现“全市农村生活污水治理建制村达到全覆盖、农户受益比例80%以上”的目标；加强农业面源污染综合防治，全市农业面源污染得到有效控制。科学推进小河支流、断头浜整治，同时打通水系，大力实施“活水”工程，努力让水“清”起来、“流”起来、“活”起来。完成全市排污口封堵任务。同时加快污水处理厂扩容、提标改造，污水处理厂全部达到一级A的排放标准，污泥无害化处置率达到100%。

3.长效保洁重管护。坚持和完善“三长”管河新模式，确保市域所有河流“三长”管河全覆盖，努力实现监管网格化、巡查常态化和处置规范化。制定“三长”管河配套政策，全面实施河长保证金制度，整合力量统筹推进“黑河、臭河、垃圾河”整治、畜禽水产养殖整治、河道长效保洁等综合治理各项工作，做到河道管理“横到边、纵到底、全覆盖、无遗漏”，确保治水责任落到实处。建立集河道、公路、集镇、农村保洁于一体的城乡环境“四位一体”长效保洁机制，将多部门监管考核的串联体系转变为一个部门统筹、其他部门配合、镇(街道)落实的递进体系。完善和推广生态有偿、生态赔偿、生态补偿"三偿"机制,筑牢生态屏障。创新考核办法,将单一的河道断面水质监测机制拓展为对各镇(街道)区域水质的考核,实现"河长制"治河与镇(街道)属地管水的有机结合。

(二)全域联动防洪水

1. 提升基础设施硬实力。根据桐乡市城市总体规划和各镇(街道)城镇总体规划,在原有城市(镇)防洪工程基础上,结合城市有机更新、河道整治、道路建设、"三改一拆""退二进三"等工作,推进市(镇)区河网、路网、管网、雨污分流等工程建设,继续加快城市(镇)防洪工程,不断完善防洪工程防御体系,进一步提高市区、镇区、工业园区等人口密集、产业集中区域的防洪排涝能力,更好地保护人民群众生命财产安全。

2. 提升防御体系软实力。按照"横向到边、纵向到底、覆盖全面"的原则,不断健全以各镇(街道)、开发区、振东新区为单位,以行政村、社区为单元,以自然村、居民区、企事业单位、危房、避灾场所为网格的基层三防组织体系。加强雨情、水情、风情的监测和预测预报,进一步健全水文、气象信息共享机制,基本建成集水雨情监测、远程监视、自动化预警为一体的覆盖全市的监测预警网络。修编完善防汛防旱防台预案,落实责任,加强演练,提高预案的实用性和可操作性。强化洪水调度管理,加快防洪抢险现代化技术运用,推广泵(闸)站智能化远程控制系统建设,提高防洪调度管理效率。

(三)三位一体排涝水

1. 点上加强圩区整治。以农田水利设施作为排涝"基本点",根据流域规划要求及防护对象的重要性确定防洪标准、排涝标准,遵循"一次规划、分步实施、民生优先、突出重点"的原则,实施圩区整治工程。配套推进圩堤加高加固、水闸改造、泵站更新改造,加大工程长效管护力度,逐步形成配套完善的排水体系,提高圩区防洪能力。今后三年,全市计划完成 5.4 万亩的圩区整治任务。

2. 线上加强河道整治。以行洪河道作为排涝"畅通线",按照科学规划、分步实施的原则,对承担着防洪排涝功能的骨干河道进行综合整治,通过清淤拓浚、生态护岸、圩堤绿化等措施,增强骨干河道防洪排涝功能,改善河道水环境;加快实施全国中小河流治理重点县综合整治试点项目,采取清淤、疏浚、清障、水系沟通、岸坡整治、堤防加固、生物净化等措施,对镇村河道进行集中连片综合整治,提高农村河道排涝能力。今后三年,计划对灵安港中段、无量桥港、王母桥港、董家桥港等市级河道进行综合整治,完成龙翔凤鸣项目区、濮院项目区、石门项目区等 13 个项目区镇村河道的整治任务。

3. 面上加强排水改造。编制完成《城市排水防涝专项规划》。实施城区主要积水点改造工程。根据市区大暴雨期间主要积水路段的排摸情况,分年加快城市主干道排水防涝设施的建设。分阶段对城区排水管道进行全面改造和建设,做到管网全覆盖,不留死角。加快推进老旧小区改造工作,根据《桐乡市市区老小区改造工程三年行动计划(2013~2015)》,对配套功能较弱的老旧小区实施改造提升,有效解决老旧小区积水多、停车难、绿化差、管线乱等问题。

(四)三化同步保供水

1. 推进供水水源多源化。加快推进饮用水源项目,完成凤凰湖应急备用水源工程,新建长山河临时取水点和嘉兴太湖引水工程桐乡境内施工项目,远期考虑与杭州实现对接,规划千岛湖引水,同时实施"分质供水",构建多水源供水格局,提高供水安全系数。加强污染源管治,对饮用水源保护区周边工业企业等污染源进行排摸,完成饮用水源保护区内重点污染企业的关停和搬迁工作,加强对其他面源污染的跟踪监测,建立污染企业及污染因子信息库,完善饮用水源安全应急机制。

2. 推进供水管网环状化。新建 320 国道至大麻、同福至高桥等区域供水管线连通工程,构建以三个地面水厂为基点的全市环状供水网络。深化"两新"建设配套给水管网工程,完善新市镇和城乡一体新社区供水网络。启动旧城管网改造工程,根据管网建设年限和使用情况对老集镇、老城区供水主管分区分批进行维护更新。推进农村饮水安全提升工程,完成 11.4 万户农户饮水管网改造,提高农村饮水安全。

3. 推进供水管理一体化。

完成城乡供水经营管理一体化改革，消除城乡供水分级管理，实现全市“同网同质同价同管理”的大一体化格局。启动高层二次供水管理体制改革，制定高层二次供水管理办法，统一建设标准，明确管理职责，形成建设部门监督把关，房地产商施工建设，水务企业管理维护的二次供水管理新模式。以市场为导向，优化自来水价格，推进差别化水价改革，完成新一轮的水价调整，实现对水资源的合理配置和高效利用。

（五）全面统筹抓节水

1.实行用水总量控制。确立用水总量控制指标，严格取水许可审批，限制高耗水、高污染项目引进，控制不合理用水增长，对取用水总量达到或超过年度用水控制指标的地区，停止审批建设项目新增取水，对取用水总量接近控制指标的地区，限制审批建设项目新增取水；严格执行建设项目水资源论证制，对新建、扩建、改建的取水建设项目，必须进行水资源论证。强化地下水保护，防止地下水污染，巩固地下水禁限采工作成效。

2.深化节水技术改造。加大工业节水技术改造，推广企业中水回用、废污水“零排放”等节水技术；加快城市及农村生活节水力度，淘汰公共建筑中不符合节水标准的用水设施及产品，大力推广使用节水器具，着力降低供水管网漏损率，鼓励并推行城市再生水、雨水利用；加大农业节水力度，大力发展高效节水灌溉技术，着力提高农业灌溉水平。深入推进节水型社会建设，积极推进水价改革，把节约用水贯穿于经济社会发展和群众生活生产全过程。到2016年，重点工业用水重复利用率提高至40％以上，城市居民生活用水量降至160L/（人·日）以下，城市节水器具普及率提高至75％以上，城镇供水管网漏损率降至10％以下，高效节水灌溉面积率达到25％以上。

3.提高预警管理能力。建立健全监测网络，加强重要控制断面、水功能区和地下水水质、水量、水位监测能力建设，加强取水、排水、入河湖排污口计量监控设施建设，加强地下水动态、地面沉降监测基础设施建设。加快提升水资源管理信息系统建设、加强应急机动监测能力建设，全面提高监控、预警和管理能力。建立健全水统计报表制度，强化水资源和水务统计管理，实行水量、水质、水费等水资源和水务统计数据信息共享。到2016年，完成3万立方米以上企业的实时监控终端安装。

三、机制建设

（一）建立差别化价格机制。对纳入高污染高耗能范围的企业或认定为高污染高耗能的企业实行差别化水价政策，有效遏制高污染高耗能等行业盲目发展和低水平重复建设，优化配置资源要素，倒逼转型升级。将征收资金专项用于节能降耗、低效产业转型升级工作及基础设施建设改造，激发全市上下的工作积极性。

（二）建立水利工程长效管理机制。按照属地管理和“谁受益，谁管理”原则，建立起以“政府为指导、农民为主体、村级集体组织和用水户协会为载体”的农田水利工程长效运行管护新机制，推行规范化、标准化、常态化管理，确保农田水利工程正常运行。加大河道保洁投入，建立健全巡查、明察暗访、市民监督等制度，确保河道长效保洁实现全覆盖。

（三）建立产业项目严格准入机制。以实施生态功能区规划、规划环评和项目环评为依托，通过空间、总量、项目“三位一体”，专家评价和公众评议“两评结合”的环境准入制度，从源头上控制污染增量。提高产业准入门槛，对于产业投资项目选址不符合桐乡市生态功能区规划、桐乡市饮用水源保护区规划、浙江省水功能环境功能区规划要求的，产业项目主要污染物排放总量控制指标不能落实的，产业项目产生废水排放但投产前不能接入污水管网的，均实行一票否决制。

（四）建立水资源综合管理机制。加强取水许可管理、取水许可审批等监管制度，落实建设项目节水“三同时”制度，建立取水许可管理信息台账，形成取水许可管理信息库，严格水资源费征收范围、征收对象、征收标准和征收程序；加强取水户取水计划的核定、下达和监督管理，逐步将公共用水大户和重点灌区纳入地区计划用水管理工作，努力实现取水户计划用水管理率达到100％；建立取水许可审批与重要水功能区水质达标率的约束机制，通过取水许可限批、禁批等方式，促进水功能区水质达标率的提高。

四、保障措施

（一）加强组织领导。在市

级层面成立“五水共治”指挥部，由市委书记、市长任总指挥，市委、市人大、市政府、市政协分管领导任副总指挥，各相关部门主要负责人为指挥部成员，负责对全市“五水共治”工作的组织领导。在镇、街道层面，建立相应的“五水共治”工作领导小组，加快形成一级抓一级、层层抓落实的工作格局。

（二）严格督促考核。充分发挥考核指挥棒作用，严格督促考核，确保“五水共治”各项任务落到实处。尤其是要建立相应的“五水共治”督查考核问责机制，落实最严厉的奖惩措施，对治理成效明显、表现突出的单位和个人给予表彰鼓励；对工作不力、未按要求达到治理目标的领导和个人实行行政约谈、通报批评、行政问责等措施，考核结果作为干部选拔任免的重要依据。

（三）加大资金投入。建立“五水共治”多元化投入机制，每年投入各类涉水资金不少于全市 GDP 的 3%。积极推进金融改革，创新融资方式，要充分发挥财政资金杠杆作用，鼓励引导社会资金投资治水基础设施建设，破解资金短缺问题。

（四）营造浓厚氛围。加大对“五水共治”的宣传力度，以专栏、专题等形式及时报道工作进展，宣传典型经验。通过各种有效方式，广泛开展贴近实际、贴近生活、贴近群众的环保宣传和科普教育，引导广大市民加快转变传统的生活方式，形成全社会共同关心、共同参与“五水共治”的良好氛围，确保“五水共治”深入人心，各项建设任务落到实处。

中共桐乡市委
桐乡市人民政府
关于促进经济转型升级
创新发展若干政策意见

桐委发〔2014〕14 号

（2014 年 4 月 25 日）

为深入贯彻落实党的十八届三中全会和我市“三会”精神，进一步推进创新驱动发展，切实优化产业结构，提升经济发展质效，开创桐乡经济率先转型发展新局面，特制定本政策意见。

一、助推“一业驱动四化”，构建现代产业体系

（一）推进新型农业化

1. 加大农业有效投入。加快推进农业“两区”建设，大力发展生态农业和庄园经济，不断提高农业现代化水平。对省级现代农业综合区、连片 200 亩以上核心示范方粮食功能区的基础设施建设，符合产业发展规划的 100 亩以上主导产业示范基地、50 亩以上设施农业基地以及庄园经济的基础设施（生产设备）投入，分别予以补助。对农业龙头企业、示范性农民专业合作社和示范性家庭农场 20 万元以上的成套先进设备或 50 万元以上的生产性投资（加工设备）项目，分别予以补助。（农经局）

2. 支持农业主体培育。积极培育和引进现代农业经营主体，对新认定的嘉兴市级以上农业龙头企业、示范性农民专业合作社、示范性家庭农场，分别予以奖励。对农业龙头企业、示范性农民专业合作社发展订单农业，予以奖励。（农经局）

（二）加快新型工业化

3. 加大工业有效投入。推进工业强市建设，提升经济发展质效，加快战略性新兴产业培育，对生产性设备投资 300 万元以上的新材料、机械装备类战略性新兴产业项目，予以补助；促进传统产业转型发展，对生产性设备投资 500 万元以上符合《桐乡市工业项目正面清单目录》的项目，予以补助；对设备投资 100 万元以上的“机器换人”（“零增地”技改）项目，予以补助。对五大平台符合产业发展定位的投资项目、浙商直接回归项目、省级重点建设项目和省级重大产业项目，补助予以提高。（发改局、经信局）

4. 鼓励企业做大做强。发挥大集团、龙头企业的带动作用和辐射效应，开展工业经济“双百工程”和“十大突出贡献工业企业”“十佳工业企业优秀经营者”评选。对年销售收入首次达到 1 亿元以上、当年地方财政贡献同比增长 15% 以上且亩均税收高于行业平均的企业，分档次予以奖励。（经信局）

5. 支持小微企业发展。优化小微企业发展平台，对新认定的嘉兴市级以上创业（示范）基地、产业（示范）基地，分别予以奖励。对新建符合导向的 3 万平方米以上、用于出租且达到一定亩均贡献的创业基地（标准厂房），按建筑层高予以奖励（凡出现部分出售的除外）；对入驻标准厂房且达到全市行业亩均贡献的科技型小微企业，予以奖励补助。鼓励小微企业提档升级，对实施"个转企"和年销售收入首次超过2000万元的企业，分别予以奖励；对年销售收入500～2000万元的工业企业，按发展速度、纳税增长、增长质量排名分别予以奖励。（经信局、工商局、服务业局）

6. 推动信息化建设。加快实施工业化与信息化融合发展，对50万元以上的信息化投资项目，予以补助。对新认定的嘉兴市级以上"两化"深度融合示范（试点）企业（区）、省级以上电子信息产业重点项目、省首次认定的软件企业以及新获得省软件产品登记证书并投入销售的软件产品，分别予以奖励。对持续服务30家以上中小企业的信息化服务平台（社会化管理平台），予以奖励。（经信局）

（三）推动服务业现代化

7. 加大服务业有效投入。深入实施服务业倍增行动计划，对符合准入条件的重大服务业项目，予以补助。对浙商直接回归项目、省级重点建设项目和省级重大产业项目，补助予以提高。（发改局〈服务业局〉）

8. 支持服务业企业壮大。加强服务业企业培育力度，对年营业收入首次达到2亿元以上，且地方财政贡献同比增长15%以上的服务业企业（房地产开发企业除外），分档次予以奖励。对新认定的嘉兴市级以上服务业重点（示范、先进）企业，分别予以奖励。（服务业局）

9. 推动旅游业发展。围绕创建"中国旅游第一大县"目标，加快推进"双十双百双千"工程。对新开发的旅游景区、实施兼并重组的旅行社、开展"智慧旅游"的旅游企业以及新认定的省级以上"百强"旅行社、旅游特色村、休闲观光农业示范园、农家乐特色村（点）和工（农）业旅游示范基地，分别予以奖励。支持住宿餐饮业健康发展，对新引进国内排名前10位的经济型品牌连锁酒店，新引进（委托管理）全球酒店集团100强或国内饭店管理公司30强的四星级以上饭店，经认定，分别予以奖励。对新获得国家高级导游证和旅游相关高级职称的人员，分别予以奖励。（旅委）

10. 促进专业市场提升。深入推进"市场强市"建设，对商铺建筑面积3万平方米以上且不分割产权比例30%及以上的商品市场（租期5年以上除外），予以补助，其中：对开铺率达到70%以上的市场（10万平方米以上的市场开铺率60%以上）以及实行经营户纳税代扣代缴的市场，分别予以奖励；对年度纳税首次超过300万元、500万元、1000万元、2000万元的市场（含经营户纳税），分别予以奖励；对新认定的省级现代商品市场集聚区、重点市场、重点区域市场，分别予以奖励。（服务业局）

11. 加快文化产业发展。围绕打造未来中国文化创意城市目标，对新建文化产业项目、新设立文化企业，按投资分别予以奖励。对新认定的文化产业园区（孵化器）、文化产业专业市场（文化街区），省级以上文化产业示范企业（园区、基地）、文化创意设计中心，分别予以奖励。对在省级卫视以上首次播出的原创电视剧和在国内院线（央视）放映的原创电影，以及获得省级以上重大奖项的原创文学、书画等文艺作品和优秀奖以上的影视作品，分别予以奖励。对市级以上非物质文化遗产名录的传统（特色）文化资源进行产业化开发，且营业收入500万元以上的企业，予以奖励。（宣传部、文体局）

12. 培育壮大总部经济。推动总部经济集聚发展，提升经济综合竞争力，对新引进（认定）的总部企业，予以奖励。对总部企业（商协会）在总部经济规划区建设总部大楼且竣工后三年内入驻率达到80%以上的，予以奖励。对入驻办公面积300平方米以上、新注册（新迁入）的高端服务企业（实缴税收30万元以上）、金融服务企业（实缴税收100万元以上）、现代商贸企业（实缴税收50万元以上），分别予以奖励。（服务业局、经信局）

13. 加快电子商务发展。深入推进"电商换市"工程，对实施科技创新投入、建设独立电商平台（含第三方平台）或与知名第三方平台合作搭建电商平台且当年纳税20万元以上的企业（专业市场），予以投资补助和贷款贴息。开展"优秀电商企业"评选，对新迁入我市的国内电商百强企业、网络交易额500万元（跨境50万美元）以上电商企业、年纳税10万元以上电商企业、服务5家以上企业且网络交易3000万元以上的电商服务企业、网销占比15%以上的传统规（限）上企业、组织15家以上电商企业参加大型促销的电商协会以及电子商务进乡村工程服务点，分别予以奖励。对新建（改扩建）的电商中心（园区、集聚区)、网络交易额1亿元以上和开展大型促销的电商中心(园区、集聚区),分别予以奖励补助;并对入驻的电商企业,予以房租和贷款补助。对引进(培育)高层次电商教育培训机构和电商人才,新认定的嘉兴市级以上电子商务示范企业(园区),分别予以奖励。(商务局)

14.支持服务外包发展。对经商务部审核通过、年收入30万美元以上、进行相关资质认证以及在我市设立50个席位以上呼叫中心的服务外包企业,年培训合格200人以上的服务外包培训机构和服务外包相关人才,分别予以奖励;对服务外包企业入驻指定区域和网络通信支出分别予以补助;对新认定(引进)的省级以上技术先进型服务企业,嘉兴市级以上服务外包园区(仅限民资)、服务外包培训机构,分别予以奖励。(商务局)

15.支持其他服务业发展。加快生产性服务业发展,对新引进(设立)年营业收入200万元以上的会计审计、评估咨询、研发设计等服务企业,分别予以奖励。培育壮大现代物流,对新注册年营业额1000万元以上的物流企业,予以奖励。加快分离发展服务业,对工业制造业企业分离设立的研发设计、商贸流通、物流运输、商务服务等服务业企业,分别予以奖励。(服务业局、经信局)

(四)创建建筑强市

16.促进建筑业发展。加大骨干企业培育力度和资质提升,对当年施工总产值达到10亿元、30亿元且同比增幅15%以上、市外产值比重45%以上、地方财政贡献增幅10%以上的企业,年度地方财政贡献增长且达到500万元、1000万元、2000万元、3000万元、5000万元的企业,分别予以奖励。对年度市外业务增长且达到3亿元、5亿元、10亿元、20亿元的施工总承包企业和1亿元、3亿元、5亿元、10亿元的专业承包企业,分别予以奖励。对落户我市的市外二级以上总承包(一级专业承包)企业,晋升一级以上资质的总承包、二级以上资质的专业承包和乙级以上资质的勘察(设计、监理)企业,分别予以奖励。对新转入我市(前两年不在我市企业注册)并在市外承接业务且首个项目产值达到5000万元或1亿元的建造师(实际经营人),予以奖励。对引进(晋升)高级以上建筑业相关职称的人员,予以奖励。(建设局)

二、支持创新驱动,激发转型升级动力

(一)鼓励科技创新

17.加强创新平台建设。鼓励构建和引进科研机构及产学研平台,对新认定的嘉兴市级以上高新技术研发中心(企业技术中心)、重点科技中介服务机构、工业设计单位、科技示范园区、创新示范基地,省级以上科技孵化器、工程技术中心(企业研究院)、重点实验室、大院名校共建创新载体、农业企业科技研发中心、重大科技创新平台(农业高科技园区),分别予以奖励。(经信局、科技局、建设局、农经局)

18.加大研发扶持力度。促进企业增强自主创新能力,对研发经费50万元(农业25万元)以上,促进我市科技进步、产业升级、环境保护等具有明显作用的科技项目(载体)、关键共性技术重大科研攻关项目,按评定结果予以奖励。(科技局)

19.鼓励科研成果转化。对获得省科学技术奖、省科技成果转化奖、中国专利奖和国家科学技术奖的单位(个人),分别予以奖励。对经成果登记的国家级火炬、星火、新产品等科技项目,予以奖励。对国内外发明专利、实用新型专利、外观设计专利的单位(个人),分别予以奖励。对新认定的嘉兴市级以上知识产权(专利)示范(贯标)企业、先进装备制造业首台(套)产品,嘉兴市级以上重大奖项的工业设计产品,省级以上创新型试点(示范)企业、科技型企业(农业科技企业、科技示范点)、重点技术创新项目和省级以上工法的建筑企业,分别予以奖励。对省级工业新产品和促进农业产业提升、农民增收具有显著作用的新品种新技术推广,按评定分别予以奖励。(经信局、科技局、建设局、农经局)

(二)促进管理创新

20.推动企业管理创新。以增强企业核心竞争能力为目标,强化企业管理创新平台建设,对当年服务企业30家以上的企业管理创新服务平台和开展管理培训、诊断、咨询等活动的企业,分别予以奖励补助。对新认定的嘉兴市级以上管理创新、精细化管理示范企业(成果),予以奖励。对加强行业自律管理、扩大影响、促进行业提升发挥积极作用的经济类商会和行业协会,按评定结果予以奖励。(经信局、工商联)

（三）强化人才支撑

21.推进"金凤凰"计划。加大引进海内外高层次人才，对新入选的创业类领军人才项目，予以支持；对五年内年销售额达到500万元、1000万元、1亿元的领军人才项目，分别予以奖励。对入选创新类长期项目的国家、省"千人计划"、"嘉兴精英计划"领军人才所在企业，予以年薪补贴；对国家、省"千人计划"的领军人才，予以奖励。（人才办、人力社保局）

22.加强人才队伍建设。加快浙北人才高地建设，对企业引进（培养）的高新技术产业、重点优势产业和现代服务业等相关紧缺急需的创业创新人才，予以奖励。实施企业经营者和劳动者素质提升工程，对参加相关职能部门组织的高级研修的企业管理人员、参加就业技能培训取得初级以上职业资格证书的城乡劳动者，分别予以补助。（宣传部、人才办、经信局、科技局、人力社保局、工商联）

（四）推进金融创新

23.加强小微融资服务。实施"中小微企业贷款支持计划"，设立科技金融、个转企、成长培育计划三个中小微企业贷款计划，对参与贷款计划及支持我市中小微企业发展、助推企业转型升级的金融机构和担保公司，予以风险补偿和奖励。（金融办、经信局、科技局、工商局、人民银行、银监办）

24.支持小额贷款发展。加大支农支小力度，对小额贷款公司按其地方财政贡献、小额贷款月均余额以及发行定向债（增加实收资本）金额，结合年度考核等级，分别予以奖励。（金融办、人民银行）

25.鼓励开展资本运作。加快推进企业股份制改造，发展壮大资本市场，对实施股改后进入省股权交易中心和"新三板"挂牌交易的企业，以及对成功上市的企业及其经营团队，分别予以奖励。对通过各种形式募集资金并投资于我市范围内的上市企业，予以奖励。对收购（引进）市外上市公司，并把注册地迁至我市的，予以奖励。（金融办）

26.推动融资渠道创新。支持股权投资业发展，鼓励企业开展股权融资，对当年度在我市企业直接股权投资2500万元以上的股权投资企业和直接股权投资4000万元以上的股权投资管理企业，分别予以奖励。对新设立（引进）的股权投资、股权投资管理企业，经认定，分别予以奖励。对在我市设立并为我市中小企业提供融资（租赁）服务的融资服务平台和融资租赁公司，分别予以奖励。（金融办）

（五）支持品牌创新

27.加强品牌创新力度。对新获得（收购）行政认定的省级以上的品牌（商标、商号、诚信称号），分别予以奖励；对新评定的AAA级以上旅游景区、AAAA级以上物流企业、4星以上旅游饭店（品质旅行社、专业市场、旅游购物点、全国休闲农业与乡村旅游示范企业〈基地〉）和银叶（银鼎）级以上饭店（酒店），分别予以奖励。对新通过国际管理体系认证（产品认证）和无公害农产品、绿色（有机）食品认证的企业，分别予以奖励。（旅委、商务局、经信局、服务业局、农经局、工商局、质监局）

28.促进产品质量提升。对主导、参与制订国际标准、国家标准、行业（地方）标准和制订并实施产业联盟标准的企业，分别予以奖励。对新获得市长质量奖、嘉兴市级以上标准创新型企业、质量（强市）建设示范企业以及三级以上安全生产标准化企业，分别予以奖励。对新获得地市级以上优质工程（市政金奖、文明标化工地）、省级优秀设计奖的我市主承建（设计）企业，分别予以奖励。（服务业局、经信局、建设局、安监局、质监局）

三、鼓励生态优先，促进经济优质发展

（一）支持循环发展

29.加快循环经济发展。促进经济社会绿色发展、循环发展、低碳发展。对纳入省发展循环经济"991""733"行动计划并实施完成的循环经济项目及其他循环经济项目，分别予以奖励。对新列入嘉兴市级以上循环经济（低碳经济）示范（先进）企业（基地）、省级以上产品（技术）推广名录等，分别予以奖励；对推广使用有机肥的农产品生产基地（种植大户），予以奖励。（发改局〈服务业局〉、经信局、农经局）

（二）支持低碳发展

30.鼓励绿色用能。设立节能专项资金，对实施清洁能源、节能等项目的企业，予以补助。支持新能源产业发展，对光伏发电示范项目、屋面出租用于光伏发电项目的业主、开展金融创新的光伏发电项目等，分别予以补助；对为光伏发电示范项目提供融资担保业务出现亏损的民营担保公司，予以风险补偿。对列为嘉兴市级以上节能示范企业、能源管理中心、能源计量示范单位，省级以上节能推广产品目录的企业，分别予以奖励。（经信局、质监局）

（三）支持资源节约

31. 鼓励高效用地。强化"亩产论英雄"理念，深入实施"空间换地"工程，对新增工业用地建设厂房面积高于容积率控制指标的部分，通过新建、扩建、翻建等方式提高现有工业用地容积率达到一定标准的，分别予以奖励或政策优惠。对实施"退低进高"、"退二进三"的企业，对其土地使用权、建筑物、设备、排污权、能耗等按不同退出方式，予以奖励。（服务业局、经信局、国土资源局）

（四）支持环境保护

32. 推进污染减排。加大生态环境综合整治推进力度，对新认定的嘉兴市级以上清洁生产企业（绿色企业），予以奖励。对固体废弃物处理项目及再生利用项目、热电（水泥）企业脱硝工程、燃煤锅炉脱硫设施改造项目、中水回用改造工程、畜禽养殖污染减排项目、拆除燃煤锅炉以及通过改造（关停、外迁、集中使用）减少污染物排放的企业，分别予以补助；对按要求消纳畜禽排泄物的生态畜牧小区（规模化养殖场、家庭农场）和新增污染治理设施设备的水产养殖户，分别予以补助。推进企业排污口规范化建设。（经信局、环保局、农经局）

四、促进开放合作，增强经济发展助力

（一）支持"引进来""走出去"

33. 鼓励外资投入。对合同外资1000万美元（农业500万美元）以上，符合《外商投资产业指导目录》鼓励类且属于"新特材料、汽车汽配、机械装备、新型能源、纺织服装、商贸市场、旅游及文化创意、休闲养生及现代农业"八大重点招商产业项目，分别予以奖励。对设备投资200万美元以上的增资扩股项目，参照内资企业享受技改投入政策（享受新办外资企业财政贡献奖励期间增资的除外）。（商务局）

34. 鼓励对外投资。对在境外新办（增资、并购）生产型（资源开发型）企业、开办贸易公司（研发中心、营销中心）并带动境外市场开拓的，分别予以奖励。对二级以上施工承包企业在省外地市级行政区域设立的分公司或办事机构（时间满一年且年度施工收入达到1亿元），以及对建筑业"走出去"战略具有特殊贡献的人员，分别予以奖励。（建设局、商务局）

（二）鼓励市场开拓

35. 支持企业参展。对参加由市级部门统一组织的境内外重点展览展会等，予以摊位费补助。对组团本地企业参加展览展会等且达到境外10家（境内20家）以上，予以组织方奖励。对参加由市级部门、行业协会组织的"网上广交会"、"嘉兴国际电子商务平台"的电子商务企业，予以奖励。对新注册年营业额200万元以上的会展类公司，予以奖励。（宣传部、旅委、服务业局、经信局、农经局、商务局）

36. 支持拓展国内外市场。加快对外贸易转型发展，鼓励农产品自营出口。对当年自营出口额达到50万美元和100万美元的新出口企业，国际承包工程或劳务输出业务营业额达到500万美元和1000万美元的建筑企业，分别予以奖励。对企业投保短期出口信用保险、出口信保保单融资利息、参与"两反两保"应对国际贸易摩擦、到桐乡海关监管场站开展业务的企业（商协会），分别予以奖励。对中小微出口企业实行政府联保。对服务企业100家以上的外贸公共服务平台，予以奖励。（建设局、商务局）

五、附则

37. 市财政安排全市促进经济转型升级创新发展专项资金不低于上年。实施细则由各责任部门分别会同财政局根据本政策制订，其中旅游业、农业经济、工业经济（节能降耗、信息化）、服务业（专业市场）、科技创新、人才引进、开放型经济（电子商务、服务外包）、污染减排、建筑业、金融业、文化产业有关细则，分别由旅委、农经局、经信局、服务业局、科技局、人才办、商务局、环保局、建设局、金融办、宣传部牵头制订；循环经济政策由农经局、经信局、服务业局分别提出，循环办统筹。各政策责任部门要严格按照本框架制定实施细则，财政局牵头开展资金绩效评估。

38. 上述条款中所指投资额均不含土地款；对由财政（国资）承担的项目和奖补对象为部门、镇、街道或园区的，均不纳入奖补范围；对由政府（国资）参股的项目、平台等，按民资比例予以奖补。对存在闲置土地、低效利用土地、未达到规定投资强度、被列为工业用地绩效评价淘汰关停类的企业、被列为行业整治对象未达标的项目(企业、合作社)、未按要求实施落后产能淘汰、未完成节能与减排任务;严重违反工商、财政、税务、国土、环保、安全生产、劳动保障等法律法规,严重违反市场规则、损害消费者合法权益,以及发生重大群体性事件造成社会不稳定等情况的企业,不得享受本政策。对非因政府原因导致不按期完工投产的项目,不予奖补。对单项奖补额度农业企业2万元以下、工业企业5万元以下、服务业企业3万元以下的,原则上不再予以兑现(节能降耗、企业参展、电子商务、管理创新、安全生产、专利授权、人才、"个转企"除外)。对通过桐乡市级各种认定、评比或获得荣誉、示范等,不再予以资金奖励。

39.同一项目符合多项条款的,按就高原则不重复享受;上级已有奖励的,不重复奖励;上级补助项目要求本级配套的,视情予以支持。除新办企业、农业经济、旅游业、科技创新、企业上市(挂牌)、文化创意、电子商务、服务外包、企业参展外,企业获得的各类奖补总额不得超过该企业当年对地方财政贡献的50%。采取"一事一议"、"一企一策"的项目(企业),不再享受本政策。

40.本政策意见自2014年1月1日起施行,有效期为三年,原有政策与本政策不一致的,以本政策为准。本政策之后以市委、市政府名义出台的单项政策及补充规定,按市委、市政府规定程序通过执行。继续执行的现行政策,其奖补标准、原则一律参照第38、39条执行。

中共桐乡市委
桐乡市人民政府
关于加强安全生产
促进安全发展的
实施意见

桐委发〔2014〕36号
(2014年11月14日)

为深入贯彻落实党的十八大、十八届三中全会以及习近平总书记关于安全生产工作的重要指示精神,依据《中共浙江省委 浙江省人民政府关于加强安全生产促进安全发展的意见》(浙委发〔2014〕5号)、《中共嘉兴市委 嘉兴市人民政府关于加强安全生产促进安全发展的实施意见》(嘉委发〔2014〕19号),结合我市实际,现就加强安全生产促进安全发展工作提出如下实施意见。

一、全面把握加强安全生产的总体要求

(一)重要意义。安全生产事关改革发展大局,事关社会和谐稳定,事关人民福祉。加强安全生产促进安全发展是践行党的群众路线的内在要求。全市上下必须充分认识做好安全生产工作的极端重要性和紧迫性,以对党和人民高度负责的精神,切实把"安全第一"贯穿到经济社会发展的全过程,抓实抓紧抓好。

(二)总体要求。牢固树立安全发展的理念,坚持"生命至上、安全第一",坚守发展决不能以牺牲人的生命为代价这条的红线,认真落实"党政同责、一岗双责、齐抓共管"和"管行业必须管安全、管业务必须管安全、管生产经营必须管安全"的要求,狠抓安全生产责任体系、隐患排查治理体系、安全预防控制体系落实,着力提升安全生产治理能力。

(三)工作目标。努力减少一般事故,坚决遏制较大及以上事故,确保事故起数、死亡人数、生产经营活动死亡率三项指标持续下降,保障人民生命财产安全和社会和谐稳定,实现全市安全生产形势持续稳定好转。

二、完善安全生产责任体系

(四)加强对安全发展的领导和监督。要坚持科学发展、安全发展,认真宣传、贯彻执行安全生产法律法规和方针政策,自觉落实属地监管责任,将安全生产纳入经济社会发展总体目标,同步规划、同步部署、同步落实、同步考核,切实加强对安全生产工作的领导。按照安全生产"党政同责"和"一岗双责"要求,落实安全生产工作领导负责制。党委主要负责人对安全生产负总责,要充分发挥在推动安全发展过程中总揽全局、协调各方的领导核心作用;政府主要负责人为安全生产工作第一责任人,研究制定安全生产重大政策措施和工作制度,协调解决安全生产工作中的重大问题;政府分管安全生产工作的副职领导承担安全生产综合监管领导责任,党委与政府领导班子成员按照职责

分工承担分管领域的安全生产工作领导责任。支持人大依法加强对安全生产相关法律法规执行情况的监督检查，支持政协对安全生产工作开展民主监督。发挥工会、共青团、妇联等人民团体广泛联系群众的优势，鼓励社会各界对安全生产工作建言献策，动员广大职工参与安全生产民主管理和监督，共同推进安全发展。

各镇(街道)、开发区、振东新区要建立安全生产例会制度，每年至少召开4次以上会议，分析安全生产形势，研究部署工作。党委理论学习中心组每年安排1次安全生产专题学习，组织部门要将安全生产纳入干部培训教育内容。各镇街道、相关部门每年安排1次以上安全生产专题学习。各镇街道、相关部门要建立完善规范化、常态化的安全检查制度，针对本地区安全生产的突出问题，以及重大节假日、重要活动、重要时段，及时组织安全生产专项整治或者安全生产大检查，党政领导干部要组织并参与有针对性的安全生产检查。

(五)完善安全生产综合监管责任。安全生产监督管理部门要依法对本辖区安全生产工作实施综合监管，切实担负起安全生产委员会办公室工作职能，认真贯彻落实上级关于安全生产工作的部署，协调、指导、监督同级行业管理部门和下级政府安全生产工作，定期考核评估，及时向党委、政府报告，提出加强安全生产的意见建议。

(六)落实属地监管责任。要按照“分级负责、属地监管”的原则履行安全生产监管职责，要将安全生产工作纳入辖区内经济社会发展规划，要严格安全生产责任制考核、细化行政问责机制，明确安全生产指标以及相应的项目、资金、措施和支撑体系，始终做到安全生产与经济社会各项工作同规划、同部署、同推进。各镇街道、开发区、振东新区要认真履行属地监管职责，加强对安全生产工作的监督管理，采取有效措施，加大检查力度，排查整治隐患，及时上报事故，配合做好应急救援和事故调查处理工作，确保安全生产工作职责分明、责权统一、监管有效、保障有力。

(七)明晰直接监管责任。各有关部门要按照“三个必须管”和“谁主管、谁负责”的原则，履行行业领域安全监管职责。负有安全生产监管职责的部门，要依法履行职责，加强监督检查，依法严肃查处安全生产违法违规行为。负有行业管理职责的部门，要切实加强对本行业领域及所属单位安全生产的管理，把安全生产纳入行业领域发展规划，定期分析安全生产形势，提出有针对性的安全防范措施，做好安全责任落实、隐患排查治理、安全生产培训、先进适用安全技术推广、安全队伍建设等工作。负有行政许可、行政审批职能的部门，在许可和审批过程中要依法依规对涉及安全生产的事项进行严格审查审核。负有社会管理职能的部门，要依法依规履行本部门的安全管理职责，规范生产、经营、建设秩序。要进一步落实工矿生产、商贸经营、油气管网、危险化学品等行业的安全生产监管职责，防止产生“监管盲区”。

(八)强化安全生产主体责任。各类生产经营单位要按照“谁主办、谁负责，谁实施、谁担责”的原则，切实承担安全生产法定职责，其主要负责人是本单位安全生产的第一责任人，对安全生产负全面责任。建立健全以安全生产责任制为核心的安全生产工作机制、制度规程，推行“首席安全官”制度，建强安全生产管理团队，自觉、全面抓好企业内部“人、机、环境”等各个环节安全生产工作。积极开展安全生产标准化、规范化建设，强化安全基础管理，及时消除事故隐患。完善企业事故应急预案，定期组织演练，提高应急处置能力。

三、健全隐患排查治理体系

(九)完善隐患排查治理机制。落实生产经营单位安全生产事故隐患排查治理主体责任，生产经营单位必须建立完善自查隐患、治理隐患和自报隐患的运行机制，实现生产经营单位由被动接受安全监管向主动排查治理隐患转变。建立完善政府部门安全生产事故隐患排查治理的监督管理机制，通过建设政府与企业互通的隐患排查治理信息化管理系统，定期开展本地区、本行业(领域)安全生产风险分析，实施重大事故隐患挂牌督办制度等措施，促进隐患排查治理工作常态化、制度化、规范化。构建隐患排查治理社会动员和群众参与机制，发挥社会组织和公众在隐患排查治理中的重要作用。量化隐患排查治理的工作绩效，落实隐患排查治理工作考核和追责机制。

（十）狠抓重点行业领域隐患排查治理。加强道路交通、消防、建筑施工、危险化学品、旅游等领域隐患排查治理工作，进一步做好涉及有限空间、易爆粉尘和液氨制冷等作业的事故隐患专项治理，坚决消除极易导致群死群伤的重大事故隐患。

一是危险化学品安全。加强危险化学品生产、储存、运输、使用、经营、废弃等环节和化工园区事故隐患排查治理，大力推进危险化学品生产企业进园区、经营企业进市场、储存企业上监控、运输企业进联控、使用企业抓监管的工作，依法全面推进城镇人口密集区域内涉及“两重点一重大”的危化品生产储存企业搬迁工作。全面治理原油、天然气、成品油、城镇燃气等油气管网事故隐患。

二是强化道路交通安全。深入推进遏制较大以上事故道路交通安全隐患专项整治工作，进一步完善道路交通安全隐患排查治理制度和规程，继续推进事故多发点段、临水高落差路段和危旧桥梁的事故隐患整治，加强对客车、校车、危险品运输车、工程车、农用拖拉机等重点车辆的检测检验和路面管控，加大道路交通安全隐患点排查整治，提高对路面行车秩序的监控执法能力，重点查处工程车辆超载、超速等不安全行为。督促客运车辆、危险货物运输车辆和旅游包车安装行驶记录仪和车内视频监控系统，工程车辆推广应用转弯扫盲系统，提高重点车辆的安全性能。

三是强化消防安全。重点防控人员密集场所、易燃易爆单位、易燃建筑密集区、高层和地下建筑、群租房、城中村、小作坊和小工厂、托幼机构、晚托班等场所的火灾事故。组织开展全面的消防安全检查，严厉打击建设工程使用前未经消防验收，公众聚集场所使用、开业前未经消防安全检查，在居住场所生产、储存、经营易燃易爆危险品或未与居住场所保持安全距离等违法行为，确保监督检查到位、隐患整改到位、消防措施到位；推动区域性火灾隐患的治理，切实解决影响消防安全的薄弱环节和突出问题；强化消防安全宣传教育培训，提升社会单位“四个能力”建设；全面落实消防安全管理人员、消防设施维护保养、消防安全自我评估三项报告备案制度，推进“户籍化”管理，提高社会单位消防安全自我管理水平。

四是强化建设工程安全。落实规划、勘察、设计、审批、建设、施工等环节的安全责任，加强工程招投标管理，严厉打击违法违规建设和无资质层层转包、分包和挂靠行为。以预防坍塌、高处坠落等生产安全事故为重点，深入开展建设工程安全专项整治活动。加强施工现场安全监管，落实重大项目、重要部位、重点环节的监管措施，推行和应用施工现场视频监控系统和塔吊安全监控管理系统，实现施工现场、主要施工部位可视化监控，提升施工现场安全防护水平。落实原产权单位的危房改造工作责任，切实抓好危房改造工作，及时消除安全隐患。

五是强化旅游安全。在旅行社评星、星级饭店认定、A级旅游景区评定中增加旅游安全的内容，强化旅游安全源头管控。督促旅行社严格落实“导游专座”和“安全带工程”；全面使用旅游包车动态监控系统，落实游客上车“四项安全提示”制度。加大旅游景区、休闲农业观光旅游的安全投入和监管力度，严防超范围、超负荷“带病”运营。旅游核心区域要建立节假日游客量、车流量以及恶劣天气、重点区域管控等紧急情况预警平台，及时、准确发布预警信息，预先做好游客疏散、避让工作，确保旅游安全。

（十一）深入推进安全生产综合整治。开展重点行业领域安全生产专项整治，综合运用法律、经济、行政等手段和教育、协商、调解等方法，加大“低、小、散、危”企业兼并重组和关停力度，扎实推进“腾笼换鸟”“三改一折”“五水共治”等各项举措，倒逼产业转型升级。定期开展安全生产大检查大整治，做到全覆盖、零容忍、严执法、重实效。深入实施查处取缔无证无照工业生产单位、危险化学品生产经营储存和使用单位整治及“除火患保平安”等10大专项行动，严厉打击各种非法违法生产、经营、建设行为，倒逼产业转型升级，压缩安全生产高风险产能。规范废弃危险化学品处置点设置，加强放射源的监管。水利、农机、电力等行业领域，也要针对薄弱环节和关键部位进行安全整治，落实安全防范措施。坚持依法整治与疏导扶持相结合，全面推进老旧住宅、老旧厂区、城中村隐患治理和安全设施改造，通过严格供电、供气、供水和出租房、流动人口等常态化管理措施，推进执法联动、管理联抓、问题联治、信息联通，确保隐患治理、防范措施、安全管理、事故查处和违法追究“五到位”，提升区域性安全基础水平和“打非治违”成效。

四、建立安全预防控制体系

（十二）加强安全生产源头风险管控。坚持安全生产高标准、严要求，招商引资、上项目不能降低安全生产标准，不能搞特事特办，不能违规“一路绿灯”，必须严格执行建设项目安全“三同时”（同时审查、同时施工、同时竣工验收）制度，压缩安全生产高风险产能，控制高风险产业项目准入。各负有行政许可、行政审批职能的部门，要依法依规对涉及安全生产的事项进行严格审查审核，建立落实准入项目事中、事后监管和企业定期安全风险评估制度，从源头上杜绝新的安全风险产生。

（十三）探索建立事故防范新体系。加强安全生产工作规律研究，以解决本地区、本行业领域安全生产突出问题，防范较大以上生产安全事故为重点，围绕领责任机制、隐患排治、技防物防等方面，不断探索创新、完善事故防范新机制。进一步总结推广危旧桥梁、内河航道水上交通安全和大型市场、楼宇安全监管事故防范等创新经验，推进喷涂（喷漆、喷塑）事故防范创新工作，不断提升其他各行业领域的事故防范能力。

（十四）提高从业人员安全素质。牢固树立“安全培训不到位”就是重大隐患的理念。生产经营单位要认真落实安全生产教育培训的主体责任，加强全员安全教育，严格落实“法人代表、安全管理人员和特种作业人员等三项岗位人员”必须持证上岗的规定；新员工、调整工作岗位或采用新工艺、新技术、新设备、新材料的从业人员，必须做到先培训后上岗，建好教育管理台账，创新教学手段，推行体验式、警示式等教学方式，提高培训质量，强化从业人员岗位安全操作技能、遵章守规和自我防范意识。

（十五）健全完善应急救援机制。完善应急预案，加强应急演练，构建高效顺畅、协调运转的应急救援机制。加快安全生产应急响应平台建设，形成政府联动、政企合作、社会参与支持的应急救援体系。推进安全生产应急资源整合，完善应急资源共享、统一调度机制，建立紧急情况下社会应急队伍、救援物资、救援装备及运输工具等征用和补偿机制。强化应急救援队伍建设，健全以消防综合应急救援队伍为主力、危险化学品企业专业应急救援队伍为骨干、兼职应急救援队伍为补充的危险化学品生产安全事故应急救援队伍，提高事故应急处置能力。

（十六）加强职业卫生监管工作。认真贯彻落实《中华人民共和国职业病防治法》，按照“预防为主、防治结合”的方针，进一步加强对职业卫生监管工作的组织领导，建立健全监管工作机构，建立和完善协调机制，形成政府统一领导、部门依法监管、企业全面负责、群众参与监督、全社会广泛支持的职业卫生监管工作新格局，有效维护和保障广大劳动者生命安全和健康权益。监督指导用人单位落实职业病危害防治主体责任，严厉查处各类职业卫生违法违规行为。各用人单位要提高劳动者的自我保护意识，改善工作场所环境和条件，有效预防、控制和消除职业病危害。

（十七）实施安全生产诚信管理。融合推进企业安全诚信建设与安全标准化建设，以标准化建设达标为基本条件，积极开展企业安全生产诚信等级分类工作。根据企业安全生产诚信状况，在企业信誉等级、项目核准、用地审批、证券融资、银行贷款、保险费率、财政奖补等方面进行激励制约。落实安全生产“黑名单”和警示制度，对事故多发，安全生产主体责任不落实，安全隐患和问题突出的企业和单位进行制约和曝光。注重典型引路，对安全生产管理规范突出、成效显著的企业和单位进行正面宣传，引导各单位抓好安全生产工作。

五、提升安全生产治理能力

（十八）加强安全生产有效保障。各镇街道、开发区、振东新区和各重点部门要加大对安全生产的投入，发挥公共财政对安全生产的杠杆作用。市财政按照常住人口人均不低于省定标准设立安全生产专项资金，并保持适度增长，主要用于安全生产隐患整治、安全科技、应急装备、教育培训等工作开展，对企业开展安全生产标准化创建工作继续实施财政奖励。督促企业依法加大安全投入，不断改善安全生产条件。严格落实高危行业安全生产费用提取和建设项目安全设施投资概算制度，确保企业安全经费投入到位。完善落实工伤保险制度，积极稳妥地推行安全生产责任保险制度，发挥保险机制的预防和促进作用。

（十九）加强安全生产监管队伍建设。各行业管理部门要明确安全监管人员，满足行业监管需要；各镇（街道）、开发区、振东新区要根据本区域经济社会发展状况加强基层安全监管机构建设，按市编办〔2012〕57号文件规定，配备专职监管人员，落实镇街道在岗安全监管人员的监管监察岗位津贴，保持队伍的稳定性和工作延续性。开发区、振东新区要重视安监机构建设。健全村（社区）安全生产协管员制度，进一步细化安全生产网格化管理措施，实现全市安全生产监管机构、人员、经费、装备“四落实”，队伍结构、素质、能力、作风“四提升”，工作职责、任务、机制、手段“四匹配”，促进基层安全生产监管工作科学化、规范化、常态化和信息化。

（二十）严格安全生产责任追究。依法严格查处各类生产安全责任事故，根据事故性质和危害程度，严肃追究事故责任单位和相关责任人的责任，做到失职追责、尽职免责，并及时向社会公布调查处理结果。对经事故预警、提醒，仍拒绝整改而导致事故发生的，要从严加大处罚力度。对出具虚假报告，并造成严重后果的安全生产专业服务机构，依法追究责任。严格落实事故查处分级挂牌督办、跟踪督办、警示通报、诫勉约谈和现场会制度，深刻吸取事故教训，认真落实相关防范措施。

（二十一）强化安全生产激励约束机制。把安全生产考核结果作为评价、考核各级领导班子和领导干部业绩的重要内容，并增加考核权重。要把安全生产工作作为干部选拔任用、培养教育、奖励惩戒的重要依据，对安全生产工作业绩突出、安全生产责任制考核优秀的单位和个人，按照有关规定给予表扬奖励，表扬奖励经费列入财政预算。对长期工作在安全监管一线并作出积极贡献的同志在教育培训、评先评优等方面优先考虑。严格安全生产问责制度，实行安全生产“一票否决”制，对因发生安全生产责任事故符合问责情形的，按《嘉兴市安全生产“一票否决”实施办法》，对相关责任单位和责任人实行问责。

（二十二）积极推进安全生产社会治理。发挥行业协会的组织优势，加强行业安全协作和行业自律，形成安全生产自我管理、自我约束机制；大力培育安全生产中介市场，鼓励安全生产专业服务机构和专家提供安全评价、技术咨询、科学论证等服务，探索建立安全生产事务所服务机制。深化安全生产网格化管理，拓展网格化管理的覆盖面和服务空间。要扩大社会参与，完善奖励举报生产安全事故和违法违规生产行为制度，利用“12350”安全生产投诉举报电话、来信来访等渠道，拓宽监督举报途径，促使“打非治违”工作在常态化条件下扎实深入推进。

（二十三）加强安全文化建设。深入开展“安全生产月”等安全生产专项宣传教育活动，推动安全文化示范镇（街道）、村（社区）、企业创建，营造有利于安全发展的社会环境。积极构建安全文化宣传网络，主流媒体要安排一定的黄金时段和新闻版面加强对安全生产的公益性宣传。继续深化安全生产“五进五送”活动，强化全民安全宣传教育，将安全知识纳入普法教育、学校教育、干部教育、就业培训，营造全社会“关爱生命、关注安全”良好氛围。

桐乡市人民政府关于印发桐乡市政府向社会力量购买服务实施办法（试行）的通知

桐政发〔2014〕26号

（2014年6月17日）

第一章 总 则

第一条 为进一步加快政府职能转变，深化社会领域改革，促进服务业发展和服务型政府建设，为人民群众提供更好的公共服务，根据《国务院办公厅关于政府向社会力量购买服务的指导意见》（国办发〔2013〕96号）精神，规范和推进政府向社会力量购买服务工作，特制定本办法。

第二条 本办法所称政府向社会力量购买服务（以下简称政府购买服务），是指通过发挥市场机制作用，把政府直接向社会公众提供的一部分公共服务事项，按照一定的方式和程序，交由具备条件的社会组织、机构和企业等社会力量承担，并由政府根据服务数量和质量向其支付费用的公共服务供给方式。

第三条 政府购买服务根据《中华人民共和国预算法》、《中华人民共和国政府采购法》、《中华人民共和国合同法》等法律法规组织实施。

第二章 基本原则

第四条 政府购买服务工作要以邓小平理论、“三个代表”重要思想、科学发展观为指导，深入贯彻落实党的十八大精神，牢牢把握加快转变政府职能、推进政事政社分开、在改善民生和创新管理中加强社会建设的要求，进一步放开公共服务市场准入，改革创新公共服务提供机制和方式，推动公共服务体系建设和发展，努力为人民群众提供优质高效的公共服务。

第五条 实施政府购买服务，应遵循以下基本原则：

（一）权责明确。市政府及各有关部门根据转变政府职能的要求和财权与事权相统一的原则，从桐乡实际出发，准确把握社会公共服务需求，充分发挥政府主导作用，合理界定政府购买服务的范围和项目，加强对政府购买服务工作的组织领导、政策扶持、财政投入和监督管理。

（二）公开择优。按照公开、公平、公正原则，坚持费随事转，通过竞争择优的方式选择承接政府购买服务的社会力量，确保具备条件的社会力量平等参与竞争。加强监督检查和科学评估，建立优胜劣汰的动态调整机制。

（三）注重绩效。政府购买服务应强化绩效理念，按照有利于转变政府职能、有利于提升服务质量、有利于提高资金效益和降低服务成本的原则，坚持精打细算，明确权利义务，切实提高财政资金使用效率，把有限的资金用在刀刃上，不断提升政府购买服务的经济效益和社会效益。

（四）积极稳妥。政府购买服务要按照“整体设计、有序推进、试点先行”的思路，突出重点，以点带面，因地制宜，理性分析项目实施的可行性，在条件成熟的领域进行试点，注重发挥社会力量吸引、调动和整合社会资源的功能，形成政府购买服务工作合力。

第三章 主 体

第六条 政府购买服务的主体（以下简称购买主体）是指经费由财政承担的市级行政机关和承担行政管理职能的事业单位。纳入机构编制管理且经费由财政负担的群团组织，也可根据实际需要，通过购买服务方式提供公共服务。

第七条 承接政府购买服务的主体（以下简称承接主体），包括在民政部门登记或经国务院批准免予登记的社会组织，以及依法在工商管理或行业主管部门登记成立的企业、机构等。承接主体应具备以下条件：

（一）依法设立，能独立承担民事责任。

（二）治理结构健全，内部管理和监督制度完善。

（三）具有独立的财务管理、会计核算和资产管理制度。

（四）具备提供公共服务所必需的设施、人员和专业技术能力。

（五）具有依法缴纳税收和社会保障资金的良好记录。

（六）在参与政府购买服务竞争前3年内无重大违法违纪行为，通过年检、资质审查合格，社会信誉、商业信誉良好。因成立时间不足3年或因其他特殊原因未能连续参加最近三个年度年检的，应自成立以来无违法违规行为，社会信誉、商业信誉良好。

（七）法律、法规规定以及购买服务项目要求的其他条件。

第四章 内 容

第八条 政府购买服务的内容为适合采取市场化方式提供、社会能够承担的公共服务，突出公共性和公益性。除法律法规另有规定，或涉及国家安全、保密事项以及司法审判、行政行为等不适合向社会力量购买，以及不属于政府职能的服务项目外，下列事项可通过政府购买服务的方式，逐步交由社会力量承担：

（一）基本公共服务事项。公共教育、公共就业、人口计生、人才服务、社会保障、医疗卫生、住房保障、公共文化、公共体育、公共安全、资源环境、养老服务、残疾人保障、交通运输、服务三农、公共水利等领域适宜由社会力量承担的基本公共服务事项。

（二）社会管理服务事项。社区事务、社会救助、社工服务、社会福利、法律援助、慈善救济、公益服务、人民调解、社区矫正、安置帮教、公共宣传等领域适宜由社会力量承担的公共服务事项。

（三）行业管理与协调事项。行业职业资格认定、处理行业投诉等领域适宜由社会力量承担的公共服务事项。

（四）技术服务事项。科研、行业规划、行业培训、行业调查、行业评估、资产评估、检验检疫检测、监测服务等领域适宜由社会力量承担的公共服务事项。

（五）政府履职所需辅助性事项。法律服务、课题研究、会议经贸活动和展览服务、监督、评估、绩效评价、工程服务、项目评审、技术业务、审计服务、后勤保障等领域适宜由社会力量承担的公共服务事项。

（六）其他适宜由社会力量承担的公共服务事项。

第九条 财政部门应会同有关部门根据本地区经济社会发展水平、政府转变职能要求、政府中心工作及财力水平等因素，在准确把握公众需求的基础上，按照积极稳妥的原则和本办法规定的购买服务范围，制定政府购买服务指导性目录，明确政府购买服务的种类、性质和内容，并在总结经验的基础上及时动态调整，符合条件的项目应逐步纳入政府采购目录（服务类）中。

第五章 程序与方式

第十条 政府购买服务事项由购买主体随同部门预算申报年度购买计划，经财政部门批复同意后组织实施；对突发性应急事项可经财政部门同意后，采取先确定承接主体，再根据购买服务的数量和质量确定预算额度的方式。

第十一条 购买主体在同级财政部门批复购买计划后，要主动向社会公开购买服务项目的标准和要求。

第十二条 政府购买服务原则上按照部门预算和政府采购的程序、方式组织实施。

第十三条 购买主体应按照不同的政府购买服务项目，采用合适的方式选择承接主体。

（一）政府采购方式。以政府采购方式购买的公共服务项目，购买主体编制采购计划，委托政府采购代理机构，通过公开招标、邀请招标、竞争性谈判、询价或单一来源等方式，严格按照《中华人民共和国政府采购法》及相关法律法规组织采购。

（二）资助委托方式。以直接资助或者委托方式购买的公共服务项目，购买主体应根据省市相关文件政策规定组织实施，按照承接主体提供服务的数量、质量、补贴标准及绩效评价结果支付补助资金。

（三）项目评审方式。以项目评审方式购买的公共服务项目，购买主体向社会公开项目需求，由承接主体制作具体的实施方案提交评审，由购买主体组织评审，选取最优方案。

第十四条 通过以上方式确定承接主体后，购买主体应及时签订购买服务合同，明确购买服务的范围、标的、数量、质量要求以及服务期限、资金支付方式、权利义务和违约责任等内容，严禁转包行为。购买主体要将合同报同级财政部门备案。

第六章 资金管理

第十五条 根据现行财政财务管理制度，政府购买服务所需资金从其部门预算安排的公用经费或经批准使用的专项经费既有预算中统筹安排。随着政府提供公共服务的发展所需增加的资金，应按照预算管理要求列入财政预算。

第十六条 政府购买服务所需资金的支付，采用政府采购方式实施的按现行政府采购资金支付方式支付，采用另外方式实施的由财政部门审核购买服务合同后，根据合同约定和财政国库集中支付管理规定支付。

第七章 保障与监督

第十七条 按照“政府主导、部门负责、社会参与、共同监督”的要求，建立“政府统一领导，财政部门牵头，民政、工商管理以及行业主管部门协同，职能部门履职，监督部门保障”的工作机制，规范有序开展政府购买服务工作。

（一）各部门在政策制定、资金扶持、人才培养等方面，应积极支持社会组织的培育和发展。

（二）财政部门牵头负责建立健全政府购买服务制度，监督、指导各类购买主体依法开展购买服务工作，做好政府购买服务的资金管理、监督检查和绩效评价等工作。

（三）机构编制部门负责制定政府转移职能目录，明确政府职能转移事项。

（四）民政、工商管理以及行业主管等部门要按照职责分工，将承接政府购买服务行为纳入评估、执法等监管体系。民政部门负责核实社会组织的资质及相关条件，向购买主体提供社会组织名录。

（五）监察、审计部门负责对政府购买服务工作和资金使用情况进行监察、审计监督。

（六）购买主体负责购买服务的具体组织实施，建立健全内部监督管理制度，公开本部门经批准的政府购买服务事项，对承接主体提供的服务进行跟踪监督，在项目完成后组织考核评估和验收。

第十八条 加强政府购买服务工作的绩效管理，严格绩效评价机制。建立健全由购买主体、财政部门或第三方实施的项目评价机制，对购买服务项目数量、质量和资金使用绩效等进行考核评价，评价结果向社会公布，并作为以后年度编制政府购买服务预算和选择承接主体的重要依据。

第十九条 财政、监察、审计等部门应加强对政府购买服务的监督，确保政府购买服务资金规范管理和使用，防止截留、挪用和滞留资金等现象发生。对违法违规行为，按规定予以处罚、处分或移交司法机关处理。对在政府购买服务工作中作出突出贡献、取得良好社会和经济效益的社会组织，可给予奖励性补助。

第二十条 建立政府购买服务退出机制，对弄虚作假、冒领财政资金的承接主体，依法给予行政处罚。

第八章 附　则

第二十一条 本办法由市财政局负责解释，各镇人民政府、街道办事处可参照执行。

第二十二条 本办法自发文之日起施行。

附件：

桐乡市政府向社会力量购买服务指导性目录（第一批）

表 58

代码	一级目录 （5 项）	二级目录 （40 项）	三级目录 （72 项）
A0101	基本公共服务	公共教育类	公共教育基础设施管理与维护
A0102			公共教育成果质量评估、成果交流与推广
A0201		医疗卫生类	政府组织的群众健康检查服务
A0202			公共医疗卫生项目的实施与管理
A0301		人口计生类	计划生育宣传指导服务
A0302			独生子女保险服务
A0401		公共文化类	政府举办的公益性文艺演出
A0402			文化设施的保养及维护
A0501		公共体育类	政府组织的公益性体育活动
A0502			政府组织的国民体质测试及指导服务
A0503			体育设施的保养及维护
A0601		交通运输类	政府委托的公共交通运输基础设施维护与管理
A0602			政府委托的市民公交出行服务
A0701		住房保障类	保障性住房对象资格信息采集与管理辅助性工作
A0702			保障性住房后期运行、维护、管理服务
A0801		社会保障类	社保稽核服务
A0802			社会保障社会化管理服务

续表 58

代码	一级目录	二级目录	三级目录
	(5 项)	(40 项)	(72 项)
A0901	基本公共服务	公共就业类	公共就业信息的收集与统计分析
A0902			农村劳动力转移就业辅助性工作
A0903			政府组织的就业培训
A0904			其他公共就业服务
A1001		服务三农类	农产品供需、价格信息收集、统计分析、咨询服务
A1002			政府组织的农民种养技能培训及指导
A1003			动物重大疫病和农作物重大病虫害监测预警与防控辅助性工作
A1101		资源环境类	生态环境事故鉴定辅助性工作
A1102			市政维修与养护
A1103			市政环境卫生保洁
A1104			市政绿化种植与养护
A1201		公共安全类	校园安全保障服务
A1301		养老服务类	政府委托的机构、社区、居家养老服务
A1302			公益性养老项目的实施与管理
A1401		残疾人保障类	政府委托的残疾人服务
A1402			公益性助残项目的实施与管理
B0101	社会管理服务	社会组织类	社会组织的孵化培育
B0102			社会组织的能力建设
B0201		社区事务类	外来人口管理、社区调查等社区事务组织与实施
B0202			退休人员社区管理和服务
B0203			社区心理咨询服务
B0204			社区志愿者服务
B0205			离休干部社区管理和服务
B0301		社会救助类	社会救助对象的信息收集等辅助性工作
B0302			特殊人群救助服务
B0401		法律援助类	政府委托的法律援助项目的实施服务
B0501		社工服务类	政府组织的社工人才的培养
B0502			政府委托社工服务项目的组织实施
B0601		慈善救济类	政府委托的慈善救济组织与实施
B0602			政府委托的慈善救济宣传
B0701		公益服务类	公益项目的策划和组织
B0801		人民调解类	人民调解服务辅助性工作
B0802			政府组织的人民调解队伍培训
B0901		社区矫正类	被矫正人员就业指导与推荐

续表 58

代码	一级目录	二级目录	三级目录
	(5 项)	(40 项)	(72 项)
B1001	社会管理服　务	安置帮教类	政府委托的安置帮教项目的实施与管理(包括职业技能、就业、心理咨询等指导)
B1101		公益宣传类	政府举办的专题公益宣传活动的其他辅助性服务
B1102			其他政府委托的宣传服务
C0101	行业管理与协调服务	行业资格认定和准入审核类	从业资格考试的培训、考务、后续教育与制证发证等辅助性工作
C0201		处理行业投诉	政府设立的行业投诉举报热线、网站平台的维护和申诉受理服务(包括知识产权、司法鉴定、民营企业、政府采购、销售彩票、消费者、产品质量)
D0101	技术服务	科研类	政府组织的科研资讯收集与统计分析
D0102			科普知识的普及与推广
D0201		行业调查	政府组织的经济社会发展情况调查
D0202			政府委托的其他行业调查服务
D0301		行业规划	政府组织的行业规划服务
D0401		行业培训	行业通用素质和技能培训
D0501		资产评估	政府委托的资产评估服务
D0601		检验\检疫\检测	政府委托的检验、检疫、检测服务
D0701		监测服务	自然环境监测辅助服务
E0101	政府履职辅助事务	法律服务	政府委托的法律顾问服务
E0201		会议、经贸活动和展览服务	展览活动组展设计和实施
E0301		工程服务	公共工程的概(预)、结(决)算审核工作
E0401		项目评审	公共项目规划、设计、可行性研究等专家评审服务
E0501		审计服务	重大事项第三方审计服务
E0601		后勤保障服务	物业管理
E0701			保安服务

桐乡市人民政府关于印发进一步促进工业经济稳定增长实施意见的通知

桐政发〔2014〕41 号
(2014 年 9 月 3 日)

今年以来,全市工业经济运行总体平稳,但受宏观经济环境复杂多变等因素影响,工业经济下行压力较大。工业经济是全市经济社会发展的重要基石,为进一步发挥工业经济的主体作用,确保实现年度工业经济增长目标,促进工业经济平稳较快发展,现提出如下意见:

一、加大工业有效投入

1. 加快拨付设备奖励。对符合国家和我市产业政策鼓励类的重大投资项目,经企业申请、镇街道初审,经信局审核同意后,可每半年根据已完成的设备投资额给予预奖,预奖额不超过 50%,待项目竣工后再审计结算。如企业有特殊要求的,可按“一事一议”的原则处理。

2. 加快项目开竣工。对已供工业用地进行逐一梳理,未开工项目抓开工,开工项目抓竣工。进一步完善重大工业项目

“绿色通道”制度，各相关部门提前介入、优先服务，加快项目开工建设。

3. 简化竣工验收。进一步简化竣工验收手续，企业提出申请后，各单位根据各自工作职责组织单项验收，达到竣工验收条件的，在一周内出具验收意见并报经信局，同时各镇(街道、开发区)出具投资强度监管意见报经信局审核。经信局不再统一组织竣工复核验收，根据各部门单项验收意见进行审核，审核通过后出具验收结果通知书，企业凭验收结果通知书办理土地证、房产证。对于2011年7月以前取得土地而未通过竣工验收的工业项目，由经信局牵头，按照实事求是、妥善处置的原则开展专项清理。对重点工业投资项目，当竣工建筑面积达到总建筑面积三分之一及以上时，经企业申请，可进行分期验收并发房产证；建设用地10～30亩的项目可分两期验收。

4. 强化招商选资。围绕“大整治、大转型、大招商”的总体部署和招商引资全年目标任务，选择重点地区、重点产业开展招商引资活动，力争引进一批央企、外企、民企。狠抓在谈项目签约、签约项目报批、报批项目开工、开工项目资本金到位，力争顺利完成全年招商引资目标任务。

5. 加快推进中小企业创业创新中心建设。制定科学合理的绩效评价办法，对全市现有标准厂房、创业园区进行绩效评价，出台差别化政策，扶优限劣。鼓励盘活的存量建设用地和低效利用、零星分散的存量建设用地，集中在工业园区内建设中小企业创业创新中心、标准厂房，在确保出售比例不超过建成面积50%的前提下(用于拆迁安置的标准厂房租售比例可适当放宽)，允许对标准厂房分割出售并在土地出让合同中约定分割单元(集体建设用地除外)。经认定的创业创新中心，投资主体自持比例达到50%以上，亩均税收达到20万元以上的，三年内对创新创业中心缴纳的增值税、营业税、所得税环比增长10%以上的增量地方留成部分的50%，奖励给创业创新中心投资主体用于创业创新中心的建设和发展。鼓励小微企业入驻工业园区内标准厂房发展，优先安置亩产效益综合评价优质的企业和科技型企业。

二、强化生产要素保障

6. 加大土地保障力度。进一步加快农转用报批步伐，加强土地整理复垦，积极向上争取指标，全年确保新增用地指标40%以上用于工业项目。鼓励“空间换地”，引导企业提高土地利用率，对符合条件的企业实施“零增地”投资项目，容积率最高可提高到3.5，绿化率最低可降低到5%；对超过原合同约定容积率部分折算出的节约土地面积达2亩以上的，给予每亩3万元限额100万元的奖励(如原合同未约定容积率的，按1.0计算)。加大闲置用地清理力度，对转而未供、供而未用、用而未足的土地逐一清理、分类处置。

7. 支持中小微企业融资。落实《桐乡市中小微企业贷款支持计划》，安排1亿元财政资金用于支持成长型企业、科技型企业和个转企小微企业贷款支持计划，三年内新增中小微企业贷款15亿元，进一步发挥地方财政资金的放大效应和导向作用，扩大中小微企业贷款规模。金融机构要加强信贷管理，确保企业信贷资金直接进入实体经济。提高贷款审批和发放效率，优化小微信贷管理。通过提前进行续贷审批、实行年审制和循环贷款等创新措施减少企业高息“过桥”融资，阻断民间融资风险渗透。加强信用体系建设，创新信贷机制和产品，推广信用贷款、股权质押、单证质押、专利质押、余值抵押等新型抵质押方式。加快民间融资服务中心及省股权交易中心桐乡分中心建设，引导和规范民间资本服务支持实体经济，推动民间资金的合法合理流动。

8. 降低企业融资成本。加强政银企合作，建立健全项目推介机制，促进银企有效对接。银行机构要加大支持实体经济，特别要加大支持优质企业的力度。对绩效评价A类企业给予利率优惠，原则上贷款利率最高不突破上浮10%。坚决取消不合理收费项目，降低过高的收费标准，严禁“以贷转存”、“存贷挂钩”等变相提高利率、加重企业负担行为，执行情况与财政性资金在银行机构的存放规模挂钩。同时规范企业融资过程中担保、评估、登记、审计、保险等中介机构和有关部门的收费行为，加强监督检查。

9. 有效处置企业资金风险。加强对企业的生产经营情况及资金风险的监测，组织开展企业“两链”风险排查，确保风险隐患早发现、早处置。推广企业联合授信主办行制度,从源头上防范企业多头授信、过度授信风险。对涉险企业建立分类帮扶机制,各债权银行要尽力支持优质担保企业的政策经营,坚持“以时间换空间”思路,通过运用适当的救助方式化解担保风险。不简单向担保企业平移贷款,不简单以涉担保圈为由提高担保企业授信标准、附加抵押担保条件或减压信贷规模;担保企业被追诉代偿平移的与生产经营相关的贷款,经税务审核后,可税前列支,以支持互保圈内优质企业的正常经营,及时处置和化解企业资金风险;未执行上述规定的,金融办会同财政局按规定收回该银行财政性存款。困难企业要真实反映生产经营、资金流向等情况,不瞒不逃不转移,积极开展瘦身自救,配合政府协调,努力走出困境。进一步完善应急资金转贷管理办法,帮助企业及时获得金融机构转贷支持,有效防止和化解中小企业资金链断裂风险;各镇街道、开发区也要建立健全应急资金;同时,健全劳动保障监察体系,维护社会稳定。

三、支持企业拓展市场

10.鼓励企业参展。对于装备制造、电子信息等战略性新兴产业绩效评价A、B类企业自行参加境内外展会的,给予摊位费全年限额15万~20万元的补助。出口额在1000万美元以上的绩效评价A、B类企业境外参展补助限额提高到30万元。

11.支持企业扩大出口。鼓励外贸生产企业和出口本地产品的外贸流通企业做大做强,对年出口额超过1亿美元且同比增长10%以上的,给予30万元奖励,对年出口额超过1000万美元且同比增长10%以上的,给予15万元奖励。对企业海外并购获取营销渠道、知名品牌以及设立研发机构所发生的支出,给予实际投资50%的补助,每家企业当年度最高限额100万元。

12.加快政策兑现速度。加快出口退税速度,出口企业出口产品,经海关办理报关手续,待单证齐全、信息齐全后,向市国税局递交退税申请,经审批后一个月内办结退税。加快境内外参展补助发放速度,企业在展会结束后凭参展凭证提交申请,经商务、经信、财政部门审核后,按季度兑现企业参展补助。

四、切实减轻企业负担

13.落实税收优惠。认真落实国务院和省政府已经出台的各项税费优惠政策,尤其是小微型企业税费政策、简并增值税征收率政策和“营改增”“贷免扶补”等政策,并加快落实进度。对涉及企业的有关行政事业性收费项目,报经批准实行“减、免、缓”政策。鼓励企业加大研发投入,指导企业用足用好研究开发费用加计扣除政策。

14.清理涉企收费。认真贯彻落实《国务院办公厅关于进一步加强涉企收费管理减轻企业负担的通知》(国办发〔2014〕30号)精神,深化推进企业治乱减负工作,实施涉企收费清单管理制度,规范中介收费行为。加强涉企惠企政策落实情况的跟踪督查,禁止以任何方式加重企业负担。

15.鼓励低效企业提升发展。实施企业绩效提升工程,鼓励C、D类企业提档升级,对当年技改投入超过1000万元的规上企业、技改投入超过500万元的规下企业、亩均税收提升到10万元以上且增幅达到20%以上的企业,经企业提出申请、镇(街道、开发区)审核,市“绩效评价工作领导小组”提前对绩效进行评价后,2015年1~6月不再执行差别化政策。对占地10亩以上的规下企业2014年底前进规上的,2015年1~6月不实施降档处理。对占地10亩以下的C、D类规下企业2014年底前进规上的,2015年1~6月不再执行差别化政策。

五、着力优化企业服务

16.加快培育成长型企业。深化“两改两创”专项行动,全面实施规上企业、亿元企业、外资企业、高新技术企业、股份制企业、上市企业“六大倍增”计划。深入抓好“个转企、小升规、规改股、股上市”工作,力争超额完成“个转企、小升规”年度目标任务。制定企业兼并重组实施意见,鼓励行业龙头企业通过兼并重组做大做强。

17.完善企业服务机制。深化以“联企业、强服务、助转型”为主题的“千名干部联千企”活动,进一步加大市级领导和各镇街道、部门联企业、联项目力度,提供组团化、个性化、专业化服务,进一步增强企业发展信心。充分发挥“中小企业服务联盟”的作用,为中小微企业提供全方位、多层次、低成本的服务。完善重大项目联系制度,推行现场办公会议和交办督办协调等制度,协调解决重点企业和重大项目中的立项、土地、环评、资金等问题，推进项目有效落地。镇（街道）、开发区要充实经济发展服务中心人员力量，提升服务能力，为企业提供优质服务。

18.营造工业经济发展良好氛围。把促进工业经济平稳较快增长作为当前的首要任务，集中精力抓工业经济。各新闻媒体要精心策划，开辟专栏，进一步加大对企业、项目和企业家的宣传报道力度，大力宣传企业在“两改两创”“六大倍增”、绩效评价、“四换三名”、自主创新、市场拓展等方面的成功经验，营造实体经济发展的良好环境，助推工业经济稳定较快增长。

桐乡市人民政府关于印发《桐乡市城乡居民基本医疗保险工作实施意见》的通知

桐政发〔2014〕46号
（2014年11月10日）

为进一步提高城乡居民医疗保障水平，切实改善民生，根据国务院、省政府关于建立新型农村合作医疗制度、城镇居民基本医疗保障制度的有关精神和嘉兴市政府、桐乡市政府关于城乡居民基本医疗保险和职工基本医疗保险整合的有关要求，结合我市实际，现就做好全市城乡居民基本医疗保险（以下简称“居民医保”）工作提出如下意见：

一、主要目标

（一）居民医保参保率达到95%以上（其中城镇中小学生参保率达到95%以上）。

（二）参保居民医保统筹区域政策范围内住院费用报销比例达到75%以上，统筹区域外住院人次构成比不超过30%。

（三）完善市内定点医疗机构居民医保按总额预付管理办法。

二、参保对象

（四）具有本市户籍未参加职工基本医疗保险的城乡居民。

（五）非本市户籍，但持有“浙江省居住证”，在户籍地未参加新型农村合作医疗保险、城镇居民基本医疗保险、职工基本医疗保险等社会基本医疗保险的新居民及其子女。

（六）各类全日制高等学校（包括民办高校）中接受普通高等学历教育的全日制本专科生、全日制研究生中未参加户籍地新型农村合作医疗保险、城镇居民基本医疗保险等社会基本医疗保险的学生。

三、参保办法

（七）本市户籍城乡居民（含学生）按《居民户口簿》以家庭户为单位参加。由银行代收筹资款，筹资款以户为单位缴纳，费用缴纳成功后银行自动办理参保手续。个人筹资款缴费银行为桐乡市邮政储蓄银行及桐乡市邮政局下属各网点、桐乡市农村信用合作联社及下属各网点。

（八）符合居民医保参保条件的新居民及其子女，在居住地的镇（街道）新居民事务所办理参保手续。各类高校学生以学校为单位办理参保手续。在办理参保手续时均需提交未参加户籍地新型农村合作医疗、城镇居民基本医疗、职工基本医疗保险等由政府资助的医疗保障制度的证明（须当地县级经办机构证明）。

（九）参加居民医保对象必须在核算年度起始日前缴费。

（十）参保人员在超过规定缴费时间后要求参保的，其费用按全年标准缴纳，居民医保待遇自缴费当月起的第四个月开始享受。

符合以下条件的本地户籍居民，可接续或中途参加居民医保：

1.符合参保条件的复退军人、归正人员、出国回归人员、户口回迁大中专学生、收养儿童等人员可在户口迁至本市（户口未迁出者凭相关材料）一个月内办理参保手续，并按全年标准缴纳居民医保费用后，自缴费的次月起按规定享受居民医保待遇；

2.年度内职工基本医疗保险中断（终止）或跨制度、跨统筹地转移基本医疗保险关系的人员，其接续参加居民医保且全额缴费，中间（按月）连续无间断的，自缴费的次月起享受居民医保待遇；

3.新生儿可于出生3个月内，由其父母持新生儿户籍证明材料办理参保手续，其费用按全年标准缴纳，居民医保待遇自出生之日起享受。

在年度中途办理参保手续，必须该户其他人员居民医保应保尽保。参保人员在年度中途参加职工基本医疗保险的人员，自职工基本医疗保险享受之日起，按职工基本医疗保险有关规定报销。

四、资金筹集与管理

（十一）居民医保资金采取“五级筹资、一级管理”的办法。

即由中央财政、省财政、市财政、镇(街道)财政、个人五级筹集,市级统一管理。

(十二)资金核算年度为当年度1月1日至12月31日止。

(十三)筹资办法

居民医保实行个人缴费和财政补贴相结合,筹资标准根据我市上上年度城乡居民人均纯收入按比例筹集,原则上不超过5%的比例。具体筹资标准(包括个人缴费标准)每年由市人力社保部门会同财政部门确定并报市政府同意后公布。

符合居民医保参保条件的新居民,其个人出资标准与参保地城乡居民相同,其余部分由所在单位承担,税前列支;其中父母一方持有《浙江省居住证》的子女个人出资标准与参保地城乡居民相同,其余部分由市及居住地镇(街道)财政承担。

(十四)积极鼓励社会资金捐助,并可根据捐助人(单位)意愿确定医药费用补助人群范围。工、商、个私企业捐助资金按税法规定给予税前列支。

(十五)持《最低生活保障救助证》、《低收入家庭救助证》的参保对象、镇(街道)重点优抚对象、孤儿、麻风病康复村休养员,其参加居民医保个人缴纳的费用由民政部门全额补助。持有效的《中华人民共和国残疾人证》和《特困职工优惠证》以及49周岁以上计划生育特殊家庭夫妇等参保对象,其参加居民医保个人缴纳的费用分别由市残联、市总工会、市人口计生局全额补助(已享受居民医保补助的低保、低收入家庭、优抚对象、休养员除外)。上述人员名单按上年度10月底数据确定,可由相关部门集中办理参保手续。

(十六)设立居民医保资金财政社保专户(以下简称“财政专户”)和居民医保资金支出账户(以下简称“支出账户”)。居民医保资金收入全部纳入财政专户,支出账户资金由财政专户划拨,实时结报的定点医疗机构居民医保报销资金由支出账户分期划拨,非实时结报的居民医保报销资金由支出账户划入结报人的邮政储蓄账户(粮农直补卡)。居民医保资金专户存储、专款专用,任何单位或个人不得借支挪用或提取出借。资金账户由市合作医疗管理委员会办公室(以下简称“市合管办”)统一管理,基金管理和使用接受财政、审计部门监督。

(十七)个人缴纳资金(含社会团体、企业、个人资助的个人缴款),统一就近缴代收银行。

(十八)市民政局、总工会、残联等部门办理相应对象参保手续后,个人筹资款划拨至城乡居民基本医疗保险基金专户,并将名单抄送相关镇(街道)。

(十九)为保证各级居民医保保险资金及时、足额到位,根据《财政部卫生部关于调整中央财政新型农村合作医疗补助资金拨付办法有关问题的通知》(财社〔2008〕321号)文件要求,市、镇(街道)财政补助资金应在每年5月底前将全年应拨资金,直接拨付到城乡居民基本医疗保险基金专户。

(二十)按当年度基金筹资总额的15%建立居民医保风险准备基金。风险基金由市、镇(街道)两级财政按2:1比例承担,并列入财政预算。居民医保资金在核算年度内出现超支时,由风险准备基金支付。风险基金使用尚不足以支付时,则由市财政、镇(街道)财政按2:1比例分别承担。

五、补偿办法

(二十一)参保人员在以下医疗机构接受治疗的医药费用,经审核后,可列入补偿范围:

1.市内定点医疗机构:本市卫生院(社区卫生服务中心)以上医疗机构(含),实施镇(街道)村一体化管理的社区卫生服务站,市合管办确定的市内其他医疗机构;

2.市外定点医疗机构:市合管办按相关规定确定的在桐乡市范围外的定点医疗机构,市外定点医疗机构不包括其协作医院;

3.外出人员定点医疗机构:当地医保定点医疗机构;

4.非定点医疗机构:非桐乡市居民医保定点医疗机构,但属当地医保定点单位的二级(县级)及以上非营利性医疗机构。

(二十二)居民医保基金支付的用药、服务项目目录范围参照《浙江省基本医疗保险、工伤保险、生育保险药品目录》、《浙江省基本医疗保险医疗服务项目目录》(以下简称《目录》)和国家、省、市有关规定执行。乙类药品、项目自负比例为15%~40%,具体自负比例由市人力资源和社会保障局公布。

居民医保基金支付标准按物价部门核准价格执行。

(二十三)报销比例:

1.住院费用起报线:统筹区域内实行国家基本药物制度的

一级及以下医疗机构(社区卫生服务机构)为300元;二级(或以下)医疗机构为500元;三级医疗机构为800元;统筹区域外定点医疗机构为1000元;非定点医疗机构为1500元。

2.住院(含特殊门诊)费用最高补偿额为150000元。

3.住院费用报销比例:统筹区域内实行国家基本药物制度的一级及以下医疗机构(社区卫生服务机构),报销比例为列报费用的85%;二级(或以下)医疗机构,报销比例为列报费用的75%;三级医疗机构,报销比例为列报费用的65%;统筹区域外定点医疗机构,报销比例为列报费用的50%。(统筹区域内执行二级医院收费标准的三级医疗机构按二级医院列报)

每次住院均应按所在医院的级别对应扣除起报线部分后再予以报销。由上级医院办理转诊手续,转至镇(街道)卫生院继续住院治疗的,不再扣除起报线。经过备案的特殊疾病患者年度内多次住院的,当年度住院费用可在扣除一次起报线后累计结算(住院费用起报线以年度内患者就诊的医疗机构中最高住院费用起报线标准确定)。

参保人员因病情需要,由杭州、上海定点医院转往其他三级以上医疗机构住院治疗的,应按规定办理登记备案手续,先由个人自费10%,再按规定结算。长期居住外地(三个月以上),可凭相关材料向市合管办申请办理异地就医手续,在居住地选择4家当地医保定点医疗机构作为就医医院,住院报销比例参照市外定点医疗机构。

4.普通门诊费用报销:统筹区域内实行国家基本药物制度的一级及以下医疗机构(社区卫生服务机构)报销比例为列报费用的50%,其他定点医疗机构报销比例为列报费用的10%。

统筹基金年度报销限额800元。

5.特殊病种门诊费用补偿范围:进行社区慢性病管理的糖尿病、恶性肿瘤、尿毒症(血透、腹透)、器官移植后抗排异治疗、再生障碍性贫血、系统性红斑狼疮、血友病、重症并进行系统管理的精神病和艾滋病机会感染(国家规定的免费抗病毒治疗除外)等。针对该疾病治疗指定目录内的门诊医药费用,500元以下部分报销比例视同普通门诊,500元以上部分视同住院医药费用报销,目录外的按普通门诊报销。

特殊病种在省外相对应的非定点非营利性专病专科医疗机构治疗的医药费,总费用累计4000元以上部分的医药费用,按25%报销,年度报销限额30000元。

患肺结核病的,在国家已有“免费”政策的基础上,其余因肺结核病辅助治疗发生的费用,纳入特殊病种门诊费用报销范围;确诊为苯丙酮尿症的10岁以内的患儿,根据医生处方在指定地点购买无苯丙氨酸奶粉的费用纳入特殊病种门诊报销范围。

6.住院分娩补偿:参保孕产妇住院分娩,在享受省卫生厅和省财政厅联合下发的《浙江省农村孕产妇住院分娩补助项目管理方案》(浙卫发〔2010〕51号)规定的每人500元补助后,患有妊娠合并症、并发症等高危因素的,其住院正常分娩外发生的费用纳入居民医保住院补偿范围。

7.参保人员因外出急诊不能在定点医疗机构诊治时,可就近到所在地医保定点单位治疗,报销比例参照市外定点医疗机构标准。

8.非定点医疗机构:符合本文件规定的市外非定点医疗机构住院的列报费用按10%报销,年度报销限额10000元。

9.大病保险:从居民医保基金中划出一定额度作为大病保险基金,通过政府购买服务方式委托商业保险机构办理。在一个居民医保实施年度内,参保人员在居民医保定点医院住院和特殊门诊发生的医药费用,按居民医保政策规定报销后,其个人累计负担的符合居民医保报销范围的医药费用,对大病保险起付线以上部分给予补偿,并与居民医保报销同步结算,具体政策另行制定。

年度内参保人员意外伤害、大病保险的现场调查,由承办大病保险的商业保险公司统一承办。

10.儿童两类疾病救助政策按《桐乡市提高儿童白血病和先天性心脏病医疗保障水平试点工作实施方案(试行)》(桐卫发〔2011〕60号)执行,尿毒症和重性精神病救助按有关救助办法执行。

(二十四)报销手续:

1.参保人员在联网单位(市内定点医疗机构)就诊,凭本人《社会保障市民卡》挂号、结账,居民医保补偿费用在结账时实时结算。住院费用实时结报需提供本人《居民身份证》及复印件。因个人原因未办理实时结报手续的，事后不予补报。

2.非联网单位就诊医药费用在医院全额支付后凭参保人员《社会保障市民卡》、《居民身份证》、个人病历、医疗机构发票原件（同时参加商业医疗保险者，凭医疗保险报销凭据、发票复印件）、费用总清单、邮政储蓄账户（粮农直补卡）复印件等，经所在村委会（社区）核实，到镇（街道）人力资源和社会保障所办理结报手续，补偿款经市合管办审核后发放。当年度医疗费用报销申报截止期为次年1月31日。

3.本市参保人员到市外医院就诊的，其医药费用结报范围一律按照本市规定的居民医保诊疗目录和药品目录。

（二十五）不予报销范围：

1.应当由工伤保险基金支付的；

2.应当由第三人负担的；

3.应当由公共卫生负担的；

4.在境外就医的；

5.因故意犯罪造成自身伤害发生的医疗费用；

6.因美容、整形等非基本医疗需要发生的医疗费用；

7.其他法律、法规规定不予支付的。

六、其他

（二十六）设立居民医保体检账户，体检费用按年划入，自主使用，具体办法由市人力资源和社会保障局会同市财政局、市卫生局另行制定。

（二十七）参保人员经居民医保资金补偿后生活仍有特殊困难且符合《桐乡市城乡困难人员医疗救助办法》（市政府令第78号）规定的，可按规定向民政部门申请大病医疗救助。

（二十八）居民医保参保对象只能参加一种政府资助的社会医疗保障（包括在市外参保者、享受单位医药费用报销者，但不含商业保险），不得重复报销。

（二十九）镇（街道）、村（社区）两级需每月张榜公布报销情况，接受社会和群众监督。

（三十）从事居民医保管理的有关工作人员违反规定给予报销的，追究经办人员责任，并责令追回或退还所报销的款项。不能追回的，由违规操作经办人员承担。

（三十一）定点医疗机构违反居民医保相关政策的，追究有关人员和所在单位责任，视情节轻重承担经济赔偿责任直至取消定点资格。对个人或单位举报他人骗取居民医保基金查实的，对举报的个人或单位给予奖励。

（三十二）参保人员骗取居民医保报销款的，所报销款项予以追回，情节严重的，依法作出处理。出借、冒用《社会保障市民卡》的，取消持卡人当年度居民医保费用补偿资格，追究冒用人和持卡人经济和法律责任，列入居民医保信息管理系统黑名单。

七、工作要求

（三十三）加强组织领导。各镇人民政府、街道办事处、开发区、振东新区，市级各部门要提高新形势下巩固发展居民医保制度重要意义的认识，加强领导、创新机制、完善措施、落实责任、强化考核，继续做好居民医保筹资方式改革，确保改革成功。居民医保工作列入市对各镇（街道）、各部门年度考核内容，每年由市政府组织对居民医保工作全面考核，使全市居民医保工作同步推进、可持续发展。

（三十四）加强基金监管。要切实加强基金的监管，完善监督措施，落实监管责任。要认真执行财政部、人社部有关基金财务会计制度，从基金的筹集、拨付、存储、使用等各个环节着手，规范基金监管措施，加强财政专户管理核算，专款专用，同时引入第三方审计，每年进行基金运行情况检查，及时发现问题，落实措施，确保基金的安全运行。

（三十五）加强居民医保管理机构建设。进一步加强管理机构队伍建设，按要求落实人员编制，配足工作人员，保证必要的工作经费。进一步加大信息化建设力度，按照分级负责管理的原则，加强居民医保信息系统建设、维护、管理，实现管理机构、经办机构、定点医疗机构之间的联网，居民医保、医疗救助“一站式”实时结报，信息共享。进一步强化工作人员培训，对居民医保管理机构、经办机构工作人员组织开展有关居民医保政策、基本财务会计制度、用药目录和服务目录规范使用等业务知识的学习培训，提高管理机构、经办机构人员的业务水平。根据上级要求深化医保制度改革，逐步探索居民医保、职工基本医疗保险、城乡居民医疗救助的有机整合，进一步提高群众医疗保障水平。

（三十六）加强定点医疗机构监管。加强对各级各类定点医疗机构居民医保费用使用情况的监管，完善定点医院协议制度，严格执行同级医疗机构检查结果互认，严禁用药、服务目录超范围补偿，加强处方审查、严格控制药占比，严肃执行药品统一招标采购制度、禁止私自进药；坚持因病施治、合理用药、合理检查，遏制过度医疗；进一步完善审核员制度，强化审核员责任；充分发挥社区卫生服务机构对居民医保制度的促进作用，正确引导居民就近就医，控制医疗费用的不合理增长。

（三十七）进一步落实部门责任。组织部要将居民医保工作列入党政领导干部实绩考核内容；人力社保局要指导、督促居民医保工作的实施，加强定点医疗机构的监管，定期分析公布有关信息；财政局要做好资金的预算安排工作，确保资金按要求及时到位并加强监管；地税局要做好居民医保资金税前列支的有关事项；卫生局要加强对医疗机构诊疗行为的监管；审计局要依法对居民医保基金的收缴和使用情况进行审计监督；教育局要做好在校大、中小学生参保的宣传发动和统计工作，确保完成大、中小学生参保率达到95%以上的目标任务；民政局、残联、总工会、人口计生局要认真做好相关困难参保人员个人筹资款的补助工作；新民局要做好新居民参保及统计工作；统计局每年1月底前及时提供城镇居民、农村居民的应参保人数；邮政储蓄银行、邮政局及信用联社要积极配合做好参保人员个人筹资款的代收工作。

（三十八）本意见由市人力资源和社会保障局负责解释，自2015年1月1日起执行，《桐乡市2014年城乡居民合作医疗工作实施意见》（桐政发〔2013〕85号）同时废止。

重要文件存目

桐乡市委文件存目

桐委文号	时间	标　　题
3号	1月6日	关于加快推进崇福镇小城市第二轮培育试点工作的若干政策意见
5号	1月22日	中共桐乡市委关于深入开展“美丽幸福新桐乡”大讨论活动的意见
9号	2月25日	关于开展“五水共治”工作的实施意见
10号	3月3日	关于印发《市委常委会带头扎实开展党的群众路线教育实践活动的实施方案》的通知
20号	5月8日	关于进一步加强市民兵应急大队建设的实施意见
32号	10月17日	关于推进公共文化服务体系示范区“两级联创”的实施意见
33号	10月27日	关于加强全市干部团队精神建设的实施意见
35号	11月28日	关于进一步加强和改进新形势下人民政协工作的意见
36号	12月9日	关于加强安全生产促进安全发展的实施意见

桐委办发文号	时间	标　　题
4号	2月10日	关于印发《桐乡市城乡社区工作事项准入实施意见》的通知
5号	2月14日	关于深化双先指数考评工作进一步加强党员教育管理的通知
12号	3月20日	关于印发《桐乡市出租房屋综合整治实施方案》的通知
14号	3月24日	印发《关于全面建立桐乡市三级法律服务团制度的实施意见》的通知
17号	3月30日	关于印发《桐乡市农村生活污水治理实施意见》的通知
18号	4月29日	关于印发《2014年建设“法治桐乡”工作要点》的通知

桐委办发文号	时间	标　　题
22号	5月15日	印发《关于开展工业企业绩效综合评价加快转型发展的实施意见(试行)》的通知
24号	5月16日	印发《关于进一步深化社会治安防控体系建设的意见》的通知
28号	5月27日	关于印发《桐乡市进一步深化行政审批制度改革实施意见》的通知
42号	8月1日	关于印发《建立“强信念、敢担当”工作机制实施意见》的通知
46号	9月1日	关于印发《桐乡市领导班子和领导干部作风状况评价实施意见》的通知
52号	9月23日	关于印发《大力发展现代庄园经济的实施意见》的通知
67号	12月5日	印发《关于进一步加强基层服务型党组织建设的实施意见》的通知
68号	12月5日	印发《关于完善党员干部直接联系群众制度的实施意见》的通知

桐乡市政府文件存目

政府令文号	时间	标　　题
102号	4月4日	桐乡市农村集体土地征收中房屋拆迁补偿安置办法
103号	6月27日	桐乡市人民防空工程建设利用管理办法
104号	12月31日	桐乡市地名管理办法

桐政发文号	时间	标　　题
4号	1月2日	桐乡市人民政府关于印发《深入推进“电商换市”拓市场加快电子商务发展的实施意见》的通知
10号	2月19日	桐乡市人民政府关于印发《2014年〈政府工作报告〉主要工作任务分解方案》的通知
16号	4月14日	桐乡市人民政府关于印发《桐乡市“五水共治”三年行动计划(2014～2016年)》的通知
17号	4月23日	桐乡市人民政府关于开展政府职权清理推行权力清单制度的通知
23号	6月7日	桐乡市人民政府关于印发进一步加快商品市场提升发展若干政策意见的通知
36号	8月11日	桐乡市人民政府关于印发加强我市中小微企业服务体系建设若干意见的通知
43号	9月19日	桐乡市人民政府关于进一步规范国有建设用地供应和批后监管的若干意见
54号	12月31日	桐乡市人民政府关于印发桐乡市强镇扩权改革实施方案的通知

（市委办、市政府办提供）

索 引

1. 本索引为汉语拼音音序索引，以主题词列条，按主题词的首个中文字的字母顺序排列，首字相同，则按第二字的音序排列，以此类推。

2. 索引页码后的"a"表示左栏，"b"表示中间栏，"c"表示右栏。

3. 为便于检索，除栏目名、分目名及易产生歧义者外，一般将单位、组织和事件前的"桐乡""桐乡市""市"省略。

4. 阿拉伯数字、标点开头的主列条以第一个中文字排序。

5. 本索引中栏目名、分目名用黑体字；《特载》《专记》《大事记》《国民经济统计资料》《文件选编》五栏目的内容未做索引。

D

F

J

K

P

Q

R

S

T

W

X

GDP及人均GDP

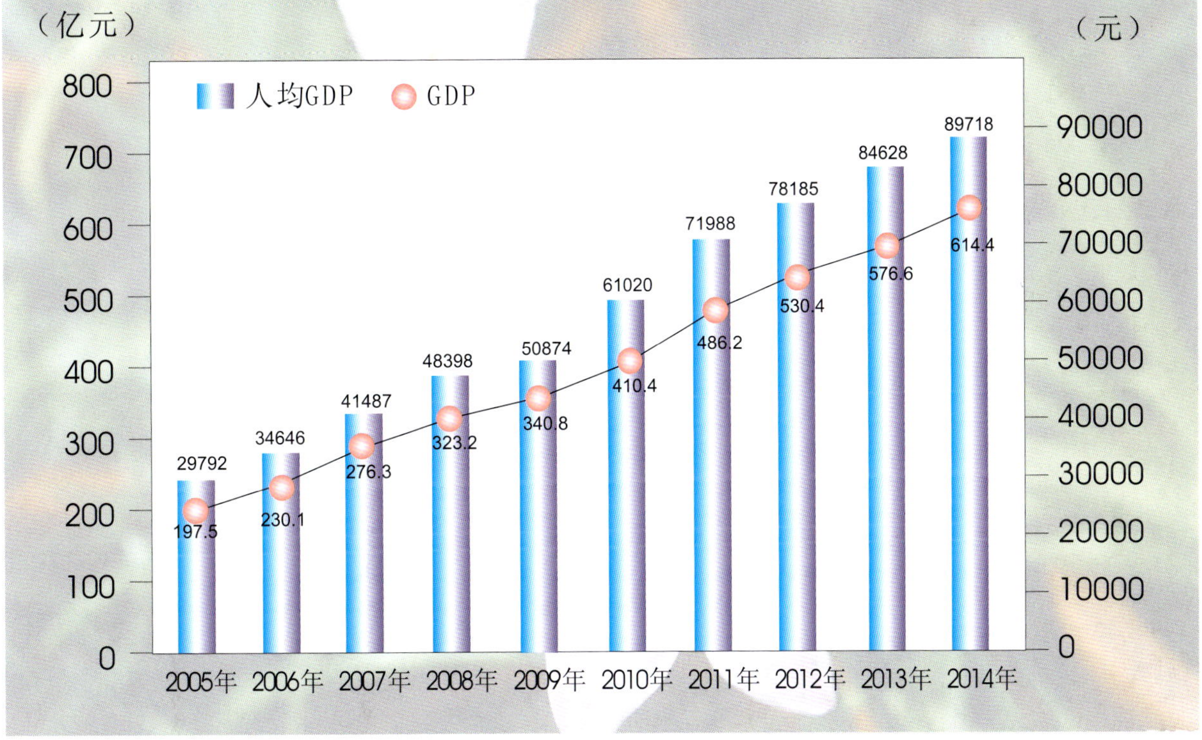

总人口及自然增长率

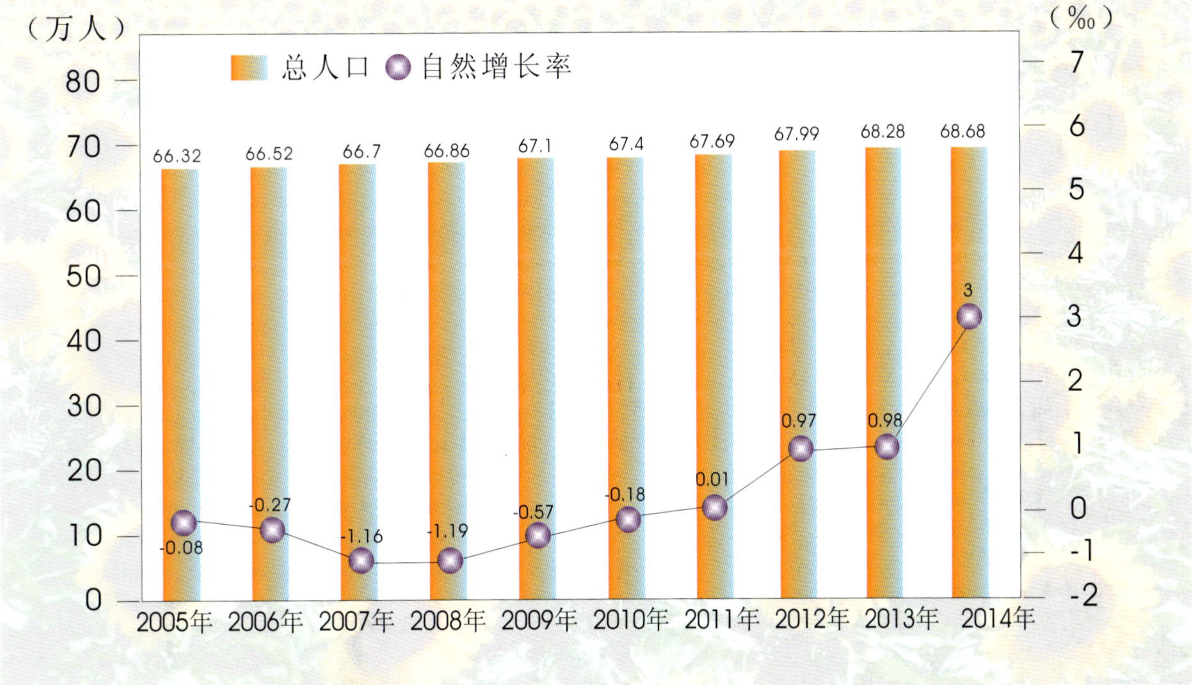

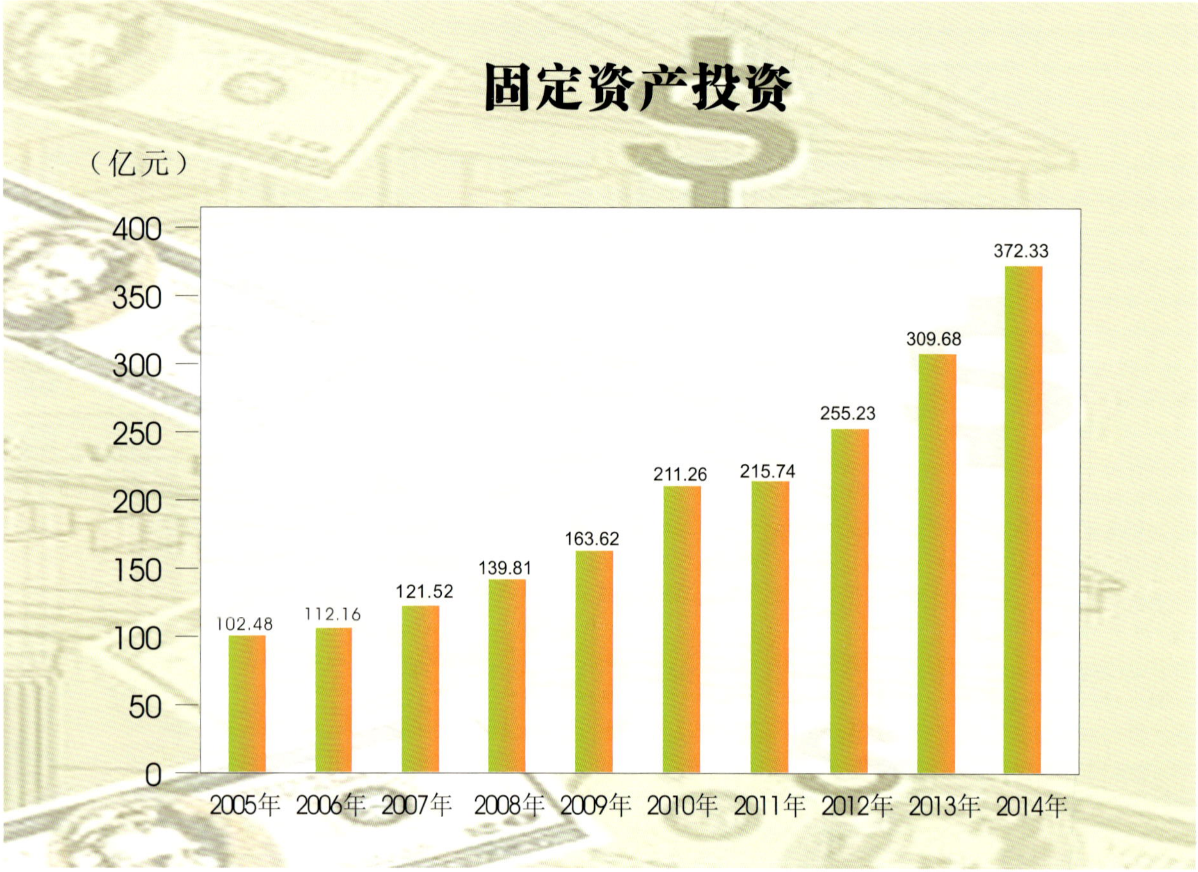
固定资产投资
（亿元）
400
350
300
250
200
150
100
50
0
102.48
112.16
121.52
139.81
163.62
211.26
215.74
255.23
309.68
372.33
2005年
2006年
2007年
2008年
2009年
2010年
2011年
2012年
2013年
2014年

社会消费品零售总额
（亿元）
270
240
210
180
150
120
90
60
30
0
73.63
84.96
99.67
120.08
138
157.12
186.7
216.08
238.62
268.66
2005年
2006年
2007年
2008年
2009年
2010年
2011年
2012年
2013年
2014年

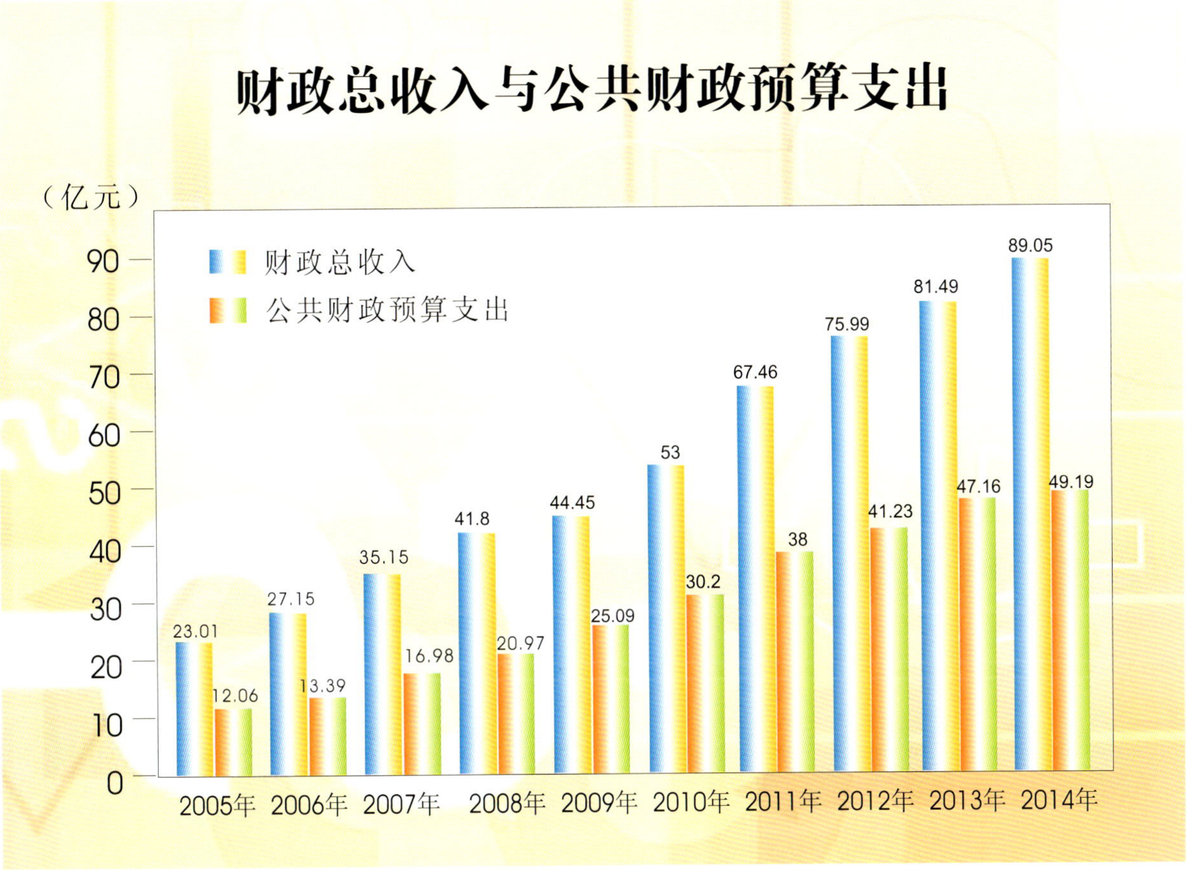
财政总收入与公共财政预算支出
（亿元）
90
80
70
60
50
40
30
20
10
0
财政总收入
公共财政预算支出
23.01
12.06
27.15
13.39
35.15
16.98
41.8
20.97
44.45
25.09
53
30.2
67.46
38
75.99
41.23
81.49
47.16
89.05
49.19
2005年 2006年 2007年 2008年 2009年 2010年 2011年 2012年 2013年 2014年

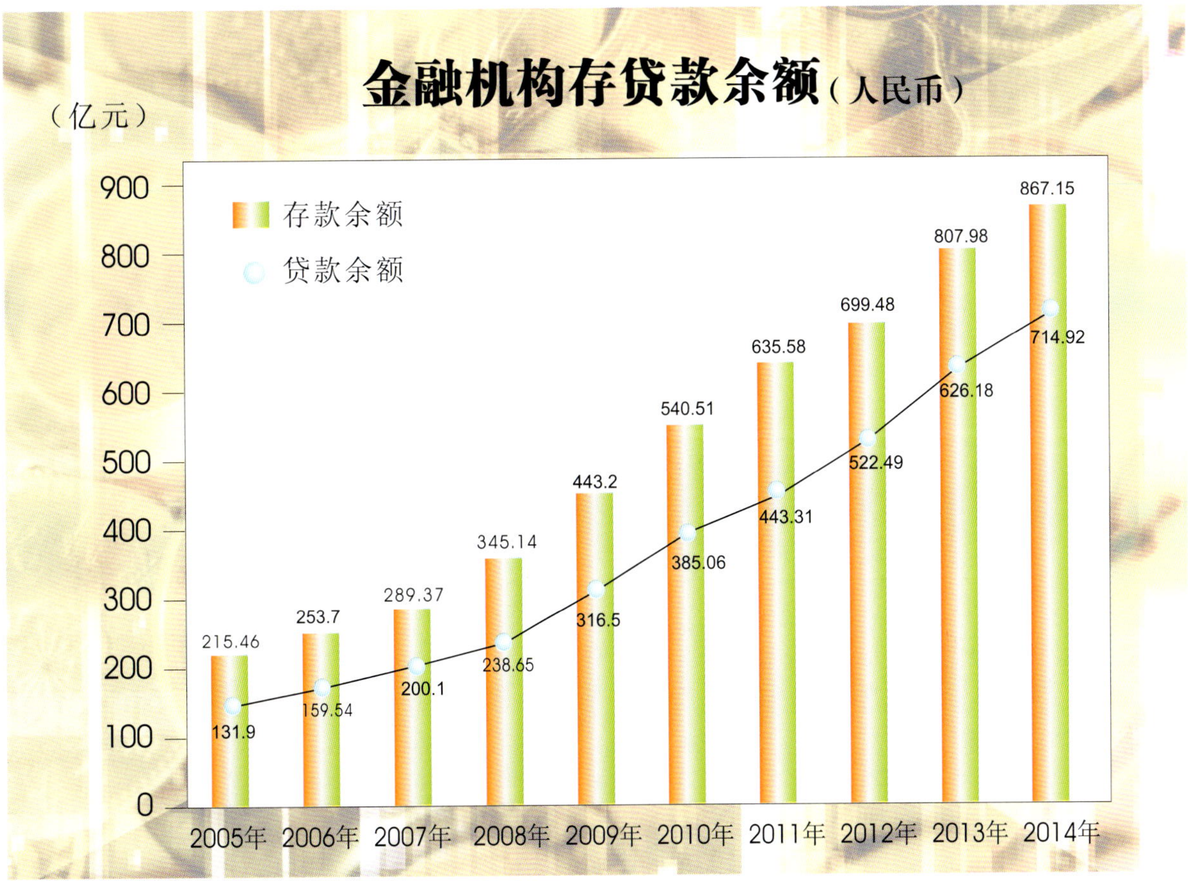
金融机构存贷款余额（人民币）
（亿元）
900
800
700
600
500
400
300
200
100
0
存款余额
贷款余额
215.46
131.9
253.7
159.54
289.37
200.1
345.14
238.65
443.2
316.5
540.51
385.06
635.58
443.31
699.48
522.49
807.98
626.18
867.15
714.92
2005年 2006年 2007年 2008年 2009年 2010年 2011年 2012年 2013年 2014年

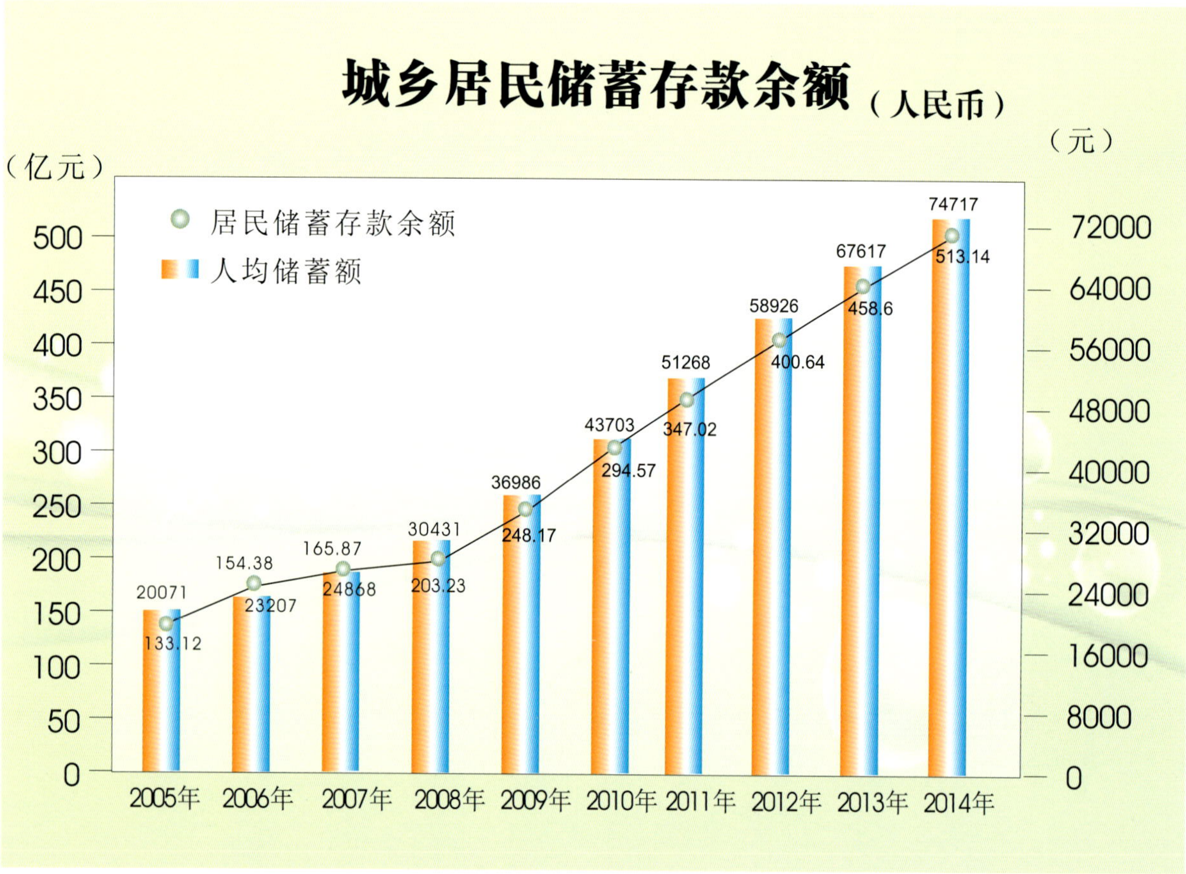
城乡居民储蓄存款余额（人民币）
（亿元）
（元）
居民储蓄存款余额
人均储蓄额
500
450
400
350
300
250
200
150
100
50
0
72000
64000
56000
48000
40000
32000
24000
16000
8000
0
20071
133.12
154.38
23207
165.87
24868
30431
203.23
36986
248.17
43703
294.57
51268
347.02
58926
400.64
67617
458.6
74717
513.14
2005年
2006年
2007年
2008年
2009年
2010年
2011年
2012年
2013年
2014年

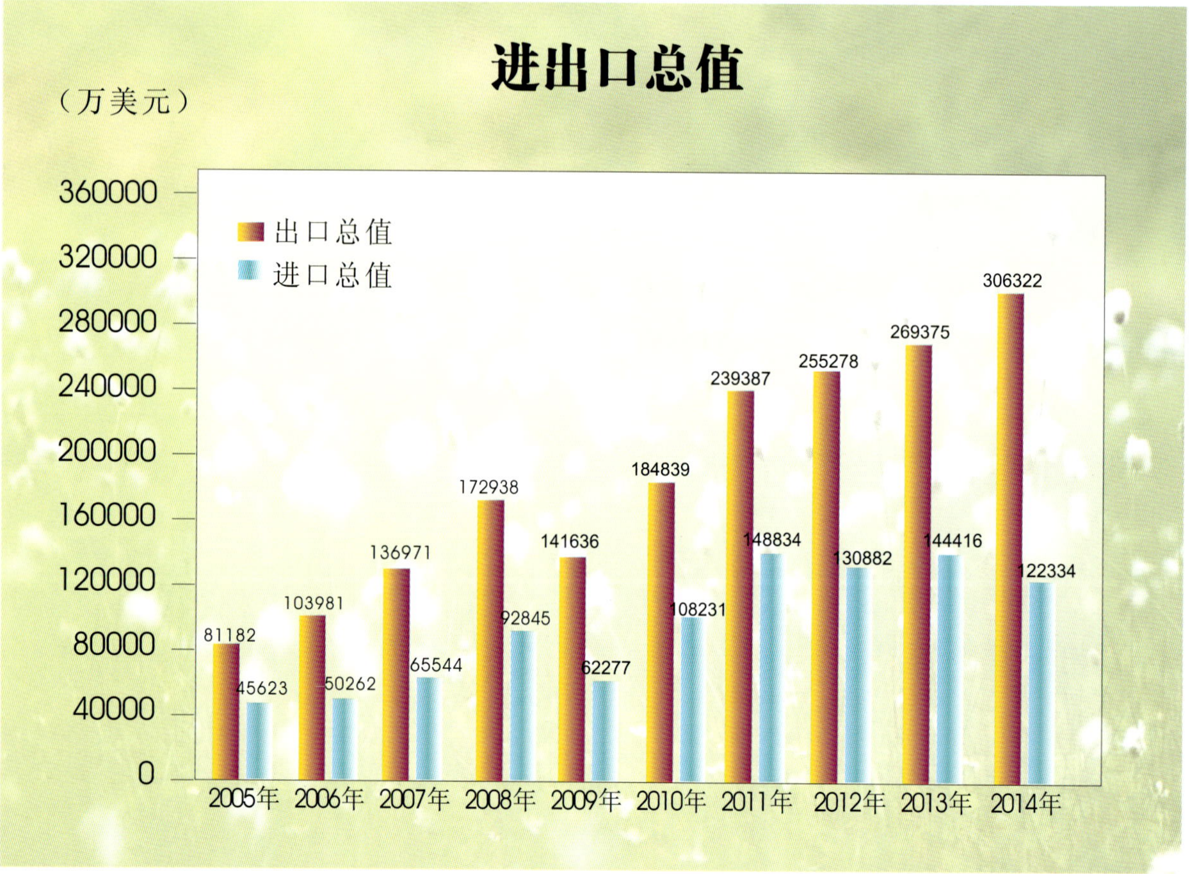
进出口总值
（万美元）
出口总值
进口总值
360000
320000
280000
240000
200000
160000
120000
80000
40000
0
81182
45623
103981
50262
136971
65544
172938
92845
141636
62277
184839
108231
239387
148834
255278
130882
269375
144416
306322
122334
2005年
2006年
2007年
2008年
2009年
2010年
2011年
2012年
2013年
2014年

利用外资情况

城乡居民收入

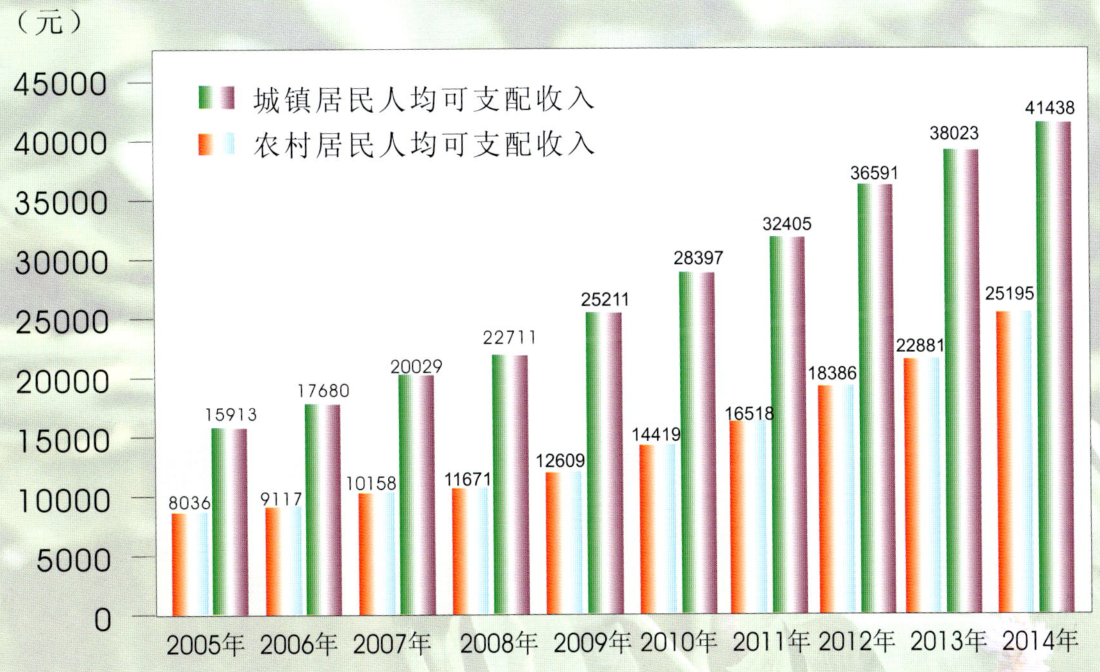

中小学在校人数

卫生技术人员与医生

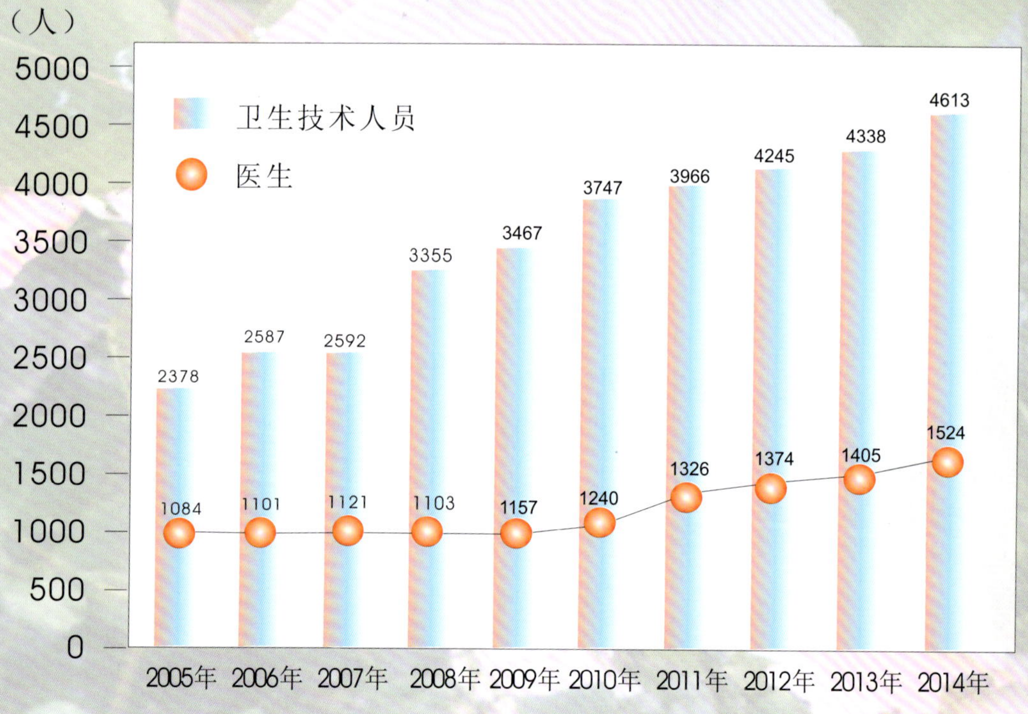

图书馆藏书量

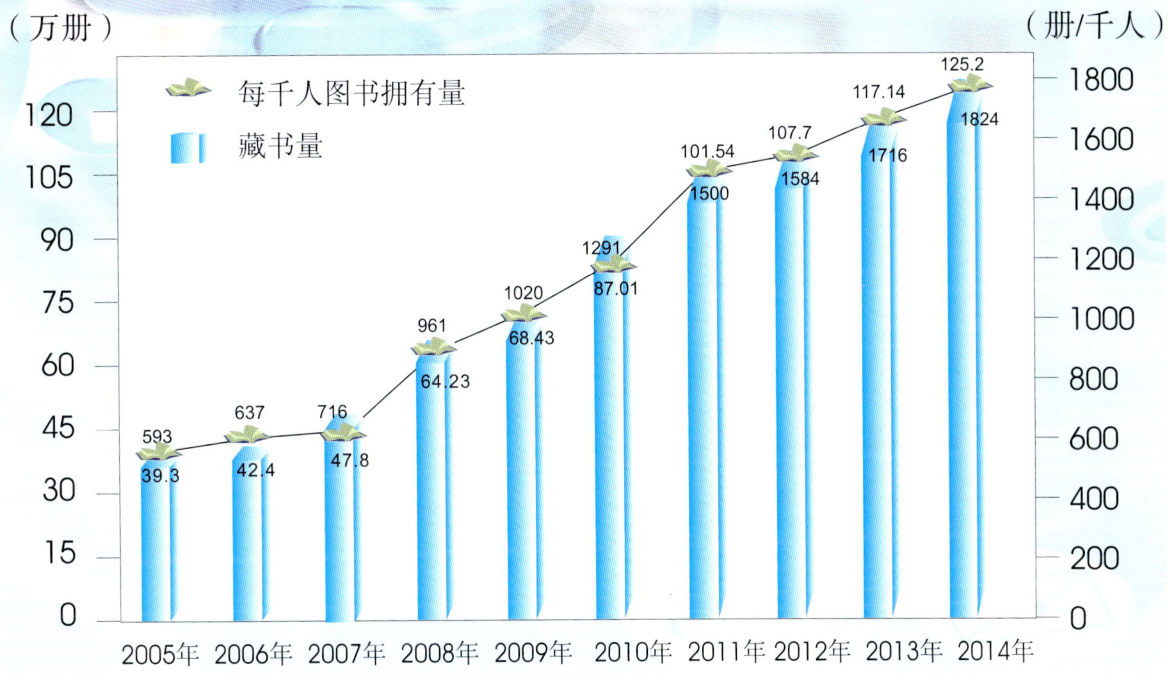

固定和移动电话普及率

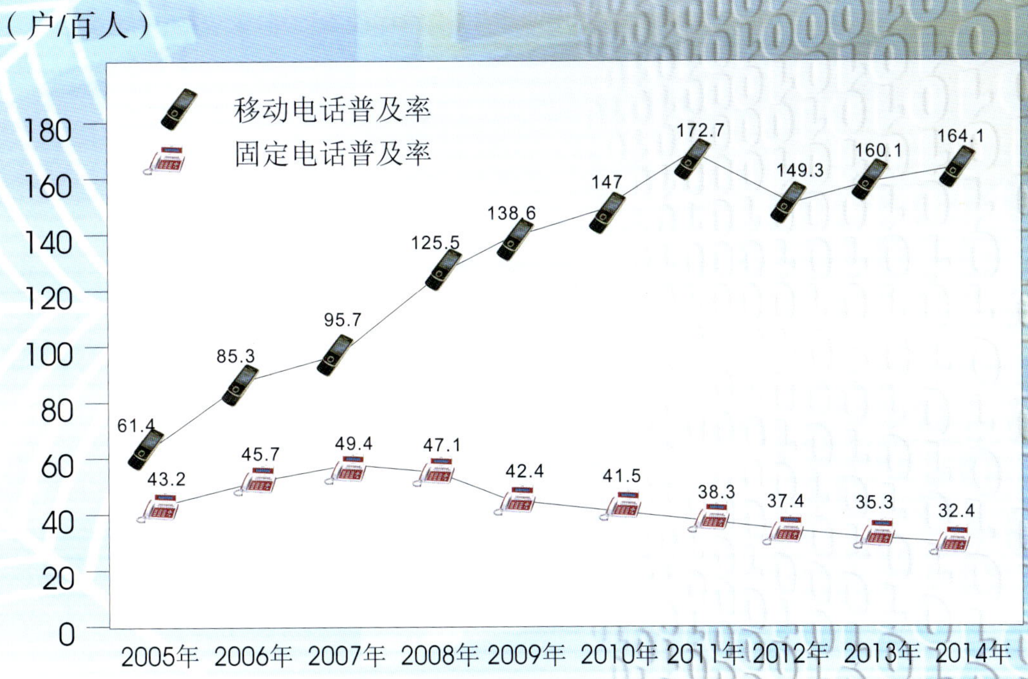

声　　明

《桐乡年鉴（2015）》委托香港经济导报社图书业务部办理香港、澳门、台湾地区及海外发行业务。

地址：香港轩尼诗道342号国华大厦10字楼

电话/Tel：(852) 25738217　　传真/Fax：(852)25738469,28336889

电邮/Email：eiasub@pacific. net. hk　网址/Website：http://www. eiahk. com

Hong Kong, Macao, Taiwan & Oversea Distributor：

Economic Information & Agency, Books Dept

10/F, Kuo Wah Building, 342Hennessy Road, Wanchai, Hong Kong